작문의 정석

金昌辰

作文의 定石

三 英 社

머리말

우리는 왜 글을 써야 하는가? 다음 일곱 가지 이유를 들 수 있다.

첫째, 글을 쓰면 생각과 감정을 저장해둘 수 있다. 그 저장한 정보를 남에게 전달하게 된다. 그래서 글을 쓰면서부터 인류 문명은 비약적으로 발전했다.

둘째, 글을 쓰면 생각과 감정이 整理(정리)된다. 그러므로 글을 쓰면 체계적인 思考力(사고력)과 情緖(정서)가 길러진다.

셋째, 글을 쓰면서 생각과 감정이 새롭게 떠오르기도 한다. 그러니까 글쓰기는 創意力(창의력)을 기르는 수단이다.

넷째, 글쓰기는 모든 학문의 기본능력으로 중요하다. 국어능력은 학문능력의 기초이다. 그 국어능력의 최종 완성 단계로서 작문능력이 중요하다.

다섯째, 글을 쓰면 문학치료가 된다. 글을 쓰면 자기 위안이 되고 인생을 살아나가는 힘이 샘솟는다. 유명 문인들도 자신의 고독이나 슬픔을 달래기 위해 글을 쓰는 경우가 많다.

여섯째, 좋은 글은 인간의 정서를 醇化(순화)한다. 고전 같은 좋은 글은 남을 감동시키고 靈感(영감)을 주고 인생의 길잡이가 된다.

일곱째, 글을 잘 쓰면 성공한다. 예로부터 유명한 철학자 · 역사가 · 정치가 · 과학자 등은 대개 명문장가이었다. 오늘날도 글을 잘 쓰면 돈과 명예를 얻는다.

글쓰기는 지식인으로서 세상을 살아가는 고급 기술이다. 선진국에서는 초등학교 때부터 작문교육을 열심히 한다. 대학까지 이어져서, 세계 일류 대학들은 글쓰기를 성공의 핵심 역량으로서 중시하여 교육한다.

한자문화권도 마찬가지다. 관리를 등용하는 科擧(과거)도 글쓰기를 보고 뽑았다. 인재를 감별하는 기준이었던 身言書判(신언서판)에 '書(서)'가 들어 있는 이유다. 현재도 중국 정치인들은 한시도 짓고, 말하거나 글을 쓸 때는 고전을 인용한다.

하지만 현재 大韓民國(대한민국)은 작문교육을 소홀히 한다. 학교 국어교육은 입시위주 교육으로 생활 국어능력과는 거의 무관하다. 한국 국어교육을 전면 개혁해야 한다. 발음교육, 언어예절 교육, 한자교육, 긴 글 읽는 독서 교육, 문법교육, 작문교육 등을 지금보다 중시해야 한다. 특히 작문교육을 선진국 수준으로 강화해야 한다. 현재의 한글전용 교육에 입시위주 교육으로는 해가 갈수록 한국인의 국어능력은 떨어질 것이다.

필자는 스무 해 넘게 대학에서 작문을 가르치면서 대학 교재용으로 마땅한 책이 없음을 아쉽게 여겼다. 오랫동안 벼르다가 마침내 붓을 들었다. 능력은 부족하지만 용기를 냈다. 집필은 한 해 걸렸지만 준비는 오래 걸렸다. 올해 우리 대학에 부임한 朴鍾九(박종구) 총장님이 작문교육의 중요성을 강조한 게 계기가 됐다.

이 책은 작문 초보자를 중급자로 올려놓는 데 목표를 두었다. 제Ⅰ장에 '작문 교육'을 두어서 작문 교육 전반을 먼저 살펴보았다. 제Ⅱ장에서는 '문장 훈련'을 꼼꼼히 마련하였다. 제Ⅲ장은 작문교육의 要諦(요체)인 '문단 훈련'을 준비했다. 제Ⅳ장은 '단편(짧은 글) 연습'을 하도록 하였다. 제Ⅴ장은 '실용 작문'으로서 실생활에서 필요한 글을 쓰는 요령을 제시하였다. 특히 이 책은 시대의 흐름을 반영하여 작문 책에 프레젠테이션(시청각 설명회) 글쓰기를 본격적으로 도입하였다.

작문은 바둑 두는 일과 비슷하다. 문장과 문단 훈련은 기초를 철저히 익혀야 한다. 바둑의 定石(정석)과 같다. 단편 연습은 戰略(전략)을 세워 창의성을 발휘해야 한다. 바둑의 布石(포석)과 흡사하다. 실용 작문은 바둑으로 치면 實戰(실전)이다. 이런 까닭에 책 이름을 '작문의 정석'이라 붙였다.

이 책을 준비하고 쓰는 과정에서 일일이 다 인용하지 못할 정도로 많은 책과 글들에 도움을 받았음에 감사드린다. 또 좋은 글을 인용하도록 허락해 주신 분들께도 깊이 감사드린다. 이 책이 독자들에게 조금이라도 도움이 된다면 그분들 덕이 크다.

동료 교수님들도 이 책이 좋은 책이 되도록 도와주었다. 수필은 尹昌植(윤창식) 교수님, 시는 朴美瓊(박미경) 교수님, 평론은 朴日訓(박일훈) 교수님, 프레젠테이션은 李八鎭(이팔진) 교수님, 이력서・자기소개서는 裵昊男(배호남) 교수님이 도와주었다. 모두에게 깊이 감사드린다.

2015. 12. 14.

草堂大(초당대) 교수 金昌辰(김창진) 삼가 씀.

차 례

Ⅰ. 作文(작문) 教育(교육)

1. 글은 누구나 써야 한다 ······ 13
2. 대학 글쓰기 교육 실태 ······ 14
   1) 미국 대학의 글쓰기 교육 ······ 14
   2) 미국 대학의 작문 평가 기준 ······ 16
   3) 한국 대학의 글쓰기 교육 ······ 17
3. 글쓰기 이전의 밑바탕 훈련 ······ 18
   1) 좋은 글 읽고 외우기 ······ 18
   2) 語彙力(어휘력) 擴充(확충) ······ 20
   3) 要約(요약) 訓練(훈련) ······ 21
   4) 段階的(단계적) 글쓰기 훈련 ······ 21
4. 기존 작문 교육의 반성 ······ 23
   1) 작문 지도 교수의 문제 ······ 23
   2) 작문 수강 학생의 문제 ······ 24
5. 글감 찾기 ······ 27
   1) 경험을 다양하게 하기 ······ 27
   2) 책을 많이 읽기 ······ 27
   3) 메모하는 습관 기르기 ······ 27
   4) 사람과 事物(사물)에 관심 갖기 ······ 28
   5) 혼자 생각을 많이 해보기 ······ 28
6. 글이 안 써질 때 글 쓰는 요령 ······ 29
   1) 개인 글쓰기 ······ 29
   2) 단체 글쓰기 ······ 29

Ⅱ. 文章(문장) 訓練(훈련)

1. 適切(적절)한 單語(단어) ······ 33
1) 상황에 딱 맞는 단어를 선택하자 ······ 33
2) 사전을 찾아 語彙力(어휘력)을 기르자 ······ 35
3) 漢字語(한자어)와 漢字(한자)는 적절히 쓰자 ······ 39
4) 外國語(외국어) · 外來語(외래어)는 삼가자 ······ 45
2. 簡潔(간결)한 文章(문장) ······ 54
1) 문장은 짧게 쓰자 ······ 54
2) 중복 표현을 피하자 ······ 62
3) '-것' · '있다' · '-수'를 삼가자 ······ 67
3. 正確(정확)한 文章(문장) ······ 71
1) 文章成分(문장성분)은 呼應(호응)해야 ······ 71
2) 修飾語(수식어)-被修飾語(피수식어)를 가까이 ······ 77
3) 非文(비문)을 쓰지 말자 ······ 79
4) 글을 模糊(모호)하게 적지 말자 ······ 85
4. 올바른 表現(표현) ······ 91
1) 독자 수준에 맞게 ······ 91
2) 品位(품위) 있게 ······ 93
3) 尊待法(존대법)을 지키자 ······ 97
4) 常套的(상투적) 표현을 피하자 ······ 106
5) 外來語(외래어) 語套(어투)를 버리자 ······ 112
5. 語文規定(어문규정)에 맞게 ······ 132
1) 띄어쓰기 ······ 132
2) 文章符號(문장부호) ······ 145
3) 틀리기 쉬운 한글맞춤법 101가지 ······ 160

Ⅲ. 文段 訓練(문단 훈련)

1. 文段(문단)의 概念(개념) ……… 197
2. 중심생각과 中心文章(중심문장) ……… 201
3. 中心文章(중심문장)은 문단의 첫 문장 ……… 202
4. 문단은 중심문장을 중심으로 통일해야 ……… 205
5. 中心文章(중심문장)의 範圍(범위) ……… 208
6. 뒷받침문장 ……… 213
 1) 例證(예증)・敷衍(부연) ……… 214
 2) 數値(수치) ……… 219
 3) 比喩(비유) ……… 220
 4) 引用(인용) ……… 221
 5) 문단의 完結性(완결성)과 均衡性(균형성) ……… 221
7. 結論文章(결론문장) ……… 223
8. 문단의 槪要(개요) 작성 ……… 225
9. 文段(문단)의 展開(전개) 方式(방식) ……… 227
 1) 時間的(시간적) 順序(순서) ……… 227
 2) 空間的(공간적) 順序(순서) ……… 229
 3) 論理的(논리적) 順序(순서) ……… 231
 4) 原因(원인)・結果(결과) 順序(순서) ……… 233
 5) 話題別(화제별) 順序(순서) ……… 235
10. 接續詞(접속사)를 濫用(남용)하지 말자 ……… 237

Ⅳ. 短篇(단편) 練習(연습)

1. 短篇(단편)의 概念(개념) ······ 245
2. 題材(제재) 選定(선정) ······ 248
3. 主題(주제) 設定(설정) ······ 248
4. 글의 構成(구성) 방법 ······ 252
  1) 段階式(단계식) 構成(구성) ······ 253
  2) 包括式(포괄식) 구성 ······ 254
  3) 因果式(인과식) 구성 ······ 255
  4) 漸層式(점층식) 구성 ······ 255
  5) 列擧式(열거식) 구성 ······ 256
5. 序論(서론) 쓰기 ······ 256
  1) 主題文章(주제문장) ······ 258
  2) 導入文章(도입문장) ······ 263
  3) 뒷받침문장 ······ 264
  4) 序論(서론) 쓰기 技法(기법) ······ 265
  5) 序論(서론) 쓸 때 注意(주의) 사항 ······ 271
6. 本論(본론) 쓰기 ······ 272
7. 結論(결론) 쓰기 ······ 275
  1) 결론의 분량 ······ 275
  2) 결론 쓰는 요령 ······ 276
  3) 결론의 본보기 글 ······ 276
  4) 결론 쓸 때 주의사항 ······ 278
8. 글의 槪要(개요) 짜기 ······ 279
  1) 개요 1. ······ 280
  2) 개요 2. ······ 281
  3) 개요 3. ······ 282
9. 글의 敍述(서술) 方式(방식) ······ 283
  1) 描寫體(묘사체) － 描寫文(묘사문) ······ 283
  2) 敍事體(서사체) － 敍事文(서사문) ······ 285

3) 說明體(설명체) - 說明文(설명문) ······ 287
4) 論證體(논증체) - 論說文(논설문) ······ 300
10. 題目(제목) 달기 ······ 311
1) 제목 달기 기본 요령 ······ 312
2) 제목 달기의 各論(각론) ······ 313
3) 제목 달기의 실제 ······ 313
11. 推敲(퇴고)를 철저히 ······ 316

V. 實用(실용) 作文(작문)

1. 隨筆(수필) ······ 321
1) 隨筆(수필)(Miscellany/Essay)의 개념 ······ 321
2) 隨筆(수필) 쓰기의 필요성 ······ 322
3) 隨筆(수필)의 종류 ······ 322
4) 隨筆(수필) 쓰기 과정 ······ 323
5) 수필 작품 감상과 해설 ······ 324
2. 詩(시) ······ 346
1) 詩(시)란 무엇인가? ······ 346
2) 시를 쓰기 위한 준비 ······ 348
3) 詩(시) 쓰기의 실제 ······ 350
3. 評論(평론) ······ 366
1) 評論(평론)이란 무엇인가? ······ 366
2) 臺本(대본)(문학 텍스트) 읽기 ······ 367
3) 文學作品(문학작품)을 보는 觀點(관점) ······ 371
4) 文學批評(문학비평)을 쓰는 방법 ······ 372
5) 評論(평론)의 實際(실제) ······ 374
4. 報告書(보고서) ······ 386
1) 보고서의 重要性(중요성) ······ 386
2) 보고서 作成(작성) 要領(요령) ······ 386

3) 報告書(보고서) 形式(형식) ······ 388
4) 보고서 작성 시 留意事項(유의사항) ······ 391
5) 보고서의 種類(종류) ······ 394
5. 프레젠테이션(視聽覺 說明會) ······ 400
1) '프레젠테이션'의 槪要(개요. Introduction) ······ 400
2) 프레젠테이션(Presentation)의 실행 ······ 402
3) 파워포인트를 이용한 프레젠테이션 작성 ······ 408
6. 履歷書(이력서) · 自己紹介書(자기소개서) ······ 436
1) 履歷書(이력서) ······ 436
2) 自己紹介書(자기소개서) ······ 443
7. 原稿紙(원고지) 쓰는 법 ······ 457
1) 제목과 이름을 적는 방법 ······ 457
2) 본문을 적는 방법 ······ 457

참고문헌 ······ 460

Ⅰ. 作文(작문) 教育(교육)

1. 글은 누구나 써야 한다 / 13
2. 대학 글쓰기 교육 실태 / 14
3. 글쓰기 이전의 밑바탕 훈련 / 18
4. 기존 작문 교육의 반성 / 23
5. 글감 찾기 / 27
6. 글이 안 써질 때 글 쓰는 요령 / 29

Ⅰ. 作文(작문) 敎育(교육)

1. 글은 누구나 써야 한다

글은 전문가들만 쓰는가? 그렇지 않다. 역사적으로 보면, 지도자가 되고자 하는 사람은 누구나 글을 잘 썼다. 예를 들어 고려 때 金富軾(김부식) 재상은 『三國史記(삼국사기)』를 썼지만 정치가다. 『三國遺事(삼국유사)』를 쓴 一然(일연) 스님은 승려다. 저서 500여 권을 남긴 茶山(다산) 丁若鏞(정약용) 선생은 학자다.

서양도 마찬가지다. 로마의 정치가 시저는 『가이아 遠征記(원정기)』를 썼다. 영국의 정치가 처칠은 『第二次世界大戰(제2차세계대전) 回顧錄(회고록)』을 써서 노벨문학상까지 받았다. 과학자들도 글을 잘 써서 유명해졌다. 갈릴레이는 『對話錄(대화록)』, 다윈은 『비글호의 航海(항해)』·『種(종)의 起源(기원)』, 프로이트는 『꿈의 해석』으로 이름이 알려졌다. DNA 구조를 발견한 세 명의 학자 중 우리는 제임스 왓슨을 기억한다. 그가 『二重(이중) 螺線(나선)』을 썼기 때문이다. 레이첼 카슨은 『침묵의 봄』, 스티븐 호킹은 『시간의 역사』, 칼 세이건은 『코스모스』, 제레미 리프킨은 『엔트로피』, 리처드 도킨스는 『利己的(이기적) 遺傳子(유전자)』를 써서 이름을 알렸다.

현대 중국 정치가들도 글을 잘 쓴다. 毛澤東(모택동)은 유명한 '책벌레'였고, 한시를 많이 써서 남겼다. 현대 중국 정치가들이 글을 쓰거나 연설할 때는 한시 구절이나 故事成語(고사성어)가 빠지지 않는다. 그들은 자신의 정책이나 심정도 고사성어나 한시로 밝히기도 한다.

한국사회는 과거에는 소설가 · 시인 · 대학교수 · 전문가 같은 문필가들만 글을 썼다. 그러다가 1970년대부터 민주화운동의 영향으로 자기주장을 펴는 사람들이 늘어났다. 그래서 글쓰기 훈련이 자발적으로 이루어졌다. 그것이 쌓여서 특정한 분야에서 자기 상표를 지닌 '글쟁이'들이 등장하기 시작했다. 이들 저술가들은 고정 독자들을 거느리면서 출판시장을 이끌어가고 있다.

그 후 글쓰기가 한국사회 전반에 더욱 擴散(확산)되었다. 2000년대 이후로는 평범한 일반인들도 저술가 대열에 합류하기 시작했다. 그래서 이제는 누구나 글을 쓰는 시대가 되었다. 늙은 농부도, 여행가도, 주부도, 회사원도, 대학생도, 심지어는 초등학생도 책을 내놓는 세상이 되었다. 책은 안 써도 스마트폰 등 사회 매체를 통해서 글을 쓰지 않는 사람은 거의 없다. 회사에서는 글을 잘 쓰지 못하면 임원으로 승진하기 어렵다. 바야흐로 전 국민의 글쟁이화가 벌어지고 있다.[1] 하지만 좋은 글, 잘 쓴 글을 쓰는 사람은 그리 많지 않다. 체계적인 작문교육을 받은 사람은 별로 없기 때문이다. 여기에 좋은 작문 교재의 필요성이 제기된다. 이 책은 대학생을 주 대상으로 체계적인 작문교육을 목적으로 만들었다. 이 책이 기존의 다른 책들보다 나은 점이 있다면, 작문교육 전반 검토→문장 훈련→문단 훈련→단편 연습→실용 작문의 순서로 체계적으로 작문 교육을 시도하고 있다는 점이다.

2. 대학 글쓰기 교육 실태

1) 미국 대학의 글쓰기 교육

미국 대학들은 100여 년 전부터 '창조적 글쓰기'[2]라는 개념을 정립하였다. 그리하여 대학교육에서 글쓰기를 중심 활동으로 놓고 중시하고 있다. 우리나라 대입 수

---

1) '오마이뉴스'는 "누구나 記者(기자)다"는 명제를 내걸고, 전 국민의 記者化(기자화)를 이끌고 있다. 또 한국에는 文人(문인)이 매우 많다. 한국문인협회에 가입한 회원만 만 명이 넘고, 비가입 문인들까지 합하면 그 숫자는 훨씬 늘어난다.

2) '창조적 글쓰기'란 글쓰기에서 가장 중요한 것은 기교가 아닌 창조적 靈感(영감)이라는 명제 아래 글쓰기가 창조성을 기르는 일이라고 여긴다. 또한 창조적 사고가 좋은 글을 낳는다고 생각한다. 요컨대 글쓰기와 창조성을 밀접히 연관된 활동으로 보는 글쓰기이다.

능시험에 해당하는 SAT에서도 글쓰기(에세이)를 평가한다. 미국의 일부 대학들은 글쓰기 점수가 어느 수준 미만인 학생들은 입학 후에 따로 작문 수업을 필수로 받게 한다. 그 후에 신입생 글쓰기 시험에 통과해야 학부 교양 영어를 수강할 수 있게 한다. 또 어떤 대학들에서는 1학년 때 작문 점수가 낮으면 留級(유급)을 시켜서 2학년 전공과정을 듣지 못하게 하기도 한다.

미국 매사추세츠공대(MIT)는 쓰기 프로그램을 통과하지 못하면 졸업을 시키지 않는다. 이 대학 입학생은 2학년 초까지 쓰기 1단계, 졸업 전에 쓰기 2단계라는 두개의 관문을 넘어야 졸업할 수 있다. 그러려면 쓰기 과목을 수강하거나, 글을 제출해 일정 점수 이상을 받아야 한다. 교육 과목은 '설명 및 수사학', '창작', '과학기술 쓰기' 등 크게 세 분야로 나뉜다. 글쓰기 보고서는 한번 제출하면 끝나지 않고 계속 수정 · 보완해 3차 보고서까지 제출해야 한다. 처음에 A4 6-8장 정도로 보고서를 내면, 글쓰기 조교들이 고칠 점을 지적해 되돌려준다. 학생은 이를 수정해 8-10장으로 다시 낸다. 또 지적받은 점을 고쳐서 3차 보고서를 12-15장으로 최종 제출한다. 학생 혼자 해결하기 힘들면 교내의 '글쓰기 센터'에 가서 도움을 받는다[3].

MIT만 그런 것이 아니다. 보통 미국 일류 대학들은 한 강의당 한 학기에 20권 이상의 책을 읽게 하고, 그 책을 읽고 자기 견해를 밝히는 보고서를 써내게 한다. 그리고 서술형 고사를 치르게 한다. 이러다 보니, 얼마 전 하버드 대학생들에게 "인생을 살아가는 데 가장 중요한 기술이 무엇이냐?"는 질문을 했더니 "글쓰기"가 1위로 나왔다[4].

---

3) 신향식 기자, 「MIT가 글쓰기교육에 심혈을 기울이는 사연-[MIT 글쓰기교육 1] 전 학년에 걸쳐 '의사소통 집중교육'(CI) 실시」, 『오마이뉴스』, 2008. 3. 13., ――, 「1대1 첨삭지도는 최고의 글쓰기 교육-[MIT 글쓰기 2] MIT대 '글쓰기와 의사소통센터' 스티븐 스트랑 소장 인터뷰」, 『오마이뉴스』, 2008. 3. 19. ――, 「이공계도 문장력 갖춰야 훌륭한 연구성과 낸다-[MIT 글쓰기 3] 글쓰기 도우미 아만다 소벨, 수산 스필레키 씨 현지 인터뷰」, 『오마이뉴스』, 2008. 3. 25. ――, 「자연계 논술 폐지? 오히려 과학글쓰기 강화해야-[MIT 글쓰기 4] MIT대 김성재 박사 "영어 논문 도와주는 글쓰기센터 설립해야"」, 『오마이뉴스』, 2008. 3. 28.

4) 신향식 기자, 「하버드의 천재들은 어떻게 글쓰기 수업을 할까-[하버드대 글쓰기 1] '논증적 글쓰기 강좌' 총괄지휘하는 토마스 젠 교수」, 『오마이뉴스』, 2008. 4. 29., ――, 「하버드대 '논증적 글쓰기 수업'의 비밀-[하버드대 글쓰기 2] 토론 곁들인 수준별 세미나식 강좌 의무 수강해야」, 『오마이뉴스』, 2008. 5. 6., ――, 「문장력 향상을 위한 하버드대 교수들의 조언-[하버드대 글쓰기 3] 한 주제를 여러 각도에서 써보고 1대1 첨삭지도 받아라」, 『오마이뉴스』, 2008. 5. 23., ――, 「글쓰기는 사회문제 해결에 유용한 도구-뉴욕주립대 글쓰기본부 출신 라성일 선생에게 들어본 '미국 글쓰기 교육'」, 『오마이뉴스』, 2009. 1. 1.

미국의 웬만한 대학들에는 '글쓰기 센터'가 있다[5]. 여기에는 글쓰기 조교가 있다. 학생은 글쓰기 센터에 예약하고 찾아간다. 글쓰기 조교는 학생이 써 온 글을 소리 내어 읽게 한다. 그 다음에 글쓰기 조교가 문제점을 지적하고 학생이 고쳐 쓰게 지도한다. 글쓰기 조교들은 학생 글을 고쳐주지는 않고, 스스로 고칠 수 있도록 이끌어 줄 뿐이다. 글쓰기 조교는 학생에게 말을 많이 하게 하여, 그가 무엇을 쓰고 싶어 하는지 알게 하고 또 좋은 생각을 끄집어내도록 이끈다.[6] 학생들은 주제를 어떻게 효과적으로 전달할 것인지, 이를 위해 어떤 표현 방식이 효율적인지 고민한다. 글쓰기 센터에서는 1학년생은 전공 관계없이 공통적인 작문의 기초를 가르친다. 주로 제시문의 논점 파악 방법을 지도한다. 3학년생에게는 전공 공부의 특성에 맞게 활용할 수 있는 전문적인 글쓰기 방법론을 가르친다. 또 글쓰기 센터에서는 '이력서'나 '자기 소개서' 쓰는 법, 작문을 파워포인트로 바꾸는 방법 등도 지도한다.

2) 미국 대학의 작문 평가 기준

(1) 內容(내용)

글은 무엇보다도 내용이 좋아야 한다. 범인류적으로 보편타당하고 누가 읽어도 도움이 되는 내용을 담았는지를 기준으로 삼는다. 물론 독창성도 중시한다. 자기만의 시각이 있는지 자신의 생각은 무엇인지를 본다.

(2) 構成(구성)

글의 구성이 매끄럽게 잘 되어 있는지를 본다. 곧 글의 흐름을 살펴본다. 또 문단 나누기를 제대로 했는지를 본다. 논리가 조직적으로 잘 전개되었는지, 자료 · 예증이 풍부해서 논리를 잘 뒷받침하는지를 본다. 문단 안에서는 통일성 · 긴밀성 등을 본다. 접속어도 알맞게 썼는지 본다.

---

5) 신향식 기자, 「미국 글쓰기센터 "만족할 때까지 지도한다-[현지 인터뷰 1] 미국 UMASS 대학교 글쓰기센터 패트리샤 주코우스키 소장」, 『오마이뉴스』, 2008. 2. 5., ──, 「큰소리로 자기가 쓴 글 읽어 보자!-[현지 인터뷰 2] 미국 UMASS대학교의 글쓰기 프로그램 미국 전역서 호평」, 『오마이뉴스』, 2008. 2. 5.

6) 이것을 '省察的(성찰적) 글쓰기(Reflective Writing' 또는 '過程的(과정적) 글쓰기(Processive Writing)'라고 한다.

(3) 表現(표현)

먼저 語彙力(어휘력)을 본다. 단어를 정확하고 풍부하게 구사했는지를 본다. 비문 등 문법과 맞춤법에 어긋나는 문장은 없는지도 본다. 은유법과 직유법과 같은 표현기법을 사용하여 문장을 생생하게 잘 만들었는지 확인한다. 같은 단어의 반복은 금지한다.

미국 영어작문 시험(English Composition Test with Essay:ECTE)에서는 작문 평가에서 8가지 요소를 본다. 着想(착상)(idea), 構成(구성)(organization), 語法(어법)(wording), 韻致(운치)(flavor), 用法(용법)(usage), 句讀點(구두점)(punctuation), 綴字(철자)(spelling), 筆跡(필적)(handwriting)이다.

3) 한국 대학의 글쓰기 교육

한국 대학에서 글쓰기 교육은 오래되었다. 일제 때 京城帝國大學(경성제국대학), 곧 지금 서울대학의 前身(전신)인 대학에서는 학생들에게 졸업논문을 쓰게 하였는데, 그 대학 졸업논문을 책으로 펴내면 그것이 곧 당시 학계의 최고 연구 성과가 되었다. 당시 대학교육은 엘리트 교육이었기 때문이다.

광복 후도 대학에서 졸업논문을 쓰게 하였지만 그 수준은 점점 떨어졌다. 그리고 대학이 보편적 교육으로 바뀐 이후로는 졸업논문 제도는 유명무실하게 되었다. 또한 大韓民國(대한민국) 정부는 학교교육에서 한글전용 교육을 한데다가 작문교육은 소홀히 하였다. 하지 말아야 할 교육은 하고, 해야 할 교육은 하지 않은 것이다. 그리하여 대학에 들어온 학생들의 작문 실력은 해가 갈수록 떨어졌다.

그 반성으로 점차 대학가에서 미국 등 선진국 대학의 영향을 받아서 작문교육을 중시하게 되었다. 그렇게 한국 대학들이 본격적으로 국어작문에 관심을 기울이기 시작한 것은 불과 얼마 되지 않는다. 2000년대에 들어와서, 숙명여대가 처음으로 2002년에 '의사소통센터'를 만들어 글쓰기교실을 본격적으로 가장 먼저 시작했다.[7] 이어서 서울대가 '교수학습개발센터'[8] 안에 2003년부터 글쓰기교실을 만들어 운영하기 시작했다. 그것이 전국 대학으로 점차 퍼져나가 지금은 웬만한 대학에서는 글쓰기교실을 만들어서 작문 지도를 강화하고 있다.

---

7) 淑明女大(숙명여대)가 2002년에 '작문능력개발센터'를 만들었다. 그해 '의사소통능력개발센터'로 이름을 바꾸었다가 2007년에 다시 '의사소통센터'로 바꾸었다.

8) 2001년 설립.

3. 글쓰기 이전의 밑바탕 훈련

1) 좋은 글 읽고 외우기

오늘날 한국 학생의 글은 대체로 논리적이지 못하고 獨創性(독창성)도 부족하다. 어떻게 하면 글을 논리적이고 독창적으로 쓸 수 있는가? 먼저 논리적이고 독창적인 글을 읽고 배워야 한다. 모든 일은 模倣(모방)에서부터 시작한다. 명인들·달인들도 다 처음에는 선대 명인·달인들을 보고 배웠다. 글쓰기도 마찬가지다.

논리적이고 독창적인 글을 쓰려면 먼저 논리적이고 독창적인 글을 읽어야 한다. 더 좋은 것은 아예 그런 명문들을 외우는 것이다. 독서와 글쓰기는 동전의 양면이다. 독서를 해서 들어온 내용이 글 쓰는 데 밑바탕이 된다. 소도 여물을 많이 먹어야 힘을 쓴다. 들어온 게 있어야 나갈 거리가 생기지 않겠는가? 좋은 글을 읽고 외우면 이점이 많다. 사고방식이 논리정연하게 되어, 글의 틀이 좋게 형성된다. 또 글이 품격 있게 지어진다.

예를 들어, 시를 잘 쓰려면 좋은 시를 먼저 읽어야 한다. 한국 학교교육처럼 시를 분석해서는 좋은 시를 쓸 수 없다. 좋은 시를 암기하는 것이 좋은 시를 쓰는 데 효과적이다. 안도현 시인은 白石(백석) 시인의 시를 베껴 쓰고 외우면서 시를 배웠다고 한다. 자기가 좋아하는 시나 소설, 수필 등을 베껴 써보는 筆寫(필사)는 말로 외우는 것보다 더 효과적이다. 프랑스에서는 학교에서 시 300편을 외우게 한다고 한다. 초등학교 학생들은 시노트의 한 쪽에 시를 적고 다른 한 쪽에는 그림을 그린다. 그리고 그 시를 감정을 살려 외운다. 중국에서도 漢詩(한시) 100수 이상 외우게 한다. 영미권의 일류 학교에서는 라틴어로 된 시와 셰익스피어의 희곡을 외우게 한다. 조선시대 양반집 아이들은 『千字文(천자문)』을 외우면서 한자공부를 시작했는데, 천자문이 곧 한시이다. 그 뒤로도 선비들은 四書三經(사서삼경)을 외웠다. 大韓民國(대한민국)에서도 時調(시조)를 학교에서 외우게 한 적이 있는데, 그것이 올바른 교육이었다. 여러 나라에서 외우게 하는 시들은 거의 定型詩(정형시)이다. 정형시는 整齊美(절제미)와 韻律(운율)이 있다. 지금도 선진국은 정형시가 시의 중심이다. 한국도 학교에서 시조나 한시를 외우게 해야 한다.

바로 이것이 작문이 바둑과 비슷한 점이다. 바둑을 배우는 사람도 처음에는 高手(고수)들이 만들어 놓은 定石(정석)을 외워야 한다. 정석을 달달 외워서 내 것으로 만든 다음에야 내 나름대로 그 정석을 활용하여 새로운 정석을 만들어낼 수 있다. 그러니까 작문이나 바둑이 창의성을 기르는 교육이라고 해서 처음부터 창의성을 발휘하려고 해서는 안 된다. 처음에는 기존의 틀을 익혀야 한다. 그 다음에 창의성이 나온다.

좋은 글은 외워야 하지만 그 밖의 한국도 학교에서 시조나 한시를 외우게 해야 한다. 독서도 소홀히 해서는 안 된다. 오늘날 한국인의 글쓰기 능력이 떨어진 건 한국인의 독서량이 적은 데도 원인이 있다. 머릿속에 들은 게 적으니 밖으로 표현할 거리도 적다. 국내외 유명한 작가들은 모두 엄청난 독서가들이다. 그들이 좋은 작품을 내놓는 것은 그만큼 책을 읽고 아는 게 많기 때문이다. 독서가 글쓰기의 源泉(원천)이다. 폭넓은 독서가 좋다. 하지만 중심은 文(문)·史(사)·哲(철) 곧 문학·역사·철학이어야 한다. 古典(고전)이 보편적으로 좋다. 하지만 그것은 이상론이다. 독서는 일단은 자기가 흥미를 느끼는 책, 자기 수준에 맞는 책부터 시작하는 것이 옳다. 아무튼 책을 많이 읽어야 한다.

방송도 좋은 글을 쓰기 위한 지식을 얻는 데 한 몫 한다. 한국방송(KBS1)이나 교육방송(EBS)에서 방영하는 다큐멘터리 같은 고급 교양 프로는 지식을 얻는 데 유익하다. 영국의 BBC나 일본의 NHK가 제공하는 다큐멘터리는 좋은 프로그램으로 세계적으로 유명하다.

언론인이 되려는 사람은 마음에 드는 작품이나 칼럼을 반복해서 읽으면서 글쓰기를 익힌다. 짧은 문장으로 이루어진 명료한 칼럼을 많이 읽으면 간단명료하게 생각을 정리하는 훈련이 된다. 하지만 한국 신문의 사설·칼럼이 다 좋지는 않다. 陣營論理(진영논리)에 기대어 쓴 偏頗的(편파적) 글들이 있다. 일관성이 없이 그때그때 상황논리로 교묘하게 논리를 왜곡시키는 글들도 있다. 또한 문단 개념없이 마구 써서, 읽기도 힘들고 이해하기도 어렵게 하는 글들도 있다.

좋은 글을 판단하는 기준은 주제의 타당성, 論旨(논지)의 참신성, 논리의 치밀성, 증명의 구체성 및 풍부성, 표현의 적절성 등이다. 좋은 글은 편파적이지 않고 中道的(중도적)이다. 작문을 공부하는 사람이 신문 사설·칼럼의 이념 편향성에 물들지 않으려면 같은 제재에 대해 보수(朝鮮·東亞·중앙)·진보(경향·한겨레)·중도(한국·서울 등)의 신문을 비교해 읽는 것도 좋다.

필자는 학생들에게 추천하고 싶은 현대 한국의 산문 문장가로 일곱 분을 꼽고 싶다. 수필가 尹五榮(윤오영) 선생의 수필은 간결하고 깔끔하여 선비 글의 전형을 보여준다. 수필가 皮千得(피천득) 선생의 수필은 인생을 따뜻하게 바라봐 공감대가 넓고 문체도 아름답다. 평론가 金炫(김현) 교수의 평론은 섬세하면서도 날카로운 작품 분석을 명료하고 멋있는 문체로 표현한다. 평론가 李御寧(이어령) 선생의 글은 다양한 분야를 폭넓은 지식을 바탕으로 자신의 눈으로 해석한다. 언론인 趙甲濟(조갑제) 선생의 논설은 문제의 핵심을 짚어, 논리를 잘 세워 간결한 문체로 주제를 잘 이끌어 간다. 소설가 李文烈(이문열) 씨의 소설은 한문 고전을 바탕으로 만들어진 문체가 무게 있다. 철학자 金容沃(김용옥) 교수는 해박한 동양 학문을 바탕으로 예리하게 사회를 분석하고 비평한다. 사회학자 宋虎根(송호근) 교수의 칼럼은 사회문제를 예리하게 분석하고 논리적으로 진단한다. 학생들은 일단 이분들의 글을 찾아서 읽어보는 것이 좋다.

韓國畵(한국화)를 배우는 데는 臨(임)-模(모)-倣(방)의 과정이 있다. '臨(임)'은 畵本(화본)에 있는 그림과 꼭 같이 그리는 단계다. '模(모)'는 교본의 그림을 약간 변형시켜 그리는 단계다. 그리고 '倣(방)'은 교본의 그림을 큰 틀로 삼되 그리는 사람의 독자성을 드러내는 단계다. 글쓰기도 이 세 단계를 거치면 좋다[9].

2) 語彙力(어휘력) 擴充(확충)

글 쓸 거리가 있어도 어휘력이 부족하면 뜻대로 표현하지 못한다. 그러므로 모름지기 글을 쓰려는 사람은 어휘력을 기르는 데 힘써야 한다. 어휘력을 기르는 비결로는 세 가지를 들 수 있다.

첫째, 어휘력은 독서를 많이 하면 자연스럽게 길러진다. 평소에 다양한 글을 많이 읽으면 어휘를 풍부하고 적확하게 사용하는 능력이 저절로 길러진다. 교과서의 짧은 글만 읽어서는 안 된다. 장편소설과 같은 긴 글을 읽어야 한다. 또 어휘력은 글을 읽는 양에 비례한다. 다양한 분야의 책들을 두루 많이 읽어야 한다. 책을 읽다가 모르는 낱말이 나오면 국어사전을 찾아서 익혀야 한다. 좋은 표현을 만나면 단어장에 적어두면 더욱 좋다.

---

9) 金炯國(김형국) : 서울大 환경대학원 교수, 좋은 글을 쓰려면 – 짧고, 쉽고, 정확하게, 『月刊朝鮮』, 2004년 4월호.

둘째, 한자공부를 하여 한자능력을 길러야 한다. 아무리 독서를 많이 해도 한자능력이 없는 사람은 어려운 한자어를 정확히 배우지 못한다. 따라서 한국어를 중급 이상으로 익히려는 사람은 반드시 한자공부부터 해야 한다. 한자 2천 자 정도만 익혀 두면 큰 지장 없이 국어생활을 할 수 있다. 한자는 어려서 배워야 쉽게 익힌다. 초등학교 때 한자 국가공인 3급 자격증을 따놓으면 국어를 잘하게 된다. 국어를 잘하면 다른 과목도 잘하게 된다. 대학생이 되어서야 한자공부하려고 애쓰는 학생들을 보면서, 필자는 이 나라 교육의 無知蒙昧(무지몽매)함에 한탄한다.

셋째, 적극적으로 어휘력 기르기 위한 공부를 한다. 작가들은 어휘력을 기르기 위해 일부러 단어 공부를 한다. 李外秀(이외수) 작가는 좋은 글을 쓰려면 단어 채집을 생활화하라고 주장한다. 단어채집 노트를 만들어 자신의 신체 · 집 등 가까운 곳부터 관련된 어휘들을 떠올리고 채집하라. 그리고 틈나는 대로 국어사전을 뒤져서 단어의 속성을 파악해 的確(적확)하게 사용하는 능력을 길러야 한다.[10] 작가들은 이렇게 어휘를 풍부하게 備蓄(비축)해 두었다가 나중에 작품을 쓸 때 써먹는다.

3) 要約(요약) 訓練(훈련)

남의 글을 읽고 자기 말로 압축 · 요약하는 능력이 있어야 한다. 그래야 내 머릿속의 생각을 글로 표현할 수 있다. 다음과 같은 요약 훈련을 해보자.

(1) 말하고자 하는 내용을 30개 단어 이내의 한 문장으로 요약해 보라.

(2) 아무리 어려운 주제라도 자신의 어머니가 이해할 수 있도록 말해보라.[11]

(3) 한 문단을 읽고 두 줄 이내, 한 줄 이내로 각각 요약해 본다.

(4) 책의 한 쪽(페이지)을 석 줄 이내, 두 줄 이내, 한 줄 이내로 각각 요약해 본다. 요약할 때는 原典(원전)의 표현 그대로가 아닌 내 표현으로 바꾸어야 한다.

4) 段階的(단계적) 글쓰기 훈련

천재가 아닌 우리 같은 보통 사람들은 글쓰기가 매우 어렵다. 그렇다고 포기해서

---

10) 李外秀(이외수), 『글쓰기의 공중부양』, 해냄, 2007.

11) 말할 내용을 핵심만 뽑아 명료하고 설득력 있게 전달하는 능력은 작문능력의 밑바탕이 된다. 어려운 내용을 이해하기 곤란한 자기 어머니를 이해 · 설득시킬 수 있다면 누구나 이해 · 설득시킬 수 있다.

는 안 된다. 質(질)은 量(양)에 비례한다. 林權澤(임권택) 영화감독은 多作(다작)을 하다가 명감독이 되었다. 초기작은 싸구려 3류 영화였지만 후기작은 巨匠(거장)의 名作(명작)이 되었다. 그러니 우리도 일단 많이 써봐야 한다. 무조건 글을 많이 쓰다 보면 글쓰기에 대해 두려움이 사라진다. 그리고 조금씩 글이 늘기 시작한다. 다음과 같은 단계로 글쓰기를 연습하면 효과적이다.

(1) 사물의 기본 구조를 분석하고 이를 한 문장으로 설명해 본다.[12)]

(2) 간단한 일을 문장 세 개로 써본다.[13)]

(3) (2)에 익숙해지면 같은 일을 4단계, 5단계로 점차 늘려서 표현해 본다. 이런 훈련을 계속하다 보면 자기가 묘사하고자 하는 것을 표현하는 능력이 길러진다. 세심한 관찰력·정확한 표현력이 자연스럽게 자란다.[14)]

(4) 중심문장과 뒷받침문장으로 구성된 한 문단을 쓰는 법을 익힌다.[15)]

(5) 문단과 문단을 연결해 5문단 정도로 구성된 한 편의 글을 쓰는 연습을 한다. 미국에서는 다섯 문단 쓰기 훈련은 고 3까지는 반드시 습득해야 하는 과정이다. 교사는 학생에게 여러 가지 조건을 주고 그 조건에 맞게 글쓰기 훈련을 시킨다.[16)]

이 책에서는 (4)는 문단 훈련에서, (5)는 단편 연습에서 각각 가르친다.

---

12) 예 '태양계는 태양과 행성들로 구성돼 있다' '행성은 수성, 금성, 지구, 화성 등 8개가 있다'

13) 예 '엘리베이터 타는 방법을 3문장으로 쓰시오.'. '엘리베이터 밖에서 위아래 버튼을 누른다. 엘리베이터 안에 들어가서 층수를 누른다. 자기 층에 도착하면 나온다.'

14) 작가가 되려면 '김치'·'볼펜'·'노래' 같은 어떤 사물을 글감으로 글을 써보는 훈련을 한다. 처음에는 몇 줄 못 쓴다. 하지만 훈련을 계속하면 무한히 늘어나게 된다.

15) 예 아버지나 어머니가 말씀하는 내용을 '첫째, 둘째, 셋째' 형식으로 적어 보시오. 그 말씀 하나씩을 중심문장으로 삼고 그것을 보태어 설명하는 뒷받침문장을 덧붙여서 각각 한 문단씩 만드시오. 앞에 서론 문단을 넣고 뒤에 결론 문단을 넣어서 한 편의 글로 완성해 보시오.

16) 김종구 논설위원, 「글짓기 교육의 이쪽과 저쪽」, 『한겨레』, 2005. 9. 13. 예 여기에 상자가 하나 있다. 이 상자 안에 무엇이 들어있을지 상상해서 글을 써보자. 1) 글은 다섯 문단으로 구성하라. 각 문단은 10문장 안팎으로 써야 한다. 2) 첫 번째 문단의 첫 문장은 '대화'나 '행동', '상상' 가운데 하나로 시작하라. 3) 각 문단에는 반드시 시각·청각·후각·미각·촉각 가운데 하나를 넣고, 은유법이나 직유법을 활용하라. 4) 마지막 결론 문단은 느낌·교훈·행동·기억·감정 가운데 2~3개를 사용해서 끝맺으라.

4. 기존 작문 교육의 반성

1) 작문 지도 교수의 문제

(1) 글쓰기는 이론이 아니라 훈련이다. 교수는 이론 강의보다 학생에게 글쓰기 훈련시키는 데 중점을 두어야 한다. 교재도 이론이 아니라 연습 중심으로 만들어야 한다. 작문 이론을 많이 안들 글을 한 번 써보는 것만 못하다.[17]

(2) 학생에게 글쓰기 이전에 명문을 배우게 해야 한다. 학생에게 좋은 글을 소리 내어 읽어보게 하라. 또 손으로 또박또박 써오게 하라. 이런 식으로 반복해서 거의 외울 수 있게 하라. 그런 다음에 비슷한 글을 써보게 하라.

(3) 과제를 내줄 때 어떻게 쓰라고 구체적으로 그 방법을 제시해야 한다. 자세한 안내 없이 그냥 쓰라는 과제는 무책임하다.[18]

(4) 작문 과제는 빨간색 펜으로 添削(첨삭) 지도를 해서 돌려주어야 한다. 학생 글이 형식적으로 잘못된 데, 논리적으로 틀린 데나 부족한 데, 근거가 부족한 데, 표현이 미숙한 데를 바로잡거나 보충해 준다. 끝으로 전체적인 작품 평을 한다.

(5) 각 단과대학의 전공교수들은 각 전공별 '전공 작문(Technical Writing)' 지도를 해야 한다. 각 학과의 전공교수가 학생 전공에 맞게 보고서를 쓰는 지도를 해야 한다. 미국에서는 작문 강의시간이 따로 없고 모든 강좌에서 담당 교수가 자기 강좌에 맡는 작문을 지도하는 경우가 많다.

(6) 프랑스의 바칼로레아 시험이나 중국의 대입 작문처럼 수준 높은 작문 과정을 한국에도 도입해야 한다. 프랑스의 바칼로레아 시험은 고등학교 졸업반 학생들에게 몇 시간에 걸쳐서 철학적인 논제를 주고 글 쓰게 한다.[19] 중국도 1951년부터 대학

---

17) 필자는 작문 강의에서 과제를 매주 내주고, 첨삭지도하여 돌려준다. 작문 시험은 학생들에게 1시간 동안 원고지에 7매 이상 글을 쓰게 한다. 이론 시험은 보지 않는다.

18) 예 ① 오늘날 흥부와 놀부가 산다고 할 때 누가 더 잘 살까? 현실의 사례를 들어 논하시오. ② 로봇·사물인터넷·유전과학·인공지능 등 과학기술의 발달이 내가 선택한 직업에 미칠 영향에 대해 예측하고, 내 대비책에 대해 쓰시오. ③ 가장 존경하는 인물(롤모델)을 들어 존경하는 이유를 쓰고, 내가 그를 닮기 위해 무엇을 어떻게 노력하고 있는지를 쓰시오. A4 2장~3장. 남의 자료나 글을 인용할 경우에는 출처를 밝히시오.

19) 최병권(2006), 『세계의 교양을 읽는다』, 제1권, 휴머니스트. 프랑스의 대입 자격시험인 바칼로레아 철학 논술 시험을 다룬 책이다. 지난 10여년간 출제되었던 문제 중 64개를 선

입시에 작문시험을 포함시키고 문화혁명 때를 제외하고는 해마다 시행하고 있다.[20] 현재 한국 대학들이 입시에서 출제하는 짧은 시간의 논술로는 학생의 작문 실력을 기르거나 평가하기 어렵다. 한국에서는 교육부가 각 대학에 입시를 자율로 맡겨야 한다. 그러면 대학 중에 관리할 능력이 되는 대학은 선진국과 같은 이런 본격적인 작문 시험을 치를 수 있을 것이다.

(7) 한자교육 없는 작문교육은 沙上樓閣(사상누각)이다. 정확하지도, 풍부하지도 않은 語彙力(어휘력)으로 어떻게 좋은 글을 쓸 수 있는가? 한자교육을 받아야만 한국인은 정확하고 풍부한 어휘력을 기를 수 있다. 한자와 假名(가명:가나)을 섞어 쓰는 일본, 한자만 쓰는 중국은 노벨문학상을 탔다. 하지만 한국은 노벨문학상을 타지 못했다. 그 원인이 한글전용에 있지 않겠는가? 한글전용이 그렇게 좋고 옳다면 왜 우리만 노벨문학상을 타지 못하는가? 한글전용한 이후 한국문학이 그 이전의 한국문학보다 발전했다고 생각하는가?

우리가 한국어가 가지고 있는 모든 어휘를 동원하고 표현력을 극대화해도 좋은 작품을 만드는 데는 부족하다. 한자어는 한국어 어휘의 60%를 차지하고, 한자어는 한자에 바탕을 둔다. 헌데 한국어 중에서 한자와 한자어는 미리 떼어 내버리고 어떻게 좋은 작품을 만들 수 있는가? 차포 떼고 장기 고수가 될 수 있나? 한글전용이란 한국어를 低級化(저급화)시키고 한국문학을 망치자는 말과 同義語(동의어)이다. 한글전용이라는 癌(암)을 떼어 내야 한국문학이 回生(회생)할 것이다.

2) 작문 수강 학생의 문제

(1) 題材(제재)의 범위가 넓지 않은가?

대학생들은 글을 쓸 때 흔히 제재를 너무 넓게 잡는다. 범위를 좁게 잡고 깊이 있게 써야 글이 좋아진다. 그래야 구체적으로 생생하게 묘사·서술할 수 있어 인상적인 글을 쓸 수 있다. 자기 힘에 알맞은 작은 제재를 택해서 충분히 공부하고 성실하게 글을 쓰는 훈련을 해보자.

별하여 엮었다.

20) 류지에(劉潔) : 경기대 중문과 교수(2007), 박혜원·김주리 옮김, 『중국의 교양을 읽는다』, 휴머니스트. 이 책은 반세기 동안 출제된 중국 대입 작문시험 문제 중 13개를 뽑아 중국인의 사고방식이 변화해온 과정을 살피고 있다.

(2) 글의 構成(구성)은 잘되어 있는가?

대학생들은 구성 개념이 없이 무작정 글을 쓴다. 글쓰기 전에 먼저 구성을 생각해야 한다. 자기가 생각하는 제재를 어떻게 순리적이고 효과적으로 순서를 정해서 표현할 수 있을지를 고민해봐야 한다. 작문 초보자들은 독자들이 이해하기 쉽게 頭括式(두괄식) 또는 兩括式(양괄식)을 택하는 것이 좋다. 尾括式(미괄식)은 초보자들이 택하면 안 된다. 또 어떤 전개방식을 쓸 것이지도 미리 결정해야 한다. 시간순으로 쓸 것인지 공간순으로 쓸 것인지 등을 글쓰기 전에 미리 선택해야 한다.

글의 구성이 잘 되어 있지 않으면 가다가 중간에서 주제에서 벗어나 갈팡질팡하기 십상이다. 글을 구성할 때는 주제 하나를 집중적으로 밀고 가게 짜야 한다. 문단을 잘 배치하여, 논리를 처음부터 끝까지 통일성 있게 밀고 나가야 한다.

(3) 文段(문단) 나누기를 잘하였는가?

대학생들은 대개 문단 개념이 없다. 문단 개념을 모르고 글을 쓰기 때문에 글이 엉망이다. 기성 문인들도 문단 개념 없이 글 쓰는 사람들이 태반이다. 기자들도 마찬가지다. 글을 짜임새 있게 쓰려면, 문단을 중심에 놓고 써야 한다. 문단이라는 뭉텅이 개념을 중심으로 글을 써라.

(4) 글의 주제는 獨創的(독창적)인 시각이 있는가?

학생의 글이 완전히 독창적일 수는 없다. 하지만 누구나 다 비슷하게 느끼고 생각하는 陳腐(진부)한 주제는 피해야 한다. 생각 · 관찰 · 시각 · 관점 · 의견 · 제재 · 주제 · 근거 · 자료 · 표현 등에서 조금이라도 남과 다른 무언가가 있어야 한다. 빤한 관념적 · 상투적 이야기나 인터넷으로 검색한 남의 이야기를 글감으로 삼지 말자. 특히 남의 글을 베껴오는 표절은 제발 삼가자.

학생들은 자기 삶과는 별개로 '이래야 한다'는 식의 당위적이고 교훈적인 주제를 펴는 경우가 많다. 관념적인 말을 늘어놓는 것은 좋지 않다. 그것은 멋있는 것도 아니고 좋은 글도 아니다. 글은 자기 삶과 가까운 데서부터 시작해야 한다. 자기 체험과 자기 생각을 솔직하게 써라.[21)]

---

21) 글의 기본은 率直(솔직) · 正直(정직)이다. 그래서 遺書(유서)가 가장 성실한 글이다. 글을 자기 자신을 꾸미기 위해서 쓰는 것은 잘못이다. 세 자매가 동반 자살했는데, 초등학교 3학년에 다니던 둘째 애가 다음과 같이 짧은 유서를 썼다. "언니가 엄마 · 아빠 있는 곳으로 가자고 해서 간다. 한복이 아깝다. 보조가방이 아깝다." 얼마나 눈물 나는 글인가? 진

問題意識(문제의식)이 없는 글쓰기는 가치가 낮다. 작문 시간은 다양한 사고 훈련 시간이 되어야 한다. 새로운 시각을 갖기 위해서는 독서도 비판적으로 해야 한다. 책을 읽을 때 저자가 주장하는 바를 '왜?'라고 물으면서 일부러 반박해 보는 훈련을 하는 것이 좋다. 그러는 과정에서 어떤 문제의 가려진 면이 보일 수 있다. 지구는 둥글기 때문에 모든 면에는 다양한 면이 있다. 앞만 보지 말고 옆이나 뒤도 보는 훈련을 해야 한다. 多値的(다치적)·複線的(복선적)·多元的(다원적) 사고 속에서 다양한 견해를 제시한 좋은 글이 나올 수 있다.

(5) 주장이 論理的(논리적)이며 근거를 갖추었는가?

학생들의 글은 비합리적·비약적인 논리가 많다. 또는 이성보다는 감정이 앞서는 글도 많다. 이런 글들은 자기주장에 대한 근거가 불충분하다. 근거가 뒷받침되지 않는 주장은 공허하다. 적절한 例證(예증)·敷衍(부연)·數値(수치)·引用(인용)·比喩(비유) 등이 論旨(논지)를 잘 뒷받침해줄 때 글의 설득력이 높아진다.

(6) 정확하고 풍부한 語彙(어휘)를 구사하고 있는가?

학생 중에는 자기도 정확하게 이해하지 못하는 관념적 단어를 사용하는 경우가 있다. 자기도 이해하기 어려운 남의 글을 인용하여 근거로 삼으려는 사람들도 있다. 자기가 정확히 이해하지 못하는 단어나 글을 써서는 안 된다. 자기가 漢字(한자)로 쓰지 못하고 의미도 잘 모르는 한자어를 쓰지 말라. 잘 모르면 차라리 토박이 말을 쓰는 게 낫다. 특히 생경한 영어 단어를 써서 유식을 자랑하려 하지 말라. 영어는 한국어가 아니다. 한국어로 글을 쓰지 못하는 사람은 무능한 사람이다.

또 비속어나 유행어, 폭력적인 언어, 인터넷 언어도 禁物(금물)이다. 또한 口語體(구어체)도 쓰지 말자. 존대법도 유의하자. 잘못하면 글의 품위를 떨어뜨린다. 文語(문어)로, 표준어로, 어문규정에 맞게 써야 한다.

(7) 문장은 간결하고 非文(비문)은 없는가?

작문 초보자들은 대체로 글이 길다. 수식어가 많다. 문장이 길면 무슨 말을 하는지 알기 어렵고, 연결이나 호응이 어긋나는 非文(비문)이 되기 쉽다. 접속어와 지시

실이 사람을 감동시키는 것이다. 趙甲濟, 「외손자로부터 글쓰기의 원리를 배운다!」, 『조갑제닷컴』, 2015. 5. 21. 참고.

어를 많이 써도 안 된다. 문장의 긴장미가 떨어진다.

학생들은 퇴고를 귀찮게 여기고, 퇴고 없이 글을 제출하는 게 흔하다. 하지만 글을 쓴 뒤에는 반드시 퇴고를 해야 한다. 꼼꼼하게 단어 하나, 구절 하나, 문장 하나를 따지고 다듬고 고쳐야 한다. 여러 번 고칠수록 글은 좋아진다. 시간과 정성을 들여야 좋은 글을 완성할 수 있다.

5. 글감 찾기

1) 경험을 다양하게 하기

자기 생활에서 우러나온 자기 이야기야말로 가장 참되다. 작가들은 작품을 쓰기 위해 위험한 체험까지 한다. 글을 잘 쓰려면 견문이 넓어야 한다. 영화 · 연극 · 음악 · 그림 등을 많이 감상하자. 연극이나 영화를 보고 난 뒤에는 감상문을 적어놓자.

여행을 많이 다니자. 새로운 경험을 맛볼 수 있다. 여행지에서 본 것 중 가장 인상적인 것, 만난 사람, 알 게 된 사실 등을 글로 써 보자.

2) 책을 많이 읽기

책을 많이 읽어 간접체험을 풍부하게 하자. 시공간을 초월하여 東西古今(동서고금) 무한대의 체험을 할 수 있다. 자기가 직접 체험해 볼 수 없는 모든 다양한 경험을 책을 통해서는 할 수 있다. 책을 많이 읽어 배경지식을 쌓아 두자. 풍부한 독서는 큰 鑛脈(광맥)이나 마르지 않는 샘과 같다. 글을 잘 쓰는 건 결국 그 사람이 많이 읽고(多讀) 많이 생각한(多商量) 결과이다.

3) 메모하는 습관 기르기

'記錄(기록)은 記憶(기억)을 지배한다'는 말이 있다. '기록하는 자가 역사의 주인이 된다'는 말도 있다. 새롭게 배운 지식, 새롭게 눈 뜬 느낌, 재미있는 이야기, 신기한 이야기, 길을 걷다가 발견한 소재 등 모두 기록해 두면 나중에 글을 쓸 때 자료가 된다. 독서하다가 떠오른 생각도 기록해야 한다. 시인은 詩想(시상)이 떠오르면 즉시 적어놓는다, 그리도 두고두고 다시 떠오르는 시상을 모으고 고쳐서 시를 완성한다.

작가들은 일기와 메모로 글쓰기의 기본을 닦는다. 『태백산맥』의 趙廷來(조정래) 작가는 취재수첩이 수십 권이다. 가서 보고 듣고 생각하고 느낀 모든 것을 수첩에 적어놓는다. 그것이 그가 좋은 작품을 쓰게 된 원동력이다.

4) 사람과 事物(사물)에 관심 갖기

주위 일에 관심을 갖고 세밀하게 관찰하고 생각해 보자. 부모, 형제, 학교 친구들과 선생님, 강아지, 고양이, 동식물 등의 모습이나 행동을 유심히 살펴보자. 새로운 느낌이 들면 그 느낌들을 적어 놓자. 이런 내 주변 사람들이 지니고 있는 성격이나 특징들이 모두 좋은 글감이 된다. 사람과 생물뿐만 아니라 무생물에도 관심을 가져보자. 집안・학교・동네의 작은 변화, 집안・학교・동네에서 벌어진 사건 등도 기록해 두자. 사회나 국가에 대한 생각 등도 떠오르는 대로 적어두자. 이런 것들이 모두 글감이 된다.

5) 혼자 생각을 많이 해보기

혼자 생각하는 시간을 많이 가져야 한다. 상상력을 억제하고 창의력을 말살하는 한국 학교교육과는 반대로 해야 한다. 기존의 상식에 의문을 품어본다[22]. 默想(묵상)・瞑想(명상)을 해봐야 한다. 생각이 안 날 때는 일어나서 걸어 보자. 산책하면 여러 생각이 떠오를 것이다. 그것을 메모하면 글감이 될 것이다.

發想(발상)을 轉換(전환)해 보아야 한다. 세상을 劃一的(획일적)인 시각으로 보지 말고 逆發想(역발상)도 해보아야 한다. 주관식 서술형으로 글을 많이 써봐야 한다. 교과서에 나오지 않는 시・소설 같은 문학작품을 읽고 자기 마음대로 해석해 보는 훈련을 한다. 漢字(한자)를 배우고 한자의 모양을 보면서 그 한자에 담긴 의미를 상상력을 발휘하여 類推(유추)해 보아야 한다.

---

22) 한국 학생들이 드러내는 한계가 '思考(사고) 缺乏症(결핍증)'이다. 학교의 주입식 교육을 충실히 따른 모범생일수록 고정관념에서 빠져 있다. 만들어진 답을 선택하는 훈련만 하다 보니 자기 주체적 사고능력이 부족하다. 삶에 대해 자신 성찰이 없다. 인간에 대해 깊이 생각해 보거나 느끼지 못한다. 그러니 피상적인 글을 쓸 수밖에 없다.

6. 글이 안 써질 때 글 쓰는 요령

1) 개인 글쓰기

먼저 글을 잘 쓰겠다는 욕심을 버리자. 글을 잘 써야 한다는 욕심을 버려야 글쓰기의 두려움이 사라진다. 그냥 일단 써보자. 글감이 안 떠오를 때, 글이 안 써질 때는 그냥 지금 머릿속에 떠오르는 낱말을 적어보자. 무슨 말이든 문장이든 좋다. 그것이 마중물이 되어 다음 단어와 문장을 이끌어낼 것이다. 낙서라 해도 좋다. 그러다가 진짜 광맥이 터질 것이다. 그 물줄기를 따라가다 보면 어느새 글이 될 것이다.

글 쓸거리가 없는 사람은 없다. 첫째로 누구나 삶의 체험이 있다. 그게 가장 쓰기 쉬운 글감이다. 사건이 가장 좋다. 좀 특이한 사건이면 더욱 좋다. 둘째로 글 쓸 만한 사건이 없으면 책을 읽으면 된다. 책을 읽으면 몰랐던 사실을 알게 되는 것이 있다. 그것을 쓰면 된다. 또 책을 읽으면서 의문을 느끼는 것도 있다. 그것을 써도 된다. 셋째로 살면서 그냥 느끼는 것도 좋다. 그 생각만으로 詩(시)가 된다. 세상이 이렇다고 하면서 생각을 덧붙이면 隨筆(수필)이 된다. 세상이 이렇게 되어야 한다고 진지하게 쓰면 時事性(시사성) 글이 된다. 세상이 이렇게 바뀐다면 하고 상상력을 더 발휘하면 小說(소설)이 된다.

하여튼 내가 가장 잘 아는 것, 가장 자신 있는 것을 간단한 문장으로 써보자. 그러면 그 다음부터는 글이 알아서 써질 것이다. 내가 누구를 위해 글을 쓰는지 그 대상을 생각하면서 글을 쓰는 게 좋다. 그리고 그들의 관심을 어떻게 최대한 이끌어낼 수 있을지 궁리하면서 쓰는 게 좋다. 내 생각이 독자에게 효과적으로 전달되는 데 초점을 맞추어 쓰면 된다.

2) 단체 글쓰기

단체로 글쓰기 연습을 할 때는, 교수는 먼저 학생들의 심리적 안정을 유도해야 한다. 일단 글쓰기에 대한 학생들의 두려움을 덜어주어야 한다. 다음으로 대화와 토론으로 글감을 함께 생각하게 한다. 교수는 發想(발상)을 이끌어내고 학생들을 격려하여 능동적 글쓰기를 유도해야 한다. 작문교육은 일대일 添削指導(첨삭지도)가 가장 좋다. 하지만 한 반 정원이 30명이 넘는 경우에는 첨삭 지도가 불가능하다. 이럴 경우에는 모둠학습이 효율적이다[23].

(1) 3~4명으로 모둠을 만든다.

(2) 교수가 글쓰기 제재를 제시하고 글쓰기 방법도 지도한다. 제재는 시사적 문제, 대학생들의 當面(당면) 문제, 死刑制(사형제) 폐지 등 논쟁거리가 될 만한 문제, 영화·가요·광고·유행어·텔레비전 프로그램 등 학생들이 흥미를 느끼는 문제 등으로 정한다.

(3) 제재에 대해 조원들끼리 서로 의견을 나누고 토론한 뒤 각자가 草稿(초고)를 쓴다. 주제가 정해지면 주제를 놓고 다른 사람들과 공·사석에서 討論(토론)을 통해 의견을 나눈다. 토론을 하면 남의 의견을 통해 새로운 사실을 알 수 있고 종합적인 비교를 통해 자신의 생각을 정리할 수 있다. 그래서 자기 의견의 오류를 바로잡고 좀더 완성된 주장을 할 수 있다.

(4) 각자 만든 초고를 다른 조원들과 함께 바꿔서 읽어본다. 각자 의견을 제시하여 수정하는 과정을 한두 차례 거듭한다. 조원들의 힘을 모아 완성본을 만든다.

(5) 완성본을 제출하고 공동평가를 받는다.

(6) 교수는 각 조의 완성본을 빔 프로젝트에 비추면서 수강생들이 함께 첨삭하는 과정을 거친다. 교수가 학생들과 함께 단어·문장을 바꿔 보면서 첨삭지도를 한다. 이렇게 하고 나면 학생들이 작문의 요령을 터득하는 게 빠르다.

(7) 창의성을 유도하기 위한 작문 행사도 시도해볼 만하다. 한두 사람이 강의실 앞에서 짧은 연극을 한다. 卽興劇(즉흥극)도 좋다. 학생들에게 그것을 보고 글을 써 보게 한다. 그러면 학생 각자가 想像力(상상력)을 발휘하여 글을 쓸 것이다. 실제로 근래 이런 식의 白日場(백일장)이 생기고 있다.

---

23) 정희모 : 연세대 교수(2006), 『글쓰기 교육과 협력학습』, 삼인.

Ⅱ. 文章(문장) 訓練(훈련)

1. 適切(적절)한 單語(단어) / 33
2. 簡潔(간결)한 文章(문장) / 54
3. 正確(정확)한 文章(문장) / 71
4. 올바른 表現(표현) / 91
5. 語文規定(어문규정)에 맞게 / 132

Ⅱ. 文章(문장) 訓練(훈련)

작문에서 한 문장을 쓰는 일은 바둑에서 돌 하나를 놓는 것과 같다. 바둑돌을 놓는 것을 行馬(행마)라고 한다. 행마는 효율성이 높아야 한다. 돌을 적게 놓으면서도 최고의 효과를 거두어야 한다. 고수의 행마는 모양이 깔끔하면서 큰 힘을 지닌다. 하수의 행마는 모양이 어지러우면서 허술하다. 작문도 그와 똑같다. 글을 잘 쓰려면 먼저, 문장을 간결하면서 含蓄美(함축미) 있게 쓰는 훈련부터 시작해야 한다. 문장 하나하나가 모여서 한 편의 글을 이룬다.

글쓰기의 첫 단계는 문장 훈련이다. 단어 하나, 문장 하나를 바르게 적는 데서부터 정성을 다해야 한다. 문장 훈련은 '1. 適切(적절)한 단어, 2. 簡潔(간결)한 문장, 3. 正確(정확)한 문장, 4. 올바른 表現(표현), 5. 語文規定(어문규정)에 맞게'의 순으로 공부해 보기로 하자.

1. 適切(적절)한 單語(단어)

1) 상황에 딱 맞는 단어를 선택하자

글 쓰는 사람은 상황에 딱 들어맞는 단어를 선택해야 한다. 한국어는 한 사물에 대개 토박이말과 한자어 두 가지가 있다. 사람 / 人間(인간), 나라 / 國家(국가), 겨레 / 民族(민족), 달걀 / 鷄卵(계란) 같은 쌍들이다. 그 외에도 類似語(유사어)들이 있다.

예를 들어, '사람', '인간' 외에도 '개인', '시민', '주민', '지역민', '유권자', '국민', '인류', '만물의 靈長(영장)', '被造物(피조물)', '머리 검은 짐승' 등의 유사어들이 있다. 그 중에서 글쓴이는 가장 적절한 단어를 선택해야 한다.

연습문제 1. 다음 문장에서 틀린 곳을 바로잡으시오.

① 차가 막혀 지각하였다. → 찻길이
② 사람을 실은 버스가 왔다. →
③ 驚愕(경악)을 금치 않을 수 없다. →
④ 외국서 오는 손님을 배웅 나갔다. →
⑤ 위쪽에 사진이 세 장 걸려 있었다. → 석 장
⑥ 우리 동네 슈퍼 아저씨는 참 주책이다. →
⑦ 한참 일할 나이에 그는 퇴직을 당했다. →
⑧ 이분이 그 미담의 張本人(장본인)이다.[1] →
⑨ 그 문제에 대해 서로 의견이 틀리다. →
⑩ 車線(차선) 변경을 하다 접촉사고가 났다. →
⑩ 우연치 않게 그를 십년 만에 길에서 만났다. →
⑪ 우리는 금전만능주의를 志向(지향)해야 한다. →
⑫ 내 발 밑에서 낑낑거리는 강아지를 쳐다보았다. →
⑬ 그 사람은 불안한지 서성거리며 안절부절했다. →
⑭ 아프리카는 지구상에서 두 번째로 큰 대륙이다. →
⑯ 그는 이제는 너와 나는 끝났다라는 듯이 굴었다. → 끝났다는
⑰ 부동산 투기가 再演(재연)되면 경제는 위험해진다. → 再現(재현)되면
⑱ 정부의 경제정책 運營(운영)이 신뢰를 잃고 있다.[2] →
⑲ 공공기관 안에서 담배 피는 일을 삼가해 주십시오. →
⑳ 결혼식 와중에 사회자가 재미있는 이벤트를 선보였다. →
㉑ 영재의 두뇌 開發(개발)을 위해 정부가 나서야 한다.[3] →
㉒ 勞使(노사)는 임금 保存(보존) 문제를 놓고 협상했다.[4] →

---

1) 제Ⅱ장 5. '3) 틀리기 쉬운 한글맞춤법 101가지' (26).
2) 제Ⅱ장 5. '3) 틀리기 쉬운 한글맞춤법 101가지' (74).
3) 제Ⅱ장 5. '3) 틀리기 쉬운 한글맞춤법 101가지' (3).

㉓ 이러지도 저러지도 못하는 困辱(곤욕)스러운 상황이다.[5] →
㉔ 鄭周榮 (정주영) 회장을 他山之石(타산지석)으로 삼자.[6] →
㉕ 그는 不意(불의)의 교통사고로 殞命(운명)을 달리했다.[7] →
㉖ 기업들은 특혜보다는 불이익을 우려해 정치자금을 제공했다.
→ 기업들은 특혜를 기대해서라기보다는 불이익을 당할까 두려워 정치자금을 제공했다.
㉗ 신랑은 미국 월가에서도 능력을 인정받은 才媛(재원)입니다.[8] →
㉘ 우리나라 선수단은 서른네 번째로 당당하게 들어오고 있습니다. → 서른넷째로.
㉙ 토론할 때 흥분하는 건 자신의 논리가 빈약하다는 反證(반증)이다. →
㉚ 앞집 탓에 眺望權(조망권) · 日照權(일조권)을 침해당하면 賠償(배상)을 받을 수 있다.[9] →

한국인이 흔히 틀리기 쉬운 한글맞춤법 101가지를 제Ⅱ장 '5. 어문규정에 맞게'(160-194)에 모아 놓았다. 틈틈이 익혀서 한글맞춤법에 맞게 글을 쓰기 바란다.

2) 사전을 찾아 語彙力(어휘력)을 기르자

한국어 어휘는 60% 정도의 한자어, 25% 정도의 토박이말, 15% 정도의 외래어로 이루어져 있다. 한글전용자들은 토박이말만 쓰자는 주장을 하지만, 이는 한국어 어휘의 25%만 사용하자는 말이다. 한국어의 표현력을 4분의 1로 줄이자는 주장이니 妄發(망발)이 아닐 수 없다. 한글전용은 한국어의 힘을 크게 약화시키려는 自害(자해) 행위이다.[10]

---

4) 제Ⅱ장 5. '3) 틀리기 쉬운 한글맞춤법 101가지' (51).
5) 제Ⅱ장 5. '3) 틀리기 쉬운 한글맞춤법 101가지' (9).
6) 제Ⅱ장 5. '3) 틀리기 쉬운 한글맞춤법 101가지' (14).
7) 제Ⅱ장 5. '3) 틀리기 쉬운 한글맞춤법 101가지' (75).
8) 제Ⅱ장 5. '3) 틀리기 쉬운 한글맞춤법 101가지' (86).
9) 제Ⅱ장 5. '3) 틀리기 쉬운 한글맞춤법 101가지' (48).
10) 이희재(2009), 『번역의 탄생』, 교양인, 286. "관념어를 토박이말로 바꾼다는 것은 현실적으로 불가능하고 또 그럴 필요도 없습니다. 말의 원산지에 지나치게 집착하는 것은 합리적인 태도가 아닙니다. 외국어에서 새로운 관념과 용어를 받아들인다는 것은 전혀 부끄러운 일이 아닙니다. 지금은 세계어로 추앙받는 영어도 멀리는 덴마크어와 스웨덴어, 가깝게는 그리스어와 라틴어, 프랑스어에서 크게 영향을 받았습니다."., 정연빈(2013), 「고종석 "한자어도 한국어, 마음 놓고 써라"-고종석의 한국어 글쓰기 강좌 (3)」. 『채널예스』. "고종석

한국어에서 한자어와 토박이말은 서로 구실이 다르다. 한자어는 명사가 강하다. 다양하고 복잡한 개념을 정확하게 나타내야 하는 개념어나 전문용어는 한자어가 유리하다. 그래서 학문의 전문용어들은 한자어가 절대다수이다. 반면에 토박이말은 형용사가 강하다. 곧 정서적인 표현에 강하다. 토박이말은 한자어보다 부드럽고 정서적이다. '빨리 / 迅速(신속)히', '부드럽게 / 柔軟(유연)히', '그리워하다 / 戀慕(연모)하다' 등을 비교해보면 느낌이 다르다. 글 쓰는 사람은 한국어의 이런 어휘 성질을 알고 상황에 알맞은 낱말을 찾아 써야 한다. 토박이말을 쓰면 한자어보다 부드러운 느낌이 든다. 이것은 토박이말의 장점이다. 하지만 한자어를 漢字(한자)로 적으면 개념이 정확하게 눈으로 들어온다. 이것은 한자어의 장점이다.

적확한 단어의 사용으로 글의 완성도를 높이려면 어휘력이 풍부해야 한다. 서양인들은 글을 쓸 때 국어사전, 동의어 · 반의어 사전, 類義語(유의어) 사전 등을 옆에 놓고 글을 쓴다. 그들은 같은 단어나 표현을 반복해 쓰는 것을 禁忌(금기)로 친다. 같은 말을 반복한다는 것은 표현력이 부족하다는 의미이기 때문이다[11]. 그래서 미국과 유럽의 학교들에서는 동의어와 반의어를 주의 깊게 가르친다. 또 컴퓨터 워드프로그램에도 동의어 · 반의어 사전이 내장돼 있어 글을 쓸 때 같은 단어 반복을 피하게 도와준다. 한시에서도 같은 단어를 되풀이하는 건 금기이다.

적확한 단어의 사용을 넘어 표현을 풍부하게 하는 방법이 있다. 글을 쓸 때 語源(어원)이나 격언 · 속담 · 명언 명구 등을 인용하는 방법이다. 그러면 글에 생기가 돈다. 그래서 글의 전문가들은 국어사전은 물론, 격언사전 · 속담사전 · 문장사전 같은 여러 사전을 옆에 놓고 활용한다.

요즘은 네이버 같은 인터넷 포털에서 국어사전을 서비스로 제공한다. 근래는 그 단어에 아나운서의 발음이 녹음되어 제공되니, 그 정확한 발음까지 익혀두면 더욱 좋다[12]. 하지만 국어사전은 종이사전을 가지고 있는 것이 좋다. 책상 위에 놓고 언

은 유럽의 예를 들어 과도한 한국어 순혈주의를 지적했다. 중세 영국에서는 프랑스 왕가가 궁중에 있으면서 상류층은 불어를 쓰고 하층민만이 영어를 썼던 역사적 경험이 있다. 이는 마치 조선 사회에서 양반들이 한자를, 중인 이하의 계급과 여성들이 한글을 사용했던 것과 유사하다. 하지만 영국에서는 한국에서 '한자어를 없애자'고 하는 식의 운동은 하지 않는다. 이미 자기 언어로 정착된 것을 들어내는 일은 사실 불가능하다는 거다. 한자어를 없애면 한국어는 반도막이 된다는 게 고종석의 생각이다."

11) 그래서 예를 들어 서양인은 '벤츠'에 대해 글을 쓸 때 처음 쓸 때는 '벤츠'라 쓰면 두 번째는 '독일 최고의 자동차 회사' 하는 식으로 표현을 달리하여 쓴다.

12) 현행 한글은 '표준발음법'에서 규정한 長音(장음)과 短音(단음)을 구별하여 적지 않는다. 그래서 현행 한글을 읽으면 한국어 표준발음을 할 수 없다. 한글은 우수한 소리글자가 아닌

제든지 찾기 쉽기 때문이다.

쉬운 낱말만 쓰는 것이 좋은 글이 아니다. 어휘력이 풍부해야 좋은 글이 된다. 예를 들어, '매우', '아주', '몹시'는 모두 程度(정도)를 나타내지만 그 쓰임은 조금씩 차이가 있다. '매우'는 '보통 정도보다 훨씬 더'의 뜻으로, '아주'보다는 조금 덜한 정도를 표현한다. "일이 매우 급하다"처럼 쓴다. '아주'는 '보통 정도와 비교가 안 되게 훨씬 더'를 의미하며, '매우'보다 정도가 더 지나침을 나타낸다. "아주 먼 옛날" "그녀는 노래를 아주 잘한다"처럼 쓴다. '몹시'는 '더할 수 없이 심하게'라는 뜻으로, 대체로 부정적인 정서를 나타낼 때 쓰인다. "나는 기분이 몹시 상했다". 이런 차이를 알고 맞게 한다. 그런데 요즘에는 무조건 '너무'나 '굉장히'를 쓰는 이상한 말버릇이 퍼져 있다. 근래 한국인이 어휘력이 부족하여 다양한 표현을 하지 못하고 획일화되는 것이다.

아래에 '그녀는 아름답다'를 표현하는 스무 가지 방법을 제시해 보았다.

① 그녀는 아름답다.
② 그녀는 상당히 아름답다.
③ 그녀는 꽤 아름답다.
④ 그녀는 무척 아름답다.
⑤ 그녀는 매우 아름답다.
⑥ 그녀는 아주 아름답다.
⑦ 그녀는 몹시 아름답다.
⑧ 그녀는 너무 아름답다.
⑨ 그녀는 엄청나게 아름답다.
⑩ 그녀는 宏壯(굉장)히 아름답다.
⑪ 그녀는 까무러치게 아름답다.
⑫ 그녀는 氣絕(기절)할 만큼 아름답다.
⑬ 그녀는 恍惚(황홀)하게 아름답다.
⑭ 그녀는 숨이 막히게 아름답다.

것이다. 그 결과로 현재 아나운서나 聲優(성우) 같은 방송인들마저도 長短音(장단음)을 구별하는 표준발음을 거의 하지 못한다. 방송인 대부분 짧은 발음만 하지 긴 발음은 하지 못한다. 하지만 인터넷 국어사전에서 제공하는 발음은 장단음을 구별하는 표준발음이다. 그러니 한국어 표준발음을 배우고자 하는 사람은 그 발음을 듣고 배우기 바란다.

⑮ 그녀는 넋을 놓고 쳐다볼 만큼 아름답다.

⑯ 그녀는 地上(지상) 사람이 아닌 듯 아름답다.

⑰ 그녀는 仙女(선녀)가 내려온 듯 아름답다.

⑱ 그녀는 天使(천사)처럼 아름답다.

⑲ 그녀는 女神(여신)처럼 아름답다.

⑳ 그녀는 말로 다 표현할 수 없을 만큼 아름답다.

위는 일부 보기만 들었을 뿐 이보다 더 다양하게 표현할 수 있다. 글 쓰는 사람은 자신이 표현하고자 하는 내용을 가장 알맞은 단어를 선택해서 표현할 수 있는 어휘력을 길러야 한다.

국어사전에서 풀이하는 '辭典的(사전적) 意味(의미)'를 낱말의 '外延(외연)'적 의미라고 한다. 낱말에는 그 외에도 개인이 각기 다른 느낌으로 받아들이는 '內包(내포)'적 의미도 있다. 예를 들어 '學校(학교)'라는 낱말을 공부를 좋아하는 학생은 '공부하는 재미있는 곳'으로 여기지만 학교를 싫어하는 학생은 '가기 싫은 지겨운 곳'으로 여긴다. 글 쓰는 사람은 독자가 誤解(오해)나 曲解(곡해)하지 않도록 외연은 물론 내포까지 잘 살피면서 낱말을 선택해야 한다.

또한 글 쓰는 사람은 낱말의 價値的(가치적) 성격도 잘 파악하고 글을 써야 한다. 다음 표처럼 단어들을 성격을 분류해 보고 잘 선택해서 쓰자.

	中立的(중립적)	肯定的(긍정적)	否定的(부정적)
1	뚱뚱한	풍채[풍신]가 좋은	肥大(비대)한, 돼지 같은
2	마른	날씬한	가죽만 남은, 해골 같은
3	시간이 남은	시간이 여유로운	따분한, 지루한
4	그대로 놔둔	자유를 준	내버려 둔, 放置(방치)한
5	急進的(급진적)인	進取的(진취적)인	너무 앞서가는
6	活動的(활동적)인	積極的(적극적)인	나대는, 설치는, 너무 나서는
7	消極的(소극적)인	침착한, 차분한	優柔不斷(우유부단)한, 활기가 없는
8	가난한	淸貧(청빈)한	못 사는, 먹고 살기 힘든
9	경제관념이 있는	경제 능력이 좋은	돈만 밝히는, 돈벌레 같은
10	솔직한	소탈한, 마음을 털어놓는	입이 싼, 할 말 안 할 말 못 가리는
11	얼굴이 흰	얼굴이 白雪(백설) 같은	얼굴이 蒼白(창백)한, 병든 것 같은
12	말을 잘 듣는	도량이 넓은	귀가 얇은
13	착한	어진, 仁慈(인자)한	바보 같은, 호구 같은
14	監獄(감옥)	矯導所(교도소)	刑務所(형무소)
15	自信感(자신감)	自負心(자부심)	自慢心(자만심)

3) 漢字語(한자어)와 漢字(한자)는 적절히 쓰자

(1) 한자어와 토박이말은 동등한 관계이다

보통 한자어와 토박이말은 한 쌍을 이루는 경우가 많다. 이를테면, '사람'은 '人間(인간)'과 쌍을 이룬다. 하지만 세상에 완벽한 同義語(동의어)는 없다. 類義語(유의어)가 있을 뿐이다. '사람'과 '人間(인간)'은 비슷하긴 하나 똑같은 말은 아니다. 두 낱말이 조금 다른 뉘앙스와 용법을 지닌다[13]. 또 대개 토박이말은 토박이말끼리 같이 쓰이고 한자어는 한자어끼리 같이 쓰이는 경향이 있다.[14]

한자어와 토박이말은 一對一(일대일) 대응을 하지 않기도 한다. 예를 들어 토박이말 '보다'는 한자로는 '見(견)', '視(시)', '看(간)', '觀(관)', '監(감)', '覽(람)', '閱(열)', '瞻(첨)', '睹(도)'의 아홉 단어와 대응한다. 대개 토박이말보다는 한자어가 의미가 세분화되어 있다. 그래서 한자어를 사용하면 더 섬세한 한국어를 구사하게 된다. 토박이말만 쓰자는 주장은 어휘가 貧弱(빈약)했던 原始時代(원시시대) 한국어로 돌아가자는 말과 같다.

(2) 한자어를 토박이말로 바꿀 필요는 없다

한글전용자들은 한자어 학술용어나 전문용어를 토박이말로 고쳐 써야 한다고 주장한다. 그런 시도가 실패한다는 것은 試行錯誤(시행착오)를 겪어서 이미 판명됐다. 과거에 한글전용자들의 요구에 따라 학술용어를 한자어에서 토박이말로 바꾼 적이 있다[15]. 하지만 言衆(언중)이 받아들이지 않아 정착이 되지 못하고 원래대로 돌아갔다.

또 한자어를 토박이말로 바꾸는 일은 현실적으로 불가능하다. '粒子(입자)'는 '알갱이'로, '微粒子(미립자)'는 '씨알갱이'로 고쳤다 치자. 그런데 같은 '-子(자)' 계열의 다른 용어들, 예를 들어 分子(분자), 原子(원자), 電磁(전자), 量子(양자), 陽性子(양성자)는 토박이말로 바꿀 말이 없다. 학문은 體系(체계)가 생명이다. 같은 계열의 용어들을 어떤 것은 한자어, 어떤 것은 토박이말로 쓴다면 혼란만 부추길 뿐이다.

---

13) 예를 들어 '좋은 사람'이라고는 하지만 '좋은 인간'이라고는 하지 않는다. 또 '人間味(인간미)'라는 말은 있지만 '사람맛'이라는 말은 없다.

14) 예를 들면 토박이말 '사람'과 '살이'가 결합하여 '사람살이'가 되고, 한자어 '인간'과 '관계'가 결합하여 '인간관계'가 된다.

15) 예를 들면, 사각형은 네모꼴, 삼각형은 세모꼴, 자외선은 넘보라살, 적혈구는 붉은피톨, 백혈구는 흰피톨, 명사는 이름씨, 동사는 움직씨 등이다.

또한 이미 쓰고 있던 용어를 다른 말로 바꾸게 되면 언어의 연속성이 흔들린다. 그러면 의사소통에 불편이 온다. 특별한 일이 없는 한 쓰던 말을 함부로 바꾸지 말아야 한다. 한국은 惟獨(유독) 이름 바꾸기를 좋아한다[16]. 정부 조직도 정권만 바뀌면 5년마다 이름을 바꾸는 경우가 많은데, 정말로 잘못하는 일이다. 미국이나 일본 같은 선진국은 정부 부처 이름을 함부로 바꾸지 않는다.

(3) 한자어 고유명사·전문용어는 한자로 적어야 한다

한글전용자들은 한자어를 한글로 적어도 문맥을 통해 의미를 다 알 수 있다고 주장한다. 과연 그런가? 다음과 같은 신문 기사 제목들을 보자. "[고전 통해 세상읽기] 재여부재지간"[17]. "[김진홍 칼럼] 유전비사면 옳지 않다"[18]. "[광화문에서] 다시 되새기는 피우정 정신"[19]. "[밀물 썰물] '장계별책'"[20]. "[이여명의 복뇌건강법] (5) 제2의 뇌를 깨우는 복뇌기통"[21]. "[한경에세이] '섭공호룡'의 위선"[22]. "[유레카] 칠정산과 마방진"[23]. "[고전 통해 세상읽기] 표풍부종조 취우부종일[24]". 저 신문 기사 제목에서 한글로 적어놓은 한자어 고유명사나 전문용어들이 이해되는가?

또 신문 기사에서도 한글로 적어놓은 한자어 고유명사나 전문용어들은 의미가 이해되지 않는다. 다음 기사들에서 고유명사의 의미를 알 수 있는가? "〈벽역신방〉, 〈신찬벽온방〉, 성홍열, 〈의방유취〉, 〈향약집성방〉, 〈동의보감〉, 〈동의수세보원〉"[25]. "죽정, 학암, 동계, 고산, 신흥동, 평리, 남송정, 서호정, 백암정, 상대정……쌍취정, 간죽정, 회사정, 취음정, 총취정, 풍옥정, 요월당, 육우당, 삼벽당, 안용당"[26]. "동산 큰스님은 24세에 범어사에서 3·1운동 당시 민족대표 33인 중 한 사람인 용성 스님을 은사로 출가했다. 성철, 지효, 지유, 능가, 고산 스님 등 한국 불교계의

16) 한국 政黨(정당)은 심심하면 이름을 바꾼다. 참으로 한심하고 통탄스러운 일이다.
17) 『서울경제』, 2015. 7. 24.
18) 『국민일보』, 2015. 7. 27.
19) 이진, 『동아일보』, 2015. 8. 5.
20) 이준영 논설위원, 『부산일보』, 2015. 8. 18.
21) 이여명, 『전자신문』, 2015. 9. 10.
22) 문철상, 『한국경제』, 2015. 9. 21.
23) 이근영 기자, 『한겨레』, 2015. 9. 23.
24) 신정근 성균관대 유학대학장, 『서울경제』, 2015. 10. 2.
25) 「'국보' 동의보감을 환영하며」, 『한겨레』, 2015. 7. 29.
26) 곽병찬 기자, 「곽병찬의 향원익청(香遠益淸)-회사정에서 구림의 법도를 되새기다-」. 『한겨레』, 2015. 7. 28.

굳직한 후학들을 양성한 선지식이기도 하다."[27]. "폐렴구균은 생후 6주~5년의 영·유아에서 수막염, 폐렴, 균혈증과 같은 심각한 침습성 질환과 급성 중이염을 일으키는 세균이다."[28] "'명추회요'는 영명연수 선사(904~975)가 지은 '종경록' 100권을 100년 뒤 회당조심과 영원유청 선사가 10분의 1로 축약한 요약본이다."[29] "문화재청은 또 '십육나한도' 2점과 '오백나한도' 등 고려불화, '대불정여래밀인수증요의제보살만행수능엄경' '재조본 유가사지론 20권' 등 불교서적, '신묘삼월 문무과전시방목'을 보물 지정 예고했다."[30]

저렇게 한자어 고유명사를 한글로 적어놓으면 그 의미를 알 수 없다. 한자어 고유명사는 의미를 몰라도 되는가? 저렇게 무책임하게 글을 적어도 되는가? 저 글들은 暗號(암호)지 언어가 아니다. 언어의 목적은 '意味(의미) 傳達(전달)'이다. 의미를 전달하지 못하는 저런 글은 언어가 아니다. 글 쓰는 사람은 글을 적어야지 암호를 적어서 독자를 괴롭히면 안 된다. "알 사람은 알고, 모르는 사람은 그냥 넘어가라". 글 쓰는 사람의 윤리가 이렇게 타락해도 되는가? 한자어 고유명사는 의미를 전달하기 위해서 반드시 한자로 적어야 한다. 한자어 이름을 한글로 적는 것은 단지 發音記號(발음기호)를 적는 것뿐이다. 그래서 의미도 전달하지 못하고 쓸데없이 同名異人(동명이인)만 量産(양산)한다. 의미 전달은 물론 자기 이름의 고유성·차별성을 살리기 위해서라도 한자어 이름은 반드시 한자로 적어야 한다.[31]

한글전용자들은 한자어를 한자로 적지 말고 풀어쓰면 이해할 수 있다고 우긴다. 앞서 "〈벽역신방〉·〈신찬벽온방〉·죽정·학암·간죽정·회사정·성철·지효·대불정여래밀인수증요의제보살만행수능엄경·신묘삼월문무과전시방목" 등등을 도대체 어떻게 풀어쓸 수 있는가? 고유명사를 함부로 형태를 바꿔도 되는가? 한글전용자들의 주장은 순리에 어긋나는 억지일 뿐이다. 한자어 고유 명사는 한자로 적어야 의미가 전달된다. 그래서 世宗大王(세종대왕)은 모든 한자어는 반드시 한자로 적었다. 그것이 順理(순리)이다. 모든 일은 순리에 따라 원칙대로 해야 한다. 한글전용은 변칙과 편법으로서 이치에 어긋난다. 세종대왕이 한 대로 국한자혼용하는 것이

27) 김혜영 기자, 「불교정화운동에 깃발… 동산 큰스님 기린다」, 『한국일보』, 2015. 4. 30.
28) 신종범 : 인제대 교수, 「 [의술 인술]항생제 내성 높은 '폐렴구균' 예방접종으로 면역력 갖춰야」, 『경향신문』, 2015. 5. 14.
29) 이항휘 기자, 「성철 스님과의 약속 23년만에 지켰네요」, 『매일경제』 2015. 7. 15.
30) 인현우 기자, 「한국 현조 최고(最古) 비로자나불상, 국보 된다」, 『한국일보』, 2015. 10. 26.
31) 金昌辰(2013), 『한글전용은 違憲이다』, 語文政策正常化推進會, 286-302. 참고.

正道(정도)이다. 한글전용이라는 邪道(사도)를 버리고 정도를 걸어야 한다.

(4) 日本式(일본식) 한자어를 써도 된다

한글전용자들은 일본인이 번역한 한자어는 일본어이므로 쓰지 말아야 한다고 주장한다. 하지만 써도 된다. 일본인이 西歐語(서구어)를 번역하여 지금 우리가 쓰는 한자어들이 많다. 2만 단어쯤 된다고 한다. 원래 새로운 문물과 함께 새로운 언어도 밖에서 들어온다. 세계 어느 언어나 고유어만으로 이루어진 언어는 없다. 영어는 세계 각국의 언어에서 수많은 외래어를 받아들여 어휘가 풍부해졌다. 그래서 국제어가 됐고 세계의 통용어로 쓰인다.

일본식 한자어는 일본이 서구어를 번역한 것인데, 그것을 쓰지 말아야 한다면 우리는 서구어를 원어 그대로 받아들였어야 한다는 말인가? 서구어를 쓰는 것보다는 누가 했든 한자어로 번역해 쓰는 것이 낫다. 서구어는 한국어가 아니지만, 한자어는 한국어이기 때문이다[32]. 그러므로 일본에서 들어온 한자어는 오히려 고마운 어휘이다. 우리가 힘들여 번역해야 할 단어들을 일본인들이 대신 번역해주었기 때문이다. 그 한자어가 있었기 때문에 우리가 서구의 근대 문명을 쉽게 받아들였다. 그리고 그 한자어들은 비록 일본인이 번역하긴 했지만 한국어 발음이기 때문에 일본어가 아니라 한국어이다[33].

한글전용자들은 이처럼 멀쩡한 한국어를 일본어 또는 중국어라고 하면서 쓰지 말라고 한다. 그러면서 자기들은 일본어 외래어표기법과 중국어 외래어표기법으로 오히려 한국어를 버리고 일부러 일본어와 중국어를 쓰고 있다. 일본어 발음과 중국어 발음이기 때문에 그거야말로 진짜로 외국어이다. 한글전용자들은 한국어인 한자어는 외국어라고 우기고 진짜 외국어인 일본말과 중국말은 한국어라고 우긴다. 한글전용이 한국어를 비정상적인 모습으로 변질시키고 있다.

---

32) 漢字語(한자어)는 2천 년에는 外來語(외래어)로 들어왔다. 하지만 2천 년간 우리 민족이 써왔으므로 이제는 歸化(귀화)된 외래어이다. 그래서 歸化語(귀화어)·準固有語(준고유어)라고 부른다. 곧 토박이말과 맞먹는 土種(토종) 한국어가 된 것이다. 그래서 지금은 한자어는 외래어로 보지 않는다. 현대 한국어에서 '외래어'는 西歐語(서구어) 계통을 이르는 말이다.

33) 언어는 발음으로 구별된다. '文學'을 일본인은 [분까꾸]라고 발음하지만 한국인은 [문학]으로 발음한다. [분까구]는 일본어고 [문학]은 한국어다. 따라서 '文學'을 '문학'으로 발음한다면 이 말은 한국어지 일본어가 아니다.

(5) 한자어를 잘 선택해서 쓰자

법률 같은 데서 현재 우리가 잘 쓰지 않는 難解(난해)한 일본식 한자어는 쉬운 한자어로 바꿔 써야 한다.[34] 또 원래 우리가 쓰던 한자어가 있었는데 일제 때 일본어가 들어와서 우리말을 쫓아내고 그 자리를 대신 차지한 경우가 있다. 그런 일본식 한자어는 일재 殘滓(잔재) 清算(청산) 차원에서 원래 우리가 쓰던 한자어로 바꿔 써야 한다.[35] 역사적으로 쓰임이 좋지 않은 일본식 한자어도 버려야 한다. 대표적인 예로 '國民學校(국민학교)'가 있다. 일제 말에 '皇國臣民學校(황국신민학교)'의 준말로서 '國民學校(국민학교)'를 썼다.[36] 그러므로 광복 후에 '初等學校(초등학교)'로 바꾸었다. 또한 '部落(부락)'이라는 말도 일본에서는 賤民(천민)들이 사는 곳만을 일컫는 말인데, 日帝(일제) 때 日人(일인)들은 조선의 모든 '마을'을 '部落(부락)'이라는 치욕스러운 용어로 불렀다. 그러므로 '部落(부락)'은 '마을' 또는 '村落(촌락)'으로 되돌려야 한다.

위에서 든 특별한 경우가 아니라면 일본인이 만든 한자어도 써도 괜찮다. 예를 들어, '立場(입장)'은 일본식 한자어이고 '處地(처지)'는 조선식 한자어이다. 그래서 '立場(입장)'을 '處地(처지)'로 되돌려 쓰자는 주장도 있다. 하지만 이미 오늘날 한국어에서 두 낱말은 조금씩 그 뜻이 달리 쓰이고 있다. 따라서 이제는 둘 다 상황에 맞게 쓸 수밖에 없다.[37]

(6) 한자·한자어를 모르면 한국어가 병든다

한자어를 써도 되지만 濫用(남용)하면 안 된다. 한자어를 많이 쓰면 다음과 같은

---

34) 예를 들어, 口座(구좌)는 計座(계좌)로, 拂入(불입)은 納入(납입)으로, 加療(가료)는 治療(치료)로, 計理(계리)는 會計處理(회계처리)로, 見習(견습)은 修習(수습)으로, 始末書(시말서)는 經緯書(경위서)로, 行先地(행선지)는 目的地(목적지)로, 納骨堂(납골당)은 奉安堂(봉안당)으로, 拂下(불하)는 賣却(매각)으로, 曖昧(애매)는 模糊(모호)로 써야 한다.

35) 예를 들어 '忘年會(망년회)'는 '送年會(송년회)'로 써야 한다. 한국어에 '送舊迎新(송구영신)'이란 말이 있다. 그 뒤 일본에서 '忘年會(망년회)'가 들어와서 '送年會(송년회)'를 밀어냈다. 또 '眞劍勝負(진검승부)'라는 말도 일본의 검도에서 온 일본식 표현이므로 '正面勝負(정면승부)'라는 우리말로 써야 한다. 또 일본어 海女(해녀)도 조선어 潛嫂(잠수)로 바로 잡아야 한다.

36) 日帝(일제) 말에 쓰인 '國民(국민)'은 모두 '皇國臣民(황국신민)'의 준말이다. '國民文學(국민문학)'도 일본 왕을 찬양하는 문학을 뜻한다.

37) 문맥에 따라 立場(입장), 處地(처지)·생각·뜻·見解(견해)·얼굴·意見(의견)·意思(의사)·主張(주장)·方針(방침)·態度(태도)·所見(소견)·形便(형편)·體面(체면)·설자리…' 들을 그 상황에 따라 알맞게 골라 써야 한다.

두 가지 문제가 생긴다.

첫째, 어려운 한자어를 쓰면 한글세대 독자는 잘 이해하지 못한다. 게다가 근래 한글전용으로 한글만 적기 때문에 어려운 한자어는 더군다나 쓸 수가 없다. 그래서 한글세대가 이해할 만한 쉬운 단어만 쓰지 않을 수 없다. 글쓴이가 그 자리에 어떤 한자어가 적합하다고 여겨도 그 한자어를 쓸 수 없는 경우가 생긴다. 한글전용으로 인해 한국어 수준과 한국인의 국어능력이 하향 평준화하는 악순환이 벌어지는 것이다.[38)]

둘째, 한글세대가 한자어를 쓰려다가 잘못 쓰는 실수를 저지르는 경우가 생긴다. 예를 들어, 2014년도 대학수학능력시험 국어영역 문제지에 誤字(오자)가 있었다. 40번 문제의 '보기' 문장이다. 조선시대 丁克仁(정극인) 선생의 歌辭(가사) 「賞春曲(상춘곡)」 문제의 제시문 중에 '녹양방초(綠陽芳草)는 가랑비 속에 푸르도다'(A형), '녹양방초(綠陽芳草) 세우중(細雨中)에 프르도다'(B형)는 문장이 있었다. '녹양방초'의 한자 중 '양(陽)'은 '양(楊)'이 옳다. '버들 양'을 넣을 자리에 '볕 양'자를 잘못 쓴 것이다. 그래서 '푸른 버드나무와 향기로운 풀'이라는 원래의 뜻이 '푸른 햇볕과 향기로운 풀'이라고 이상하게 바뀌어버렸다. 한자를 잘 모르는 한글전용 세대가 대학교수가 되고 수능 출제자가 되어 벌어진 일이다.

또 다른 예를 보자. 2015년 3월에 "김기종 씨가 리퍼트 대사를 피습했다"는 글이 보도된 적이 있다.[39)] 가해자는 '襲擊(습격)'·'奇襲(기습)'을 했지 '被襲(피습)'한 것이 아니다. 또 '風飛雹散(풍비박산)'을 '풍지박산'으로, '三水甲山(삼수갑산)'을 '산수갑산'으로, '平安監司(평안감사)'를 '평양감사'로, '決裁(결재)'를 '결제'를 적는 등 한자어의 발음을 부정확하게 적는 일도 많다. 한글세대가 한자어의 의미와 발음을 정확히 모르기 때문에 벌어지는 일들이다.

또한 '大長征(대장정)'의 의미도 제대로 모르고 글을 쓰기도 한다[40)]. 또 '登極(등

---

38) 1990년대 이후 신문에서 한자를 점차로 쓰지 않게 된 이유가 거기에 있다. 한글전용 교육받은 독자들이 한자를 잘 읽지도 이해하지도 못하므로 신문이 한자를 쓸래야 쓸 수가 없어서 어쩔 수 없이 한글전용으로 돌아섰다. 독자들이 한글전용으로 적힌 한자어를 잘 이해해서 그런 것이 아니다. 그 뒤 한글전용으로 신문을 만들다 보니 기자들조차 한자어를 틀리게 사용하는 현상이 벌어지고 있다.

39) 박현주 기자, 「장윤석 국회의원, 리퍼트 대사 피습 용의자 김기종 제압 '눈길'」, 『세계일보』, 2015. 3. 5. 「리퍼트 미국 대사 피습한 김기종, '우리마당' 소장… 어떤 단체길래?」, 『이투데이』, 2015. 3. 5.

40) 이완종 기자, 「"짝을 이루는 조화의 문화" '젓가락 페스티벌' 40여일간 대장정 17일 폐막」, 『충청투데이』, 2015. 12. 16. '長征(장정)' 혹은 '大長征(대장정)'은 중국 공산당이 1934년에서 1935년의 2년에 걸쳐 1만 2000km를 걸어서 이동한 행군을 말한다. 그런데

극)'은 王座(왕좌)에 오르는 일인데 1등이 아니어도 쓰고 있다. 또한 '奪還(탈환)'은 자리에서 물러났다가 다시 되찾는 일인데, 처음 자리를 차지하는 데도 쓰고 있다. 게다가 '再奪還(재탈환)'은 자리를 빼앗겼다가 다시 찾았다가 다시 잃어버리고 또 다시 찾은 것을 말하는데, 그냥 '奪還(탈환)'의 의미로 흔히 쓰고 있다. 歷任(역임)은 지나간 경력을 말하는 낱말인데도 현재 재임하고 있는 것도 역임이라 쓰기도 한다. 한글전용이 계속되는 한, 해가 가면 갈수록 이렇게 한자어를 부정확하게 쓰는 현상은 더욱 심해질 것이다.

한글세대는 한자를 잘 모르므로 괜히 한자어 쓰려고 하면 실수하기 쉽다. 그러니 어려운 한자어보다는 자기가 잘 아는 쉬운 토박이말을 쓰는 게 차라리 낫다. 문제는 쉬운 토박이말만 골라 쓰는 이런 현상이 결코 좋은 일은 아니라는 것이다. 한국어의 섬세한 표현이 불가능해진다. 한글세대의 어쩔 수 없는 한계이다.

글을 잘 쓰려면 語彙(어휘)를 많이 알아야 한다. 이 어휘에는 당연히 한자어도 포함된다. 한자와 한자어를 모르면 어휘력이 떨어진다. 그렇기 때문에 정부에서 한자교육을 해주고 한자도 적게 허용해주어야 한다. '국어기본법'을 고쳐서 한글전용을 철폐하고 국한자혼용 교육을 해야 한국어가 정상화된다.[41)]

4) 外國語(외국어)·外來語(외래어)는 삼가자

(1) 英語濫用(영어남용) 등 외국어 氾濫(범람)

해가 갈수록 한국어가 영어 등 외국어에 자리를 내주고 있다. 한국 정부부터가 英語(영어) 事大主義(사대주의)를 드러낸다. 예를 들어 '洞事務所(동사무소)'는 '주민자치센터'로 바꾼다. '어젠다, 로드맵, 바우처, 클러스터' 등 웬만한 지식인도 알 수 없는 영어를 정부가 앞장서서 퍼뜨리고 있다.

이러다 보니 기업체들도 덩달아 영어 사대주의를 信奉(신봉)한다. 한국 기업이 한국인에게 자기 기업의 이름을 영어로 알리는 황당한 짓을 한다.[42)] 또 아파트들도

우리나라에서는 한두 달 정도에 걸치는 일도 그렇게 표현하니 적절한 표현이 아니다.

41) 한글로 한자어를 적으면 한자로 변환시켜주는 "漢字路(한자로)" 한글한자자동변환 서비스가 있다. 傳統文化硏究會(전통문화연구회)가 울산대학교 한국어처리연구실 옥철영(IT융합전공)교수팀과 함께 개발한 프로그램이다. 한자어를 한자로 적을 능력이 부족한 사람은 이 서비스를 이용하여 한자어를 한자로 바꾸어 적기 바란다.

42) 예를 들면, '浦項製鐵(포항제철)'을 'POSCO(포스코)'로, '浦項工大(포항공대)'는 'POSTEC

거개 다 의미도 알 수 없는 외래어로 이름을 짓는다. 젊은 가수들도 무슨 의미인지 알 수 없는 외국어로 이름을 짓는다. 언론들도 덩달아 英語(영어) 濫用(남용)에 앞장서고 있다. 기존에 한국어로 잘 쓰고 있던 말들을 버리고 거꾸로 영어를 들여오는데 열심이다.[43)]

기존의 한자어들을 영어로 바꾸는 일은 한국어의 意味傳達力(의미전달력)을 떨어뜨리므로 큰 잘못이다. 한자어는 뜻글자인 한자를 바탕으로 만들어졌으므로 한자로 적으면 의미를 쉽게 알 수 있다. 예를 들어 '土地·住宅公社'라고 적으면 '土地(토지)·住宅(주택)'과 관련된 '公社(공사)'임을 금방 알 수 있다. 줄여서 '土住公'이라 해도 그렇다. 그런데 'LH'라고 하면 누가 그 의미를 알 수 있는가? 영어의 로마자는 한글과 똑같이 의미를 알 수 없는 소리글자다. 의미전달력이 좋은 뜻글자(한자)를 버리고 의미전달력이 나쁜 소리글자(한글, 로마자)로 바꾸는 일은 事理(사리)에 逆行(역행)하는 일이다.

오늘날 신문과 잡지에서는 외국어·외래어 범벅의 글들을 볼 수 있다. 이렇게 영어로 범벅이 된 해괴한 문제를 '보그 병신체'[44)]라고 하는데, 날이 갈수록 더욱 널리 퍼져가고 있다. 모국어를 지켜야 할 언론이 더 영어남용에 앞장서니 큰일이다. 학생들이 그런 병든 언어를 보고 배운다. 영어남용으로 한국어가 병들어가고 있다.

(2) 英語濫用(영어남용)의 원인은 한글전용

외국어·외래어를 많이 사용하는 것이 글의 格調(격조)를 높이는 일이라고 착각하는 사람들이 있다. 중국은 한자어와 한자만 쓰지만 그들의 문화적 위상은 오히려 높아진다. 중국인은 '中華主義(중화주의)'의 문화적 자존심으로 외국어·외래어를 다 중국어로 번역해 쓴다. 한국도 문화적 자존심이 있다면 외국어·외래어 남용을 부끄럽게 여겨야 한다. 외국어·외래어를 많이 쓸수록 의미 전달력이 떨어진다. 또

(포스텍)'으로, '鐵道公社(철도공사)'는 'KORAIL(코레일)', '道路工事(도로공사)'는 'EX'로, '土地·住宅公社(주택공사)'는 'LH'로, '韓國水資源公社(한국수자원공사)'는 'K-Water'로, '道路公社(도로공사)'는 'EX'로, '鮮京(선경)'은 'SK'로, '럭키金星(금성)'은 'LG'로, '農協(농협)'은 'NH'로, '技能大學(기능대학)'은 '폴리텍'으로 바꾸고 있다.

43) '엄마'는 가장 원초적인 토박이말이다. 근래 언론에서 '엄마' 대신 '맘'이라는 영어를 쓰고 있다. 한국어가 영어에 의해 파괴되고 있다. 한자어와 한자 안 쓰는 게 중요한 게 아니라 이런 영어 안 쓰는 게 중요하다. 한글전용자들이 오히려 이런 영어광풍에 앞장선다. 한글전용과 영어광풍은 정비례한다. 밀접한 상관관계가 있다.

44) '보그'라는 외국 패션 잡지가 영어 범벅의 글을 쓰는 대표적인 잡지라고 해서 김홍기 씨가 이런 이름을 붙이면서 비판했다.

한국어의 순수성도 줄어든다. 따라서 한국어로 번역하기 어려운, 어쩔 수 없는 경우를 빼놓고는 되도록 한국어를 쓰는 것이 좋다.

한국 언론은 外勢(외세) 事大主義的(사대주의적)이다. 예를 들어 '中旅客(중여객)' · '中遊客(중유객)'이라 하면 될 것을 굳이 중국어로 '유커' · '요우커'라고 적고, '중국설' · '春節(춘절)'을 굳이 중국어로 '춘제' · '춘지에'라 적는다. 또 '大國之風(대국지풍)'을 굳이 중국어로 '다궈지펑'이라 적고, '80後 世代'와 '90後 世代'를 굳이 중국어로 '바링허우'와 '주링허우'로 적는다. 최근 일본 청년들을 '達觀世代(달관세대)'라고 하면 될 것을 굳이 일본어로 '사토리세대'라고 적는다. 이렇게 외국어를 좋아하는 사람들은 언어의 목적이 '의미 전달'임을 모르고 '발음 전달'인 걸로 착각한다. 문자나 발음은 모두 의미를 전달하기 위한 수단이다. 언어의 궁극적인 목적은 '의미 전달'이다. 그러므로 한국인은 중국어나 일본어의 발음을 알 필요가 없다. 다만 그 의미만 알면 된다[45]. 그러므로 외국어는 한국어로 번역해서 한국인이 그 의미를 알 수 있게 해주어야 한다. "중국 2030 옥동자 · 옥동녀 취향 공략하라"[46]는 기사 제목은 외래어를 올바르게 사용한 좋은 본보기이다.

외국어 남용의 근본 원인은 한글전용이다. 한글전용을 하니 영어 남용 등 외국어가 범람한다. 그 이유는 두 가지이다.

첫째는 한글전용자들은 외국어도 한글로 소리만 적으면 한국어라고 착각한다. 즉 그들은 언어의 목적이 '의미 전달'이라는 사실을 모르고 '소리만 전달'하면 글이 된다고 착각한다. 소리글자인 한글로 의미를 알 수 없는 외국어를 적으면서도 잘못임을 모른다. 한글전용자들은 의미를 전달하기 쉬운 한자어 · 한자를 일부러 버리고 의미를 전달하기 어려운 영어 · 일어 · 중국어 등 외국어와 로마자를 가져다 쓴다.[47] 그것이 바로 영어남용 등 외국어 氾濫(범람)으로 나타나는 것이다.

둘째는 한자와 한자어를 내쫓으면 한국어에서 지식 · 정보를 담는 觀念語(관념어)가 부족하게 된다. 토박이말은 관념어에 취약하므로 본디 한국어에서 관념어는 주로 한자 · 한자어가 담당해 왔다. 그걸 못 쓰게 하니까 영어가 대신 들어와 관념어

---

45) 중국인 · 일본인은 중국어 · 일본어 발음으로 그 의미를 이해하지만 한국인은 한국어 발음으로 그 의미를 이해한다. 한국인에게 중국어 · 일본어 발음은 의미 전달을 방해한다. 한국인에게는 한국어 발음을 적어주어야 의미를 전달한다.

46) 송기용 특파원. 『한국일보』, 2015. 5. 27.

47) 한글로 적어도 외국어는 외국어임을 알아야 한다. 한글전용자들은 한글로 적으면 외국어가 한국어가 된다고 착각한다. 그래서 한글전용하면서 영어 등 외국어가 한국어 안에 엄청나게 늘어났다.

구실을 한다. 곧 한국어에서 관념어가 한글전용 때문에 한자·한자어에서 로마자·영어로 代替(대체)된 것이다.[48]

漢字(한자)를 쓰는 中國(중국)은 영어남용 현상이 없다. 중국 정부는 외래어를 한자어로 번역하여 쓰게 한다.[49] 또 중국은 외국의 상표(브랜드)도 중국에 들어올 때는 한자어로 번역하여 한자로 적게 한다.[50] 이렇게 중국은 모든 단어를 한자어로 번역하여 한자로 적게 하기 때문에 영어 남용이 없다. 따라서 한국에서도 영어남용 등 외국어 범람을 없게 하려면 그 원인이 되는 한글전용을 없애야만 한다.

(3) 外來語(외래어)는 主體的(주체적)으로 사용해야

外國語(외국어)와 外來語(외래어)는 다르다. 외국어는 완전히 남의 언어이다. 외국어는 되도록 쓰지 말아야 한다. 의사소통에 방해가 되기 때문이다. 인명·지명 같은 고유명사는 어쩔 수 없지만 전문용어 같은 것은 한국어로 번역해 써야 한다. 예를 들어 '드론'이라 하지 말고 '無人操縱機(무인조종기)'라고 쓰는 게 좋다. 그리고 한자어 번역어는 한자로 적어주어야 독자가 정확한 의미를 알 수 있다.

外來語(외래어)는 외국어가 이미 한국어로 귀화한 단어이다. 따라서 써도 된다. 하지만 소리를 그대로 적는 외래어보다는 번역된 한국어를 쓰는 것이 더 낫다. 의사소통이 쉽기 때문이다. 예를 들어 'USA'보다는 '美國(미국)'이, '화이트 하우스'보다는 '白堊館(백악관)'이, '골든게이트 브리지'보다는 '金門橋(금문교)'가 더 낫다. 외국 영화 제목도 한국어로 번역하는 것이 좋다. 과거에는 한국어로 번역된 영화 제목이 많아서 이해하기 편했다[51]. 그런데 근래는 영어 제목 그대로 들어와서 의미를

48) 최경봉(2012), 『한글민주주의』, 책과 함께, 109-110. "최현배 편수국장이 주도한 어문개혁이 일사천리로 진행되면서 한자와 한자어는 우리말의 발전을 위해 없어져야 할 대상으로 굳어지게 되었다. 그러나 한자어를 고유어로 대체하는 것이 현실적으로 성공하지 못한 상황에서, 이러한 인식의 확산은 어휘체계의 빈칸을 서구 외래어가 대체하는 계기가 되었다고 볼 수 있다."

49) 예를 들어, 중국어에서는 '엘리베이터'를 '電梯(전제)', '텔레비전'을 '電視(전시)', '컴퓨터'를 '電腦(전뇌)', '버그'를 '醜蟲(추충)', '인터넷'을 '-網(망)', '네티즌'을 '網民(망민)', '스마트폰'을 '智能手机(지능수기)', '스피커'를 '音箱(음상)', '로보트'를 '机器人(기기인)', '그룹'을 '集團(집단)', '센터'를 '中心(중심)', '에이즈'를 '艾滋病(예자병)', '유머'를 '幽默(유묵)'으로 번역해서 쓴다.

50) 예를 들어, 중국에서는 麦当劳(맥도날드), 星巴克(스타벅스), 肯德基(KFC : 켄터키 프라이드 치킨), 必胜客(피자헛), 汉堡王(버거킹), 沃尔玛(월마트), 家乐福(까르푸), 优衣库(유니클로), 苹果(애플), 三星(삼성), 現代(현대), 韩亚航空(아시아나항공), 易买得(이마트), 乐天玛特(롯데마트), 衣恋衣恋(이랜드), 乐扣乐扣(락앤락) 등으로 적는다.

알기 힘든 경우가 많다[52].

외국어를 한국어로 번역할 때는 한국어의 주체성을 살려야 한다. 미국이나 일본의 '商務省(상무성)'이라 하기보다는 '商務部(상무부)'라고 하는 것이 좋다. 외국의 '省(성)'에 해당하는 조직이 한국에서는 '部(부)'기 때문이다. 중국에서는 한국의 '大統領(대통령)'을 '總統(총통)'으로 적는다. 중국어에는 '大統領(대통령)'이라는 단어가 없기 때문에 중국어에 있는 단어로 번역하는 것이다. 일본은 우리가 '韓半島(한반도)'라고 부르는 우리 영토를 '朝鮮半島(조선반도)'라고 부른다. 일본어의 오랜 전통이기 때문이다. 이처럼 외래어라는 것은 외국어를 자기 언어에 맞게 번역해서 自國語化(자국어화)하는 것이 본질이다.

외국어를 번역할 수 없어서 발음을 들여와야 한다 하더라도 발음은 한국인이 발음하기 편하게 적어야 한다. 원래 '외국어' 현지 원음이 한국에 들어와서 한국어 발음에 가깝게 동화된 것이 '외래어'다. 예를 들어 외국어 현지 원음 '고흐'·'바흐'가 한국어에 들어와 외래어가 되어서 '고호'·'바하'로 바뀌었다. 이것을 근래 다시 외국어 현지 원음 '고흐'·'바흐'로 되돌리고 있다. 이는 時代逆行的(시대역행적) 발상이다. 한국어에는 '-흐' 발음이 거의 없다. 따라서 '고흐'·'바흐'는 한국어 음운 체계에 맞지 않다. 외국어로는 '고흐'·'바흐'지만 외래어로는 '고호'·'바하'가 맞다. 이 차이를 알아야 한다. 이미 외래어로 굳은 것을 외국어로 다시 되돌리고 있는 현상이 오늘날 한국어의 외국 사대주의 풍조를 잘 보여준다.

현행 한국 외래어표기법은 된소리를 적지 못하게 금지하고 있다. 한국어 발음 체계에는 된소리가 있다[53]. 그런데 외래어도 한국어인데 외래어에는 된소리를 적지 못하게 금지하는 것은 말이 안 된다. 이는 외래어를 외국어로 착각하기 때문에 그러는 것이다. 국립국어원이 '외국어'와 '외래어' 개념도 구별 못하고 있다. 현행 한국 외래어표기법은 외국어표기법이지 외래어표기법이 아니다.

---

51) 예를 들어, "바람과 함께 사라지다"·"누구를 위하여 종은 울리나"·"로마의 휴일"·"황야의 무법자"·"초원의 빛"·"王中王(왕중왕)"·"일요일엔 참으세요"·"내일을 향해 쏴라"·"사랑과 영혼"·"죽은 시인의 사회"·"라이언 일병 구하기"·"반지의 제왕"·"007 살인면허" 등이다.

52) 예를 들어, "터미네이터"·"스타워즈"·"매트릭스"·"에이리언"·"트랜스포머"·"미션 임파서블"·"어거스트 러쉬"·"시스터 액트"·"토이 스토리"·"에너미 앳 더 게이트"·"글래디에이터"·"비카인드 리와인드" 등이다.

53) 예를 들면, '江(강)/깡', '劍(검)/껌', '氣(기)/끼', '大(대)/때', '床(상)/雙(쌍)', '살/쌀', '갈다/깔다', '개다/깨다', '사다/싸다', '자다/짜다', '졸다/쫄다' 등처럼 平音(평음)과 硬音(경음)의 구분에 따라 의미도 구별된다.

이렇게 한국의 외래어표기법은 한국어 발음을 위주로 하지 않고 외국어 발음을 위주로 하기 때문에 '폴크스바겐' 같은 표기를 강요한다. 한국인은 '폭스바겐'이라 발음하지 '폴크스바겐'이라 발음하지 않는다. 그런데 독일어 현지 원음에 따라 한국인의 실제 발음과 맞지 않은 '폴크스바겐'를 외래어로 정해놓고 있다. 그것을 따라서 '폴크스바겐'이라 적는 신문들이 몇 군데 있다.[54] 하지만 한국인의 발음을 따라 '폭스바겐'으로 적는 신문들이 훨씬 더 많다.[55] 이런 혼란은 현행 한국의 외래어 표기법이 잘못 되었다는 傍證(방증)이다.

(4) 외래어표기법은 外勢(외세) 事大主義(사대주의) 법

한국의 '외래어표기법'이 잘못되었다는 근본 이유는 다음과 같다. 세계의 모든 나라는 외래어 표기에서 '自國語中心主義(자국어중심주의)'를 원칙으로 삼는다. 이에 반해 한국만은 전 세계에서 唯一(유일)하게 외국어 '現地原音主義(현지원음주의)'를 원칙으로 삼는다. 자국어중심주의는 외래어를 사용할 때 자국어를 주체로 삼고 외국어를 객체로 삼는다. 외국어의 발음을 그대로 받아들이지 않고 자국어의 발음에 맞게 변형시킨다. 모든 국가는 언어를 자기 나라 마음대로 쓸 수 있는 言語主權(언어주권)을 가진다. 그래서 같은 문화권의 외국어 발음을 자국어에 맞게 변형시켜 써왔다.

'로마자문화권'을 예로 들어본다. 美國은 유럽의 인명과 지명을 자기 식으로 바꿔 부른다. 곧 '율리우스 카이사르'를 '줄리어스 시저'로, '예수 그리스도'를 '지저스 크라이스트'로, '로마'를 '로움'으로, '주네브'를 '제네바'로, '빈'을 '비엔나'로, '모스크바'를 '모스코우'로 각기 다르게 부른다. 나라 이름도 마찬가지다. 獨逸(독일)은 자기들은 'Deutschland'라 하지만 영어로는 'Germany', 프랑스어로는 'Allemagne', 폴란드어로는 'Niemcy'라 한다. 이렇게 다른 나라의 고유명사도 자기 나라 발음으로 편하게 부르고 있다. 이것이 자국어중심주의이다. 전 세계 모든 나라는 이 원칙을 채택하고 있다.[56]

---

54) 朝鮮日報, 東亞日報, 중앙일보, 세계일보, 서울경제.

55) 한국일보, 서울신문, 경향신문, 한겨레, 국민일보, 매일경제, 한국경제, 아시아경제, 헤럴드경제, 한국방송(KBS) 문화방송(MBC), 서울방송(SBS), YTN, 뉴시스.

56) 현재 우리가 '에베레스트'라 부르는 히말라야 최고봉은 1865년에 영국인의 이름을 붙인 것이다. 하지만 예로부터 티베트에서는 '초모룽마'로, 네팔에서는 '사가르마타'로, 중국에서는 珠穆朗馬(주목랑마)로 부른다. 한국의 白頭山(백두산)을 중국은 長白山(장백산)이라 부른다. 한국의 獨島(독도)를 유럽은 '리앙쿠르'라 부른다. 이것이 자국어중심주의이다.

漢字文化圈(한자문화권)에서도 자국어중심주의는 마찬가지이다. 中國은 韓國과 日本의 고유명사를 모두 중국어 발음으로 부르지 한국어나 일본어 발음으로 부르지 않는다. 日本은 韓國과 中國의 고유명사를 모두 일본어 발음으로 부르지 한국어나 중국어 발음으로 부르지 않는다. 우리나라도 朝鮮時代(조선시대)까지는 자국어중심주의였다. 中國과 日本의 고유명사를 조선어 발음으로 말했지 中國語나 日本語 발음으로 말하지 않았다. 조선은 중국에 정치적으로는 사대했지만 언어적으로는 중국의 인명·지명 등의 고유명사를 조선어 발음으로 말했다.[57]

일제 때도 비록 日本의 植民地(식민지)였지만 조선인은 언어는 자국어중심주의를 지켰다. 일제가 만든 京城放送(경성방송)에도 제1라디오는 일본어로 방송했지만 제2라디오는 조선어로 방송했다. 또 학교는 일본어를 중심으로 말하게 했지만 민간은 조선어로 일본의 고유명사를 말했다. 곧 일본의 고유명사를 일반 조선인은 조선어 발음으로 말했다.[58]

그런데 현재 大韓民國(대한민국)은 해괴하게도 외래어 표기에서 전 세계 유일하게 외국어 현지원음주의를 채택하고 있다. 그래서 中國과 日本의 고유명사를 지난 2천 년간 써왔던 한국어 발음을 버리고 외국어인 중국어와 일본어로 적게 외래어표기법을 바꾸어 버렸다. 현재 한국인은 외국어인 중국어와 일본어를 알아야만 한자문화권의 고유명사를 읽을 수 있다. 도대체 중국어와 일본어 두 개 외국어에 능통한 한국인이 몇 명이나 되나? 전 국민을 바보로 만드는 한국의 외래어표기법은 외국 사대주의 표기법이다.[59] 한국어와 한국인을 전 세계의 모든 외국어를 上典(상전)으로 모시고 노예가 되어 살게 만드는 표기법이다. 이런 굴욕적인 외래어표기법을 쓰는 한 대한민국은 자주독립국이 아니다. 전 세계 모든 나라의 자발적인 언어 식민지다.

---

57) 孔子(공자)·老子(노자)·李如松(이여송)·朱子(주자)·淸太宗(청태종)·李鴻章(이홍장)·袁世凱(원세개)·孫文(손문)·蔣介石(장개석)·魯迅(노신)·泰山(태산)·燕京(연경)·北京(북경)·南京(남경)·康熙字典(강희자전)·四庫全書(사고전서) 등.

58) 豊臣秀吉(풍신수길)·德川家康(덕천가강)·小西行長(소서행장)·伊藤博文(이등박문)·東京(동경)·大板(대판)·九州(구주)·北海島(북해도)·金閣寺(금각사)·日本書紀(일본서기)·萬葉集(만엽집) 등.

59) '짜장면'을 수십 년간 '짜장면'으로 적지 못하고 '자장면'으로 적었던 것도 바로 이 현지원음주의 때문이다. 그 음식이 원래 중국에서 비롯하였는데, 중국어의 발음이 '자장면'이기 때문에 한국인도 '자장면'으로 그 음식을 불러야 한다는 논리이다. 아니 중국인이 먹는 음식은 중국인의 발음으로 부르는 것처럼 한국인이 먹는 음식은 한국인의 발음으로 불러야 이치에 맞지 않는가? 이 땅에서 내가 만들어서, 내 돈 내고 먹는 음식을 왜 남의 나라말로 불러야 하는가? 한국 외래어표기법의 외세 사대주의에 慨嘆(개탄)을 금할 수 없다.

이 外勢(외세) 事大主義的(사대주의적) 외래어표기법을 만든 사람이 바로 한글전용파 崔鉉培(최현배) 선생이다. 한글전용을 강요하기 위해 외래어를 한국어 발음이 아닌 외국어 발음으로 적게 한 것이다.[60] 그 이유는 무엇인가? 외래어를 외국어 발음으로 적어야 한자를 안 쓰게 된다는 것이다. 한국어 발음으로 적으면 한자를 쓰자고 할 수도 있다는 것이다.[61] 그러면 그들은 왜 한자를 못 쓰게 하는가? 한글전용주의자들의 궁극적인 목표는 한글전용이 아니라 로마자 표기이다.[62] 한글전용은 로마자 표기로 가기 위한 과도기적 단계이다. 한글전용주의자들은 로마자를 理想的(이상적)인 글자로 여긴다. 그들은 世宗大王(세종대왕)이 만든 訓民正音(훈민정음)은 로마자처럼 풀어쓰기를 하지 못하므로 잘못 만들어진 글자라고 깎아내린다.[63] 그래서 그들은 한민족이 로마자를 써야 한다고 주장한다. 한글전용주의자들이 한자를 말살하고자 하는 이유는 한자가 한국어를 로마자로 표기하는 데 걸림돌이 되기 때문이다[64]. 그들은 실제로는 로마자 표기를 궁극적인 목적으로 하면서도 겉으로는 한글을 사랑하자는 달콤한 거짓말로 국민을 속이고 있다.[65] 한글을 사랑하자면서 한자를 쓰지 못하게 해서 마침내는 로마자 표기를 실현하자는 게 한글전용자들의 목표이다.

---

60) 金昌辰(2010), 「日本 關聯 外來語表記法 改正의 必要性」, 『漢字漢文敎育』, 제21집, 韓國漢字漢文敎育學會, 181-211. 金昌辰(2011), 「日本語・中國語 外來語表記法의 廢棄 必要性」, 『語文硏究』, 제152호, 韓國語文敎育硏究會, 57-80.

61) 金敏洙(김민수)(2004), 「한자 표기 원음주의의 문제」, 『새국어생활』, 제14권 제2호, 국립국어연구원, 161.

62) 許雄(허웅)(1969). 『한글』, 제143호, 23-49. "한자말은 한자로 적어야만 된다면, 로마자화는 바라지도 못할 일이 아닌가?…… 양복을 입어도 한국 사람은 어디까지나 한국 사람이듯이, 로마자로 써도, 그것이 다 우리말을 적은 것이라면, 그것은 어디까지나 한국 시임에 틀림없는 것이다."

63) 최경봉(2012), 『한글민주주의』, 책과함께, 80-81. "풀어쓰기는 영문 알파벳의 표기 방식으로 국문연구소 시절부터 주시경이 이상적 표기법으로 주장한 것이다. ……음소문자로 창제된 한글을 음절 단위로 모아쓰는 것은 한글 운용 원리에 어긋난다고 생각했다. 창제 원리에 비추어볼 때 한글은 영어처럼 풀어써야 할 문자였던 것이다."

64) 박영준・시정곤・정주리・최경봉(2004), 『우리말의 수수께끼』, 김영사, 223. '가로풀어쓰기'를 시행하면 "한자폐지를 앞당기게 된다는 것이다. 풀어쓰기를 시행하면 자연스럽게 한자를 안 쓰게 되므로 한자 문제를 일거에 해결할 수 있다는 것이다. 그 시대의 많은 국어운동가들이 풀어쓰기 운동에 동참한 것은 한자폐지와 모국어 전통의 수립이라는 시대적 과제를 완수하기 위해서였다."

65) 朴光敏(2004), 「한글專用論의 거짓된 實狀과 國漢混用 語文運動의 成功을 위한 몇 가지 反省」, 『漢字漢文敎育』, 제12집, 201. "한글專用을 통해 도달하고자 하는 최종 목표가 韓國語 表記의 로마자化요, 이를 위해 漢字 廢止를 주장해 온 이들이 한글 사랑을 부르짖으며, 국민을 한글敎 信徒로 誤導해 온 것이다."

한글전용의 본질이 이렇기 때문에 지금처럼 한글전용을 계속하는 한, 로마자와 영어는 계속해서 늘어날 수밖에 없다. 한글만 써야 정보화시대에 적응할 수 있다는 주장과 영어를 公用語(공용어)로 써야 국제화시대에 적응할 수 있다는 주장은 동전의 양면처럼 함께 움직인다. 그렇기 때문에 한글전용을 계속하는 한 '영어 공용화' 주장도 끊임없이 나온다.[66] 한글전용을 계속하면 머지않아 영어는 공용어가 되고야 말 것이다. 그러면 영어가 제1국어가 되고 한국어는 제2국어로 전락할 것이다. 그때는 문자도 로마자가 제1문자가 될 것이고 한글은 제2문자로 전락할 것이다. 마침내는 한글전용이 한국어를 말살시키는 결과를 불러올 것이다.[67] 이것은 한글전용을 시작한 사람들이 서양인들과 서양 사대주의자들이었다는 데서 처음부터 예정된 결과이다.[68]

한국어가 이 땅에서 살아남게 하려면 영어남용을 막아야 한다. 영어남용은 어떻게 막을 수 있는가? 그 해법은 의외로 간단하다. 한자와 한자어를 자유롭게 쓰게 하면 된다. 우리 민족이 지난 2천 년간 한자문화권의 일원으로 한자·한자어를 써오던 전통을 그대로 계승하면 된다. 그 전통을 한글전용이라는 不合理(불합리)한 어문정책으로 人爲的(인위적)으로 파괴했기 때문에 영어남용이 벌어진 것이다. 한자와 한자어를 쓰면 중국에서 보듯이 영어와 로마자는 함부로 들어올 수 없다. 그것이 한국어의 純粹性(순수성)을 살리고 한국어를 발전시키는 길이다. 한글전용이 한국어의 순수성을 지킨다는 주장은 사실을 정반대로 歪曲(왜곡)하는 말이다. 한글전용은 한국어를 말살시키려는 음모를 띠고 착착 진행되고 있다는 사실을 한국인은 알아야만 한다.

그렇기 때문에 한자문화권의 한자어는 국적을 불문하고 한자로 적고 한국어 발음

---

66) 송의달 산업1부장, 「[경제포커스] '영어 공용화' 파워」, 『朝鮮日報』, 2015. 12. 9. "지금 이야말로 영어를 한글에 이은 제2공용어로 삼는 방안을 진지하게 추진해 볼 만하다."

67) 시정곤·정주리 등(2003), 『한국어가 사라진다면』, 한겨레출판. 33~184. 이 책은 2023년에 영어가 공용어가 되고 그 500년 후에는 한국어가 사라지고 한반도에는 영어만 남는다고 예측한다.

68) 이것은 본디 한글전용이 헐버트 같은 서양 선교사들과 미국인 필립 제이슨(徐載弼)에 의해서 시작된 데서 비롯한다. 곧 소리글자인 로마자가 우수하고 뜻글자인 漢字는 열등하다는 서구인의 관점에서 한글전용이 비롯되었다. 그래서 한자를 몰아내고 한글만 써야 한다는 것이다. 그런 다음에는 결국은 로마자를 한국인이 쓰자는 게 바로 헐버트 같은 서양 선교사들과 미국이 필립 제이슨의 생각이었다. 『독립신문』 만들 때 보조원이었던 周時經(주시경)이 여기에 세뇌되어 한글전용을 주장하기 시작했다. 金昌辰(2013), 『한글전용은 違憲이다』, 327-327.

으로 읽어야 한다. 고유명사를 한자로 적고 뒤에 괄호 안에 한국어 발음을 적어주는 게 좋다. 예를 들어 일본 고유명사는 東京(동경)・北海島(북해도)・伊藤博文(이등박문)・吳淸源(오청원)・坂田榮男(판전영남)・王貞治(왕정치)・林海峰(임해봉)・田中角栄(전중각영)・對馬島(대마도)・明治大(명치대) 식으로 적어야 한다. 중국 고유명사는 北京(북경)・南京(남경)・毛澤東(모택동)・周恩來(주은래)・鄧小平(등소평)・天安門(천안문)・淸華大(청화대)・釣魚島(조어도) 식으로 적어야 한다. 이래야 언어 사용의 목적인 의미 전달이 된다. 그리고 외국어를 쓰지 않게 된다. 그래서 한국어가 살아남게 된다. 그러므로 국한자혼용이 한국어를 진정으로 사랑하는 길이다. 한글전용은 한국어를 말살시키려는 時限爆彈(시한폭탄)이다.

2. 簡潔(간결)한 文章(문장)

1) 문장은 짧게 쓰자

좋은 문장은 짧다. 첫째, 간결한 문장은 뜻을 분명하게 전달한다. 글은 압축해야 힘이 더 커진다. 둘째, 문장이 짧아야 主述(주술) 불일치 등 非文(비문)이 생기지 않는다. 셋째, 짧은 문장은 속도감이 있어서 쉽게 읽히고 쉽게 이해된다.

이런 이유로 미국의 헤밍웨이와 한국의 金薰(김훈) 작가 등 수많은 문인들은 짧은 글을 選好(선호)한다. 그리고 호평을 받고 있다. 한국의 신문기사나 칼럼에 쓰이는 문장의 글자 수가 과거에는 평균 40~50자였지만 요즘은 20~30자라고 한다. 그만큼 문장이 짧아지면서 글 읽기도 쉬워졌다. 그렇지만 짧은 문장만 계속되는 것도 단조롭다. 長(장)-短(단)의 조화를 이루어서 리듬을 살리는 게 좋다. 글을 쓸 때 글자 수 40자 이상, 컴퓨터에서 두 줄 이상, 원고지에서 석 줄 이상의 긴 글은 되도록 쓰지 말자.

문장을 간결하게 쓰는 방법은 다음과 같다.

(1) 단어를 두 개로 나누지 말자

"나는 말을 했다."에서 '을'을 빼고 "나는 말 했다."로 줄이면 간결하다. '말하다'는 본디 한 단어이니 나누면 안 된다. '이/가' '을/를'을 쓸데없이 넣지 말고 한 단어로 처리하자.

연습문제 2. 다음을 더 나은 표현으로 다듬어 보시오.

① 勞使政(노사정) 협상이 가까스로 타결이 됐다.
→ 勞使政(노사정) 협상이 가까스로 타결됐다.

② 협력업체는 기한 안에 納品(납품)을 하려고 애를 썼다.
→

③ 인공 지능은 상황에 맞게 자연스러운 인사를 할 수 있다.
→

④ 보이스피싱 주모자는 실업자에게 인출책을 하라고 제안을 했다.
→

⑤ 통일은 꾸준히 교류와 협력을 통해 차근차근 준비를 해나가야 한다.
→

(2) 한 생각은 한 문장에 집어넣는다(一事一文, 一思一文).

글은 주어와 술어가 하나씩인 單文(단문)을 원칙으로 해야 한다. 重文(중문)[69]과 複文(복문)[70]은 부득이 할 때만 쓴다. 한 문장은 하나의 개념만을 담아야 한다. 신문기사도 '한 문장, 한 개념[71]'의 원칙을 지킨다. 문장이 길어서 이해가 어려운 보

---

69) 둘 이상의 節(절)이 대등하게 이어진 문장. 보기) '범은 가죽을 남기고, 사람은 이름을 남긴다.'

70) 節(절)을 하나의 문장성분으로 가지고 있는 문장. 單文(단문)이 한 성분으로 들어가 안기어 들어가 있거나 서로 이어지거나 하여 여러 층위로 이루어진 문장. 안은문장이 안긴문장을 포함한 문장. 보기) '나는 우리나라 작문교육이 잘못되어 있다고 생각한다.'

71) "one sentence, one idea."

기를 들어본다.

(가) 한국 사회에서 중산층을 사라지게 하고 빈익빈 부익부로 몰아가는 경제적 양극화가 다국적 기업들과 함께 국내 재벌들의 전횡에 기인한다는 사실을 정확하게 직시하고 과거 군부독재를 해체하고 민주화를 이루었던 것처럼 경제의 영역에서도 기득권 세력의 불공정한 적폐를 타파하고 사회정의와 민주주의의 원리를 확립함으로써 더불어 살아가는 상생의 경제를 실현해야 할 과제가 우리에게 주어져 있습니다.

(가)문장은 너무 길다. 뿐만 아니라 주어가 맨 뒤에 있어서 의미를 이해하기 힘들다. (나)와 같이 네 문장으로 나누는 게 좋다.

(나) 한국 사회에서 중산층을 사라지게 하고 빈익빈 부익부로 몰아가는 경제적 양극화가 벌어지고 있습니다. 이는 다국적 기업들과 함께 국내 재벌들의 전횡에 기인한다는 사실을 우리는 직시해야 합니다. 그리고 과거 우리가 군부독재를 해체하고 민주화를 이루었던 것처럼 경제의 영역에서도 기득권 세력의 불공정한 적폐를 타파하고 사회정의와 민주주의의 원리를 확립해야 합니다. 더불어 살아가는 상생의 경제를 실현해야 할 과제가 우리 앞에 있습니다.

문장이 길어지면 글쓴이의 주장이 독자에게 쉽게 전달되지 않는다. 그러므로 단문으로 짧게 끊어서 글을 써야 한다. 이번에는 짧게 잘 쓴 문장을 보자.

(다) 첫째, 한자를 배우면 국어능력이 향상된다. 호남의 미래는 학생들에게 달려 있다. 그러므로 학생들의 학력 신장은 중요하다. 그 중에서 국어능력은 가장 중요하다. 모든 교과의 도구 교과이기 때문이다. 국어 교수인 필자의 경험으로 보면 국어능력을 기르는 데는 세 가지가 가장 중요하다. 한자능력, 독서, 작문이다. 그 중 한자능력이 가장 기본이다. 한국어 어휘는 60% 이상이 한자어다. 한자어는 한자를 조합하여 만들어진 낱말이다. 따라서 한자를 알아야 정확한 의미를 알게 된다. 그런데 현재 교육부는 한글전용 교육을 한다. 그렇기 때문에 오늘날 학생들이 한자어 용어의 의미를 정확히 모른다. 이것이 국어능력의 저하로 나타난다. 교육부에서도 이 사실을 깨닫고 2018년부터 초등학교 3학년부터 교과서의 한자어 용어를 괄호 안에 한자를 병기하겠다고 예고하였다. 교육부가 한자교육의 필요성을 인식한 것으

로서 옳은 방향이다.[72]

(3) 形容詞(형용사) · 副詞(부사)를 되도록 줄인다

문장의 根幹(근간)은 명사와 동사이다. 수식어는 곁가지이다. 줄기가 굵어야지 곁가지가 많으면 안 된다. 그러므로 형용사 · 부사 같은 수식어는 되도록 쓰지 않는 게 좋다. 수식어를 쓰지 않고 명사와 동사로만 글을 쓰면 문장이 깔끔하다.

수식어인 관형사 · 관형사형을 쓰기보다는 부사로 바꿔 표현하는 것이 낫다. "많은 사람이 모였다"는 "사람이 많이 모였다"로 바꾸는 게 좋다. 또 부사는 형용사로 바꾸는 게 더 낫다. "그는 게으르게 공부한다."보다는 "그는 공부하는 게 게으르다."가 '게으르다'가 더 강조된다. "그는 빠르게 말한다."보다는 "그는 말이 빠르다."가 더 낫다.

연습문제 3. 다음을 더 나은 표현으로 다듬어 보시오.

① 많은 눈이 내렸다.
→ 눈이 쏟아졌다.

② 아름다운 꽃들이 피었다.
→ 꽃들이 아름답게 피었다.

③ 그녀는 솔직한 성격을 지녔다.
→ 그녀는 솔직하다.

④ 이 봄에 새로운 삶의 의미를 찾아보자.
→ 이 봄에 삶의 의미를 새롭게 찾아보자.

⑤ 소슬한 바람이 불어와 쓸쓸한 마음이 된다.
→ 바람이 소슬하게 불어와 마음이 쓸쓸해진다.

---

72) 金昌辰(김창진), 「[광남시론] 호남인들이여, 한자 · 한문을 공부하자」, 『광남일보』. 2015. 3. 2.

⑥ 온 산을 물들이는 단풍은 붉은 치마폭 같다.
→ 단풍은 붉은 치마폭처럼 온 산을 물들인다.

⑦ 창공에 반짝이는 뭇별과 같이 산과 들에 피어나는 아름다운 꽃들과 같이 理想(이상)은 실로 인간의 부패를 방지하는 소금과 같다 할 것이다.
→ 창공의 뭇별, 산과 들의 꽃들과 같이 理想(이상)은 실로 인간에게 빛과 소금과 같다.

(4) 불필요한 주어를 생략한다

수필 같은 문학적 글에서는 '나'를 안 써도 말이 통한다. 오히려 간결해서 좋다. 다만 객관적인 글에서는 '나'를 생략하는 일은 조심해야 한다.

연습문제 4. 다음을 더 나은 표현으로 다듬어 보시오.

① 나는 어제 집에 갔다. 내가 냉장고를 열었더니 아무 것도 없었다.
→

② 나는 연애를 꿈꾸는 청춘들에게 묻고 싶은 말이 있다.
→

③ 나의 학창 시절에 자취하는 친구들의 초대를 받아, 저녁을 먹고 밤늦게 집에 돌아와, 책상 위에서 메모를 정리하려고 포켓을 뒤졌으나, 내 노력은 헛것이었다. 이 날 밤, 잠들기 전의 일과는 常軌(상궤)를 벗어나, 내 마음을 진정시킬 길이 없었다.
→

④ 일 년 뒤, 나는 오대산 月精寺(월정사)에 있는 佛敎專門講院(불교전문강원)에서 교편을 잡게 되었다. 거기서 나는 우리의 禪(선)과 우리의 돌의 진미를 맛보게 되었다. 내가 머물고 있던 월정사의 동향한 일실은 창만 열면 산이요 숲이었고, 밤이면 물소리 바람소리가 사철 가을이었다.
→

⑤ 신록을 대하고 있으면, 신록은 먼저 나의 눈을 씻고, 나의 머리를 씻고, 나의 가슴을 씻고, 다음에 나의 마음의 모든 구석구석을 하나하나 씻어낸다. 그리고 나의 마음의 모든 티끌 — 나의 모든 慾望(욕망)과 屈辱(굴욕)과 苦痛(고통)과 困難(곤란)

이 하나하나 사라지는 다음 순간, 별과 바람과 하늘과 풀이 그의 기쁨과 노래를 가지고 나의 빈 머리에, 가슴에, 마음에 고이고이 들어앉는다.

→

(5) 표현을 깔끔하게 한다

글은 깔끔하게 써야 한다. 빼버려도 말이 통하는 부분은 과감히 삭제해야 한다.

연습문제 5. 다음을 더 나은 표현으로 다듬어 보시오.

① 처음으로 가본 외국 도시는 東京(동경)이었다.
→ 처음 가본 외국 도시는 東京(동경)이었다.

② 그럼에도 불구하고 나는 草堂大(초당대) 항공운항학과로 진학했다.
→ 그럼에도 나는 草堂大(초당대) 항공운항학과로 진학했다.

③ 페이스북을 하지 않는 이점 가운데 하나는 시간 낭비를 막는 것이다.
→ 페이스북을 하지 않는 이점 하나는 시간 낭비를 막는 것이다.

④ 인터넷에서의 글쓰기라고 해서 紙面(지면)에 글 쓰는 것과 다르게 생각해서는 안 된다.
→ 인터넷 글쓰기를 紙面(지면) 글쓰기와 달리 생각해서는 안 된다.

⑤ 툰 호수는 내가 본 호수 중에 짙푸른 에메랄드를 뿌려 놓은 듯 맑고 깊어 바다처럼 아름다운 호수였다.
→

⑥ 인간의 얼굴을 한 글쓰기의 퇴장은 그리 멀지 않은 일이 될 것이다.
→ 인간의 얼굴을 한 글쓰기는 머지않아 사라질 것이다.

⑦ 생각을 요점 정리로만 대체해버리는 반(反)인문학적 태도를 경계하고, 발전과 경쟁력을 앞세우기보다 비판과 문제의식으로 변화를 갈구하는 능력을 키우는 것이야말로 디지털 시대에서 인간의 얼굴을 지켜나갈 수 있는 길이다.

→ 생각을 요점 정리로만 대체해버리는 반(反)인문학적 태도를 경계해야 한다. 발전과 경쟁력을 앞세우지 말아야 한다. 비판과 문제의식으로 변화를 갈구하는 능력을 키워야만 디지털 시대에서 인간의 얼굴을 지켜나갈 수 있다.

(6) 장황하게 쓰지 말자

석 줄 이상 길면서 重言復言(중언부언)하는 문장이 있다. 장황한 문장은 이해하기 힘들다. 한 문장은 보고서 용지(A4)로 두 줄을 넘기면 안 된다. 문장을 두 줄 안으로 짧게 끊어 쓰고, 생각을 잘 정리하여 글을 쓰자.

연습문제 6. 다음을 더 나은 표현으로 다듬어 보시오

① 좋은 독자로 남겠다며 웃고 있다가도 훌륭한 글을 읽다 보면 부러움과 질투로 책장 넘기기가 힘들고, 글을 쓰겠다고 까불어대던 어린 날들의 기억이 부끄러워 혼자 얼굴이 발개졌다.

→ 나는 좋은 독자로 만족했다. 그러나 훌륭한 글을 만나면 부러움과 질투로 괴로웠다. 글을 쓰겠다고 까불어대던 어린 날의 기억이 부끄러워 혼자 얼굴이 발개졌다.

② 정부의 대응이 완벽해서 첫 번째 감염자 이외에 메르스 환자가 더 나오지 않았다면 다들 메르스가 무엇인지조차 알지 못한 채 살았겠지만, 국민들의 평온한 일상을 용납하지 않는 정부 덕분에 초등학생들조차 메르스를 입에 달고 사는 풍경이 연출되고 있다.

→ 정부의 대응이 완벽해서 첫 번째 감염자 이외에 메르스 환자가 더 나오지 않았다면 국민은 메르스가 무엇인지조차 알지 못했을 것이다. 하지만 국민의 평온한 일상을 용납하지 않는 정부 덕분에 초등학생들조차 메르스를 입에 달고 살고 있다.

③ 여성의 자주성을 찾으려는 가장 조그만 움직임이나 생각까지도 조소되고 비난받아 왔고, 다만 두 사람의 합의에 의해서 공동으로 생활을 건설해 가고 둘이 다 자아의 생장을 지속시켜 가는 공동체라고 보아야 할 결혼을 사회는 여자의 궁극적인 숙명, 여자의 자아 발전의 무덤으로서, 또 어떤 절대적인 영광스러운 예속으로서 가르쳐 주어 왔다.

→ 여성의 자주성을 찾으려는 가장 조그만 움직임이나 생각까지도 조소되고 비난받아 왔다. 결혼은 두 사람의 합의에 의해서 공동으로 생활을 건설해 가고 둘이 다 자아의 생장을 지속시켜 가는 공동체라고 보아야 한다. 그런데 사회는 결혼을 여자에게 자아 발전의 무덤, 또 절대적인 영광스러운 예속으로 가르쳐 왔다.

④ 여자는 결혼하면 자기의 삶 전부를 실존을 스스로 순간마다 결단하고 세계에 향해서 투기하는 생활 대신에, 한 남성에게 자신을 꽉 맡겨 버리고 자기는 더 이상 사고할 필요 없이 사소하고 無常(무상)하게 흘러가는 일상성과 사실성의 세계에 파묻히는 편이 얼마나 편하고 또 사회에서 잘 받아들여진다는 것을 의식하게 될 것이다.
→ 여자는 결혼하면 자기의 삶을 자기 스스로 결정하지 않고 한 남성에게 맡겨 버리는 습성이 있다. 그리고 자기는 더 이상 사고하지 않고 날마다 되풀이되는 일상생활에 파묻혀버리고 만다. 그것이 자기도 편하고 또 사회에서도 잘 받아들여진다는 것을 느끼게 된다.

⑤ 한 쪽은 눈으로 덮인 산봉우리가 다른 한 쪽은 이름 모를 풀과 꽃들이 만발한 초원이 펼쳐진 사이사이로 평화로운 농가가 자리 잡은 알프스의 목가적인 풍경이 산기슭을 아슬아슬 휘감아 도는 철로와 그 길을 따라 뒤뚱거리며 달리는 등산열차를 타고 유럽의 정상으로 오르는 동안 전형적인 스위스와 알프스를 만날 수 있었다.
→

⑥ 나는 모든 성공과 실패는 유혹을 뿌리칠 수 있느냐 없느냐에 따라 결정이 된다는 의견이 매우 타당하고 절대 틀린 말이 아니라고 생각하는데 그 이유는 백문이 불여일견이라는 말이 있듯 경험보다 좋은 것은 없다고 생각하기 때문에 성공한 사업가들의 사례를 찾아보면 주변에서 작업을 거는 나쁜 유혹을 뿌리쳐 성공을 한 것이 대부분이고, 실패한 사업가들의 사례를 찾아보면 도박과 유흥의 유혹을 이기지 못하여 실패한 사람들이 대부분이다.
→ 나는 성공과 실패는 유혹을 뿌리칠 수 있느냐 없느냐에 따라 결정된다고 생각한다. 성공한 사업가들은 주변의 나쁜 유혹을 뿌리쳐 성공한 것이 대부분이다. 반대로 실패한 사업가들은 도박과 유흥의 유혹을 이기지 못해 실패한 사람들이 많다.

⑦ 마크 저크버그는 대학시절 한창 활발한 시기에 창업세계에 뛰어들어 놀고 싶고 먹고 싶은 것을 포기하고 서로의 안부를 묻고 친목을 다지는 사이트 관리에 많은 시

간을 소요하고 자신의 사이트를 믿고 투자해줄 사람을 찾기 위해 전국을 돌아다닌 끝에 자신과 뜻이 통하는 투자자를 찾을 수 있었고, 그 사람의 투자를 받으며 점점 규모를 키워 나가 현재에 이르러서는 전 세계 1위에 해당하는 서로의 안부를 묻고 친목을 다지는 사이트의 최고 책임자가 되었다.

→ 마크 저크버그는 대학시절 창업세계에 뛰어들어 서로 안부를 묻고 친목을 다지는 사이트를 개발했다. 그리고 전국을 돌아다닌 끝에 투자자를 찾을 수 있었다. 그 사람의 투자를 받으며 사이트 규모를 점점 키워 나갔다. 현재 페이스북은 친목 사이트 전 세계 1위가 되었고, 마크 저크버그는 최고 책임자가 되었다.

2) 중복 표현을 피하자

말은 경제성이 있어야 한다. 중복된 표현은 삼가야 한다. 한국어에는 '驛前(역전) 앞'의 '前(전)-앞'처럼 비경제적인 중복 표현이 많다. 중복 표현은 세 가지 유형이 있다. ① 한자어와 토박이말이 겹치면서 생긴 '겹말(중복어)'[73]. ② 한 문장에서 동일한 단어나 구절이 여러 번 나오는 '단어 · 구절 중복'. ③ 형태는 다르지만 같은 의미가 반복되는 '의미 중복'. 의미를 크게 훼손하지 않는 선에서 중복 부분을 다른 말로 바꾸거나 불필요한 부분은 삭제해야 한다.

(1) 겹말(重複語)을 피하라

연습문제 7. 다음을 더 나은 표현으로 다듬어 보시오.

① 그 친구는 성격이 밝고 明朗(명랑)하다.

→

② 한국 사회는 수십 년간 積弊(적폐)가 쌓여 있다.

→

---

73) 예를 들어 다음과 같다. "푸른 蒼空(창공)", "넓은 廣場(광장)", " 슬픈 悲劇(비극)", "所謂(소위) 이른바", "약 한 시간쯤", "堂叔(당숙) 아저씨", "별것 아닌 平凡(평범)한 것", "어쩔 수 없이 不可避(불가피)한", "순 진짜 참기름", "밖으로 表出(표출)하는", "愚鈍(우둔)하고 어리석어서", "죽기를 각오하고 決死的(결사적)으로", "엄청나고 굉장하게 중요한" 등이다.

③ 그날 豫想(예상)치 못한 갑작스러운 사건이 터졌다.

→

④ 아동의 언어 발달은 만 4~12세 사이에 활발히 이루어진다.

→ 아동의 언어 발달은 만 4~12세에 활발히 이루어진다.

⑤ 이 제품이 우리 회사가 이번에 새로 개발한 新製品(신제품)입니다.

→

⑥ 훈민정음은 세종대왕이 백성을 사랑하는 愛民精神(애민정신)으로 만들었다.

→

⑦ 대학교에서 내 문제점은 자유로운 시간을 주체하지 못한다는 점이 가장 큰 문제점이다.

→

⑧ 융프라우 산에 유럽의 최고 높이의 기차역이 있어 사람들이 놀라 驚愕(경악)을 금치 못했다.

→

(2) 단어 · 구절 중복을 피하라

연습문제 8. 다음을 더 나은 표현으로 다듬어 보시오.

① 나는 겨울보다 여름이 좋고 가을보다는 봄이 좋다

→ 나는 겨울보다 여름이, 가을보다는 봄이 좋다.

② 나만 이런 문제가 있는 것이 아니라는 것을 알게 된 것이다.

→ 나만 이런 문제가 있는 게 아니라는 걸 알게 된 것이다.

→ 나만 이런 문제가 있는 게 아니라는 것을 알게 되었다.

→ 나만 이런 문제가 있는 게 아니라는 사실을 알게 되었다.

③ 아직은 매출이 많지 않지만 전화가 많아지고 찾아오는 손님도 점차 많아지고 있다.
→ 아직은 매출이 많지 않지만 전화가 늘어나고 찾아오는 손님도 증가한다.

④ 훌륭한 사람은 작은 경험에서도 의미심장한 교훈을 이끌어내고 누군가는 교훈을 이끌어내지 못한다.
→ 훌륭한 사람은 작은 경험에서도 의미심장한 교훈을 이끌어내고 누군가는 그렇지 못한다.

⑤ 첫째 아이를 혼인시키면 또 둘째 아이 혼인시켜야 할 일이 다가오고, 그 다음에는 막내 혼인시킬 일이 걱정이다.
→ 첫째 아이를 혼인시키면 또 둘째 아이 결혼이 닥치고, 그 다음에는 막내 혼사가 걱정된다.

⑥ 현재 대학생 중 학자금 대출을 받는 비율이 70% 이상이다. 그중 상당수가 아르바이트도 하고 있는 중이다.
→ 현재 대학생 중 학자금 대출을 받는 비율이 70% 이상이다. 그들 상당수가 아르바이트도 한다.

⑦ 우리 대학 학생들이 열심히 공부 안 한다고 말하지만 어떤 학생의 경우 대기업에 취업한 경우도 있다. 학업에 충실한 경우다.
→ 우리 대학 학생들이 열심히 공부 안 한다고 말하지만 어떤 학생의 경우 대기업에 취업한 예도 있다. 학업에 충실한 결과다.
→ 우리 대학 학생들이 열심히 공부 안 한다고 말하지만 대기업에 취업한 학생도 있다. 학업에 충실한 결과다.

(3) 의미 중복을 피하라

연습문제 9. 다음을 더 나은 표현으로 다듬어 보시오.

① 매사에 너무 많이 신경을 써 지나치게 고민하면 건강에 해롭다.
→ 매사에 너무 많이 신경을 쓰면 건강에 해롭다.
→ 매사에 지나치게 고민하면 건강에 해롭다.

② 미국은 자국을 방문하는 외국인들에 대한 입국심사 절차를 대폭 강화했다.
→

③ 지난해 물가 상승률을 감안한 실질국내총생산 증가율(경제성장률)은 겨우 1. 8%에 불과했다.
→ 지난해 물가 상승률을 감안한 실질국내총생산 증가율(경제성장률)은 겨우 1. 8%였다.

④ 장마철에는 무기력하게 늘어져 활력이 떨어지고 不快指數(불쾌지수)가 높아진다.
→ 장마철에는 무기력하게 늘어지고 不快指數(불쾌지수)가 높아진다.
→ 장마철에는 활력이 떨어지고 不快指數(불쾌지수)가 높아진다.

⑤ 그 중 한 가지만 뽑아보라면 소소한 글쓰기 테크닉은 기본이지만 한국어에 대한 그동안 알고 있는 생각을 적지 않게 뒤집어주고, 상식을 깨는 내용들을 꽤 알려준다는 점이다.
→ 그 중 한 가지만 뽑아보라면 한국어에 대한 그동안 알고 있는 상식을 깨는 내용들을 꽤 알려준다는 점이다.

⑥ 누구나 글을 쓴다면 그 글의 무게만큼 엄연히 세상살이의 짐을 짊어져야 한다는 것을, 글의 무게만큼 삶의 무게도 등에 져야 함을 깨달을 때, 그저 '직업이나 이벤트로서의 글쓰기'가 아닌 '삶으로서의 글쓰기'가 시작된다.
→ 누구나 글을 쓴다면 글의 무게만큼 삶의 무게도 등에 져야 함을 깨달을 때, 그저 '직업이나 이벤트로서의 글쓰기'가 아닌 '삶으로서의 글쓰기'가 시작된다.

(4) 자주 쓰는 겹말(重複語)

① 複合語(복합어)처럼 쓰이는 겹말 : 명사 + 명사 [가나다순]

過半數(과반수) 以上(이상) → 過半數(과반수). 過程(과정) 속에서 → 過程(과정)에서. 近來(근래) 들어 → 近來(근래). 이 期間(기간) 동안에 → 이 期間(기간)에, 이 동안에. 其他(기타) 다른 것 → 其他(기타), 다른 것. 그때 當時(당시) → 그때, 當時(당시). 喪家(상가)집(상갓집) → 상가. 수십여 명 → 수십 명. 약 60여 명 가량 → 약 60명, 60명가량. 曖昧模糊(애매모호) → 模糊(모호). 10시 이후부터 → 10시부터, 10시쯤부터. 釋迦誕辰日(석가탄신일) → 釋迦誕辰(석가탄신). 電氣漏電(전기누전) →

漏電(누전). 捕繩(포승)줄 → 捕繩(포승). 學際間(학제간) → 學際(학제), 學問間(학문간). 한 시간 동안 → 한 시간. 海邊(해변)가 → 海邊(해변), 바닷가. 懸案(현안)문제 → 懸案(현안) 등.

② 主成分(주성분) 겹말

㉮ 主語(주어)가 겹말

落葉(낙엽)이 떨어지는 → 잎이 지는. 생명이 危篤(위독)하다 → 危篤(위독)하다. 連休(연휴)가 이어져 → 休日(휴일)이 이어져, 年休(연휴)가 되어.

㉯ 目的語(목적어)가 겹말

勉學(면학)에 힘쓰다 → 勉學(면학)하다, 공부에 힘쓰다. 돈을 送金(송금)하다 → 送金(송금)하다, 돈을 보내다, 돈을 부치다. 作品(작품)을 出品(출품)하다 → 出品(출품)하다, 作品(작품)을 내다. 原稿(원고) 많이 投稿(투고)하세요 → 많이 投稿(투고)하세요.

㉰ 敍述語(서술어)가 겹말

이런 見地(견지)에서 본다면 → 이런 見地(견지)에서. 結論(결론)을 맺다 → 結論(결론)을 내다, 結論(결론)짓다. 觀點(관점)에서 보면 → 觀點(관점)에서. 觀察(관찰)해보다 → 觀察(관찰)하다, 살펴보다. 放置(방치)해두다 → 放置(방치)하다, 내버려두다. 備蓄(비축)해두다 → 備蓄(비축)하다, 미리 모아 두다. 判異(판이)하게 다르다 → 判異(판이)하다, 아주 다르다. 授與(수여)받다 → 받다. 輸入(수입)해 들여오다 → 輸入(수입)하다. 收穫(수확)을 거두다 → 收穫(수확)하다, 穀食(곡식)을 거두다. 懷疑(회의)를 품다 → 懷疑(회의)하다, 疑心(의심)을 품다.

③ 附屬成分(부속성분) 겹말

㉮ 冠形語(관형어)가 겹말 : 형용사+명사

각 나라별 → 나라별, 나라마다. 내가 보는 見解(견해)는 → 나의 見解(견해)는. 每(매) 학기마다 → 학기마다. 필요한 所要資金(소요자금) → 所要資金(소요자금). 남은 餘生(여생) → 여생. 맡은 바 任務(임무) → 任務(임무), 맡은 바. 오랜 宿願(숙원) → 宿願(숙원). 가까운 側近(측근) → 側近(측근).

㉯ 副詞語(부사어)가 겹말 : 부사+동사

簡單(간단)히 要約(요약)하면 → 要約(요약)하면. 繼續(계속) 이어지다 → 이어지다. 口傳(구전)으로 전해오다 → 口傳(구전)되다, 입으로 전해오다. 거의 大部分(대부분) → 大部分(대부분). 더불어 함께 하는 → 더불어 하는, 함께 하는. 서로 相議(상의)하다 → 相議(상의)하다. 계속 續出(속출)하다 → 계속 나오다. 續出(속출)하다. 공사를 着工(착공)하다 → 着工(착공)하다. 서로 呼應(호응)하다 → 呼應(호응)하다.

3) '-것' · '있다'· '-수'를 삼가자

소설가 安正孝(안정효) 씨는 글을 쓸 때 '있다' '것' '-수'를 없애라고 충고한다.[74) 글에서 '있다'와 '것'과 '-수'라는 단어만 없애버려도 그 글은 간결해지고 힘이 생긴다. 이 단어들을 완전히 없앨 수는 없고 그럴 필요도 없지만 줄여야 한다.

(1) '-것'을 삼가자

依存名詞(의존명사) '것'은 다른 낱말 대신으로 쓰이는 代用語(대용어)이다. 대용어의 장점은 같은 단어를 반복하지 않아 언어의 경제성을 살린다는 점이다. 하지만 **대용어는 자칫 잘못하면 글의 의미를 불분명하게 만들어버리는 단점도 있으니 되도록 쓰지 말아야 한다.**[75)]

"이별했던 것이었다."는 그냥 "이별했다."가 좋다. 또 "살아가는 데 필요한 것들이 많다."는 "살아가는 데 필요한 인간과 사물 들이 많다."처럼 쓰면 글이 구체화되어 좋다.

연습문제 10. 다음을 더 나은 표현으로 다듬어 보시오.

① 그가 걸음을 걷는 것이 이상하다.
→ 그가 걸음을 걷는 모습이 이상하다.
→ 그가 걸음을 걷는다는 사실이 이상하다.

74) 안정효(2006), 『안정효의 글쓰기 만보』, 모멘토.

75) 영화 『황산벌』에서 金庾信(김유신) 장군은 階伯(계백) 장군 막사에 간첩을 파견한다. 그러나 계백 장군과 부하들은 "거시기해라.", "네, 가시기하겠습니다."로 대화하니, 간첩은 말을 듣고도 이해할 수 없었다. 이처럼 '것'을 많이 쓰는 말은 暗號(암호)가 되고 만다.

② 한국의 자동차 가격은 미국의 그것보다 비싸다.
→ 한국은 미국보다 자동차 가격이 비싸다.

③ 이집트에 있는 거대한 것들에 나는 感銘(감명)받았다.
→ 이집트에 있는 거대한 피라미드 · 스핑크스 · 오벨리스크에 나는 感銘(감명)받았다.

④ 운전 초보자가 차를 빨리 달리게 하는 것을 잘 조절하기는 어렵다.
→

⑤ 달러 가치가 올라가면 금값은 내리는 경향이 있다. 이것은 무슨 이유가 있을 것이다.
→ 달러 가치가 올라가면 금값은 내리는 경향이 있다. 이런 경향에는 무슨 이유가 있을 것이다.

⑥ 그녀는 돈 많은 남자보다 오히려 재미있는 남자를 좋아했다. 그러나 그들은 그것을 몰랐다.
→ 그녀는 돈 많은 남자보다 오히려 재미있는 남자를 좋아했다. 그러나 남자들은 그 사실을 몰랐다.

⑦ 어떤 사람들은 伴侶動物(반려동물)을 자기가 필요할 때만 데리고 놀다가 필요 없으면 그냥 버린다. 이것은 큰 잘못이다.
→

⑧ 자연을 배경으로 담배 광고를 하는 것은 문제가 있다. 이것은 판매 증가에 보탬이 되지만 대중을 誤導(오도)한다.
→

⑨ 부동산 가격이 오르는데도 부동산을 사는 사람들은 늘고 있다. 이것은 두 가지 이유가 있다.
→

(2) '있다'를 삼가자

오늘날 '있다'가 너무 많이 쓰인다. '있다'는 영어 'be' 동사의 번역투이다. "사람들이 걷고 있다."는 "사람들이 걷는다."로 써야 한다. "집으로 오고 있었던 것이다."는 표현을 생각해보자. 먼저 '것이다'를 없애버리면 "집으로 오고 있었다."가 된다. 그래도 의미 전달에 아무 지장이 없다. 다음에 '있었다'를 없애려고 하는데, 그러면 진행 상태를 나타낼 수 없다. 이럴 때는 "집으로 오던 길이다."라고 바꿔 쓰면 된다. 이게 자연스러운 문장이다.[76)]

연습문제 11. 다음을 더 나은 표현으로 다듬어 보시오.

① 그는 텔레비전을 보고 있다.
→ 그는 텔레비전을 본다.

② 그 일을 추진 중에 있다.
→ 그 일을 추진 중이다.
→ 그 일을 추진한다.

③ 상장 수여가 있겠습니다.
→

④ 총장님의 말씀이 있겠습니다.
→ 총장님께서 말씀하시겠습니다.

⑤ 世宗(세종) 신도시는 보다 신중한 검토가 있어야 했다.
→ 世宗(세종) 신도시는 좀 더 신중하게 검토해야 했다.

⑥ 北韓의 최근 동향을 관찰할 필요가 있다(It is necessary to~)
→

⑦ 내년 여름방학에는 해외여행을 할 예정으로 있다(be going to …)
→ 내년 여름방학에는 해외여행을 할 예정이다.
→ 내년 여름방학에는 해외여행을 할 참이다.

76) 오선영 : 맛있는 공부 기자, 불필요한 접속사 없애야 글에 힘이 생긴다, 『朝鮮日報』, 2007. 8. 22.

⑧ 成均館(성균관)에는 孔子(공자)를 비롯해 많은 현자들이 모셔져 있다.
→

⑨ 길거리에서 조폭들이 싸우고 있었다. 행인들이 구경을 하고 있었다.
→ 길거리에서 조폭들이 싸웠다. 행인들이 구경했다.

⑩ 시위대들이 길을 가로막고 있었다. 화난 운전자들이 경적을 울려대고 있었다. 시민들은 이 장면을 지켜보고 있었다.
→ 시위대들이 길을 가로막았다. 화난 운전자들이 경적을 울려댔다. 시민들은 이 장면을 지켜봤다.

(3) '-수'를 삼가자

'~할 수'는 영어의 'can (be)'를 번역한 외국어 말투이다. "事故(사고)가 날 수 있다."는 "事故(사고)가 나기도 한다."로 바꾸는 게 자연스럽다. 또 "傳染病(전염병)에 걸릴 수 있다."는 "傳染病(전염병)에 걸릴지도 모른다."로 바꾸는 게 바람직하다.

연습문제 12. 다음을 더 나은 표현으로 다듬어 보시오.

① 살다 보면 좋은 일이 생길 수도 있다.
→ 살다 보면 좋은 일이 생기기도 한다.

② 너는 숙제를 마치면 마음대로 놀 수 있다.
→ 너는 숙제를 마치면 마음대로 놀아도 된다.

③ 연습을 계속 하다 보면 성공할 수도 있다.
→

④ 이 일에는 관심 있는 시민들도 함께 참여할 수 있다.
→ 이 일에는 관심 있는 시민들도 함께 참여해도 된다.
→ 이 일에는 관심 있는 시민들도 함께 참여하기 바란다.

⑤ 자동차는 내 삶에서 빼놓을 수 없는 물건이라 할 수도 있다.
→ 자동차는 내 삶에서 매우 요긴한 물건이긴 하다.

⑥ 네가 지금처럼 열심히 공부했다면 고시도 합격할 수 있었겠다.
→

⑦ 나는 李連杰(이연걸)의 武術(무술)을 보면서 감탄을 금할 수가 없었다.
→

⑧ 鐵分(철분) 부족은 뼈가 쉽게 부서지는 骨多孔症(골다공증)에 걸릴 수도 있다.
→ 鐵分(철분) 부족은 뼈가 쉽게 부서지는 骨多孔症(골다공증)에 걸리게 하기도 한다.

3. 正確(정확)한 文章(문장)

1) 文章成分(문장성분)은 呼應(호응)해야

문장 구성 요소들은 논리적으로 呼應(호응)해야 한다. 문법에서 '呼應關係(호응관계)'는 문장의 한 구성 요소와 다른 구성 요소가 결합되는 制約(제약) 관계를 말한다. 예를 들면 '모자를 쓰다, 장갑을 끼다, 양말을 신다'와 같이 목적어와 타동사 간 '선택 제약 관계'가 있다. 또 특정 부사와 뒤따라오는 서술어 간 '共起(공기) 관계'도 있는데, 다음과 같다.

㉮ 부정어와 호응 : 여간, 별로, 그다지, 좀체로, 일절, 전혀, 조금도, 절대로, 결코 ~ 아니다. 않다. 없다. / ~치고 ~것 없다. / 비단 ~뿐 아니라. / 정작 ~면 ~없다(않다). ㉯ 의문 표현과 호응 : 설마, 누가, 뉘라서, 오죽, 얼마나, 도대체, 대관절, 어찌, 하물며, 아무려면 ~랴? ~이냐? ~까? ㄴ가? ㉰ 양보 표현과 호응 : 비록 ~일지라도. / 설령 ~ㄹ지라도. / 하다못해 ~라도 해서. ㉱ 가정 표현과 호응 : 만약, 만일, 혹시 ~한다면. / 혹시 ~거든. ㉲ 당위 표현과 호응 : 반드시, 응당, 마땅히, 모름지기 ~해야 한다. ~이어야 한다. ㉳ 기타 : 왜냐하면 ~ 때문

이다. /아무리 ~해도. / 마치 ~같다. / 차라리 ~ㄹ지언정(ㄹ망정). / 드디어(마침내) ~하다. / 부디 ~하여라. / 실로 ~하다. / ~를 ~듯이 하다. / 바야흐로 ~려 한다. / 오직 ~ㄹ뿐(따름)이다. / 자칫 ~하기 쉽다.

이러한 호응 관계를 지키지 못하면 非文(비문)이나 어색한 문장이 되고 만다. 그러므로 이러한 共起(공기) 관계를 잘 알고 지켜서 글을 적어야 한다.

호응의 유형에는 주어와 서술어 호응인 '主述呼應(주술호응)', 목적어와 서술어 호응인 '目述呼應(목술호응)', 두 문장이 연결될 때 논리의 흐름이 잘 맞는 '論理的(논리적) 호응', 단어의 특성에 따른 호응으로서 '意味上(의미상)의 選擇(선택) 制約(제약)' 등이 있다.

(1) 주어와 서술어 호응 : 主述呼應(주술호응)

주어와 서술어가 서로 들어맞는 것이 주술호응이다. 주술호응이 잘 안 되는 '주술 불일치'의 원인은 대개 두 가지다. 하나는 문장을 길게 쓰다가 잘못을 저지르는 것이다. 다른 하나는 주어와 술어의 위치가 멀리 떨어져 있을 때 일어나기 쉽다. 주술호응을 이루려면 문장을 짧게 쓰고 주어와 서술어를 가까이 붙여야 한다.

연습문제 13. 다음을 더 나은 표현으로 다듬어 보시오.

① 내일은 강한 바람과 비가 오겠습니다.
→

② 고구마가 감자보다 맛도 영양도 훨씬 많다.
→

③ 현실은 연약한 여자가 감당하기엔 너무도 그 부피와 무게가 컸다.
→

④ 흰 색 자라는 수족관에 모셔져 있었으며, 신기한 모습에 넋을 잃고 바라보았다.
→

⑤ 페이스북의 성공요인은 친구 관리 외에도 게임과 기사 공유 · 동영상 게재 등 다양한 기능을 갖고 있다.

→

⑥ 光州市(광주시)가 새로 선정해 도로변을 새롭게 조성하는 가로수인 이팝나무의 꽃이 흐드러진 광경을 보면서 10여 분을 달렸다.

→

⑦ 대중문화는 대중을 소비적 성향에 젖게 할 뿐만 아니라 쾌락을 부추기며, 인간의 참된 가치를 발견하려고 노력하지도 않는 점이다.

→

⑧ 元曉(원효) 大師(대사)의 사상은 이해하기 어렵지만, 『三國遺事(삼국유사)』의 逸話(일화)에 나타난 모습을 보면 소탈한 사람으로 보인다.

→

⑨ 그 중에서도, 특히 국립 박물관에서의 阮堂(완당) 金正喜(김정희)의 '歲寒圖(세한도)'는, 오래간만에 대하는 기쁨에 가슴이 설레어 開館(개관) 첫날 一着(일착)을 했다.

→ 그 중에서도, 특히 국립 박물관에서의 阮堂(완당) 金正喜(김정희)의 '歲寒圖(세한도)'를 오래간만에 대하는 기쁨에 나는 가슴이 설레어 開館(개관) 첫날 一着(일착)을 했다.

⑩ 이태석 신부를 존경하게 된 계기는 한국에서의 의사와 신부라는 지위를 버리고 아프리카 오지에 스스로 들어가 사비로 그곳 사람들을 치료해 주었다는 사실이 너무 감명 깊었다.

→

(2) 목적어와 서술어 호응 : 목술호응

'目述呼應(목술호응)'은 목적어가 두 개 이상이고 서술어가 하나인 경우 잘 일어난다. 각각의 목적어는 서술어에 똑같이 호응해야 하는데 이것이 잘못되는 경우이다. 목적어와 서술어는 되도록 가까운 것이 좋다. 하지만 목적어가 길 경우, 목적어를 앞으로 빼고 주어를 목적어 뒤로 보내면 의미가 더 명확하게 드러난다. 곧 '목적어+주어+서술어' 순으로 바꾸는 것이 이해하기 쉽다.

연습문제 14. 다음을 더 나은 표현으로 다듬어 보시오.

① 비료나 농약을 치지 않고 자연 그대로 채소를 길렀다.
→ 비료를 주지 않고 농약도 치지 않고 자연 그대로 채소를 길렀다.

② 학생은 공부에 집중하려면 술 · 담배를 먹지 말아야 한다.
→

③ 글을 잘 쓰려면 신문과 TV 뉴스를 열심히 시청해야 한다.
→ 글을 잘 쓰려면 신문을 꼼꼼히 읽고 TV 뉴스를 열심히 시청해야 한다.

④ 4대강 사업은 국가의 막대한 예산과 자연을 훼손하여 큰 피해를 입혔다.
→ 4대강 사업은 국가의 막대한 예산을 낭비하고 자연을 훼손하여 큰 피해를 입혔다.

⑤ 삶의 즐거움과 가슴의 기쁨이 펄펄 내리는 눈을 볼 때만은 맛볼 수 있다.
→ 펄펄 내리는 눈을 볼 때만은 삶의 즐거움과 가슴의 기쁨을 맛볼 수 있다.

⑥ 지금의 국 · 영 · 수처럼 오로지 사서삼경만이 조선시대 사람들은 전부로 알았다.
→ 조선시대 사람들은 지금의 국·영·수처럼 오로지 사서삼경만을 전부로 알았다.

⑦ 88올림픽에서 보여 준 국민적 에너지를 창조적 에너지로 바꾸어 국민 통합과 국가 경쟁력을 높여야 한다.
→ 88올림픽에서 보여 준 국민적 에너지를 창조적 에너지로 바꾸어 국민 통합을 이루고 국가 경쟁력을 높여야 한다.
→ 88올림픽에서 보여 준 국민적 에너지를 창조적 에너지로 바꾸어 국민을 통합하고 국가 경쟁력을 높여야 한다.

⑧ 한국 정부는 지뢰 사건에 대해 북한에 유감과 재발 방지를 촉구했다.
→

(3) 논리적 호응

구절이나 문장이 연결될 때 논리의 흐름이 잘 맞는 '논리적 호응'도 있다. 重文

(중문)이나 複文(복문)에서 연결어미(접속어미)나 접속부사를 잘못 쓰면 논리적 호응이 잘 안 된다.

연습문제 15. 다음을 더 나은 표현으로 다듬어 보시오.

① 그녀는 얼굴이 참 예쁘다. 그리고 몸매는 별로다.
→

② 따스한 봄이 오고, 경제 불황으로 얼어붙은 우리 가슴은 아직도 차갑다.
→

③ 수출은 지난 몇 달간 적자를 보다 이달 들어 겨우 흑자를 내고 있다.
→ 貿易收支(무역수지)는 지난 몇 달간 적자를 보다 이달 들어 겨우 흑자를 내고 있다.

④ 바이어들은 한국 상품에 대한 불만으로 품질 개선과 가격 인하를 많이 지적했다.
→ 바이어들은 한국 상품에 대한 불만으로 품질과 가격을 많이 지적했다.
→ 바이어들은 한국 상품에 대한 요구 사항으로 품질 개선과 가격 인하를 많이 지적했다.

⑤ 동양, 중국, 한국에서도 각각에 잘 맞는 말의 기술, 언어의 技巧(기교)가 있었다.
→

⑥ 이태석 신부는 수단 사람들을 공동체에 참여하도록 하였고 대표적인 예로 '돈 보스코 브라스 밴드'를 들 수 있다.
→

(4) 단어 특성에 따른 호응 : 의미상 선택 제약

단어 특성에 따른 호응이란 어떤 단어는 특정한 부류의 어휘하고만 결합하려는 성질(의미 자질)이 있다는 것이다. 그러니 서로 잘 어울리는 낱말들끼리 결합시켜야 한다.

연습문제 16. 다음을 더 나은 표현으로 다듬어 보시오.

① 내일은 비가 올 가능성이 높은 편이다.
→ 내일은 비가 올 가능성이 큰 편이다.

② 주가가 연일 하락세로 치닫고 있다.
→ 주가가 연일 하락세로 내닫고 있다.

③ 그는 인기척을 느끼고 아래를 쳐다보았다.
→

④ 시월이 됐건만 가을 모기는 여간 극성스럽다.
→

⑤ 젊은 여자들은 허리가 얇은 모델들을 매우 부러워한다.
→

⑥ 로또 복권에 당첨될 확률은 번개를 맞아 죽을 확률보다 적다.
→

⑦ 쌀, 보리쌀, 콩, 감자, 고구마, 하물며 채소까지도 갖다 주었다.
→

⑧ 隨時(수시)에 草堂大(초당대)에 원서를 接受(접수)하였다.
→

⑨ 나는 鄭愚相(정우상) 선생님께 漢文(한문)을 師事(사사)받았다.
→

⑩ 다리가 두꺼운 여자들이 성형수술을 하다 사고가 나는 수가 있다.
→

⑪ 국제사회에서 大韓民國(대한민국)의 위상을 올려야 한다.

→ 국제사회에서 大韓民國(대한민국)의 위상을 높여야 한다. (위상을 강화해야)

⑫ 이번 特赦(특사)로 적지 않은 사람이 혜택을 입게 될 전망이다.

→ 이번 特赦(특사)로 적지 않은 사람이 혜택을 받게 될 전망이다. (혜택을 보게 될, 혜택을 누리게 될)

⑬ TV가 오늘날 長短音(장단음)을 구별하지 못하는 비표준어로 방송하는 것은 옳지 못하다.

→ TV가 오늘날 長短音(장단음)을 구별하지 못하는 비표준어로 방송하는 것은 옳지 않다.

2) 修飾語(수식어)-被修飾語(피수식어)를 가까이

수식어는 피수식어와 떨어져 있으면 수식어가 무엇을 수식하는지 알기 어렵다. 중문과 복문은 수식어와 피수식어가 떨어져 있으면 더욱 이해하기 어렵다. 긴 수식어(관형절 · 부사절) 때문에 수식 관계가 복잡할 때는 그 부분을 독립시켜 별개의 문장으로 만드는 것이 좋다.

수식어의 위치도 올바른 자리에 놓아야 이해가 쉽다. '대부분의 국민은'보다는 '국민 대부분은'이 더 자연스럽다. '急車路(급차로) 變更(변경)'은 '急(급)'은 '變更(변경)'을 꾸미는 말이기 때문에 '車路(차로) 急變更(급변경)'이 더 자연스럽다.[77]

(1) 冠形語(관형어)-名詞(명사)

관형어 · 부사어 등 수식어는 수식되는 말(피수식어) 바로 앞에 놓아야 한다. 특히 숫자 · 날짜 등은 위치에 따라 뜻이 달라지거나 오해가 생길 수 있으니 주의해야 한다. 또 명사 앞에 너무 긴 수식어구를 두는 것보다는 명사를 주어로 내세우고 수식어구를 뒤로 돌려서 서술하는 어구로 만드는 편이 이해하기 쉽다.

---

77) 다른 예를 들면, '자동 커피 판매기'는 '자동'이 '판매'를 꾸미기 때문에 '커피 자동판매기'가 자연스럽다. '절대 비밀 보장'은 '절대'가 '보장'을 꾸미므로 '비밀 절대 보장'이 자연스럽다. '완전 서비스 공짜'는 '완전'이 '공짜'를 꾸미므로 '서비스 완전 공짜'가 이해가 쉽다.

연습문제 17. 다음을 더 나은 표현으로 다듬어 보시오.

① 이런 시위대의 주장은 전혀 설득력이 없다.
→ 시위대의 이런 주장은 전혀 설득력이 없다.

② 남도지방의 風葬(풍장)은 독특한 죽음의 한 형식이다.
→

③ 이 판정에 대해 솔직하고 냉정한 심판님의 답변을 부탁합니다.
→

④ 그 사건은 동네 창피해 고함치는 前애인을 여자가 집에 들인 게 화근이었다.
→

⑤ 청령포는 1457년 두 달 동안 단종이 수양대군에게 왕위를 찬탈당하고 유배생활을 한 곳으로 유명하다.
→

⑥ 이 학교는 만화 · 영상 · 대중음악 등 기존 직업교육의 틈새에 놓여 있는 청소년들의 관심사를 특화해 교육과정을 운영할 계획이다.
→

(2) 主語(주어)–敍述語(서술어)

연습문제 18. 다음을 더 나은 표현으로 다듬어 보시오.

① 현대정유는 14일, 15일부터 휘발유를 *l* 당 40원 인상한다고 발표했다.
→ 현대정유는 15일부터 휘발유를 *l* 당 40원 인상한다고 14일 발표했다.

② 철도청은 17일 폭우로 유실됐던 철로를 복구하고 KTX 山川(산천) 운행을 재개했다.
→

③ 시민들이 사고로 숨진 세월호 희생자들을 추모하기 위해 촛불을 건물 앞 계단에 늘어놓고 있다.

→ 세월호 사고로 숨진 희생자들을 추모하기 위해 시민들이 건물 앞 계단에 촛불을 늘어놓고 있다.

④ 한 위원장이 경찰이 민주노총 사무실로 들이닥칠 수 있어 曹溪寺(조계사)로 피신한 것이다.

→

⑤ 그렇지만 단 한 사람 임금님의 두건을 만드는 幞頭匠(복두장)은 알고 있었다.

→ 그렇지만 임금님의 두건을 만드는 幞頭匠(복두장) 단 한 사람만은 알고 있었다.

→ 그렇지만 단 한 사람, 임금님의 두건을 만드는 幞頭匠(복두장)만은 알고 있었다.

⑥ 수출이 대외여건이 악화됐음에도 불구하고 7%대의 堅調(견조)한 증가세를 유지하고 있다.

→

⑦ 접속 지연으로 업무에 차질을 빚었으나 시스템 복구 작업이 완료돼 오후 4시 5시간 만에 정상화됐다.

→ 접속 지연으로 업무에 차질을 빚었으나 시스템 복구 작업이 완료돼 5시간 만인 오후 4시 정상화됐다.

⑧ 국무총리 후보자는 총리 지명 사흘 전에 딸에게 증여했던 1억원에 대한 증여세 450만원을 납부했다.

→ 국무총리 후보자는 딸에게 증여했던 1억원에 대한 증여세 450만원을 총리 지명 사흘 전에 납부했다.

3) 非文(비문)을 쓰지 말자

非文(비문)이란 말이 안 되는(非文) 문장이다. 문장성분들끼리 호응이 잘 되지 않으면 비문이 된다. 예를 들어 주어와 서술어의 호응이 맞지 않으면 비문이 된다. 하지만 그 문제는 앞에서 이미 다루었다. 또 助詞(조사)를 잘못 써도 비문이 된다. 그 문제는 뒤에서 따로 다룬다.

따라서 여기서는 그런 경우들을 제외한 비문의 대표적인 것으로 두 가지를 다루고자 한다. 하나는 性分(성분) 失踪(실종)이다. 한국어는 앞뒤 문맥을 통하여 대개 이해가 되므로 성분 생략이 자유롭다. 성분 생략은 국어 문장 구조의 간결성・함축성・경제성에 이바지한다. 하지만 성분 생략이 의미 소통에 지장을 초래하면 '성분 생략'이 아닌 '성분 실종'으로 변질된다. 그러니까 성분 생략은 문맥에 따른 의미 전달에 지장을 주지 않는 한도 안에서 해야 한다. 또 다른 비문으로는 語句(어구)의 연결・나열 誤謬(오류)를 들 수 있다.

(1) 主語(주어) 실종

과거 李明博(이명박) 새누리당 대통령 후보는 자신의 입으로 "BBK를 설립했다."고 말했다. 하지만 주어를 말하지 않았다 하여, 법정에서 증거로 채택되지 않았다. 이렇게 주어를 생략하면 문장의 의미가 모호해지고 만다. 따라서 객관적인 문장에서는 반드시 주어를 적어야 한다. 헌데 오늘날 정치인들이 책임을 회피하고자 함인지 주어가 실종된 말을 하는 경우가 많다.

연습문제 19. 다음을 더 나은 표현으로 다듬어 보시오.

① 혼자 감자농사를 지으며 고생했지만 농사를 그만두게 하지는 않으셨다.
→

② 이 철길이 북한까지 연결돼서 왔다 갔다 하고 가족도 만나기를 바란다.
→

③ 또래 친구들을 불러모아 일손을 빌려 보았지만 군것질거리가 없을 땐 거들어주지 않는다.
→

④ 6년제 약대 입학기준을 살펴보면 전공과는 무관하게 대학을 2년 이상 마쳐야 한다.
→

⑤ 일본 대판 문화센터에 한국 전통무용 강좌를 만들어 키운 일본인 제자들이 한국국

악경연대회에서 대상을 받기도 했다.

→

⑥ 아이의 이름으로 좋은 일을 하고 열심히 살아야 하지않겠냐고 다독이며 약물치료를 하였다.

→

⑦ 사변 · 침략 · 전쟁, 어떤 무력의 위협과 행사도 국제분쟁을 해결하는 수단으로 두 번 다시 사용해서는 안 된다.[78)]

→ 日本(일본)은 사변 · 침략 · 전쟁, 어떤 무력의 위협과 행사도 국제분쟁을 해결하는 수단으로 두 번 다시 사용해서는 안 된다.

⑧ 북측은 최근 군사분계선 비무장지대 남측지역에서 발생한 지뢰폭발로 남측 군인들이 부상을 당한 것에 대해 유감을 표명하였다.[79)]

→ 북측은 최근 군사분계선 비무장지대 남측지역에서 북측이 도발하여 발생한 지뢰폭발로 남측 군인들이 부상을 당한 것에 대해 유감을 표명하였다.

(2) 目的語(목적어) 실종

연습문제 20. 다음을 더 나은 표현으로 다듬어 보시오.

① 나는 믿는 사람이므로 두려울 것이 없다.

→ 나는 예수를 믿는 사람이므로 두려울 것이 없다.

② 학문은 따지고 의심하는 데서 출발해야 한다.

→ 학문은 기존 학설이나 상식을 따지고 의심하는 데서 출발해야 한다.

③ 우리 모두는 그 선생님을 존경했고 그분 또한 사랑했다.

→

---

78) 일본 安倍晋三(안배진삼) 수상.

79) 北韓(북한).

④ 글자로 기록하면서부터 인류 문명은 비약적으로 발전했다.
→

⑤ 우리 당은 계속해서 개혁해 왔고 앞으로도 개혁해 나갈 것입니다.
→

⑥ 영조는 아직 어린 열다섯 살 사도세자에게 대리청정으로 시험해 본다.
→

⑦ 저는 지난 한 해를 돌아보면서 국민 여러분께 송구스럽다는 말씀을 드리지 않을 수 없습니다. 저 자신과 주변을 되돌아보고 잘못된 점은 바로 잡고 보다 엄격하게 관리하겠습니다.[80]
→

(3) 語句(어구)의 연결·나열 誤謬(오류)

문장과 문장을 한 문장으로 연결하는 일은 연결어미가 맡는다[81]. 연결어미를 잘 써야만 접속문의 구조나 의미에 문제가 생기지 않는다. 접속문 중에는 성분의 異質的(이질적)인 연결, 동일하지 않은 성분 생략, 어색한 접속어 사용, 時制(시제)의 불일치 등으로 인해 자연스럽지 못한 문장들이 많다. 그러니까 접속문은 앞뒤의 문장 성분들이 통사적 · 의미론적으로 동질적이어야 한다. 또한 시제도 일치해야 한다. 곧 '等位羅列(등위나열)'을 해야만 한다.

'그리고' · '그러나' 같은 접속부사는 문장과 문장을 연결해주는 품사이기 때문에 문장 안에서는 쓰지 못한다. 문장 안에서는 '그리고' 대신에 '과' · '와' · '나' · '및' 등을 써야 한다. 노래 제목인 '그대 그리고 나'는 '그대와 나'가 맞다.

접속사 사용은 되도록 삼가야 한다. 접속사를 많이 사용하면 문장이 어지럽다. 가운뎃점(·)이나 쉼표(,)를 이용해 단어와 구절을 나열하는 것이 좋다. 단어 나열에는 가운뎃점(·), 구절 나열에는 쉼표(,)를 써야 한다. 쉼표도 남용하면 의미를

---

80) 李明博(이명박) 전 대통령.

81) ① 對等的連結語尾(대등적연결어미) : '-고', '-(으)며', '-(으)나' 등. ② 補助的連結語尾(보조적연결어미): '-아/어', '-게', '-지', '-고' 등. ③ 從屬的連結語尾(종속적연결어미) : '봄이 오면, 꽃이 핀다.'에서 '-면', '겨울이 되니, 날씨가 춥다.'에서 '-니' 등.

파악하는 데 지장을 주므로 삼가야 한다.

연습문제 22. 다음을 더 나은 표현으로 다듬어 보시오.

① 길을 다니거나 놀 때 사고 위험이 많다.
→ 길을 다니거나 길에서 놀 때 사고 위험이 많다.

② 집사람은 직장인이지만 나는 집에서 놀고 있다.
→ 집사람은 직장인이지만 나는 실업자다.
→ 집사람은 직장에 다니지만 나는 집에서 놀고 있다.

③ 사형 집행으로 인해 법 강화 및 범죄를 줄일 수 있다.
→

④ 큰아이는 외고 학생이며, 작은아이는 국어를 좋아한다.
→ 큰아이는 외고 학생이며, 작은아이는 일반고 학생이다.
→ 큰아이는 영어를 좋아하며, 작은아이는 국어를 좋아한다.

⑤ 사형을 통해 악한 범죄와 유가족의 상처를 씻을 수 있다.
→ 사형을 통해 악한 범죄를 응징하고 유가족의 상처를 씻을 수 있다.

⑥ 그렇게 책을 쓰기 시작해 2년 동안 50여 권의 책이 출간됐다.
→ 그렇게 책을 쓰기 시작해 2년 동안 50여 권의 책을 출간했다.

⑦ 한국 축구팀은 부정확한 패스에 수비가 불안하여 벨기에 팀에 졌다.
→ 한국 축구팀은 부정확한 패스에 불안한 수비로 벨기에 팀에 졌다.
→ 한국 축구팀은 패스가 부정확하고 수비가 불안하여 벨기에 팀에 졌다.

⑧ 시인은 산, 들, 강, 바다 그리고 만나는 사람들 속에서 시를 찾아낸다.
→ 시인은 산·들·강·바다와 만나는 사람들 속에서 시를 찾아낸다.

⑨ 아버지는 그 동안 좋았던 시절도 있었고 힘든 시절도 있었다고 했다.
→

⑩ 미국은 代價(대가)를 지불하고 査察(사찰)은 하지 않는다는 방침이 확고하다.

→ 미국은 代價(대가)를 지불하는 방식의 査察(사찰)은 하지 않는다는 방침이 확고하다. (代價(대가)를 지불하면서까지)

⑪ 팀장에게 보여주거나 방송사의 간부가 보기 위한 A4 용지 3~4장 정도의 기획안을 쓰기도 한다.

→ 팀장이나 방송사의 간부에게 보여주기 위한 A4 용지 3~4장 정도의 기획안을 쓰기도 한다.

⑫ 그 이후 결혼의 신성함과 여성의 권리가 인정되었으며 아동복리법, 노동법, 노예제도의 폐지가 이뤄졌다.

→

⑬ 리더의 조건은 무엇이라고 생각하며 리더십을 발휘한 경험을 쓰시오.

→

⑭ 미래 사회에 필요한 지식과 능력은 무엇이라고 생각하며 이를 위해 자신이 준비하고 있는 것을 쓰시오.

→

⑮ 유럽 상인들은 담합해 호설암의 비단을 외면했고, 정치적인 견제까지 받아 파산했다.

→

⑯ 폭스바겐 경영자가 작년에 이미 배출가스 조작에 대해 알고 있었으면서도 은폐하거나 미온적 대응으로 사태를 악화시켰다 한다.

→ 폭스바겐 경영자가 작년에 이미 배출가스 조작에 대해 알고 있었으면서도 은폐나 미온적 대응으로 사태를 악화시켰다 한다.

→ 폭스바겐 경영자가 작년에 이미 배출가스 조작에 대해 알고 있었으면서도 은폐하거나 미온적으로 대응해 사태를 악화시켰다 한다.

⑰ 찰스 에반스 시카고 聯銀(연은) 총재는 금리 인상 이전에 물가상승에 대한 확신이 필요하며 내년 중순까지 물가상승률이 연은의 목표치(2%)에 못 미칠 것이라고 밝혔다.

→

⑱ ‘자주국방’을 이루기 위해서는 미국 등 동맹국 및 우호국과 신뢰를 바탕으로 한 긴밀한 안보협력체제 구축과 지역 및 세계 안보전략 상황과 여건의 최대한 활용이 중요하다.

→ ‘자주국방’을 이루기 위해서는 미국 등 동맹 · 우호 국과 신뢰를 바탕으로 한 긴밀한 안보협력체제를 구축하고, 지역 · 세계 안보전략 상황과 여건을 최대한 활용하는 것이 중요하다.

4) 글을 模糊(모호)하게 적지 말자

(1) 重意文(중의문)을 피하자

문장에서 의미가 두 개 이상의 의미로 해석되는 문장을 重意文(중의문)이라 한다. 의미가 模糊(모호)하다는 점에서 模糊文(모호문)이라고도 한다. 이런 글들은 조사나 어미를 바르게 다듬어 의미 혼란을 해소해야 한다. 또는 쉼표를 적절히 사용해도 된다.

연습문제 23. 다음을 더 나은 표현으로 다듬어 보시오.

① 누가 제동이 딸 주겠는가?

→ 누가 제동이에게 딸을 주겠는가?

→ 누가 제동이의 딸을 주겠는가?

② 나는 희진이와 진영이를 만났다.

→ 나는, 희진이와 진영이를 만났다.

→ 나는 희진이와 함께 진영이를 만났다.

③ 아내는 나보다 드라마를 더 좋아한다.

→ 아내는, 나보다 드라마를 더 좋아한다.

→ 나도 드라마를 좋아하지만 아내는 더 좋아한다.

④ 아름다운 그녀의 웨딩드레스가 빛났다.

→

→

⑤ 아줌마가 사과와 배 두 개를 주셨다.
→ 아저씨께서 사과·배 한 개씩을 주셨다.
→ 아저씨께서 사과 한 개와 배 두 개를 주셨다.

⑥ 나는 光化門(광화문)에서 집에 가면서 택시를 안 탔다.
→ 나는 光化門(광화문)에서 집에 가면서 버스를 탔다.
→ 光化門(광화문)에서 집에 가면서 다른 사람이 택시를 탔다.
→ 나는 光化門(광화문)에서 집에 가면서 택시를 세웠지만 타지는 않았다.

⑦ 방정환 선생의 아이들에 대한 사랑은 극진했다.
→ 방정환 선생은 아이들을 극진히 사랑했다.
→ 방정환 선생의 아이들을 (누가) 극진히 사랑했다.
→ 방정환 선생의, 아이들에 대한 사랑은 극진했다.

⑧ 김 선생은 누구나 다 좋아할 수 있는 분이다.
→
→

⑨ 사람들이 많은 도시를 다녀 보면 흥미롭다.
→ 인구가 많은 도시를 다녀 보면 흥미롭다.
→ 사람들이, 많은 도시를 다녀 보면 흥미롭다.

⑩ 재철이는 용화가 승호가 떠나는 것을 보았다고 말했다.
→ 승호가 떠나는 것을 용화가 보았다고 재철이는 말했다.
→ 재철이는, 용화가 승호가 떠나는 것을 보았다고 말했다.

⑪ 영관 씨는 웃으면서 들어오는 아들에게 심부름을 시켰다.
→ 영관 씨는 웃으면서, 들어오는 아들에게 심부름을 시켰다.
→ 영관 씨는, 웃으면서 들어오는 아들에게 심부름을 시켰다.

⑫ 강도를 물리친 용감한 용석이의 아버지가 話題(화제)가 됐다.
→
→

⑬ 대학 1년 후배 부인은 하던 일을 접고 남편 내조에 나섰다.

→ 대학 1년 후배였던 부인은 하던 일을 접고 남편 내조에 나섰다.

→ 대학 1년 후배의 부인은 하던 일을 접고 남편 내조에 나섰다.

⑭ 『東醫寶鑑(동의보감)』은 세계기록문화유산으로서 최고의 책이다.

→ 『東醫寶鑑(동의보감)』은 세계기록문화유산으로서 最高(최고)의 책이다.

⑮ 부모님께서는 즐거운 얼굴로 여행을 떠나는 나에게 손을 흔드셨다.

→ 부모님께서는, 즐거운 얼굴로 여행을 떠나는 나에게 손을 흔드셨다.

→ 부모님께서는 즐거운 얼굴로, 여행을 떠나는 나에게 손을 흔드셨다.

⑯ '북핵 문제보다 한반도 안정이 중요하다'는 외사영도소조의 결정이 바로 그것이다.

→

⑰ 운전면허를 딴 다음 날 흰색 중고 프린스 승용차를 사서 제사상에 올리고 고시생들 먹일 장을 봤다.

→ 운전면허를 딴 다음 날 흰색 중고 프린스 승용차를 사서, 제사상에 올리고 고시생들 먹일 장을 봤다.

⑱ 유족들의 고통을 경감하고, 같은 일의 반복을 방지하기 위해 진상을 낱낱이 규명해 달라 주장했을 뿐인데, 세상은 그의 사생활을 폭로하며 그가 좋은 아버지였는지를 평가했다.

→ 유족들의 고통을 경감하고 같은 일의 반복을 방지하기 위해 진상을 낱낱이 규명해 달라 주장했을 뿐인데, 세상은 그의 사생활을 폭로하며 그가 좋은 아버지였는지를 평가했다.

⑲ 설사 그가 좋은 아버지가 아니었고, 고비용의 취미를 가졌다 해도 그것이 그의 사회적 요구를 멈출 이유는 되지 않는다.

→ 설사 그가 좋은 아버지가 아니었고 고비용의 취미를 가졌다 해도, 그것이 그의 사회적 요구를 멈출 이유는 되지 않는다.

(2) 助詞(조사)를 정확히 쓰자

국어는 助詞(조사)가 발달한 언어다. 조사는 문법적 기능을 하면서 느낌도 조절한다. 그러므로 조사만 바꿔 써도 의미가 달라진다. '철수가 간다.'와 '철수는 간다.'는 느낌이 다르다. 그래서 "'아' 다르고 '어' 다르다"고 한 속담도 있다.

金薰(김훈) 작가는 그의 소설 『칼의 노래』 첫머리를 "버려진 섬마다 꽃이 피었다."와 "버려진 섬마다 꽃은 피었다." 중 어느 쪽을 쓸지를 두고 일주일을 고민했다 한다. "꽃이"는 사실적이고 객관적인 표현이다. 반면에 "꽃은"은 약간 감성적인 표현이다. 비록 전쟁 중에 버려진 섬이지만 "꽃은 피었다"고 하면 뭔가 희망이 느껴진다. 작가는 메마른 느낌이 드는 "버려진 섬마다 꽃이 피었다."를 선택했다. 위기에 빠진 나라를 구해야 하는 이순신 장군의 切迫(절박)한 심정을 표현하는 데는 감성을 節制(절제)한 "꽃이"가 더 알맞다고 본 것이다.

主格助詞(주격조사) '이/가'는 문장의 초점을 主語(주어)에 맞출 때 붙인다. "누가 내 밥을 먹었어?" · "무엇이 문제되는가?" · "어디가 아프니?"처럼 누구 · 무엇 · 어디라는 主體(주체)를 부각시킬 때 '이/가'를 쓴다. 반면 主格補助詞(주격보조사) '은/는'은 주어의 行爲(행위)를 서술하는 데 주안점을 둘 때 붙인다. "나는 여행에서 인생을 배웠다."를 "내가 여행에서 인생을 배웠다."와 비교해보면 알 수 있다. 이러한 '이/가'와 '은/는'의 느낌 차이를 잘 알고 글을 써야 한다.

'-조차'와 '-마저'는 비슷하지만 쓰임이 다른 조사이다. "저 사람은 이름조차 못 쓴다"고 하면 가장 기본조차 모른다는 의미이다. 시저가 자기에게 칼 들고 덤벼드는 심복에게 "브루투스, 너마저!" 하고 외쳤다. 다른 사람은 다 배신해도 마지막까지 배신하지 않으리라 믿었던 심복마저 배신하니 절망이라는 의미이다. 그러니까 '-조차'는 시작의 개념이고 '-마저'는 최종의 개념이다. 조사의 이런 미묘한 차이까지 알고서 글을 써야 정확한 문장이 된다.

한편 주격조사나 목적격조사는 없어도 의미 전달이 되면 생략해도 된다. 특히 口語(구어)에서는 "나이 많은 사람" · "공부 잘하는 학생"처럼 생략을 많이 한다. 文語(문어)에서도 수필 같은 문학적인 글은 조사를 생략해서 자유롭게 써도 된다. 하지만 논설문이나 설명문처럼 논리적인 글에서는 조사를 생략하지 않는 것이 좋다.

서술격조사인 '~이다'를 생략하고 '~하는 것' 등과 같이 명사로 문장을 끝내는 경우도 되도록 삼가야 한다. 특히 보고서 · 논술문 · 기획서 · 제안서 등 공식적인 글에서는 문장성분을 생략하지 말고 완전한 문장으로 써야 한다.

연습문제 24. 다음을 더 나은 표현으로 다듬어 보시오.

① 문학의 큰 별께서 고히 잠드소서.

→

② 한국 축구 대표팀은 프랑스 팀에게 졌다.

→ 한국 축구 대표팀은 프랑스 팀에 졌다. ※ 無情(무정) 體言(체언).

③ 한국의 손연재 선수는 러시아 선수에 졌다.

→ 한국의 손연재 선수는 러시아 선수에게 졌다. ※ 有情(유정) 體言(체언).

④ 기업들은 정부 당국에게 규제 철폐를 요구하였다.

→ 기업들은 정부 당국에 규제 철폐를 요구하였다. (정부 당국자에게).

⑤ 그런 反轉(반전)이 생길지는 전혀 예상치 못했던 것.

→ 그런 反轉(반전)이 생길지는 전혀 예상치 못했다.

⑥ 그는 성격 착실하고 책임감 강하지만 유능하지는 않다.

→ 그는 성격이 착실하고 책임감이 강하지만 유능하지는 않다.

⑦ 그 할아버지는 거리의 불량 청년으로부터 폭행을 당했다.

→ 그 할아버지는 거리의 불량 청년에게 폭행당했다.

⑧ 이 보고서에서는 국립 아시아문화전당의 경제성을 다루고 있다

→

⑨ 草堂大(초당대) 정시 원서 접수는 12월 24일까지 마감한다.

→ 草堂大(초당대) 정시 원서 접수는 12월 24일에 마감한다.

→ 草堂大(초당대) 정시 원서 제출은 12월 24일까지이다.

⑩ 어떤 작가의 문장이 모두에게 미문이라고 확신하는 것은 이해하지 못하겠다.

→ 어떤 작가의 문장을 모두가 미문이라고 확신하는 것은 나는 이해하지 못하겠다.

⑪ 호숫가에는 철로와 도로가 나란히 차와 기차가 질주하는 모습은 그야말로 환상적이었다.

→

⑫ 한국 사회에서는 시민들의 말을 귀담아 듣고 사회적 부조리를 개선할 생각 대신 발화한 이가 '그런 말을 할 자격'이 있는지부터 검증하려 든다.

→ 한국 사회는 시민들의 말을 귀담아 듣고 사회적 부조리를 개선할 생각 대신 발화한 이가 '그런 말을 할 자격'이 있는지부터 검증하려 든다.

(3) '-하지' 생략 삼가자

수필 같은 문학적인 글에서 '-하지'를 생략하는 경우가 많다. '공부를 제대로 하지 못했다'를 '공부를 제대로 못했다'로 적는 것이다. 이런 글은 품격이 조금 떨어지므로 객관적인 글에서는 완전하게 적는 것이 바람직하다.

비슷한 경우로 객관적인 글에서는 준말도 되도록 삼가는 것이 좋다. 본말을 적는 것이 품격 있다. '그건 좋은 일일 게다'보다는 '그것은 좋은 일일 것이다'로 적는 게 품위 있다.

연습문제 25. 다음을 더 나은 표현으로 다듬어 보시오.

① 그 문구는 삭제 않아도 된다.

→

② 공식적인 글에서는 주어를 생략 않는다.

→

③ 그는 자기 성과를 자랑 않고 남의 실수도 비난 않는다.

→

④ 그는 사업에 실패한 뒤 가족의 挽留(만류)에도 아랑곳 않고 산속으로 들어가 버렸다.

→

⑤ 국민 개개인은 사회를 위해 나름 역할을 해오고 있다.

→

⑥ 일본은 이웃 나라를 침략하는 짓을 되풀이 말아야 한다.

→

⑦ 인터넷에서 읽고 쓰는 분량을 포함하면 읽는 글자 대비 적는 문자의 비율이 요즘처럼 높았던 때가 없었을 게다.

→ 인터넷에서 읽고 쓰는 분량을 포함하면 읽는 글자에 대비해서 적는 문자의 비율이 요즘처럼 높았던 때가 없었을 게다.

4. 올바른 表現(표현)

1) 독자 수준에 맞게

글쓴이는 독자의 관심과 수준에 맞게 글을 써야 한다. 예를 들어, 대학생이 쓰는 글의 독자는 각 강좌의 담당교수이다. 따라서 그 교수가 원하는 바를 알아서 거기에 맞게 글을 써야 한다. 그렇다고 해서 대학생이 교수에게 내는 작문이나 보고서에 "~입니다" 체로 적지는 말아야 한다. "~이다" 체로 적으면 된다. 또 글쓴이가 자신을 "저는"이라고 하지 말고 "나는"이라고 적으면 된다. 특별한 경우가 아닌 한 글은 평어체로 쓰면 된다. 물론 편지글에서는 상대에 맞춰 존대법을 달리 해야 한다.

글은 독자 수준에 따라 어려운 語彙(어휘)를 쓰는 경우도 있고 쉬운 어휘를 쓰는 경우도 있다. 아래 글은 수필가 李敭河(이양하) 선생이 쓴 「新綠禮讚(신록예찬)」[82]의 일부분이다.

(라) 말하자면, 나의 胸中(흉중)에도 신록이요, 나의 眼前(안전)에도 신록이다. 主

82) 李敭河(이양하)(1947), 「新綠禮讚(신록예찬)」, 『李敭河 隨筆集(이양하 수필집)』, 乙酉文化史(을유문화사).

客一體(주객일체), 物心一如(물심일여), 恍惚(황홀)하다 할까, 眩耀(현요)하다 할까, 無念無想(무념무상), 無障無礙(무장무애), 이러한 때 나는 모든 것을 잊고, 모든 것을 가진 듯이 행복스럽고, 또 이러한 때 나에게는 아무런 감각의 混亂(혼란)도 없고, 심정의 枯渴(고갈)도 없고, 다만 무한한 풍부와 愉悅(유열)과 평화가 있을 따름이다. 그리고 또, 이러한 때에 비로소 나는 모든 汚辱(오욕)과 悒鬱(읍울)에서 완전히 자유로울 수 있고, 나의 마음의 모든 相剋(상극)과 葛藤(갈등)을 극복하고 高揚(고양)하여, 조화 있고 질서 있는 세계에까지 높인 듯한 느낌을 가질 수 있다.

이 글에는 평소 잘 접하지 않는 한자어가 많다. 그래서 오늘날 학생들은 이해하기 어려울지 모른다. 그렇다고 해서 이 글이 나쁜 글은 아니다. 고등학교 『국어』·『문학』 교과서에 여러 번 수록된 글이기 때문이다. 이 글은 대학교수인 수필가가 독자를 자기와 같은 수준에 놓고 쓴 글이다. 수필가는 저 語彙(어휘)가 자기가 표현하고자 하는 바를 가장 잘 표현해준다고 판단하여 저렇게 썼다. 이 글은 한자어와 한자가 많아서 어렵지만 名文(명문)으로 평가받는다. 그러므로 단지 쉽게 쓴 글만이 좋은 글은 아니다. 독자의 수준에 따라서는 어려운 한자어와 한자를 섞어 쓴 글도 좋은 글이 되기도 한다. 그러니 '글은 무조건 쉽게 써야 좋다.'고 一律的(일률적)으로 말하는 것은 옳지 않다. 그것은 '劃一化(획일화)'를 강요하는 것이다. 문화에는 대중문화도 있지만 고급문화도 있다. 언어도 고급 언어가 있고 대중 언어가 있다. 대중 언어를 모두에게 강요하는 것은 잘못이다.[83] 문화가 다양하게 발전해야 하는 것처럼 언어도 다양하게 발전해야 한다. 그런 점에서 모든 사람들에게 한글전용과 토박이말, 쉬운 말만을 강요하는 것은 잘못이다.[84]

---

83) 만약에 지금 사람들이 이해하기 어려운 한자어와 한자를 썼다고 해서 나쁜 글이라고 한다면 삼국시대부터 조선시대까지 한문으로 쓴 글들은 다 나쁜 글일 것이다. 한마디로 우리 고전은 다 나쁜 글이 되고 만다. 또 1980년대까지만 해도 한국어 글의 주류는 국한자혼용이었고, 한자로 썼기 때문에 지금은 보기 힘든 어려운 한자어들도 많이 썼다. 그런 지식인들의 글이 모두 나쁜 글인가? 오늘날 한자어와 한자를 쓴 글을 나쁘게 보는 것은 한글전용이라는 외눈박이 눈으로 본 데서 벌어지는 현상이다. 한자와 한글의 두 눈으로 한국어 글을 온전하게 봐야 한다.

84) 최경봉(2012), 『한글민주주의』, 책과함께, 33. "주시경이 ≪독립신문≫에 게재한 글을 볼 때 그는 이미 언문일치의 한글 글쓰기를 체득하고 있었고, 한글 글쓰기의 의의를 깊이 인식하고 있었다. 그런데도 그가 국한혼용의 글쓰기를 했던 것은 글의 사용 영역, 글의 독자층을 고려했기 때문일 것이다. 그는 영역에 따라 글쓰기 양식이 달라질 필요가 있다고 생각했던 것이다." 한글전용을 주장했던 周時經(주시경) 선생도 상황에 따라 국한혼용과 한글전용을 달리 했다. 그러니 오늘날 '국어기본법'이 한글만 한국어 글자로 인정하고 한

우리가 신문에 칼럼을 투고한다면 독자를 고등학생 수준으로 想定(상정)해야 한다.[85] 그리고 고등학생이면 이해할 수 있을 정도로 글을 써야 한다. 외국어나 외래어보다는 되도록 한국어를 써야 한다. 예를 들어 '폴리페서' 같은 영어 造語(조어)를 쓰지 말고 '정치교수'라는 기존의 한국어를 써야 한다.

한편 직장인이 각 기관이나 기업체에서 작성하는 글은 또 다르다. 정부기관이나 기업체나 각기 그 기관이 사용하는 보고서 양식이 있다. 거기에 맞게 보고서를 작성해야 한다. 또 실무자가 결재권자에게 보고서를 올릴 때는 결재권자의 관점에서 보고서를 작성해야 한다.

전문가가 학회나 논문집에 글을 쓸 때는 전문용어와 略語(약어)를 마음대로 써도 좋다. 하지만 전문가가 일반인을 대상으로 글을 쓸 때는 전문용어를 쉽게 풀어 써야 한다. 聖人(성인)도 時俗(시속)을 좇는다는 말이 있다. 글은 독자를 염두에 쓰고 그 독자의 관심과 수준에 맞추어 써야 한다. 상황에 맞게 글을 쓰자.

2) 品位(품위) 있게

(1) 極端主義(극단주의)를 피해야

한글전용을 본격화한 이래, 한국어는 거칠고 저급한 언어로 갈수록 타락해 가고 있다. 이렇게 된 데는 한국사회의 극단적 정치적 대립·갈등도 큰 요인으로 작용한다. 申庚林(신경림) 시인은 그의 저서에서 다음과 같이 쓰고 있다. "그의 흉상 바로 옆에 육영수의 휘호탑이 서 있는 것은 실로 아이러니다. 27회 졸업생인 독재자의 아내 육영수가 이 시인의 존재를 알고 있었다는 사실은 박목월 시인이 쓴 그녀의 전기에 암묵적으로 나타나 있다."[86] 이 글에서 "독재자"는 "朴正熙(박정희) 대통령"으로 적어야 한다. 신경림 시인이 朴正熙(박정희) 대통령을 "독재자"라고 쓴 건 자기 사적 감정을 노골적으로 드러낸 표현이다. 객관적으로 "朴正熙(박정희) 대통령"

자는 외국 글자로 취급하는 것은 너무나 큰 잘못이 아닐 수 없다. '국어기본법'은 한자와 한글 둘 다 한국어 글자로 인정하고, 글쓴이가 상황에 따라 골라 쓰게 허용해야 옳다.

85) 과거에는 신문 記事(기사)는 중학생 수준에 맞춰 쓴다고 했다. 당시는 고졸자가 평균 學歷(학력)이던 시절이라 그보다 한 등급 낮은 사람 수준에 맞춘 것이다. 하지만 현대는 대졸자가 평균 학력이다. 따라서 신문 기사는 고등학생 수준에 맞춰 써야 한다. 요즘 한국인은 한자를 잘 모르므로 중학생 수준은 신문 기사를 이해하기 어렵다.

86) 신경림(2004), 『신경림의 시인을 찾아서』, 우리교육, 32.

이라고 적어야 한다. 또 "육영수"는 "陸英修(육영수) 여사"로 적어야 한다. 신 시인 자신이 좋아하는 사람에 대해서는 "박목월 시인"이라고 이름 뒤에 직함을 적어주면서 전 대통령의 부인은 "육영수"라고 이름만 적는 것은 언어예절에 어긋난다. 또한 "독재자의 아내"에서 "아내"도 "부인"이라고 적어야 옳다. 남의 妻(처)는 '아내'가 아니라 '부인'이라고 부르는 것이 한국어의 전통 어법이다. 이처럼 이 글은 여러 가지 면에서 잘못된 글이다.

이런 과격한 정치적 표현이 법정 다툼에 이르기까지 한다. 극우성향 온라인커뮤니티 '일간베스트저장소'(이하 '일베') 회원 양 모 씨가 2013년에 광주민주화운동 희생자의 관 앞에서 유가족들이 오열하는 사진에 택배 運送狀(운송장) 이미지를 합성해놓고, 희생자의 관을 '홍어 택배'라고 비하했다. 그리고 이 사진을 '아이고 우리 아들 택배 왔다'는 제목으로 인터넷 사이트 '일베'에 올렸다. 대법원은 2015년 9월 20일에 이 '일베' 회원에 유가족 모욕 혐의를 유죄로 인정, 징역 6개월 집행유예 1년, 사회봉사 80시간을 확정했다.

이처럼 오늘날 한국사회에서 陣營論理(진영논리)에 빠진 글들이 상대방을 노골적으로 증오하며 심각한 사회문제가 된다. 이런 극단적인 글들은 좌우의 갈등을 더욱 악화시킨다. 그러므로 앞으로 좌우 진영 모두 감정을 누그러뜨리고 婉曲(완곡)하게 글을 써야 한다. 아울러 한국사회에 中道派(중도파)가 늘어나서 左右(좌우) 간의 갈등을 줄여 나가려는 노력이 필요하다.

(2) 低級(저급)한 표현을 삼가자

한글전용을 본격화한 이래, 한국어는 품위 없는 저급 언어로 墮落(타락)해 가고 있다. 한 신문기사에 따르면 요즘 청소년들은 75초에 한 번씩 욕을 한다고 한다.[87] 욕을 하지 않으면 말을 하지 못하는 청소년들이 심성이 바르게 자라겠는가? 욕을 많이 하는 학생들은 다른 학생들에 비해 어휘력도 떨어진다고 한다. 청소년들은 주로 방송 · 영화 · 드라마 등 대중매체와 인터넷을 통해 그런 비속어를 배운다. 또 정치권에서 심심치 않게 터져 나오는 막말은 어떠한가? 그들의 말은 대서특필되어 더욱 악영향을 끼친다. 또한 사회 약자들에 대한 무례한 말도 사회 곳곳에서 문제되고 있다. 大韓航空(대한항공) 땅콩 회항 사건, 서울 市響(시향) 사건, 감정 노동자

87) 이광표 기자, 「[2014 새해 특집]욕설을 달고 사는 아이들, 사회 보는 시각도 삐딱해져. 〈1〉나쁜 말이 평생의 상처로」. 『東亞日報』 2014. 1. 1.

에 대한 예의 없는 막말 사건, 대리점에 대한 본사 직원의 막말 사건, 직장에서 상관이 부하에게 퍼붓는 '언어폭력' 등등 모두가 무례한 말이 원인이 된 일들이다.

말과 글을 순화해야 한다. 오늘날 한국사회는 말과 글이 너무 험악하고 병들어 있다. 이런 墮落(타락)한 언어생활을 하는 한국인은 전 세계에서 가장 스트레스를 많이 받는다. 그래서 자살률도 세계 최고로 높다. 행복지수는 전 세계에서 가장 낮다. 한글전용 수십 년에 한국어가 이렇게 저급 언어로 타락해 버렸다. 한국인은 근래 한글전용으로 소리글자인 한글만 쓰다 보니까 언어의 의미를 정확하게 모른다. 그래서 언어의 심각성을 느끼지 못하고, 기분 나는 대로 아무 생각 없이 말과 글을 내뱉는다. 한글전용이 한국어를 輕薄(경박)하고 淺薄(천박)하게 만든 것이다. 한자어를 쫓아내고 토박이말을 쓰는 게 언어순화가 아니다. 거친 말과 글을 순화하는 게 언어순화다. 글을 쓰는 사람은 감정을 누그러뜨리고 표현을 순화해서 쓰는 게 좋다. 분노와 증오도 사랑도 전염된다. 언어가 의미는 물론 감정 전달에도 중요한 구실을 하므로 글을 적을 때 愼重(신중)해야 한다.

오늘날 사이버 공간에서 천박한 댓글 문화도 심각한 문제이다. 2015년 3월, 대법원 공직자윤리위원회는 판사들이 인터넷에 의견을 표명할 때 법관 품위를 손상하는 표현을 사용해선 안 된다는 권고의견을 채택했다. 몇 명의 현직 판사들이 인터넷·스마트폰 같은 사회적 매체(SNS)에서 정치적 편향성이 큰 '막말 댓글'이 공개돼서 辭職(사직)한 사건의 후속 조치였다. 위원회는 "타인에 대한 名譽毁損(명예훼손)이나 侮辱的(모욕적)·脅迫的(협박적) 표현, 淫亂(음란)하거나 低俗(저속)한 표현, 性別(성별)이나 인종·나이·지역에 따른 偏見(편견)이나 差別(차별)을 노골적으로 드러내는 표현, 혹은 사회적 弱者(약자)나 少數者(소수자)에 대한 嫌惡的(혐오적) 표현" 등을 법관 품위를 손상하는 표현으로서 법관이 사용해서는 안 되는 인터넷 언어 기준으로 명시했다. 이 기준은 법관뿐만 아니라 모든 국민에게 공통되게 적용되는 기준이다. 글 쓰는 사람은 누구나 紙面(지면)이든 인터넷이든 위의 기준을 지키면서 글을 써야 한다.

글쓰기에서 口語體(구어체) 사용도 삼가야 한다. 흔히 평소에 말을 할 때 "나에게"를 "나한테"라고 하고, 차를 사는 것을 "차를 뺀다."고 하고, 아주 좋아하는 것을 "되게 좋아한다," 하고, 株價(주가)가 크게 떨어지는 것을 "株價가 바닥을 친다."고 한다. 하지만 글을 쓸 때는 그러한 口語體(구어체)를 삼가고 文語體(문어체)로 써야 한다.

또 방송에서 나온 流行語(유행어) 등을 그대로 글로 쓰면 안 된다. 한국방송(KBS) 2TV에서 2008년에 '엄마가 뿔났다'는 드라마를 방영한 적이 있다. 그 이후 '~가 뿔났다.'가 유행어가 되어 신문기사에도 마구 쓰이고 있다. '뿔나다'는 '화가 나다'의 卑俗語(비속어)다. 언론인들이 아무 생각 없이 유행에 便乘(편승)하여 그런 卑俗語(비속어)를 확대 재생산하고 있다. 언론인이 지성인이라면 그런 유행어에 附和雷同(부화뇌동)하지 말고 언어의 품격을 지켜야 한다.[88)]

또한 인터넷 언어 등 한글 맞춤법에 어긋나는 표현도 쓰지 말아야 한다. 텔레비전의 字幕(자막)은 인터넷 언어를 그대로 쓰는 경향이 있다. 출연자의 감정·행동을 나타내기 위해 'ㅠㅠ' '^^' 등의 이모티콘과 '부끄부끄'·'쓰담쓰담'·'쑥스쑥스' 등의 음성 상징어를 字幕(자막)으로 사용한다. 방송 자막에서 이런 표기를 보고 청소년들은 써도 되는 줄 안다. 그래서 실제로 학교에 내는 작문에 그런 표기를 하는 학생들도 있다.

略語(약어) 사용도 삼가야 한다. 언제부터인가 우리 사회는 방송 프로그램 제목을 줄여 쓰는 등 약어 사용을 당연시하고 있다. '미수다(미녀들의 수다)'·'지못미(지켜주지 못해서 미안해)'·'야동(야한 동영상)'·'밀당(밀고 당기기)'·'깜놀(깜짝 놀라다)' 등 사회 곳곳에서 약어를 흔히 쓰고 있다. 하지만 이런 준말은 文語(문어)로는 품위가 부족하다. 또 그런 준말을 모르는 사람도 있으므로 의사소통에도 지장을 준다.[89)] 그러니 작문에서는 본말을 쓰는 게 바람직하다.

신문들은 한글전용을 하면서도 '대恨민국'·'가화만사性'·'死법부'처럼 한자로 異常(이상)한 말을 만들어 쓰기도 한다. 한자를 쓰려면 올바르게 써야 한다. 좋은 데는 한자를 안 쓰고 戲弄調(희롱조)로 쓸 때만 한자를 써서는 안 된다. 이런 한국어 파괴는 한국어의 품격을 떨어뜨리는 일이다. 그렇게 한자가 필요함을 알았다면 한글전용을 버리고 평소에도 한자를 한글과 함께 본격적으로 써야 올바른 지식인이다.

---

88) 근래 '혼밥'에 이어 '혼술'이라는 正體不明(정체불명)의 造語(조어)들이 언론을 타고 있다. 혼자 먹는 밥은 '獨床(독상)', 혼자 마시는 술은 '獨酌(독작)'이다. 언론인이 기존에 있는 말을 버리고 해괴한 신조어를 만들어 쓰는 것이 옳은 일인가? 한글전용 이후 언론이 한국어 타락에 앞장서는 등 날로 수준이 떨어지고 있다.

89) 한자어의 약어를 한자로 적으면 의미를 짐작할 수 있다. '大韓民國을' '韓國', ''安全保障理事會'를 '安保理'라고 한자로 적으면 의미 전달이 가능하다. 한자는 뜻글자이기 때문이다. 하지만 토박이말을 줄여서 한글로 쓰면 그 의미를 알 수 없다. 한글은 소리글자이기 때문이다. 따라서 '지못미' 같은 토박이말 준말은 쓰지 말아야 한다.

3) 尊待法(존대법)을 지키자

문화방송(MBC)에서 2007년 9월부터 방영했던 '이산'이라는 드라마가 있다. 조선시대 正祖(정조)를 주인공으로 삼은 드라마였다. 이 드라마의 제목은 너무나 잘못되었다. 첫째, 왕의 尊銜(존함)은 忌諱(기휘)의 대상으로서 불러서는 안 되는 전통 어법을 어겼다. 조선시대에는 웃어른의 이름은 아랫사람이 부를 수 없었다. 尊敬心(존경심)이 사라지기 때문이다. 그래서 왕・祖上(조상)・부모・스승의 이름은 諱字(휘자)라 하여 입에 올리지 않았다. 둘째, 이름을 한글로 적어서 그 의미조차 알지 못하게 했다. 이름을 한자로라도 적었으면 '이산'이 人名(인명)인지나 알 수 있었을 것이다. 한글로 '이산'이라고 적어놓으니 '離散(이산)'・'離山(이산)'과 구별되지도 않았다.[90]

왕의 이름을 드라마 제목으로 쓴 일은 오늘날 한국어의 존대법이 완전히 파괴되었으며 한국어의 언어예절이 극도로 타락했음을 보여준다. '이산'이라는 드라마 제목은 한국사회에서 웃어른에 대한 尊敬心(존경심)을 완전히 抹殺(말살)해버렸다. 과거에는 부모의 銜字(함자)도 감히 입에 올리지 못했다. 하물며 왕의 이름이랴. 아마도 조선시대에 저런 짓을 했다면 목숨을 부지하기도 힘들었을 것이다. 존대법이 파괴된 한국사회는 이제 어떤 웃어른의 권위도 전혀 인정 안한다. 오늘날 한국사회에 어른과 권위가 사라진 데는 존대법 파괴가 결정적인 구실을 했다.

존대법 파괴는 학교 교과서가 앞장서고 있다. 과거에는 교과서가 '안중근 의사'라고 적었으나 근래는 '안중근'으로 적고 있다. 교육부가 학생들에게 祖上(조상)을 동네 친구나 강아지 이름 부르듯 마구 부르라고 가르친다.

어른 이름 뒤에는 직함이나 先生(선생)・公(공)・氏(씨)・女史(여사) 등을 붙여 적는 것이 朝鮮語(조선어)[91]의 전통어법이다. 그래야 어른에 대해 존경을 느끼기 때문이다. '安重根(안중근) 義士(의사)'라고 부르면 그분이 웃어른임을 인정하고 존경하게 된다. 하지만 '안중근'이라고 부르면 웃어른이 아니라 내 친구나 강아지처럼 하찮게 보인다. 조선어가 예로부터 존대법이 발달한 까닭이 여기에 있다. 다음 글을 보자.

---

90) 전통 어법에 맞춘다면 이 드라마 제목은 「正祖大王(정조대왕)」 또는 「正祖(정조)」로 지었어야 한다.

91) 지금 우리말을 '한국어'라고 한다. 하지만 일제 때까지는 '朝鮮語(조선어)'라고 했다. '朝鮮(조선)'은 檀君(단군) 할아버지가 세운 '朝鮮(조선)' 때부터 韓民族(한민족)의 나라 이름이다. 오래된 역사적 전통을 지켜서 우리말을 '조선어'라고 계속해서 부르는 것이 마땅하다.

(마) "가는 말이 고와야 오는 말도 곱다"고 했다. 우리말은 다른 나라의 말에 비해 특히 경어법이 발달해 있다. 서울 재동초등학교 등 10여개 초등학교가 어린이들에게 존댓말 교육을 실시해 효과를 보고 있다고 한다. 서로 이름을 부를 때 'ㅇㅇ 씨'나 'ㅇㅇ 님'이라고 하거나 '습니다' '해요'라는 경어를 쓰게 하는 식이다. 처음엔 어색해하다가 높임말을 쓰기 시작하면서 아이들 사이에서 싸움 · 욕설 · 왕따도 눈에 띄게 사라졌다고 한다.[92)]

위 기사에서 보듯이 높임말을 쓰면 상대방에 대해 존경심이 생긴다. 그래서 과거에는 부부 사이에도 높임말을 썼다. 부부싸움도 덜했고 이혼도 거의 없었다. 부부간에 반말을 하는 오늘날 상대방에 대해 존경심이 없다. 부부싸움도 심하고 이혼도 많다. 과거에는 친구 간에도 높임말을 썼다. 그것이 선비의 사귐이었다.

우리는 전통 어법인 敬語法(경어법)을 지켜서 글을 적어야 한다. 관직이 있는 분에게는 이름 뒤에 관직을 붙여 적어야 한다. '朴槿惠(박근혜) 대통령", '오바마 미국 대통령', '習近平(습근평) 중국 主席(주석)' 식으로 적어야 한다. 근래 한국 신문은 대통령을 'YS', 'DJ', 'MB'처럼 영어 약자로 적는다. 이는 輕薄(경박)한 표기로서 국가원수에 대한 결례이다. '김 대통령' · '이 대통령' 하거나 아니면 號(호)로 '巨山(거산)' · '後廣(후광)' · '淸溪(청계)' 식으로 적는 것이 옳다. 최근 朴槿惠(박근혜) 대통령을 그냥 이름만 '박근혜'로 적는 신문도 있다. 품위 없이 막 나가는 언론이다. '박 대통령'이나 '대통령'으로 적어야 한다. "朴 대통령과 반기문 총장 '나흘간의 동행'"[93)]이 존대법에 맞게 적은 글이다.

여자도 공식 직함이 있을 때는 남자와 똑같이 적는다. '玄貞恩(현정은) 현대그룹 회장'처럼 적는다. 사회적 지위가 있는 분과 부인을 함께 적을 때는 부인의 이름을 앞에 적고 '여사'를 뒤에 적는다. '李健熙(이건희) 三星(삼성)그룹 회장 부인 洪羅喜(홍라희) 여사'처럼 적는다.[94)] 주의할 점은 남의 妻(처)는 '부인'이라고 적어야 하는 점이다. 근래 신문 기사에서 남의 처를 '아내'라고 적는 경우가 많은데 잘못이다. 자신의 妻(처)를 남에게 소개할 때는 "제 아내입니다."고 말하지만 남의 妻(처)를 '아내'라고 하는 것은 缺禮(결례)이다.[95)] 반대로 자기 처를 남 앞에서 "제 부인"이라

92) 한영희 · 부산 연제구 연산9동, 「[독자투고] 아이들 존댓말 교육으로 욕설 · 왕따 사라지길」, 『세계일보』, 2014. 4. 28.

93) 정시행 기자, 『朝鮮日報』, 2015. 9. 30.

94) 혼자 적을 때는 물론 '洪羅喜(홍라희) 삼성미술관 리움 관장'으로 적는다.

고 말하는 사람도 있는데 妄發(망발)이다. 요컨대 남의 妻(처)는 '부인', 내 妻(처)는 '아내'로 구별해서 적어야 한다.

한편 관직이 없는 평범한 사람은 남녀 모두 '○○○ 씨'로 통일해 적는 것이 좋다. 헌데 근래 같은 신문에서도 일반인은 '○○○ 씨'로 적어주면서 연예인이나 운동선수들은 '○○○'처럼 그냥 이름만 적는 경향이 있다. 또는 흉악범도 '○○○'처럼 이름만 적는 경우도 있다. 연예인·운동선수는 親近感(친근감)에서, 凶惡犯(흉악범)은 距離感(거리감)에서 그러는 것 같다. 하지만 인간 차별은 안 되므로 모두 '○○○ 씨'로 적어주는 것이 좋다. 운동선수는 '○○○ 선수'라고 적는 게 좋다.

한편 나를 남에게 소개할 때는 남을 소개하는 것과 정반대 순서로 한다. 곧 공적인 직함을 앞에 적고 이름을 뒤에 적는다. 예전에 朴正熙(박정희) 대통령은 談話文(담화문) 맨 끝에 "대통령 朴正熙"라고 적었다. 그런데 근래 한국인들은 정반대로 한다. 신문 기사 뒤에 기자가 자기를 "○○○ 기자"라고 적는다. 이것은 전통 어법에 어긋난다. 자기를 남에게 소개할 때는 직함을 앞으로 하여 "기자 ○○○"라고 적어야 한다. 다른 사람들도 마찬가지다. "○○○ 신부"가 아니라 "신부 ○○○", "○○○ 스님"이 아니라 "승려 ○○○", "○○○ 목사"가 아니라 "목사 ○○○", "○○○ 교수"가 아니라 "교수 ○○○"라고 적어야 한다.[96)]

글에서는 呼稱語(호칭어)를 쓰지 말고 指稱語(지칭어)를 써야 한다. 호칭어는 상대방 앞에서 그를 부르는 말이다. '선생님'이나 '어르신', '스님'은 상대방 앞에서 그를 높여 부르는 호칭어이다. 그러나 글에서는 객관적으로 지칭하는 지칭어를 써야 한다. 지칭어는 상대방이 없는 자리에서 그를 부르는 말이다. 따라서 '선생님'·'어르신'·'스님'은 객관적인 글에서는 각각 '교사'·'노인'·'승려'라고 적어야 한다.

근래 한국인은 역사적 인물에 대해서는 존칭을 쓰지 않는다고 착각한다. 역사적 인물이 되면 인물의 생물성에 대한 관심은 사라지고, 대신에 인물의 객관적 행적이

---

95) 근래 방송에서 '아내분'이라는 해괴한 造語(조어)도 쓰는데 '부인'이라 해야 맞다. 한글전용으로 한국어 전통을 파괴하니 '부인'이라는 쉬운 말도 모르고 이런 해괴한 일을 벌인다. 또 같은 신문에서도 돈 있고 힘 있는 사람의 妻(처)는 '부인'이라고 하고 보통 사람이나 연예인·운동선수의 처는 '아내'라고 하는 경우가 많다. 언론이 이렇게 인간차별하는 글을 쓰면 안 된다.

96) 2003년에 盧武鉉(노무현) 대통령이 검사들과 대화한 적이 있다. 그때 검사들이 "○○○검사입니다"고 자신을 소개했는데, "검사 ○○○입니다"로 말했어야 옳다. 헌데 대통령도 언론도 그런 한국어 언어예절 파괴를 문제삼지 않고 넘어갔다. 오늘날 한국사회의 한국어 수준을 보여주는 사건이다.

중요해지기 때문이라고 한다.[97] 그래서 "괴테"·"셰익스피어"·"베토벤"처럼 적는다고 한다. 그것은 단지 西歐語(서구어)의 전통일 뿐이다. 서구어에는 본디 존대법이 발달하지 않았다. 그렇기 때문에 그들은 사람 이름을 그냥 불러도 거기에 존경이 들어 있다. 그러니 西歐人(서구인)에 대해서는 그들의 전통대로 적어주면 된다.

하지만 한국어 전통은 다르다. 엄연히 존대법의 전통이 있으니 그 전통을 지켜나가야 한다. 우리가 '괴테'는 이름만 불러도 존경심을 잃지 않는다. 하지만 한국어에 대해서는 다르다. 자식이 부모를 그냥 이름으로 부른다면 호래자식이다. 자식이나 자식 뻘되는 사람이 여러분 이름을 존칭 없이 불러도 아무렇지도 않은 사람만 조상 이름을 존칭 없이 적기 바란다. 한국어 전통 어법은 살아 있는 사람보다 돌아가신 분을 더 존대한다.[98] 그렇다면 살아 있는 사람도 존칭 없이 이름을 부르면 망발인데, 더 존대해야 하는 조상을 존칭 없이 적어도 된다는 게 말이 되는가? 우리가 자기 조부모·부모 尊銜(존함)을 존칭 없이 부른다면 거기에 존경심이 들어 있는가? 자기 조부모·부모 존함을 자기나 남이 존칭 없이 불러도 아무렇지도 않은 사람만 故人(고인)을 이름만 적기 바란다. 하지만 자기 조부모·부모 존함은 존칭을 붙여야 옳다고 생각하는 사람이라면 남의 조부모·부모 존함도 존칭을 붙여야 옳다. 따라서 조상 이름에 존칭을 붙이지 않아도 된다는 주장은 한국어 전통어법을 완전히 파괴하자는 말이다.

이런 주장은 한글전용으로 한국어를 과거 전통과 단절시킨 데서 비롯되었다. 한국어 전통은 막아놓고, 거꾸로 서양 어법은 우리 어법처럼 받아들인다. 한글전용이 한국인을 서구인의 亞流(아류)로 만들고 있다. 이처럼 한글전용은 철저히 한국 전통을 파괴하고 서양 문물을 받아들이자는 운동이다. 그렇기 때문에 한글전용을 하면 할수록 한국 전통문화는 말살되고 서양 문화가 한국을 지배하게 된다. 이런 한글전용을 '민족주체성'으로 받아들이는 것은 엄청난 착각이다. 한글전용은 철저한 '외세

---

97) 어떤 사람은 옛사람에 대해 존대할 필요 없다면서 아무리 높이고 싶어도 을지문덕 씨, 강감찬 씨, 유관순 씨라고 쓰지 않는다고 예를 들었다. 전통 어법은 조상 중 벼슬한 분에게는 성이나 이름 뒤에 관직을 붙이거나 '公(공)'이라는 尊稱(존칭)을 붙인다. 또 號(호)로 부르기도 한다. 여자도 벼슬이 있으면 붙이고 없으면 '大夫人(대부인)'·'夫人(부인)'이나 '女史(여사)'를 붙인다. '氏(씨)'는 벼슬을 안 한 민간인에게 붙인다. 그러니까 '乙支文德(을지문덕) 장군'이나 '乙支文德(을지문덕) 公(공)'이라 부르는 게 맞다. '을지문덕 씨'는 어법에 맞지 않는 말이다. 어법에 맞지도 않은 보기를 가지고 존대법이 필요 없다고 주장하는 것은 옳지 않다.

98) 살아계신 부모는 '아버지', '어머니'라 하지만 돌아가신 부모는 '아버님', '어머님'이라 하여 더 높인다.

사대주의'다.[99] 한국어 전통을 지켜 한자를 쓰는 일이 '민족주체성'을 지키는 일이다. 한자를 지켜야 한국어 전통이 이어지고 민족 전통문화가 계승되기 때문에 '민족주체성'이 산다. 한글만 쓰면 韓民族(한민족)의 半萬年(반만년) 전통문화가 파괴되기 때문에 '민족주체성'이 말살됨을 알아야 한다.

우리는 한국어 전통 어법에 따라 역사적 인물·故人(고인)에 대해서도 존경을 나타내야 한다. '孔子(공자)'·'老子(노자)'·'孟子(맹자)'·'莊子(장자)' 같은 이름은 '子(자)'가 존경의 의미를 나타내므로 그대로 적는다. '世宗大王(세종대왕)'·'忠武公(충무공)' 등도 諡號(시호) 그 자체로 존경의 의미를 나타내므로 그대로 적는다.

한편 '茶山(다산) 丁若鏞(정약용)'이라고 적는 건 잘못이다. '茶山(다산) 丁若鏞(정약용) 선생'이라고 적어야 한다. 어른의 이름을 함부로 부르면 어른에 대한 존경심이 사라지기 때문이다. 그래서 어른은 이름을 적지 않고 號(호)를 적는 것이 좋다. 號(호)는 그 자체가 존경을 나타내므로 그대로 불러도 된다. 그러니까 "茶山(다산)은 천재였다."고 적어도 된다. 하지만 "丁若鏞(정약용)은 천재였다."는 안 된다. "丁若鏞(정약용) 선생은 천재였다."고 적어야 한다.

'柳成龍(유성룡) 선생'·'李舜臣(이순신) 장군'·'島山(도산) 安昌浩(안창호) 선생'·'安重根(안중근) 義士(의사)'·'李儁(이준) 烈士(열사)'·'柳寬順(유관순) 누나'·'姜在求(강재구) 少領(소령)' 등처럼 역사적 인물은 뒤에 예우하는 말을 반드시 넣어야 한다. 과거 교과서는 한국어 전통을 지켰는데, 근래 교과서는 우리말 전통을 파괴하고 서구식 어법으로 적는다.

근래 우리가 역사적 인물에 대해 尊稱(존칭)을 쓰지 않기 때문에 言衆(언중)은 덩달아 현대 인물에 대해서도 존칭을 안 써도 된다고 생각한다. 그래서 역사적 인물이나 현대 인물이나 모두 근래 존칭을 붙이지 않고 강아지 이름 부르듯 마구 부른다. 근래 여러분은 故人(고인)의 이름이나 대통령 이름이나 존칭을 붙여 부르는 사람을 보았는가? 아마도 거의 없을 것이다. 그래서 근래 한국사회에 웃어른이 사라진 것이다. 어떤 사람이든 친구나 강아지처럼 이름을 마구 부르는데 존경심이 생길

---

99) 한글만 쓰는 것이 한국어 전통이 아닌데, 어떻게 한글만 쓰는 일이 '민족주체성'이 되는가? 2000년간 한자를 쓰던 오랜 전통을 지키는 것이 민족주체성을 살리는 일이지 않는가? 한글전용은 100여 년 전 서양인들이 시작한 일이다. 서양인들이 韓民族(한민족)이 아닌데 왜 그들이 시작한 한글전용이 '만족주체성'이 되는가? 世宗大王(세종대왕)은 국한자 혼용했다. 세종대왕을 따르는 것이 민족주체적이지 외국인이 시작한 한글전용을 따르는 것이 어떻게 민족주체적인가? 서양인이 시작한 한글전용을 그대로 따라 하는 것은 서양인을 주인으로 섬기는 서양 사대주의이다.

리 만무하지 않는가? 이처럼 오늘날 존대법이 파괴되면서 한국사회에서 전통적 예의·도덕이 거의 실종되어 버렸다.[100)]

西歐語(서구어)는 본디 존대법이 발달하지 않은 언어이므로 어른에 존칭을 붙이지 않아도 예의·도덕이 사라지지 않는다. 하지만 한국어는 敬語法(경어법)이 발달한 언어이므로 어른에 존칭을 붙이지 않으면 예의·도덕이 사라져 버리게 된다. 지금 한국어가 한글전용으로 말미암아 언어예절이 실종되고 전통적 예의·도덕이 타락하고 있다. 韓民族(한민족)으로서 민족주체성이 사라지고 외세 사대주의에 물들어가고 있다. 지금도 한자와 한자어를 계속해서 쓰고 있는 중국과 일본은 자기 언어전통을 그대로 이어가고 있다. 그래서 전통적 예의·도덕도 남아 있다. 민족주체성도 유지하고 있다.

요컨대 고인의 이름 뒤에는 반드시 존칭을 붙여야 한다. 직함이 있던 분들은 남녀 모두 이름 뒤에 직함을 붙여야 한다. 金庾信(김유신) 장군, 李陸史(이육사) 詩人(시인)처럼 적는다. 號(호)를 적으면 따로 존칭을 붙이지 않아도 된다. 한편 존칭으로 두루 쓸 수 있는 '公(공)'이라는 말이 있다. 옛 문헌에서는 '公(공)'이라는 말로서 두루 존칭으로 썼다.[101)] 그러니 특별한 직함으로 적기 어렵지만 존경해야 할 분은 두루 '公(공)'이라는 말로 존경을 나타내면 된다. 곧 '김 공', '金富軾(김부식) 공', '公(공)은 ~'처럼 쓰면 된다. 근래 '선생'이라는 말로 두루 존칭을 삼는데, '선생'은 주로 학자에 어울리는 존칭이다. '公(공)'은 그보다 폭이 넓어 누구에게나 두루 쓸 수 있다. 하지만 특별히 존경을 나타낼 필요 없는 고인에게는 그냥 氏(씨)를 붙이면 된다. 또 氏(씨)가 어색하다고 생각하면 '님'을 붙여도 된다. '임꺽정 님', '홍길동 님'처럼 쓰면 된다. 직함 없는 여자는 '女史(여사)'를 붙인다. 살아 있는 사람도 직함 있는 사람은 이름 뒤에 직함을 붙인다. 직함 없는 사람은 '氏(씨)'를 붙인다. 이렇게 존대법 원칙을 정해서 쓰는 것이 좋다.

한편 故人(고인)의 이름 앞에 '故(고)'는 우리가 그분이 고인임을 아는 경우에는 굳이 붙일 필요가 없다. '故(고) 朴正熙(박정희) 대통령' 하지 않고 그냥 '朴正熙(박정희) 대통령' 해도 그분이 돌아가신 분임을 우리는 다 안다. 하지만 우리가 모르는 사람이 고인임을 독자에게 특별히 알리고 싶을 경우에는 이름 앞에 '故(고)'를 붙여

100) 어른의 이름을 함부로 부르지 않는 避諱法(피휘법)의 더 자세한 내용에 대해서는 '제Ⅳ장 단편 연습'의 '설명문'에서 '이름에 대한 한국인의 관념'이라는 李福揆(이복규) 교수의 글을 참고하기 바란다.

101) 『三國史記(삼국사기)』 列傳(열전), 제1, 金庾信(김유신) 條(조). "公年十五歲爲花郎". "公(공)은 열다섯 살에 花郎(화랑)이 되었다."

서 산 사람과 구별해 주어야 한다.

한국어에서 존대법의 근본 원리는 나를 낮추고 상대방을 올리는 것이다. 그러다 보니 '저희 나라'라는 말을 하는 사람들도 있다. 하지만 나라는 세계의 모든 나라가 평등하므로 '우리나라'가 맞다. 자기가 속한 단체도 마찬가지이다. 직장이나 집안이나 같은 구성원들끼리는 '우리 ○○'로 해야지 '저희 ○○'라고 해서는 안 된다.

'당신'은 웃어른이 자리에 없을 경우 "할아버지 당신이 평소에 漢詩(한시)를 좋아하셨다."처럼 쓰면 敬語(경어)가 된다. 하지만 남을 앞에 놓고 2인칭으로 쓰면 낮춤말이 된다. '당신'은 부부 간에는 平語(평어)이다.

근래 아버지 뻘되는 어른을 '아버지', 어머니 뻘되는 어른을 '어머니'라고 부르는 사람들이 있는데 잘못이다. 나보다 나이 많은 분은 '어르신'이라 부르면 된다. 어찌 남에게 '아버지'·'어머니'라 부르는가? 이는 자식이 자기 부모를 스스로 凌蔑(능멸)하는 일이다[102]. 얼마 전 1촌 맺기 운동이 있었다. 1촌은 부모-자식 간을 말한다. 어떻게 남남끼리 1촌을 맺는다는 말인가? 한국어 전통을 모르니 별 해괴한 일들을 다 벌인다. 또 남편을 '아빠'라 하는 부인들이 있는데 잘못이다.

존칭을 부정문으로 만들 때는 본동사는 원래대로 두고 보조용언으로 존칭을 표시한다. 그래서 "아버지는 어제 미국에 가셨다"를 부정문으로 만들면 "아버지는 어제 미국에 가지 않으셨다"가 된다. 그러니까 중간은 그대로 두고 끝에만 존대를 표시하면 된다.

근래 특히 문제가 되고 있는 존대법은 당사자가 아닌 事物(사물)을 높여 말하는 事物(사물) 尊稱(존칭)이다. "이 옷은 10만원이십니다.", "이 가격은 저렴하세요.", "주문하신 커피 나오셨습니다.", "사이즈가 없으십니다.", "화장실은 왼쪽이세요."는 이제 일상어처럼 들린다. 하지만 이런 말은 過恭非禮(과공비례)이다. 한국어 전통 어법에 어긋나는 일이니 쓰지 말아야 한다[103].

---

102) 여자가 시집을 가면 시아버지·시어머니에게 '아버님'·'어머님'이라고 부른다. 가족이 되었기 때문이다. 또 친구의 부모는 '아버님'·'어머님'이라고 부른다. 가족처럼 여긴다는 의미이다. 그런데 친정아버지와 친아버지는 '아버지'라 부르면서 시아버지와 친구 아버지는 '아버님'이라 부르는 것은 어려우므로 더 恭待(공대)하는 것이다. 故人(고인)을 더 높이는 것도 같은 이치이다.

103) 존대법을 써야 할 사람은 함부로 부르면서 존대하지 말아야 할 사물에는 존대를 하니 主客顚倒(주객전도)가 너무 심하다. 또 존대해야 할 상대방은 깔아뭉개면서 자기 자신은 스스로 높이니 한국어 존대법이 완전히 엉망진창이다. 한국어의 타락이 심해도 너무 심하다. 한글전용 70년의 결과가 이렇게 참혹하다.

하지만 전통 어법에도 間接尊待(간접존대)가 있다. 상대가 나보다 윗사람일 경우, "얼굴이 참 예쁘시네요."라고 말하는 것은 간접존대이다. 간접존대는 신체 · 성품 · 심리 · 행위 · 소유물과 같이 윗사람인 상대방과 밀접한 관련이 있는 대상을 통해 듣는 이를 높이는 어법이다. "이 구두는 걷기 편하실 겁니다.", "선택이 탁월하십니다."처럼 상대자의 행위도 간접존대의 대상이 된다. 하지만 "옷이 멋있으십니다.", "안경이 정말 세련되세요."처럼 옷 · 안경이라는 상대의 소유물을 통해 듣는 이를 높이는 것은 간접존대에 해당하지 않는다. 그래서 '대통령님 비서실' · '회장님실' · '총장님실' 같은 표현은 옳지 않다. 그냥 '대통령 비서실' · '회장실' · '총장실'이 옳다.

존대법에서 '계시다'와 '있으시다'를 혼동하는 경우가 많다. '계시다'는 주어를 직접 높일 때 쓰이는 直接尊待(직접존대)에 쓰인다.[104] '있으시다'는 높일 대상과 관련된 事物(사물)이나 人物(인물)을 언급할 때 쓰이는 間接尊待(간접존대)에 쓰인다.[105]

글에서 존대법을 쓸 때는 공적인 글과 사적인 글을 구분해서 써야 한다. 사적인 글, 주관적이고 정서적인 글에서는 자기가 존경하는 사람을 '그분' · '~님' · '~께서' · '~하셨다' 등 존대 표현을 써도 괜찮다. 하지만 공적인 글에서는 존대 표현을 삼가야 한다. 객관적이고 논리적인 글의 성격이 흔들리기 때문이다. 방송도 공적인 매체이므로 존대법을 쓰지 않는다.[106]

위에서 설명한 한국어 전통 예절을 오늘날 학교에서 가르치지 않는다. 그렇기 때문에 손자가 할아버지에게 "밥 먹으세요." 하고, 자식이 부모에게 "어디 아프세요?" 하며, 학생이 교수에게 "물어볼게요." 한다. 한국 학교의 국어교육은 정작 필요한 언어예절 교육은 안하고 쓸데없는 입시 위주 교육만 하는 죽은 교육이다. 국어교육을 개혁해야 한다. 한글전용을 철폐하고 한자교육을 하면서 처음부터 다시 시작해야 한다.

---

104) 보기) 부모님은 시골에 계시다. 선생님은 지금 댁에 계실 겁니다. 안에 누구 안 계시니?

105) 보기) 대통령은 형님이 있으시다. 할아버지는 새벽에 일어나 뒤보는 습관이 있으시다. 아버지는 친지들의 도움으로 간신히 사업을 지탱하고 있으시다.

106) 신문 기사는 객관적인 글이므로 대통령이라 할지라도 행동을 서술할 때는 平語體(평어체)를 쓴다. 하지만 수필 같은 주관적이고 문학적인 글에서는 敬語體(경어체)를 쓴다. 한편 방송에서 연예인들이 자기들끼리 '선생님' · '선배님' 등으로 부르는데 公的(공적) 방송의 품격을 떨어뜨리는 일이다. 시청자를 위주로 그냥 "– 씨"라고 불러야 한다.

연습문제 26. 다음을 더 나은 표현으로 다듬어 보시오.

① 아버지께서 화를 내셨다.
→ 아버지께서 걱정하셨다. (노하셨다.)

② 저 노인은 나이가 드셨다.
→ 저 노인은 연세를 잡수셨다.

③ 선생님은 지금 집에 있으시다.
→ 선생님께서는 지금 댁에 계시다. (주어 직접 높임)

④ 선생님은 돌 지난 손자가 계시다.
→ 선생님께서는 돌 지난 손자가 있으시다. (주어 간접 높임)

⑤ 그분의 어머니가 아프시답니다.
→ 그분의 어머니께서(자당께서) 편찮으시답니다.

⑥ 鄭周永(정주영) 회장님의 말씀이 계시겠습니다.
→ 鄭周永(정주영) 회장님께서 말씀하시겠습니다.

⑦ 어느 해에 아시는 스님께서 중국 여행을 가셨다.
→

⑧ 저희 남편께서는 참석하시기가 곤란하시다고 연락이 오셨습니다.
→ 제 남편은 참석이 곤란하다고 합니다.

⑨ 朴槿惠(박근혜) 대통령의 정국 운영 모습도 先親(선친)과 비슷하다.
→ 朴槿惠(박근혜) 대통령의 정국 운영 모습도 先考丈(선고장)과 비슷하다.

⑩ 思悼世子(사도세자)는 英祖(영조)의 아내 가운데 영빈 이씨 소생입니다.
→

4) 常套的(상투적) 표현을 피하자

(1) 진부한 표현을 斬新(참신)하게

참신한 표현이 글을 살린다. 우리가 쓰고 있는 표현에는 낡은 비유, 죽은 비유, 썩어문드러진(陳腐) 비유가 많다. 예를 들어 "그는 황소처럼 힘이 세다."는 표현은 소를 농사에 이용하던 시절의 비유이다. 지금은 황소보다 더 힘센 것들이 많다. 또 "세월은 쏜살같이 흐른다."는 표현도 옛날 화살을 쏘던 시절에 '쏜 화살같이 빠르게'라는 말이 "쏜살같이"로 굳은 것이다. 하지만 지금은 화살보다 빠른 것들이 많다.

이런 표현들을 오늘날에 걸맞게 새로 바꿔야 한다. 되도록 새롭고 싱싱한 표현을 쓰도록 힘써야 한다. 그것이 남과 다른 개성적 글을 쓰는 요령의 하나다. 글을 쓸 때마다 '더 斬新(참신)한 말이 없을까'를 고민해 보자.

연습문제 27. 다음을 더 나은 표현으로 다듬어 보시오.

① 뛰어야 벼룩이다.
② 세월은 쏜살같이 흐른다.
③ 그는 황소처럼 힘이 세다.
④ 그녀의 눈은 호수처럼 맑다.
⑤ 그는 고양이 앞의 쥐 같았다.
⑥ 쥐 죽은 듯이 고요한 밤이었다.
⑦ 그에게 나이는 숫자에 불과하다.
⑧ 그녀는 참새처럼 잘 조잘거린다.
⑨ 그 남자의 마음은 바다처럼 넓다.
⑩ 조직폭력배는 호랑이처럼 무섭다.
⑪ 그 남자는 전봇대처럼 키가 크다.
⑫ 그 사람은 물에 빠진 생쥐 같았다.
⑬ 추석 때 쟁반같이 둥근 달을 보았다.
⑭ 朝鮮(조선)은 바람 앞의 등불 같았다.
⑮ 나는 내 힘이 부족함을 뼈저리게 느낀다.
⑯ 나는 독서에 빠져서 시간 가는 줄 몰랐다.

⑰ 명동에는 사람들이 물밀 듯이 몰려다닌다.
⑱ 부모님 은혜는 하늘보다 높고 바다보다 깊다.
⑲ 나는 失戀(실연)을 당하고 미친 듯이 걸었다
⑳ 그 사람은 청와대에서 권력의 단맛을 보았다.
㉑ 탤런트 이영애 씨는 백옥같이 흰 피부를 지녔다.
㉒ 나는 시험에 합격하기 위해 피나는 노력을 했다.
㉓ 비를 맞은 그의 모습이 마치 물에 빠진 생쥐 같다.
㉔ 그녀는 너무 온순해서 개미 한 마리 죽이지 못한다.
㉕ 우리 형제는 콩 한 쪽도 나눠 먹을 정도로 화목하다.

(2) 약한 표현을 힘 있게

의미는 알겠는데 아무 재미도 없는 글이 있다. 예를 들어 "오늘은 매우 덥다."고 하면 情報(정보)만 전달할 뿐 情緖(정서)는 전달하지 못한다. 그러나 "오늘은 달걀을 차 위에 올려두면 반숙이 될 것처럼 덥다."고 하면 정보와 함께 정서도 전달된다. "그녀는 차갑다"고 쓰지 말고 "그녀는 얼음장 같다"고 표현해야 느낌이 전달된다. "분위기가 좋았다"고 하지 말고 "열기가 후끈 달아올랐다"고 비유하는 표현이 독자를 움직인다. 無氣力(무기력)한 약한 표현을 하지 말라. 정보에 정서도 아울러 전달해야 재미있는 글이 된다.

연습문제 28. 다음을 더 나은 표현으로 다듬어 보시오.

① 그 영화는 훌륭하다.
② 어제는 엄청나게 추웠다.
③ 그 책은 퍽 재미있다.
④ 그 아이는 아주 귀엽다.
⑤ 그 소녀는 무척 예쁘다.
⑥ 그 남자는 굉장히 잘생겼다.
⑦ 취직을 못해서 무척 괴롭다.
⑧ 그 정원은 매우 아름다웠다.
⑨ 우리 아버지는 너무 무섭다.
⑩ 나는 단란한 가정에서 자랐다.

⑪ 맡은 일을 열심히 하겠습니다.
⑫ 우리 어머니는 매우 꼼꼼하다.
⑬ 이 아이스크림은 정말로 맛있다.
⑭ 나는 독서를 할 때 가장 즐겁다.
⑮ 그 교수님 강의는 너무 지루하다.
⑯ 이 상을 받아서 몹시 기쁩니다.
⑰ 내 여자 친구는 마음씨가 참 좋다.
⑱ 맡은 일에 최선을 다하겠습니다.
⑲ 나는 그날 교통사고로 죽을 뻔했다.
⑳ 아버지가 돌아가셔서 무척 슬프다.
㉑ 그녀와 결혼하게 되어서 황홀하다.
㉒ 백두산 천지의 모습은 매우 장엄하다.
㉓ 상관은 내 보고를 듣고 마구 화를 냈다.
㉔ 요즘 갑질하는 사람들을 보면 굉장히 밉다.
㉕ 상관의 부당한 명령을 따르기가 정말 싫다.
㉖ 억지를 쓰는 사람들을 만나면 기분이 나쁘다.
㉗ 나를 괴롭힌 그 사채업자는 진짜 나쁜 사람이다.
㉘ 생태계를 보여주는 다큐멘터리는 진짜 흥미로웠다.
㉙ 금수저 물고 태어난 사람들을 보면 너무나 부럽다.
㉚ 나는 엄격한 아버지와 자상하신 어머니 슬하에서 자랐다.

(3) 漠然(막연)한 표현을 삼가자

自信(자신)이 결여된 표현은 좋지 않다. 지나치게 婉曲(완곡)하거나 불명료하거나 막연한 표현은 글을 약하게 만든다. '확실하지 않다'는 迂廻形(우회형) 표현 대신에 '불확실하다'처럼 斷言形(단언형)으로 적는 것이 힘이 있다.

연습문제 29. 다음을 더 나은 표현으로 다듬어 보시오.

① 그의 의견이 옳다고 생각할 수도 있다.
→ 그의 의견이 옳은 듯하다. (옳은 편이다)

② 내년 경제가 심각하지 않다고 아니할 수 없다.

→ 내년 경제가 심각하리라 짐작된다. (예측한다, 생각된다)

③ 조희팔이 살았을 가능성도 배제할 수 없다.
→ 조희팔이 살았을지도 모른다. (살았을 가능성도 있다)

④ 그의 주장이 틀렸다고만 말하기에는 조금 語弊(어폐)가 있다.
→ 그의 주장이 틀린 것만은 아니다.
→ 그의 주장은 일리가 있다.

⑤ 한국 외래어표기법은 사대주의 법이라고 해도 지나친 말이 아니다.
→

⑥ 내년부터는 부동산 투기 억제를 강력히 추진해야 할 것 같이 보인다.
→ 내년부터는 부동산 투기 억제를 강력히 추진해야 할 것이다.
→ 내년부터는 부동산 투기 억제를 강력히 추진해야 한다.

⑦ 서울시의 새 표어인 'I SEOUL YOU'는 투자한 만큼 가치가 있는지 확신할 수 없다.
→

(4) 名詞(명사) 濫用(남용)을 삼가자

명사를 너무 많이 쓰면 글이 딱딱해진다. 명사를 동사로 바꿔 쓰면 문장이 부드러워진다. "다른 곳으로 보냄이 되었다"는 "다른 곳으로 보내졌다"로 쓰는 게 자연스럽다.

연습문제 30. 다음을 더 나은 표현으로 다듬어 보시오.

① 그 빌딩은 불법 건축물임이 판명되었다.
→ 그 빌딩은 불법 건축물로 판명되었다.

② 내년에는 중국 경제성장이 주춤해질 전망이다.
→ 내년에는 중국 경제성장이 주춤해질 것으로 전망한다.

③ 사람은 먹기 위해서 사는가, 살기 위해서 먹는가?
→ 사람은 먹으려고 사는가, 살려고 먹는가?

④ 나는 그 고추를 먹음과 동시에 딸꾹질하기 시작했다.
→

⑤ 정부는 그들의 교육에로의 접근성을 확대해 나가야 한다.
→ 정부는 그들이 교육으로 쉽게 접근할 수 있도록 힘써 나가야 한다.

⑥ 고추장은 영양가가 풍부하다는 것과 약간 맵다는 것이 특징이다.
→ 고추장은 영양가가 풍부하고 약간 매운 게 특징이다.
→ 고추장은 약간 맵지만 영양가가 풍부한 게 특징이다.

⑦ 요즘 양파는 가격이 오름에도 불구하고 불티나게 팔리고 있다.
→ 요즘 양파는 가격이 올라도(오르는데도) 불티나게 팔리고 있다.

⑧ 합리적인 것만의 추구는 理性(이성)만 중시하는 풍조를 만들었다.
→ 합리적인 것만을 추구하는 일은 理性(이성)만 중시하는 풍조를 만들었다.

⑨ 그 학생들은 유통기간이 지난 도시락을 먹음으로 인해 식중독에 걸렸다.
→

⑩ 내가 국가고시에 합격함을 가정하고(합격을 조건으로) 회사는 받아주었다.
→ 내가 국가고시에 합격한다고 치고(합격한다 하고) 회사는 받아주었다.

⑪ 기사 한 단의 폭이 넓어져서 편안한 읽을 맛과 시원한 보는 맛을 느끼실 수 있을 겁니다.
→ 기사 한 단의 폭이 넓어져서 읽기가 편안하고 보기가 시원함을 느끼실 것입니다.

(5) 복수접미사 '-들'을 줄이자

한국어는 複數(복수)라도 꼭 복수 형태로 적지 않아도 된다. 문맥과 상황을 통해 알게 되기 때문이다. 한국어에서 西歐語(서구어)와 같은 규칙적인 복수 표현은 오히려 부자연스럽다.

연습문제 31. 다음을 더 나은 표현으로 다듬어 보시오.

① 일본은 이웃 여러 나라들을 위협했다.

→

② 서울 都心(도심)에는 고층 건물들이 늘어서 있다.

→ 서울 都心(도심)에는 고층 건물이 늘어서 있다.

③ 성공과 행복은 많은 사람들이 추구하는 삶의 목표이다.

→

④ 속초의 아바이마을은 실향민들이 모여 살고 있는 마을이다.

→

⑤ 실업자들의 절반쯤은 실직 뒤 반 년 안에 새 직업들을 찾는다.

→

⑥ 우리 사회 곳곳에 쌓인 문제들에 대한 토론을 활성화해야 한다.

→ 우리 사회 곳곳에 쌓인 문제에 대해 토론을 활성화해야 한다.

⑦ 두 사건 모두 경찰은 두 남편들을 용의자로 지목했지만, 이들은 자신의 무죄를 주장했다.

→ 두 사건 모두 경찰은 두 남편을 각각 용의자로 지목했지만, 이들은 자신의 무죄를 주장했다.

⑧ 서울 지역 주민들과 대한민국 국민들은 光化門廣場(광화문광장)에 太極旗(태극기) 揭揚臺(게양대)가 설치되어 태극기가 휘날리기를 고대한다.

→

(6) '-같아요'를 삼가자

연습문제 32. 다음을 더 나은 표현으로 다듬어 보시오.

① 남들은 다 행복한데 저만 불행한 것 같습니다.
→ 남들은 다 행복한데 저만 불행합니다.

② 시청자 여러분 무척 오랜만에 보는 것 같습니다.
→

③ 제가 이렇게 큰 상을 받아서 榮光(영광)인 것 같습니다.
→

④ 오랜만에 이렇게 아빠·엄마랑 놀러 나오니 좋은 거 같아요.
→

⑤ 제가 이렇게 1위를 해보다니 정말 기적이 일어난 것 같습니다.
→

⑥ 오늘 좋지 않은 모습을 보여드린 것 같아서 죄송합니다.
→

⑦ 잘 알지도 못하고 선생님을 비판한 것은 제가 잘못한 것 같습니다.
→ 잘 알지도 못하고 선생님을 비판한 것은 제가 잘못했습니다.
→ 잘 알지도 못하고 선생님을 비판한 것은 제 잘못입니다.

5) 外來語(외래어) 語套(어투)를 버리자

(1) 인사는 傳統(전통)에 맞게

근래 한국인은 한국어의 전통을 모른다. 아니 잊어버리려고 애쓴다. 2천 년간 써 온 한자를 하루아침에 버리는 사람들이니 다른 전통도 헌신짝 버리듯 버린다. 우리 민족이 수천 년 써온 인사도 잊어버리고 영어 인사말을 번역해서 쓰는 지경에 이르렀다. 바야흐로 영어가 안방을 차지하고 한국어는 내쫓기고 있다.

연습문제 33. 다음을 더 나은 표현으로 다듬어 보시오..

① "좋은 아침" (← good morning)
→ "날씨 좋습니다.", "좋은 날입니다.", "날씨가 화창하지요?"

② "행복한 하루 되십시오." "좋은 하루 되세요." (← be a happy day)
→ "오늘도 즐겁게 (지냅시다.)", "즐겁게 삽시다.", "일 잘 합시다"

③ "즐거운 설날 되십시오." (← be a happy new year)
→ "설 잘 쇠십시오."

④ "고향에 오신 것을 환영합니다.", "고향에 오심을 환영합니다." (← wellcome to home town)
→ "고향에 오셔서 반갑습니다,", "고향에 오신 여러분, 반갑습니다."

(2) '-의'를 줄이자

한국어는 본디 조사 '-의'를 잘 안 썼다. '나, 너, 저'는 조사 'ㅣ'를 붙여 '내, 네, 제'로 썼다. '내 마음'·'네 물건'·'제 멋' 등처럼 썼지 '나의 마음'·'너의 물건'·'저의 멋'처럼 쓰지는 않았다.

일본어는 '꽃병'을 '花(화)の瓶(병)' 곧 '꽃의 병' 식으로 표현한다. 이러한 일본어 'の(~의)' 에 영향을 받아 '-의'가 붙은 '나의, 너의, 저의' 형태는 조선 후기에 이미 나타났다. 개화기에는 흔히 쓰이게 됐고 일제 때 조선어처럼 굳어졌다.[107)]

'어머니의 추억'이라는 수필 제목이 있다. 이 제목은 어머니가 무엇을 추억하는 것인지 내가 어머니를 추억하는 것인지 명확하지 않다. 그러니 '어머니를 추억하며' 나 '어머니 생각'이라고 바꿔 쓰는 것이 좋다. 외국 노래를 번역한 제목 '메기의 추억'도 마찬가지다.

우리말에선 '-의'가 없어도 되는 경우가 흔하므로 '-의'를 삼가야 한다. '의'가 많으면 읽기 불편하고 쓸데없이 문장이 늘어져 간결한 맛이 없다. '-의'는 다른 조

107) "나의 살던 고향"(이원수의 「고향의 봄」 중)·은 "내가 살던 고향", "나의 침실"(이상화의 「나의 침실로」)은 "내 침실"이 본디 우리말 전통 어법이다. 고속도로나 쉼터 등에서 볼 수 있는 '만남의 광장'은 본디 '만나는 광장'으로 해야 조선어답다.

사와 결합하여 '-에의', '-와의', '-로의', '-으로의', '-에서의'처럼 계속해서 부자연스러운 표현을 만들어 낸다. '범죄와의 전쟁'은 '범죄 소탕하기'가, '뇌물과의 전쟁'은 '뇌물 없애기'가, '오염과의 전쟁'은 '오염 줄이기'가 더 자연스럽다.

연습문제 34. 다음을 더 나은 표현으로 다듬어 보시오.

① 그는 나의(my) 친척이다.
→ 그는 우리 친척이다.

② 우리 대학의 건물이 아름답다.
→

③ 나는 아내와의 결혼을 후회한다.
→

④ 삶의 가장 떨리는 순간은 혼인이 아닐까?
→ 삶에서 가장 떨리는 순간은 혼인이 아닐까?
→ 살면서 가장 떨리는 순간은 혼인이 아닐까?

⑤ 우리는 타고난 저마다의 소질을 啓發(계발)해야 한다.
→ 우리는 저마다 타고난 소질을 啓發(계발)해야 한다.

⑥ 우리는 전통문화와의 만남을 지속적으로 전개해야 한다.
→ 우리는 전통문화 만나기를 계속해서 펼쳐나가야 한다.

⑦ 사람들의 대부분은(most of the people) 양면성이 있다.
→ 사람들은 대부분 양면성이 있다.

⑧ 유승준 씨는 해병대에 입대하겠다던 스스로의 약속을 저버렸다.
→ 유승준 씨는 해병대에 입대하겠다고 스스로 한 약속을 저버렸다.

⑨ 가정에서의 스트레스는 직장에서의 스트레스보다 적다고 생각하기 쉽다.
→ 가정에서 받는 스트레스가 직장에서 받는 스트레스보다 적다고 생각하기 쉽다.

⑩ 지구촌을 테러의 공포에 몰아넣고 있는 IS 문제의 해결에 국제사회의 노력을 집중해야 하겠습니다.
→ 지구촌을 테러 공포에 몰아넣고 있는 IS 문제 해결에 국제사회가 노력을 집중해야 합니다.

(3) '-에 있어서'를 쓰지 말자

일본어에서 '-に於て'(~において)가 우리말에 들어와서 '-에 있어서'로 번역되었다. 일제 때 지식인들이 쓰기 시작해서 교과서에 이 어투가 실렸다. 그래서 지금은 국민 모두가 배워서 쓰고 있다. '-에 있어서'는 대개 '-에서'로 바꾸어도 말이 통한다. '본질에 있어서'는 '본질에서'로, '남북문제에 있어서'는 '남북문제에서'로 고쳐 써야 한다. 또 '칸트에 있어서의 이성의 개념'은 '칸트의 이성 개념'으로 쓰는 것이 조선어답다.

연습문제 35. 다음을 더 나은 표현으로 다듬어 보시오.

① 현대에 있어 정보의 중요함은 두말할 필요도 없다.
→ 현대에 정보가 중요한 건 두말할 필요도 없다.

② 우리 모임의 목적을 추구함에 있어서 다음의 원칙에 따라 행동한다.
→ 우리 모임의 목적을 추구할 때 다음 원칙에 따라 행동한다.

③ 모든 회원국은 국제관계에 있어서 다른 국가의 주권을 존중한다.
→

④ 회사의 비전과 방향성·문화 등은 회사 선택에 있어서 중요한 요소이다.
→

⑤ 100세 시대에 있어서 제2의 인생을 만들어 가야하는 시점에 있다.
→ 100세 시대를 맞아 둘째 번 인생을 만들어 가야하는 시점이다.

⑥ 일에 있어서는 적극적인 모습을 보여주어 최고의 셰프임을 증명했다.
→

⑦ 시는 오랜 시간이 걸려야 나온다. 그 점에 있어서 미국 시인들도 가장 시간이 많은 직업이라고 할 수 있는 대학교수를 한다.

→ 시는 오랜 시간이 걸려야 나온다. 그 점 때문에 미국 시인들도 가장 시간이 많은 직업에 들어가는 대학교수를 한다.

(4) 時相(시상) 표현을 간단히

時相(시상)이란 과거·현재·미래와 같은 時制(시제)(tense)와 完了相(완료상)(=완료형), 進行相(진행상)(=진행형)과 같은 相(상)(aspect)을 아우르는 용어이다. 그런데 영어는 시상 표현이 복잡하지만 한국어는 본디 과거·현재·미래 정도로 간단하다. 완료니 진행 같은 표현은 거의 없다.

영어에는 過去完了(과거완료)니 大過去(대과거)니 하는 복잡한 시상이 있다. 지식인들이 영문을 읽으면서 배운 그런 시상을 번역해서 '–ㅆ던', '–았(었)던', '–였던', '–ㅆ었(았)다', '–았었다/–었었다/–였었다'는 식으로 쓴다. 예를 들어, '그는 어릴 적 꿈은 대통령이었었는데 대학생 때 꿈은 공무원이었다.'처럼 과거의 두 時點(시점)을 구별해 적는다. 그러나 한국어로는 '그는 어릴 적 꿈은 대통령이었는데 대학생 때 꿈은 공무원이었다.'로 과거나 대과거를 똑같이 '–었–'으로 적어도 된다. 따라서 공연히 '–았었–'으로 영어 흉내를 내지 말아야 한다.

'–겟'은 미래를 예측하는 어미다. '바라다'나 '예상하다'는 단어 자체가 미래 의미를 담고 있다. 그런 단어에 '–겠–'을 쓰면 중복이 된다. 感謝(감사)는 현재의 마음을 나타내는 것이므로 현재 시제로 하여야 한다.

연습문제 36. 다음을 더 나은 표현으로 다듬어 보시오.

① 회사가 더욱 번창하기를 바라겠습니다.

→

② 지난번에 도와주셔서 感謝(감사)했습니다.

→ 지난번에 도와주셔서 感謝(감사)합니다. (고마웠습니다)

③ 그러나 당시엔 문 씨를 刑事處罰(형사처벌)하지 못했었다.

→ 그러나 당시엔 문 씨를 刑事處罰(형사처벌)하지 못했다.

④ 앞으로 30~40cm의 눈이 더 내릴 것으로 예상되겠습니다.
→

⑤ 나는 중학생 때 그 책을 읽었었는데, 대학생이 되어 다시 읽었다.
→

(5) 외국어투 被動形(피동형)을 버리자

문장은 본디 能動態(능동태)가 자연스럽다. 한국어 동사에는 被動詞(피동사)가 별로 없다. 한국어는 被動文(피동문)이 거의 없다는 방증이다. 국어의 피동 표현은 일부 동사에만 쓰인다. '덮이다, 안기다, 흔들리다, 먹히다'처럼 '~이/기/리/히~' 가 붙어서 된다. 또 '짧아지다, 길어지다, 넘어지다'처럼 '~아/어지다' 방식으로 쓰이기도 한다. 또한 '죽게 되다'처럼 '~게 되다'를 써서 표현하기도 한다.

근래 한국어에 '~되다'가 범람하고 있다. 예를 들어 "남편되시는 분"은 그냥 "남편"이면 그만이다. "회장되시는 南廣祐(남광우) 박사"는 "회장 南廣祐(남광우) 박사"가 자연스럽다. 또 "여기가 景福宮(경복궁)이 되겠습니다."는 "여기가 景福宮(경복궁)궁입니다."가 옳다.

오늘날 '~되다'가 많이 쓰이는 이유는 세 가지다. 첫째는 동사 대부분을 피동사형으로 표현하는 일본어 번역 어투에 영향받았다. 둘째로는 영어의 피동 구성 'be 동사 + 過去分詞(과거분사)' 구문을 번역한 어투에 영향받았다. 영어는 능동문과 피동문을 자유롭게 구사하고, 무생물을 주어로 쓰는 데 익숙하다. 셋째로는 남에게 자신을 낮추어 표현하려는 공손어법과 관련된 듯하다. 웃어른 앞에서 아랫사람이 "저는 이렇게 생각합니다."라고 말하면 건방지다고 욕먹지 않을까 걱정해 "저는 이렇게 생각됩니다."고 조심스럽게 말하며 웃어른의 눈치를 본다.

피동형 남용 현상은 두 가지 점에서 바람직하지 않다. 첫째로, 피동태 문장이 글쓴이나 독자에게 피동적 태도를 심어주기 쉽다. 둘째로, 피동태 문장은 글의 분위기가 소극적 · 피동적 느낌을 주어 글에 힘이 없다. 특히 논설문은 더 그렇다. 특별히 婉曲(완곡)하게 표현해야 하는 경우를 빼고는 능동형으로 표현하는 것이 좋다.

연습문제 37. 다음을 더 나은 표현으로 다듬어 보시오.

① 지역감정은 반드시 극복되어야 한다.
→

② 事態(사태)가 심각하게 될 것으로 보인다.
→

③ 시리아 難民(난민)에 온 세계의 관심이 모아지고 있다.
→ 시리아 難民(난민)에 온 세계의 관심이 모이고(쏠리고) 있다.

④ 국정원의 大選(대선) 댓글공작이 공개돼 物議(물의)가 빚어진 바 있다.
→

⑤ 아라비안나이트에는 천 하루 동안 밤마다 이야기를 하게 운명지어진 여인이 나온다.
→ 아라비안나이트에는 천 하루 동안 밤마다 이야기할 운명을 타고난 여인이 나온다.

⑥ 글의 의미를 그 글이 씌어진 역사적 상황과 結付(결부)해 이해할 줄 알아야 한다.
→ 글의 의미를 그 글을 쓴 때의 역사 상황과 結付(결부)해 이해할 줄 알아야 한다.

⑦ 인간에 의해 초래된 생태계의 인위적 변화로 생물종의 멸종이 일어나고 있다.
→ 인간이 초래한 생태계의 인위적 변화로 생물종의 멸종이 일어난다.

⑧ 표준어가 서울말을 중심으로 만들어지다 보니 서울과 경기도의 방언 어휘가 많이 들어 있다.
→ 표준어를 서울말을 중심으로 만들다 보니 서울과 경기도의 방언 어휘를 많이 받아들였다.

⑨ 위안부 할머니들이 살아계실 때, 마음의 상처를 치유할 수 있는 해결책이 조속히 마련되어야 합니다.
→

⑩ 정부 당국의 방송정책 분야에서 국내 방송시장의 여건을 고려해 후속 정책은 신중하게 수립되어야 할 것이다.
→

(6) 二重(이중) 被動形(피동형)을 쓰지 말자

요즘은 피동형에서 한발 더 나아가 '피동사+어(아)지다' 형태의 二重(이중) 피동형까지 쓰인다. '보이다 → 보여지다'·'쓰이다 → 쓰여지다'·'짜이다 → 짜여지다'·바뀌다 → '바뀌어지다' 등과 같다. 피동형도 좋지 않은데 2중 피동형은 더욱 안 좋다. 그러므로 '지어진 → 지은', '만들어진 → 만든', '불리우는 → 불리는', '붙여진 → 붙인', '닫히어지는 → 닫히는',으로 써야 옳다.

연습문제 38. 다음을 더 나은 표현으로 다듬어 보시오.

① 대체로 좋은 글은 그렇게 쓰여진다.
→ 대체로 좋은 글은 그렇게 쓴다. (써진다)

② 까마귀는 몸의 색깔이 검은 것으로 특징지어진다.
→

③ 奇誠庸(기성용) 선수는 全天候(전천후) 플레이어로 생각되어진다.
→

④ 모여진 誠金(성금)은 세월호 유족들에게 유용하게 쓰여질 것으로 보여진다.
→ 모인 誠金(성금)은 세월호 유족들에게 유용하게 쓰일 것으로 보인다.

⑤ 판소리는 英祖(영조) 때 광대들에 의하여 불리어진 열두 마당에서 골라 정리되어진 것이다.
→ 판소리는 英祖(영조) 때 광대들이 부른 열두 마당에서 골라 정리한 것이다.

⑥ 한국이 동북아의 주역으로서 우뚝 설 수 있는 외교적 기틀이 마련되어져야 한다.
→

⑦ 검찰은 성 회장이 따로 보관 중인 秘資金(비자금)이 로비에 쓰여졌는지도 확인 중이다.
→ 검찰은 성 회장이 따로 보관해둔 秘資金(비자금)을 로비에 썼는지도 확인하고 있다.

⑧ 당국에 의해 그린벨트가 훼손되는 무분별한 녹지개발 사업이 되풀이되어져서는 안 될 것이다.
→ 당국은 그린벨트를 훼손하는 무분별한 녹지개발 사업을 되풀이해서는 안 될 것이다.

⑨ 후진국가에 있어서 환경오염은 개발독재의 副產物(부산물)에 다름 아닌 것으로 생각되어지므로 자연보호는 아무리 강조해도 지나침이 없는 것으로 보여진다.
→ 후진국가에서 환경오염은 개발독재의 副產物(부산물)로 생각하므로 자연보호는 매우 중요한 것으로 생각한다.

(7) '–에 다름 아니다'를 버리자

'–에 다름 아니다'는 일본어 '–に他ならない(~にほかならない)'를 번역한 말이다. 한국어로는 '–나(와) 같다.', '–나 마찬가지다.', '–에 불과하다.', '–일 뿐이다.', '–에 지나지 않는다.'로 쓰는 것이 올바르다.

연습문제 39. 다음을 더 나은 표현으로 다듬어 보시오.

① 앞으로도 방산비리를 그대로 허용하겠다는 것에 다름 아니다.
→ 앞으로도 방산비리를 그대로 허용하겠다는 것이나 마찬가지다.

② 원가절감은 전 산업에 걸쳐 경쟁력 강화 방안의 핵심에 다름 아니다.
→

③ 구조조정이란 그럴싸한 말에 감춰진 또 다른 의미의 대량해고에 다름 아니다.
→ 구조조정이란 그럴싸한 말에 감춰진 또 다른 의미의 대량해고나 다름없다.
→ 구조조정이란 그럴싸한 말에 감춰진 또 다른 의미의 대량해고다.

④ 위의 글은 金(김) 재판관 자신이 統進黨(통진당)의 宣傳(선전)에 속았다는 고백에 다름 아니다.

→

⑤ 자격 없는 교사를 돈 받고 채용해 학생들의 미래를 맡긴다는 것은 학생 교육을 방치하는 행위에 다름 아니다.

→

⑥ 북한 김정은이 대한민국을 협박하는 말은 북한 지배층의 무지가 그대로 반영된 결과에 다름 아니다.

→ 북한 김정은이 대한민국을 협박하는 말은 북한 지배층의 무지가 그대로 반영된 결과일 뿐이다.

(8) '-중이다(~ing)'를 삼가자

한국어의 '-中(중)'은 본디 '영웅 中(중)의 영웅'처럼 '-가운데'의 뜻으로 쓰인다. 또 '수업 중', '회의 중', '그러던 중'처럼 '-하는 동안'으로 쓰이기도 한다. 또한 '姙娠(임신) 중, 收監(수감) 중'처럼 '어떤 상태에 있는 동안'의 뜻으로 쓰이기도 한다.

영어에 진행형(~ing)이 있다. 근래 영어의 '~ing'를 번역한 '- 중이다'가 많이 쓰인다. 진행형 '- 중이다'는 본디 '中(중)'의 쓰임과 다르다. 한국어는 진행형에 상태나 진행을 뜻하는 '-고 있다'를 쓴다. '가다'를 예로 들면 '-가고 있다(현재진행)' · '가고 있었다(과거진행)' · '-가고 있겠다(미래진행)'로 바뀐다. 그러니 '계획 중이다'보다는 '계획하고 있다'가 한국어다운 표현이다. 따라서 '- 중이다'는 '-하고 있다'로 고쳐 써야 한다.

연습문제 40. 다음을 더 나은 표현으로 다듬어 보시오.

① 서울 가는 차를 기다리는 중이다. (서울 가는 차를 기다리고 있는 중이다.)

→ 서울 가는 차를 기다리고 있다

② 고객에게 실질적 혜택을 주는 방안을 검토 중이다.

→

③ 나는 여름방학 중 대학생 자전거 달리기 행사 참가를 고려중이다.
→

④ 우리 대학의 작문교육 강화를 위해 작문 교재 출판을 생각 중이다.
→ 우리 대학의 작문교육 강화를 위해 작문 교재를 출판할 생각이다.
→ 우리 대학의 작문교육 강화를 위해 작문 교재 출판을 생각하고 있다.

⑤ 그녀는 드라마 여주인공 자리를 꿰차며 乘勝長驅(승승장구) 중이다.
→ 그녀는 드라마 여주인공 자리를 꿰차며 乘勝長驅(승승장구)하고 있다.

⑥ 대한항공 여객기의 비상착륙에 대해 정확한 사고경위를 조사 중이다.
→

(9) '–을 가지다(have ~)'를 쓰지 말자

근래 '~을 가지다'는 '所有型(소유형)' 표현이 많이 쓰인다. 이는 영어 'have'의 번역어투이다. 그러므로 '~을 가지다'는 '–이다'나 '–하다'로 고치는 게 좋다.

연습문제 41. 다음을 더 나은 표현으로 다듬어 보시오.

① 나는 아이 둘을 가지고 있다(have two children).
→ 나는 아이가 둘이다.

② 나는 큰 키를 가지고 있다.
→ 나는 키가 크다.

③ 나는 얕은 과학 지식을 가졌다.
→ 나는 과학 지식이 얕다.

④ 나는 글을 쓰는 일을 직업으로 갖고 있다.
→ 나는 글 쓰는 일이 직업이다.

⑤ 나는 감자에 대한 특별한 애정을 갖고 있다.
→

⑥ 어제 우리 부서는 판매 촉진을 위한 월례 회의를 가졌다. (have a meeting)
→ 어제 우리 부서는 판매 촉진을 위해 월례 회의를 했다.

⑦ 金鍾泌(김종필) 전 국무총리는 대통령 선거 출마 기자회견을 가졌다.
→

⑧ 開天節(개천절)을 맞아 三府(삼부) 要人(요인)이 모여 기념식을 가졌다.
→

⑨ 傳統文化硏究會(전통문화연구회)가 창립 20주년기념 한자교육 관련 수기 논문 施賞式(시상식)을 가졌다.
→

(10) '아무리 ~해도 지나치지 않다(It is not too much to~)'를 버리자

연습문제 42. 다음을 더 나은 표현으로 다듬어 보시오.

① 철저한 안전 點檢(점검)은 아무리 강조해도 지나치지 않다.
→ 철저한 안전 點檢(점검)은 매우 중요하다.

② 면접고사의 중요성은 아무리 강조해도 지나치지 않는다.
→ 면접고사의 중요성은 두말할 나위도 없다.

③ '기본에 충실하라'는 말은 아무리 강조해도 지나치지 않다.
→ '기본에 충실하라'는 말은 절대로 잊으면 안 된다.

④ 현대 야구에서 '機動力(기동력)'의 중요성은 아무리 강조해도 지나치지 않다.
→

⑤ 地政學的(지정학적)으로 볼 때 몽골의 의미는 아무리 강조해도 지나치지 않다.
→ 地政學的(지정학적)으로 볼 때 몽골의 의미는 엄청나게 중요하다.

⑥ 8.25 합의는 남북이 一觸卽發(일촉즉발)의 위기 상황을 협상을 통해 극복했다는 점에서 아무리 칭찬해도 지나치지 않다.
→ 8.25 합의는 남북이 一觸卽發(일촉즉발)의 위기 상황을 협상을 통해 극복했다는 점에서 어떤 말로도 다 칭찬하지 못한다.

⑦ 연봉제를 운영함에 있어 성과평가를 公明正大(공명정대)하게 해야 한다는 원칙은 아무리 강조해도 지나치지 않다.
→

⑧ 적을 살피는 것이 군의 가장 중요한 責務(책무)의 하나라는 것은 아무리 강조해도 지나치지 않다.
→ 적을 살피는 것이 군의 가장 중요한 責務(책무)의 하나라는 것은 더 말할 나위 없이 중요하다.

(11) '-시키다/입다/당하다'는 '-하다'로 고치자

근래 한국어에 使動形(사동형) '-시키다'의 誤用(오용)이 흔하다. '-시키다'를 쓰지 말아야 할 곳에 쓰는 것이다. 예를 들어 '교육시키다'를 보자. '敎育(교육)'이라는 말 자체에 학생을 가르치는 使動(사동)의 의미가 들어 있다. 그런데 '교육시킨다'고 하면 '가르치게 만든다'는 이상한 의미가 되어버린다. 곧 二重(이중) 使動(사동)이 되어버리는 것이다. 한국방송(KBS) 제2TV에서 2005~2006년에 "좋은 사람 소개시켜줘"라는 드라마를 방영했다. 하지만 이 제목은 "좋은 사람 소개해줘"가 옳다.

다음 단어들에서 '-시키다'는 모두 '-하다'가 바른 표현이다. '감금시키다', '강화시키다', '거짓말시키다', '개혁시키다', '교육시키다', '구속시키다', '구체화시키다', '금지시키다', '명중시키다', '선동시키다', '소개시키다', '실현시키다', '연결시키다', '완성시키다', '유출시키다', '자극시키다', '주차시키다', '처형시키다', '타파시키다', '酷使(혹사)시키다', '황폐화시키다' 등이다. 따라서 '-시키다'는 함부로 써서는 안 된다. 그 말 안에 使動(사동)의 의미가 없는 말에만 써야 한다.

'-시키다'와 비슷하게 잘못 쓰는 낱말로 '입다'와 '당하다'도 있다. '負傷(부상)' · '被害(피해)'는 '입을 부, 입을 피'로서 그 자체가 被動(피동)의 뜻을 나타낸다. 여기에 다시 '입다, 당하다'를 붙여 쓰면 二重(이중) 被動(피동)이 된다. 그러니 '부상'에는 '-하다'를 붙이거나 아예 '다치다, 상처가 나다'로 바꾸는 게 낫다[108]. '피해'는 '피해를 보다, 피해가 나다'로, '손해'는 '손해를 보다, 손해가 나다'로 쓰는 게 자연스럽다.

연습문제 43. 다음을 더 나은 표현으로 다듬어 보시오.

① 네가 친구인 나에게 거짓말시키면 안 되지.
→

② 오늘 나오신 분들을 소개시켜 드리겠습니다.
→

③ 검찰은 방산비리에 연루된 연구원을 구속시켰다.
→

④ 틀에 박힌 언어선택은 틀에 박힌 생각을 강화시킬 뿐이다.
→

⑤ 우리 대학은 인성교육에 중점을 두어 교육시키고 있습니다.
→ 우리 대학은 인성교육에 중점을 두어 교육하고 있습니다.
→ 우리 대학은 인성교육에 중점을 두어 가르치고 있습니다.

⑥ 박 사장은 천만 불의 외화를 불법으로 해외로 유출시킨 장본인이다.
→ 박 사장은 천만 불의 외화를 불법으로 해외로 유출한 장본인이다.
→ 박 사장은 천만 불의 외화를 불법으로 해외로 빼돌린 장본인이다.

⑦ 교통사고로 네 명이 사망하고 스물다섯 명이 부상당했다
→ 교통사고로 네 사람이 숨지고 스물다섯 명이 다쳤다.

---

108) 물론, '負(부)'나 '被(피)' 같은 서술요소가 없는 "'重傷(중상)'을 입다"는 괜찮다.

(12) '-的(적)'을 삼가자

'的(적)'은 본디 '과녁' 또는 '목표에 꼭 맞다'는 뜻이다[109]. 그런데 영어의 '-tic'이 들어왔을 때 일본이 발음이 비슷한 한자 '的(적)'으로 번역했다. 그래서 근래는 '-같은', '-다운', '-스러운', '-처럼', '-과 관련된', '-과 비슷한(비슷한 성격을 지닌)', '-에 거의 가깝게', '-의 특성을 띤', '-(으)로' 따위의 뜻으로 쓰고 있다. '-적'을 없애거나 문장을 바꾸어 쓰면 자연스러운 우리말로 고칠 수 있다. 어쩔 수 없는 경우가 아니라면 '-적'이 붙는 말은 되도록 쓰지 말자.

연습문제 44. 다음을 더 나은 표현으로 다듬어 보시오.

① 이 일은 持續的(지속적)으로 추진해 나가야 한다.
→

② 우리 지역사회의 전체적인 경제력이 약화되고 있다.
→ 우리 지역사회 전체의 경제력이 약화되고 있다.

③ 근래 개인의 경제적 능력만을 중요시하는 풍조가 있다.
→

④ 각 지자체의 행정 역량에 대한 週期的(주기적)인 진단을 해야 한다.
→ 각 지자체의 행정 역량을 週期(주기)로 진단해야 한다.

⑤ 서울월드컵에서 우리나라가 4강에 든 일은 감동적이었다.
→

⑥ 소설은 架空的(가공적)인 이야기지만 蓋然性(개연성)이 있다.
→ 소설은 꾸며낸 이야기지만 그럴 듯하다.

⑦ 가급적 아랫사람들의 자율에 맡겨주는 것이 효율적이다.
→ 될 수 있는 대로 아랫사람들의 자율에 맡기는 게 효율이 높다.

---

109) 예를 들면 '標的(표적)'·'目的(목적)'·'的中(적중)' 등이다.

⑧ 可視的(가시적)인 성과는 없지만 보이지 않는 이득을 얻었다.
→ 눈에 띄는 성과는 없지만 보이지 않는 이득을 얻었다.

(13) '-化(화)하다(← become)'를 삼가자

연습문제 45. 다음을 더 나은 표현으로 다듬어 보시오.

① 남북 간 언어의 異質化(이질화)가 가속화되고 있다.
→ 남북 언어 차이가 점점 더 커지고 있다.
→ 남북 언어의 異質化(이질화)가 날로 커지고 있다.

② 국회의원 총선거 참패가 야당을 無力化(무력화)시켰다.
→ 국회의원 총선거 참패가 야당을 힘없게 만들었다.
→ 국회의원 총선거에서 참패해 야당이 매우 약해졌다.

③ 이제는 후진국이었을 때와 차별화된 정책을 펴야 할 때이다.
→

④ 다양한 사회일수록 행정의 細分化(세분화)가 이루어져야 한다.
→

⑤ 한국 경제를 개방화 시대에 승자로 만들기 위해서는 가시적인 입법 조처를 취해야 한다.
→ 개방 시대에 한국 경제를 승자로 만들려면 눈에 띄는 입법 조치를 해야 한다.

(14) '-에 대해서(about the ~)'를 삼가자

연습문제 46. 다음을 더 나은 표현으로 다듬어 보시오.

① 지금부터 농어촌 문제에 대해서 토론하겠습니다.
→ 지금부터 농어촌 문제를 토론하겠습니다.

② 경찰이 국회의원 모 씨에 대한 가택수색을 했다.
→ 경찰이 국회의원 모 씨의 집을 수색했다.

③ 대입 수능고사 수험생들에 대한 예비 소집이 실시됐다.
→ 대입 수능고사 수험생들을 예비 소집했다.

④ 한미약품은 이번 회의에서 미국 현지 제약사들과 당뇨병 치료제의 공동 개발에 대해서도 협의할 예정이다.
→

⑤ 정부는 온라인 쇼핑몰을 비롯한 전자상거래 사이트, 인터넷 블로그·카페 게시글 및 개인 홈페이지에 대해 대대적인 모니터링을 실시할 계획이다.
→ 정부는 온라인 쇼핑몰을 비롯해 전자상거래 사이트, 인터넷 블로그·카페 게시글 및 개인 홈페이지를 대대적인 모니터링할 계획이다.

(15) '-에 값하다(~に 値する)[~に あたいする]'를 버리자

연습문제 47. 다음을 더 나은 표현으로 다듬어 보시오.

① 白石(백석) 시인의 시집 『사슴』은 한국시에 대한 재발견에 값한다.
→ 白石(백석) 시인의 시집 『사슴』은 한국시에 대한 재발견이라 할 만하다.

② 金基德(김기덕) 감독의 영화는 새로운 영상미학을 창조했다는 점에서 주목에 값한다.
→ 金基德(김기덕) 감독의 영화는 새로운 영상미학을 창조했다는 점에서 주목할 만하다.

③ 釜山(부산)에 金廷漢(김정한) 같은 작가가 있었다는 사실은 또 하나의 발견에 값한다.
→ 釜山(부산)에 金廷漢(김정한) 같은 작가가 있었다는 사실은 또 하나의 발견이라 할 만하다.

④ 미국 영화계의 두 스타 배우의 대조적 연기 해석과 성격화를 지켜보는 맛으로도 영화는 '强推(강추)'에 값한다.
→

⑤ 분단과 전쟁의 사나운 역사를 살아오며 기댈 곳 없는 떠도는 영혼으로 살아온 시인의 증언은 傾聽(경청)에 값한다.

→ 분단과 전쟁의 사나운 역사를 살아오며 기댈 곳 없는 떠도는 영혼으로 살아온 시인의 증언은 傾聽(경청)할 가치가 있다.

⑥ 경제민주화가 진정 실체적 의미를 갖고 있다면 헌법 119조 2항은 그야말로 경제민주화 조항의 이름에 값한다.

→

⑦ 내면의 독백이 반복되는 소설을 따라 읽는 것 자체가 독자들에게는 '고생스러운' 일일 것이다. 그렇지만 소설은 그런 고생에 값한다.

→ 내면의 독백이 반복되는 소설을 따라 읽는 것 자체가 독자들에게는 '고생스러운' 일일 것이다. 그렇지만 소설은 그런 고생을 補償(보상)해준다.

(16) '-을 필요로 하다'를 쓰지 말자

'-을 필요로 하다'나 '-이 요구된다'는 영어 'be in need of . . .'를 번역한 투의 피동 표현이다. '-해야 한다'가 한국어로서 자연스럽다.

연습문제 48. 다음을 더 나은 표현으로 다듬어 보시오.

① 나는 너를 필요로 한다(I need you).

→ 나는 네가 있어야 한다.

② 국회의원 공천제도의 대변혁을 필요로 한다.

→

③ 개헌을 해야 하느냐 마느냐 문제는 많은 고민이 필요하다.

→ 개헌을 해야 하느냐 마느냐 문제는 고민을 많이 해야 한다.

④ 대학 학과 지망은 적성과 전망을 고려하여 신중한 선택이 요구된다.

→

⑤ 교회의 고령화도 빠르게 이뤄지는 상황 속에서 이에 발맞춘 새로운 司牧(사목)이 요구되고 있다.

→

⑥ 도서관 · 박물관 · 미술관 · 영화관 · PC방 등은 어린이와 청소년의 이용이 많기 때문에 더욱 엄격한 공기질 관리를 요한다.

→

⑦ 韓美藥品(한미약품)의 목표는 더 많은 難治病(난치병) 환자들이 필요로 하는 약을 適時(적시)에 제공받아 건강을 증진시킬 수 있게 하는 것이다.

→ 韓美藥品(한미약품)의 목표는 더 많은 難治病(난치병) 환자들에게 필요한 약을 제때 제공해 건강을 증진시키는 것이다.

(17) '-을 考慮(고려)에 넣다(take account of~, take account into~)'를 버리자

연습문제 49. 다음을 더 나은 표현으로 다듬어 보시오.

① 동유럽을 여행 가시려면 하이델베르크도 고려에 넣어보세요.

→ 동유럽을 여행하시려면 하이델베르크도 고려해 보세요.

② 인구 감소를 고려에 넣는다면 대학의 구조조정은 불가피하다.

→

③ 亞阿使節團長(아아사절단장)에 李漢東(이한동) 전 총리를 고려에 넣어 交涉(교섭)을 진행중이라고 전했다.

→ 亞阿使節團長(아아사절단장)에 李漢東(이한동) 전 총리를 念頭(염두)에 두고 交涉(교섭)을 진행하고 있다고 전했다.

④ 換率引上(환율인상)은 수출증대를 위해 어쩔 수 없는 施策(시책)이었으며 물가상승까지 미리 고려에 넣어 취해졌던 것이다.

→ 換率引上(환율인상)은 수출증대를 위해 어쩔 수 없는 施策(시책)이었으며 물가상승까지 미리 고려해 결정한 것이다.

(18) '한 잔의 커피(a cup of coffee)'는 '커피 한 잔'으로

단위는 뒤로 보내는 것이 자연스럽다. '한 되의 쌀'보다는 '쌀 한 되'가, '몇 권의 책'보다는 '책 몇 권'이 자연스럽다.

연습문제 50. 다음을 더 나은 표현으로 다듬어 보시오.

① 한 잔의 커피를 마시며, 내 잘못을 반성했다.
→

② 부대 앞에서 두 명의 군인이 步哨(보초)를 서고 있다.
→

③ 영화에서 열다섯 마리 달마시안이 강도들에게 납치되었다.
→

④ 집에 식량이 떨어져서 한 말의 쌀을 친구에게 꾸어 왔다.
→

⑤ 우리 시골집을 가려면 다섯 개의 고개를 넘어야 한다.
→

(19) '-는 -의 친구(He . . . . . . his . . . .)'를 쓰지 말자

'-는 -의 친구(He . . . . . . his . . . . . .)'는 영어식 번역투이다. 곧 再歸代名詞(재귀대명사)의 誤用(오용)이다.

연습문제 51. 다음을 더 나은 표현으로 다듬어 보시오.

① 그는 그의 친구를 소개했다
→ 그는 자기 친구를 소개했다.

② 어머니는 어머니의 인생에 대해 말씀하셨다.
→ 어머니는 당신의 인생에 대해 말씀하셨다.

③ 그 아저씨는 아저씨의 집안에 대해 이야기해 주었다.
→ 그 아저씨는 자신의 집안에 대해 이야기해 주었다.

5. 語文規定(어문규정)에 맞게

1) 띄어쓰기

띄어쓰기는 의미 전달을 효과적으로 하기 위해 한다. 본디 조선어는 띄어쓰기가 없었다. 한문이나 한글이나 모두 붙여 썼다. 그러다 개화기 때 서양 선교사들이 한글성경을 만들면서,[110] 또 미국인 필립 제이슨[韓國名(한국명) 徐載弼(서재필)]이 『독립신문』을 만들면서 로마자의 띄어쓰기를 한국어에 들여왔다.[111] 그 뒤 朝鮮語學會(조선어학회)가 1933년에 '한글맞춤법'을 처음 만들면서 띄어쓰기도 우리말 文法(문법)에 導入(도입)했다. 그런 과정을 거치지 않은 日本(일본)과 中國(중국)은 지금도 글을 쓸 때 띄어쓰기를 하지 않는다.

낱말을 띄어 쓰는 韓國(한국)과 붙여 쓰는 日本(일본)·中國(중국)의 글은 서로 長短點(장단점)이 있다. 띄어쓰기의 長點(장점)은 意味(의미)를 얼른 파악하기 좋다는 점이다. 短點(단점)은 문장이 길어지고 띄어쓰기 규정이 복잡하여 정확하게 띄어쓰기 하기가 어렵다는 점이다. 한편 붙여 쓰기의 長點(장점)은 문장이 짧고 쓰기가 편하다는 점이다. 반면에 短點(단점)은 독자 스스로 문장을 끊어서 읽기가 어렵고 또 문장의 意味(의미)를 파악하기가 어렵다는 점이다.

띄어쓰기에서 각각의 낱말은 띄어 쓴다. 하지만 두 개 이상의 낱말이 결합하여 하나의 낱말로 굳어지면 合成語(합성어)로 인정해 붙여 쓴다. 예를 들어 '머리말'은

---

110) 1877년 영국 목사 존 로스(John Ross)가 『조선어 첫걸음(Corean Primer)』을 펴내면서 처음으로 띄어쓰기를 시작했다.

111) 1896년 미국인 필립 제이슨[韓國名(한국명) 徐載弼(서재필)]과 미국인 선교사 헐버트 등이 만든 『독립신문』이 신문으로는 처음으로 띄어쓰기를 시작했다.

본디 '머리'와 '말'이 각기 다른 낱말이었지만 '머리말'로 굳어진 것으로 보아서 붙여 쓴다. 하지만 '머리굴리기' 는 합성어로 인정하지 않아서 '머리 굴리기'로 띄어 쓴다. 한편 '머릿돌' 같은 경우는 '머리'와 '돌'이 합쳐 합성어가 되면서 사이시옷(ㅅ)이 가운데 들어가서 형태가 조금 달라졌다. 이런 합성어는 많아서 모두 외우기 어려우므로, 그때그때 국어사전을 찾아서 확인하는 수밖에 없다. 국어사전에 오른 낱말은 한 낱말로 굳어진 것으로서 붙여 쓰는 단어들이다.

띄어쓰기에서 중요한 규칙들을 아래 간추려 싣는다. (1)부터 (10)까지는 띄어쓰기의 일반 규칙 중 중요한 것을 간추렸다. (11)부터 (32)까지는 개별 낱말들의 띄어쓰기 중 중요한 것을 가나다순으로 정리했다.

〈띄어쓰기 일반 규칙〉

(1) 助詞(조사)는 앞말에 붙여 쓴다.

꽃이/ 꽃은/ 꽃을/ 꽃도/ 꽃에게/ 꽃으로/ 꽃마저/ 꽃밖에/ 꽃에서/ 꽃부터/ 꽃까지/ 꽃처럼 / 꽃같이/ 꽃으로만/ 꽃이나마/ 꽃이라고/ 꽃이다. / 꽃이다마는/ 꽃입니다. / 어디까지나/ 거기서/ 멀리는/ 웃고만 /밥커녕 죽도 못 먹는다.

(2) 依存名詞(의존명사)는 띄어 쓴다.

아는 **것**이 힘이다. / 나도 할 **수** 있다. 먹을 **만큼** 먹어라. / 아는 **이**를 만났다. / 네가 뜻한 **바**를 알겠다. / 그가 떠난 **지** 오래다. / 높은 곳에 오른다.

(3) 單位名詞(단위명사)

① 단위를 나타내는 명사는 띄어 쓴다.

한 개/ 차 한 대/ 금 서 돈/ 소 두 마리/ 옷 세 벌/ 열 살 /조기 한 손/ 연필 넉 자루/ 버선 한 죽 / 집 한 채/ 신 두 켤레/ 북어 한 쾌/ 자동차 석 대.

② 다만 순서를 나타내는 경우나 숫자와 어울려 쓰일 때는 붙여 쓸 수 있다.

두시 삼십분 오초/ 제일과/ 삼학년/ 십칠층

1443년 10월 9일/ 2대대/ 16동 503호/ 제1실습실/ 40원/ 12개/ 5미터.

(4) 數(수)를 적을 때는 '萬(만)' 단위로 띄어 쓴다.

십이억 삼천사백오십육만 칠천팔백구십팔. 12억 3456만 7898.

(5) 두 말을 이어 주거나 열거할 때 쓰이는 다음 말들은 띄어 쓴다.

국장 兼(겸) 과장. 열 乃至(내지) 스물. 청군 對(대) 백군. 책상 · 걸상 等(등). 이사장 및 이사들. 사과 · 배 · 귤 等等(등등). 사과 · 배 等屬(등속). 부산 · 광주 等地(등지).

(6) 單音節(단음절)로 된 단어가 연이어 나타날 때는 붙여 쓸 수 있다.

그때 그곳. 좀더 큰 것. 이말 저말. 한잎 두잎. 이곳 저곳. 내것 네것. 이집 저집. 한잔 술. 좀더 큰 이 새집.

(7) 補助用言(보조용언)

① 보조용언은 띄어 씀이 원칙이나 붙여 쓰는 것도 허용한다.

불이 꺼져 간다. / 불이 꺼져간다. // 그 일은 할 만하다. / 그 일은 할만하다.

일이 될 법하다. / 일이 될법하다. // 잘 아는 척한다. / 잘 아는척한다.

내 힘으로 막아 낸다. / 내 힘으로 막아낸다.

어머니를 도와 드린다. / 어머니를 도와드린다.

그릇을 깨뜨려 버렸다. / 그릇을 깨뜨려버렸다.

비가 올 듯하다. / 비가 올듯하다. // 비가 올 성싶다. / 비가 올성싶다.

② 다만 앞말에 조사가 붙거나 앞말이 합성동사인 경우, 중간에 조사가 들어갈 때엔 그 뒤에 오는 보조용언은 띄어 쓴다.

깊어만 가는 밤, 책을 읽어도 보았지만 잠이 오지를 않는구나. 잘도 놀아만 나는구나!. 책을 읽어도 보고……. 네가 덤벼들어 보아라. 강물에 떠내려가 버렸다. 그가 올 듯도 하다. 잘난 체를 한다.

(8) 呼稱(호칭)

① 姓(성)과 이름, 姓(성)과 號(호) 등은 붙여 쓰고, 이에 덧붙는 互稱語(호칭어) · 官職名(관직명) 등은 띄어 쓴다.

崔致遠(최치원) 선생, 姜邯贊(강감찬) 장군, 李栗谷(이율곡) 선생, 鄭(정) 公(공), 張

勉(장면) 박사, 陸英修(육영수) 여사, 韓龍雲(한용운) 시인, 禹寅燮(우인섭) 옹, 李啓晃(이계황) 회장, 趙東一(조동일) 교수, 김수용 사장, 김현진 님, 이선희 씨, 權(권) 군, 徐(서) 양.

② 다만 성과 이름, 성과 호를 분명히 구분할 필요가 있을 경우에는 띄어 쓸 수 있다.

朴赫居世(박혁거세)/박 혁거세, 乙支文德(을지문덕)/을지 문덕, 淵蓋蘇文(연개소문)/연 개소문, 諸葛孔明(제갈공명)/제갈 공명, 鮮于龍女(선우용녀)/선우 용녀, 선우현/선 우현, 皇甫惠貞(황보혜정)/황보 혜정, 황보관/황보 관, 獨孤英宰(독고영재)/독고 영재, 南宮檍(남궁억)/남궁 억, 王建(왕건)/왕 건, 李滉(이황)/이 황, 李珥(이이)/이 이, 金九(김구)/김 구, 崔麟(최린)/최 린.

③ 우리말 성 뒤에 '哥(가)'나 '氏(씨)'를 쓸 때는 붙여 쓴다.

김가, 이가, 박씨, 홍씨.

④ 姓名(성명) 이외의 고유명사는 단어별로 띄어 씀을 원칙으로 하나 단위별로 띄어 쓸 수 있다.

(원칙) 대한 중학교/ (허용) 대한중학교. 한국 대학교 사범 대학/ 한국대학교 사범대학.

(9) 專門用語(전문용어)

① 전문용어는 단어별로 띄어 씀을 원칙으로 하나 붙여 쓸 수 있다.

(원칙) 만성 골수성 백혈병/ (허용) 만성골수성백혈병, 중거리 탄도 유도탄/ 중거리탄도유도탄, 모음 조화 / 모음조화, 이산화 탄소 / 이산화탄소, 탄소 동화 작용 / 탄소동화작용.

② 동식물의 분류학상 단위나 우리말로 된 품종 명, 한 음절의 말과 어울려 굳은 말은 반드시 붙여 쓴다.

사과나무, 푸른누룩곰팡이, 이른봄애호랑나비, 가는뿔꼬마새우, 원생동물강장동물, 서울무, 조선호박, 진주교배, 긴알락콩. 열역학, 원운동, 핵무기. 김치찌개, 제육볶음, 옥수수기름, 고춧가루. 석회질소, 염화나트륨.

③ 역사적인 책 이름·사건 명 등은 붙여 쓸 수 있으나, 뚜렷이 별개의 단어로 인식되는 것은 띄어 쓴다.

經國大典(경국대전), 壬辰倭亂(임진왜란), 甲午更張(갑오경장), 朝鮮王朝實錄(조선왕

조실록), 신약성경. / 義菴(의암) 先生(선생) 行狀記(행장기).

④ 한문 고사 성어나 숙어는 붙여 쓸 수 있다.

仁義禮智(인의예지), 三顧草廬(삼고초려), 敬天愛人(경천애인), 錦繡江山(금수강산), 同價紅裳(동가홍상), 盡人事待天命(진인사대천명).

(10) 接頭辭(접두사)와 接尾辭(접미사)

① 접두사는 뒷말에 붙여 쓴다. 그러나 붙여 써서 이해하기 어렵거나 관형사로 인정되는 것은 띄어 쓴다.

來週日(내주일) ↔ 내 15일, 大滿員(대만원) ↔ 대 체육대회, 每時間(매시간) ↔ 매 회계연도, 맨몸('공'의 뜻) ↔ 맨 처음('가장'의 뜻), 별걱정 ↔ 별 황당한 소리, 새봄 ↔ 새 학기, 純文學(순문학) ↔ 순 우리말, 新學問(신학문) ↔ 신 교육과정, 總攻擊(총공격) ↔ 총 작업 시간.

제1 장 / 제1장, 제3 과 / 제3과, 제2 차 세계 대전 / 제2차 세계 대전, 제7 대 학생 회장 / 제7대 학생 회장.

② 정확한 횟수를 나타내는 '한 번'은 띄어 쓰고, 막연한 뜻으로 쓰인 '한번'은 붙여 쓴다.

난 비행기를 한 번밖에 안 타 봤다. 되든 안 되든 한번 해 보자.

③ 접미사는 앞말에 붙여 쓴다. 이때도 붙여 써서 이해하기 어렵거나 의존명사로 인정되는 것은 띄어 써야 한다.

可否間(가부간) ↔ 국가 간(국가 사이). 어떻든지 간에. 世紀末(세기말) ↔ 19세기 말. 얼마짜리, 100원어치. 동녘, 서녘, 남녘, 북녘, 들녘, 새벽녘, 아침녘, 황혼녘.
※ 다만, 관형사형 어미 뒤에서만 띄어 씀. 해뜰 녘, 동틀 녘.

④ 명사나 부사 등에 접미사 '하다'가 붙어 한 단어가 된 말은 붙여 쓴다. 거의 모든 명사와 몇몇 부사가 이렇게 用言(용언)으로 轉成(전성)된다.

공부하다, 운동하다, 건설하다, 투표하다, 운전하다, 선물하다, 심각하다, 감사하다, 노래하다, 놀이하다, 출렁출렁하다, 착하다, 반듯하다, 깨끗하다.

⑤ 형용사의 어미 '~아/어(와/워)' 뒤에 보조동사 '하다'가 붙어 동사로 전성될 때, '하다'를 윗말에 붙여 쓴다.

기뻐하다, 슬퍼하다, 좋아하다, 나빠하다, 아파하다, 귀여워하다, 예뻐하다, 미워하다, 고마워하다, 무서워하다, 아니꼬워하다, 지겨워하다.

⑥ '하다'가 붙을 수 있는 명사 중 일부는 접미사 '되다' · '시키다'를 붙일 수 있다. 이때도 물론 붙여 써야 한다.

결정되다, 승인되다, 방출되다, 감동시키다, 졸도시키다, 훈련시키다.

⑦ 명사 아래 붙어 被動(피동)의 뜻을 나타내는 '당하다' · '받다'도 접미사이므로 붙여 써야 한다.

망신당하다, 봉변당하다, 추방당하다, 사랑받다, 오해받다, 축하받다.

⑧ 그러나 ⑤~⑦의 경우라도 앞에 꾸미는 말이 오면 띄어 써야 한다. 이때는 하나의 단어가 아니라 조사가 생략된 목적어와 서술어가 된다.

공부를 하다, 운동을 하다, 투표를 하다, 운전을 하다, 선물을 하다, 노래를 하다. 재미있는 이야기 해 주세요. 훌륭한 선생님 되었다. 힘든 운동 시키지 마라. 정말 큰 봉변 당할 뻔했다. 쓸데없는 오해 받았다.

〈띄어쓰기 개별 규칙〉

(11) 間(간)

① '사이 · 동안'의 뜻으로 쓰는 '간'은 依存名詞(의존명사)로서 띄어 쓴다.

가족 간, 국가 간, 이웃 간, 서울 부산 간, 부모와 자식 간, 3개국 간, 두 문장 간에. 사흘 간, 며칠 간, 십여 년 간, 10년 간, 한 달 간, 2년 6개월 간의 군대 생활.

② 앞에 나열된 말 가운데 어느 쪽인지를 가리지 않는다는 뜻의 말일 때도 의존명사로 띄어 쓴다.

공부를 하든지 운동을 하든지 간에 열심히만 해라.

③ (기간을 나타내는 일부 명사 뒤에 붙어) '동안'의 뜻을 나타낼 때는 접미사로 붙여 쓴다.

이틀간, 한 달간, 30일간, 4년간.

④ 이미 한 말로 굳어진 合成語(합성어)의 경우에는 붙여 쓴다.

부부간(← 부부지간), 사제간(← 사제지간), 동기간, 혈육간, 남녀간, 고부간, 부녀간, 상호간, 천지간, 피차간, 좌우간, 다소간, 조만간.

(12) 같은 · 같이

① '같은'은 副詞(부사)로서 앞 단어와 띄어 쓴다.

이 같은 일이 벌어질 줄이야. 너 같은 사람은 처음 보았다.

② '같이'는 助詞(조사)로서 앞의 단어에 붙여 쓴다.

아버지가 이같이 화를 내시다니! 너같이 나도 할래.

③ '똑같다'는 단어에서 나온 '똑같은'과 '똑같이'는 붙여 쓴다.

매일 똑같은 생활을 반복하고 있다. 우리는 똑같이 졸업반이다.

(13) -ㄹ 거야 · -ㄹ 테야 · ~ㄹ 텐데

① '거'는 의존명사 '것'의 준말이므로 띄어 쓴다.

이 옷은 네 몸에 잘 맞을 거야(것이야). 저 사람은 부잘 거야(것이야). 나는 내일 갈 거다(것이다). 할 거냐 말 거냐?(것이냐).

② '테'는 의존명사 '터'에 '이'를 결합한 말이므로 띄어 쓴다.

나도 갈 테야(터이야). 반드시 뜻을 이루고 말 테야(터이야). 선생님이 아시면 크게 화내실 텐데.(← 화내실 터인데) 시험에 붙었으면 좋았을 텐데.

(14) 걸

① '것을'의 준말인 '걸'은 의존명사로서 띄어 쓴다.

아직 멀쩡한 걸 왜 버리느냐? 네가 奬學生(장학생)인 걸 몰랐어.('것을'의 준말)

② 추측이나 미련을 나타내는 '~걸'은 종결어미로서 앞서는 말(어간, 서술격 조사 '-이-')과 붙여 쓴다.

차는 이미 떠난걸. 이젠 다 끝난걸. 그 앤 아직 어린걸. 이것은 그의 책인걸. 그 여자는 미인일걸. 이 나무가 더 클걸. 그 친구는 내일 미국으로 떠날걸.(추측), 내가 먼저 사랑한다고 말할걸.(미련)

(15) 게

① '것이'의 준말인 '게'는 의존명사로서 띄어 쓴다.

저기 보이는 게 우리 집이다.('것이'의 준말) 좋은 게 좋은 거다.

② 약속을 나타내는 '~ㄹ게'는 종결어미로서 앞서는 말과 붙여 쓴다.

내일 갈게. 다시 연락할게.(약속) 너만을 영원히 사랑할게.

(16) ㄴ즉슨

첫 글자가 ㄴ, ㄹ, ㅁ, ㅂ 등과 같은 자음 단독인 단어가 많다. 이런 단어들은 뒷말과 붙여 쓴다.

예 내가 가본즉슨 별 거 없더라(ㄴ즉슨). 고향으로나 갈거나(ㄹ거나). 명절만 될라치면(ㄹ라치면). 암만 생각해도 모를러라(ㄹ러라). 큰 행운일세그려(ㄹ세그려). 아무리 잘 차려도 드실세말이지(ㄹ세말이지). 갈수록 태산이다(ㄹ수록). 네 꼴을 볼작시면 가소롭다(ㄹ작시면). 그리함세(ㅁ세). 거기다 밥과 옷까지 준다 함에랴(ㅁ에랴).

(17) 데

① '장소 · 경우 · 일 · 것'의 의미를 나타낼 때는 의존명사로 띄어 쓴다.

그가 사는 데는 여기서 한참 멀다. 그 책을 다 읽는 데 닷새가 걸렸다. 그 학생은 오직 졸업장을 따는 데 목적이 있다. 이 그릇은 손님 대접하는 데나 쓴다.

② 뒷말을 연결해 주는 연결형 어미일 때는 붙여 쓴다.

여기가 우리 고향인데 살기 좋은 곳이지. 날씨가 추운데 어딜 가니? 그 사람이 성실하기는 한데 요령은 부족해. 저분이 그럴 분이 아니신데 큰 실수를 하셨다.

③ 종결형 어미일 때도 붙여 쓴다.

오늘 날씨가 정말 화창한데. 어머님이 정말 미인이신데.

(18) 만

① '동안'의 뜻으로는 *依存名詞*(의존명사)이므로 띄어 쓴다.

이거 얼마 만인가?, 그때 이후 삼 년 만이다. 집 떠난 지 5년 만에 돌아왔다. 하루 만에 책 한 권을 다 읽었다.

② 앞말이 뜻하는 동작이나 행동에 타당한 이유가 있음을 나타내는 말일 때도 의존명사로 띄어 쓴다.

그가 화를 낼 만도 하다. 받아들일 만한 제안이다. 그냥 모르는 척 살 만도 한데 말이야. 그가 그러는 것도 이해할 만은 하다.

③ '한정'의 뜻으로는 조사이므로 앞말에 붙여 쓴다.

어머니는 큰아들만 사랑한다. 그 선비는 공부만 했다. 하루 종일 잠만 잤더니 머리가 띵했다. 그를 만나야만 문제가 풀린다. 공 열 개 중 세 개만 쳐도 3할 타자이다.

④ '비교'의 뜻으로도 조사이므로 붙여 쓴다.

짐승만도 못하다. 크기가 황소만 하다. 형만 한 아우 없다. 1년 내내 한가위만 같아라.

⑤ '오래간만에'와 준말인 '오랜만에'는 합성어로서 붙여 쓴다.

오래간만에 단비가 내렸다. 어제는 오랜만에 친구들을 만나 한잔했다.

(19) 만큼 · 대로

① 체언 뒤에서는 조사로 쓰이므로 붙여 쓴다.

부모님 은혜는 하늘만큼 높다. 명주는 무명만큼 질기지 못하다. 국어만큼은 남에게 뒤지지 않는다. 부모님에게만큼은 잘해 드리고 싶었는데! 예상대로 되었다. 모든 것은 법대로 해라. 너는 너대로 나는 나대로 서로 상관 말고 살자.

② 관형사형 어미(-ㄴ, -ㄹ)의 뒤에서는 체언이므로 띄어 쓴다.

아는 만큼 보인다. 애쓴 만큼 얻는다. 사용한 만큼 돈을 내라. 방 안은 숨소리가 들릴 만큼 조용했다. 어른이 심하게 다그친 만큼 그의 행동도 달라져 있었다. 나는 단지 본 대로 말했을 뿐이다. 바른 대로 대라. 될 수 있는 대로 빨리 와라. 예상했던 대로 시험 문제가 까다로웠다. 그 둘의 애정은 식을 대로 식었다.

※ '助詞(조사)는 붙여 쓰고 依存名詞(의존명사)는 띄어 쓴다'는 원칙을 기억하자.

(20) 망정

① 괜찮거나 잘된 일이라는 뜻을 나타내는 말일 때는 의존명사로 띄어 쓴다.

불이 그 정도로 꺼져서 망정이지 더 커졌으면 큰일 났을 거다. 엄마가 바로 옆에 있었으니까 망정이지 하마터면 아기가 크게 다칠 뻔했다.

② (주로 'ㄹ' 받침인 용언의 어간에 붙어) 앞 절의 사실을 인정하고 뒤 절에 그와 대립되는 다른 사실을 이어 말할 때는 연결어미로 붙여 쓴다.

시골에서 살망정 세상 물정을 모르지는 않는다. 우리 대학은 작은 학교일망정 교육은 알차다. 시험에 떨어질망정 남의 것을 베끼지는 않겠다.

(21) 못되다

① 일반적인 경우에는 '못'이 부사로서 뒷말과 띄어 쓴다.

거리가 1㎞도 채 못 된다. 한 시간 일거리도 못 된다. 떠난 지 채 1년이 못 되었다. 그는 국회의원이 못 된 것을 비관한다.

② '성질 · 품행이 좋지 않거나 일이 뜻대로 되지 않음'을 나타내는 '못되다'는 한 단어로서 붙여 쓴다.

못된 심보다. 못된 짓만 골라 한다.(성질 · 품행) 못된 게 남의 탓이냐. 잘된 일인지, 못된 일인지 누가 알겠는가.(일이 뜻대로 되지 않음) 못된 친구 / 행동이 못되다 / 심보가 못되다[형용사].

(22) 못하다

① 붙여 쓰는 경우

ㄱ) '남과 비교해서 능력이 부족하다'는 뜻을 나타낼 때는 붙여 쓴다. (↔ 잘하다)

형이 동생만 못하다. 저것은 이것보다 못하다. 노래를 남보다 못한다. 공부를 (남보다) 못한다. 한자를 몰라 고전을 읽지 못한다. 술은 마시지만 담배는 못한다. 몸이 예전만 못하다. 노래를 못한다(음치).

ㄴ) 용언의 어미 '~지' 또는 '~다' 다음에 쓸 때

먹지 못하다. 아름답지 못하다. 말을 잇지 못하다. 편안하지 못하다. 동창회에 가지 못했다. 손이 저리다 못해 아프다. 나는 참다못해 소리를 질렀다. 올 수 없으면 하다못해 전화라도 한 통 해야지. 잡은 고기가 못해도 열 마리는 되겠지.

② '상황이나 여건상 하고 싶어도 할 수 없다'는 뜻일 때는 '못'이 副詞(부사)로서 뒤의 '하다'와 띄어 쓴다.

시끄러워서 공부를 못 하겠다. 집안일을 하느라 과제를 못 해 왔다. 어제 아파서 일을 못 했다. 전쟁 중이라 공부를 못 했다. 일이 있어서 학교에 못 갔다. 몸이 안 좋아 술을 못 마신다. 잠을 통 못 잤다. 독불장군은 아무도 못 말린다. 기가 막혀 말을 못 하겠네. 미처 그 생각을 못 했네. 목이 아파 노래를 못 한다.

(23) 바

① 앞에서 말한 내용 · 일 등을 나타내는 말과 방법 · 방도 · 주장 · 형편을 뜻하는 말일 때는 의존명사로 띄어 쓴다.

맡은 바 책임을 다하자. 어찌할 바를 모르고 쩔쩔맸다. 어차피 매를 맞을 바에는 먼저 맞는 게 낫다. 이렇게 억지 부릴 바에는 다 그만두자.

② 뒤 절에서 어떤 사실을 말하기 위해 그 사실이 있게 된 것과 관련된 과거의 어떤 상황을 미리 제시하는 데 쓰는 연결어미일 때는 붙여 쓴다.

이미 정해진바 우리는 그에 따를 뿐이다. 그는 나와 동창인바 그를 잘 안다. 너의 죄가 큰바 벌을 받아야 한다. 서류를 검토한바 미비사항이 발견되었다.

(24) 밖

① 어떤 선이나 금을 넘어선 쪽, 겉이 되는 쪽, 일정한 한도나 범위에 들지 않는 나머지 다른 부분 · 일 등을 나타낼 때는 명사로 띄어 쓴다.

이 선 밖으로 물러나시오. 예상 밖으로 일이 커졌다. 그녀는 기대 밖의 높은 점수를 얻었다. 어머니는 동구 밖에까지 따라 나오며 우리를 배웅하셨다. 나를 알아주는 사람은 너 밖에도 여러 사람이 있다.

② '오직 ~ 뿐' · '그것 말고는'의 뜻을 나타낼 때는 조사로 붙여 쓴다. 이 경우 반드시 뒤에 '없다' 등 부정을 나타내는 말이 따른다.

그는 공부밖에 모른다. 하나밖에 남지 않았다. 해결할 사람은 그밖에 없다. 나를 알아주는 사람은 당신밖에 없소. 가지고 있는 돈이 십구만 원밖에 없어요.

(25) 뿐

① (관형사형 어미 '-ㄹ' 뒤에 쓰여) 다만 어떠하거나 어찌할 따름이라는 뜻을 나타낼 때는 의존명사로 띄어 쓴다.

소문으로만 들었을 뿐이네. 허공만 바라볼 뿐이었다. 그는 웃고만 있을 뿐이지 말이 없다. 구경만 할 뿐 누구 하나 거드는 이가 없었다.

② ('-다 뿐이지' 구성으로 쓰여) 오직 그렇게 하거나 그러하다는 것을 나타내는 말일 때도 의존명사로 띄어 쓴다.

시간만 보냈다 뿐이지 한 일은 없다. 이름이 나지 않았다 뿐이지 참 실력 있는 사람이다.

③ (명사나 부사어 뒤에 붙어) '그것만이고 더는 없음' 또는 '오직 그렇게 하거나 그러하다는 것'을 나타낼 때는 보조사로서 앞에 붙여 쓴다.

나는 믿을 것은 오직 실력뿐이다. 진정한 친구는 너 뿐이야. 그는 가족뿐만 아니라 이웃에게도 친절했다.

(26) 上(상) · 下(하)

① '위'의 뜻과 거리가 먼 '上(상)'은 접미사로서 붙여 쓴다.

역사상, 명목상, 영업상, 인간관계상, 가정 형편상, 통계상 수치.

② '下(하)'는 依存名詞(의존명사)로서 띄어 쓴다.

이러한 인식 하에, 단장의 인솔 하에, IMF 체제 하에서.

※ '인식 하에'는 '인식 아래'가, '인솔 하에'는 '인솔 아래'가 더 한국어답다.

(27) 아니(안)하다 · 안되다

① '일 · 현상이 좋게 이뤄지지 않거나 사람이 훌륭하게 되지 못함'을 뜻하는 '안되다'는 한 단어로서 붙여 쓴다. (↔ '잘되다')

먹지 아니하다. 곱지 아니하다. 취직이 안됐다니 참 안되었다. 장사가 너무 안된다.('잘되다'의 반대) 자식이 안되기를 바라는 부모가 어디 있겠는가.('잘되다'의 반대)

② 부정문으로 쓰는 경우에는 띄어 쓴다.

일이 안 되다. 학교에 지각하면 안 된다. 시간이 아직 안 되었다. 나는 그런 일은 안 한다. 숙제 안 하니? ※ 안 간다. 안 먹는다.

(28) 이 · 그 · 저 · 아무 · 여러 · 어느

의존명사는 다음의 합성어 외에는 띄어 쓴다.

이것, 그것, 저것 / 이분, 그분, 저분 / 이이, 그이, 저이 / 이자, 그자, 저자 / 이년, 그년, 저년 / 이놈, 그놈, 저놈 / 이쪽, 그쪽, 저쪽 / 이편, 그편, 저편 / 이곳, 그곳, 저곳 / 이때, 그때, 저때. ※ 접때. / 이번, 저번 / 이달, 그달 / 그동안, 그사이, 그새 / 아무것, 아무데 / 여러분, 여러모로, 여러모꼴, 여러해살이, 여러해살이풀, 여러해살이작물, 여러해살이식물 / 어느덧, 어느새.

(29) 以外(이외)에

① '이것 외에'라는 뜻으로, 지시대명사 '이'와 의존 명사 '外(외)'가 결합된 경우이므로 '이 외에'로 띄어 쓴다.

가족과 내 집이 있다. 이 외에 더 무엇이 필요한가?

② '일정한 범위나 한도의 밖'을 뜻하는 '以外(이외)'가 쓰인 경우는 붙여 쓴다.

몇 끼를 굶었더니 먹을 것 이외에는 보이지 않는다.

(30) 잘하다 / 잘 하다 · 잘되다 / 잘 되다

① 잘하다

㉮ (옳고 바르게) 행실을 잘하다. 처신을 잘하다, ㉯ (좋고 훌륭하게) 공부를 잘하다. 일을 잘하다. ㉰ (익숙하고 능란하게) 영어를 잘하다. 축구를 잘하다. 노래를 잘하다. ㉱ (버릇으로 자주) 오해를 잘하다. 웃기를 잘하다. 외식을 잘하다. 거짓말을 잘하다. ㉲ (음식을 즐겨 먹음) 술을 잘하다. ㉳ (반어적) 흥, 잘하는 짓이다. ㉴ (가정) 잘하면 만점이다. 잘해야 80점이다. ㉵ (친절히 성의껏) 부모에게 잘하다.

② 잘 하다

㉮ (아무 탈 없이 편하고 순조롭게) 불황이어도 장사 잘 하고 있다. 집중해서 공부를 잘 한다. 방해가 있었지만 끝내 잘 했다. ㉯ (만족스럽게, 시원스럽게) 잘 해버렸다. 잘 한 결정이다. (미운 놈을 비판하다니) 말 잘 했다. ㉰ (자주 함) 게임을 잘 하다. 울기를 잘 하다. 싸움을 잘 하다. (※ '게임을 잘하다'는 능숙하게 하는 것이고 '게임을 잘 하다'는 자주 하는 것이다.)

③ 잘되다

㉮ (썩 좋게 됨) 농사가 잘되다. 공부가 잘되다. 일이 잘되다. ㉯ (사람이 훌륭하게) 자식이 잘되다. ㉰ (가정) 잘되어야 3등이다. 잘 되어야 70점이다. ㉱ (반어적) 잘됐다. 놀더니 떨어졌구나!

④ 잘 되다

(쉽게, 자주) 파손이 잘 되다. 분산이 잘 되다. 누전이 잘 되다, 發火(발화)가 잘 되다.

(31) 中(중)

① 보통 '中(중)'은 명사로서 띄어 쓴다.

근무 중, 방학 중, 외출 중, 회의 중, 수업하는 중, 이야기를 하는 중.

② 다만 이미 굳어서 합성어가 된 '中(중)'은 접미사로서 앞과 붙여 쓴다.

그중, 무의식중, 무망중, 무심중, 무언중, 밤중, 한밤중, 야밤중, 부재중, 부지중, 부지불식중, 은연중, 총망중, 허공중. 心中(심중) · 胸中(흉중) · 海中(해중), 山中(산중), 雨中(우중), 雪中(설중), 掌中(장중) · 場中(장중) · 帳中(장중) · 藏中(장중) · 滿座中(만좌

중)・座中(좌중)・五里霧中(오리무중)・掌握中(장악중) 등.

(32) 지

① 경과한 시간을 나타낼 때는 의존명사로 띄어 쓴다.

그를 만난 지도 꽤 오래되었다. 집을 떠나 온 지 어언 3년이 지났다. 강아지가 집을 나간 지 사흘 만에 돌아왔다.

② 의문・추측을 나타내는 경우는 어미로 붙여 쓴다.

그 사람이 누군지 모른다. 얼마나 부지런한지 모른다. 아버님, 어머님께서도 안녕하신지. 성공인지 실패인지 누가 알겠니?

2) 文章符號(문장부호)

문장부호는 문장의 문법적 구조를 드러내어 글쓴이의 의도를 전달하는 부호이다. 작문 초보자는 쉼표의 남용을 주의해야 한다. 국어는 연결어미가 발달해 있고 연결어미가 쉼표 기능을 겸하는 효과도 있다. 따라서 쉼표는 되도록 쓰지 말자. 대학생들은 말줄임표도 남발하여 '~데……' 식으로 문장을 제대로 끝맺지 않고 말줄임표로 끝을 흐려버리는 경우가 많다. 또 느낌표를 '!!!'처럼 겹쳐서 적기도 하는데, 모두 輕薄(경박)한 태도이다.

문장부호 사용법은 2015년에 새로 개정하였다. 아래에 (1) 마침표부터 (21) 낫표(겹낫표『 』, 홑낫표「 」)까지 국립국어원이 설명한 순서대로 수록하였다. 이름과 사용법을 잘 알고 바르게 사용하기 바란다.

(1) 마침표(.)

① 서술, 명령, 청유 등을 나타내는 문장의 끝에 쓴다.

예 젊은이는 나라의 기둥이다. 예 내 손을 꼭 잡아라. 예 집으로 돌아가자.

다만, 제목이나 표어에는 쓰지 않는다.

예 압록강은 흐른다(제목) 예 꺼진 불도 다시 보자(표어)

② 종결 어미로 끝나지 않은 문장이나 어구도 서술, 명령, 청유 등을 나타내면 마침표를 쓴다.

예 한 문제라도 더 풀도록 최선을 다할 것. 예 한국어 정상화를 위해 다각도로 노력함. 예 우리 이제 서로 미워하지 않기. 예 마음자리: 심지. 마음의 본바탕.

③ 아라비아 숫자만으로 연월일을 표시할 때 쓴다.

예 1919. 3. 1. 예 2012. 10. 9.(화)

[붙임] 이때 일 뒤에 찍는 마침표는 생략할 수 있다.

예 1919. 3. 1 예 2012. 10. 9(화)

④ 특정한 의미를 가지는 날을 아라비아 숫자를 넣어 표현할 때 쓴다.

예 3. 1 운동 8. 15 광복

다만, 이때 마침표 대신 가운뎃점을 쓸 수 있다.

예 3·1 운동 8·15 광복

⑤ 장, 절, 항 등을 표시하는 항목 부호 끝에 쓴다.

예 Ⅱ. 물음표 가. 인명 ㄱ. 마침표 A. 인구 문제 2. 1. 자음

⑥ 다른 문장에 속해 있는 괄호와 따옴표 안에서는 문장이나 어구가 서술, 명령, 청유 등을 나타내더라도 마침표를 생략할 수 있다.

예 어린이날(5월 5일이 어린이날이다)에는 가족들이 야외로 간다.

예 그는 "편법은 불법만큼 나쁘다"고 말했다.

[붙임] '마침표' 대신 '온점'이란 용어를 쓸 수 있다.

(2) 물음표(?)

① 의문을 나타내는 문장의 끝에 쓴다.

예 이제 가면 언제 돌아오니? 예 점심 뭐 먹었어?

예 제가 감히 거역할 리가 있습니까? 예 지금? 예 뭐라고?

예 世宗大王(세종대왕)이 우리말을 만들었다?

다만,

㉮ 한 문장에서 의문의 요소가 중복될 때에는 문장 끝에만 물음표를 쓴다.

예 너는 한국인이냐, 중국인이냐?

㉯ 의문형 종결 어미가 쓰인 문장이라도 의문의 정도가 약하면, 물음표 대신 마침표를 쓸 수 있다.

예 이 일을 도대체 어쩐단 말이냐.

예 누구나 고개를 갸우뚱할 거야. 혹시 전후 상황을 다 안다면 모를까.

㉰ 제목이나 표어에는 생략할 수 있다.

예 역사란 무엇인가(제목)　　예 아직도 담배를 피우십니까(표어)

② 특정한 어구의 내용에 대하여 의심이나 비꼼 등을 표시할 때, 표현상의 효과를 높이고자 할 때 또는 적절한 말을 쓰기 어려울 때 괄호 안에 쓴다.

예 우리와 의견이 같은 사람은 최 선생(?) 정도이다.

예 그것 참 훌륭한(?) 태도다. 예 우리 집 고양이가 가출(?)을 했어요.

③ 불확실한 내용임을 나타낼 때 쓴다.

예 이 소설은 李光洙(이광수)(1892~1950?)의 대표작이라 할 만하다.

(3) 느낌표(!)

① 감탄을 나타내는 어구나 문장의 끝에 쓴다.

예 앗!　　예 이거 정말 큰일 났구나!

다만,

㉮ 한 문장 안에 감탄의 요소가 중복될 때에는 문장 끝에만 느낌표를 쓴다.

예 아, 달이 밝기도 하구나!

㉯ 감탄사나 감탄형 어미로 끝나는 문장이라도 감탄의 정도가 약할 때에는 느낌표 대신 마침표를 쓸 수 있다.

예 한글전용이 한국어를 망치는 일인 줄 모르는 국민이 너무 많구나.

예 집이 참 깨끗하네.　　예 날씨가 참 좋군.

㉰ 특별히 강한 느낌을 나타내는 어구, 평서문, 명령문, 청유문에 쓴다.

예 청춘! 이는 듣기만 하여도 가슴이 설레는 말이다.

예 아빠다!　예 지금 즉시 대답해!　예 앞만 보고 달리자!

③ 빈정거림, 놀람, 항의를 나타내는 어구나 문장에 쓴다.

예 그래, 너 잘났다!　예 이게 누구야!　예 내가 왜 나빠!

④ 감정을 넣어 다른 사람을 부르거나 대답할 때 쓴다.

예 춘향아!　예 언니!　예 네!　예 네, 선생님!

⑤ 특정한 어구의 내용에 대하여 강한 느낌을 표시할 때 괄호 안에 넣어 쓴다.

예 우리는 그 작품으로 백만 원(!)의 상금을 탔다.

예 그리하여 그는 끝내 정복자(!)가 되었다.

(4) 쉼표(,)

① 같은 자격의 어구가 열거될 때 쓴다.

예 근면, 검소, 협동은 우리 겨레의 미덕이다.

예 충청도의 계룡산, 전라도의 내장산, 강원도의 설악산은 모두 국립공원이다.

예 집을 보러 가면 그 집이 내가 원하는 조건에 맞는지, 살기에 편한지, 망가지거나 고장 난 곳은 없는지 확인해야 한다.

다만,

㉮ 쉼표 없이도 열거되는 사항임이 쉽게 드러날 경우에는 쓰지 않을 수 있다.

예 아버지 어머니가 함께 나가셨어요.

예 네 돈 내 돈 다 합쳐 보아야 만원도 안 되겠다.

㉯ '또는', '혹은'으로 연결될 때에는 의미의 혼동이 없으면 쉼표를 쓰지 않는다.

예 과거 또는 미래에 대해서는 언급을 회피하였다.

예 배경은 하얀색 혹은 하늘색으로 하는 것이 좋겠다.

㉰ 의미상 한데 묶이는 명사의 나열에는 쉼표 대신 가운뎃점을 쓸 수 있다.

예 봄·여름·가을·겨울

㉱ 줄임표와 함께 사용할 경우에 줄임표 앞에는 쉼표를 쓰지 않는다.

예 불국사, 해인사…….

② 되풀이되는 것을 피하기 위하여 일정한 부분을 생략할 때 쓴다.

예 여름에는 바다, 겨울에는 산에서 휴가를 즐겼다.

③ 끊어 읽는 곳을 나타내어 짧은 호흡을 표현하는 문체적 효과를 주고 싶을 때에 쓸 수 있다.

예 발 가는 대로, 그는 어느 틈엔가 제주도에 가서, 내게 편지를 보냈다.

예 어머니는 다시 바느질을 하며, 대체, 그 애는, 매일, 어딜, 그렇게, 가는, 겐가, 하고 그런 것을 생각하여 본다.

④ 문장의 구조를 분명히 하기 위하여 절과 절 사이에 쓸 수 있다.

예 설날의 대표적인 음식은 떡국인데, 떡국을 먹으면 나이를 한 살 더 먹는다고 한다.

예 콩 심으면 콩 나고, 팥 심으면 팥 난다.

예 흰 눈이 내리니, 경치가 더욱 아름답다.

⑤ 바로 다음 말과 직접적인 관계에 있지 않음을 나타낼 때에 쓴다.

예 갑돌이가, 울면서 떠나는 갑순이를 배웅했다.

예 대전과, 옥천을 중심으로 한 충청북도 일대에 폭설이 내렸다.

⑥ 문장 중간에 삽입된 구절임을 나타낼 때에 그 삽입된 구절 앞뒤에 쓴다.

예 나는, 솔직히 말하면, 그 말이 별로 탐탁하지 않소.

예 서희 장군은, 속으로는 화가 치밀었지만, 미소를 띠고 그들을 맞았다.

다만, 삽입된 구절이 길어 쉼표로는 삽입된 구절임을 표시하기에 부족하거나, 삽입 구절 안에 다른 쉼표가 포함된 경우에는 쉼표 대신 줄표를 쓴다.

예 서희 장군은—속으로는 분노가 솟구치고 열불이 치밀어 올라 잠시라도 견딜 수 없을 만큼 괴로움에 몸을 떨며, 손에는 땀까지 흥건히 배어 나왔지만—태연히 미소를 띠고 그들을 맞았다.

⑦ 짝을 지어 구별할 때 쓴다.

예 닭과 지네, 개와 고양이는 상극이다.

⑧ 도치된 문장임을 나타낼 때 쓴다.

예 이리 오세요, 어머님. 예 다시 보자, 한강수야.

⑨ 부르고 대답하는 말 또는 가벼운 감탄을 나타내는 말 다음에 쓴다.

예 얘야, 이리 오너라. 예 네, 지금 가겠습니다.

예 아, 깜빡 잊었구나.

⑩ 제시어 다음에 쓴다.

예 용기, 이것이야말로 무엇과도 바꿀 수 없는 젊은이의 자산이다.

예 지구가 태양의 주위를 돈다는 것, 그것은 아무도 부인할 수 없는 사실이다.

⑪ 조사가 생략된 주제어임을 나타낼 때 쓸 수 있다.

예 저 친구, 저러다가 큰일 한번 내겠어. 예 너, 알고 있겠지?

⑫ 한 문장에서 앞말이 같은 자격을 지닌 말로 반복될 때 앞말 다음에 쓴다.

예 그의 투지력, 한번 결심하면 끝을 내지 않고는 못 배기는 그 정신력을 우리는 본받아야 한다.

다만, 앞말이 동격어를 수식하는 구성에서는 쉼표를 쓰지 않는다.

예 내 동생 원조는 2007년에 대학을 졸업하였다.

예 시민의 휴식처 한강은 우리의 자랑이다.

⑬ 한 문장에서 앞말을 '즉', '곧', '이를테면', '다시 말해' 등과 같은 어구로 다시 설명할 때 앞말 다음에 쓴다.

예 안부 편지는 어떤 사람이 편안하게 잘 지내고 있는지 그렇지 아니한지를 묻는 편지, 즉 상대방의 편안함 여부를 묻고 자신의 소식을 전하는 편지를 말한다.

예 글의 처음, 곧 머리말에는 글의 주제와 글을 쓰는 이유, 방법 등을 쓴다.

예 나에게도 작은 소망, 이를테면 나만의 서재를 가졌으면 하는 소망이 있어.

예 아침까지만 해도, 다시 말해 점심 먹기 전까지만 해도 아무 일이 없었던 집안이 눈 깜짝할 사이에 수라장이 된 것이다.

다만, 앞말과 다시 설명되는 말이 모두 명사나 짧은 명사구일 경우에는 쉼표를 쓰지 않는다.

예 납세 즉 세금 납부란 무엇인가?

예 24시간 즉 하루는 결코 짧은 시간이 아니다.

⑭ 열거의 순서를 나타내는 말 다음에 쓴다.

예 첫째, 몸이 튼튼해야 된다.

⑮ '다만, 아니' 등과 같이 특정한 의미를 담은 접속어 뒤에 쓴다.

예 여기에 있는 모든 책을 빌려가도 됩니다. 다만, 반납일을 반드시 지켜 주십시오.

예 나는 이것을 할 수가 없다. 아니, 죽어도 안 하겠다.

다만, 일반적으로 쓰이는 접속어(그러나, 그러므로, 그리고, 그런데 등) 뒤에는 쓰지 않음을 원칙으로 한다.

예 그러나 너는 실망할 필요가 없다.

⑯ 짧게 더듬는 말을 표시할 때 쓴다.

예 선생님, 부, 부정행위라뇨. 그런 건 생각조차 하, 하지 않았습니다.

⑰ 이웃하는 수를 개략적으로 나타낼 때 쓴다.

예 5, 6세기　6, 7개　70, 80세대

다만, 이때 쉼표 대신 물결표나 붙임표를 사용할 수 있다.

예 5~6세기　6-7개　70-80세대

⑱ 수의 자릿점을 나타낼 때 쓴다.

예 53,124

다만,

㉮ 수량이 아닌 연도, 전화번호, 주민 등록 번호, 주소, 책의 면 등에는 쓰지 않음을 원칙으로 한다.

예 1996년에 일어난 일입니다. 예 상담 전화번호는 1599-9979입니다.

예 주민 등록 번호 4500615-1068208로 인증을 받았습니다.

예 저희 집 주소는 행복 아파트 1704호입니다. 예 1953쪽을 보시오.

㉯ 만 단위 미만의 수를 나타내거나 한글로 된 수 단위를 섞어 표현할 때에는 쉼표를 생략할 수 있다.

예 2300원 예 5000미터 예 12억 3456만 7890원

[붙임 1] 따옴표, 낫표, 괄호로 표시된 단위들을 각각 열거할 때 이들 기호의 바깥쪽에 쓴다.

예 그해 썼던 수필 제목은 '건빵 반쪽', '전쟁 속의 중학 시절', '산작약', '말러 입문'이었다.

예 『춘향전』, 『흥부전』, 『심청전』은 모두 판소리계 소설이다.

예 父子有親(부자유친), 君臣有義(군신유의), 夫婦有別(부부유별), 長幼有序(장유유서), 朋友有信(붕우유신)을 통틀어 '五倫(오륜)'이라 한다.

[붙임 2] '쉼표'라는 용어 대신 '반점'이라는 용어를 쓸 수 있다.

(5) 가운뎃점(·)

① 쉼표로 열거된 어구가 다시 여러 단위로 나누어질 때 쓴다.

예 상욱 · 영희, 병주 · 순희가 서로 짝이 되어 윷놀이를 하였다.

예 시장에 가서 사과 · 배 · 복숭아, 고추 · 마늘 · 파, 조기 · 명태 · 고등어를 샀다.

② 같은 계열의 단어 사이에 쓴다.

예 하천 수질의 조사 · 연구

예 봄 · 여름 · 가을 · 겨울을 사계절이라 한다.

예 한(韓) · 이(伊) 양국 간의 무역량이 늘고 있다.

다만, 이때는 가운뎃점을 안 쓰거나 쉼표로 쓸 수 있다.

예 하천 수질의 조사 연구

예 봄, 여름, 가을, 겨울을 사계절이라 한다.

예 한(韓), 이(伊) 양국 간의 무역량이 늘고 있다.

③ 공통되는 성분이 있는 두 개 이상의 단어를 줄여 쓸 때 쓴다.

예 오 · 남용 병 · 의원 등 · 하교 상 · 중 · 하위권

다만, 한 단어로 널리 쓰이는 경우에는 가운뎃점을 쓰지 않는다.

예 전월세 국내외 국공채

④ 이어진 말을 대립적으로 구분시켜 보일 때 쓴다.

예 우리는 그 일의 호(好)・불호(不好)를 따질 겨를도 없었다.

다만, 한 단어로 널리 쓰이는 경우에는 가운뎃점을 생략할 수 있다.

예 이번 일은 그야말로 복불복이다.

(6) 쌍점(:)

① 표제 다음에 해당 항목을 들거나 설명을 붙일 때 쓴다.

예 문방사우: 종이, 붓, 먹, 벼루

예 정약용: 목민심서, 경세유표

예 일시: 1950년 6월 25일 5시

예 올림표(♯): 음의 높이를 반음 올릴 것을 지시한다.

예 드물지만 두 자로 된 성도 있다(예: 황보, 선우, 남궁).

② 시(時)와 분(分), 장(章)과 절(節) 사이에 쓴다.

예 10:30에 만납시다. 예 잠언 2:10(잠언 2장 10절)

③ 의존명사 '대(對)'가 쓰일 자리에 쓴다.

예 65:60(65 대 60) 예 한국:중국(한국 대 중국)

④ 대화 내용을 도입할 때 말하는 이와 말한 내용 사이에 쓴다. 다만, 이때는 따옴표를 생략한다.

예 김 과장: 난 못 참겠다.

예 아들: 아버지, 제발 제 말씀 좀 들어 보세요.

[붙임] 이상에서 ②, ③의 경우는 쌍점 앞뒤를 붙여 쓰고, 나머지 경우는 앞쪽은 붙이고 뒤쪽은 띄어 쓴다.

(7) 빗금(/)

① 대응, 대립되거나 대등한 것을 나타낼 때 쓴다.

예 그리고/또는 예 남자/여자

예 소고기/쇠고기 예 (   )이/가 우리나라에서 가장 높은 산이다.

② 분수를 간편하게 나타낼 때 쓴다.

예 3/4분기 예 1/2보다 1/3이 작다.

예 월급의 1/5을 저축하기로 했다.

③ 수량의 단위를 표시할 때 쓴다.

예 100미터/초 1,000원/개

④ 주로 운문에서 글의 행이 바뀜을 나타낼 때 쓴다.

예 산에 / 산에 / 피는 꽃은 / 저만치 혼자서 피어 있네.

다만, 연이 바뀜을 표시할 때에는 두 번 이어 쓴다.

예 살어리 살어리랏다. / 청산에 살어리랏다. / 멀위랑 다래랑 먹고 / 청산에 살어리랏다. // 울어라 울어라 새여. / ……

[붙임] 빗금 앞뒤는 붙여 씀을 원칙으로 한다.

다만, ④의 경우는 양쪽을 띄어 쓴다. ※ '띄어 쓰다'는 띄어 쓰지만 '띄어쓰기'는 합성어로 보아 붙여 쓴다.

(8) 큰따옴표 (" ")

① 대화를 표시할 때 쓴다.

예 "제가 가겠어요." "아니다. 내가 다녀오마."

② 말이나 글을 직접 인용할 때 쓴다.

예 나는 "김 선생 아니세요?" 하는 소리에 깜짝 놀랐다.

예 "배우고야 무슨 일이든지 한다."는 상록수의 구절이 떠오른다.

다만, 별도의 문단으로 독립시켜 제시하는 인용문에서는 큰따옴표를 생략할 수 있다.

예 편지의 끝머리에는 이렇게 적혀 있었다.

그리고 할머니, 할머니는 편지에 수표를 동봉했다고 하셨지만 봉투 안에는 아무것도 없었어요.

③ 책의 제목을 나타낼 때 쓴다.

예 정주영 회장은 자서전 "시련은 있어도 실패는 없다"를 썼다.

(9) 작은따옴표(' ')

① 인용한 말 가운데 다시 인용한 말이 들어 있을 때 쓴다.

예 "여러분! 침착해야 합니다. '하늘이 무너져도 솟아날 구멍이 있다.'고 합니다."

② 마음속으로 한 말이나 독백을 나타낼 때 쓴다.

예 나는 '일이 다 틀렸나 보군.'하고 생각하였다.

예 '응창기배를 꼭 우승하고야 말겠어.' 曺薰鉉(조훈현) 선수는 마음속으로 몇 번이나 그렇게 다짐하며 주먹을 불끈 쥐었다.

예 '나만 남았군.' 하고 李昌鎬(이창호) 선수는 비장하게 말했다.

③ 문장에서 특정한 부분을 따로 드러내 보이고자 할 때 쓴다.

예 오히려 한 달에 한 가지라도 '전혀 돈이 되지 않을 일'을 찾아 시도해 보라.

예 돌멩이가 벽에 부딪쳐, 크게 '딱!' 하는 소리가 났다.

④ 작품의 제목, 가게 이름 등 고유한 이름을 나타낼 때 쓴다.

예 韓龍雲(한용운) 시인은 '님의 沈黙(침묵)', 李陸史(이육사) 시인은 '曠野(광야)' 등 일제에 저항하는 작품을 남겼다.

예 사무실 밖에 '해와 달'이라는 간판을 달았다.

(10) 소괄호(( ))

① 주석이나 보충적인 내용을 덧붙일 때 쓴다.

예 니체(독일 철학자)의 말을 빌리면 다음과 같다.

예 그는 비활성 기체(헬륨, 네온, 아르곤, 크립톤, 크세논, 라돈)도 비슷한 효과를 낼 수 있다고 믿었다.

다만,

㉮ 소괄호를 두 개 이상 쓸 필요가 있을 때 바깥쪽의 소괄호는 대괄호로 쓸 수 있다.

예 명령의 불확실[단호(斷乎)하지 못함]은 복종의 불확실[모호(模糊)함]을 낳는다.

예 어린이날이 새로 제정된 1923년 당시에는 어린이들에게 경어를 쓰라고 하였다["윤석중전집"(웅진출판사, 1988), 70쪽 참조].

㉯ 인용자나 편집자가 말을 추가하거나 바꾸거나 고쳤을 때,

예 그것[훈민정음]은 이처럼 정보화 시대에 알맞은 과학적인 문자이다.

예 申景濬(신경준)의 『旅菴全書(여암전서)』에 "三角山(삼각산)은 산이 모두 돌봉우리인데, 그 으뜸 봉우리를 구름 위에 솟아 있다고 白雲(백운)이라 하며, [이하 생략]

예 그런 일은 결코 있을 수 없다. [원문에는 "업다"임.]

② 한자어의 발음을 보일 때, 한자어나 외래어의 원어를 보일 때 또는 외국어를 음차한 말과 해당 외국어를 함께 보일 때 쓴다.

예 世宗大王(세종대왕)은 訓民正音(훈민정음)을 創製(창제)했다.

예 기호(嗜好), 단백질(蛋白質)

예 커피(coffee), 에티켓(étiquette)

예 노블레스 오블리주(noblesse oblige)

③ 우리말 용어와 외국어를 함께 보일 때 쓴다.

예 한국 사회에서 최근 들어 공정성(fairness)이 새로운 가치로 떠올랐다.

④ 조건에 따라 형태가 달라지는 말에서 생략될 수 있는 요소임을 나타낼 때 쓴다.

예 상대방을 존경하여 부를 때 '선생(님)'이라는 말을 덧붙인다.

예 광개토(대)왕의 가장 큰 업적은 영토 확장이었다.

⑤ 희곡 등 대화를 적은 글에서 동작이나 분위기, 상태를 드러낼 때 쓴다.

예 현우: (가쁜 숨을 내쉬며) 왜 이렇게 빨리 뛰어?

예 "관찰한 것을 쓰는 것이 습관이 되다 보니, 상상력이 생겼나 봐요. (웃음)"

⑥ 내용이 들어갈 빈자리임을 나타낼 때 쓴다.

예 우리나라의 수도는 (　　)이다.

예 다음 빈칸에 알맞은 조사를 쓰시오.

철수가 할아버지(　) 꽃을 드렸다.

⑦ 항목 부호 등 기호적인 기능을 하는 숫자나 문자에 쓴다.

예 사람의 인격은 (1) 용모, (2) 언어, (3) 행동, (4) 덕성 등으로 표시된다.

예 (가) 동해　　(나) 서해　　(다) 남해

[붙임] ①~④의 경우 소괄호는 앞말에 붙여 씀을 원칙으로 한다. 뒷말과의 띄어쓰기는 일반 띄어쓰기의 규정을 따른다.

(11) 중괄호({ })

① 여러 단위를 동등하게 묶어서 보일 때에 쓴다.

예 주격 조사 {이, 가}　　국가의 3요소 {국토, 국민, 주권}

② 나열된 항목 중 어느 하나가 자유롭게 선택될 수 있음을 보일 때에 쓴다.

예 아이들이 모두 학교{에, 로, 를} 갔어요.

(12) 대괄호([ ])

① 묶음표 안의 말이 바깥 말과 음이 다를 때에 쓴다.

예 나이[年歲] 낱말[單語] 手足[손발]

② 음가를 나타낼 때 쓴다.

예 신라[실-] 정가[정:까]

(13) 줄표(—)

① 보충적이거나 삽입적인 말을 덧붙일 때 쓴다.

예 프랑스 국기의 세 가지 색 — 파랑, 하양, 빨강 — 은 각각 자유, 평등, 박애를 상징한다.

예 그래서 결국 우리 팀은 — 다시 생각하기도 싫지만 — 지고 말았다.

예 쌀, 보리, 감자, 옥수수 — 이런 곡식들이 주산물이다.

다만, 보충적인 말은 줄표 대신 소괄호를 쓸 수 있고 삽입적인 말은 줄표 대신 쉼표를 쓸 수 있다.

예 프랑스 국기의 세 가지 색(파랑, 하양, 빨강)은 각각 자유, 평등, 박애를 상징한다.

예 그래서 결국 우리 팀은, 다시 생각하기도 싫지만, 지고 말았다.

② 앞말을 달리 표현할 때 쓴다.

예 이건 내 것이니까 — 아니, 내가 처음 발견한 것이니까 절대로 양보할 수가 없다.

③ 제목 다음에 표시하는 부제의 앞에 쓴다.

예 이번 토론회의 제목은 '역사 바로잡기 — 대한민국의 건국'이다.

예 '환경 보호 — 숲 가꾸기'라는 제목으로 글짓기를 했다.

④ 인용문의 출처를 표시할 때 출처 앞에 쓴다.

예 우리는 만날 때에 떠날 것을 염려하는 것과 같이 떠날 때에 다시 만날 것을 믿습니다.

— 한용운, 「님의 침묵」에서

다만, 이때 줄표 대신 소괄호를 쓸 수 있다.

예 우리는 만날 때에 떠날 것을 염려하는 것과 같이 떠날 때에 다시 만날 것을 믿습니다.

(한용운, 「님의 침묵」에서)

(14) 붙임표(-)

① 서로 관련 있는 개념들을 순차적으로 나열할 때 쓴다.

예 멀리뛰기는 '도움닫기-도약-공중 자세-착지'의 순으로 이루어진다.

예 '경찰 수사-검찰 수사-1심 · 2심 · 3심-교도소'까지 발로 뛰었다.

② 두 개 이상의 낱말이 밀접한 관련을 가진 것임을 나타내고자 할 때 쓴다.

예 남한-북한-일본 3자 관계

예 드디어 서울-북경의 항로가 열렸다.

예 원-달러 환율

다만, 이때 붙임표 대신 가운뎃점을 쓸 수 있다.

예 남한 · 북한 · 일본 3자 관계

예 드디어 서울 · 북경의 항로가 열렸다.

예 원 · 달러 환율

③ 우리말을 로마자로 표기할 경우 행정 구역 단위 앞, 도로명 주소의 단위 앞에 쓰고 발음상 혼동의 우려가 있을 때나 인명을 표기할 때 이름의 음절 사이에 쓸 수 있다.

예 충청북도 Chungcheongbuk-do 예 중앙 Jung-ang

예 아침길 Achim-gil 예 민용하 Min Yong-ha

④ 전화번호, 주민등록번호, 계좌번호 등을 구획지어 표시할 때 쓴다.

예 010-5312-4541 예 530401-1068281 예 1191-18-08191-8

(15) 물결표(~)

지속되는 기간이나 거리 또는 연속된 범위를 나타낼 때 쓴다.

예 9월 15일~9월 25일 예 김정희(1786~1856)

예 서울~천안 정도는 출퇴근이 가능하다.

예 이번 시험의 범위는 2~5장입니다.

다만, 이때 물결표 대신 붙임표를 쓸 수 있다.

예 9월 15일-9월 25일 예 김정희(1786-1856)

예 서울-천안 정도는 출퇴근이 가능하다.

예 이번 시험의 범위는 2-5장입니다.

[붙임] 물결표 앞뒤는 붙여 씀을 원칙으로 한다.

(16) 드러냄표(˙, ˚)

· 이나 ◦을 글자 위에 쓴다.

문장 내용 중에서 주의가 미쳐야 할 곳이나 중요한 부분을 특별히 드러내 보일 때 쓴다.

한글의 본 이름은 훈민정음이다.

중요한 것은 왜 사느냐가 아니라 어떻게 사느냐 하는 문제이다.

[붙임] 드러냄표 대신 밑줄(＿＿, ~~~~~)을 치기도 한다.

예 다음 보기에서 명사가 아닌 것은?

예 다음 중 틀린 것을 고르시오.

(17) 숨김표(××, ○○)

알면서도 고의로 드러내지 않음을 나타낸다.

① 금기어나 공공연히 쓰기 어려운 비속어의 경우, 그 글자의 수효만큼 쓴다.

배운 사람 입에서 어찌 ○○○란 말이 나올 수 있느냐?

그 말을 듣는 순간 ×××란 말이 목구멍까지 치밀었다.

② 비밀을 유지할 사항일 경우, 그 글자의 수효만큼 쓴다.

육군 ○○ 부대 ○○○ 명이 작전에 참가하였다.

그 모임의 참석자는 김×× 씨, 이×× 씨 등 5명이었다.

(18) 빠짐표(□)

글자의 자리를 비워 둠을 나타낸다.

① 옛 비문이나 서적 등에서 글자가 분명하지 않을 때에 그 글자의 수효만큼 쓴다.

大師爲法主□□賴之大□薦 (옛 비문)

② 글자가 들어가야 할 자리를 나타낼 때 쓴다.

訓民正音(훈민정음)의 초성 중에서 牙音(아음)은 □□□의 석 자다.

(19) 줄임표(……)

① 할 말을 줄였을 때 쓴다.

예 "어디 나하고 한번……." 하고 철수가 나섰다.

② 말이 없음을 나타낼 때 쓴다.

예 "빨리 말해!" "……."

③ 문장이나 글의 일부를 생략하고자 할 때 쓴다.

예 붕당의 폐단이 요즈음보다 심한 적이 없었다. …… 근래에 들어 사람을 임용할 때 모두 같은 붕당의 사람들만 등용하고자 한다.

다만, 생략하는 부분이 길 때에는 줄임표 대신 '(중략)'을 쓰거나 줄임표를 각괄호로 묶어 '[……]'로 표시할 수 있다.

[붙임] 이때 줄임표의 앞뒤는 한 칸씩 띄어 쓴다.

④ 머뭇거림을 보일 때 쓴다.

예 "우리는 모두…… 그러니까…… 예외 없이 눈물만…… 흘렸다."

[붙임 1] 줄임표는 점을 여섯 개 연속으로 찍는 것을 원칙으로 하되 점을 세 개만 찍거나 마침표를 세 개 찍는 것도 허용한다.

예 "어디 나하고 한번…." 하고 철수가 나섰다.

예 "저… 저… 사람 우리 아저씨… 일지 몰라."

[붙임 2] 줄임표로 문장이 끝났을 때에는 마침표를 생략할 수 있다.

예 "어디 나하고 한번……" 하고 철수가 나섰다.

다만, 마침표를 세 개 찍어 문장이 끝났을 때에는 마침표를 또 찍지 않는다.

예 "어떻게 그럴 수가…" 하는 소리가 절로 나왔다.

(20) 꺾쇠표(겹꺾쇠표 ≪ ≫, 홑꺾쇠표 〈 〉)

① 책, 신문 등의 제목을 나타낼 때 쓴다.

예 ≪진달래꽃≫에는 127편의 시가 실려 있다.

예 尹五榮(윤오영) 수필가는 ≪孤獨(고독)의 反芻(반추)≫라는 수필집을 냈다.

② 작품의 제목 등 고유한 이름을 나타낼 때 쓴다.

예 皮千得(피천득) 수필가가 쓴 〈인연〉이라는 수필은 유명하다.

예 1988년에 〈한글 맞춤법〉이 새로 고시되었다.

예 이 곡은 오페라 ≪춘희≫에 나오는 〈축배의 노래〉이다.

[붙임] 겹꺾쇠표와 홑꺾쇠표를 구별하기 어렵거나 따로 구별할 필요가 없을 때는 홑꺾쇠표 하나를 대표로 쓴다.

예 판소리 〈흥보가〉는 언제 들어도 흥이 솟는다.

(21) 낫표(겹낫표 『 』, 홑낫표 「 」)

① 책, 신문 등의 제목을 나타낼 때 쓴다.

예 이 이야기는 『三國遺事(삼국유사)』에 나온다.

예 『朝鮮日報(조선일보)』는 1920년 3월 5일 창간하였다.

② 작품의 제목 등 고유한 이름을 나타낼 때 쓴다.

예 백남준은 2005년에 「엄마」라는 작품을 선보였다.

예 「먹는 물 관리법」에서는 시중에서 판매하는 먹는 샘물의 수질을 엄격히 규정하고 있다.

예 「한강」은 사진집 『아름다운 땅』에 실린 작품이다.

[붙임] 겹낫표와 홑낫표를 구별하기 어렵거나 따로 구별할 필요가 없을 때는 홑낫표 하나를 대표로 쓴다.

예 연속극 「응답하라 1988」이 인기가 높다.

3) 틀리기 쉬운 한글맞춤법 101가지

한국인이 자주 틀리는 한글맞춤법 101가지를 아래에 가나다순으로 총정리해 두었다. 틈나는 대로 익혀서 한글맞춤법에 어긋나지 않게 글을 쓰기 바란다.

(1) 가름 / 갈음

① 가름 : 따로따로 갈라놓는 일. ← 가르다.

예 셋으로 가름. 남편과 아내의 도리가 가름이 있다.

② 갈음 : 본디 것 대신에 다른 것으로 가는 일. ← 갈다.

예 이것으로 축사에 갈음합니다. 새 의자로 갈음하였더니 허리가 덜 아프다.

(2) 갑절 / 곱절

① 갑절 : 어떤 수나 양을 두 번 합친 것. 倍(배). 두 곱절.

예 6은 3의 갑절이다. 이것은 그것보다 갑절 많다.

② 곱절 : 같은 수나 양을 여러 번 합친 것.

예 소득이 세 곱절로 늘다. 멕시코 고추는 한국 고추보다 다섯 곱절 맵다.

(3) 開發(개발) / 啓發(계발)

① 開發(개발): 개척하여 발전시킴.

예 경제 개발. 광산을 개발하다. 신제품을 개발하다.

② 啓發(계발): 지능이나 정신 따위를 깨우쳐 열어 줌.

예 지능 계발. 소질을 계발하다.

(4) 개비 / 개피

'개비'는 가늘게 쪼갠 나무토막이나 조각, 쪼갠 나무토막을 세는 단위를 이른다. '담배 한 개비', '성냥 두 개비'처럼 쓴다. '개피, 가피, 가치, 까치, 깨비' 등은 모두 사투리이다.

(5) 개펄 / 갯벌

① '개펄'은 갯가의 개흙이 깔린 벌판이다. '개흙'은 거무스름하고 미끈미끈한 고운 흙이다. '개펄'의 유사어로 '펄'·'뻘'이 있다. '펄'·'뻘'은 '(갯가 등의) 진흙이 더러운 물속에서 검게 변하여 미끈미끈하게 된 것'이다.

② '갯벌'은 '바닷물이 드나드는 모래사장. 또는 그 주변의 넓은 땅'이다. '갯벌'은 개펄 외에 모래가 깔린 부분까지 좀 더 넓은 부분을 이르는 말이다.

(6) 거꾸로 / 반대로

① '거꾸로' : 차례나 방향이 반대로 바뀌게.

예 옷을 거꾸로(반대로) 입다. 일의 순서가 거꾸로(반대로) 되다. 토마토는 거꾸로(반대로) 발음해도 토마토이다.

② '반대로' :

㉮ 반대로(거꾸로) 놓다. 반대로(거꾸로) 돌리다. 그는 집 방향의 반대로(거꾸로) 가고 있다.

㉯ 부모님의 반대로(×거꾸로) 결혼을 하지 못했다. 많은 사람들의 반대로(×거꾸로) 개혁안이 통과되지 않았다. ※ '반대로'의 첫째 뜻은 '거꾸로'와 같아서 서로 바꿔 쓸 수 있지만, '반대로'의 둘째 뜻은 의미도 다르고 용례에서도 '거꾸로'와 바꿔

쓸 수 없다.

(7) 決裁(결재) / 決濟(결제)

① 決裁(결재)는 결정할 권한이 있는 상관이 부하가 제출한 안건을 검토해 허가하거나 승인하는 것.

예 사장의 결재를 받았다. 투자는 결재권자의 결단에 좌우된다.

② 決濟(결제)는 대금이나 증권을 주고받아 매매 당사자 사이의 거래 관계를 마무리하는 일.

예 그 회사는 어음을 결제하지 못해 부도 처리가 됐다.

(8) 고마워요 / 고마와요

'고마워요'가 맞다. 한글맞춤법 제18항 "용언들의 어간이나 어미가 원칙에 벗어나면 벗어나는 대로 적는다." 어간의 끝 'ㅂ'이 'ㅜ'로 바뀔 때는 바뀐 'ㅜ'로 적어야 한다.

고맙다: 고마워, 고마우니, 고마웠다. / 깁다: 기워, 기우니, 기웠다. / 굽다: 구워, 구우니, 구웠다. / 가깝다: 가까워, 가까우니, 가까웠다. / 괴롭다: 괴로워, 괴로우니, 괴로웠다.

(9) 困辱(곤욕) / 困惑(곤혹)

① '困辱(곤욕)'은 '심한 모욕'을 뜻한다.

예 곤욕을 느끼다. 곤욕을 당하다. 곤욕을 참다.

② '困惑(곤혹)'은 '곤란한 일을 당하여 어찌할 바를 모름'의 뜻이다.

예 그런 일을 당해 곤혹스럽다. 부모 자식 간 분쟁은 곤혹스럽다.

(10) 곱배기 / 곱빼기

① 분리될 수 있는, 자립적인 말이면 '-빼기'로 적는다.

예 곱빼기. 밥빼기. 악착빼기.

② 비자립적이면 '-배기'로 적는다.

예 뚝배기, 학배기(잠자리의 애벌레).

(11) 구절 / 귀절

① 한자 '句'는 '구'로 읽는다.

예 句節(구절), 句讀點(구두점), 驚句(경구), 對句(대구), 慣用句(관용구), 對句法(대구법), 名句(명구), 文句(문구), 成句(성구), 詩句(시구), 語句(어구).

② 다만 다음 두 낱말만 '귀'로 읽는다.

예 글귀(-句), 귀글(句-).

(12) -구려 / -구먼 / -그려

① '-구려'는 감탄형 또는 명령형 종결어미이다.

예 솜씨도 참 좋구려. 당신 편할 대로 하구려. 다녀오시구려.

② '-구먼'은 감탄형 종결어미이다. 준말은 '-군'이다.

예 꽤 크구먼. 일찍 왔구먼. 참 좋겠구먼. 멋있군.

③ '-그려'는 감탄형 또는 강조형의 종결어미이다.

예 어디 봅시다그려. 크네그려. 사정이 딱하데그려.

(13) 窘塞(군색)하다 / 窮塞(궁색)하다

① '窘塞(군색)하다'는 ㉠ '필요한 것이 없거나 모자라서 어렵고 답답함'과 ㉡ '자유롭거나 자연스럽지 못해 거북하고 어색함'의 뜻이다.

예 ㉠ 생활이 窘塞(군색)하다. ㉡ 변명이 군색하게 들리다.

② '窮塞(궁색)하다'는 '아주 가난함'의 뜻이다.

예 ㉠ 생활이 窮塞(궁색)하다. ※ '窘塞(군색)하다'는 ㉠ · ㉡에 다 쓰고 '窮塞(궁색)하다'는 ㉠에만 쓰는 것이 다르다. ㉠에 쓸 때는 '窮塞(궁색)하다'가 더 실감나는 표현이다.

(14) 龜鑑(귀감) / 他山之石(타산지석)

① '龜鑑(귀감)'은 본받을 만한 模範(모범) · 본보기를 뜻한다. 좋은 일에 쓴다.

예 聖人(성인)은 인류의 龜鑑(귀감)이 된다. 忠武公(충무공)은 군인의 龜鑑(귀감)이다.

② '他山之石(타산지석)'은 다른 사람의 하찮은 언행도 자기 智德(지덕)을 닦는 데 도움이 됨을 뜻한다. 나쁜 일에 쓰며 '反面敎師(반면교사)'와 유사하다.

예 그리스가 국가 부도난 것을 他山之石(타산지석)으로 삼아서 우리나라는 경제

개혁을 해야 한다. 도박으로 망하는 사람들을 타산지석으로 삼자.

(15) 그러다 / 그렇다

① '그러다'는 동사이다.

예 그러지 마라. 그런다고 죽은 사람이 살아서 돌아오니? 그래도 그런 게 아니지. ※ '그러다'에서 '그러고 나서'가 파생한다. '그리고 나서'는 '그리다'라는 용언이 따로 없으므로 틀린다. 예 鄭周永(정주영)은 무작정 上京(상경)했다. 그러고 나서 마침내 성공했다. 일단 시도해 보자. 그러고 나서 하늘의 뜻에 맡기자.

② '그렇다'는 형용사이다.

예 그렇지. 그렇고말고. 그렇게 열심히 공부하면 뭔가는 되겠지. 그래, 그렇게 한번 해봐라.

(16) 襟度(금도)

'襟度(금도)' : 襟(금)은 '옷깃, 가슴, 마음'이고 '度(도)'는 '크기, 量(양)'을 뜻한다. 그래서 襟度(금도)는 남을 받아들일 만한 度量(도량)을 뜻한다.

예 (○) 지도자다운 襟度(금도)를 지녀야 한다. 襟度(금도)를 발휘해서. 襟度(금도)를 베풀어 달라. 국회법 개정안, 박 대통령이 襟度(금도) 보여야. 외교와 마찬가지로 내정에서도 상대의 허물까지 감싸 안을 수 있는 襟度(금도)는 값지다.

예 (×) 서로의 금도도 지키고 그래야지. 인신공격 발언을 하는 것은 정치 금도를 벗어난 무례의 극치. 김태년 의원의 언급에 대해 황 부총리는 "금도를 지켜달라"고 발끈했다. 전 최고위원은 비주류의 발언이 "해서는 안 되는, 금도를 넘어선 발언"이라고 말했다. ※ 이처럼 오늘날 정치인들은 '襟度(금도)를 제 뜻이 아닌 異常(이상)한 뜻으로 잘못 쓰고 있다. 그냥 "度(도)를 넘었다"나 "線(선)을 넘었다"고 말하는 것이 올바르다.

(17) 나무꾼 / 나뭇군

'나무꾼'이 맞다. 현실 발음에서 '꾼'으로 발음이 나기 때문이다. '일꾼, 나무꾼, 농사꾼, 사기꾼, 장사꾼, 지게꾼' 등처럼 쓴다. 현실 발음을 인정해서 표준어 형태를 바꾼 말은 '끄나풀, 칸막이, 방 한 칸, 수캐, 암탉, 수탉, 나팔꽃, 살쾡이, 수퇘지, 암퇘지' 등이 있다.

(18) 나는 / 나는 (飛)

하늘을 '나는' 비행기. '날다'는 '날고, 날지, 날면'에서는 'ㄹ'이 유지된다. 하지만 '~는, ~오, ~시오, ~니다' 앞에서는 '나는, 나오, 나시오, 납니다'처럼 'ㄹ'이 탈락한다. 그러므로 "하늘을 날으는 원더우먼"은 "하늘을 나는 원더우먼"이 옳다.

(19) 너머 / 넘어

① '너머'는 집 · 담 · 산 · 강 · 고개 같은 높거나 넓은 것의 저쪽을 뜻하는 명사이다.

예 산 너머 남촌에 파랑새가 있다. 어깨 너머로 바둑을 배웠다.

② '넘어'는 동사 '넘다'에 연결어미 '-어'가 붙은 것이다.

예 산 넘고 넘어 힘겹게 찾아왔다. 그는 아마추어를 넘어 프로에 가깝다.

(20) 놀라다 / 놀래다

① '놀라다'는 뜻밖의 일을 당하여 가슴이 설레다, 갑자기 무서운 것을 보고 겁을 내다는 뜻이다.

예 깜짝 놀랐다. 놀란 가슴을 진정했다.

② '놀래다'는 남을 놀라게 하다는 使動形(사동형)이다.

예 남을 놀래게 하지 마라. 선불을 맞히면 되려 범을 놀래운다.

(21) 늘이다 / 늘리다

① '늘이다'는 길이를 본디보다 길게 하는 것이다. '길이가 있는 물체를 당겨 더 길게 하거나 아래로 길게 처지게 하다'는 뜻이다.

예 엿가락을 늘이다. 고무줄을 당겨 늘이다. 머리를 길게 땋아 늘이다.

② '늘리다'는 '늘다'의 사동사로서 '늘게 하다'는 뜻이다. 수량 · 재산 · 세력 · 능력 등을 원래보다 커지게 하는 것이다.

예 인원을 늘리다. 재산을 늘리다. 한자 실력을 더 늘려라. 바지나 옷소매를 늘리다. 사무실을 더 늘린다. 작문 실력을 늘리려면 많이 써봐라.

(22) 다르다 / 틀리다

① '다르다'는 남과 같지 않거나 예사롭지 않다는 뜻이다. 差異(차이)를 나타낸다.

의견이 다르다. 전문가라 역시 다르군. 청소를 하니 기분이 다르다.

② '틀리다'는 어긋나거나 맞지 않다는 뜻이다. 誤謬(오류)

예 계산이 틀리다. 예측이 틀렸다. 하는 짓이 틀렸다. 인간성이 틀려먹었다.

(23) 닫치다 / 닫히다

① '닫치다'는 동사 '닫다'에 강세 접미사 '치'를 결합시킨 말이다.

예 문을 힘껏 닫쳤다. 입을 닫쳐 버렸다.

② '닫히다'는 동사 '닫다'에 피동 접미사 '히'를 결합시킨 말이다.

예 문이 저절로 닫혔다. 문이 바람에 닫혔다.

(24) (김치를) 담가 / 담궈

'김치를 담가 먹다.'가 맞다. 김치를 '담그다'에서 語幹(어간) '담그-'에 語尾(어미) '-아'를 결합하여 '담가'로 활용한 말이다. "문을 잠갔다."도 '잠그'+'-아'이다. "문을 잠궜다."고 쓰면 틀린다.

(25) 닷새 / 5일

※ 날짜는 숫자로 적는 것보다는 날짜를 세는 토박이말로 적는 것이 자연스럽고 좋다. 예를 들어 숫자로 '5일'이라고 적혀 있더라도 읽을 때는 '닷새'로 읽어야 한다. 그러니 아예 적을 때부터 그렇게 하는 것이 좋다.

예 주5일 근무제는 월 · 화 · 수 · 목 · 금요일 닷새를 일하고 토 · 일요일 이틀을 쉬는 제도이다. 하루, 이틀, 사흘 기다려도 소식이 오지 않았다.

(26) 當事者(당사자) / 主人公(주인공) · 主役(주역) / 張本人(장본인)

① 當事者(당사자)는 어떤 일이나 사건에 직접 관계가 있거나 관계한 사람.

예 당사자 외 출입 금지. 당사자가 처리해야 할 문제. 피해 당사자.

② 主人公(주인공) · 主役(주역)은 주된 역할을 하는 사람.

예 영국 대처 수상은 英國病(영국병)을 고친 主人公(주인공)이다. 曺薰鉉(조훈현) 선수는 한국 바둑을 세계 頂上(정상)에 올려놓은 主人公(주인공)이다. 사건 해결의 주역. 경제개발의 주역.

③ '張本人(장본인)'은 안 좋은 일에 관련된 사람.

예 이 사람이 음주운전 사고를 저지른 張本人(장본인)이다.

(27) 德分(덕분) / 德澤(덕택) / 탓 / 때문

① '德分(덕분)'은 자기와 같거나 아랫사람에게 쓴다. 긍정적인 영향을 미칠 때 쓴다.

예 자네 덕분에 심심치 않게 왔네. 덕분에 일 처리가 잘됐네.

② '德澤(덕택)'은 윗사람에게 쓴다. 긍정적인 영향을 미칠 때 쓴다.

예 선생님 덕택에 제가 작문의 기본을 알게 되었습니다.

③ '탓'은 부정적인 영향을 미칠 때,

예 金利(금리)가 내린 탓에 은행 貸出(대출)이 늘고 있다.

④ '때문'은 肯定(긍정)과 否定(부정) 모두에 쓸 수 있다.

(28) -던 / -든

① '-던'은 지난 일을 나타낼 때 쓴다. 回想(회상)

예 즐거웠던 어린 시절. 짜장면은 얼마나 맛있었던지. ※ '-던' '-던지' '-던가' 등은 과거 회상을 나타낸다. 예 그는 더는 못 참겠던지 일어나 가버렸다. 그날은 왜 그리 춥던지 힘들었다. 얼마나 울었던지 눈이 퉁퉁 부었다.

② '-든'은 조건이나 선택을 나타낸다. 選擇(선택)・放任(방임)

예 오든 말든 네 마음대로 해라. 눈이 오거든 차를 두고 가라. ※ '-든' '-든지' '-든가' 등은 選擇(선택)・放任(방임)을 나타낸다. 예 배든지 사과든지 좋다. 가든지 오든지 멋대로 해라. 죽든지 말든지.

(29) -데 / -대

① 종결어미 '-데.'는 과거에 직접 경험한 내용임을 나타낸다.

예 그 학생 참 착하데. 그 아이가 말을 잘 하데. 참 훌륭한 신랑감이데. 신부가 그렇게 예쁘데? 그 사람 키는 크데? 밖에 누가 왔데? ※ '-데요'는 回想(회상)할 때 쓴다.

② 종결어미 '-대.'는 '-다(고) 해.'의 준말로서 남의 말을 전달하는 데 쓴다.

예 사람들이 그러는데 신부가 참 예쁘대. 수지가 상을 탔대. 다혜는 그림을 잘 그린대. 지원이는 일을 잘한대. ※ '-대요'는 '-다고 해요'. ※ '-대.'는 '-이다.' 뒤에서는 '-래.'로 바뀐다. '수용이가 사장이래.'

(30) -ㄴ데 / -ㄴ대

① 앞말이 형용사이면 '-ㄴ데'를 쓴다.

예 오늘 날씨 참 시원한데! 오늘은 기분이 참 좋은데. 두 사람이 아주 잘 어울리는데. 철현이가 아니라 영관이가 학생회장인데. 결혼식장에는 정아 신랑도 왔던데. ※ '-던-' 뒤에는 '데'만 올 수 있고 '대'는 올 수 없다('-던다'가 불가능하기 때문임). 따라서 '-던데'란 말은 가능해도 '-던대'란 말은 불가능하다.

② 앞말이 동사이면 '-ㄴ대'를 쓴다.

예 영선이도 결혼해서 잘 산대. 미국에서는 주말에는 파티를 하고 논대.

(31) 되다 / 돼

① '되다'에 '-게, -지, -고'가 결합되면 '되게, 되지, 되고'가 된다. '되다'에 '-어, -어야, -어서, -어라, -었-' 등이 결합되면 '되어, 되어야, 되어서, 되어라, 되었-'이 된다.

② '되어'가 줄면 '돼'이다. '되어, 되어야, 되어서, 되어라, 되었-'을 다시 줄이면 '돼, 돼야, 돼서, 돼라, 됐-'이 된다. "사람이 되어서"는 줄이면 "사람이 돼서"가 된다. 그러나 '사람이 되어지'라는 말은 없으므로 '사람이 돼지'도 없다. ※ '되'는 어간으로 홀로 쓸 수 없기 때문에 '안 되.'가 아니라 '안 돼.'가 맞다.

예 그러면 안 돼요(← 되어요). 일이 잘됐다(← 잘되었다). ※ 직접명령은 '-어라' 형태이고 간접명령은 '-(으)라' 형태이다. 따라서 직접명령에서는 "되어라."의 준말인 "(사람이) 돼라."가 가능하다. 하지만 간접명령은 "(사람이) 되라"만 가능하다.

(32) 두껍다 / 두텁다 / 도탑다

① '두껍다'는 두께가 크다는 뜻이다. 事物(사물)에만 쓴다.

예 책이 두껍다. 얼음장이 두껍게 얼었다. 낯짝이 두껍다.

② '두텁다'는 人情(인정)이나 情誼(정의)가 깊고 형세가 튼튼하다는 뜻이다.

예 선수층이 두텁다. 수비벽이 두텁다. 두터운 친교를 맺었다. 바둑에서 두터운 수는 나중에 힘을 발휘한다.

③ '도탑다'는 人情(인정)이나 사랑이 깊고 형세가 튼튼하다는 뜻이다. '두텁다'와 '도탑다'는 유사한 의미인데, '두텁다'가 크기가 더 크다.

예 友愛(우애)가 도탑다. 도타운 友情(우정).

(33) 드러내다 / 들어내다

① '드러내다'는 '드러나게 하다'는 뜻이다.

예 그 일로 그는 본심을 드러냈다. 북한은 잦은 도발로 침략 야욕을 드러낸다.

② '들어내다'는 '물건을 들어서 밖으로 옮기다, 사람을 있는 자리에서 쫓아내다'를 이르는 말이다.

예 시위대를 사장실 밖으로 들어내라. 헌 침대를 들어냈다.

(34) 等(등) / 等等(등등) / 外(외) / 들 / 따위

① '等(등)'은 '앞에 늘어놓은 것들과 같은 여러 가지'를 뜻한다.

예 개 · 소 · 말 · 돼지 등을 가축이라 한다. 竹林七賢(죽림칠현)은 阮籍(완적) · 劉伶(유령) 등 7명의 선비였다. ※ '等(등)' 뒤에는 전체 숫자를 적는다.

② '等等(등등)'은 等(등)과 비슷하지만 무엇이 많다고 할 때 쓴다.

예 밥 · 떡 · 빵 · 과자 등등 먹을 것이 많았다.

③ '外(외)'는 그것을 제외한 다른 것을 뜻한다.

竹林七賢(죽림칠현)은 阮籍(완적) · 劉伶(유령) 외 5명의 선비를 일컫는다. ※ '外(외)' 뒤에는 앞의 숫자를 뺀 나머지 숫자를 적는다.

④ '들'은 두 개 이상의 사물을 나열할 때, 그 열거한 사물 모두를 가리키거나, 그 밖에 같은 종류의 사물이 더 있음을 나타내는 말.

예 과일에는 사과, 배, 감 들이 있다. 오곡은 쌀, 보리, 콩. 조. 기장 들을 이른다. ※ '들'과 '等'은 거의 비슷하다.

⑤ '따위'는 앞에 나온 것과 같은 종류의 것들이 더 있음을 나타내는 말.

예 텃밭에 상추, 호박, 고추 따위를 심었다. ※ '따위'는 앞에 나온 대상을 낮잡거나 부정적으로 말할 때 쓰기도 한다. 너 따위가 뭘 안다고?

(35) 띠다 / 띄다 / 떼다

① '띠다'는 '직책 · 사명 따위를 지니다'(중대한 임무를 띠다), '빛깔이나 색채를 지니다'(붉은빛을 띤 꽃. 하늘이 붉은색을 띠다), '감정 · 기운을 나타내다'(노기 띤 얼굴. 미소를 띠다), '어떤 성질을 지니다'(보수적 성격을 띠다. 그는 역사적인 사명을 띠고 파견되었다) 등의 의미가 있다.

예 가장 눈에 띠는 변화는 그의 성격이 명랑해졌다는 점이다.

② '띄다'는 '뜨이다'와 '띄우다'의 준말이다.

예 오자가 눈에 띈다· 귀가 번쩍 띄는 이야기. 눈에 띄는 행동을 하지 마라. 알맞게 띄어 써야 글이 읽기가 쉽다.

③ '떼다'는 '붙어 있는 것을 떨어지게 하다'는 뜻이다.

예 젖을 떼다. 벽보를 떼다. '작문의 정석'을 다 떼다.

(36) -ㄹ는지 / -ㄹ런지

'-ㄹ는지'가 맞다. '우리 제안을 어떻게 생각할는지 모르겠어.'가 맞다. 그러나 '우리 제안을 어떻게 생각할지 모르겠어.'가 더 자연스럽고 깔끔한 표현이다.

예 그녀가 내 마음을 알아줄(는)지 모르겠다. 그 얘가 이 책을 능히 읽을(는)지 궁금하다. 다시 만날 수 있을(는)지 기약하기 어렵다.

(37) -러 / -려(고)

① '-러'는 연결어미로서 어떤 동작의 직접적 目的(목적)을 나타낸다.

예 뽕 따러 가세. 고기를 잡으러 바다로 갈까요? 就職(취직)하러 서울로 올라왔다.

② '-려(고)'는 연결어미로서 장차 그렇게 하려고 하는 意圖(의도)를 나타낸다.

예 내일 만나려고 한다. 자꾸 따지려 들다. 就業(취업)하려고 열심히 공부한다.

(38) -(으)로서 / -(으)로써

① '-(으)로서'는 지위·신분·자격을 나타내는 격조사이다.

예 부모로서 할 일은 자식을 잘 기르는 것이다. 교육자로서 일생을 보냈다. 그는 군인으로서 전쟁에서 용감했다. 사회의 지도자로서 병역 의무를 안 마치면 되나? 그는 친구로서는 좋으나 남편감으로서는 안 맞다. 친구로서 충고한다. 나로서는 할 말이 없다. 모든 싸움은 너로서 시작되었다.

② '-(으)로써'는 어떤 물건의 재료나 원료, 수단이나 도구를 나타내는 격조사이다. '-(으)로써'는 '어떤 것을 이용하여'를 나타내므로 '-을 가지고'로 대치할 수 있다. ※ '로써'에서 '써'는 생략이 가능하다.

예 콩으로(써) 메주를 쑨다. 말로(써) 천 냥 빚을 갚는다. 칼로(써) 요리를 한다. 도끼로(써) 나무를 찍다. 눈물로(써) 호소했다.

(39) ~마는 / ~만은

① '~마는'은 그 말을 시인하면서 거기에 구애되지 아니하고, 다음 말에 의문이나 불가능하거나 또는 어긋나는 뜻을 나타낸다.

예 졌지마는 열심히 싸웠다. 가난하지마는 부끄럽지 않다.

② '~만은'은 어떤 사물을 단독으로 일컬을 때, 무엇에 견주어 그와 같은 정도에 미침을 나타낼 때 쓴다.

예 너만은 믿었는데. 그의 키도 형만은 하다. 국어만은 자신 있다.

(40) 맞추다 / 맞히다

① '맞추다'는 서로 떨어져 있는 부분을 제자리에 맞게 대어 붙이거나 여러 개를 나란히 놓고 대조함을 나타낸다.

예 계산을 맞추어 보다. 발을 맞추어 걷다. 음식의 간을 맞추다. 입을 맞추다. 기계를 뜯었다 맞추다. 양복을 맞추다. 짝을 맞추다. 조각 맞히기 놀이에서 나는 다섯 문제 중 겨우 두 개만 맞췄다. 영희는 자신이 쓴 답과 텔레비전에서 제시한 답안을 맞추어 보더니 아주 침통해했다.

② '맞히다'는 문제 · 수수께끼 등의 정답을 알아낼 경우에 쓰인다. 옳은 답을 대다.

예 프로야구 우승팀을 맞히다. 정답을 맞히다. 화살로 과녁을 맞히다. 답을 알아맞혀 보세요. 여러 문제를 다 맞혔다.

③ '맞히다'는 '맞다'의 피동형으로서도 쓰인다.

예 바람을 맞히다. 비를 맞히다. 도둑을 맞히다. 예방 주사를 맞히다.

(41) 며칠 / 몇일

'며칠'만 맞춤법에 맞고 '몇일'은 잘못된 말이다. [며딜]로 소리 나지 않고 [며칠]로 소리 나기 때문이다. 조선시대 표기에도 '며칠'로 되어 있다. '며칠'은 '그 달의 몇 째 되는 날'과 '몇 날(동안)'의 두 가지 의미가 있다.

(42) 派生名詞(파생명사)와 名詞形(명사형) 만들기

'먹다'는 '먹이'(명사)와 '먹음'(명사형)이 나온다. '가지다'는 '가짐'(명사형)이 나온다. '만들다'처럼 'ㄹ'로 끝나는 말의 명사형은 '-ㄻ' 꼴이 된다. '만들다'는 '만들기'(명사)와 '만듦'(명사형), '이끌다'는 '이끎'(명사형), '살다'는 '살이'(명사)와 '삶'(명사)이 나온다. '울다'는 '울음'(명사)과 '욺'(명사형)이 나온다. '얼다'는 '얼음'(명사)과 '얾'(명사형)이 나온다. '알다'는 '앎'(명사형)이 나온다.

(43) ～므로 / ～ㅁ으로

① '−(으)므로'는 '하므로/되므로/가므로/오므로' 등처럼 활용한다. '～이니까/～이기 때문에'처럼 '이유・까닭・원인'을 나타낸다.

예 그는 부지런하므로 잘 산다. 그는 열심히 공부하므로 성공하겠지. 집값이 오르므로 월세도 뛴다. 기회가 있으므로 다시 도전하겠다.

② '～ㅁ으로'는 名詞形(명사형) 轉成語尾(전성어미) '～ㅁ'에 조사 '으로'가 붙은 것이다. '～는 것으로/～는 일로'처럼 '수단・방법・도구・재료'를 나타낸다. '～ㅁ으로'에만 강조를 위해 '−써'를 붙일 수 있다.

예 날마다 한 시간씩 걸음으로(써) 건강해졌다. 산에 나무를 많이 심음으로(써) 治山治水(치산치수)를 한다. 그는 잠을 줄임으로(써) 공부시간을 늘렸다. 그는 열심히 공부함으로(써) 부모님의 은혜에 보답한다. 그는 열심히 일함으로(써) 삶의 보람을 느낀다. 한글전용을 철폐함으로(써) 한국어를 정상화해야 한다.

(44) 및 / 와 / 과

① '및'은 '그 밖에 또'・'−와 함께 또'를 뜻하는 接續副詞(접속부사)이다. 앞말이 뒷말에 비해 중심이 될 때 쓴다. '및'은 셋 이상의 개체를 연결시킬 때 쓴다. 'A 및 B・C'는 'A를 비롯하여 B・C'라는 뜻이다.

예 경제 및 정치・문화 교류 협력 확대. 가정 및 학교, 지역사회.

② '와/과'는 接續副詞(접속부사)로서 앞말과 뒷말이 對等(대등)할 때 쓴다. 'A와 B'는 'B와 A'와 그 의미가 똑같다.

예 아버지와 어머니. 남편과 부인. 한국과 중국 관계.

(45) 바람 / 바램

① '바람'은 희망・기원을 나타내는 '바라다'의 語幹(어간) '바라'에 명사형 어미 'ㅁ'이 결합된 명사이다.

예 우리의 바람은 만남이었어. 한국인 모두의 바람은 남북통일이다. 네가 잘 되길 바라. ※ "누가 남의 귀한 자식을 나무래?"라고 할 때 '나무래'도 '나무라'가 맞다. '나무라다'의 語幹(어간)인 '나무라–'에 語尾(어미) '–아'가 결합하면 '나무라'가 되기 때문이다.

② '바램'은 變色(변색) · 退色(퇴색)을 나타내는 '바래다'의 어간 '바래'에 명사형 어미 'ㅁ'이 결합된 명사이다.

예 이 단청은 바램이 심하다. 색동옷이 빛깔의 바램으로 희게 보인다.

(46) 바치다 / 받치다 / 받히다 / 밭치다

① 바치다 : 위를 향해 무언가를 드리다.

예 나라를 위해 목숨을 바쳤다. 임금님께 예물을 바치다.

② 받치다 : '받다'에 강세접사 '–치–'가 결합된 말. '받다'의 힘줌말.

예 공책 밑에 책받침을 받쳤다. 우산을 받치다. 그릇을 받쳐 들다. 두 손으로 머리를 받치고 누워 있다

③ 받히다 : '받다'에 피동접사 '–히–'가 결합된 말. 떠받음을 당하다.

예 쇠뿔에 받혔다. 기둥에 머리를 받히다. 소에게 받히다.

④ 밭치다 : '밭다'의 힘줌말. 구멍이 뚫린 물건 위에 국수 · 채소 따위를 올려 물기를 뺀다.

예 술을 체에 밭친다. 삶은 국수를 찬물에 헹궈 체에 받쳐 놓았다. 씻은 상추를 채반에 밭쳤다.

(47) 반드시 / 반듯이

① '반드시'는 '어떤 일이 틀림없이 그러하다'라는 뜻이다.

예 약속은 반드시 지켜야 한다. 적을 얕보면 반드시 진다.

② '반듯이'는 '작은 물체의 어디가 귀가 나거나 굽거나 울퉁불퉁하지 않고 바르다, 물건의 놓여 있는 모양새가 기울거나 비뚤지 않고 바르다.'는 뜻을 나타낸다.

예 허리를 반듯이 펴세요. 고개를 반듯이 드세요.

(48) 賠償(배상) / 補償(보상) / 報償(보상)

① '賠償(배상)'은 남에게 입힌 손해를 물어준다는 뜻으로서 법률에서는 '남의 권리를 침해한 사람이 그 손해를 물어 주는 일'을 뜻한다. 곧 '불법 행위에 의하여 가하여진 재산상의 손해를 補塡(보전)하는 일'을 말한다.

예 법원이 시동 꺼짐 현상이 나타난 벤츠 승용차 차주에게 판매사가 2억원을 배상하라고 결정했다. 인터넷에서 타인의 명예를 훼손한 사람에게 법원이 2000만원을 피해자에게 배상하라는 판결을 내렸다. 정부가 안전사고를 일으킨 건설업체에 피해액의 세 배까지 책임을 묻는 징벌적 손해배상제를 도입하기로 했다.

② '補償(보상)'은 법률에서는 '국가 또는 공공 단체가 국민이나 주민에게 適法(적법)하게 가한 재산상의 손실을 갚아 주기 위하여 제공하는 代償(대상)'을 뜻한다. 심리학에서는 '신체적으로나 정신적으로 열등함을 의식할 때, 다른 측면의 일을 잘 해내서 그것을 보충하려는 마음의 작용'을 뜻한다.

예 금강유역환경청은 상수원 수질개선을 위해 연접지역 토지 매수 시 영업손실을 보상한다. 수난 구조 업무 중 부상을 당하면 국가가 치료하게 되며 보상기준에 해당하면 보상금도 지급된다. 세월호 침몰사고로 인한 어업 피해에 대해 완도군 어민들이 정부에 어업권 보상을 청구하였다. 의약품 부작용으로 장애가 발생하면 별도의 소송 없이 보상금을 받을 수 있다. 미국 볼티모어 시 당국이 지난 4월 폭동 때 도움을 준 인접 지역 경찰과 소방 기관에 모두 180만 달러를 보상하기로 했다. 그녀는 싹슬이 쇼핑으로써 열등감을 보상받으려 했다.

③ '報償(보상)'은 '어떤 것에 대한 代價(대가)로 갚는다', '남에게 진 빚 또는 받은 물건을 갚는다'. 심리학에서는 '행위를 촉진하거나 학습 분위기를 조성하기 위하여 사람이나 동물에게 주는 물질이나 칭찬' 등의 뜻이 있다.

예 노고에 대해 보상을 받다. 어머니에게는 아들의 성공이 그동안 겪은 고생에 대한 보상이었다. 빌린 돈의 보상이 어렵게 되었다. 대한제국 때 國債報償運動(국채보상운동)을 벌였다. 양산시는 시내 도로변에 무단으로 부착된 불법 광고물을 수거해 오면 보상금을 주겠다고 발표했다. 교육감은 일상적인 교육활동에 전념한 교사들이 보상을 받고 승진 기회를 갖게 하겠다고 말했다.

(49) 벌이다 / 벌리다

① '벌이다'는 '일을 베풀어 놓다'나 '죽 늘어놓다'의 뜻이다.

예 일을 벌이다. 싸움을 벌이다. 사업을 벌이다. 화투짝을 벌여 놓다.

② '벌리다'는 '두 사이를 떼어 넓히다'의 뜻이다.

예 입을 벌리다. 밤송이를 벌려 알밤을 꺼내다. 자루를 벌려라.

(50) 保佑(보우) / 保護(보호) / 保安(보안)

① '保佑(보우)'는 '보호하고 돕는다'는 뜻이다.

예 하느님이 保佑(보우)하사 우리나라 萬歲(만세). 신의 보우로 살아났다.

② '保護(보호)'는 '약한 것을 잘 돌보아 지킨다'는 뜻이다.

예 어린이 보호 구역. 인디안 보호 구역. 자연보호 활동을 하다. 정부는 멸종위기 생물을 보호하기 위해 힘써야 한다.

③ '保安(보안)'은 '사회의 안녕과 질서를 지킨다'는 뜻이다.

예 정보유출에 대한 경각심이 높아지면서 국내 대기업들이 자체적인 보안시스템 개발에 나서고 있다. 울산항만공사는 외국인 선원의 밀입국을 막고 보안근무자의 경비보안 능력을 배양하기 위해 항만보안 훈련을 실시했다. 관제실은 출입증과 지문 인식으로 2중 보안장치가 설치돼 있다.

(51) 保存(보존) / 保全(보전) / 補塡(보전)

① '保存(보존)'은 '잘 지니어 상하거나 없어지지 않도록 하다'는 뜻이다.

예 유물을 잘 保存(보존)해야 한다. 전통문화 보존은 한자 없이는 안 된다.

② '保全(보전)'은 '온전하게 잘 지키거나 지닌다'는 뜻이다.

예 영토를 保全(보전)해야 한다. 자연 생태계 보전에 힘써야 한다.

③ '補塡(보전)'은 '부족한 부분을 보태어 채운다'는 뜻이다.

예 赤字(적자)를 補塡(보전)하다. 투자 손실을 부동산을 팔아 보전했다.

(52) 뵈다 / 봬다

① '보다'의 피동사인 '보이다'를 줄이면 '뵈다'가 된다. '뵈다'는 별도의 명사가 되어 아랫사람이 윗사람을 만나는 일을 나타낸다. '뵈다'에 연결어미 '-어'가 결합되면 '뵈어'가 되고, 줄이면 '봬'가 된다.

예 선생님을 뵈었다. 선생님을 뵀다. 눈치가 뵈다. 눈에 뵈는 게 없다.

② '뵈다'에 假定(가정) · 讓步(양보)의 뜻을 나타내는 어미 '-어도'가 결합하면 '뵈(보이)어도 → 봬도'가 된다. 그래서 '이레뵈도'는 틀리고 '이래봬도'가 맞다.

예 이래봬도 나도 왕년에 한가락한 사람이다. 종종 찾아봬도 될까요?

(53) 부딪치다 / 부딪히다

① 부딪치다 : '부딪다'에 强勢(강세) 接尾辭(접미사) '치'가 결합되어 '부딪다'의 힘준말이 된다.

예 차와 차가 부딪쳤다. 취객이 몸을 부딪치며 시비를 걸어왔다.

② 부딪히다 : '부딪다'에 피동형 접미사 '히'가 결합되어 '부딪힘을 당하다'의 뜻이 된다.

예 승용차가 트럭에 부딪혔다. 타이타닉호가 빙산에 부딪혀 가라앉았다.

(54) 部分(부분) / 部門(부문)

① '部分(부분)'은 전체의 일부.

예 인체는 크게 머리 · 몸통 · 팔다리의 세 부분으로 나뉜다.

② '部門(부문)'은 문화 · 예술 · 학술 분야 등에서 정해진 기준에 따라 분류해 놓은 것.

예 올해 아카데미상 시상식에서는 영화 '맘마미아'가 4개 부문을 석권했다.

(55) 붙이다 / 부치다

① '붙이다'는 '붙게 하다', '관계를 맺게 하다', '말을 걸다', '뺨을 때리다' 등의 뜻이다.

예 봉투에 우표를 붙이다. 흥정을 붙이다. 불을 붙이다. 꽃꽂이에 취미를 붙이다. 조건을 붙이다. 별명을 붙이다. 정부는 개헌을 국민투표에 붙였다. 개혁 정책을 밀어붙였다.

② '부치다'는 '편지나 물건을 보내다', '힘이 부족하다', '의논 대상으로 내놓다', '논밭을 다루다' 등의 뜻이다.

예 힘이 부치다. 편지를 부치다. 논밭을 부치다. 빈대떡을 부치다. 식목일에 부치는 글. 안건을 회의에 부치다.

(56) 비추다 / 비치다 / 비취다

① '비추다'는 '빛을 내는 물체가 다른 물체에 빛을 보내다'는 뜻이다.

예 달빛이 잠든 아이 얼굴을 비추고 있다. 손전등으로 그의 얼굴을 비추었다. 촛불이 방 안을 따뜻하게 비춘다. 얼굴을 거울에 비추어 보았다.

② '비치다'는 '빛이 나서 환하게 되다'는 뜻이다.

예 손전등에 비친 얼굴이 낯익었다. 이상한 불빛이 비쳤다 사라졌다. 창문에 꽃 그림자가 비치었다. 황진이는 살결이 비치는 옷을 입었다. '바빠서 그 모임엔 얼굴이나 비치고 와야겠다.

③ '비춰다'는 '비추다'의 被動形(피동형)인 '비추이다'의 준말로 '비추임을 당하다'는 뜻이다. '비취다'는 목적어를 가질 수 없다.

예 햇살이 얼굴에 비추이다. 햇살이 얼굴을 비취다.

(57) 빛 / 볕

① '빛'은 光(광)·色(색)을 나타낸다.

예 강물 빛이 파랗다. 햇빛에 눈이 부시다.

② '볕'은 '陽(양)'으로서 햇빛으로 말미암아 생기는 따뜻하고 밝은 기운을 나타낸다.

예 볕 바른 남향집에 산다. 볕이 좋아 곡식이 잘 익었다. 햇볕이 따뜻하다. 햇볕에 옷을 말린다.

(58) 빠르다 / 이르다

① '빠르다'는 '어떤 동작을 하는 시간이 짧다'는 뜻으로 速度(속도)를 말한다.

예 나는 걸음이 빠르다. 교통사고 환자의 회복속도가 빠르다. KTX는 서울에서 光州(광주)를 1시간 30분 만에 갈 정도로 빠르다.

② '이르다'는 '계획된 때보다 앞서 있다'는 의미로 時機(시기)를 말한다.

예 黑字(흑자) 전환은 일러야 내년이겠다. 아버지가 빨리 돌아가셨다(→ 이르게, 일찍). 한국이 노벨상을 받는 것은 빨라도 10년 안에는 힘들다(→ 일러도).

(59) 使用(사용) / 利用(이용)

① '이용'는 '대상을 필요에 따라 **이롭게** 씀'의 뜻이다.

예 출근은 지하철 이용(사용×)을 권장한다. 비행기 이용.

② '사용'은 '대상을 일정한 **목적과 기능에 맞게** 씀'의 뜻이다.

예 지하철에서는 핸드폰 사용(이용×)을 금지한다. 신용카드 사용.

※ 이롭게 쓰는 것과 기능에 맞게 쓰는 것이 가능한 문장에서는 '비둘기를 통신용으로 사용(이용)', '지렁이를 미끼로 사용(이용)'처럼 '이용'과 '사용'을 모두 쓸 수 있다.

(60) 사이시옷(사이 'ㅅ')

① '한자어+한자어' 방식에는 사이시옷을 적지 않는다. 다만 다음 6개 단어만은 예외로 사이시옷을 적는다.

예 찻간(車間), 툇간(退間), 곳간(庫間), 셋방(貰房), 횟수(回數), 숫자(數字). ※ [대:까]로 발음되는 代價를 '대가'로 적는 것은 어색하다.

② 뒷말의 첫소리가 된소리로 발음되는 것에는 'ㅅ'을 넣는다.

예 갓길, 귓병, 깃발, 나뭇가지, 윗집, 아랫집, 조갯살, 부챗살, 전셋집, 햇수 등. ※ 진돗개, 장맛비, 귀갓길, 사잣밥, 피맛골, 만홧가게 등은 어색하다.

③ 뒷말의 첫소리가 'ㄴ·ㅁ'이나 모음으로 시작하는 단어 중에서 ㄴ소리가 덧붙여 발음되거나 ㄴ소리가 두 개 겹쳐 발음될 때는 'ㅅ'을 넣는다.

예 나뭇잎, 예삿일, 아랫니, 제삿날, 곗날, 잇몸, 빗물, 시냇물, 베갯잇, 베갯모 등.

(61) 소고기 / 쇠고기 : 複數標準語(복수표준어)

둘 다 표준어로 인정한다. 이를 '複數標準語(복수표준어)'라고 한다. 단 '쇠고기'는 [쇠:고기]로 길게 발음한다. 복수표준어에는 다음과 같은 것들이 있다.

예 만날/맨날, 오른손/바른손, 목물/등물, 토담/흙담, 복사뼈/복숭아뼈, 짜장면/자장면, 장난감/놀잇감, 속병/속앓이, 鳳仙花(봉선화)/봉숭아, 멍게/우렁쉥이, 반딧불이/개똥벌레, 허접스럽다/허접하다, 딴죽/딴지, 섬뜩하다/ 섬찟하다, 꾀다/꼬시다, 외다/외우다, 개개다/개기다, 가엽다/가엾다, 간질이다/간지럽히다, 날개/나래, 사그라지다/사그라들다, 서럽다/섧다. -트리다/-뜨리다, -거리다/-대다, (-지) 마. 마라 / '(-지) 말아/말아라 등.

(62) 숟가락 / 숫가락

'숟가락'의 '숟'은 원래 '술'이다. "한 술 밥에 배부르랴?", "밥 한 술 더 뜨지?", "큰 술로 하나 넣으세요."처럼 지금도 쓰인다. 그 '술'이 '가락'과 결합되면서 '술+가락'의 '술-'이 [숟]으로 발음되면서 표기도 '숟'으로 바뀐 것이다. '사흘'+'날'이 '사흗날', '설'+'달'이 '섣달', '바느질'+'고리'가 '반짇고리'이 되는 원리와 같다. ※ '엇셈, 웃어른, 돗자리, 덧저고리, 핫옷'은 '엇+셈', '웃+어른', '돗+자리', '덧+저고리', '핫+옷'이므로 다르다.

(63) 쌍룡 / 쌍용 : 頭音法則(두음법칙)

① '龍'의 원음은 '룡'이다. '룡'이 1음절에 올 때는 頭音法則(두음법칙)에 따라 '용궁'처럼 쓴다. 하지만 2음절 이하에서는 원음대로 '쌍룡 · 청룡 · 황룡' 처럼 쓰는 게 맞다. 그래서 '쌍용'은 틀리다. 하지만 사기업이 쓰는 것은 자유로서 허용한다.

② '律'의 원음은 '률'이다. '列'의 원음은 '렬'이다. '률'이 1음절에 올 때는 頭音法則(두음법칙)에 따라 '율법'처럼 쓴다. 하지만 2음절 이하에서는 원음대로 '-률'을 붙여 '도덕률 · 황금률 · 취업률 · 입학률 · 합격률'처럼 쓴다. '宣銅烈'도 '선동렬'로 적는 것이 옳다. 다만 모음이나 'ㄴ' 받침 뒤에 이어지는 '렬, 률'은 '열, 율'로 적는다. '羅列(나열) · 齒列(치열) · 卑劣(비열) · 分裂(분열) · 陳列(진열) · 比率(비율) · 規律(규율) · 旋律(선율) · 戰慄(전율) · 百分率(백분율)'이 그 보기이다.

③ '老'는 '늙을 로'이다. 1음절에서는 '老人'이 '노인'이 되지만 2음절 이하에서는 '敬老堂'이 '경로당', '養老院'이 '양로원'이 된다.

④ '陵'은 '큰 언덕 릉'이다. 1음절에서는 '陵寢'이 '능침'이 되지만 2음절 이하에서는 '貞陵'은 '정릉', '東九陵'은 '동구릉'이 된다.

⑤ '欄'은 '난간 란'이다. 1음절에서는 '欄干'이 '난간'이 되지만 2음절 이하에서는 '空欄'은 '공란', '經濟欄'은 '경제란', '家庭欄'은 '가정란'이 된다.

⑥ '朗'은 '밝을 랑'이다. '朗朗'이 똑같은 한자를 겹쳐 적어도 '낭랑'이 되는 것은 1음절은 두음법칙에 따라 적고 2음절은 원음을 적기 때문이다. 마찬가지로 '冷冷'도 '냉랭'으로, '喜喜樂樂'도 '희희낙락'으로 적는다.

⑦ '黃祐呂'는 '황/우여'가 아니라 '황/우려'가 맞다. '呂'가 '음률 려'자이고 3음절은 두음법칙의 적용을 받지 않기 때문이다.

(64) 쓰여 / 씌어

① '쓰다'는 한자로 '用(용)'과 '書(서)'의 두 가지 뜻이 있다. '用(용)'의 뜻이 피동형이 되면 '쓰+이+다'가 된다. 활용하면 '쓰이어'가 되고 줄면 '쓰여'가 된다.

예 감초는 오래전부터 한약재로 쓰여 왔다. 업무추진비 상당 부분이 개인의 경조사비로 쓰여 졌다. "돼지창자가 피임기구로 쓰여?". 짧은 치마가 자꾸 신경 쓰여요.

② '쓰다'가 '書(서)'의 뜻으로 피동형이 되면 '쓰+이+다'가 된다. 활용하면 '쓰이어'가 되고 줄면 '씌어'가 된다.

예 한문이 行書(행서)로 씌어 있다. 메모지에 따뜻한 한마디가 쓰여 있다(→ 씌어). 여기에 뭐라고 쓰여 있는 거지?(→ 씌어). 미술관이 1947년에 그 작품을 구입했다고 쓰여 있었다(→ 씌어).

(65) 아는 체하다 / 알은체하다

① '아는 체하다'는 "알지 못하면서 알고 있는 듯한 태도를 취하다"는 뜻이다. '아는 체하다'와 '아는 척하다'는 동의어이다.

예 모르면서 아는 체하다가 망신만 당했다. 모르면 아는 척하지 말고 가만히 있어.

② '알은체하다'는 '(남의 일에 대하여) 관계가 있는 듯한 태도를 보이다'의 뜻이다. '알은체하다'와 '알은척하다'는 동의어이다.

예 친구가 알은체하며 말을 걸어 왔다. 그는 우리 집 사정을 알은척했다.

(66) 안 / 않

① '안'은 용언 앞에 붙어 부정 또는 반대의 뜻을 나타내는 副詞(부사) '아니'의 준말이다. 서술어를 꾸민다.

예 안 간다, 안 먹는다, 안 어울린다, 공부 안 한다. 담배 안 핀다.

② '않다'는 동사・형용사 아래 붙어 否定(부정)의 뜻을 더하는 補助用言(보조용언) '아니하다'의 준말이다. '않'은 그 語幹(어간)이다.

예 나는 울지 않았다. 세상일은 쉽지 않다. 먹지 않다.

(67) 알맞은 / 맞는

① 형용사와 결합하는 관형사형 어미는 '~은/~ㄴ'이다.

'알맞다'는 형용사이다. 그래서 '알맞은'이 맞다. 형용사 '작다, 걸맞다, 올바르다'는 '작은 집, 걸맞은 말씨, 올바른 자세'로 활용한다. 알맞은(○) 알맞는(×).

② 동사와 결합하는 관형사형 어미는 '–는'이다.

동사 '먹다, 맞다, 잠자다'는 '먹는 물, 맞는 답, 잠자는 공주'로 활용한다. 맞는(○), 맞은(×). ※ 알맞지 않은 일 / 맞지 않는 일. ※ '먹는 밥'은 현재형이고 '먹은 밥'은 과거형이다.

(68) 어떻게 / 어떡해

① '어떻게'는 '어떠하게'가 줄어든 말이다.

예 보고서는 어떻게 쓰니? 너 어떻게 된 거냐? 자동차는 어떻게 운전하니?

② '어떡해'는 '어떻게 해'가 줄어든 말이다.

예 지금 나 어떡해? 이 일을 어떡해? 일을 그렇게 처리하면 어떡해?

(69) -어라 / -(으)라

① '-어라.'는 口語體(구어체)나 상대방을 앞에 놓고 말하는 직접 명령에 쓴다. '-아라/-어라/-여라'로 변화한다.

예 제발 참아라. 천천히 먹어라. 이제 쉬어라. 잠 좀 자라. 열심히 하여라.

② '-(으)라.'는 文語體(문어체)나 간접 명령에 쓴다. 간접 명령은 남의 말을 전달하거나 시험지·책·게시판·신문·tv 등 媒體(매체)를 통해 간접적으로 하는 명령이다.

예 알맞은 답을 고르라. 열심히 공부하는 학생들의 앞날에 영광 있으라.

(70) -에요 / -예요 : 敍述格助詞(서술격조사) 活用(활용)

① 받침이 없을 때 : -예요, -여요. (받침 없는 체언 뒤)

예 저+이에요/이어요(→ 예요/여요) → 저예요/저여요. 학교예요/학교여요. 친구예요/친구여요. 형제예요/ 형제여요. 코예요/코여요.

② 받침이 있을 때 :-이에요, -이어요. (받침 있는 체언 뒤)

예 책+이에요/이어요 → 책이에요/책이어요. 장남-이에요/장남-이어요. 사랑이에요/사랑이어요. 집이에요/집이어요. 꽃이에요/꽃이어요. ※ '-이에요/ -이어요'는 '-여요/-예요'로 줄어들지 않는다.

③ 아니다 : 아니+에요. 아니+어요.

예 아니에요, 아녜요 / 아니어요, 아녀요.

(71) 예 / 옛

① 예는 '옛적, 오래 전'이란 뜻을 지닌 명사다.

예 예부터 전해 오는 미풍양속이다. 예스러운 멋을 지니고 있다.

② 옛은 '지나간 때의'라는 뜻을 지닌 冠形詞(관형사)로서 뒷말을 꾸민다.

예 옛 친구. 옛 자취. 옛 추억. 옛날이 좋았지. 옛이야기는 재미있다.

(72) 오뚝이 / 뻐꾸기

① 한글맞춤법 제23항은 '-하다'나 '-거리다'가 붙은 어근에 '-이'가 붙어서 명사가 된 것은 그 원형을 밝혀 적는다고 규정한다.

예 오뚝이, 홀쭉이, 살살이, 쌕쌕이, 꿀꿀이, 코납작이, 배불뚝이, 더펄이.

※ 하지만 식품회사의 이름으로 '오뚜기'를 쓰는 것은 기업의 자유로서 허용한다.

② '-하다'나 '-거리다'가 붙을 수 없는 어근에 '-이'나 다른 모음으로 시작되는 접미사가 붙어서 명사가 된 것은 그 원형을 밝혀 적지 않는다.

예 개구리, 귀뚜라미, 기러기, 깍두기, 꽹과리, 날라리, 누더기, 동그라미, 두드러기, 딱따구리, 매미, 부스러기, 뻐꾸기, 얼루기.

(73) 왠지 / 웬

① '왠지'는 의문·이유를 나타내는 의문사 '왜'와 어미 '(이)ㄴ지'가 결합한 副詞(부사)이다.

예 왠지 좋은 일이 생길 것 같다. 왠지 불길한 예감이 든다.

② '웬'은 '어찌 된, 어떠한'의 뜻을 가진 冠形詞(관형사)이다.

예 이게 웬 떡이냐? 우리 집에 웬 사람들이 이리 많니? 웬 일이니?

(74) 運營(운영) / 運用(운용)

① '運營(운영)'은 '어떤 일이나 조직을 다루고 움직여 나가다'는 뜻이다.

예 草堂大(초당대)는 신입생을 대상으로 학교적응 프로그램 '다함께 jump up!'을 운영했다. 경찰서는 여성 대상 강력 범죄 근절을 위한 '생활치안 진단팀'을 운영한다. 화물차 주차장이 운영을 시작했다.

② '運用(운용)'은 '돈·물건·제도 등의 기능을 부리어 쓰다'는 뜻이다.

예 국민 연금의 기금은 안전성 위주로 운용해야 한다. 북한강 수계 댐들이 댐 운용에 초비상이 걸렸다. 인천시가 군·구 관련 시 예산을 일방적으로 운용하겠다는 방침을 밝혔다.

(75) 運命(운명) / 殞命(운명) / 幽冥(유명)

① '運命(운명)'은 '초인간적인 힘에 의해 결정된 운세와 목숨'을 뜻한다.

예 앞날은 운명에 맡기자. 조국의 운명을 짊어졌다.

② '殞命(운명)'은 '사람의 목숨이 끊어지다' 곧 '죽음'의 뜻이다.

예 방금 殞命(운명)하셨습니다. 그는 유언도 못 남기고 운명했다.

③ '幽冥(유명)'은 '저승과 이승'을 뜻한다.

예 그는 어제 幽冥(유명)을 달리했다. 유명이 달라 고인을 못 뵌다.

(76) 웃어른 / 윗어른

① 기본 원칙 : '윗'을 원칙으로 하여 적는다.

예 윗도리, 윗니, 윗입술, 윗변, 윗배, 윗눈썹, 윗집, 윗간, 윗가지, 윗몸, 윗사람 등.

② 원칙1 : '아래 · 위'의 대립이 없는 단어는 '웃-'으로 적는다.

예 웃어른, 웃국, 웃자람, 웃돈, 웃옷, 웃기 등.

② 원칙2 : 거센소리나 된소리로 발음되는 단어 앞에서는 '위-'로 적는다.

예 위짝, 위쪽, 위채, 위층 등.

(77) -이 / -히 : 副詞化(부사화)

① 대개 '-하다' 붙는 말은 '-히'로 적는다.

예 급히(← 급하다), 똑똑히(← 똑똑하다), 꾸준히(← 꾸준하다), 端正(단정)히(← 단정하다), 깔끔히, 불쌍히, 쓸쓸히, 우울히, 허전히, 심심히, 따분히, 멍청히, 熱心(열심)히, 明白(명백)히, 凄凉(처량)히, 悽慘(처참)히, 相當(상당)히, 無聊(무료)히 등.

② 대개 '-하다'가 붙지 않은 말은 '-이'로 쓴다.

예 일찍이, 더욱이, 외로이, 괴로이, 즐거이, 기꺼이, 히죽이, 생긋이, 간간이, 겹겹이, 곳곳이, 알알이, 일일이, 줄줄이, 곰곰이 등.

③ 다음의 단어는 '-하다'가 붙는 말이지만 '-이'로 적는다.

예 깨끗이, 너부죽이, 느긋이, 따뜻이, 뚜렷이, 반듯이, 번듯이, 버젓이, 빠듯이, 산뜻이, 지긋이, 큼직이.

(78) 이따가 / 있다가

① '이따가'는 "조금 뒤에"

예 이따가 보자. 이따가 줄게. 이따가 같이 가자.

② '있다가'는

예 하루 종일 집에 있다가 뭐하고서 이제야 하겠다고 나서니?

(79) -이오 / -이요

① '-오.'는 설명, 의문, 명령, 청유의 뜻을 나타내는 終結語尾(종결어미)이다.

예 이것은 공책이오. 어서 오시오. 따님이 참 예쁘오. 비가 오려나 보오. 얼마나 心慮(심려)가 크시오? 빨리 집으로 돌아가시오. 공사 중이니 돌아가 주십시오.

② '-요.'는 어떤 사물이나 사실 따위를 열거할 때 쓰는 連結語尾(연결어미)이다.

예 이것은 공책이요, 저것은 연필이요, 그것은 책이다.

③ '-요.'은 듣는 사람에게 존대의 뜻을 나타내는 補助詞(보조사)로 쓰기도 한다.

예 돈이 없어요. 함께 가시지요. 기분이 좋아요. 먼저 하시지요.

※ 비슷한 보기로 '아니오.'·'아니요.'의 구분을 들 수 있다. '아니오.'는 敍述語(서술어), '아니요.'는 感歎詞(감탄사)이다. ① 그것은 내 잘못이 아니오. ※ '아니오'는 마침표를 찍어야 한다. ② "숙제 다 했니?" "아니요(아뇨), 조금 남았어요." 다음 문제에 대하여 '예, 아니요'로 대답하시오. ※ '아니요'는 감탄사이고 독립어이므로 쉼표를 찍어야 한다.

(80) 一切(일절) / 一切(일체)

① 一切(일절)은 '아주' '전혀' '절대로'의 뜻이다. 否定的(부정적)인 내용과 어울려 쓰인다. ※ '切'은 '끊을 절'

예 외상 일절 사절. 일절 연락을 끊었다. 일절 간섭하지 마라. 북한과 交易(교역)하는 것을 일절 금지한다.

② 一切(일체)는 '모든 것'·'모두 다'를 뜻한다. ※ '切'은 '모두 체'

예 안주 일체. 일체 책임을 지다. 재산 일체를 기부하다. 지나간 일은 일체 털어 버리자.

(81) 일찍이 / 일찌기

'일찍이'가 맞다. 한글 맞춤법 제25항에 부사에 '-이'가 붙어서 부사가 되는 경우에는 그 어근이나 부사의 원형을 밝히어 적는다는 규정이 있다.

예 더욱이, 곰곰이, 생긋이, 히죽이, 팍팍이, 움푹이, 씽긋이, 뾰족이, 산뜻이, 빙긋이, 불쑥이, 불룩이, 방긋이, 삐쭉이, 넙죽이, 가뜩이 등.

(82) 잇달다 / 잇따르다 : 일종의 복수 표준어

① "어떤 사건이나 행동 따위가 이어 발생하다"의 뜻일 때는 '잇달다, 잇따르다, 연달다'를 함께 쓸 수 있다. 다만 "이어 달다"의 뜻일 때는 '잇달다'만 가능함

예 청문회가 끝난 뒤에 증인들에 대한 비난이 잇따랐다/잇달았다/연달았다. 기관차에 객차들을 잇달았다. 장군은 훈장에 훈장을 잇단 복장으로 등장하였다.

② "움직이는 물체가 다른 물체의 뒤를 이어 따르다"라는 뜻일 때에는 '잇따르다'가 자연스럽다.

예 잇따른/잇단(← 잇달-+-ㄴ)/연단(← 연달-+-ㄴ) 범죄 사건들 때문에 밤길을 다니기 두렵다. 석교를 지나자마자 초가지붕의 꼴을 벗지 못한 주점과 점포들이 잇따라/잇달아/연달아 나타났다.

(83) 있음 / 있습니다

'있다'의 명사형 표기는 '있음'이 맞다. '-(으)' 명사형 어미의 표기는 자음 뒤에서는 '-음', 모음 뒤에서는 'ㅁ'으로 적는다. 표준어 규정 제17항의 終結語尾(종결어미) '-습니다'와는 무관하다. 명사형 표기로는 '-음'을 적어야 하고 종결 어미의 표기로는 '-습니다'를 적어야 한다. 1988년 한글맞춤법 개정 때 '-읍니다'가 '-습니다'로 바뀌었다.

(84) 작다 / 적다

① '작다[小]'는 '크다[大]'의 상대어이다. '작다'는 부피 · 길이 · 넓이 · 키 · 소리 · 인물 · 도량 · 규모 등이 보통에 미치지 못할 때 쓴다.

예 작은 키. 작은 연필. 작은형은 과학자이다. 구두가 작다. 아무리 작은 일도 소홀히 해서는 안 된다. 작은 아버지. 작은 아기. 작은 딸. 작은 아들. 작은 집 등

② '적다[少]'는 '많다[多]'의 상대어이다. '적다'는 分量(분량) · 數爻(수효) 등 量(양)이 보통에 미치지 못할 때 쓴다.

예 재미가 적다. 사람의 수효가 너무 적다. 봉급이 너무 적어서 結婚(결혼)을 포기했다. 경험이 적은 사람은 큰 일이 버겁다.

(85) 장이 / 쟁이

① '-장이'는 일부 명사 뒤에 붙어 그것과 관련된 기술을 가진 사람의 뜻을 더

하는 접미사이다.

예 땜장이, 유기장이, 석수장이, 대장장이, 간판장이, 미장이, 양복장이, 옹기장이, 칠장이, 가구장이, 갓장이, 구두장이, 기와장이, 단청장이, 도배장이, 도장장이, 땜장이, 무두장이, 소목장이, 시계장이, 시위장이, 염장이, 옥장이, 은장이, 조선장이, 토기장이, 풍물장이 등.

② '-쟁이'는 일부 명사 뒤에 붙어 그것이 나타내는 속성을 많이 가진 사람의 뜻을 더하는 접미사이다.

예 거짓말쟁이, 겁쟁이, 수다쟁이, 멋쟁이, 고집쟁이, 떼쟁이, 무식쟁이, 담쟁이, 고자쟁이, 뚜쟁이, 사주쟁이, 아첨쟁이, 아편쟁이, 안경쟁이, 연극쟁이, 엄살쟁이, 연애쟁애, 오입쟁이, 옴쟁이, 욕쟁이, 욕심쟁이, 월급쟁이, 점쟁이, 중매쟁이, 참견쟁이, 트집쟁이, 풍각쟁이, 풍수쟁이, 흉내쟁이 등. ※ 다만 '그림쟁이, 환쟁이, 상쟁이, 관상쟁이, 글쟁이, 말쟁이'는 관습상 '-쟁이'로 쓴다.

(86) 才媛(재원) / 才士(재사)

① '才媛(재원)'은 재주 있고 아름다운 처녀를 가리킨다. 그런데 근래 신문이나 예식장의 주례사에서 "최 군은 장래가 촉망되는 재원이다." 같은 잘못된 사용을 가끔 접한다. 이 자리에는 '才媛(재원)' 대신에 '才士(재사)'를 써야 맞다.

② 비슷한 경우로 '妙齡(묘령)'이라는 낱말도 있다. '妙齡(묘령)'은 "스무 살 안팎의 여자 나이"를 나타내는 말로서 '芳年(방년)'과 바꿔 쓸 수 있는 말이다. 그런데 중년의 여인을 "묘령의 여인"이라고 잘못 쓰는 글들을 보게 된다. 이는 "중년의 여인"이라고 정확히 적어야 한다.

(87) 젖히다 / 제치다

① '젖히다'는 '안쪽이 겉면으로 나오게 하다, 몸의 윗부분이 뒤로 젖게 하다, 속의 것이 겉으로 드러나게 열다.'의 뜻이다.

예 형이 대문을 열어 젖히고 들어 왔다, 몸을 뒤로 젖혀라. 모자를 젖혀 쓰고, 힘껏 달렸다. 몸을 이리 젖히고 저리 젖혔다.

② '제치다'는 '거치적거리지 않도록 치우다, 어떤 대상이나 범위에서 빼다.'의 뜻이다.

예 이불을 옆으로 제쳐 놓았다. 그 사람은 아예 제쳐 놓은 사람이다. 이 일은 일단 제쳐 놓고 급한 일부터 먼저 하자.

(88) 操縱(조종) / 調整(조정)

① 操縱(조종)은 기계나 사람·사물을 자기 마음대로 다루는 것.

예 操縱士(조종사)가 비행기를 操縱(조종)한다. 배후에서 그 일을 조종했다.

② 調整(조정)은 상황을 뜻대로 바꾸는 일.

예 검찰은 時勢調整(시세조정) 혐의로 증권사 직원 6명을 拘束(구속)했다.

(89) 좇다 / 쫓다

① 실제적인 공간의 이동이 없으면 '좇다'를 쓴다.

예 스승의 가르침을 좇다. 돈과 명예를 좇다. 아버지의 뜻을 좇아 가업을 이었다.

② 실제적인 공간의 이동이 있으면 '쫓다'를 쓴다.

예 강아지가 병아리를 쫓아가다. 경찰관이 강도를 쫓아가다. 후발대가 선발대를 바로 쫓았다.

(90) 主管(주관) / 主催(주최)

① '주관'은 행사나 모임 따위의 책임과 지원, 전체적인 관리를 하는 것이다. ※ 보통 상위 기관이 '주관'하는 기관이 되고, 하위 기관이 '주최'하는 기관이 된다.

예 이번 일은 자네가 主管(주관)하게. 주관 단체.

② '주최'는 그런 행사나 모임의 실무적인 일을 기획하고 담당하는 것이다.

예 이번 公聽會(공청회)는 교육부가 主管(주관)하고 교육과정평가원이 主催(주최)했다. 전경련이 다보스포럼에서 '한국의 밤' 행사를 주최했다.

(91) −지 마라 / −지 말아라 : 복수 표준어

'−지 말아라'와 '−지 마라', '−지 말아'와 '−지 마'는 본말과 준말 관계이다. 국립국어원이 2015년까지는 준말만 표준어로 인정했다. 하지만 2016년부터는 본말과 준말 모두 복수표준어로 인정하기로 바꾸었다.

예 떠들지 마라(← 말−+−아라). / 떠들지 말아라. 떠들지 마. / 떠들지 말아.

(92) 參席(참석) / 參加(참가) / 參與(참여)

① '參席(참석)'은 작은 규모의 모임이나 회의에 함께 해 자리를 차지하는 것.

예 이번 음악회에는 세계 30여 개국에서 100여 명의 음악가가 참석했다.

② '參加(참가)'는 행사 · 대회 등 큰 규모의 일에 어울리는 것.

예 88 서울올림픽에는 세계 160개 IOC회원국에서 1만 3,626명의 선수단이 참가했다.

③ '參與(참여)'는 '현실 참여' '경영 참여' 등처럼 어떤 일에 끼어들어 관계하는 것.

예 나는 한글전용을 撤廢(철폐)해서 한국어를 正常化(정상화)하는 일에 참여했다.

(93) 채 / 체

① '채'는 의존명사로서 '-ㄴ' 뒤에서 '이미 있는 그대로'의 뜻으로 쓰인다.

예 불을 켠 채(로) 잠을 잤다. 그는 신을 신은 채(로) 방으로 들어왔다.

② '체'는 '체하다'로만 쓴다. '체하다'는 '척하다, 듯하다' 등과 같은 보조용언이다.

예 그는 보고도 못 본 체했다. 쥐꼬리만한 지식을 가지고 되게 아는 체하네.

(94) 天井(천정) / 天障(천장)

① '방의 위쪽을 가려 막는 곳'이라는 의미를 갖는 낱말은 원래는 '天井(천정)'이다. 하지만 지금은 '天障(천장)'에 표준어를 물려주었다. 다만 지금도 물가 따위가 한없이 오를 때 쓰는 '天井不知(천정부지)'는 그대로 표준어로 삼고 있다.

② 현재는 '방의 위쪽을 가려 막는 곳'이라는 의미를 갖는 낱말로 '天障(천장)'이 많이 쓰이므로 표준어로 '天障(천장)'을 삼는다.

(95) 첫째 / 첫 번째

① '첫째, 둘째, 셋째…'는 항목이나 사물의 순서를 가리킨다.

예 한국이 선진국이 되기 위해서는 첫째 경제의 지속적 성장, 둘째 외교적으로 국가 위상의 상승, 셋째 문화적 이미지 제고 등이 필요하다.

② '첫 번째, 두 번째, 세 번째…'는 거듭하는 일의 횟수(제1회, 제2회, 제3회…)를 가리킨다.

예 첫 번째 한자급수시험에서는 5급, 두 번째 한자급수시험에서는 3급에 합격했다. 중국에 첫 번째 갔을 때는 1999년, 두 번째는 2004년이었다.

(96) 體制(체제) / 體系(체계)

① '체제'는 어떠한 원리나 이론적・사상적인 틀이다. 기본적인 입장이나 사상을 나타낸다.

예 냉전 체제. 민주주의 체제. 반체제 운동을 하는 사람들을 잡아가뒀다.

② '체계'는 원리나 이론적・사상적인 틀을 바탕으로 만들어진 실제적인 틀이다. 여러 가지 실제적인 방법이나 조직의 통일된 전체를 나타낸다.

예 전달 체계. 교통 신호 체계. 체계를 세워라. 이 일은 체계가 안 잡혀 있다.

(97) (돈을) 치렀다 / (돈을) 치뤘다

'치렀다'가 맞다. 주어야 할 돈을 내주거나(잔금을 치르다), 어떤 일을 겪어 낸다(큰일을 치르다)는 말은 '치르다'가 기본형이다. '치르다'의 어간 '치르-'에 어미 '-어'가 결합해 '치러'가 된다.

예 시험을 치렀다. 잔치를 치렀다. 큰일을 치렀으니 몸살이 날 만도 하다.

(98) 허락 : 滑音調(활음조)

한자 '諾'은 '대답할 낙'이다. 그래서 '承諾'은 승낙, '應諾'은 '응낙'이다. 하지만 '諾'은 모음 뒤에서 제2음절로 올 때는 '락'으로 바뀐다. 그래서 '許諾'은 '허락', '受諾'은 '수락'으로 적는다. 그 이유는 원 발음 '허낙'・'수낙'에서 '허락'・'수락'으로 매끄럽게 變音(변음)되어 발음되기 때문이다. 그런 현상을 滑音調(활음조)라고 한다. 자연스럽게 이루어지는 활음조를 반영하여 변음을 표준어로 삼는다.

같은 현상으로 '성낼 '怒(노)'자도 있다. '憤怒'는 '분노', '激怒'는 '격노', '震怒'는 '진노'로 적는다. 그런데 '大怒'는 '대로'로, '喜怒哀樂'은 '희로애락'으로 적는다. 활음조를 반영하는 것이다.

'困難'을 원음인 '곤난'으로 적지 않고 '곤란'으로 적는 것도 활음조 현상 때문이다.

(99) 홀몸 / 홑몸

① '홀'은 짝이 없고 하나뿐이라는 뜻을 나타내는 접두사이다.

예 홀아비, 홀어미, 홀소리. ※ '홀몸'은 '아내 없는 몸, 남편 없는 몸, 형제 없는 몸'으로서 곧 '獨身(독신)'을 나타낸다.

② '홑'은 겹이 아닌 것을 나타내는 명사이다.

예 홑옷, 홑치마, 홑껍데기, 홑닿소리, 홑소리. ※ '홑몸'은 아기를 배지 않은 몸, 수행하는 사람이 없이 홀로 가는 몸으로서 '單身(단신)'을 나타낸다. 그러니 임신한 여자에게는 "홑몸이 아니니 몸조심하시오."라고 해야 한다.

(100) 신여성 / 회계연도 : 두음법칙과 준말

頭音法則(두음법칙)이 적용되는 단어는 그 앞에 다른 말이 와서 새로운 단어의 일부가 될 적에도 두음법칙에 따라 적는다.

예 女性(여성). 新女性(신/여성).[112] 職業女性(직업/여성).

다만, 한자어 뒤에 오는 1음절 한자어는 두음법칙을 적용하지 않는다.

예 作業量(작업/량). 引用例(인용/례). 家庭欄(가정/란). 欌籠(장/롱).

[붙임] 앞뒤가 짝을 이루는 한자성어도 그 뒷말을 두음법칙에 따라 적는다.

예 張三李四(장삼/이사). 男尊女卑(남존/여비). 附和雷同(부화/뇌동).

그 이유는 4자 성어는 발음할 때 2자와 2자로 나뉘어서 제3음절이 곧 제1음절과 같은 상황이 되기 때문이다. 따라서 會計年度(회계/연도), 設立年度(설립/연도)가 된다. 하지만 '生老病死(생로/병사)'와 '男女共學(남녀/공학)'에서 '老(로)'와 '女(녀)'의 원음이 살아나는 것은 제2음절로서 두음법칙의 적용을 받지 않기 때문이다.

3음절인 新年度(신년/도),[113] '舊年度(구년/도)'는 다르다. 이때는 '신년/도'·'구년/도'로 나눠지므로 두음법칙의 적용을 받지 않는다. 그렇지만 같은 3음절이어도 空念佛(공/염불)은 두음법칙을 적용한다. '공/염불'로 나눠지기 때문에 '염불'로 발음되는 것이다.

'國際聯合(국제연합)'의 줄임말은 '국련'이다. '국제/연합'으로 나눠져서 '聯(련)'이 두음법칙의 적용을 받지만 '國聯(국련)'일 때는 제2음절로서 두음법칙의 적용을 받지 않기 때문이다. 마찬가지 이치로 대한교육연합회/대한교련, '전국경제인연합회/전경련, 새정치민주연합/새민련, 민주언론운동시민연합/민언련'이 된다. 요컨대 勞動(노동)·聯合(연합)·聯盟(연맹)·連帶(연대)처럼 본음이 'ㄹ-'로 나는 한자말은 줄여 쓸 때 본음이 살아난다.

---

112) '新(신)'은 접두사로서 그 뒤 낱말은 두음법칙 적용을 받는다.

113) '新年(신년)'이 한 낱말로서 쓰이므로 2음절의 '年(년)'은 두음법칙의 적용을 받지 않는다.

(101) 訓民正音(훈민정음) / 한글 / 韓國語(한국어) / 우리말 / 국어

① '訓民正音(훈민정음)'은 世宗大王(세종대왕)이 만든 28字母(자모)의 글자이다. 傍點(방점)이 있어 朝鮮語(조선어) 발음의 高低長短(고저장단)을 정확히 나타내는 우수한 소리글자였다.

예 世宗大王(세종대왕)이 訓民正音(훈민정음)을 創製(창제)했다. 훈민정음은 한자・한문을 몰라서 글을 적지 못했던 常民(상민)을 위해 만들어 준 글자일 뿐 한자를 대신할 글자로 만든 것은 아니다. 훈민정음은 세계의 언어학자들이 讚嘆(찬탄)하는 우수한 소리글자이다.

② '한글'은 周時經(주시경) 선생이 1913년에 만든 이름이다. 훈민정음은 28자모이고 한글은 24자모이다. 훈민정음은 방점이 있고 한글은 방점이 없다. 한글은 한국어 발음의 高低長短(고저장단)을 나타내지 못해 한국어의 표준발음을 적지 못하므로 '훈민정음'보다 표음능력이 떨어진다. 세종대왕이 만든 글자는 '훈민정음'이다. 방점이 사라진 그 뒤는 주로 '諺文(언문)'으로 불렀다. 따라서 '한글'은 1913년 이후의 현대 글에만 써야 한다. 한국어로 적은 글은 한자도 있으므로 무조건 '한글'이라 하면 안 된다. 또 언어인 '한국어'와 문자인 '한글'을 동일시해서는 안 된다. 오늘날 이런 것들을 혼동하는 誤謬(오류)가 너무나 심하다.

예 오늘은 세종대왕이 <u>한글</u>을 만든 지 569주년 되는 날이다.(훈민정음) 훈민정음 해례본은 <u>한글</u>이 인류사에 없던 의사소통 체계임을 확신케 한다(훈민정음). 수많은 언어학자들이 <u>한글</u>을 가장 독창적이고 과학적이며 누구나 배우기 쉬운 문자라고 평가하고 있다(훈민정음). 한글날(훈민정음 창제일). <u>한글</u>박물관(훈민정음). 일제 때 조선어학회 사건은 <u>한글</u> 탄압정책이었다.(조선어=한국어) <u>한글</u>사전(한국어). <u>한글</u>백일장(한국어). 해외의 <u>한글</u>학교(한국어). <u>한글</u> 번역(한국어). <u>한글</u> 대장경(현대 한국어). <u>한글</u> 요약본(한국어). <u>한글</u> 안내서(한국어). <u>한글</u>본(한국어). 일본 방위백서 요약본 <u>한글</u>판(한국어)을 펴냈다. <u>한글</u> 번역본을 외워서 시험 치니, 영어 공부가 <u>한글</u> 암기 공부로 탈바꿈했다. (한국어) 김이슬은 <u>한글</u> 이름이다.(토박이말). 한 때는 '맵시나', '누비라', '무쏘' 같은 아름다운 <u>한글</u> 이름이 있었다.(토박이말) <u>한글</u> 명칭(토박이말). <u>한글</u> 용어(한국어 또는 토박이말). 한글어(토박이말). 자랑스러운 우리나라의 글인 한글(글자). 외래어와 외국어 사용의 남발은 물론 줄임말 등 신조어의 등장으로 <u>한글</u> 파괴 현상이 극에 달했다(한국어). TV방송들도 자막에 잘못된 표기, 비속어까지 사용함으로써 오히려 <u>한글</u> 오염을 더욱더 심화시키고 있다(한국어). 외국인 주부들이 높임말이 많은 한글을 배우는 데 어려움을 겪고 있다(한국어). 유학생 칼라 씨는 "한글에는 존댓말이 있다는 점도 흥미로웠다"고 말했다(한국어). 우리 측에서 한글로 작성한 6 · 25 포로 명단이 발굴되기는 처음이다(한국어). 일본 인기 게임이 정식 한글화가 되어 출시될 예정이다(한국어). 농림축산식품부는 한글날을 맞아 농업 현장에서 자주 쓰는 농업용어를 쉬운 한글로 바꾸기로 했다고 7일 밝혔다(한국어). 외국 서적 번역을 통한 한글 기반의 텍스트 구축이 필요하다(한국어). 한국인 모두가 어려운 영어에 매달리게 하지 말고, 세계의 온갖 정보를 한글화해 한글정보 데이터베이스를 구축해야 한다(한국어). 전 세계적으로 문자 생태계가 위협받는 상황에서 한글을 세계와 소통하는 학문어로 발전시켜 나가야 한다(언어, 한국어). 유능한 교수들이 한글 논문 쓰기를 포기하고 영어 논문 쓰기에 매달리는 것은 당연하다(한국어). 일상적이고 쉬운 이야기는 한글로 하고 이론적이고 개념적인 이야기들은 영어로 하는 사회가 될까 두렵다(한국어). 한글로도 충분히 표현할 수 있는 용어까지 굳이 외국어를 써야 할지는 다시금 생각해 볼 일이다(한국어). 서경석 씨는 "우리 스스로 자국어 교육을 등한시하지 말고 올바른 한글을 사용할 수 있도록 노력해야 한다"고 말했다(한국어). 구직자들이 자기소개서를 작성하는 데 어려움을 겪는다며 어릴 적 한글 사용 능력이 중요하다고 답했다(국어). 한글은 남북한, 재외동포 등 8000만 명이 사용하는 세계 13위권 언어다(한국어). 한글은 남북한, 해외 동포 등 8000만 명이 사용하는 세계 13위권의 대국어이다(한국어). 그의 언어는 종래의 한글이 아니다(한국어). 외국에서 한글을 제2외국어로 가르치는 국가가 24개국에 이르는 것으로 조사됐다(한국어). 한글을 배우고 싶어 하는 세계의 젊은이들이 늘어난다(한국어). 국무총리는 경축식에서 "외국인들의 한국어 배우기 열풍을 북돋우기 위해 '한글 세계화'를 적극적으로 추진해야 한다"고 역설했다(한국어). 한글을 세계 공용어로 우뚝 세우기 위해서는 할 일이 많다(한국어). 영어를 한글에 이은 제2공용어로 삼는 방안을 진지하게 추진해 볼 만하다(한국어). 한글이 국민에게 푸대접을 받고 있으니 어떻게 세계어로 발돋움할 수 있겠는가(한국어). 이런 시도가 한글을 세계 최고의 언어로 만드는 길이다(한국어). 언어국력을 키우려면 한글을 보다 체계적이고 효율적으로 가르치고 보급해야 한다(한국어). 과학적이고 아름다운 우리말 한글을 우리는 점점 소홀히 하고 잊어간다(한국어). 한글은 그 어느 민족의 언어보다 과학적이고, 창의적이고, 다의적이라는 평가를 받고 있다(한국어). 우리말글인 한글을 이렇게 홀대해선 안 된다(한국어).

※ 신문 기사 중 이런 글들이 너무나 많아서 이루 다 헤아릴 수 없다. 오늘날 한글과 관련해 쓰는 글 중에서 '훈민정음' · '한글' · '한국어' · '토박이말'을 정확히 구별해 쓰는 사람이 거의 없을 지경이다. 한글전용을 한 결과, 한국인이 개념을 파악하는 능력이 형편없이 떨어졌다. 한글전용의 폐해가 너무 심하다.

③ '韓國語(한국어)'는 한국인이 쓰는 언어이다. 대략 60% 정도의 한자어, 25% 정도의 토박이말, 15% 정도의 외래어로 구성된다. 과거에는 '朝鮮語(조선어)'라고 했다. 국내에서는 '國語(국어)'로 써도 되지만 해외까지 생각하면 '韓國語(한국어)'라는 객관적인 이름을 써야 한다. 또는 오랜 전통을 생각하면 '朝鮮語(조선어)'라는 말을 되살려 쓰는 편이 더 낫다는 생각도 든다.

[예] 미국에서 고교에서 정규과목으로 한국어를 채택한 학교가 많지 않다. 해외동포방송 종사자들이 '민의의 전당'에 모여 한국어 방송의 경쟁력 강화를 위해 머리를 맞댔다. 인제대학교가 최근 중국에서 연이어 한국어 경연대회를 개최했다. 현재 '에이스 오브 아레나즈'에서는 한국어 버전 업데이트를 기념하기 위한 이벤트를 실시하고 있다. 김 신부는 바티칸 방송국 한국어 홈페이지 운영을 책임지고 있다.

④ '우리말'은 좁은 의미로는 한국어 중에서 '말'만 가리킨다. 곧 口語(구어)를 말한다. 하지만 넓은 의미로는 '韓國語(한국어)'와 同格(동격)으로 쓰인다. 그런데 오늘날 '우리말'을 '토박이말'과 동일시하는 잘못을 저지르는 사람들이 많다. 한편 '우리말'은 단일민족의 단일 언어 국가에서만 쓸 수 있는 주관적인 용어이다. 국내에서만 쓸 수 있고 외국에서는 쓸 수 없다. 따라서 세계 어디서나 쓸 수 있는 '한국어' 또는 '조선어'로 바꿔 쓰는 것이 바람직하다. '우리'라는 말은 다 그렇다. 주관적인 '우리 사회'보다는 객관적인 '한국 사회'라는 용어가 바람직하다.

[예] 이탈리아어로 쓰인 원작을 우리말로 고쳤다. 외국어를 써야 고급이고 우리말을 쓰면 품격이 떨어진다고 생각하면 착각이다. 우리나라는 최근 국제해저지명집에 우리말 해양지명인 마이산 해저구릉, 고깔 해저구릉군, 달팽이 해저놀 등을 등재하는 쾌거를 이뤘다. 한자어도 우리말의 일부이므로 어휘의 다양성을 살린다는 측면에서 기피할 필요는 없지만 쓰려면 뜻에 맞게 사용해야 한다. 외면하다의 <u>우리말</u>은 없을까?(토박이말) 행정구역 개편 등으로 <u>우리말</u> 지명을 한자식으로 바꾸었다(토박이말). 농림축산식품부는 한자어, 일본식 표현 등 어려운 농업용어를 <u>우리말</u>로 바꿔 쓰도록 하겠다고 발표했다(쉬운 말).

⑤ '국어'는 단일민족의 단일 언어 국가에서만 쓸 수 있는 주관적인 용어이다. 국

내에서만 쓸 수 있고 외국에서는 쓸 수 없다. 따라서 앞으로 '국어'라는 용어는 세계 어디서나 쓸 수 있는 '한국어' 또는 '조선어'로 바꿔 쓰는 것이 바람직하다.

⑥ 한국어로 된 글을 무조건 '한글'이라 하면 안 된다. 신문들도 한자와 한글이 섞인 글도 '한글'이라고 하는 오류를 저지르고 있다. 그러므로 한국어로 된 글을 일컫는 말이 필요하다. '朝鮮글(조선글)'이라는 용어를 제안한다. 일제 때까지도 韓國語(한국어)의 원 이름은 朝鮮語(조선어)였다. 역사성으로 볼 때 '한국어'보다는 '조선어'가 더 낫다고 본다. 조선인의 언어 전체는 '조선어'라 하고, 말은 '조선말', 글은 '조선글'로 하기를 제안한다. 조선글에는 '한자'와 '한글'이 있다. 두 글자를 섞어 쓰면 '조선글'이라 부르자. 그리고 오로지 한자만 쓰면 '漢文(한문)'이라 하고 오로지 한글만 쓰면 '한글'이라 하자. 이렇게 구별해서 써야 개념에 혼동이 없다.

Ⅲ. 文段(문단) 訓練(훈련)

1. 文段(문단)의 槪念(개념) / 197
2. 중심생각과 中心文章(중심문장) / 201
3. 中心文章(중심문장)은 문단의 첫 문장 / 202
4. 문단은 중심문장을 중심으로 통일해야 / 205
5. 中心文章(중심문장)의 範圍(범위) / 208
6. 뒷받침문장 / 213
7. 結論文章(결론문장) / 223
8. 문단의 槪要(개요) 작성 / 225
9. 文段(문단)의 展開(전개) 方式(방식) / 227
10. 接續詞(접속사)를 삼가자 / 237

Ⅲ. 文段 訓練(문단 훈련)

한 문단을 쓰는 일은 바둑으로 치면 부분전투, 곧 局地戰(국지전)이다. 국지전에서 승리하려면 내 城(성)을 튼튼히 쌓으면서 적의 성은 깨부수어야 한다. 지휘관은 전투의 전체 局面(국면)을 보면서 공격과 방어의 전술을 구사해야 한다. 바둑돌 수십여 수를 효율적으로 배치해 승리로 이끌어야 한다. 작문도 마찬가지다. 글을 쓰는 사람은 문단 전체를 생각하면서 작전을 치밀하게 짜야 한다. 십여 개의 문장을 조직적으로 배치하여 좋은 문단을 만들어야 한다.

1. 文段(문단)의 概念(개념)

앞 제Ⅱ장에서 '文章(문장)'을 다루는 '文章訓練(문장훈련)'을 했다. 이제 제Ⅲ장에서는 '文段(문단)'을 다루는 '文段訓練(문단훈련)'을 하고자 한다.

'文段(문단)'은 '文章(문장)' 몇 개가 한 '중심생각'을 나타내는 문장의 덩어리다. '문단'을 '段落(단락)'이라는 말로 쓰기도 하나 더 많이 쓰이는 '문단'이라는 말을 이 책에서는 쓰고자 한다. 문단은 그 자체로도 하나의 중심생각을 나타내므로 독립적이고 완결된 구조를 이룬다. 그렇지만 문단 하나가 독립된 글은 아니다. 문단 여럿이 모여서 한 편의 글을 만든다. 분량이 적은 글을 토박이말로는 '짧은 글', 한자어로는 '短篇(단편)'이라 한다. 요컨대 **문단은 문장보다는 상위 개념이고 짧은 글[短篇(단편)]보다는 하위 개념인 그 중간 단계의 개념이다.**

글 전문가들은 글에서 문단이 매우 중요하다고 입을 모은다. 선진국 사람들은 문단 단위를 중심으로 글을 쓴다. 이에 반해 한국인은 문장 단위를 중심으로 글을 쓴다. 곧 문장 하나만 생각하지 그 문장들이 모여서 문단을 만든다는 개념이 부족하다. 글깨나 쓴다는 기성 문인들의 글을 봐도, 문장 하나 쓰고 줄 바꾸는 식의 문단 개념 없는 글들이 태반이다. 문장 하나 쓰고 줄을 바꾸면 곧 문장 하나가 문단이 된다. 세상에 문장 하나로 이뤄지는 문단은 없다. 한국 문인들이 얼마나 작문의 기초가 부실한지 알 수 있다. 문단의 개념조차 모르고 무작정 글을 쓰니 좋은 글이 나오기 어려움은 明若觀火(명약관화)하다.

문단은 形態的(형태적)으로 특징이 있다. 문단은 첫 한 칸을 비우고 둘째 칸부터 글을 쓴다. 원고지에서나 보고서 용지에서나 이 원칙은 똑 같다. 글의 첫 칸을 비우는 것은 문단을 새로 시작한다는 표시다. 문단을 새로 시작할 때는 반드시 첫 한 칸을 비워야 한다. 역으로 말하자면, 문단을 새로 시작할 때가 아니면 글의 첫 칸을 절대로 비워서는 안 된다는 뜻이다.

초보자들은 문단 쓰기에서 흔히 두 가지 실수를 저지른다. 하나는 문단을 시작하면서 첫 칸부터 글을 쓰는 것이다. 다른 하나는 띄어쓰기를 한다면서 문단을 새로 시작하는 곳이 아닌 문단의 중간에서 첫 칸을 비우는 것이다. 글 쓰는 사람은 이 두 가지 실수를 주의해야 한다. 첫 한 칸을 비우는 '들여쓰기'는 문단을 시작한다는 표시이다. 문단을 새로 시작할 때는 반드시 첫 칸을 비워야 한다. 그리고 문단을 시작할 때가 아니면 절대로 글의 첫 칸을 비워서는 안 된다. 그러니까 한 편의 글에서 앞에 비워진 칸만 세면 곧 그 글이 몇 문단으로 이루어져 있는지 알 수 있다.

컴퓨터에서 글을 쓸 때는 글을 쓰기 전에 먼저 흔글 프로그램에서 '문단 모양(Alt+T)'부터 설정해야 한다. 흔글의 화면 맨 위에 보면 '모양(J)'이 있다. 거기에 들어가면 둘째에 '문단모양(M)'이 있다. 거기 오른쪽에 '첫줄'이라는 게 있다. 거기에서 가운데 있는 '들여쓰기(A)'를 선택하면 된다. 10.0pt는 그대로 두면 된다. 또 활자 크기는 11~12포인트에 줄 간격은 170~180으로 미리 설정을 해두면 보기 좋은 글을 쓸 수 있다. 이렇게 글쓰기 전에 먼저 '들여쓰기'를 선택해 놓으면, 그 다음부터는 흔글이 알아서 처리해 준다. 곧 내가 한 문단을 마치고 엔터키를 치면 커서가 줄을 바꿔서 다음 문단을 시작할 때 저절로 한 칸 비우고 시작한다. 그러면 아래와 같은 모양의 문단이 된다.

　○○○ ○○○○ ○○○○ ○○○. ○○ ○○○○ ○○○ ○○. ○
○○ ○○○○ ○○○○ ○○○. ○○○○○ ○○○ ○○ ○○○ ○○
○○○. ○○○○○ ○ ○○. ○○○ ○○○ ○○○○ ○○○ ○○○.
○○○ ○○○○ ○○○ ○○○○ ○○○. ○○○○○ ○○○ ○○.
○○○○ ○○○ ○○○ ○○○○. ○○○○ ○○○○ ○○○○ ○○
○○○○ ○○.

[그림 1] [올바른 문단 모양1] 앞 한 칸을 비운 모양

○○○ ○○○○ ○○○○ ○○○. ○○ ○○○○ ○○○ ○○. ○○
○ ○○○○ ○○○○ ○○○. ○○○○○ ○○○ ○○ ○○○.

[그림 2] [틀린 문단 모양 1] 앞 한 칸을 비우지 않은 모양

문단은 문장보다 상위 개념이므로 문장이 복수가 되어야 문단이 될 수 있다. 곧 최소한 문장 두 개는 모여야 한 문단을 만들 수 있다. 그러나 실제로는 아무리 작은 문단도 문장 세 개는 써야 한다. 그래야 생각의 덩어리로서 문단을 이룰 수 있기 때문이다. **"문단은 최소한 문장 세 개 이상"이라는 사실을 절대로 잊지 말아야 한다.** 최소한 문장 세 개는 쓰고 줄을 바꾸어야 한다. 그러나 보통 문단은 문장 세 개보다 훨씬 많은 문장이 모여서 이루어진다.

○○○ ○○○○ ○○○○ ○○○.
○○ ○○○ ○○○ ○○○○ ○○○○.
○ ○○ ○○○○ ○○○ ○○.

[그림 3] [틀린 문단 모양 2] 한 문장으로 한 문단을 만든 모양

문단은 대개 10문장 안팎으로 이루어진다. '중심생각'을 구체화해서 충분히 나타내려면 10문장 정도는 되어야 하기 때문이다. 그래서 한 문단은 8~12문장 정도가 보통이다.[1)] 한 문단이 10문장 안팎보다 적으면 내용이 빈약하고 더 많으면 지루하

1) 캐슬린 E 설리번 지음(2015), 최현섭 · 위효정 옮김, 『작문, 문단쓰기로 익히기』, 三英社. 44.

다. 따라서 특별한 일이 없으면 이 범위를 지켜서 문단을 만드는 것이 좋다. 특히 초보자들은 이 범위를 원칙으로 삼고 글을 쓰는 훈련을 해야 한다. 글의 大家(대가)가 되면 破格(파격)를 부려도 되지만 초보자는 원칙을 지켜서 글을 쓰는 훈련을 해야 한다.

○○○ ○○○○ ○○○○ ○○○. ○○ ○○○○ ○○○ ○○. ○○○ ○○○○ ○○○○ ○○○. ○○○○○ ○○○ ○○ ○○○. ○○ ○○○○○ ○ ○○. ○○○ ○○○○ ○○○. ○○○○ ○○○. ○○○○○ ○○○ ○○ ○○ ○○ ○○○. ○○○ ○○○○ ○○○○ ○○○○ ○○○.

[그림 4] [틀린 문단 모양 3] 한 문단이 10문장 안팎이 안 되는 모양

하지만 **첫 문단과 끝 문단은 다른 일반 문단들보다 짧게 써야 한다**. 첫 문단은 독자가 처음 대하는 문단이므로 짧아야 한다. 첫 문단이 길면 독자가 지루해서 글 읽기를 포기해버릴지 모른다. 그래서 첫 문단은 일반 문단보다 절반 정도 분량으로 짧게 써야 한다. 끝 문단도 마찬가지다. 끝 문단을 길게 쓰면 안 된다. "떠날 때는 말없이"라는 驚句(경구)처럼 끝 문단은 짧게 끝내야 한다. 그래야 깔끔하고 인상적으로 글이 마무리된다. 따라서 첫 문단과 끝 문단은 일반 문단의 절반 분량만 써야 한다. 보통 3~5문장 범위에서 쓴다. 5문장을 넘기면 안 된다. 눈으로 봐서 첫 문단과 끝 문단은 다른 일반 문단들보다 뚜렷이 짧게 구별되어야 한다.

○○ ○○○ ○○○○ ○○○ ○○. ○○ ○○○○ ○○○ ○○ ○○○. ○ ○○ ○○○ ○○○ ○○ ○○○ ○○. ○○○ ○○○○ ○○ ○○ ○○○ ○○○ ○○○. ○○ ○○○ ○○○ ○○.

[그림 5] [올바른 문단 모양2] 한 문단이 3~5문장인 첫 문단과 끝 문단 모양

2. 중심생각과 中心文章(중심문장)

글은 문장 → 문단 → 짧은 글[短篇(단편)]의 3단계로 구성된다. '문장'의 덩어리가 '문단'이다. 그 '문단'이 모인 덩어리가 '짧은 글'이다. 그러니까 문단은 문장과 짧은 글의 중간에 있다. 곧 문단은 微視的(미시적) 관점과 巨視的(거시적) 관점을 함께 지닐 수 있는 중간 위치에 있다. 그러므로 문단이 중요하다. 문장을 중심으로 글을 생각하면 문장도, 글 전체도 함께 볼 수 있다.

문단을 중심으로 글을 생각하자. 남의 글을 읽을 때도 문단 단위로 글의 의미를 파악하자. 글의 요점을 빨리 파악할 수 있다. 내가 글을 쓸 때도 문단 단위로 글을 구성하고 글을 쓰자. 글을 짜임새 있게 쓸 수 있다.

문단은 중심생각이 있기에 존재한다. 문장 열 개가 모여 한 문단을 이룬다. 각기 다른 문장 열 개가 어떻게 한 문단으로 뭉칠 수 있을까? 공통된 생각이 있기에 가능하다. 그 공통된 생각을 '문단의 중심이 되는 생각'이라 한다. 줄여서 '중심생각'이라 한다. '중심생각'은 문단의 核心(핵심)이다. 열 개 안팎의 문장들이 흩어지지 않고 뭉치게 하는 힘이다. 민족에게는 그 민족을 하나로 모으는 民族精神(민족정신)이 있다. 문단에서는 중심생각이 그 구실을 한다. **중심생각을 중심으로 문장들이 모인 것이 문단이다.** 중심생각이 없으면 문단은 흐트러지고 만다.

중심생각은 문단의 각 문장에 공통되게 들어 있다. 하지만 그 중심생각을 특별히 압축한 문장이 있다. 그 문장을 '중심생각을 담고 있는 문장'이라고 해서 '中心文章(중심문장)'이라고 부른다. 한 편의 글[短篇(단편)]에는 '主題文章(주제문장)'이 있고, 한 문단에는 '중심문장'이 있다. 그러므로 '중심문장'은 '小(소) 主題文章(주제문장)'과 같은 구실을 한다.

문단에는 중심생각이 하나만 있어야 한다. 문단은 하나인데 중심생각이 두 개 이상 있어서는 안 된다. 문단을 분열시키기 때문이다. **중심생각은 그 문단을 統一(통일)시키는 求心點(구심점)이므로 하나여야지 두 개 이상이면 안 된다.** 비유하자면 大韓民國(대한민국)의 國旗(국기)는 하나여야 하는 것과 같다. 한 문단의 중심생각은 통일되어야 한다.

중심문장은 한 문장이어야 한다. 중심생각이 하나이므로 중심문장도 하나이다.

중심생각을 한 문장으로 집약해서 중심문장으로 써야 한다. 글쓴이는 문단을 쓰기 전에 그 문단에 쓸 '중심생각'부터 먼저 결정해야 한다. 그리고 그 중심생각을 '중심문장'으로 적어야 한다. 그것이 문단을 쓰기 전에 반드시 먼저 해야 할 일이다.

3. 中心文章(중심문장)은 문단의 첫 문장

문단에 중심문장이 없을 수도 있는가? 물론 중심문장을 따로 만들지 않고 모든 문장에 골고루 중심생각을 나누어도 된다. 하지만 효율이 떨어진다. 예를 들어, 회사에 사장 한 명을 따로 두는 방법과 모든 사원에게 사장의 권한을 골고루 나눠주는 방법 중 어떤 게 효율이 높을까? 당연히 사장 한 명을 따로 두는 게 효율이 높다. "사공이 많으면 배가 산으로 올라간다"는 말을 보면 알 수 있다. 그러므로 문단에는 중심문장이 있어야 한다.

문단을 전개하는 방식에는 '시간적 순서', '공간적 순서', '논리적 순서', '원인·결과 순서', '화제별 순서'가 있다. 그 중 '논리적 순서'는 주장을 내세우고 증명하는 글이기 때문에 중심문장이 필수이다. 또 '원인·결과 순서'도 인과관계를 설명하는 글이기 때문에 중심문장이 필요하다. 하지만 다른 순서들은 상황에 따라 둘 수도 있고, 안 둘 수도 있다. 하지만 될 수 있으면 중심문장을 두는 것이 좋다.

중심문장의 위치는 문단의 어디가 좋을까? **중심문장은 문단의 맨 첫 문장에 있는 게 가장 좋다.** 독자가 문단의 첫 문장을 읽자마자 문단의 요점[중심생각]을 알 수 있기 때문이다. 문단은 군대의 分隊(분대)와 비슷하다. 각기 열 문장 안팎과 열 명 안팎으로 이루어진 작은 조직이다. 분대장이 一列縱隊(일렬종대)로 자기 분대를 인솔할 때 분대장의 위치는 어디가 가장 좋을까? 분대장이 분대의 가장 앞에 서는 게 가장 좋다. 분대장이 분대원들 앞에 서서 "나를 따르라!"고 외치며 끌고 가는 것이 최고다. 분대원들은 맨 앞에 서서 끌고 가는 분대장만 따라가면 되지 않는가? 문단도 똑같다. 중심문장이 맨 앞에 놓여서 다른 문장들을 끌고 가는 게 가장 효과가 크다. 따라서 **중심문장은 반드시 쓰되, 문단의 첫 문장에 써야 한다. 이것은 문단 작성에서 鐵則(철칙)이다.**

중심문장을 첫 문장에 적는 것은 우선 글쓴이 자신에게 이롭다. 글 쓰는 사람이 그 중심문장을 보면서 그 뒤의 문장들을 쓸 수 있기 때문이다. 이는 내가 가야할 목적지를 눈으로 보면서 운전하는 것과 같다. 마치 길 안내 장치[내비게이션]를 켜 놓고서 운전을 하는 것과 같다. 그래서 길을 벗어나 헤매지 않게 되는 利點(이점)이 있다. 곧 중심문장을 그 문단의 맨 앞에 써 놓으면 그 문단을 중심생각에서 벗어나지 않게 쓸 수 있어서 글쓴이에게 이롭다.

물론 중심문장을 문단의 다른 자리에 두는 방법도 가능하다. 만약에 중심문장을 문단의 맨 끝에 둔다면 어떨까? 다음 문단을 보자.

(바) 전교조는 국정화가 '多樣性(다양성)'을 해치고 '劃一化(획일화)'하기 때문에 반대한다고 주장한다. 그런데 전교조는 교육부가 2018년부터 초등 교과서에 한자를 併記(병기)하겠다는 계획에는 반대했다. 오로지 한글만 써야 옳다고 주장했다. 문자 표기에서 다양성을 否定(부정)하고 '획일화'를 추구한 것이다. 그런데 조선시대에는 한국어 표기가 다양했다. 世宗大王(세종대왕)은 『龍飛御天歌(용비어천가)』는 國漢字混用(국한자혼용)했고, 『月印千江之曲(월인천강지곡)』은 國漢字併用(국한자병용)했다. 조선시대에는 그밖에도 한문 · 한글전용 · 한문과 한글 對譯(대역) 등 다양한 표기가 자유롭게 사용되었다. 전교조는 그런 다양한 문자 표기를 금지하고 한글만 획일적으로 써야 한다고 주장한다. <u>전교조는 문자 표기는 획일화를 추구하면서 한편으로는 국정 국사 교과서는 획일화는 잘못이라는 이유로 반대하니 自己矛盾(자기모순)이 아닐 수 없다</u>.

(바) 문단의 요점은 전교조가 한글전용은 획일화를 주장하면서 국사 교과서에는 다양성을 주장하므로 모순이라는 것이다. 그 요점은 문단의 맨 끝에 있다. 독자는 문단을 끝까지 다 읽어야 (바)문단의 요점을 알게 된다. 그러니 독자는 문단을 읽는 동안 요점을 모르니 답답하다.

누구나 문단의 맨 끝에는 '결론문장'을 적을 줄 안다. 글을 적다 보면 자연스럽게 尾括式(미괄식)이 되기 때문이다. 하지만 효과가 별로다. 독자는 해답부터 듣고 싶어 하기 때문이다. 독자는 결론부터 알고 싶어 한다. 그러니 **좋은 글을 쓰려면 尾括式(미괄식)을 頭括式(두괄식)으로 바꿔야 한다. 결론문장과 비슷한 중심문장을 맨 먼저 문단 맨 앞에 적을 줄 알아야 유능한 글쟁이가 된다.**

“결론 먼저”라는 요령은 面接(면접)할 때도 동일하다. 면접관이 질문을 하면 응시자는 먼저 결론부터 대답해야 한다. 그러고 나서 그 이유를 설명하는 게 올바른 순서다. 면접관은 결론부터 듣고 싶어 하기 때문이다.

“결론 먼저”라는 요령은 新聞記事(신문기사)도 똑같다. 신문기사의 첫 문장을 기사의 ‘리드(lead)’라 하는데, 맨 앞 문장이라 해서 ‘前文(전문)’으로 번역한다. 그 맨 첫 문장에 기사의 핵심을 압축해서 적는다. 독자는 사건의 결론부터 알고 싶어 하기 때문이다.

“결론 먼저”라는 요령은 放送(방송)도 마찬가지다. 뉴스 앵커가 어떤 뉴스에 대해 처음 꺼내는 앵커 멘트에는 뉴스의 핵심이 들어 있다. 시청자는 결론부터 알고 싶어 하기 때문이다. 이렇게 말이나 글이나 “결론 먼저” 언급하는 것이 효과적이다. 그리고 끝에 다시 한 번 요점을 정리해주면 더 좋은데, 그렇게 되면 首尾雙關法(수미쌍관법)이 된다.

따라서 특별한 목적을 갖지 않는 한 중심문장을 맨 끝에 두는 건 좋지 않다. 특별한 목적이란, 예를 들면 推理小說(추리소설) 같은 경우이다. 추리소설은 범인을 맨 마지막에 밝혀야 한다. 이런 경우에는 중심문장을 맨 끝에 둘 수밖에 없다. 그런 특별한 경우가 아니라면 중심문장은 문단의 맨 끝에 두지 않는 게 좋다.

중심문장을 문단의 맨 끝에 두면 글쓴이 자신도 힘들다. 중심생각을 머릿속에 저장해 놓고 글을 써나가야 하기 때문이다. 그러다 보면 자칫하면 중심생각에서 벗어나 다른 길로 헤매기 쉽다. 중심문장을 문단의 맨 끝에 두는 것은 비유하자면 마치 목적지에 도착해서야 길 안내 장치[내비게이션]를 켜는 것과 같다. 얼마나 비효율적인가? 길 안내 장치[내비게이션]는 출발할 때 켜는 것이 좋다.

요컨대 중심문장은 문단의 맨 첫 문장에 적는 것이 가장 좋다. 독자가 글쓴이의 중심생각을 가장 쉽게 알 수 있기 때문이다. 그래서 글쓴이가 자신의 생각을 독자에게 가장 효율적으로 전달하는 형식은 첫 문장에 중심문장을 적는 頭括式(두괄식)이다.[2] 문단의 첫 문장에 그 문단의 중심생각을 적어라. 중심문장은 문단의 첫 번째 문장이다. 특히 초보자는 이를 鐵則(철칙)으로 삼아 글을 써야 한다. 문단의 요점부터 적고 그 뒤에서 요점을 풀어나가는 식으로 글을 써야 한다.

---

2) 李相和(이상화) 시인의 ‘빼앗긴 들에도 봄은 오는가’라는 시는 “지금은 남의 땅 빼앗긴 들에도 봄은 오는가”로 시작하고 있다. 시의 첫 행에 중심문장을 써놓고 있다. 그래서 독자들은 이 시를 매우 인상 깊게 느낀다.

4. 문단은 중심문장을 중심으로 통일해야

문단은 중심문장을 중심으로 統一(통일)해야 한다. 중간에 다른 중심생각으로 옮겨가면 안 된다. **"한 문단에 중심생각 하나, 중심문장 하나"라는 원칙을 지켜야 한다.** 다음 (사)부터 (차)까지 문단들이 "한 문단에 중심생각 하나, 중심문장 하나"라는 원칙을 잘 지키고 있는지 살펴보자.

(사) 나는 한글전용을 주장하는 全敎組(전교조)가 국사 교과서 國定化(국정화)를 반대하는 게 모순이라고 생각한다. 전교조는 국정화가 '多樣性(다양성)'을 해치고 '劃一化(획일화)'하기 때문에 반대한다고 주장한다. 그런데 전교조는 교육부가 2018년부터 초등 교과서에 한자를 倂記(병기)하겠다는 계획에는 반대했다. 오로지 한글만 써야 옳다고 주장했다. 문자 표기에서 다양성을 否定(부정)하고 '획일화'를 추구한 것이다. 그런데 조선시대에는 한국어 표기가 다양했다. 世宗大王(세종대왕)은 『龍飛御天歌(용비어천가)』는 國漢字混用(국한자혼용)했고, 『月印千江之曲(월인천강지곡)』은 國漢字倂用(국한자병용)했다. 조선시대에는 그밖에도 한문, 한글전용, 한문·한글 對譯(대역) 등 다양한 표기가 자유롭게 사용되었다. 전교조는 그런 다양한 문자 표기를 금지하고 한글만 획일적으로 써야 한다고 주장한다. 전교조는 문자 표기는 획일화를 추구하면서 한편으로는 국정 국사 교과서는 획일화는 잘못이라는 이유로 반대하니 自己矛盾(자기모순)이 아닐 수 없다.[3)]

(아) 나는 만화책 읽기를 좋아한다. 어렸을 적부터 만화책을 좋아했다. 초등학생 때 서점에서 全科(전과)를 사면 주인아저씨가 만화책을 몇 권 읽게 해주었다. 나는 전과를 사서 공부하려는 생각보다는 만화책을 보고 싶은 마음에 전과를 샀다. 당시 내가 가장 좋아했던 만화책은 산호 畵伯(화백)의 『라이파이』였다. 나만 그 만화책을 좋아하는가 싶었는데, 얼마 전 신문에서 보니 당시 어린이들에게 그 책이 최고 인기였다고 한다. 산호 화백은 그 뒤 미국에 이민 가서 살다가 얼마 전 한국에 와서

3) 金昌辰(김창진), 「[광남시론] 한글전용이 옳다면 국정교과서도 옳다」, 『광남일보』, 2015. 11. 3.

韓民族(한민족) 역사의 영웅들 초상을 그려서 전시회를 열었다. 나는 그가 그린 蚩尤(치우) 天王(천왕)의 초상이 가장 기억에 남는다. 나는 어릴 적 영웅이었던 산호 화백이 살아 있다는 사실을 알게 되어 기뻤다. 또 그가 노년에도 그런 뜻 깊은 전시회를 열었다는 데 더욱 감명받았다.

(자) 나는 대학생으로서 졸업 후 就職(취직)이 걱정된다. 근래 한국 경제가 성장이 멈추고 산업이 돌파구를 찾지 못하면서 일자리가 줄고 있다. 그러니 대기업 정규직처럼 조건이 좋은 곳에 취업은 하늘의 별따기다. 취업하려면 전공 능력은 물론 영어 등 다른 스펙도 뛰어나야 한다. 나는 학점은 그런대로 괜찮은데 영어 능력이 떨어진다. 토익 점수가 600점대에 머물러 더 올라가지 않는 게 속상하다. 그런데 왜 우리나라 기업체에서 이렇게 영어 능력을 요구하는지 이해가 안 된다. 실제로 회사 들어가면 영어 써먹을 기회도 별로 없다 한다. 한국은 영어 사대주의에 빠진 나라이다. 또 이해가 안 가는 건 회사들이 겉으로는 공채라면서 금수저·은수저 자식들을 특별 우대하는 거다. 게다가 저번에 아무개 사건처럼 힘 있고 돈 있는 자들은 갑질로 우리같이 힘없고 돈 없는 자들을 괴롭힌다. 이런 '헬조선'에 태어난 게 정말로 불운이다.

(차) 현재 전 세계적으로 에너지 소비량은 급증하고 있다. 이에 선진국들은 석유 연료의 枯渴(고갈)과 석유 연료 사용에 따른 환경오염 문제 등을 고려하여 차세대 에너지원으로서 원자력을 주목하였다. 그리하여 원자력 발전소를 계속 지어 왔다. 그러나 미국·러시아·일본 등지에서 발생한 일련의 핵발전소 사고로 인하여 세계의 원자력 이용은 위기를 맞고 있다. 이에 그 새로운 대안으로 자연 에너지가 떠오르고 있다. 자연 에너지는 태양광 발전, 풍력 발전, 수력 발전, 地熱(지열) 등이 이용되고 있다. 선진국은 물론 우리나라에서도 점차 자연 에너지 이용이 늘고 있다. 전국을 돌아다니다 보면 태양열 集熱板(집열판)과 풍력 발전기 등을 심심치 않게 보게 된다. 지열을 이용하여 집안 난방을 하는 패시브 하우스도 조금씩 늘어나고 있다.

(사)문단은 앞서 (바)문단의 맨 앞에 "나는 한글전용을 주장하는 全敎組(전교조)가 국사 교과서 國定化(국정화)를 반대하는 게 모순이라고 생각한다."는 중심문장을 덧붙여 놓은 문단이다. 이 문단은 문단의 끝까지 그 중심문장의 생각을 뒷받침하는

데 집중하고 있다. 그래서 잘 만들어진 문단이다.

(아)문단은 중심문장이 "나는 만화책 읽기를 좋아한다."로 시작한다. 처음에는 그 중심문장을 구체화해 나가다가 중간에서 '산호 작가'라는 만화가 이야기로 샛길로 새버린다. 이처럼 (아)문단은 중심생각이 두 개로 분열되었으므로 잘못 만들어진 문단이다.

이렇게 **문단이 두 개의 중심생각으로 나뉘면 그 문단의 統一性(통일성)이 무너진다. 통일성이 없는 문단은 나쁜 문단이다.** 문단은 중심생각 하나로 처음부터 끝까지 꿰뚫어져야 한다.

(자)문단은 중심문장이 "나는 대학생으로서 졸업 후 就職(취직)이 걱정된다."로 시작한다. 처음에는 그 중심문장을 구체화해 나가다가 중간에서 영어 문제로 빠져들어간다. 취직과 관련된 토익 점수까지를 거론하는 건 옳은데, "그런데 왜 우리나라 회사에서 이렇게 영어 능력을 요구하는지 이해가 안 된다. 실제로 회사 들어가면 영어 써먹을 기회도 별로 없다 한다. 한국은 영어 사대주의에 빠진 나라이다."는 중심문장과 직접 관련이 없는 내용이다. 또 그 뒤에 "게다가 저번에 아무개 사건처럼 힘 있고 돈 있는 자들은 갑질로 우리같이 힘없고 돈 없는 자들을 괴롭힌다. 이런 '헬조선'에 태어난 게 정말로 불운이다."라는 부분도 내 취업과는 직접적인 관련이 없는 내용이다.

이처럼 (자)문단은 중심생각이 취직, 영어, 헬조선의 세 개나 된다. 그러니 아주 잘못된 문단이다. 저렇게 중심생각이 두 개 이상으로 분열되면 문단의 통일성이 깨진다. 그러므로 중심생각과 관련 없는 내용은 그것이 아무리 소중한 내용이라 할지라도 과감히 버려야 한다.

만약에 중심생각과 관련 없는 부분이 너무나 소중해서 정말로 버리기 아깝다면, 글쓴이는 그 부분은 따로 빼내서 새로 다른 문단을 만들어야 한다. 중심생각은 한 문단에 하나만 두어야지 두 개 이상을 함께 둘 수는 없다. 그러니까 글쓴이가 (자)문단의 내용이 다 소중하다고 여긴다면 '취업난'도 '영어 사대주의'도 '헬조선'도 각기 따로따로 한 문단씩 만들어야 한다. (자)문단은 처음부터 끝까지 내 취업 걱정(취업난)만 다루어야 한다.

(차)문단은 중심문장이 명확하지 않다. 첫 문장은 "에너지 소비량 급증"인데, 그 뒤의 내용들은 그것과 관계없다. 이 문단 안에는 '원자력'과 '자연 에너지', 두 가지의 중심생각이 들어 있다. 이 두 개의 중심생각은 한 문단 안에서 공존할 수 없다.

따라서 (차)문단은 두 문단으로 나누어 써야 한다. 곧 '원자력'을 중심생각으로 하는 문단과 '자연 에너지'를 중심생각으로 하는 문단을 각각 만들어야 한다.

작문 초보자들이 쓴 문단은 중심문장이 어떤 문장인지 구분하기 어려운 경우가 많다. 중심문장이 아예 없거나 아니면 맨 끝에 있기도 한다. 또는 중심문장이 여러 개 있어서 한 문단에 여러 내용이 마구 뒤섞여 있기도 한다. 그 이유는 작문 초보자들은 중심문장에 대해 인식을 뚜렷이 하지 않기 때문이다. 곧 문단 첫 문장에 중심문장을 반드시 적어야 한다는 사실도 모르고 무작정 글을 쓰기 때문이다. 그렇게 작문의 기본 원리도 모르고 마구잡이로 글을 써서는 좋은 글이 나오기는 힘들다.

작문 초보자는 운전 초보자와 비슷하다. 그 유형은 두 가지다. 하나는 자기가 어디를 가고자 하는 목적의식조차 없이 글을 쓰는 유형이다. 이는 목적지도 정하지 않고 무작정 차를 몰고 길에 나선 유형이다. 중심문장이 없는 문단이다. 이것저것 그때그때 생각나는 대로 왔다 갔다 하는 문단이다. 아니 문단이라는 개념도 없이 쓰는 글이다. 또 하나는 처음에 목적지는 정했는데, 가다가 목적지를 벗어나서 엉뚱한 길로 왔다 갔다 하는 유형이다. 중심문장이 두 개 이상인 문단이다. 이 또한 혼란스럽기는 마찬가지다.

글 쓰는 사람은 한 문단을 쓰는 동안에 중심생각에 注意(주의)를 集中(집중)해야 한다. 문단을 출발할 때 먼저 길안내 장치(내비게이션)를 작동시켜야 한다. 이것이 첫 문장에 중심문장을 적는 일이다. 다음에는 길안내 장치(내비게이션)를 따라서 그대로 똑바로 가야 한다. 처음에 정한 목적지와 경로에서 벗어나지 않게 집중해야 한다. 중심생각은 한 문단에 하나여야 한다. 문단의 모든 문장은 중심생각에서 벗어나서는 안 된다. 문단은 統一性(통일성)을 유지해야 한다.

5. 中心文章(중심문장)의 範圍(범위)

문단은 중요하지만 동시에 한계를 지닌다. 문단은 고작 열 문장 안팎이다. 그래서 큰 내용을 담기에는 한계가 있다. 한 문단에는 작은 내용만 담을 수 있다. 그래서 중심생각과 중심문장부터 좁은 범위로 잡아야 한다. 예를 들어보자. "나는 책을 좋아한다."는 중심문장으로서 적합한가? 아니다. 독서는 한 문단에서 다루기에는 너무 큰 중심생각이다. 그러니 범위를 좁혀야 한다. 한 문단에서 다루려면 독서 중에서 어느 특정한 독서로 좁혀야 한다. (아)문단처럼 "나는 만화책 읽기를 좋아한다."같이 책 중에서 만화책으로만 범위를 한정해야 한다. 또 내 성격에 대해서 쓰더라도 한 문단 안에 내 성격 전체를 담으려 해서는 안 된다. 예를 들어서 "내 성격은 외향성도 있고 내향성도 있어서 복잡하다"와 같은 중심문장은 좋지 않다. 내 성격 전체는 한 편의 글로 다루어야지 한 문단으로 다루기에는 범위가 너무 넓다.

열 문장 안팎의 짧은 문단에서 중심문장의 범위를 넓게 잡으면 일반적이고 빤한 내용만 적을 수밖에 없다. 예를 들어 "한국 교육은 개혁해야 한다."는 중심문장으로서 좋은 중심문장인가? 아니다. 어떻게 한 문단에서 '한국 교육'을 다 다룰 수 있는가? 그러려면 지나치게 크게 일반화 · 추상화를 하지 않을 수 없다. 획일화 · 일반화의 오류를 범하게 된다. 그러므로 한국 교육처럼 범위가 넓은 제재를 잡으면 추상적 내용, 부정확한 내용, 精密性(정밀성)이 부족한 글을 쓰게 된다. '한국 교육'을 다시 '국어교육'으로 좁혀도 마찬가지다. '국어교육'을 다시 '작문교육'으로 좁혀도 안 된다. '작문교육'을 다시 '문단교육'으로 좁히면 범위가 좀 넓긴 하지만 여기서부터는 한 문단의 대상으로 삼을 수 있다. 문단은 비교적 범위가 좁기 때문에 한 문단에서 다룰 수 있다. 하지만 그보다 더 범위가 좁으면 더 낫다. 더 좁혀서 '중심문장 쓰기'로 하면, 중심문장은 단 한 문장으로서 범위가 좁으니 구체적으로 쓰기 좋다. 하지만 그보다는 더 좁혀 '중심문장의 위치'로 하면 더더욱 좋다. 한마디로 중심문장은 범위를 좁게 잡으면 잡을수록 좋다. 범위가 좁은 만큼 더 구체적으로 글을 쓸 수 있기 때문이다.

요컨대 **중심문장은 "범위는 좁게, 깊이는 깊게"라는 원칙에 따라 적어야 한다.** 남들도 잘 아는 내용, 일반적이고 추상적인 내용, 부정확한 내용은 글로서 가치가 떨어진다. 글은 남들이 잘 모르는 내용, 구체성이 풍부한 내용, 정확한 내용을 적어야 글의 가치가 올라간다. 글은 獨創性(독창성)이 있어야 가치가 높다. 남들이 잘 모르는 내용이 독창성을 발휘할 기회가 커진다. 범위를 좁힐수록 나만의 독창성을 발휘할 가능성이 커진다. 그러니 문단의 범위를 좁히고 구체적이고 정확하게 글을 적는 것이 좋은 글이 되기 쉽다.

위에서 다룬 내용을 그림으로 나타내 본다.

1. 한국 교육

2. 국어교육

3. 작문교육

4. 문단 교육

※ 한 문단은 여기서부터 가능하다.

5. 중심문장 쓰기

6. 중심문장의 위치

[그림 8] 중심문장의 범위

한 문단의 중심생각과 중심문장은 범위가 좁을수록 좋다. 중심생각과 중심문장은 "범위는 좁게, 깊이는 깊게"라는 원칙에 따라 적어야 한다. 문단을 적는 일은 수박을 먹는 일로 비유할 수 있다. 한 문단을 '수박 겉핥기'식으로 적어서는 안 된다. '수박 겉핥기'식 글짓기는 "범위는 넓게, 깊이는 얕게" 적는 방식이다. 수박 껍질 전체를 아무리 혀로 핥아 본들 수박의 달콤한 맛은 전혀 볼 수 없다. 그러니 '수박 겉핥기'식으로는 좋은 글을 쓰지 못한다. 좋은 글을 쓰려면 우선 중심생각과 중심문장의 범위부터 좁혀야 한다.

중심문장이 다루는 범위를 좁히면 좁힐수록 중심문장의 구체성은 높아지고 내용은 정밀해진다. 그래서 글의 가치도 올라간다. 비유컨대 중심문장은 수박 장사 아저씨가 수박을 잘라서 팔듯이 적어야 한다. 수박 장사 아저씨는 칼로 수박 껍질에 좁은 삼각형의 칼집을 낸다. 곧 먼저 범위를 좁힌다. 그리고 그 삼각형에 칼을 깊숙이 집어넣어 수박을 잘라낸다. 곧 깊게 파고 들어간다. 그러면 비록 작지만 달고 맛있는 수박을 맛볼 수 있다. 그것이 바로 좋은 중심문장이다. 그러니까 중심문장은 '수박 겉핥기'식이 아니라 '수박 한 조각 맛보기'식으로 적어야 한다. **중심문장은 "범위는 좁게, 깊이는 깊게" 적어라.**

내 장래 희망을 제재로 한 문단의 중심문장을 적는다면 다음 중 어떤 것이 좋을까?

1) 나는 의료계에 종사하고 싶다.

2) 나는 간호사가 되고 싶다.

3) 나는 종합병원의 간호사가 되고 싶다.

4) 나는 서울대병원의 간호사가 되고 싶다.

5) 나는 서울대병원의 응급실 간호사가 되고 싶다.

1)과 2)는 한 문단의 중심문장으로서 적절하지 않다. 범위가 너무 넓다. 3)부터가 한 문단의 중심문장으로서 가능하다. 3)보다는 4)가 더 낫고, 가장 바람직한 것은 5)이다.

연습문제 1. 한 문단 안에 적을 중심생각으로서 다음 중 어떤 것이 가장 바람직할까?

ㄱ) 우리 가족, ㄴ) 아버지, ㄷ) 아버지의 성격, ㄹ) 아버지의 엄격한 성격.

한 문단의 중심생각으로서는 뒤의 ㄹ)이 가장 가치가 높다. 범위가 가장 좁기 때문이다. 그 다음에는 ㄷ), ㄴ), ㄱ)의 순이다.

연습문제 2. 다음 중 어떤 중심문장이 가장 좋은 중심문장일까?

ㄱ) 死刑(사형) 제도는 논란이 많다. ㄴ) 死刑(사형) 제도는 폐지해야 한다는 종교인들과 유지해야 한다는 법률가들 사이에 논쟁이 팽팽하다. ㄷ) 死刑(사형) 제도는 범죄인에 대한 懲罰(징벌), 피해자 가족의 울분에 대한 配慮(배려), 사회질서 유지의 필요 때문에 유지해야 한다. ㄹ) 死刑(사형) 제도는 범죄인에 대한 懲罰(징벌)로서 필요하기 때문에 유지해야 한다.

한 문단의 중심문장으로는 ㄹ)만 올바르다. 중심생각이 범위가 좁고 단 하나이기 때문이다. ㄷ)은 중심생각이 세 개이기 때문에 안 된다.[4] ㄴ)은 중심생각이 두 개이기 때문에 안 된다. ㄱ)은 중심생각이 多數(다수)이기 때문에 안 된다.[5] ㄴ)과 ㄷ)은 한 편의 짧은 글[단편]의 주제문장은 된다. 하지만 한 문단의 중심문장으로서는 안 된다. ㄴ)과 ㄷ)은 중심생각이 각각 두 개와 세 개이므로 그들을 각기 분리시켜 중심문장 두 개와 세 개로 만들어야 한다. 곧 두세 문단으로 나누어 써야 한다.

---

4) ㄷ)은 短篇(단편) 곧 짧은 글의 주제문장으로서는 훌륭하다.

5) 중심문장에 '많다'는 표현이 들어가면 안 된다. 중심생각은 단 하나여야 하기 때문이다.

연습문제 3. 중심생각과 중심문장은 "범위는 좁게, 깊이는 깊게"라는 원칙에 따라 다음 중심문장을 여러분이 바르게 고쳐보기 바란다.

① 十誡命(십계명)은 진리이다.

…… 십계명은 10개의 계명으로서 10문장 안팎인 문단에 계명만 적어도 꽉 찬다. 그래서 논의를 할 수 없다. 따라서 한 문단의 중심문장은 십계명 중 하나만 잡아서 적어야 한다.

[보기] '원수를 사랑하라'는 계명은 나를 괴롭히는 上官(상관)에 적용시키기 어렵다. '남의 물건을 훔치지 말라'는 계명은 사흘 굶은 사람에게는 지키기 어려운 戒律(계율)이다.

② 전자오락(게임)은 문제가 많다.

…… 중심문장에서 '많다'는 단어를 쓰면 안 된다. 전자오락의 문제점 하나를 구체적으로 지적해야 한다. 또 전자오락 중에서 특히 해로운 게임의 이름을 들어서 구체적으로 비판해야 한다.

[보기] 전자오락은 학생이 공부할 시간을 많이 빼앗으므로 해롭다. 사람을 잔인하게 죽이는 내용이 나오는 전자오락은 미성년자들의 정서에 악영향을 끼친다.

③ 오늘날 대학생은 여러 가지 어려움을 겪고 있다.

…… 대학생이 겪고 있는 어려움 중에서 하나만 구체적으로 지적해야 한다. 중심문장에 '여러 가지'라는 말이 나오면 안 된다. 중심생각은 단 하나여야 하기 때문이다.

[보기] 오늘날 대학생은 비싼 등록금을 내기 위해 아르바이트하느라 공부할 시간이 줄어 힘들다. 오늘날 대학생은 토익에서 고득점을 올려야 취업할 수 있기 때문에 토익 공부에 시달린다. 오늘날 대학생은 졸업 후 대기업에 정규직으로 취업하기 어렵다.

④ 운동을 하다 보면 부상을 당하기 쉽다.

…… 우선 '운동' 중 하나만 선택해야 한다. 다음으로 '부상' 중 하나만 구체적으로 제시해야 한다.

[보기] 축구를 하다 보면 발목을 삐기 쉽다. 배구를 하다 보면 무릎 부상을 당하기 쉽다. 테니스를 하다 보면 팔의 靭帶(인대)가 늘어나는 테니스엘보를 당하기 쉽다.

⑤ 요리를 잘하려면 재능, 열정, 좋은 요리법, 신선한 재료가 필요하다.

…… 우선 '요리' 중 하나만 선택해야 한다. 다음으로 '재능, 열정, 좋은 요리법, 신선한 재료' 중에서 하나만 선택해야 한다.

⑥ 외국어 배우기는 어렵다.

⑦ 사람들은 건강에 관심이 많다.

⑧ 오늘날 범죄가 많이 일어난다.
⑨ 대학생은 글짓기를 잘해야 한다.
⑩ 내 성격은 고칠 점이 많다.
⑪ 인생에 성공하는 데는 여러 요인이 있다.
⑫ 청년 실업은 오늘날 한국사회의 큰 문제이다.
⑬ 악기를 연주하기 위해서는 많이 연습해야 한다.
⑭ 내 성격은 좋은 점도 있고 고쳐야 할 점도 있다.
⑮ 오늘날 한국에서 성희롱이 사회문제가 되고 있다.

6. 뒷받침문장

중심문장 뒤에 오는 둘째 문장 이하는 앞의 중심문장을 뒤에서 받쳐주는 구실을 한다. 그래서 중심문장을 '뒤에서 받쳐주는 문장'이라고 해서 '뒷받침문장'이라 부른다. 중심문장을 보조해 준다고 해서 '補助文章(보조문장)'이라고도 하는데, 이 책에서는 더 많이 쓰이는 '뒷받침문장'으로 쓴다.

뒷받침문장은 문단의 둘째 문장 이하 문장들이다. '뒷받침문장'은 맨 앞의 중심문장을 뒤에서 잘 받쳐주어야 한다. 중심문장은 한 문단의 요점이므로 일반적이고 추상적인 陳述(진술)이 되기 쉽다. 예를 들면 "지금까지 지구에 태어난 사람 중 안 죽은 사람은 단 한 명도 없다."처럼 진술한다. 뒷받침문장들은 그런 중심문장을 구체적으로 이해하기 쉽게 풀어주어야 한다. 곧 '사람들은 모두 죽었다'는 중심문장을, 뒷받침문장은 자세히 구체화하여 증명해 주어야 한다. 문단의 핵심은 물론 중심문장이지만, 중심문장 자체로는 힘이 없다. 뒷받침문장들이 뒤에서 잘 받쳐 주어야 힘을 받는다. 비유컨대 대통령이나 가장도 부하나 가족들이 뒤에서 잘 받쳐 주어야 힘을 받는 것과 마찬가지다. 그러므로 뒷받침문장을 잘 써야 중심문장이 설득력을 지니게 된다. 그렇게 **중심문장을 뒷받침문장이 잘 뒷받침하여 충분히 설명될 때 그 문단은 '完結性(완결성)'을 지니게 된다.** 곧 완전한 구조를 이룬 문단으로 완성된다.

뒷받침문장이 중심문장을 뒷받침해주는 방법으로는 주로 다섯 가지 기법을 사용한다. 例證(예증)・敷衍(부연)・數値(수치)・比喩(비유)・引用(인용) 등이다. '例證(예증)'

은 구체적인 보기를 들어(例示) 증명하는 방식이다. '敷衍(부연)'은 어떤 말을 좀 더 구체적이고 알기 쉽게 다른 말로 풀이해 주는 방식이다. '數值(수치)'는 統計(통계) 등 구체적인 數值(수치)를 들어 과학적으로 증명하는 방식이다. '比喩(비유)'는 어떤 말을 그와 비슷한 다른 사물에 빗대어 이해하기 쉽게 해주는 문학적 방식이다. '引用(인용)'은 권위자의 말을 끌어들여 내 주장의 信憑性(신빙성)을 높이는 방식이다.

1) 例證(예증) · 敷衍(부연)

例證(예증)은 예를 드는 例示(예시)가 대표적이다. 例示(예시)할 때는 "예를 들면", "보기를 들면", "예를 들어", "한 예가" 등의 접속사를 대개 사용한다.

(카) 지금까지 지구에 태어난 사람 중 안 죽은 사람은 단 한 명도 없다. **예를 들어** 釋迦(석가)도 죽었다. 孔子(공자)도 죽었다. 예수도 죽었다. 소크라테스도 죽었다. 秦始皇(진시황)도 죽었다. 칭기즈칸도 죽었다. 나폴레옹도 죽었다. 李舜臣(이순신) 장군도 죽었다. 그 어느 영웅도 죽음은 피해갈 수는 없었다. 인간이란 죽어야 할 운명을 타고 태어난 존재이다.

(카)문단에서 둘째 이하 문장은 중심문장을 뒷받침하는 근거로 固有名詞(고유명사)를 예시하고 있다. '석가 · 공자……'와 같은 고유명사는 어떤 특정한 사물을 가리키는 이름이므로 '지구에 태어난 사람'에 비해 구체적이고 개별화된 진술이다. 뒷받침문장은 이렇게 중심문장보다 구체적이고 개별화된 진술로 파고들어가야 한다. 곧 뒷받침문장은 중심문장에 비해서 범위가 더 좁아들고 깊이가 더 깊어진다.

중심문장

일반적 · 추상적 진술 : (보기) 사람

↓

뒷받침문장

개별적 · 구체적 진술 : (보기) 釋迦(석가)

[그림 6] 중심문장과 뒷받침문장의 관계

(타) '한겨레' · '경향신문' · 全敎組(전교조)는 한글전용으로도 국어생활하는 데 아무 문제가 없다고 주장하는데, 그 말이 옳은가? '한겨레' 7월 29일자에 실린 ''국보' 동의보감을 환영하며'라는 글에 "'벽역신방', '신찬벽온방', 성홍열, '의방유취', '향약집성방', '동의보감', '동의수세보원'" 등이 한글로 적혀 있다. 의미를 알 수 없는 저런 글이 正常的(정상적)인 한국어인가? 또 '한겨레' 7월 28일자의 '곽병찬의 향원익청(香遠益淸)-회사정에서 구림의 법도를 되새기다-'를 보자. '향원익청'이 한글로 이해된다면 왜 한자를 병기했는가? 그 기사 안에 "죽정, 학암, 동계, 고산, 신흥동, 평리, 남송정, 서호정, 백암정, 상대정……쌍취정, 간죽정, 회사정, 취음정, 총취정, 풍옥정, 요월당, 육우당, 삼벽당, 안용당"이 있다. 저것은 暗號(암호)지 언어가 아니다. 고유명사는 의미를 몰라도 되는가? 왜 한자를 병기해서 독자로 하여금 의미를 알 수 있게 해주지 않는가?[6)]

위의 (타)문단에서 중심생각은 "한글전용이 옳은가?"이다. 중심문장은 일반적이고 추상적인 진술로 되어 있다. 그리고 둘째 문장부터 제기한 의문을 구체적으로 보기를 들어 증명해 나간다. 이때 둘째 문장 앞에는 "예를 들면", "보기를 들면", "예를 들어"와 같은 접속사가 생략되어 있다. (타)문단은 앞의 (카)문단처럼 고유명사를 들어 구체성을 높이고 있다. 그리고 引用(인용)을 할 때는 出處(출처)를 밝히고 있다. (타)문단은 '한겨레' · '경향신문' · 全敎組(전교조)가 주장한 내용을 例示(예시)를 통해 反駁(반박)하고 있다. 이런 것은 '反證(반증)'이라고 한다. **反證(반증)은 例證(예증)의 일종이다.**

또 다른 예를 보자. 중심문장을 "오늘은 北京(북경) 시내를 돌아다니며 관광했는데 즐거웠다."로 적었다 하자. 그러면 그 뒤의 뒷받침문장들은 북경 관광을 한 내용을 구체적이고 세부적으로 적는다.

(파) 오늘은 北京(북경) 시내를 돌아다니며 관광했는데 즐거웠다. 아침밥을 먹고 紫金城(자금성)을 보러 갔다. 자금성 앞에는 넓은 天安門廣場(천안문광장)이 있었다. 天安門(천안문)에는 毛澤東(모택동) 主席(주석)의 큰 사진이 걸려 있었다. 紫金城(자금

6) 金昌辰(김창진), 「[광남시론] 한글전용과 한자병기, 어느 게 옳은가?」, 『광남일보』, 2015. 9. 22.

성)은 엄청나게 커서 대강 구경하는 데만도 세 시간이나 걸렸지만 흥미로웠다. 점심을 먹고 나서 頤和園(이화원)을 보러 갔다. 이화원의 호수는 人工(인공)으로 팠고 그 판 흙으로 인공 산을 만들어 쌓아 올렸다는데 어마어마했다. 인공호수에서 관광객들이 배를 타고 돌아다니는 모습을 보니 기분이 상쾌했다. 하지만 이화원은 본디 군함을 만들 돈으로 서태후가 만든 곳으로서 그 때문에 청나라가 망했다고 하니 교훈도 주었다. 지도자의 판단이 국가 운명을 좌우한다는 사실을 새삼 뼈저리게 느꼈다. 저녁에 호텔에 돌아올 때는 피곤했지만 오늘 북경 관광은 즐거운 추억이었다.

固有名詞(고유명사)는 例示(예시)의 방법으로서 효과적이다. 가장 구체적인 예시이기 때문이다. (카)문단의 중심문장에 쓰인 '사람'은 일반적 · 추상적인 명사이다. 뒷받침문장에서는 그것을 고유명사인 '釋迦(석가) · 孔子(공자) · 예수 · 소크라테스……'를 들어 구체적으로 증명했다. (타) 문단에서도 "……고산, 신흥동, 평리, 남송정, 서호정……" 등의 고유명사를 써서 중심문장을 실제로 증명했다. (파)문단도 중심문장에 쓰인 '北京(북경)'을 뒷받침문장은 그보다 세분화된 '紫金城(자금성), 天安門廣場(천안문광장), 毛澤東(모택동) 頤和園(이화원), 서태후' 같은 고유명사들로 구체적으로 뒷받침했다.

(파)문단 같은 旅行記(여행기)를 쓸 때 초보자들은 중심문장을 만들면서 흔히 두 가지 실수를 저지른다. 하나는 중심문장을 "오늘은 아침밥을 먹고 紫金城(자금성)을 보러 갔다."는 식으로 그냥 시간 순으로 적는 형태이다. 즉 중심문장 자리에 맨 처음 한 일을 적는 방식이다. 다른 하나는 중심문장에 "오늘은 북경 시내를 관광하였다."는 식으로 그날 관광한 목적지만 적고 그 분위기나 결과는 함께 적지 않는 형태이다, 여행기 문단의 중심문장은 관광지와 함께 관광 분위기까지 적어야 완성된다. 여행기 중심문장은 "오늘은 北京(북경) 시내를 돌아다니며 관광했는데 즐거웠다."처럼 적어야 한다. '북경'이라는 여행 목적지와 '즐거웠다'는 관광 분위기를 함께 적어야 한다.

다음의 문단들에서 중심문장과 뒷받침문장의 구실을 주의해서 살펴보자.

(하) 나는 원칙주의자이다. 다른 사람들은 적당히 해도 되는 일도 나는 원칙대로 해야 편안하다. 사람들 대부분은 결과가 좋으면 과정은 별 신경 쓰지 않는다. 하지만 나는 결과가 좋아도 과정이 원칙을 따르지 않으면 불안하다. **예를 들어**, 나는

물건을 조립할 때 설명서를 안 보고도 조립할 수 있는 경우가 있다. 하지만 나는 '설명서를 따르지 않고 만들면 사용 중 異常(이상)이 생기지 않을까?' 하고 걱정한다. 그래서 결국 다시 분해해서 설명서 순서대로 제품을 완성한다. 이런 성격 때문에 나는 민첩하지 못하고 남보다 조금 느리게 일을 마친다. 하지만 매사에 실수나 사고를 잘 일으키지 않고 안정적인 결과를 얻는다. 주변에선 나보고 고지식하다고 하지만 나는 이 성격이 내 장점이라고 생각한다.

(하)문단에서는 敷衍(부연)[7]을 쓰고 있다. 이 문단의 중심문장은 "나는 원칙주의자이다."이다. 추상적인 말이므로 독자가 이해하기 어려울 것이라고 글쓴이가 판단하고, 둘째 문장 이후에 "다른 사람들은 적당히 해도 되는 일도 나는 원칙대로 해야 편안하다. 사람들 대부분은 결과가 좋으면 과정은 별 신경 쓰지 않는다. 하지만 나는 결과가 좋아도 과정이 원칙을 따르지 않으면 불안하다."는 '敷衍(부연)' 설명을 덧붙이고 있다.

(하)문단은 例話(예화)도 들고 있다. 예화는 예시와 조금 다르다. **例示(예시)는 인간·사물 등을 나열하는 것이라면, 例話(예화)는 이야기를 예로 드는 것이다.** 예화도 예증의 중요한 기법이다. 불교나 기독교 같은 종교에서는 예화를 중요한 설교 기법으로 애용하고 있다. (하)문단은 뒷받침문장이 먼저 중심문장을 敷衍(부연) 설명했다. 그 다음에 "예를 들어" 이하에서는 例話(예화)를 들고 있다. 두 가지 기법을 혼용하고 있는데, 글쓴이의 판단에 따라서 얼마든지 여러 가지 기법을 혼용해서 글을 쓸 수 있다.

(거) 내 성격은 정확하게 하는 것을 좋아한다. **예를 들면**, 나는 친구들과 약속을 잡을 때도 어느 날, 어느 곳에서, 무엇을 할 것인지 정확히 정한다. 공부를 할 때도 내가 왜 공부해야 하는지 무엇을 모르는지부터 살펴본다. 그런 다음에 계획표를 짜서 어느 과목을 먼저 하며 어떤 방식으로 진행할 것인지 정한 뒤 실행한다. 또 친구들과 조별과제를 할 때도 누가, 언제, 어디서, 어떻게 준비해서 발표할 것인지 내가 먼저 제안하는 경우가 많다. 일상생활에서도 마찬가지다. 중학교 때 첫 교복

---

7) '敷衍(부연)'의 사전적 의미는 '(어떤 설명에 대하여) 덧붙여서 자세히 설명함'이다. 부연은 대개 접속어로 '즉, 다시 말하자면, 부연하자면, 바꿔 말하자면' 같은 말이 문장 앞에 온다.

을 살 때도 내 치수가 얼만지 치마와 셔츠는 각각 어느 브랜드가 저렴하고 질이 좋은지 또 언제 사는 게 값이 싼지 미리 알아보고 샀다. 그런 식이기 때문에 나는 衝動購買(충동구매)를 하지 않는다. 정확성을 좋아하는 이러한 내 성격은 대인관계에서 신뢰를 높여주었고, 학습 면에서 성취도를 높여주었으며, 일상생활에서도 합리적 선택을 할 수 있게 해주었다. 그래서 나는 정확한 내 성격에 만족한다.[8)]

(거)문단에서 "예를 들면" 이후에 먼저 敷衍(부연)이 나온다. 곧 "나는 친구들과 약속을 잡을 때도 어느 날, 어느 곳에서, 무엇을 할 것인지 정확히 정한다. …… 또 친구들과 조별과제를 할 때도 누가, 언제, 어디서, 어떻게 준비해서 발표할 것인지 내가 먼저 제안하는 경우가 많다."는 문장들은 중심문장인 "내 성격은 정확하게 하는 것을 좋아한다."을 좀 더 자세히 설명해 주는 일이다. 그 다음에 "일상생활에서도 마찬가지다. 중학교 때 첫 교복을 살 때도 …… " 하는 例話(예화)가 나온다. 앞 (하)문단과 '중심문장+부연+예화'의 구조가 같다.

(너) 나는 조그마한 일에도 감동을 잘 받고 눈물을 흘린다. 예전에 친구와 함께 신발가게에 갔다. 내가 직원에게 까탈을 부렸는데도 직원은 내게 맞는 신발을 찾아주려 최선을 다했다. 나는 그 모습을 보고 감동을 받아서 연신 감사하다는 말을 하며 가게를 나왔다. 또 하루는 내가 기숙사에서 택배물을 잃어버리고 택배 아저씨에게 전화했다. 그랬더니 걱정하는 내 목소리를 듣고는 아저씨가 친절하게 알아봐 주시고 위로해주셨다. 또 감동받아서 눈물을 흘렸다. 또 고등학교 때 친구와 싸운 일이 있다. 어느 날 그 친구를 우연히 보게 되었는데 그만 울음이 터지고 말았다. 그 친구에게 미안한 마음이 들었기 때문이다. 나는 평소에도 좋은 글이나 영상을 보고도 눈물이 나는 걸 보면 아무래도 마음이 많이 여린 것 같다.[9)]

(너)문단은 뒷받침문장 전체를 例話(예화)로 채웠다. 부연은 없다. 이렇게 예화를 풍부하게 들면 중심문장은 설득력이 더욱 커진다. 그러므로 (너)문단은 예화로서 예증에 성공한 문단이다. (너)문단은 "예를 들면"은 생략하고 있다.

---

8) 초당대 간호학과 朴珍昤(박진영).
9) 초당대 간호학과 李우리.

2) 數値(수치)

뒷받침문장은 중심문장을 뒷받침하기 위해 統計(통계) 數値(수치)를 동원하기도 한다. **구체적인 통계 수치는 중심문장의 객관적 信頼度(신뢰도)를 높여준다.**

(더) 한국의 고용불평등은 대기업과 중소기업, 원청기업과 하청기업으로 분할된 기업 양극화가 한 축이고, 정규직과 비정규직으로 양분된 고용구조가 다른 한 축이다. 먼저 정규직과 비정규직 문제다. 금융위기 이후 2008~2014년 7년 동안에 경제가 20.9% 성장했는데 정규직의 실질임금은 6.1%밖에 늘지 않았다. 정규직 노동자들의 임금 상승도 경제성장에 훨씬 못 미쳤지만 정말 심각한 것은 비정규직 임금으로 같은 기간에 오히려 2.8% 감소했다. 비정규직 임금은 성장한 만큼도 못 받은 정규직의 절반인 56%밖에 되지 않고, 이 격차가 갈수록 커지고 있다. 비정규직의 또 다른 문제는 고용의 질 악화다. 기간제 노동자 보호법이 제정된 2007년에 기간제 노동자는 전체 노동자의 15.9%였는데 2014년 14.6%로 겨우 1.3%포인트 줄었다. 이뿐만 아니라 기간제 노동자의 실질임금은 무려 7.8% 감소했고, 시간제 노동자의 비율은 7.6%에서 10.8%로 3.2%포인트 늘었다. 임금이 줄어든 계약직을 임금도 더 낮고 고용 기간도 더 짧은 시간제, 즉 알바 노동자로 대체한 것이다.[10)]

(러) 현대 무기 체계에서 첨단 전자장비 등의 비중이 커짐에 따라 SW의 비중과 역할도 비약적으로 커지고 있다. 전투기가 수행하는 임무 중 SW가 차지하는 비중은 F-4 '팬텀'은 8%에 불과했지만 F-16은 45%, F-22는 80%로 높아졌다. 우리 군이 차기 전투기로 도입할 F-35 스텔스기는 무려 90%에 달한다. 미군 분석에 따르면 군사 · 항공 분야의 SW 개발 비용도 지난 2002년 전체 개발 비용의 39.7%였지만 5년 뒤엔 10%포인트 이상 증가한 51. 4%였다. 전투기 설계의 무게중심도 하드웨어(HW)에서 SW로 바뀌고 있다고 한다. 그러다보니 세계 최강인 미군은 엄청난 규모의 SW 연구소를 운용하고 있다. 미 육군은 4300여명, 공군은 2500여명 규모의 전문 인력을 갖고 있다. 최근 미국 측이 KFX(한국형 전투기) 개발과 관련된 4개 기술의 이전을 거부해 논란이 커지고 있는데 그 핵심도 SW 문제다.[11)]

---

10) 장하성: 고려대 경영학과 교수, 「[장하성 칼럼] 임금도 불평등하고 고용도 불평등하다」, 『중앙일보』 2015. 7. 9.

11) 유용원: 군사전문기자 · 논설위원, 「[전문기자 칼럼] 무기 成敗, 소프트웨어가 좌우한다」,

(더)문단은 중심문장에서 '한국의 고용불평등' 원인을 두 가지 들었다. 그 중 (더)문단은 첫째 원인에 대한 근거만 다루었다. 그래서 중심문장은 다른 문단과 달리 첫째·둘째 문장을 합친 것이 된다. 둘째 원인에 대한 근거는 다른 문단에서 다루는 형태로 되어 있다. (러)문장은 군사 전문가가 현대 무기에서 소프트웨어의 비중이 커지고 있음을 수치로 입증한다. 누구나 위의 (더)와 (러)문단을 읽어보면, 글쓴이의 주장에 공감하게 된다. 統計(통계) 數値(수치)가 글쓴이의 주장을 객관적으로 증명해 주기 때문이다. 이것이 통계 수치의 힘이다. 따라서 **통계 수치를 드는 것은 과학적 기법으로서 뒷받침문장 중 가장 강력한 방법이다**.

3) 比喩(비유)

뒷받침문장은 중심문장을 뒷받침하기 위해 比喩(비유)를 들기도 한다. 필자는 앞에서 설명하면서 다음과 같은 비유를 든바 있다. 비유는 문학적 표현을 통해 독자의 이해를 돕는다.

(머) 문단은 군대의 分隊(분대)와 비슷하다. 각기 열 문장 안팎과 열 명 안팎으로 이루어진 작은 조직이다. 분대장이 一列縱隊(일렬종대)로 자기 분대를 인솔할 때 분대장의 위치는 어디가 가장 좋을까? 분대장이 분대의 가장 앞에 서는 게 가장 좋다. 분대장이 분대원들 앞에 서서 "나를 따르라!"고 외치며 끌고 가는 것이 최고다. 분대원들은 맨 앞에 서서 끌고 가는 분대장만 따라가면 되지 않는가? 문단도 똑같다.

(버) 중심문장을 문단의 맨 끝에 두는 것은 비유하자면 마치 목적지에 도착해서야 길 안내 장치[내비게이션]를 켜는 것과 같다. 얼마나 비효율적인가? 길 안내 장치[내비게이션]는 출발할 때 켜는 것이 좋다.

(서) 작문 초보자는 운전 초보자와 비슷하다. 그 유형은 두 가지다. 하나는 자기가 어디를 가고자 하는 목적의식조차 없이 글을 쓰는 유형이다. 이는 목적지도 정하지 않고 무작정 차를 몰고 길에 나선 유형이다. 중심문장이 없는 문단이다. 이것저것 그때그때 생각나는 대로 왔다 갔다 하는 문단이다. 아니 문단이라는 개념도 없이 쓰는 글이다. 또 하나는 처음에 목적지는 정했는데, 가다가 목적지를 벗어나

『朝鮮日報』, 2015. 10. 21.

서 엉뚱한 길로 왔다 갔다 하는 유형이다. 중심문장이 두 개 이상인 문단이다. 이 또한 혼란스럽기는 마찬가지다.

4) 引用(인용)

'引用(인용)'은 권위자의 말을 끌어들여 내 주장의 信憑性(신빙성)을 높이는 방법이다. 예를 들어 '극복해야 할 '문화우월주의'를 논하면서 유명한 문화인류학자의 저서를 인용하면 글쓴이의 주장에 무게가 실리게 된다.

(어) 문화는 결코 우열의 척도로 재단할 수 있는 대상이 아니다. 문화인류학자 마빈 해리스는 〈음식문화의 수수께끼〉라는 저서를 통해서 세계 여러 민족들이 저마다 지니고 있는 '선호 음식'(favorite food)과 '금기 음식'(taboo food)이 있다고 밝히고 있다. 그의 이론에 의하면 어떤 특별한 종족이 어떤 특별한 음식을 선호하거나 터부시하는 것은 인종적인 특수성보다는 풍토적인 생태적 배경에 기인한다는 것이다. 한국 사람들이 대부분 혐오하는 쥐를 식용하는 종족이 42개나 된다고 한다. 그런데 그들이 단순히 미개하거나 여타 종족들보다 쥐고기를 특별히 좋아하는 생물학적 근거는 없다는 것이다.[12)]

5) 문단의 完結性(완결성)과 均衡性(균형성)

뒷받침문장이 효과적으로 임무를 수행하면 문단에 '完結性(완결성)'이 생긴다. **뒷받침문장은 구체적·세부적 진술로써 중심문장의 일반적·추상적 진술을 뒷받침한다. 그 방법으로서 例證(예증)·敷衍(부연)·數値(수치)·比喩(비유)·引用(인용) 등을 사용한다. 例證(예증)은 다시 例示(예시)·例話(예화)·反證(반증) 등으로 나뉜다.** 例示(예시)는 固有名詞(고유명사)를 많이 쓴다. 例話(예화)는 중심문장과 관련된 이야기를 든다. 反證(반증)은 남의 주장과 다른 증거를 들어서 반박하는 형식이다. 敷衍(부연)은 중심문장을 다른 말로 좀 더 알기 쉽게 풀이해주는 것이다. 數値(수치)는 숫자를 들어 근거를 과학적으로 보여준다. 중심문장을 객관적으로 신뢰하게 만드는 데

---

12) 尹昌植(윤창식) : 草堂大(초당대) 교수, 「[문화산책] '극복해야 할 '문화우월주의'」, 『광남일보』, 2014. 10. 16.

강력한 방법이다. 比喩(비유)는 통계와는 정반대로, 느낌으로 이해하게 하는 문학적인 방법이다. '引用(인용)'은 권위자의 말을 끌어들여 내 주장의 信憑性(신빙성)을 높인다. **뒷받침문장이 이런 기법들을 사용하여 중심문장을 잘 뒷받침했을 때 그 문단은 설득력을 얻는다. 그래서 문단은 그 자체로서 완전무결한 조직이 된다. 그것을 문단의 '完結性(완결성)'이라고 한다.**

한편, **뒷받침문장을 쓰면서 均衡性(균형성)도 고려해야 한다. 중요한 내용에는 많은 부분을 할애하고 덜 중요한 내용에는 적은 부분을 할애해야 한다.** 예를 들어 (차)문단의 중심문장에서 자연 에너지로서 태양광 · 풍력 · 수력 · 地熱(지열) 등을 들었다. 뒷받침문장은 그 중 태양광에 가장 많은 부분을 할애하고 있다. 그 까닭은 현재 자연 에너지 중 태양광의 비중이 가장 크기 때문이다. (파)문단의 중심문장은 北京(북경) 관광인데 뒷받침문장 중에서 頤和園(이화원)이 다섯 문장으로 가장 큰 부분을 차지한다. 이것은 글쓴이가 이화원을 북경 관광에서 가장 중요하게 여겼기 때문이다. 만약에 글쓴이가 북경 관광에서 다른 곳을 더 인상 깊게 여겼다면 그곳에 가장 많은 문장을 배치해야 한다.

다른 예를 들자면 교통사고를 목격한 문단을 적는다고 치자. 그러면 중심문장은 교통사고의 개요와 그 결과를 적는다. 뒷받침문장에서는 교통사고가 일어나기 전의 상황을 간단히 한두 문장 적는다. 그리고 교통사고가 난 상황에 가장 많은 부분을 할애하여 대여섯 문장으로 자세히 적어야 한다. 그리고 교통사고가 난 후의 상황을 간단히 한두 문장으로 적어야 한다. 이렇게 교통사고가 난 가장 중요한 상황에 가장 큰 부분을 할애해야 한다. 이것이 바로 문단의 균형성이다. 그런데 글짓기에 미숙한 학생들은 교통사고 그 자체 상황보다 오히려 교통사고 전이나 후의 상황에 더 많은 부분을 할애한다. 중요한 부분에 그 중요성에 비례하여 큰 부분을 할애해야 한다는 점을 명심하자. 그래야 문단에 均衡性(균형성)이 생긴다. 중요한 것은 크게, 사소한 적은 작게 다루어야 한다.

7. 結論文章(결론문장)

문단의 맨 끝 문장을 '결론문장'이라고 부른다. 결론문장은 문단을 마무리하는 문장이다. 글은 서론–본론–결론의 세 부분으로 구성된다. 이 구조는 한 문단에서도 똑같다. 문단의 첫 문장은 중심문장이다. 둘째 이하 문장은 뒷받침문장이다. 그리고 맨 끝 문장은 결론문장이다. 중심문장이 한 문장인 것처럼 결론문장도 한 문장이다. 그러니까 문단에서 첫째 문장이 '중심문장', 둘째에서 끝에서 둘째 번 문장까지가 '뒷받침문장', 마지막 문장이 '결론문장'이다. 한 문단에서 서론은 늘 한 문장이다. 그리고 본론은 서론과 결론을 제외한 모든 문장이다. 결론은 늘 한 문장이다. 한 문단에서 서론을 두 문장 이상 쓰거나 결론을 두 문장 이상 쓰면 안 된다. 서론은 한 문장으로 그 문단의 요점을 쓴다. 본론은 그 요점을 자세히 풀이한다. 결론은 한 문장으로 요점을 되풀이하면서 마무리한다.

서론 : 중심문장 : 첫째 번 문장(한 문장)
본론 : 뒷받침문장 : 둘째 문장~끝에서 둘째 번 문장
결론 : 결론문장 : 마지막 문장(한 문장)

[그림 6] 문단의 구성

결론문장은 이름 그대로 한 문단의 결론을 짓는 구실을 한다. 그 앞에서 뒷받침 문장들이 중심문장을 구체적으로 풀이하고 증명했다. 결론문장은 그것을 이어받아서 마무리를 짓는다. 맨 끝의 결론문장 내용은 맨 앞의 중심문장 내용과 비슷하다. 다만 표현만 조금 달라진다. 앞서 보기로 든 문단들에서 중심문장과 결론문장을 비교해 보자.

(카) [중심문장] 지금까지 지구에 태어난 사람 중 안 죽은 사람은 단 한 명도 없다. …… [결론문장] 인간이란 죽어야 할 운명을 타고 태어난 존재이다.

(타) [중심문장] '한겨레'·'경향신문'·全敎組(전교조)는 한글전용으로도 국어생활하는 데 아무 문제가 없다고 주장하는데, 그 말이 옳은가? …… [결론문장] 왜 한자를 병기해서 독자로 하여금 의미를 알 수 있게 해주지 않는가?

(파) [중심문장] 오늘은 北京(북경) 시내를 돌아다니며 관광했는데 즐거웠다. …… [결론문장] 저녁에 호텔에 돌아올 때는 피곤했지만 오늘 북경 관광은 즐거운 추억이었다.

(하) [중심문장] 나는 원칙주의자이다. …… [결론문장] 주변에선 나보고 고지식하다고 하지만 나는 이 성격이 내 장점이라고 생각한다.

(거) [중심문장] 내 성격은 정확하게 하는 것을 좋아한다. …… [결론문장] 그래서 나는 정확한 내 성격에 만족한다.

(너) [중심문장] 나는 조그마한 일에도 감동을 잘 받고 눈물을 흘린다. …… [결론문장] 나는 평소에도 좋은 글이나 영상을 보고도 눈물이 나는 걸 보면 아무래도 마음이 많이 여린 것 같다.

(더) [중심문장] 한국의 고용불평등은 대기업과 중소기업, 원청기업과 하청기업으로 분할된 기업 양극화가 한 축이고, 정규직과 비정규직으로 양분된 고용구조가 다른 한 축이다. 먼저 정규직과 비정규직 문제다. …… [결론문장] 임금이 줄어든 계약직을 임금도 더 낮고 고용 기간도 더 짧은 시간제, 즉 알바 노동자로 대체한 것이다.

(러) [중심문장] 현대 무기 체계에서 첨단 전자장비 등의 비중이 커짐에 따라 SW의 비중과 역할도 비약적으로 커지고 있다. …… [결론문장] 최근 미국 측이 KFX(한국형 전투기) 개발과 관련된 4개 기술의 이전을 거부해 논란이 커지고 있는데 그 핵심도 SW 문제다.

이처럼 **결론문장은 중심문장을 다시 한 번 확인하면서 문단을 마무리해준다. 다만 표현을 조금 달리할 뿐이다.**[13] 이렇게 문단의 맨 앞과 맨 끝에 중심생각이 두 번 들어가므로, 독자는 문단의 요점을 확실히 파악하게 된다. 이런 구성을 首尾雙關法(수미쌍관법) 또는 首尾兩關法(수미양관법)이라고 한다. 가장 효과적인 구성법이다.

연습문제 4. 연습문제 3에서 고친 열다섯 개의 중심문장에 뒷받침문장과 결론문장을 더하여 각각 한 문단을 만드시오. 뒷받침문장을 쓰는 기법인 예증, 부연, 수치, 비유, 인용을 골고루 활용하시오.

8. 문단의 概要(개요) 작성

문단을 쓰기 전에 概要(개요)를 먼저 작성해 보면 문단을 체계적으로 잘 쓸 수 있다. 앞에 나왔던 (파)문단(p. 215)은 개요가 다음과 같다.

(화제) 즐거운 북경 시내 관광

A. 아침밥 후

1. 자금성
2. 천안문광장
3. 모택동 주석의 사진

13) 문유석 판사, 「문유석 부장판사의 세상 일기(10)-문법 틀린 내 영작문을 영어강사가 칭찬했던 건…」, 『朝鮮日報』, 2014. 12. 12. "토플 라이팅 교재를 보면 반복해서 강조하는 내용들이 있다. 두괄식으로 쓰라는 것이 대표적이다. 주제를 처음부터 제시하고, 논거를 구체적으로 밝힌 후, 마지막으로 다시 한번 주제를 강조하며 마치는 방식. 다만 앞에 나온 단어나 표현이 반복되지 않도록 다른 말로 바꾸어 표현한다(paraphrase). 그리고 자기가 하고 싶은 이야기를 분명히 해야 한다."

4. 자금성 세 시간 구경

B. 점심 후

1. 이화원
2. 인공호수와 인공 산 큼
3. 인공호수 상쾌
4. 청나라 멸망의 교훈
5. 지도자 판단의 중요성
6. 피곤했지만 즐거웠음

이러한 개요를 문단으로 쓸 때는 다음과 같이 한다. 먼저 (화제)를 중심문장으로 바꾼다. 다음으로 A와 1을 합쳐서 둘째 문장을 만든다. A2는 셋째 문장이 된다. A3은 넷째 문장이 된다. A4는 다섯째 문장이 된다. 다음으로 B와 1을 합쳐서 여섯째 문장을 만든다. B2는 일곱째 문장이 된다. B3는 여덟째 문장이 된다. 끝으로 B4는 아홉째 문장이 된다. B5는 열째 문장이 된다. B6은 열한째 문장으로서 결론 문장이 된다. 이 개요를 앞 215쪽의 (파)문단과 비교해 보기 바란다.

이렇게 개요를 먼저 만들고 문단을 쓰게 되면 문단의 구성이 짜임새 있게 된다. 거꾸로 이미 만들어진 문단을 개요로 분석해 보아도 문단의 구성을 알 수 있다. 문단을 짜임새 있게 구성하려면 쓰기 전에 개요를 작성해 보는 게 좋다.

연습문제 5. 다음을 개요로 만들어 보시오. 아래 '9. 文段(문단)의 展開(전개) 方式(방식)'을 참고하기 바란다.

1) 여러분이 여유 있는 휴일을 맞았다면 어떻게 시간을 보내고 싶은지 시간적 순서로 개요를 짜보시오.
2) 여러분이 사는 곳에 다른 곳에 사는 친구가 방문한다면 하루 동안 어디를 구경시켜 줄 것인지 그 개요를 시간적 순서로 짜보시오.
3) 여러분의 기억에 가장 남은, 잊지 못할 사건을 시간적 순서로 개요를 짜보시오.
4) 여러분이 저녁에 이성 친구를 만난다고 하면 어디서 시간을 보내고 싶은지 공간적 순서로 개요를 짜보시오.
5) 여러분의 집 또는 동네를 묘사하는 글을 쓰기 위한 개요를 공간적 순서로 짜보시오.
6) 여러분이 가장 감명 받았던 영화를 화제별 순서로 개요를 짜보시오.

7) 여러분의 취미를 화제별 순서로 개요를 짜보시오.
8) 여러분은 전교조를 법원이 불법 노조로 판결한 데 대하여 찬성하는지 아니면 반대하는지를 근거를 들어 밝히는 글의 개요를 논리적 순서로 짜보시오.
9) 오늘날 흥부와 놀부가 다시 태어난다면 누가 잘 살 것인지를 사례를 들어 밝히는 글의 개요를 논리적 순서로 짜보시오.
10) 여러분은 大韓民國(대한민국)이 세계 最貧國(최빈국)에서 中進國(중진국)의 선두까지 발전하게 된 이유를 밝히는 글을 원인·결과 순으로 개요를 짜보시오.

9. 文段(문단)의 展開(전개) 方式(방식)

글의 展開(전개)란 문장과 문장들을 연결하여 어떤 방향으로 論旨(논지)를 펼쳐나가는 것을 말한다. 그렇게 전개하는 글에는 緊密性(긴밀성)이 있어야 한다. 긴밀성이란 글이 매끄럽게 잘 연결되는 성질을 말한다. 글의 흐름이 매끄럽게 흘러가야 글을 읽고 이해하기 좋다. 그러므로 글 쓰는 사람은 문장을 나열하는 順序(순서)를 잘 잡아야 한다. 문단을 만들 때, 똑같은 열 개의 문장을 써도 문장 배열을 달리하면 글이 전혀 달라진다. 글의 흐름을 매끄럽게 만드는 비결은 인간 思考(사고)의 흐름과 글의 흐름을 일치시키는 것이다. 곧 順理(순리)대로 글을 적는 것이다. **순리대로 글의 흐름이 잘 연결되면 그 글은 '緊密性(긴밀성)'이 생긴다.**

문단을 긴밀성 있게 展開(전개)하는 방식으로 다섯 가지 방식이 주로 쓰인다. 곧 時間的(시간적) 순서, 空間的(공간적) 순서, 論理的(논리적) 순서, 原因(원인)·結果(결과) 순서, 話題別(화제별) 순서가 그것이다. 이러한 문단 전개 방식을 잘 알아서 글의 순서를 매끄럽게 잘 만들어야 한다.

1) 時間的(시간적) 順序(순서)

시간의 經過(경과)에 따른 기록들 곧 일기, 여행기, 사건 묘사 등은 시간 순서를 따라 문단을 전개한다. 回想(회상)은 시간을 변형시키기도 하지만 크게 보아 시간순에 들어간다. 예를 들어 우리가 흔히 과거에 있었던 추억을 적는 글들은 이 방식으로 적는다. 敍述(서술)하는 방식으로 흔히 쓰인다. 시간적 순서로 쓴 문단을 몇 개 소개한다.

저) 친구에게 光州(광주) 구경시켜 주기

서울 친구들이 光州(광주)에 하루 日程(일정)으로 놀러오면 나는 이런 곳을 구경시켜 주고 싶다. 친구들이 KTX를 타고 아침에 松汀驛(송정역)에 도착하면, 아침 식사는 송정역 앞의 떡갈비 거리에서 떡갈비를 대접하고 싶다. 그 다음 錦南路(금남로)로 가서, 새로 개관한 국립 아시아 문화전당을 구경시켜 주고 싶다. 아시아 문화전당은 넓어서 구경하는 데 몇 시간이 걸릴 것이다. 구경이 끝나면 그 근방의 舊市廳(구시청) 사거리 음식 골목에서 점심을 대접할 것이다. 점심을 먹고 나면 望月洞(망월동) 국립묘지를 參拜(참배)하고 5.18 英靈(영령)들에게 묵념하겠다. 그리고 국립 광주박물관으로 가서 이 지역 역사를 보여주겠다. 이어서 바로 그 앞에 있는 시립 광주민속박물관도 구경시켜 주고 싶다. 문화 관광을 마친 저녁에는 尙武(상무)지구로 가서 광주의 밤거리를 구경하며 晩餐(만찬)을 즐기고자 한다. 바쁜 하루가 되겠지만 이 정도면 광주를 대강 구경시켜 주는 셈이 될 것이다. 無等山(무등산)은 이날은 멀리서 바라보기만 하고 나중에 따로 와서 등산하기로 하고 말이다.

처) 방 청소를 하는 방법

방청소를 할 때는 다음과 같이 순서를 정해 놓고 하는 것이 좋다. 먼저 방의 모든 창문을 활짝 열어서 공기를 통하게 한다. 다음에는 책상 위의 물건들을 정리한다. 당장 안 볼 책은 책장에 꽂는다. 그리고 버려야 할 물건은 쓰레기 종량제 봉투에 넣어서 버린다. 물론 분리해서 버려야 한다. 그러고 나서는 청소기를 콘센트에 연결해 방 구석구석 먼지를 깨끗하게 제거한다. 이제는 걸레를 가지고 와서 깨끗하게 닦을 차례다. 먼저 책상과 책장부터 닦고 나서 방바닥을 닦는다. 마지막으로 창문을 닫으면 내 방 청소는 끝난다. 이렇게 하면 일 주일 동안 어지러워지고 먼지에 쌓였던 내 방이 산뜻한 새 방으로 바뀐다. 청소는 귀찮고 힘들지만 하고나면 보람이 있다. 자, 이제 상쾌한 기분으로 공부를 할 차례다.

커) 김치볶음밥 만드는 방법

김치볶음밥을 맛있게 만들려면 다음 요리법을 따라 하면 된다. 우선 재료인 김치・밥・양파・햄 등을 먹기 좋은 크기로 썰어서 준비한다. 그러고 나서 프라이팬에 기름을 조금 넣고 약한 불에 달궈질 때까지 기다린다. 팬이 다 달궈졌으면 김치・양파・햄을 따로따로 볶는다. 이어서 빠르게 재료들을 다 팬에 넣은 다음 살짝 볶아 주고 밥을 넣는다. 고추장으로 밥에 색을 빨갛게 입혀 준다. 그리고 케첩으로 새콤달콤한 맛을 더한다. 또 간장으로 간을 맞춘다. 마지막으로 달걀프라이를 반숙이나 완숙으로 만들어서 볶음밥 위에 올려놓아 주면 맛있는 김치볶음밥이 완성된다. 이제 숟가락을 들고 달려들어 별미를 즐기면 된다.

터) 개를 목욕시키는 방법

여러분이 사랑하는 개를 목욕시키려면 다음 순서대로 하는 게 좋다. 우선, 浴槽(욕조)에 미지근한 물을 받아 놓는다. 다음에는 개가 목욕할 거라는 눈치를 채지 못하게 안고서 浴湯(욕탕)으로 데리고 간다. 그리고 개를 도망가지 못하게 목을 부드럽고도 힘 있게 잡고서 욕조에 밀어 넣는다. 그러고 나서 개 머리가 물속에 잠기지 않게 조심하면서 목에서 꼬리 쪽까지 개 몸 전체에 비누칠을 해준다. 개 몸이 비누 거품으로 충분히 적셔지면 깨끗한 물로 잘 헹구어 준다. 아마도 개는 욕조에서 벗어나고자 몸부림칠 것이다. 그러므로 얼른 개를 큰 타월에 안고 나와서 드라이기로 잘 말려준다. 개가 감기에 걸리지 않도록 물기를 잘 말려주면 그 전보다 훨씬 멋있고 잘 생긴 개를 볼 수 있을 것이다.

2) 空間的(공간적) 順序(순서)

空間的(공간적) 순서는 地理的(지리적) 순서라고도 한다. 지리적 위치를 중심으로 펼쳐지는 어떤 장소나 공간의 묘사, 자연 묘사, 사물 묘사, 얼굴 묘사 등은 공간 순서를 따라 문단을 전개한다. 예를 들어 草堂大(초당대) 校庭(교정)을 묘사하려면 대학 정문에서부터 시작하여 본관을 거쳐, 도서관, 각 講義棟(강의동)들을 거쳐서 맨 뒤의 생활관까지 공간적 순서로 문단을 쓴다. 또한 사람을 묘사한다면 머리끝에서부터 발끝까지 위에서 아래의 순서로 문단을 쓴다. 描寫(묘사)하는 방식으로 흔히 쓰인다. 蔡萬植(채만식) 작가의 『濁流(탁류)』[14]는 공간적 순서로 소설의 서두를 연다.

14) 『朝鮮日報』에 1937년부터 1938까지 연재된 소설이다.

퍼) 錦江(금강)

錦江(금강)……. 이 강은 지도를 펴놓고 가만히 들여다보노라면, 물줄기가 중동께서 남북으로 납작하니 째져가지고는—漢江(한강)이나 榮山江(영산강)도 그렇기는 하지만—그것이 아주 재미있게 벌어져 있음을 알 수 있다. 한번 비행기라도 타고 강줄기를 따라가면서 내려다보면 또한 그럼직할 것이다. 저 준험한 小白山脈(소백산맥)이 濟州道(제주도)를 건너보고 뜀을 뛸 듯이, 전라도의 뒷덜미를 급하게 달리다가 우뚝…… 또 한 번 우뚝…… 높이 솟구친 갈재[蘆嶺]와 智異山(지리산) 두 산의 산협 물을 받아가지고 長水(장수)로 鎭安(진안)으로 茂州(무주)로 이렇게 역류하는 게 금강의 남쪽 줄기다. 그놈이 永同(영동) 근처에서는 다시 秋風嶺(추풍령)과 俗離山(속리산)의 물까지 받으면서 西北(서북)으로 좌향을 돌려 忠淸左右道(충청좌우도)의 접경을 흘러간다. 그리고 북쪽 줄기는, 좀 단순해서, 車嶺山脈(차령산맥)이 꼬리를 감추려고 하는 경기 충청의 접경 鎭川(진천) 근처에서 淸州(청주)를 바라보고 가느다랗게 흘러 내려오다가 鳥致院(조치원)을 지나면 거기서 비로소 오래 두고 서로 찾던 남쪽 줄기와 만난다. 이렇게 어렵사리 서로 만나 한데 합수진 한 줄기 물은 게서부터 고개를 서남으로 돌려 公州(공주)를 끼고 鷄龍山(계룡산)을 바라보면서 우줄거리고 夫餘(부여)로…… 부여를 한 바퀴 휘돌려다가는 급히 남으로 꺾여 단숨에 논메[論山], 강경이[江景]까지 들이닫는다.

허) 아늑한 草堂大(초당대) 캠퍼스

草堂大(초당대) 캠퍼스는 앞뒤로 긴 모양으로서 아늑하다. 정문의 오른쪽에는 팬텀 전투기가 실물 그대로 偉容(위용)을 자랑하며 세워져 있다. 항공 계열 학과들을 소개하기 위해서이다. 정문에서 앞을 보면 전면 40미터 정도 정면에 본관이 세워져 있다. 원형 기둥이 스무 개 정도인 그리스 식 건물이다. 본관 뒤쪽에는 주차장이 있다. 주차장에서 오른쪽으로는 도서관이 낮은 언덕 위에 세워져 있다. 또 왼쪽으로는 학생회관이 있다. 그 뒤로 가면 오른쪽으로 하얀 초당기념관이 더 높은 언덕에서 자태를 뽐낸다. 왼쪽으로는 未來館(미래관)이 있는데, 교양 강의실·항공계열 학과들·국제교류원 등이 자리한다. 주차장 뒤쪽 중앙에는 농구장·발야구장·아고라·등나무 교실 등 휴식공간이 있다. 그 뒤로는 본관에서 뒤쪽으로 150미터쯤 떨어져 인문·사회 계열이 있는 茶山館(다산관)이 중앙에 자리 잡고 있다. 다산관 뒤부터는 점차 오르막길이 되는데, 다산관 뒤에 대운동장이 있다. 그 대운동장 뒤로는 조리학부·체육학과 등이 있는 文化館(문화관)이 있다. 그 왼쪽에는 간호학과 등 보건계열이 있는 創意館(창의관)이 있다. 그리고 언덕을 걸어 올라가면 학생들의 생활관이 세 동 서 있다. 남학생·여학생·외국인 유학생 기숙사이다. 생활관 학생들은 아침저녁으로 가파른 언덕을 오르내리느라 힘들어한다. 그 생활관 왼쪽 뒤로는 높이 南山(남산)이 솟아 있다. 오른쪽에는 그보다 조금 낮은 산이 서 있다. 그러니까 초당대 캠퍼스는 삼면이 산으로 둘러싸인 아늑한 공간이다. 아름다운 우리 초당대 캠퍼스는 우리가 공부하며 지내기에 부족함이 없다.

고) 점잖은 아버지 얼굴

우리 아버지의 얼굴은 온화한 학자풍이다. 아버지의 얼굴은 달걀형으로서 균형이 잡혔다. 그의 머리는 환갑을 넘은 나이를 반영하는 듯 흰머리가 희끗희끗하지만 직업이 교수인지라 괜찮게 보인다. 그래도 머리털은 빠지지 않아서 그리 늙어보이지는 않는다. 이마는 적당히 넓다. 眉間(미간)은 많이 떨어져 있고 눈썹과 눈 사이도 떨어져 있다. 그래서 너그러워 보인다. 눈썹은 짙지 않고 또 끝이 희미하다. 안경 낀 눈은 작고 갈색이다. 코는 조금 긴 편인데 어려서 놀다가 다친 작은 흉터가 남아 있다. 귀는 앞에서는 조금밖에 안 보이나 옆에서 보면 부처님 귀처럼 생겼다. 광대뼈는 나오지 않고, 피부도 주름살은 없으나 땀구멍이 큰 편이다. 人中(인중)은 짧고 입술은 얇다. 꽉 다문 입술이 그의 고지식한 성격을 잘 보여준다. 입술 아래는 조금 길고 턱선은 부드럽다. 목은 굵고 울대도 크게 튀어나와 있다. 아버지의 얼굴은 미남은 아니지만 점잖은 교수의 모습이다.

3) 論理的(논리적) 順序(순서)

논리적 순서는 자기주장을 내세우고 근거를 들어 설득해 나가는 형식이다. 人文系列(인문계열)이나 社會系列(사회계열)의 전공 강좌에서 과제로 주로 부과되는 '論說文(논설문)'은 주로 이 방식으로 쓴다.

노) '先進國時代(선진국시대)'의 가치관을 세우자[15)]

오늘날 한국 사회가 심각한 것은 李明博(이명박) 정권 이후로는 국민의 공통된 가

15) 金昌辰(김창진), 「[광남시론] '선진국시대'의 가치관을 정립하자」, 『광남일보』, 2015. 1. 27.

치관이 사라져 버렸기 때문이다. '민주화시대' 이후에는 '남북통일시대'가 오는 것인 순리다. 그래서 金大中(김대중) 대통령은 남북통일 기반 조성에 심혈을 기울였다. 그러나 그 뒤 여러 변화를 겪으면서 이제는 남북통일이 필요 없다는 젊은이들까지 나오고 있는 형편이다. 따라서 남북통일은 국민을 하나로 묶어주는 가치관이 되지 못한다. 또한 한국 내부의 정치체제에서도 국민의 가치관은 극단적으로 갈라져 있어 이념적으로 대립이 극심하다. 이리하여 오늘날 한국 사회는 갈가리 찢어져 있다. 이러다 보니 오늘날 한국 국민에게 공통된 가치관이라고는 오직 "돈이 최고다"는 '황금만능주의'밖에 없다. 과연 이러한 황금만능주의에 계속 빠져 살아 갈 것인가, 아니면 다른 새로운 가치관을 수립하여 인간답게 살아갈 것인가? 올해 한국은 개인별 국민소득 3만불 시대에 들어설 것으로 전망된다. 바야흐로 선진국시대에 들어서는 것이다. 따라서 필자는 '민주화시대' 다음의 가치관으로 '先進國時代(선진국시대)'를 제안하고자 한다. '선진국시대'를 맞아 선진국 국민답게 '아름다운 사회'를 만들어 나가자고 국민들에게 호소하고 싶다.

도) 한글은 과연 우수한 글자인가[16)]

한글의 발음 표기능력은 한국어 표준발음도 적지 못하기 때문에 한글전용하면서 한국어의 발음은 엉망이 되어버렸다. 한국어 '표준발음법'의 제3장은 '소리의 길이'로서 제6항에서는 "모음의 장단을 구별하여 발음하되, 단어의 첫 음절에서만 긴소리가 나타나는 것을 원칙으로 한다."고 규정하고 있다. 이 규정에 따라 모든 국어사전과 발음사전은 모음의 장단을 구별하여 적는데, 장음에는 長音符(장음부)인 : 을 표시한다. 문제는 현행 한글은 그런 구별을 하지 않고 적는다는 데 있다. 모음의 장단을 구별하여 표준발음을 적지 못하는 한글은 열등한 소리글자이다. 이런 열등한 한글로만 글을 적게 정부가 '국어기본법'으로 강요하기 때문에 오늘날 한국인의 발음은 매우 혼란스럽다. 일반 국민은 물론 아나운서나 성우들도 거의 다 장단음 구별을 하지 못하고 모든 모음을 대부분 짧게만 발음하고 있다. 이렇게 오늘날 한국어 표준발음이 망가져버린 까닭은 곧 열등한 소리글자인 한글의 결함 때문이다. 世宗大王(세종대왕)이 만든 '訓民正音(훈민정음)'은 현행 한글과 다르다. 훈민정음에는 傍點(방점)이 붙어 있어 발음의 高低長短(고저장단)을 나타냈다. 그래서 세계의 언어학자들이 훈민정음을 우수한 소리글자라고 讚嘆(찬탄)하는 것이다.

---

16) 金昌辰(김창진). 「[광남시론] 한글은 과연 우수한 글자인가?」, 『광남일보』, 2015. 5. 19.

하지만 현행 한글은 그 훈민정음의 표음능력이 크게 退步(퇴보)한 글자다. 훈민정음은 우수한 소리글자였지만 한글은 열등한 소리글자인 것이다. 따라서 오늘날 한글전용을 주장하는 것은 열등한 소리글자만 써서 한국어 발음을 망가뜨리자는 주장과 다를 바 없다.

로) 한자어는 한자로, 토박이말은 한글로 적어야 하는 이유[17]

世宗大王(세종대왕)은 "漢字語(한자어)는 漢字(한자)로, 토박이말은 正音(정음)으로 적는다."는 원칙을 세워서 실천했는데, 우리는 그 이치를 알아야 한다. 현실 문제를 들어 설명하고자 한다. 한글전용자들은 초등학교 교과서에서 왜 漢字(한자)가 필요하냐고 반문한다. 필요하다. 예를 들어, 초등학생이 교과서에 한글로 적혀 있는 한자어의 뜻을 국어사전에서 찾고자 한다. 그럴 때 한글전용 교과서에서는 불가능하다. 교과서의 한글로 적힌 한자어와 사전의 한글로 적힌 한자어가 같은 단어인지 확인할 방법이 없기 때문이다. 국어사전에는 같은 음을 가진 同音異義語(동음이의어)가 여러 개 실려 있다. 교과서의 단어가 그 중 어떤 단어인지 알 수가 없다. 그렇기 때문에 학생이 국어사전에서 어떤 한자어를 찾으려면 교과서 본문에도 한자가 적혀 있어야 하고 아울러 국어사전에도 한자가 적혀 있어야 한다. 그래야 학생이 그 두 개의 한자를 서로 맞춰보고 교과서의 한자어가 사전의 어떤 한자어인지 확인할 수 있다. 그런 다음에야 교과서에 실린 한자어의 뜻을 국어사전에서 찾아서 알 수 있다. 더군다나 固有名詞(고유명사)는 국어사전이나 백과사전에도 안 나오는 한자어가 대부분이다. 그렇기 때문에 한자어는 반드시 한자로 적어야 하는 것이다. 그래서 세종대왕이 "한자어는 한자로, 토박이말은 정음으로 적는다."는 원칙을 세워서 실천한 것이다. 이러한 국어학의 이치는 시대를 초월하여 변할 수 없다. 따라서 세종대왕이 세운 國漢字混用(국한자혼용)의 원칙은 영원한 鐵則(철칙)일 수밖에 없다.

4) 原因(원인)・結果(결과) 順序(순서)

원인・결과 순서는 과학적 설명문에 주로 쓴다. 즉 자연과학적 현상, 실험, 범죄사건의 搜査(수사), 역사의 興亡盛衰(흥망성쇠) 등을 설명하는 방법이다. 예를 들어

17) 金昌辰(김창진), 「憲法裁判所는 '한글전용'을 違憲 審判해야 한다」, 『2015년 한국언어문화정상화추진회 제1회 학술발표 자료집』, 2015. 11. 27. 54-55.

颱風(태풍)이 왜 여름철에 韓半島(한반도)에 불어오는지, 또는 연쇄살인범이 왜 그런 범죄를 저지르는지를 설명하는 문단은 이 방식으로 쓴다. 自然系列(자연계열)이나 理工系列(이공계열)·사회과학의 전공 강좌에서 과제로 주로 부과되는 說明文(설명문)은 주로 이 방식으로 쓴다.

모) 颱風(태풍)인가 大風(대풍)인가[18)]

태풍은 매년 6월에서 10월까지 5개월 사이에 가장 많이 발생한다. 매년 춘분에서 하지를 거쳐 추분에 이르는 반년 간은 적도에서 북회귀선 사이의 지역을 태양이 수직으로 비치고 있다. 때문에 북반구의 해수에서 증발이 왕성하게 일어나 대기 중에는 많은 양의 수증기가 포함되게 된다. 한편 남방의 섬 부근에서는 육지와 바닷물의 비열 차이로 섬 부근의 온도가 높아져 상승기류가 발생하게 되고, 섬 주위의 바다에서는 그 뒤를 메우기 위해 섬으로 향한 바람이 불게 된다. 섬으로 유입되는 공기 중에는 많은 수증기가 있다. 이 수증기가 상승하여 단열 냉각되므로 수증기가 물방울로 변하면서 잠열(응결열 600cal/g)을 방출하게 된다. 이 열은 저기압의 중심부를 가열하여 상승기류를 강화하기 때문에 저기압의 세력은 점차 강해진다. 이를 동력으로 태풍이 발달한다. 이때 섬으로 유입되는 공기는 많은 양의 수증기를 함유하고 있으므로 상승하면서 냉각되어 응결이 일어나고 응결열을 방출하게 된다. 이때 방출된 응결열은 저기압 중심의 공기를 가열하여 저기압이 더욱 강화되는데, 이 같은 저기압을 열대 저기압이라 하고, 이를 씨앗으로 태풍이 되는 것이다. 적도 해상에서는 기온이 높아도 전향력이 작으므로 태풍으로 발달하지 못한다. 태풍의 씨 열대 저기압은 점차 발달하여 중심 풍속이 17㎧에 이르면 태풍이 되어 비로소 이름을 얻게 된다.

보) 連鎖(연쇄) 殺人犯(살인범)의 特徵(특징)[19)]

연구를 통해 연쇄 살인범은 어린 시절부터 독특한 특성을 가졌다고 알려져 있다(김옥경, 이수정, 2005; 이수정, 2012). 연쇄 살인범들은 어린 시절 장기간의 사회적 박탈 및 심리적인 학대 상태를 경험했고, 정신질환, 마약 및 알코올 중독, 범죄 경력이 있던 가족들에 노출되었으며, 심각한 정서적 학대와 성적인 기능 장애를 가지고 성장

18) 이석형(2009),『고교생이 알아야 할 지구과학 스페셜』, 신원문화사.

19) 김민지(2014) : 숙명여대 사회심리학과 교수,「연쇄 살인(serial murder)」,『심리학용어사전』, 한국심리학회.

한다고 알려져 있다. 또한 어머니와의 관계가 냉담하거나, 아버지가 없거나 있더라도 신체적·성적 혹은 정서적으로 학대를 당한 경우가 일반적이다. 이러한 경우 적절한 청소년기의 발달 단계를 거치지 못하고 또래들과 단절되어 홀로 지내며 정서적으로 미성숙한 것으로 알려져 있다. 하지만 이와 같은 어린 시절을 겪었다고 하여 모두 연쇄 살인범이 되는 것은 아니다. 즉, 아동기 시절의 학대, 정서적 애착의 문제점, 학교생활 부적응, 사회적 고립 등과 같은 복합적인 요인들을 고려해야 한다. 연쇄 살인범은 성적인 동기에 의해 살인을 저지르는 경우가 대부분이므로 임상적으로 가학적 변태 성욕이나 반사회적 성격 장애로 진단받을 확률이 높다. 또한 다중인격 장애, 해리성 장애, 주의력 결핍 과잉행동장애 등 한 가지 이상의 성격 장애인 경우도 있다. 그러나 일반적으로는 사이코패스(정신병질)나 반사회적 성격 장애로 진단한다. 일반적인 다수 살인범은 피해자가 누가 되건 관심을 두지 않는다고 알려져 있다. 그러나 연쇄 살인범은 범행을 계획하며 피해자를 직접 선택하고 범행 장소와 과정을 계획하는데, 계획의 조건들이 충족되지 않았을 때에는 살인을 하지 않기도 한다. 다중 살인범은 가족이나 동료와 같이 아는 사람을 대상으로 원한이나 복수심에 의해 범행을 저지르지만, 연쇄 살인범은 대부분 면식이 없는 사람들을 대상으로 자신의 통제력과 힘을 느끼기 위해 살인을 저지른다고 알려져 있다(Jenkins, 1994; 박지선, 2012에서 재인용). 연쇄 살인범은 살인을 반복해서 저지르는 경향이 있고 대부분 시간이 지날수록 더욱 잔인하고 폭력적으로 변하여 검거될 때까지 지속적으로 살인을 저지른다고 알려져 있다(Fox & Levin, 1999; 박지선, 2012에서 재인용).

5) 話題別(화제별) 順序(순서)

話題(화제)란 '이야깃거리'이다. 화제별 순서는 문단을 이야깃거리를 형식에 구애받지 않고 列擧(열거)하며 글을 써 나가는 방식이다. 列擧式(열거식) 구성 또는 竝列的(병렬적) 구성이라고도 한다. 각 문장들 간에 논리적 연관성이나 통일성이 별로 필요하지 않을 때 편하게 쓰는 형식이다. 예를 들어 자기 趣味(취미)를 이야기할 때는 그 취미를 갖게 된 때와 動機(동기), 취미에 얽힌 재미있는 逸話(일화), 그 취미의 좋은 점 등을 생각나는 대로 적으면 된다. 또 자신의 讀書(독서)에 대해서는, 처음 읽었던 책, 추억이 깃든 책, 잊을 수 없는 책, 감동을 받은 책, 가장 좋아하는 책 등등 머릿속에 떠오르는 대로 話題(화제)를 자유롭게 이끌어갈 수 있다. 隨筆(수필)에 많이 사용한다.

소) 나무[20]

나무는 德(덕)을 지녔다. 나무는 주어진 분수에 만족할 줄을 안다. 나무로 태어난 것을 탓하지 아니하고, 왜 여기 놓이고 저기 놓이지 않았는가를 말하지 아니한다. 등성이에 서면 햇살이 따사로울까, 골짜기에 내려서면 물이 좋을까 하여, 새로운 자리를 엿보는 일도 없다. 물과 흙과 태양이 주는 대로 받고, 厚薄(후박)과 不滿足(불만족)을 말하지 아니한다. 이웃 친구의 처지에 눈떠 보는 일도 없다. 소나무는 소나무대로 스스로 족하고, 진달래는 진달래대로 스스로 족하다.

오) 마고자[21]

마고자는 원래 중국의 馬掛子(마괘자)에서 왔다 한다. 귀한 사람은 豪奢(호사)스러운 비단 마괘자를 입고, 그렇지 못한 사람은 靑馬掛子(청마괘자)를 걸치고 다녔다. 이것이 우리나라에 들어와서 마고자가 됐다는 것이다. 그러나 마고자는 마괘자와 비슷도 아니한 딴 물건이다. 韓服(한복)에는 안성맞춤으로 어울리는 옷이지만, 중국 옷에는 입을 수 없는, 우리의 獨特(독특)한 옷이다. 그리고 그 마름새나 모양새가 韓國(한국) 女人(여인)의 독특한 眼目(안목)과 솜씨를 제일 잘 나타내는 옷이다. 그 모양새는 端雅(단아)하고 雅趣(아취)가 있으며, 그 솜씨는 纖細(섬세)하고 巧妙(교묘)하다. 우리 女性(여성)들은 실로 오랜 歲月(세월)을 두고 이어받아 온 안목과 솜씨를 지니고 제게 맞는 제 옷을 지어냈던 것이다. 만일 우리 여인들에게 이런 傳統(전통)이 없었던들, 나는 오늘 이 좋은 마고자를 입지 못할 것이다.

조) 지도교수 金泰坤(김태곤) 교수님

내 지도교수였던 慶熙大(경희대) 국문과 金泰坤(김태곤) 교수님은 아버지 같은 분이셨다. 1980년부터 1990년까지 내게 석사·박사 과정 전 과정을 10년 동안 지도해 주셨다. 게다가 주례를 서지 않는다는 원칙을 세우신 분인데도, 내가 조르고 사모님께 특별히 청을 넣었더니 주례를 서주시기도 하셨다. 하지만 학문 지도에서만큼은 매우 엄격하셨다. 선생님의 지도에 따라 나는 석사 논문이나 박사 논문이나 목차만

---

20) 李敭河(이양하)(1964), 「나무」. 民衆書館(민중서관).

21) 尹五榮(윤오영)(1974), 「마고자」, 『孤獨(고독)의 反芻(반추)』, 關東出版社(관동출판사).

가지고도 몇 번이나 고쳤는지 모른다. 스승님은 韓國(한국) 巫俗(무속)이 전공으로서 샤머니즘 분야의 권위자셨다. 학문적으로 이미 50대에 세계적인 학자로서 이름을 날리셨다. 우리나라에 '세계 샤머니즘 대회'를 유치하는 등 활발한 활동을 펼치셨다. 그러다가 환갑을 앞두고 갑자기 돌아가셨다. 시베리아 북쪽 옛 샤머니즘 지역을 현장조사 다녀오시면서 風土病(풍토병)을 옮아온 것이 원인이 되었다. 선생님이 그렇게 일찍 돌아가실 줄 몰랐던 나는 장례식 때 눈물이 줄줄 흘러내렸다. 그분은 오로지 학문을 위해 살다 돌아가신 분이다. 지금도 늘 선생님 생각이 난다.

연습문제 6. **앞에서 〈연습문제 5〉로 짜본 개요를 직접 문단으로 써보기 바란다. 文段(문단)의 展開(전개) 方式(방식)'에 따라서 1)~10)까지 10개의 문단을 써보기 바란다.**

10. 接續詞(접속사)를 삼가자

앞에서 문단의 전개 방식을 살펴보았다. 그렇게 하여 문단의 순서를 잘 잡았다 치자. 그러더라도 그 문장과 문장 간 연결이 매끄럽지 못하면 안 된다. 문장과 문장을 매끄럽게 연결시키는 데는 접속사가 도움을 준다. 접속사는 문장과 문장 간의 潤滑油(윤활유)와 같다.

하지만 윤활유도 너무 많이 치면 안 되듯이 접속사도 너무 많이 쓰면 안 된다. 문장이 길어지고 글에 緊張味(긴장미)가 떨어진다. 소설가 安正孝(안정효) 씨는 외국인이 쓴 작문책을 읽다가 접속사를 모두 없애버리라는 가르침을 배웠다고 한다.[22] 그렇게 해도 글의 흐름이 전혀 막히지 않고 오히려 글이 깔끔해진다는 사실을 깨달았다고 한다. 접속사를 줄이면 독자가 거침없이 글을 읽을 수 있다. 문장과 문장 사이의 연결은 독자들 스스로 聯想力(연상력)을 발휘하여 이해한다. 따라서 글 잘 쓰는 사람들은 접속사를 되도록 쓰지 말라고 조언한다. 朝鮮日報(조선일보) 金侊日(김광일) 기자도 "절대 접속사를 쓰지 마십시오. 특히 '그런데' '한편' '그리고' 같은

22) 安正孝(안정효)(2006), 『안정효의 작문만보』, 모멘토.

세 가지 접속사는, 눈에 흙이 들어가기 전까진 죽어도 쓰지 마십시오."라고 충고한다.[23]

글은 리듬과 흐름이 있어야 한다. 독자가 물 흐르듯 편하게 읽어 내릴 수 있어야 한다. 접속사가 문장 앞에 붙으면 글의 흐름이 끊어진다. "나는 슬프다. 왜냐하면 어제 차였기 때문이다."의 문장은 "나는 슬프다. 어제 차였기 때문이다."로 바꾸는 게 낫다. "왜냐하면"을 없애도 "때문이다"가 있으므로 독자는 인과관계를 파악한다. 안 써도 그만인 접속사는 안 쓰는 게 낫다.

초보자들은 대개 아래 글처럼 접속사를 많이 쓴다.

(초) 지난 일요일 나는 서울에 가서 대학 동창들을 만났다. 그런데 오랜만에 만나는 동창들도 있었다. 동창들을 만나니 아주 반가웠다. 그 동창들과 함께 경기도 加平(가평)에 산다는 친구 집을 찾아갔다. 우리는 기차를 타고 갔다. 그런데 자가용을 몰고 따로 오는 친구들도 있었다. 아무튼 시간이 조금 遲滯(지체)되었지만 결국은 친구의 교외 집에 다 모였다. 그러고는 우리들은 같이 어울려 살아가는 이런저런 이야기들을 나누었다. 그런 얘기가 너무 재미있었기 때문에 우리들은 두 시간 동안이나 시간이 지나는 것도 모르고 이야기에 열중했다. 그러다 보니 저녁이 가까워져서 우리는 아쉽지만 돌아와야 했다. 그래도 우리는 아쉬워서 서울애서 저녁과 함께 술 한 잔을 더 걸치고서야 헤어졌다. 참으로 즐거운 하루였다.

위 글에서 접속사를 되도록 많이 잘라내고 글을 간결하게 정리해 보자. 이렇게 된다.

(코) 지난 일요일 서울에 가서 대학 동창들을 만났다. 오랜만에 만나는 동창들도 있었다. 아주 반가웠다. 동창들과 함께 경기도 加平(가평)에 사는 친구 집을 찾아갔다. 우리는 기차를 타고 갔다. 자가용을 몰고 따로 온 친구들도 있었다. 시간이 조금 遲滯(지체)되었지만 친구 집에 다 모였다. 우리는 같이 어울려 살아가는 이런저런 이야기를 나누었다. 얘기가 너무 재미있었기 때문에 시간이 가는 줄도 몰랐다. 저녁이 가까워져서 아쉽지만 돌아와야 했다. 우리는 서울에서 저녁과 함께 술 한 잔을 더 걸치고서야 헤어졌다. 참으로 즐거운 하루였다.

---

23) 金侊日(김광일), 「사실 60%·인용 30%·주장 10% 군더더기 주어·접속사는 빼보라」, 『朝鮮日報』, 2005. 11. 2.

여러분이 보기에 (ㅊ)문단과 (ㅋ)문단 중 어떤 게 나은가? (ㅋ)문단이 접속사를 절제하고 군더더기도 없으므로 깔끔하고 더 좋지 않은가?

하지만 접속사도 써야 할 곳에는 써야 한다. 다만 濫用(남용)하지 말고 適切(적절)하게 써야 한다. '적절'의 기준은 이렇다. 접속사를 안 쓰고도 말이 통한다면 안 쓰는 게 낫다. 하지만 접속사가 없으면 앞뒤 문장이 잘 연결이 안 되어 독자가 이해하기 어렵겠다면 접속사를 써주어야 한다. 글 쓰는 사람이 상황 판단을 잘 해서 접속사를 적절하게 쓰자.

한국어에서 接續副詞(접속부사)를 論理的(논리적) 連結(연결)의 관점에서 다음의 세 가지로 분류한다.

順接(순접)

그리고, 그래서, 그러므로, 그러니까, 따라서, 그러기에, 그렇기 때문에, 그런 이유로, 그런 까닭으로, 마찬가지로, 그와 비슷하게, 고로, 이것은, 그것은, 저것은, 이는, 곧, 다시 말하자면.

逆接(역접)

그러나, 허나, 그렇지만, 그럴지라도, 그렇긴 한데, 그렇더라도, 그렇긴 하지만, 그렇다 하더라도, 하지만, 그럼에도 불구하고, ~라 할지라도, 그럼에도 불구하고, ~이지만, ~이기는 하지만, 그와는 달리, 반면에, 반대로, 역으로, 거꾸로, 이와는 달리, 어느 경우든.

轉換(전환)

그런데, 한편, 헌데, 좌우간, 아무튼, 어떻든, 어떻든 간에, 하여간, 하여튼, 그것은 그렇다 치고, 그건 그렇다 치고, 그러나 저러나, 각설하고.

같은 성격의 접속사여도 語感(어감)은 조금씩 다르다. '하지만'보다는 '그럼에도(불구하고)'가 語感(어감)이 더 세다. 이런 미묘한 어감까지 잘 생각하면서 접속사를 신중하게 선택해야 한다. 접속사는 앞뒤 문장을 연결하면서 생각의 흐름을 誘導(유도)하는 교통신호등 같은 구실을 한다. 그러므로 접속사를 잘 쓰면 문장의 원활한 흐름을 이끌고 잘못 쓰면 문장의 매끈한 흐름을 방해한다.

논리적 관점의 접속부사들 외에도 접속 관계 語句(어구)들은 다섯 유형 정도 더 있다. 가나다순으로 정리한다. '假定(가정)', '强調(강조);, '時間(시간) · 空間(공간), 原因(원인) · 結果(결과), 添加(첨가)'이다.

假定(가정)

萬若(만약), 萬一(만일)에, 만에 하나, 設或(설혹), 設使(설사), 設令(설령), 假令(가령), 假使(가사), 만약 ~한다면, 다음과 같이 가정해 보자면, ~한다고 치자. 가정해 보자. 예를 들어, 예를 들자면, 예컨대, 예를 들면, 이를테면, 설명하자면, 말하자면.

强調(강조)

물론, 당연히, 곧, 즉, 더 말할 나위 없이, 무엇보다도, 사실, 하기야, 의심할 바 없이, 분명히, 확실히, 명백히, 거듭 말하지만, 다시 말하자면, 반복하자면, 되풀이 하지만, 다시 한 번 강조하지만, 요컨대, 요약컨대, 요약하자면, 결론적으로 말하자면, 다시 말해서, 한마디로 말해서, 바꾸어 말하자면, 차라리, 오히려, 반드시, 오직, 오로지, 유독, 단 하나, 무릇, 대저, 모름지기, 고래로, 예로부터, ~와 마찬가지로, ~와 같이, ~처럼, 비유하자면, 비유컨대, 최소한, 다만, ~인 한에는.

時間(시간) · 空間(공간)

우선, 먼저, 최우선으로, 가장 먼저, 다음으로, 처음에, 첫째, 둘째, 셋째, 끝으로, 마지막으로, 바야흐로, 이런, 이러한, 저러한, 그러한, 이번, 저번, 접때, 이제야, 그 후, 그 무렵, 그동안, 한동안, ~한 다음에, 그러고 나서, 그런 다음에, 일찍이, 전에, 접때, 당시에, 금방, 시방, 언젠가는, 드디어, 비로소, 결국, 마침내, 끝내는, 결국은, 마지막으로, 급기야, ~에 미쳐서(는), ~에서 더 나아가.

原因(원인) · 結果(결과)

왜냐면, 왜냐하면, (그렇기) 때문에, (그런) 까닭에, 그런 까닭으로, 그런 이유로, 고로, 이런 이유로, 이런 까닭으로, 그러므로, 그래서, 그리하여, ~기에, ~으로써, ~라는 이유로, ~에 비추어 볼 때, (~라는 사실로) 인하여, ~하면, 따라서, 설명하자면, ~하기 위하여, ~하려고, ~ 목적으로, 이렇게 볼 때, 결국, 결론적으로, 결과적으로, ~ 때문이다.

添加(첨가)

또, 또한, 또는, 게다가, 거기에 더하여, 雪上加霜(설상가상)으로, 엎친 데 덮친 격으로, 더욱, 더욱이, 더구나, 더욱이나, 더군다나, 더더군다나, 뿐만 아니라, 나아가, 하물며, 錦上添花(금상첨화)로, 부연하자면, 덧붙이자면, 첨언하자면, 췌언이지만, 그런 중에도, 그에 못지않게, 동시에, 아울러, 와중에, 그와 관련하여, 그 점을 감안하여.

연습문제 7. 다음 글에 적절하게 접속사를 넣어 보시오.

1) 변절이란 무엇인가. 절개를 바꾸는 것, (　　　　) 자기가 심신으로 이미 신념하고 표방했던 자리에서 방향을 바꾸는 것이다. (　　　　) 사람이 철이 들어서 세워 놓은 주체의 자세를 뒤집는 것은 모두 다 넓은 의미의 변절이다. (　　　　) 사람들이 욕하는 변절은 개과천선의 변절이 아니고, 좋고 바른 데서 나쁜 방향으로 바꾸는 변절을 변절이라 한다.[24)]

2) 우리들이 필요에 의해서 물건을 갖게 되지만, (　　　　) 그 물건 때문에 적잖이 마음이 쓰이게 된다. (　　　　) 무엇인가를 갖는다는 것은 (　　　　) 무엇인가에 얽매인다는 것이다. 필요에 따라 가졌던 것이 (　　　　) 우리를 부자유하게 얽어맨다고 할 때 주객이 전도되어 우리는 가짐을 당하게 된다는 말이다. (　　　　) 많이 갖고 있다는 것은 흔히 자랑거리로 되어 있지만, (　　　　) 많이 얽히어 있다는 측면도 지니고 있는 것이다.[25)]

3) 어머니는 언제나 나의 안에서 밖으로 나가시는 애틋한 존재였고, 아버지는 항상 밖에서 나의 안으로 들어오시는 기쁨의 존재였다. (　　　　) 나는 아버지 없이는 살아갈 수 없다는 따위의 생각을 절실히 해본 적이 없었고, (　　　　) 철이 들면서 아버지가 없으면 우리 일가족의 생계와 내가 살아가는 데도 낭패라는 생각을 무의식중에 품고 있었을 뿐이었다. (　　　　) 엄마에 대한 나의 애착심은 본능적 감성적인 것인데 대해 아버지에의 그것은 다분히 경제적 타산적인 동기에 연원을 둔 것이 아닌가 싶다. (　　　　) 그 애착심의 깊은 연원을 따지면 아직 성숙하지 못한 한 인간의 근친에 대한

24) 趙芝薰(조지훈)(1962), 「志操論(지조론)」. 三中堂(삼중당).
25) 法頂(법정)(1999), 「무소유」. 범우사.

의존심에 불과할 터이다.[26)]

26) 朴在植(박재식)(1989), 「情理如水(정리여수)」.

Ⅳ. 短篇(단편) 練習(연습)

1. 短篇(단편)의 槪念(개념) / 245
2. 題材(제재) 選定(선정) / 248
3. 主題(주제) 設定(설정) / 248
4. 글의 構成(구성) 방법 / 252
5. 序論(서론) 쓰기 / 256
6. 本論(본론) 쓰기 / 272
7. 結論(결론) 쓰기 / 275
8. 글의 槪要(개요) 짜기 / 279
9. 글의 敍述(서술) 方式(방식) / 283
10. 題目(제목) 달기 / 311
11. 推敲(퇴고)를 철저히 / 316

Ⅳ. 短篇(단편) 練習(연습)

단편을 쓰는 일은 한 판의 바둑을 두는 일과 같다. 棋士(기사)는 바둑판 전체를 놓고 布石(포석)을 構想(구상)해야 한다. 그리고 초반, 중반, 후반으로 나누어 戰略(전략)을 잘 세워야 한다. 작문도 마찬가지다. 글쓰는 사람은 글 전체를 놓고 主題(주제)를 어떤 방법으로 展開(전개)할 것인지 構成(구성)해야 한다. 그리고 서론, 본론, 결론으로 나누어 문단의 배치와 서술방법을 잘 선택하여야 한다.

1. 短篇(단편)의 概念(개념)

앞의 제Ⅲ장에서는 '문단 훈련'을 하였다. 한 문단 쓰기를 익혔으니 이제 제Ⅳ장에서는 한 편의 글을 쓰는 본격적인 연습을 해보자. 지금부터가 우리가 흔히 쓰는 진짜 글쓰기이다.

'짧은 글[短篇(단편)]'은 한 편의 완성된 글이다. 하지만 짧은 글이다. 우리가 흔히 쓰는 보통 글이다. 다만 '긴 글'과 구별하기 위하여 그냥 '짧은 글'이라는 이름을 붙였을 뿐이다. '짧은 글[短篇(단편)]'은 짧지만 斷片的(단편적)인 글은 아니고 完結(완결)된 글이다. 또 독립된 글이다.

짧은 글은 적어도 네 문단은 모여야 한다. 짧은 글은 문단보다 상위 개념이므로 한 문단으로는 만들지 못한다. 최소한 두 문단은 되어야 한다. 구성으로 보면, 짧은 글도 서론·본론·결론의 세 부분은 갖춰야 한다. 글에 세 부분이 있어야 하는 건 아리스토텔레스의 『詩學(시학)』에 글은 '처음-중간-끝'이 있다는 데서 유래한다.[1] 글이 세 부분으로 구성되므로, 한 편의 글은 최소한 세 문단은 있어야 한다. 하지만 본론은 서론이나 본론보다 분량이 많다. 서론 · 본론 · 결론은 물고기의 머리 · 몸통 · 꼬리에 비유할 수 있다. 물고기의 몸통은 머리나 꼬리보다 훨씬 크다. 글도 똑같다. 본론이 풍부해야 글이 읽을거리가 많다. 따라서 본론은 서론이나 결론보다 문단 개수가 많아야 한다. 짧은 글에서 서론과 결론은 각각 한 문단이다. 그러니 본론은 최소한 두 문단은 되어야 한다. 따라서 한 편의 짧은 글은 실제로는 최소한 네 문단은 되어야 한다.

짧은 글[短篇(단편)]은 최소한 네 문단 이상으로 구성한다. 네 문단이 안 되는 글은 완성된 글이 되지 못한다. 한 편의 글을 쓰려면 최소한 네 문단은 반드시 만들어야 한다. 문단 나누기를 할 줄 모르는 사람은 한 편의 글을 문단 하나로 끝내기도 한다. 또는 반대로 한두 문장을 쓰고 줄 바꾸기를 하여 문단을 무수히 많이 만들기도 한다. 이런 글은 빵점이다. 문단 개념 없이 쓴 글은 구성이 제멋대로 되기 십상이어서 좋은 글이 되기 어렵다. 글은 가장 간단한 글이 네 문단이고, 그 이상 되는 글이 대다수다. 본론이 두 문단보다 더 늘어나는 경우가 대부분이기 때문이다. 대개 짧은 글[短篇(단편)]은 보통 4~15문단 정도로 구성된다.

이 책에서 말하는 짧은 글[短篇(단편)]이란 학생들이 쓰는 수필이나 보고서 정도의 길지 않은 글이다. A4나 보고서 용지로는 1쪽에서 5쪽 정도이고 원고지로는 대략 5~20매 정도의 글이다. 신문의 칼럼은 대개 원고지 10매를 기준으로 삼고, 문예지의 수필은 원고지 15매를 기준으로 삼는다.[2] 작문 초보자라면 원고지 5매부터 시작해서 점차 늘려가는 것이 좋다. 대학의 보고서는 전공에 따라 다르지만 분량이 많을 경우에는 짧은 글[短篇(단편)]을 초과하기도 한다. 한 강좌에 한 학기에 한 번 내는 주요 보고서는 A4나 보고서 용지로 10쪽 이상 분량이 늘어날 수도 있다. 하지만 이 책에서는 짧은 글[短篇(단편)]에 초점을 맞추어 앞으로 설명해 나가고자 한다.

단편의 형태적 특징은 다음과 같다.

---

1) 글만 세 부분이 있는 것이 아니다. 세상의 모든 일은 세 부분으로 이루어져 있다. 시간은 '過去(과거)-現在(현재)-未來(미래)'로 구성된다. 일도 '始作(시작)-進行(진행)-結末(결말)'로 구성된다. 사람의 몸도 '머리-몸통-발'의 세 부분으로 구성된다. 물고기도 '머리-몸통-꼬리'로 구성된다. 이렇게 세상 모든 것은 세 부분으로 이루어져 있다. 그래서 글도 서론 · 본론 · 결론의 세 부분으로 구성된다.

2) 문예지 수필도 시대의 영향으로 점차 짧아지는 경향을 보인다. 근래는 원고지 5~10매가 많다.

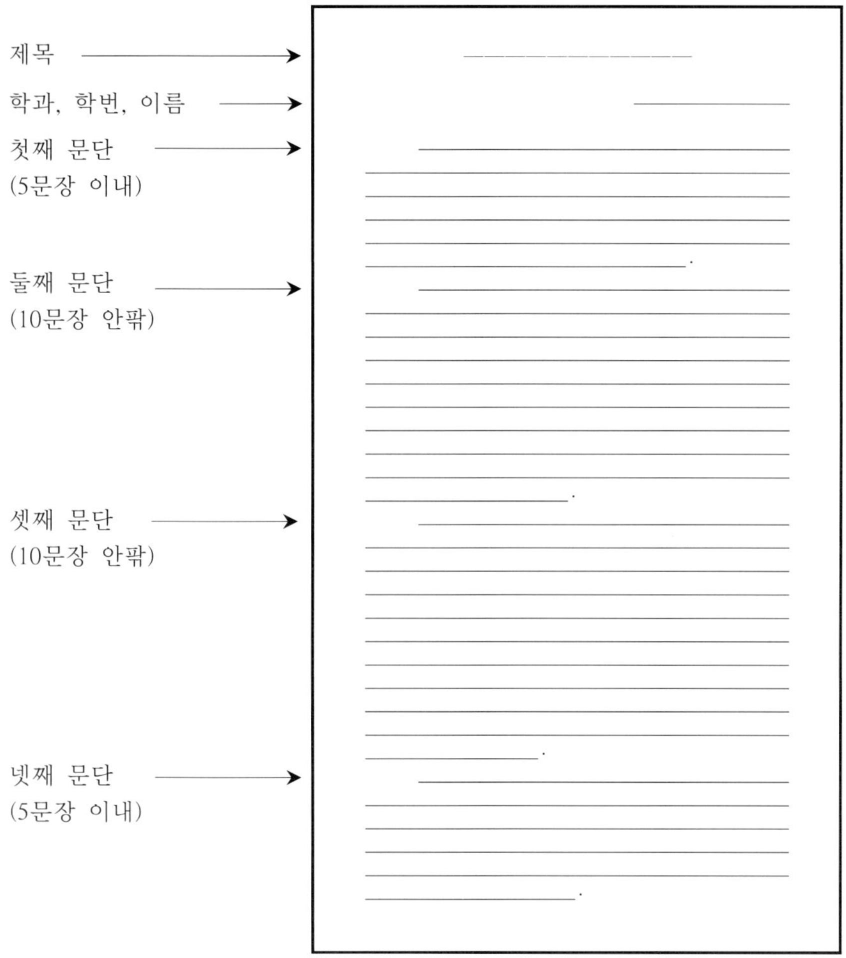

[그림 9] 단편(짧은 글)의 형태[3)]

한 편의 글을 쓰려면 크게 세 단계를 거쳐야 한다.

첫째, 準備(준비) 단계이다. 發想(발상)을 하고, 構成(구성)을 하고, 자료를 수집하여야 한다.

둘째, 執筆(집필) 단계이다. 구성의 계획에 따라 문단을 나누어, 각 문단마다 임무를 주어서 글을 체계적으로 써야 한다.

---

3) 캐슬린 E 설리번 지음(2015), 최현섭 · 위효정 옮김, 『작문, 문단쓰기로 익히기』, 三英社, 192 참고.

셋째, 推敲(퇴고) 단계이다. 일단 쓴 草稿(초고)를 퇴고하면서 글을 다듬어 완성시켜 나간다. 推敲(퇴고)도 빠뜨려서는 안 된다.

2. 題材(제재) 選定(선정)

세상만물은 글짓기의 素材(소재)이다. 아니 눈에 안 보이는 모든 생각이나 감정도 소재가 될 수 있다. 그 소재를 선택해서 내 글의 글감으로 삼으면 題材(제재)가 된다. 題材(제재)는 다른 말로는 글감이라 한다. 題材(제재)를 얻는 방법은 제I장 작문 교육의 '6. 글감 찾기'(p. 27)를 참고하자. 그 요점은 '1) 경험을 다양하게 하기, 2) 책을 많이 읽기, 3) 메모하는 습관 기르기, 4) 사람과 事物(사물)에 관심 갖기, 5) 혼자 생각을 많이 해보기'이다.

제재 선정에 대해 한 가지 주의할 점을 지적한다. '어머니'라는 제재를 선택해서 글을 쓰려 한다면, 어머니의 모든 것에 대해 쓰려고 해서는 안 된다. 어머니의 모든 것은 책 한 권으로 써도 모자란다. 짧은 글에서 어머니의 모든 것을 담으려는 것은 가당치도 않다. 그러므로 **어머니에 대한 내 생각과 감정을 가장 잘 나타낼 수 있는 사건 하나만 잡아서 집중적으로 쓰는 것이 좋다.** 항상 글은 "범위는 좁게 내용은 깊게" 써야 좋은 글이 된다는 점을 명심하자. 내가 어머니를 절실하게 느낀 사건 하나만 잡아서 자세히 묘사하자. 그러면 독자가 내 글을 읽고 내 심정을 나처럼 느끼게 된다.

3. 主題(주제) 設定(설정)

제재를 찾았으면 거기에 자기 생각·느낌을 하나로 정리하여 담아야 한다. 그것이 主題(주제)이다. 제재는 글이 다루는 對象(대상)이고, 주제는 그 대상에 대한 나의 생각·느낌이다. 제재가 '어머니'라면 주제는 '어머니 은혜에 감사한다.'거나 '우리 어머니는 위대하다'거나 '못난 자식은 돌아가신 어머니께 죄송하다' 등등이 된다. 주제는 우리가 앞에서 공부했던 문단의 중심생각과 비슷하다. 다만 한 문단 안에서는 요점을 '중심생각'이라 부르고 한 편의 글에서는 요점을 '주제'라 부르는 것이 다를 뿐이다.

글은 주제가 뚜렷해야 한다. 자기주장·情緖(정서)가 분명치 않으면 글은 힘이 없다. 쓰나 마나한 글은 가치가 없다. 분명한 주제 의식은 글쓰기를 끌고 가는 原動力(원동력)이다. 주제의식이 뚜렷하지 않으면 좋은 글이 될 리 없다. 글은 목적지를 분명히 해야 한다. 그래야 글이 갈팡질팡하지 않고 똑바르게 나아간다. 뚜렷한 주제의식은 좋은 글을 쓰기 위한 전제조건이다.

주제는 크게 두 가지 방법으로 얻을 수 있다. 하나는 글쓴이 자신이 평소부터 잘 알고 있으며 관심을 갖고 생각을 많이 하는 분야에서 주제를 얻는 방법이다. 직업인이라면 자기 직업에서 벌어지는 일들, 자기 직업 분야에서 개선했으면 하는 문제들, 자기 직업 분야의 미래 展望(전망) 등이 주제가 되기 쉽다. 학자라면 자기 전공 분야가 한국 사회와 관련되는 문제들, 전공 지식을 일반인들에게 전해주고 싶은 내용, 자기 전공 분야의 문제로서 국민에게 협조를 부탁하고 싶은 내용 등이 주제가 될 것이다. 학생이라면 학생으로서 겪는 어려움, 공부하면서 새롭게 발견하거나 깨달은 내용, 기존 학설에 대한 의문과 문제점, 기성세대에게 부탁하고 싶은 말 등이 주제가 될 수 있다.

주제를 얻는 또 다른 방법은 의식적으로 問題意識(문제의식)을 만드는 방법이다. 의도적으로 어떤 사물에 대해서 의문을 품어 본다. 그 문제의식을 다듬어 주제를 삼는다. 주제가 어렴풋이 정해지면 그 주제를 뒷받침해줄 자료를 조사하고 분석하면서 생각을 熟成(숙성)시켜 나간다. 문제의식, 곧 사물에 대한 의문은 정답은 하나가 아니라는 인식을 하는 데서 비롯한다. 필자가 어떤 소재를 주고 논설문을 쓰게 하면 학생들은 대개 論旨(논지)가 한 쪽으로 쏠린다. 생각이 거의 비슷하다. 비슷한 고정관념을 갖고 살기 때문이다. 그 고정관념을 깨야 한다. 수학은 정답이 하나지만 세상살이는 정답이 하나가 아니다.

우리는 "지구는 둥글다"는 사실을 眞理(진리)의 始發點(시발점)으로 삼아야 한다. 지구가 둥글기 때문에 세상살이는 다양할 수밖에 없다. 緯度(위도)에 따라서 온도가 달라져서 熱帶(열대)·溫帶(온대)·寒帶(한대)로 나뉜다. 經度(경도)에 따라서 시간이 달라져서 나라에 따라 각기 시간이 달라진다. 한국은 낮이면 미국은 밤이다. 또 北

半球(북반구)와 南半球(남반구)가 다르기 때문에 한국이 여름이면 호주는 겨울이다. 똑같은 시간에 지구상에서 이렇게 다양한 현상이 벌어진다. 그러니 어떤 사람에게는 진리인 것도 다른 사람에게는 전혀 진리가 아니다. 이 사실을 알아야 한다. 지구촌의 인간은 제각기 다른 인생을 살고 있다. 인생살이에 정답은 없다[4]. 우리는 내가 기존에 알았던 지식이 틀릴 수도 있다는 사실을 깨달아야 한다. 십 년 전 나를 지금 돌이켜보면 부끄러운 일이 얼마나 많은지 모른다. 그러니 지금의 내 생각만이 옳다는 생각은 하지 말자.

오늘날 한국인이 창의성이 부족한 원인은 학교교육에 근본 원인이 있다. 세상살이는 다양하다. 70억 명이 넘는 인류 중에 똑같은 얼굴은 없다. 70억 명이 넘는 인류 중에 指紋(지문)이 똑같은 사람도 없다. 생각도 70억 명이 각기 다른 게 당연하다. 그런데 우리는 나와 다른 남의 생각을 불편하게 여긴다. 학교교육을 통해서 정답이 하나라고 교육받았기 때문이다.

한국 교육, 특히 국어교육은 劃一化(획일화) 교육이다. 대표적인 것이 바로 한글전용 교육이다. 교육부는 학생들에게 漢字(한자)와 한글을 고루 쓰게 허용하지 않고 무조건 한글만 쓰게 강요한다. "한글은 되고 한자는 안 돼!"라는 고정관념을 아직 머리가 말랑말랑한 아이들에게 심어준다. '한글은 좋은 글자, 한자는 나쁜 글자'라는 강박관념을 학생들에게 꾸준히 洗腦教育(세뇌교육)한다. '한글만 써야 한다! 漢字(한자)'는 '몰아내야 한다!'는 획일화된 사고방식이 아이들의 머리를 점차로 굳게 만든다. 그 결과, 2천 년간 한자를 써온 민족이 지금은 외국어인 영어보다 오히려 한자를 낯설어하고 어렵게 여기게 되어버렸다. 잘못된 교육의 무서운 해악이다[5].

국어교육에서 획일화 교육의 다른 하나는 문학교육이다. 문학교육에서 한 가지 답만을 강요하는 것은 罪惡(죄악)이다. 사람은 생각과 느낌이 각기 다르다. 따라서 문학작품은 각기 다양하게 해석하는 것이 당연하다. 그런데 한국 국어교육은 문학작품의 답을 하나로 강요한다. 교사는 수업시간에 문학작품의 정답은 하나라고 학

4) '周易(주역)'이란 책은 '세상이 변한다(易)'는 사실만 변하지 않는 진리고 그 외에는 모든 것은 변한다고 말한다. 모든 것이 변한다면 불변하는 진리가 어디 있겠는가. 그러니 우리는 固定觀念(고정관념)에 사로잡히지 말아야 한다.

5) 韓民族(한민족)은 2000년간 漢字를 써왔다. 우리 민족의 유일한 글자로 漢字를 써온 세월이 무려 1500년간이다. 그리고 漢字와 한글을 함께 써온 세월도 570년이 넘는다. 그런데 大韓民國(대한민국) 정부는 무려 2000년간 써온 漢字를 무조건 버리고 한글만 쓰라고 强要(강요)한다. 이런 지독한 劃一化(획일화) 교육을 해도 되는가? 한국 정부는 焚書坑儒(분서갱유)같은 문화적 暴擧(폭거)를 恣行(자행)하고 있다.

생들에게 강요한다. "이렇게 해석하면 안 돼요?"라고 묻는 학생에게 교사는 "그러면 안 돼!"라고 말한다. 그리고 학교시험은 물론이고 대학입시 수학능력고사까지 모든 시험은 문학작품의 해석은 하나라고 강요한다. 그리하여 학생들은 자신에게서 자연스럽게 솟아나는 想像力(상상력)과 創意性(창의성)을 억지로 억누르기 위해 애쓴다. 그리하여 한국에서 학교교육을 받은 사람은 상상력과 창의성이 철저하게 말살된다.

현재 大韓民國(대한민국) 정부는 다양하게 태어난 인간을 획일화된 인간으로 강제로 改造(개조)하는 작업을 아주 열심히 하고 있다. 한글전용 교육과 획일화된 문학교육으로 한국인을 연탄 공장의 연탄처럼 찍어내고 있다. 그리하여 대한민국 국민으로 태어난 사람은 학교라는 연탄 공장을 거치고 나면 타고난 창의성을 차츰 잃고 나중에는 평범한 사람이 되고 만다. 이와 정반대로 유태인은 어릴 적부터 토론 학습으로 상상력과 창의성을 기른다[6]. 한국은 유태인과 정반대로 '창의성 말살' 교육을 하면서도 어떻게 노벨상 타기는 그렇게도 바라는지 필자는 도무지 이해가 안 된다.

우리는 이제라도 작문교육을 통해 창의성을 되살려야 한다. 우리는 우선 "지구는 둥글다"는 사실을 眞理(진리)의 始發點(시발점)으로 삼아야 한다. 그래서 "인생살이에 정답은 없다"는 진리를 깨달아야 한다. 그런 인식의 바탕 위에서 기존의 내 지식에 대해 疑問(의문)을 품어야 한다. 어떤 문제에 대해서 일부러라도 反對(반대)로 생각해보는 훈련을 해야 한다. 찬성과 반대로 나누어 토론하는 훈련이 있는데 좋은 훈련이다. 그런 식으로라도 우리는 지금까지 내가 생각해 왔던 것과 반대로 생각해 보는 훈련을 의도적으로 해야 한다. 기존의 내 視覺(시각)이 아닌 다른 사람의 시각으로 사물을 보는 훈련을 의식적으로 해야 한다. 그렇게 해서 다양성을 인정해야 한다. 지금까지 '오직 한글'만이 진리라고 여겼던 사람들은 한자도 필요하다고 생각해 보아야 한다. 획일화보다는 다양성이 진리에 가깝기 때문이다. 易地思之(역지사지)해서 다양성을 인정해야 한다. 우리가 지금까지와는 다른 시각으로 다양성을 인정하면 기존의 지식에 대해서 의문이 생겨난다. 그 의문이 곧 問題意識(문제의식)

---

6) 유태인은 인구 대비 노벨상 수상자가 가장 많다. 왜 유태인은 창의성이 좋은가? 그들은 '하브루타'라는 토론을 일상화한다. 두 학생이 서로 마주 보고 앉아서 질문과 답변을 주고받으며 토론하는 공부 방식이다. 유태인은 어릴 적부터 하브루타로 토론하면서 사람은 생각이 다 다르다는 사실을 배운다. 그래서 유태인은 한국인과는 달리 다양한 해석을 당연하게 여긴다. 어릴 적부터 다양한 사고를 배움으로써 유태인은 뛰어난 창의성을 발휘하게 되는 것이다. 전성수(2012), 『자녀교육 혁명 하브루타』, 두란노. 참고.

이다. 그 문제의식이 숙성되면 主題(주제)로 발전한다.

한 편의 짧은 글에서는 큰 주제를 다룰 수 없다. 큰 주제를 다루면 글이 疏略(소략)해져서 깊이 있는 논의를 하기 어렵다. 그러므로 처음에는 어떤 큰 문제에 대해 문제의식을 가졌더라도 글을 쓰는 과정에서 차차 그 범위를 좁혀 나가야 한다. 그래서 될 수 있는 대로 좁은 범위로 좁혀서 작은 주제를 다루어야 좋은 글을 쓸 수 있다. 물론 巨視的(거시적)인 관점에서 큰 주제를 다루어야 할 경우도 있다. 하지만 일반적인 글에서는 **작은 주제를 잡아서 구체적으로 자세하게 다루는 것이 좋은 글을 쓸 가능성이 높아진다.** 우리가 흔히 쓰는 짧은 글에서는 주제가 좁을수록 좋은 글을 쓸 가능성이 높아진다. 덧붙여 말하자면, 주제는 독자의 관심과 흥미를 끌 수 있는 것일수록 좋다. 또한 읽고서 많은 사람들이 共感(공감)하는 것일수록 좋다.

4. 글의 構成(구성) 방법

글의 구성은 글의 設計圖(설계도)와 같다. 건물을 지으려면 반드시 설계도부터 만든다. 그 설계도에 따라 순서대로 건물을 짓는다. 마찬가지로 글도 構成(구성)을 먼저 한 다음에 글을 써야 한다. 그 구성에 맞추어 문단을 만들고, 각 문단 안에 문장들을 배열하여 글을 만들어 나간다.

구성을 해서 글을 쓰면 좋은 점은 네 가지이다.

첫째, 글에 統一性(통일성)을 부여해준다. 만약에 구성을 하지 않고 글을 무조건 쓰기 시작한다면 글은 생각이 흘러가는 대로 제멋대로 흩어질 것이다. 그러니 내용이 이것저것 마구 섞여서 글에 통일성이 없게 된다. 구성을 해야 하나의 주제로 통일된 내용으로 글을 만들 수 있다.

둘째, 글에 完結性(완결성)을 도와준다. 구성하면서, 글쓴이가 주장하는 바를 뒷받침할 근거와 자료를 미리 잘 준비하게 된다. 그리하여 주장을 잘 뒷받침하여 글을 설득력 있게 만든다. 구성을 안 할 때보다 구성을 하면 훨씬 객관타당성 있는, 완결된 글을 쓰게 된다.

셋째, 글에 均衡性(균형성)을 바로잡아 준다. 구성을 하지 않고 무작정 쓰다 보면 중요하지 않은 부분을 쓸데없이 많이 쓰게도 되고 또 반대로 중요한 부분을 적게 쓰게 되기도 한다. 하지만 미리 구성을 하면 중요한 내용에 많은 문단을 배치하는 등 중요도에 따라 적절하게 배분할 수 있다.

넷째, 글에 緊密性(긴밀성)을 갖추게 한다. 구성을 미리 하면 가장 효율적인 구성 방식을 선택하고, 거기에 따라 문단의 순서를 잘 배치하게 된다. 그렇게 하면 첫 문단부터 끝 문단까지 막히지 않고 매끄럽게 글이 연결된다. 글의 흐름이 좋게 되는 것이다.

이처럼 **구성을 하면 글에 통일성 · 완결성 · 균형성 · 긴밀성을 부여하게 된다.** 이러한 구성의 효용성은 앞서 제Ⅲ장 문단의 구성에서 살펴보았던 것과 이치가 똑같다. 다만 문단에서 짧은 글로 범위만 확대되었을 뿐이다. 글에서 구성의 효용성은 文段(문단)이라는 단위를 잘 활용할 때 극대화된다. 문단을 효율적으로 배치해야 글의 통일성 · 완결성 · 균형성 · 긴밀성을 얻을 수 있다.

글의 구성법은 크게 段階式(단계식) 구성, 包括的(포괄적) 구성, 漸層式(점층식) 구성, 因果式(인과식) 구성, 列擧式(열거식) 구성 등으로 나뉜다. 그리고 단계식 구성은 다시 三段(삼단) 구성과 四段(사단) 구성으로 나뉜다.

1) 段階式(단계식) 構成(구성)

글쓴이가 자기주장을 단계적으로 배열하는 구성 형식이다. 가장 많이 쓰는 구성법이다. 특히 설득력을 발휘하기 위한 보고서 · 논설문 · 설명문 등에 많이 쓴다. 단계식 구성은 논리 전개가 생명이므로 논리를 비약시키거나 왜곡하지 않도록 주의해야 한다.

(1) 三段(삼단) 構成(구성)

단계식 구성의 가장 기본적인 형태이다. 각 단계는 '序論(서론)—本論(본론)(또는 '논의')—結論(결론)', 또는 '導入(도입)—展開(전개)—整理(정리)'로 나눠진다. 서론에서 論旨(논지)를 提起(제기)하고, 본론에서 논지를 자세히 풀어주고, 결론에서 본론에 다룬 내용을 요약 · 정리 · 강조하는 것이 기본 구조다. 비교적 간결한 형식으로 주제를 명확하고도 쉽게 전달하는 게 장점이나 약간 단조로운 게 단점이다.

(2) 四段(사단) 構成(구성)

4단 구성은 3단 구성의 본론 부분을 展開(전개)와 發展(발전) 또는 說明(설명)과 證明(증명) 두 부분으로 나눈 것이다. 논리적 일관성만을 추구하는 3단 구성과는 달리 4단 구성은 變化(변화)가 있는 점이 다르다. 4단 구성은 漢詩(한시)를 지을 때 쓰는 起承轉結(기승전결) 형식이 대표적이다. 그러나 4단 구성은 비단 한시 짓는 데만 사용되는 것이 아니라 수필・논설문・소설・희곡 등에서 줄거리나 구성을 고안하는 데도 사용된다.

起承轉結(기승전결)은 起(기)구에서 詩想(시상)을 일으키고, 承(승)구에서 그것을 이어받아 발전시키며, 轉(전)구에서는 장면과 사상을 새롭게 전환시키고, 結(결)구는 전체를 묶어서 餘韻(여운)과 餘情(여정)이 남도록 끝맺는다. 기승전결에서 묘미는 轉(전)구에 있다. 기구와 승구에서 끌고 오던 방향과 다르게 전환 또는 반전시키기 때문이다. 그래서 轉(전)구에서 변화가 일어난다. 여기에서 재미가 생긴다.

그러므로 4단 구성의 성공 여부는 轉(전)구에 달려 있다. 논설문이라면 轉(전) 단계에서 지금까지 글쓴이가 주장해 왔던 논지와 다른 논지를 펴야 한다. 곧 글쓴이와 반대되는 주장을 소개하여야 한다. 그 상대측 주장에서 인정할 것은 인정하고 인정할 수 없는 것은 반박해야 한다. 또 상대측 방법을 반박한다면 그 대안을 제시해야 한다. 이렇게 轉(전)구에서는 起(기)구에서 제기하고 承(승)구에서 발전시켰던 글쓴이의 주장과 다른 반대 주장을 거론하면서 분위기를 一轉(일전)시킨다. 물론 結(결)구는 起(기)구에서 제기한 주장과 一脈相通(일맥상통)하는 결론을 맺게 된다.

2) 包括式(포괄식) 구성

包括式(포괄식) 구성법은 글의 결론에 해당되는 부분을 어느 한 곳에 놓고 그것을 뒷받침하는 부분들을 효과적으로 배치하는 방법이다. 포괄식 구성법은 대개 짧은 글[단편]이나 한 문단의 구성에 사용한다. 결론이 앞에 오면 頭括式(두괄식), 뒤에 오면 尾括式(미괄식), 앞뒤의 양쪽에 모두 오면 兩括式(양괄식) 또는 雙括式(쌍괄식)이다. 양괄식은 두괄식이 변형된 모습으로, 일단 앞에 나왔던 결론 부분을 뒤에 가서 반복하여 주제를 다시 한 번 강조하는 형식이다. 가장 효과적인 포괄식 구성 방법은 양괄식(쌍괄식) 구성임은 이미 앞에서 누누이 설명한 바 있다.

3) 因果式(인과식) 구성

글을 쓸 때 어떤 내용을 원인과 결과의 관계로 구성하는 것을 인과식 구성이라고 한다. 인과식 구성은 앞의 제Ⅲ장 문단 훈련에서 '9. 文段(문단)의 展開(전개) 方式(방식)' 중의 '4) 原因(원인)·結果(결과) 順序(순서)'(p. 233)와 같은 형식이다. 그 내용을 참고하기 바란다.

인과식 구성에서는 일반적으로 원인에 해당되는 문단을 앞에 놓고 결과에 해당되는 문단을 뒤에 놓는다. 그러나 반대로 문단을 배치하기도 한다. 인과식 구성은 역사를 서술할 때, 어떤 원인에 의해서 역사가 그렇게 결과적으로 이루어졌는지를 밝힐 때 사용한다. 또 자연과학의 현상을 설명할 때도 원인을 앞에 적고 결과를 뒤에 적는다.

4) 漸層式(점층식) 구성

漸層法(점층법)은 중요성이 작은 것에서부터 큰 것으로 나아가는 방법이다. 점층법에서는 가장 중요한 것이 결말에 오게 된다. 이와 반대로, 가장 중요한 것을 앞에 놓고 점차 중요성이 작은 것으로 나아가는 방법도 있다. 漸降式(점강식) 구성이라 한다. 점층식·점강식 구성법은 한 문단이나 문장 몇 개 정도에서 사용하는 경우가 많다. 예를 들어, 어떤 작은 일 하나를 잘못하면 그 일이 자꾸 커져서 나중에는 국가 전체에 악영향을 끼치게 된다는 식으로 글을 쓴다면 점층식 구성이다. 점층법의 보기로서 「三一獨立宣言書(삼일독립선언서」[7] 중 일부를 소개한다.

(ㄱ) 今日(금일) 吾人(오인)의 朝鮮獨立(조선독립)은 朝鮮人(조선인)으로 하야금 正當(정당)한 生榮(생영)을 遂(수)케 하는 同時(동시)에 日本(일본)으로 하야금 邪路(사로)로서 出(출)하야 東洋(동양) 支持者(지지자)인 重責(중책)을 全(전)케 하는 것이며, 支那(지나)로 하야금 夢寐(몽매)에도 免(면)하지 못하는 不安(불안), 恐怖(공포)로서 脫出(탈출)케 하는 것이며, 또 東洋平和(동양평화)로 重要(중요)한 一部(일부)를 삼는 世界平和(세계평화), 人類幸福(인류행복)에 必要(필요)한 階段(계단)이 되게 하는 것이라.

---

7) 1919년 3월 1일 3·1운동을 벌이면서 민족대표 33인이 한국의 독립을 내외에 선언한 글로서 己未獨立宣言書(기미독립선언서)라고도 한다. 선언서는 六堂(육당) 崔南善(최남선) 선생이 썼고, 公約三章(공약삼장)은 萬海(만해) 韓龍雲(한용운) 스님이 썼다.

5) 列擧式(열거식) 구성

열거식 구정은 몇 개의 대등한 話題(화제)들을 나란히 벌여 놓는 방법이다. 제Ⅲ장 문단 훈련에서 '文段(문단)의 展開(전개) 方式(방식)'을 공부할 때, '5) 話題別(화제별) 順序(순서)'(p. 235)가 있었다. 그 화제별 순서와 열거식 구성은 같은 방식이다. 列擧(열거)되는 이야깃거리들 사이에는 논리적 일관성이나 특별히 긴밀한 의미의 연관이 없어도 된다. 그러므로 열거식 구성은 논리 정연한 글에서는 쓰기 어렵다. 다만 의견을 간결하게 진술한다든가, 중요하다고 생각되는 문제를 특별히 몇 가지 밝힐 때 사용된다. 주로 수필 같은 자유로운 글에서 많이 쓴다.

예를 들어 여행기를 쓴다고 하자. 서론에서 여행지・일정・동행 등을 밝힌다. 그 다음 본론의 각 문단들에서는 날짜별 또는 여행지별로 가는 곳곳에서 보고 듣고 느낀 내용들을 그때그때 자유롭게 쓴다. 이런 게 바로 열거식 구성이다. 또 친구들을 오랜만에 만나서 이런 저런 이야기 나눈 일을 수필로 쓴다면 열거식 구성을 선택하면 된다. 각 문단들에 話題(화제) 하나씩을 배치하면 된다. 열거식 구성은 산만하기는 하지만 자유롭다.

5. 序論(서론) 쓰기

'시작이 반'이다. 그래서 서론은 글쓰기의 반이다. 서론에서 주제가 드러나고 글 쓸 방향도 계획되기 때문이다. 서론만 잘 쓰면 그 글은 반은 성공한 것이다.

서론에서도 특히 첫 문장은 중요하다. 글쓰기의 성공 여부를 점칠 수 있는 실마리이다. 그래서 예로부터 문인들은 첫 문장을 쓰는 데 고민에 고민을 거듭했다. 첫 문장이라는 실마리가 잘 풀리면 그 다음부터 문장은 실 꾸러미가 풀리듯이 줄줄 풀려나오게 된다. 옷도 첫 단추를 잘 끼워야 하지 않는가. 그러므로 글을 쓸 때는 서론 특히 첫 문장을 잘 쓰는 데 恪別(각별)히 노력을 기울여야 한다.

"오늘도 우리 수탉이 또 쫓기었다." 金裕貞(김유정) 작가의 '동백꽃' 첫 문장이다. "별이 쏠리는 밤이었다." 黃順元(황순원) 작가의 '카인의 후예' 첫 문장이다. "엄마를 잃어버린 지 일주일째다." 申京淑(신경숙) 작가의 '엄마를 부탁해' 첫 문장이다. 이렇게 첫 문장은 짧으면서도 매력적이어야 한다. 그래야 독자가 그 글을 읽고픈 마음이 든다. 첫 문장을 길고 재미없게 쓰면 독자가 놀라서 달아나버릴지 모른다. 첫 문장은 글의 첫인상을 좌우한다.

짧은 글(단편)에서 서론은 한 문단이다. 그러니까 첫째 문단이 서론 문단이다. 서론문단은 본론 문단들보다 간략해야 한다. 서론 문단은 첫 문단인데, 처음부터 글이 길면 독자들이 지루해 한다. 따라서 제1문단은 다른 문단들보다 짧아야 한다. 그래야 독자가 부담 없이 글을 읽는다. 본론 문단들은 열 문장 안팎(8-12문장)으로 이루어진다. 그에 반해 **서론문단은 그 절반인 다섯 문장 이내가 되어야 한다. 3문장에서 5문장 사이가 적당하다. 그 3~5문장 안에 主題文章(주제문장)과 導入文章(도입문장), 뒷받침문장 등을 적어야 한다.**[8)]

서론문단을 쓸 때 명심할 사항이 있다. 서론문단은 구체적인 논의를 하는 곳이 아니라는 점이다. 학생들은 대개 서론과 본론을 구분하지 못한다. 서론에서부터 논의를 마구 펼쳐 나가는 학생들이 많다. 본격적인 논의는 반드시 본론에서 진행해야 한다. 다만 서론은 이 글에서 다룰 제재와 주장은 무엇인지를 주제문장을 통해 제시·소개만 해주면 된다. 본론에서 무엇을 어떻게 펼쳐나갈지 그 계획만 말해주면 된다. 곧 서론은 설계도일 뿐이지 건축 현장은 아니다. 서론에서는 설계도만 그리면 된다. 서론에서 곧바로 망치와 벽돌을 들고 덤벼서는 안 된다. 세상 모든 일은 먼저 인사도 나누고 가벼운 대화로 분위기를 조성하는 서론을 거쳐야 한다. 글도 마찬가지다. 서론은 앞으로 이런 내용을 쓸 것이라는 내용을 예고하는 '일러두기' 같은 것이다. 서론 없이 조급하게 본론으로 들어가려 하면 글을 망친다. 여행기라면 서론에서는 여행을 간 곳·일정과 일행 및 전체적 분위기만 적으면 된다. 구체적인 여행담은 본론에서 펼쳐나가야 한다. 서론인 첫 문단부터 구체적인 여행 이야기를 적는 사람들은 구성에 대해 기본 인식이 안 되어 있기 때문이다. 서론은 본론과 전혀 다른 성격을 지닌 글이라는 점을 알아야 한다.

---

8) 캐슬린 E 설리번 지음(2015), 최현섭·위효정 옮김, 작문, 문단쓰기로 익히기, 三英社. 239.

1) 主題文章(주제문장)

(1) 주제문장 쓰는 요령

서론 안에는 주제를 담은 '主題文章(주제문장)'[9]을 써야 한다. 주제문장은, 자기주장을 펴서 남을 설득하고자 하는 論說文(논설문)과 무엇을 남에게 풀이해주고자 하는 說明文(설명문)에는 반드시 있어야 한다. 報告書(보고서)에도 서론에 반드시 주제문장을 써야 한다. 하지만 문학적인 글, 곧 수필 같은 글에서는 첫 문단에 반드시 주제문장이 있어야 하는 것은 아니다. 상황에 따라 쓸 수도 있고 안 쓸 수도 있다.

주제문장은 앞의 제Ⅲ장에서 공부했던 문단의 '중심문장'과 비슷한 구실을 한다. **중심문장이 한 문단의 요점을 한 문장에 압축한 것처럼, 주제문장은 글 전체의 요점(주제)을 한 문장에 압축한다.** 중심문장이 한 문장이었던 것처럼 주제문장도 한 문장이다. 다만 주제문장은 중심문장과 다른 점이 한 가지 있다. 중심문장은 반드시 그 문단의 첫 문장으로 써야 했다. 하지만 주제문장은 그 글의 맨 첫 문장으로 적지 않아도 된다. 다만 첫째 문단 안에만 적으면 된다. 곧 서론의 3~5문장 안에만 주제문장을 적으면 된다. 글 전체의 주제를 한 문장으로 압축해서 주제문장을 적는 일은 어렵다. 하지만 주제문장을 잘 적으면 그 글은 쓰기가 쉬워진다.

주제문장은 글쓴이가 그 글에서 말하고 싶은 바를 적는 문장이다. 주제문장은 그 글을 쓰는 목적인 주제를 밝히고, 그 주제를 어떻게 전개해 나갈지 계획까지 제시해야 한다. 곧 주제문장은 주장과 함께 글을 전개할 계획을 포함하는 형식으로 적어야 한다. 그래서 주장과 함께 그렇게 주장하는 근거·이유까지 함께 적는다.

주제문장을 적을 때 주의할 점이 몇 가지 있다. 범위는 되도록 좁혀서 적는다. 개념 하나만 다룬다. 완전한 문장이 되도록 한다. 의문문의 형태는 피한다. 비유적인 표현은 피한다. "나는 -이라고 생각한다"는 표현도 피한다. 모호한 표현은 피하고 명료하게 적는다. 모순되는 표현은 피한다.

주제문장의 예를 들어 본다. "사람은 洞察力(통찰력)·推進力(추진력)·끈기를 지녀야 성공한다". 이 문장에는 우선 '사람'이라는 제재가 있다. 그리고 '-를 지녀야 성공한다'는 서술어가 있는데, 이는 주장이다. 그 가운데 들어 있는 '洞察力(통찰

---

9) '주제문장'을 '주제문'이라고 부르는 사람들도 있다. 하지만 '—문'이라는 용어는 한 편의 글을 가리키는 용어이다. 따라서 한 문장만을 가리키는 용어로는 '주제문장'이라고 부르는 것이 정확하다.

력)・推進力(추진력)・끈기'는 주장의 이유・근거이다. 이렇게 주제문장은 제재와 주장과 그 근거・이유까지 함께 한 문장 안에 적어야 한다. 이렇게 **근거・이유까지 함께 갖춘 주제문장을 '뒷받침된 주제문장'이라고 부른다.** 곧 '근거・이유가 뒷받침된 주제문장'이라는 말을 줄여서 그렇게 부르는 것이다.

뒷받침된 주제문장에 적는 근거・이유는 두서너 개를 적는데 대체로 세 개가 적당하다. 뒷받침된 주제문장을 제대로 적으면 본론에서 각 문단의 중심문장이 자동으로 만들어진다. 뒷받침된 주제문장은 본론의 전개를 지시하는 계획서와 같다. 그러므로 뒷받침된 주제문장을 잘 적고, 본론은 그 주제문장의 계획대로 전개해야 한다. 뒷받침된 주제문장을 가지고 본론의 각 문단을 만드는 방법을 예를 들어 보면 다음과 같다.

제목	**성공하는 사람의 특징**
서론	1. **(주제 문장)** 사람은 洞察力(통찰력)・推進力(추진력)・끈기를 지녀야 성공한다.
본론	2. **(중심 문장)** 사람은 洞察力(통찰력)을 지녀야 성공한다. 3. **(중심 문장)** 사람은 또한 推進力(추진력)을 지녀야 성공한다. 4. **(중심 문장)** 뿐만 아니라 사람은 끈기도 지녀야 성공한다.
결론	5. **(결론 문장)**

[그림 10] 주제문장과 중심문장의 관계

뒷받침된 주제문장에서 주장의 이유・근거를 '小論題(소논제)'라고도 한다. 그 이유・근거를 가지고 본론에서 각 문단의 중심문장을 만들기 때문이다. 뒷받침된 주제문장에 적은 두서너 개의 근거・이유는 본론에서 각 문단의 중심문장이 된다. 이때 주의할 점이 세 가지 있다.

첫째, 주제문장에 적은 순서대로 각 중심문장을 만들어야 한다. 즉 주제문장이 "사람은 洞察力(통찰력)・推進力(추진력)・끈기를 지녀야 성공한다."이면 제2문단의 중심생각은 洞察力(통찰력), 제3문단의 중심생각은 推進力(추진력), 제4문단의 중심생각은 끈기가 된다. 이 순서를 바꾸면 안 된다.

둘째, 각 중심생각의 중요성은 똑같다. 세 중심생각을 똑같이 한 문단씩 쓰든지 아니면 두 문단씩 쓰든지 均等(균등)하게 해야 한다. 만약에 어느 한 중심생각만 특별히 다른 중심생각보다 강조하고 싶다면 주제문장에서부터 그렇게 만들어야 한다. 예를 들면 "사람은 洞察力(통찰력)을 비롯하여 推進力(추진력), 끈기를 지녀야 성공한다."고 하면 '洞察力(통찰력)'을 특별히 강조한 것이므로 다른 중심생각보다 문단을 더 늘려도 된다. 또는 "사람은 洞察力(통찰력), 推進力(추진력)과 함께 특히 끈기를 지녀야 성공한다."고 하면 '끈기'를 특히 강조한 것이므로 다른 중심생각보다 더 분량을 늘려도 된다.

셋째는 주제문장에 없던 중심생각을 본론에서 제멋대로 만들어 넣어서는 안 된다. 만약에 저 글의 제5문단에 "사람은 무엇보다도 인간관계가 좋아야 성공한다."고 중심문장을 만들면 반칙이다. 그 제5문단은 원 설계도에는 없는 不法(불법) 건축물이다. 만약에 그 제5문단이 정말로 필요한 것이었다면 애초에 주제문장을 "사람은 洞察力(통찰력)·推進力(추진력)·끈기·원만한 인간관계를 지녀야 성공한다."고 만들었어야 한다.

(2) 주제문장 만드는 형식

뒷받침된 주제문장을 만드는 형식은 대략 세 가지가 있다.

첫째, '~인데, ~ 때문이다'의 형태를 많이 쓴다.

- 현대에는 흥부가 놀부보다 잘 살 것인데, 그 이유는 흥부가 근면하고 성실하며 이웃과 화목하기 때문이다.
- 한국사회의 가장 큰 문제는 지역감정인데, 국민 간에 反目(반목)하고 지역 간 균형 발전이 이루어지지 않고 인재 등용도 격차가 심하기 때문이다.
- 한국 경제는 위기인데, 기존 산업이 한계에 이르렀고 새로운 유망 산업을 개발하지 못했으며 대기업 노조의 횡포로 고임금이 기업에 부담이 되기 때문이다.

둘째, 제재를 앞에 적고 가운데에 근거·이유를 적고 끝에 주장을 적는 형식도 많이 쓰인다.

- ◆ 사람은 洞察力(통찰력)·推進力(추진력)·끈기를 지녀야 성공한다.
- ◆ 대학교육에서는 고급 지식과 인간관계와 낭만적 생활이라는 세 가지 이점을 얻을 수 있다.[10]

---

10) "대학교육에서는"은 제재이고, "고급 지식과 인간관계와 낭만적 생활이라는"은 근거·이

◆ 한글전용은 국어사적 근거가 없고 국어학적 이치에 맞지 않으며 한국어를 비정상으로 만든다는 점에서 잘못이다.[11)]
◆ 국사 교과서 國定化(국정화)는 기존 檢認定(검인정) 교과서가 左便向(좌편향)이며 청소년이 올바른 역사를 배워야 하며 한국은 非常時局(비상시국)이라는 점에서 不可避(불가피)하다.

셋째, 근거 · 이유를 앞에 먼저 내세우는 형식도 있다.

■ 빈곤 · 정치적 억압 · 질병이 후진국 국민들을 불행하게 만든다.[12)]
■ 立志(입지)와 誠實(성실)과 忍耐(인내)는 自手成家(자수성가)한 사람들의 특징이다.
■ 독서와 여행과 음악 감상이 내 취미이다.

뒷받침된 주제문장을 적을 때 주의해야 할 점이 세 가지 있다.

첫째, 차원이 다른 중심생각을 함께 나열하여 重複(중복)되지 않게 해야 한다. 예를 들어 "구입 가격이 싸고 유지비가 적게 들며 연료비도 적게 들기 때문에 나는 소형차를 탄다."는 주제문장이 있다.[13)] 여기서 "유지비가 적게 들며" 안에 "연료비도 적게 들기"가 포함된다. 곧 "유지비가 적게 들며"는 상위 차원이며 "연료비도 적게 들기"는 하위 차원이다. 차원이 다른 중복된 내용을 함께 쓴 것은 잘못이다. 따라서 하위 차원은 없애버리고 "구입 가격이 싸고 유지비가 적게 들기 때문에 나는 소형차를 탄다."고 고쳐야 한다. "나는 몸무게를 줄여야 하는데, 건강을 증진시키고 혈압을 낮추고 날씬해지기 위해서이다."는 주제문장도 같은 유형이다. "건강을 증진시키고" 안에 "혈압을 낮추고"가 포함된다.

유이고, "세 가지 이점을 얻을 수 있다"는 주장이다. 그러니까 "대학교육에서는 이점을 얻을 수 있다"가 주장인데, 그 근거 · 이유로 "고급 지식과 인간관계와 낭만적 생활이라는" 세 가지를 든 것이다.

11) "한글전용은"은 제재이고, "국어사적 근거가 없고 국어학적 이치에 맞지 않으며 한국어를 비정상으로 만들고 있다는 점에서"는 이유 · 근거이고, "잘못이다"는 주장이다. 그러니까 "한글전용은 잘못된 일이다"가 주장인데, 그 이유 · 근거로 "국어사적 근거가 없고 국어학적 이치에 맞지 않으며 한국어를 비정상으로 만들고 있다는 점에서"를 든 것이다.

12) 다른 말로 하면 "후진국 국민들을 불행하게 만드는 요인은 빈곤 · 정치적 억압 · 질병이다"가 된다. 또는 "후진국 국민은 빈곤 · 정치적 억압 · 질병 때문에 불행하다"도 된다. "후진국 국민이 불행한 것은 빈곤 · 정치적 억압 · 질병 때문이다"로 해도 된다.

13) "나는 소형자를 타는데, 구입 가격이 싸고 유지비가 적게 들며 연료비도 적게 들기 때문이다."고 표현해도 된다.

둘째, 유사한 내용을 두 번 적어 重複(중복)되지 않게 해야 한다. “즉석식품은 칼로리가 높고 살이 찌고 너무 짜기 때문에 나는 안 먹는다.”는 주제문장이 있다. “칼로리가 높고”와 “살이 찌고”는 표현은 다르지만 같은 내용이다. 따라서 하나만 적어야 한다. “담배는 건강을 해치고 냄새가 나며 남에게 피해를 주기 때문에 피지 말아야 한다.”는 중심문장은 “냄새가 나며”가 “남에게 피해를 주기 때문에”와 어느 정도 겹친다. 따라서 “냄새가 나며”는 “남에게 피해를 주기 때문에” 안에 포함시키면 된다.

셋째, 문장 구조가 非文(비문)이 되지 않게 해야 한다. “벽난로는 비경제성과 공기를 오염시키며 집안의 열을 빼앗기 때문에 좋지 않다.”는 주제문장은 ‘비경제성’은 명사인 데 반해 뒤의 두 이유는 서술어로서 동등한 구조가 아니다. 따라서 “벽난로는 비경제적이고 공기를 오염시키며 집안의 열을 빼앗기 때문에 좋지 않다.”로 고쳐야 한다. “목표를 세우지 못하고 意志薄弱(의지박약), 게으름 때문에 대학생활을 망치는 학생들이 많다.”는 주제문장도 비슷하다. “목표 없음, 意志薄弱(의지박약), 게으름 때문에 대학생활을 망치는 학생들이 많다.”로 고쳐야 한다.

연습문제 1. 다음 질문에 대해서 세 가지의 근거 · 이유를 가진 뒷받침된 주제문장으로 대답해 보시오.

[보기]
질문 : 당신이 존경하는 인물은 누구인가?
대답 : 나는 世宗大王(세종대왕)을 존경하는데, 訓民正音(훈민정음)을 만들었고 국토를 넓혔으며 각종 제도를 整備(정비)했기 때문이다.

① 결혼은 꼭 해야 하는가?
② 남북은 통일해야 하는가?
③ 자녀는 꼭 낳아야 하는가?
④ 落胎(낙태)는 허용해야 하는가?
⑤ 외국인 이민은 허용해야 하는가?
⑥ 가장 존경하는 인물은 누구인가?
⑦ 代理母(대리모)는 허용해야 하는가?
⑧ 여러분이 꼭 갖고자 하는 직업은 무엇인가?
⑨ 安樂死(안락사)를 법으로 허용해야 하는가?

⑩ 한국이 선진국이 되기 위해서 무엇을 해야 하는가?
⑪ 北韓(북한)에 人道的(인도적) 지원을 해야 하는가?
⑫ 대학은 꼭 다녀야 하는가 아니면 안 다녀도 되는가?
⑬ 死刑制(사형제)는 유지해야 하는가, 폐지해야 하는가?
⑭ 흥부와 놀부가 오늘날 還生(환생)한다면 어떻게 될까?
⑮ 성매매금지법은 한국 사회에 도움이 되는가?
⑯ 보편적 복지와 選別的(선별적) 복지 중 어떤 쪽이 나은가?
⑰ 兵役(병역) 의무의 代替服務制(대체복무제)를 허용해야 하는가?
⑱ 우리 대학이 더 발전하기 위해서 노력해야 할 점은 무엇인가?
⑲ 대통령 5년 單任制(단임제)는 유지해야 하는가, 바꿔야 하는가?
⑳ 여러분이 성공하기 위해 가장 중요하다고 생각하는 것은 무엇인가?
㉑ 한글전용과 國漢字混用(국한자혼용) 중 어떤 것이 옳다 생각하는가?
㉒ 姦通罪(간통죄)가 폐지되었는데, 남녀간 不倫(불륜)은 해도 괜찮은가?
㉓ 여러분의 장점은 무엇이며 그 장점을 키우기 위해 어떤 노력을 하는가?
㉔ 여러분의 단점은 무엇이며 단점을 극복하기 위해 어떤 노력을 하는가?
㉕ 여러분이 현재 가장 걱정하는 것은 무엇이며, 어떻게 극복하고자 노력하는가?

연습문제 2. **위에서 한 대답을 서론의 뒷받침된 주제문장으로 삼아서, 본론을 이루는 문단들의 중심문장들을 각각 만들어 보시오. 앞의 '성공하는 사람들의 특징'을 참고하시오.**

2) 導入文章(도입문장)

글의 첫 문장에 주제문장을 적으면 독자가 그 글을 이해하기 아주 쉽다. 하지만 글쓴이 중에서는 너무 單刀直入的(단도직입적)이라서 피하는 사람도 있다. 그래서 독자를 부드럽게 글로 끌어들이는 도입문장을 주제문장 앞에 두는 경우가 있다. **도입문장은 제재를 도입하여 본론에서 전개될 論題(논제)와 관련하여 독자의 관심을 誘導(유도)하고 注意(주의)를 불러일으킨다.** 물론 도입문장은 없는 경우도 있다.

(토) 지난 사월 춘천에 가려고 하다가 못 가고 말았다. 나는 성심 여자 대학에 가 보고 싶었다. 그 학교에 어느 가을 학기, 매주 한 번씩 출강한 일이 있다. 힘드는

출강을 한 학기 하게 된 것은, 주 수녀님과 김 수녀님이 내 집에 오신 것에 대한 예의도 있었지만 나에게는 사연이 있었다.[14)]

(토)문단은 "지난 사월 춘천에 가려고 하다가 못 가고 말았다."로 시작한다. 가려다가 못 갔다니까 독자는 호기심을 갖게 된다. 이렇게 이 글은 독자의 흥미를 유발하는 도입문장을 써서 독자의 관심을 불러일으키면서 주제문장인 "나에게는 사연이 있었다."로 독자를 자연스럽게 이끈다.

(포) 대학 시절, 나는 여러 가지 힘든 아르바이트를 해봤다. 주유소에서 밀려드는 차들에 기름을 넣는 권총도 차봤다. 또 우체국에서 연말 우편물을 분류하는 아르바이트도 해봤고, 맥도널드에서 서빙도 해봤다. 하지만 한식집에서 서빙하는 것보다 더 힘든 일은 없었다. 그 일은 육체적으로 고되었을 뿐만 아니라 급료도 적었으며 특히 사장님이 매우 비인간적이어서 힘들었다.

(포)문단에서 중심문장은 "그 일은 육체적으로 고되었을 뿐만 아니라 급료도 적었으며 특히 사장님이 매우 비인간적이어서 힘들었다."이다. 거기로 이끌기 위해 "대학 시절, 나는 여러 가지 힘든 아르바이트를 해봤다."는 도입문장으로 시작하고 있다.

3) 뒷받침문장

뒷받침문장은 제Ⅲ장 문단 훈련의 '6. 뒷받침문장'(p. 213)에서 이미 공부한 바 있다. 주제문장을 자세하게 풀이해 주는 문장이다. 주제문장의 앞 또는 뒤에서 주제문장을 알기 쉽게 풀이해 준다. 그 부분을 참고하기 바란다. 다만 뒷받침문장의 본보기 하나만 제시하고 넘어가고자 한다.

(호) 우리가 문화민족임을 나타내는 가장 객관적인 자료는 세계 유네스코 등재유산에 우리 문화재가 얼마나 포함되어 있느냐 여부이다. 세계 유네스코 등재유산이란 보호되어야 할 뛰어난 보편적 가치가 있다고 생각하는 유형・무형의 인류가 남

---

14) 皮千得(피천득)(1973), 「因緣(인연)」, 『隨筆文學(수필문학)』.

긴 유산을 말한다. 등재하기 위해 각 나라별로 신청을 하면 세계유산위원회가 최종 결정해서 세계인이 함께 보호하게 되어 있다. 여기에는 세계유산, 인류무형문화유산, 세계기록유산 등으로 분류해서 지정하고 있다. 현재 등록현황은 아래의 표와 같다.[15)]

(호)문단의 주제문장은 첫 문장으로서 "우리가 문화민족임을 나타내는 가장 객관적인 자료는 세계 유네스코 등재유산에 우리 문화재가 얼마나 포함되어 있느냐 여부이다."이다. 둘째 문장은 "세계 유네스코 등재유산이란 –을 말한다."고 하여 주제문장에서 나온 '세계 유네스코 등재유산'이라는 용어의 개념을 定義(정의)해주고 있다.[16)] 셋째 문장은 세계 유네스코 등재유산의 등재 방법을 설명해주고 있다. 넷째 문장은 세계 유네스코 등재유산의 종류를 설명해주고 있다. 이처럼 (보)문단에서 주제문장에 뒤따르는 문장들은 그 주제문장을 자세히 풀어주는 뒷받침문장 구실을 아주 잘하고 있다. 說明文(설명문)의 서론으로서 모범적인 글이다.

4) 序論(서론) 쓰기 技法(기법)

서론은 글의 시작으로서 첫인상을 결정한다. 첫인상은 사람을 만날 때나 글을 읽을 때나 매우 중요하다. 그래서 서론은 인상 깊게 잘 써야 한다. 특히 첫 문장은 독자의 마음을 확 끌어당겨야 한다.

그래서 전문적 글쟁이들은 뭔가 독특한 방법으로 서론을 시작하고 싶어 한다. 그러기 위해서 서론을 인상 깊게 시작하는 기법을 발달시켰다. 주로 많이 사용하는 방법은 여섯 가지이다. 곧 **引用文(인용문), 逸話(일화)·劇化(극화), 豫期(예기)치 않은 상황, 質問(질문), 背景(배경) 제시, 對話體(대화체) 등의 기법이다.** 이런 기법을 잘 익혀서 여러분도 서론을 멋있게 써보자.

15) 조훈철, 「조훈철의 문화재 이야기(7)-①, 한국이 2위와 3위를 차지한 유네스코 기록유산과 인류무형문화유산」, 『朝鮮日報』, 2015. 11. 5.

16) 글을 쓸 때 그 글에서 사용하는 중요한 개념에 대해서 이렇게 서론에서 '槪念(개념) 定義(정의)'를 해주는 것은 바람직하다.

(1) 引用文(인용문)

(구) "인생은 빈 술잔, 주단 깔지 않은 층계. 사월은 천치와 같이 중얼거리고 꽃 뿌리며 온다." 이러한 시를 쓴 시인이 있다. "사월은 가장 잔인한 달." 이렇게 읊은 시인도 있다. 이들은 사치스런 사람들이다. 나같이 범속한 사람은 봄을 기다린다[17].

(구)문단은 詩(시)를 인용하면서 글을 시작하고 있다. 시는 글의 분위기를 부드럽고 품격 있게 만들어준다. 그 시를 인용한 이유를 밝히면서 글쓴이는 자연스럽게 주제문장으로 연결하고 있다.

(누) "나는 가난한 托鉢僧(탁발승)이오. 내가 가진 거라고는 물레와 교도소에서 쓰던 밥그릇과 염소젖 한 깡통, 허름한 腰布(요포) 여섯 장, 수건, 그리고 대단치도 않은 評判(평판) 이것뿐이오." 마하트마 간디가 1931년 9월 런던에서 열린 제2차 圓卓會議(원탁회의)에 참석하기 위해 가던 도중 마르세이유 세관원에게 소지품을 펼쳐 보이면서 한 말이다. K. 크리팔라니가 엮은 ≪간디 語錄(어록)≫을 읽다가 이 구절을 보고 나는 몹시 부끄러웠다. 내가 가진 것이 너무 많다고 생각되었기 때문이다. 적어도 지금의 내 분수로는[18].

(누)문단은 글의 첫 문장을 유명인사의 말을 인용하는 것으로 시작한다. 그리고 그 인용한 말을 실마리 삼아 이 글의 주제를 자연스럽게 이끌어내고 있다. 이처럼 인용 다음에 글쓴이가 그 글을 왜 인용했는지 그 이유를 밝히는 문장을 적어야 한다. 論語(논어)・孟子(맹자) 같은 동양 고전과 서양 학자들의 글을 서론에서 인용하며 시작하는 글들이 꽤 많다. 그러한 인용은 글에 권위를 부여한다.

(두) 뒷섬이 멀어지고 / 앞섬이 다가온다 / 힘차게 노저어라 / 어—야 어—야 / 어요디요 어요디요. 楸子群島(추자군도) 42개 섬 사이를 숨바꼭질하듯 멸치를 잡던 노랫가락은 이제 없다. 상추자도 하추자도 古老(고로)들을 찾아다니며 물어도 뒷소리만 남아 있고 앞소리는 없다. 1950년대까지만 해도 돛을 달고 노를 젓는 무동력선에 의해 이루어졌던 멸치잡이.[19]

---

17) 皮千得(피천득)(1959), 「봄」, 『琴兒詩文選(금아시문선)』.
18) 法頂(법정)(1977), 「無所有(무소유)」, 범우사.

(두)문단은 민요 중 노동요인 멸치잡이 노래를 인용하면서 시작하여 자연스럽게 멸치잡이로 이야기를 이끌어간다. 대중가요 가사를 인용하여 서두를 시작하여 관심을 끄는 글도 있다.

(2) 逸話(일화) · 劇化(극화)

(루) 예전 상해에서 본 일이다. 늙은 거지 하나가 錢將(전장 : 돈 바꾸는 집)에 가서 떨리는 손으로 일 원짜리 은전 한 닢을 내놓으면서, "황송하지만 이 돈이 못 쓰는 것이나 아닌지 좀 보아 주십시오." 하고 그는 마치 선고를 기다리는 죄인과 같이 전장 사람의 입을 쳐다본다. 전장 주인은 거지를 물끄러미 내려다보다가, 돈을 두들겨 보고, "좋소." 하고 내어준다[20].

(무) "자 그럼 준비됐나요?" 지난달 26일 오후 4시 59분(현지시간), 미국 뉴욕주에 위치한 팰리세이즈몰 베스트바이 정문 앞. 긴장해 보이는 베스트바이 직원이 고객들을 향해 목소리를 높였다. 블랙프라이데이(블프) 시즌 개장을 곧 시작한다는 신호였다. 300여 명의 대기 행렬 맨 앞에 서 있던 키아누 올리바레스 씨(32)는 "가장 할인 폭이 큰 도시바 49인치 HD TV를 살 수 있게 됐다"며 기대감을 감추지 않았다. 하지만 그가 이 제품을 손에 넣기 위해 들인 수고는 만만치 않았다. 전날 밤 10시께 매장에 도착한 그는 간이의자에 앉아 추위에 떨며 밤을 꼬박 새웠다. 내복을 3개나 껴입었지만 온몸에 스며드는 한기를 막기에는 역부족이었다고 한다[21].

(루)문단은 상황을 눈에 보이듯이 상황을 그려냈다. 평범한 서술체로는 얻기 어려운 흥미를 끌고 있다. (무)문단은 마치 드라마를 보여주듯이 劇化(극화)한 서론이다. "자 그럼 준비됐나요?"라는 첫 문장은 짧으면서도 독자의 호기심을 확 끌어당긴다. '블랙프라이데이(블프)'라는 이슈를 기사화하는 데 최고로 효과적인 기법이다. 멋있는 솜씨다.

---

19) 宋秀權(송수권)(1995), 『남도의 맛과 멋』, 창공사.
20) 皮千得(피천득)(1932), 「은전 한 닢」, 『新東亞(신동아)』.
21) 뉴욕=황인혁 특파원, 「[World & Now] '블프' 풍경 바꾼 온라인」, 『매일경제』, 2015. 11. 30.

(3) 豫期(예기)치 않은 상황

(부) 얼마 전 낯선 골목길 후미진 곳에서 어머니에게 폭행을 당하는 어린아이를 목격한 적이 있다. "네가 놀려고 학원 안 간 걸 엄마가 모를 줄 아느냐"는 말로 악다구니를 하며 초교 2, 3학년쯤 되어 보이는 아들에게 회초리를 마구 휘두르는 그녀의 모습은 '엄마'라는 숭고한 이름을 가진 '폭군'이었다. 지금도 여린 두 팔로 달려드는 회초리를 방어하느라 애쓰던 아이의 눈빛이 잊히지 않는다. 힘으로 자신의 아이를 공포에 떨게 하는 그 엄마는 무슨 생각으로 그 길에서 그러고 있었던 것일까?[22)]

(수) 독일 철학자 헤겔의 〈미학 강의〉는 요상한 책이다. 미학에 대한 강의이니 예술을 논해야 할 것이지만, 대뜸 "예술의 종언"을 선언하면서 시작하고 있기 때문이다. 왜 헤겔은 미학을 논하면서 예술은 끝났다고 말하는 것일까. 헤겔에게 예술은 이제 하나의 관념으로만 남은 유물일 뿐이다. 유물이란 무엇인가. 박물관에 전시된 유물을 보면서 우리는 경험하지 못했던 역사의 한때를 추억한다.[23)]

(부)문단은 엄마가 아들을 때리는 장면을 첫 문단에 그림으로써 충격을 주고 있다. 글쓴이도 충격을 받았듯이 독자도 충격을 받는다. (수)문단은 〈미학강의〉가 "예술의 종언"을 선언하는 "요상한 책"이라고 하여 독자에게 충격을 준다. 이런 예기치 않은 상황을 첫 문장에 제시하여 독자의 호기심을 끄는 기법도 있다.

(4) 質問(질문)

(우) 나는 왜 중이 되었나? 내가 태어난 이 나라와 사회가 나를 중이 되지 아니치 못하게 하였던가. 또는 인간 세계의 生死病苦(생사병고) 같은 모든 괴로움이 나를 시켜 僧房(승방)에 몰아넣고서 영생과 탐욕을 속삭이게 하였던가. 대체 나는 왜 중이 되었나? 중이 되어 가지고 무엇을 하였나? 무엇을 얻었나? 그래서 인생과 사회와 시대에 대하여 어떠한 도움을 하여 왔나? 이제 爲僧(위승)된 지 30년에 출가의 동기와 그 동안의 波瀾(파란)과 현재의 심경을 생각하여 볼 때에 스스로 一脈(일

---

22) 강주원 : 세종스피치커뮤니케이션 대표, 「[매일춘추] 미래를 선택하라」, 『매일신문』, 2015. 12. 1.

23) 이택광 : 경희대 교수 · 문화평론가, 「[이택광의 왜?] '역사의 종언' 이후에도 역사는 계속돼야」, 『경향신문』, 2015. 12. 3.

맥)의 감회가 가슴을 덮는 것을 깨닫게 한다.[24)]

(주) 우리가 사는 세상은 몇 차원의 세상일까. 3차원? 4차원? 아니 적어도 6차원은 되는 것 같다. 3차원 공간에 시간, 인간의 선택, 그리고 하늘의 뜻이 결합돼 있는 것이 인간세계라는 생각이 든다. 인간세계에서 일어나는 결과는 주어진 조건으로만 결정되는 것이 아니라 그 안에 살고 있는 사람이 어떻게 선택하고 행동하느냐에 따라 달라지기 때문이다. 또 인간의 힘으로도 어쩔 수 없는 하늘의 뜻이 있는 것 같다.[25)]

(우)문단은 글쓴이 자신이 왜 중이 되었는지 自問(자문)하고 있다. 그리고 (주)문단은 우리가 사는 세상이 몇 차원인지 독자에게 묻고 있다. 이런 질문은 독자의 注意(주의)를 불러일으킨다. 독자는 저절로 관심을 갖고 글에 끌려들어가게 된다.

(5) 背景(배경) 제시

(추) 할례割禮는 남자의 성기 끝 살가죽을 끊어내는 것으로, 고대부터 많은 민족 사이에서 행하여져 온 의식의 하나이다. 지금도 유대교와 이슬람 신자 및 아프리카의 여러 종족들이 행하고 있다. 터키에서는 모든 남자들이 할례를 하는데, 이를 '쉬네트sünnet'라고 한다. 터키에서 할례는 이슬람 신앙을 바탕으로 하여 오래 전부터 행하여 오는 풍습이다.[26)]

(쿠) 백 사람이 앉아 즐기는 중에 혹 한 사람이 모퉁이를 향하여 한숨지으면 다들 마음이 언짢아지고, 그와 반대로 여러 사람이 침울한 얼굴을 하고 있는 사이에도 어느 한 사람의 화창한 웃음을 대하면 금시 모두 기분이 명랑해짐이 사실이다. 그러기에 '웃음'에는 '笑門萬福來(소문만복래)'란 공리적인 속담이 있고, '웃는 낯에 침 못 뱉는다'는 타산적인 箴言(잠언)도 있고, 또 누구의 말인지는 잊었으나 '웃음은 인생의 꽃'이라는 자못 詩的(시적)(?)인 표어도 있다. 사람과 동물과의 구별이 연모

24) 韓龍雲(한용운)(1930), 「나는 왜 중이 되었나」, 『三千里』.
25) 안재욱 : 경희대 교수 · 경제학, 「[다산칼럼] 하늘은 스스로 돕는 자를 돕는다」, 『한국경제』, 2015. 12. 8.
26) 崔雲植(최운식) · 이영순(2012), 『터키 1000일의 체험』, 민속원, 418.

사용 여부에 있다고 학자들은 말하거니와, 그것보다는 차라리 '웃음의 能否(능부)'에 달렸다(소가 웃음이 약간 문제이나)함이 더 문학적이라 할까. 또한 문학이나 정치의 要(요)는 결국 전자는 독자로 하여금 입가에 은근한 회심의 미소를 발하게 하고 후자는 민중으로 하여금 얼굴에 명랑한 안도의 웃음을 띠게 함에 있다 하면 어떠할까.[27)]

배경 제시 기법은 먼저 주제와 관련된 이야기를 背景(배경)으로 깔고 시작하여 점차 주제문장으로 접근해 들어온다. 이 배경은 단순한 도입문장이 아니라 주제와 밀접하게 관련된다. (추)문단은 割禮(할례)의 일반적인 개념을 소개하는 문장으로 시작해서 터키의 할례 풍속으로 연결시키고 있다. (쿠)문단은 웃음의 여러 가지 효능을 늘어놓고 있다. 그것을 배경으로 그 뒤에서 글쓴이는 자신과 웃음에 얽힌 이야기를 풀어 나간다.

(6) 對話體(대화체)

(푸) 친애하는 일본의 국민 여러분! 나는 대한민국의 총리도 국민 대표도 아닙니다. 포의서생에 지나지 않는 일개인이 이런 전치사로 여러분을 부르는 것이 혹시 외람될는지도 모릅니다. 그러나 나는 20 몇 년이란 긴 세월을 귀국에서 살았습니다. 우리나라 말로 '잔뼈가 굵어지도록—' 20 몇 년이라면 당신네들이 '종전'이라고 부르고 우리가 소위 '해방'이라고 하던 1945년까지로 마감해서 내 생애의 거의 3분지 2에 해당합니다. 그렇게 긴 세월을 나는 귀국의 우로에 자랐습니다. 내가 가진 변변치 못한 지식이나 교양이라는 것도 따지고 보면 그 태반은 일본에서 얻어 온 것입니다. '친애'란 말이 일편의 외교사령이 아닙니다. 진정 여러분에게 보낼 수 있는 내 마음의 인사입니다.[28)]

(후) 보리. 너는 차가운 땅 속에서 온 겨울을 자라 왔다. 이미 한 해도 저물어, 벼도, 아무런 곡식도 남김없이 모두 다 거두어들인 뒤에, 해도 짧은 늦은 가을날, 농부는 밭을 갈고 논을 잘 손질하여서 너를 차디 찬 땅 속에다 깊이 묻어 놓았었다[29)].

---

27) 梁柱東(양주동)(1962), 「웃음설」, 『人生雜記(인생잡기)』.
28) 金素雲(김소운)(1952), 『木槿通信(목근통신)』, 영웅사.
29) 韓黑鷗(한흑구)(1955), 「보리」.

(푸)문단은 일본 국민에게 보내는 편지 형식으로 시작한다. (후)문단은 보리를 상대방으로 하여 대화하는 형식으로 시작한다. 이런 대화체나 편지투는 독자에게 사적 친근감을 불러일으키며 호소력이 강하다.

5) 序論(서론) 쓸 때 注意(주의) 사항

서론을 쓸 때 초보자가 잘 저지르는 실수가 있다. 글감을 주면 서론에서 그 글감에 대해 상식적이고 상투적인 내용을 너저분하게 늘어놓는 일이다. 예를 들어 "○○을 글감으로 글을 쓰려 하니 ~" 같은 게 대표적이다. 또는 '여행'을 글감으로 주면 "여행은 우리를 일상에서 벗어나게 한다. ~" 어쩌고 하면서 누구나 다 아는 상식적인 이야기를 늘어놓는 일이다. '여름'에 대해 쓰라고 하면 "뜨거운 여름. 바다가 우리를 부른다." 따위 누구나 다 느끼는 상투적인 이야기를 늘어놓기도 한다.

'어머니'를 글감으로 주면 "어머니, 생각만 해도 눈물이 난다." 같은 빤한 소리를 해서는 안 된다. 그러한 자신의 감정을 직접적으로 드러낸다 해서 독자도 같이 눈물 흘려주리라 기대하지 말라. 자신의 감정을 노골적으로 드러내지 말라. 묘사를 잘 해서, 자신의 글을 읽고 독자가 스스로 눈물이 나게끔 만들어야 한다. 그러니까 글쓴이 자신이 어머니를 진심으로 느끼게 된 사건을 묘사해야 한다. 예를 들어, 자기가 아팠을 때 어머니가 밤새 치료해 주어서 어머니의 은혜를 뼈저리게 느끼게 되었다는 사건을 적어야 한다. 그 사건을 제재로 삼아서 자세히 묘사해야 한다. 그러면 글쓴이가 자신의 감정을 드러내지 않아도, 그 글을 읽고 독자가 스스로 글쓴이와 같은 감정이 되어서 눈물을 흘리게 된다. 이것이 좋은 글이다. 글쓴이는 독자에게 자신의 감정을 강요하지 말고, 글쓴이가 겪었던 것처럼 독자도 느낄 수 있게끔 상황 묘사를 상세하게 잘해주어라.[30]

영화를 보자. 영화에서 주인공이 굳이 자신의 심정을 말하지 않더라도, 사건이 실감나게 전개되고 주인공의 演技(연기)가 절실하면 감상자들은 스스로 감동하고 눈물 흘린다. 그렇게 영화처럼 글을 써야 한다. 자신이 직접 나서서 어머니의 은혜는 어쩌고 하는 교훈을 늘어놓을 필요는 없다. 그런 교훈성 문장은 글을 오히려 망친

30) "말하지 말고 그냥 보여줘라!" 가장 감동적인 글은 글쓴이가 말하거나 설명하지 않고 상황을 그대로 보여줄 때 나온다. 이를 영어로는 "Show, Don't tell'이라고 한다. 모든 글쓰기의 가장 기본되는 원리이다.

다. 여러분이 영화를 보고 나서, 친구에게 "그 영화, 엄청나게 재미있더라!"고 혼자 아무리 감격해 봐야 친구는 동감하지 못한다. 그 대신에 친구에게 그 영화를 실감나게 묘사해 주는 게 낫다. 그러면 친구가 그 이야기를 듣다가 자기도 모르게 "야, 정말 재미있었겠다!"고 감탄하게 된다. 바로 그렇게 글을 써야 한다.

서론에 상투적인 이야기, 진부한 이야기나 값싼 교훈을 늘어놓지 말라. 수준 높은 독자는 그런 글은 읽지 않는다. 또 글쓴이가 독자에게 자신의 감정이나 생각을 강요하는 것도 禁物(금물)이다. 상황을 감명 깊게, 설득력 있게 묘사해서 독자 스스로 느끼고 깨닫게 하는 글이 좋은 글이다.

또 논설문에서 글의 첫머리에 '~에 대해 살펴보기로 하자', '~을 논하고자 한다' 따위 진부한 문구도 쓰지 말아야 한다. 진부하면 글의 첫인상을 망쳐버린다. 그런 표현 없이 바로 다음 문장으로 넘어가는 것이 좋다.

독자가 '어, 거 신선하네?' 하는 기분이 들도록 첫 문장을 써라. 글의 첫 문장은 참신해야 한다. 그래서 첫 문장은 간결해야 한다. 첫 문장부터 길게 늘어지면, 독자는 힘들고 짜증난다. 첫 문장을 짧으면서도 매력적이게 써라. 여러분이 그런 고민을 많이 하는 글쟁이가 되기를 바란다.

연습문제 3. 서로 쓰는 기법을 활용하여, 제재는 자유로 선택하여 각각 서론을 써 보시오.

① 인용문. ② 일화 · 극화. ③ 예기치 않은 상황. ④ 질문. ⑤ 배경 제시. ⑥ 대화체.

6. 本論(본론) 쓰기

本論(본론)은 글에서 분량이 가장 많다. 첫째 문단인 서론문단과 끝 문단인 결론문단을 제외한 중간의 모든 문단은 본론문단이다. 그러므로 다섯 문단인 글에서는 3/5의 분량이 된다. 하지만 서론문단과 결론문단은 그 분량이 본론문단의 절반밖에 안 되므로 실제로는 분량이 4/5 정도 된다. 곧 본론은 글의 8할 이상을 차지한다. 본론은 분량이 가장 많다는 점에서 그만큼 중요하다.

본론은 뒷받침된 주제문장의 근거 · 이유를 각기 본론 각 문단의 중심문장으로 삼아서 각 문단을 전개해 나간다. **문단을 전개해 나가는 다섯 가지 구성 방식, 곧 '시간순 · 공간순 · 논리순 · 인과순 · 화제순'**에 대해서는 이미 제Ⅲ장 문단 훈련의 '9. 문단의 전개 방식'(p.227)에서 다루었다. 단편도 그 구성 방식은 문단과 똑같다. 그러므로 여기서는 간단히 주의할 점 두 가지만 들고자 한다.

첫째, 각 문단의 중심문장을 뒷받침하기 위해 論據(논거)를 實證的(실증적) · 구체적으로 들어야 한다. 그 기법에 대해서는 이미 제Ⅲ장 문단 훈련의 '6. 뒷받침문장'(p. 213)에서 공부하였다. 곧 例證(예증) · 敷衍(부연) · 數値(수치) · 比喩(비유) · 引用(인용)의 다섯 가지 기법이다. 이 다섯 가지 기법을 잘 활용하여 본론을 설득력 있게 전개해 나가야 한다. 그런데 작문 초보자들은 觀念的(관념적)인 내용만 잔뜩 늘어놓는다. 아래와 같은 글은 설득력이 약하다.

(ㄱ) 성공하려면 多讀(다독)해야 한다. '책을 많이 읽어라' 이는 어느 성공 관련 이야기에도 빠지지 않는다. 다독한 사람들이 성공한 까닭은 다른 사람이 공부한 것을 쉽게 자기 것으로 만들 수 있었기 때문이다. 책은 글쓴이가 이룬 학문의 精髓(정수)가 들어 있다. 글쓴이는 자신이 배우거나 깨달은 내용을 책에 담았기에 그것을 읽는 이는 다른 이의 학문과 경험을 손쉽게 얻을 수 있는 것이다. 그러므로 책을 많이 읽으면 수많은 사람들의 지식과 깨달음을 내 것으로 만들 수 있기 때문에 내 지식과 깨달음이 짧은 시간에 엄청나게 늘어나게 된다. 이런 까닭으로 성공한 사람들은 책을 많이 읽어서 무언가 세상을 남보다 더 잘 보는 눈을 갖게 된 것이다. 그러므로 성공하려는 사람은 모름지기 책을 많이 읽어야 한다.

(ㄱ)문단은 어떤 학생 글의 본론문단 중 하나이다. 그런데 처음부터 끝까지 관념적인 말로 채워져 있다. 전형적인 '수박 겉핥기' 식 글이다. 남들이 다 할 수 있는 이런 皮相的(피상적)인 말을 하는 글은 독창성이 없는 나쁜 글이다. 이런 글을 마치 잘 쓴 글처럼 착각하는 학생들이 많다. 그런 착각에서 벗어나야 한다.

좋은 글은 관념적인 말이 아니라 구체적으로 증명하는 글이다. 독서의 효능을 증명하려면 저런 빤한 이야기를 할 것이 아니다. 책을 많이 읽어서 달라진 사람의 이야기, 실제로 책을 많이 읽어서 성공한 사람의 구체적인 이야기를 적어야 한다. 누가 어떤 책을 읽어서 어떻게 변화하고 어떻게 세상에 눈을 떠서 어떻게 성공했는지를 구체적으로 증명해야 한다. 그런 실제 결과를 눈에 보여주어야만 남을 설득시킬 수 있고 감동시킬 수 있다. (ㄱ)문단은 아래 글처럼 (ㄴ)문단은 '예증'과 '수치'의 기법을 활용하여 독서의 효용성을 설득력 있게 보여준다.

(ㄴ) 미국에서는 시카고 대학을 노벨상 왕국이라 한다. 그것은 동문교수 중 노벨상 수상자가 70명이 넘기 때문이다. 과거 시카고 대학은 동부 명문대학들에 비해 역사도 훨씬 짧고 시카고에 위치해 있어서 우수한 학생들을 동부 명문대학들에 빼앗겨야만 했다. 그럼에도 불구하고 시카고 대학이 노벨상 왕국이 된 데는 항존주의 교육철학의 시조인 로버트 허친스 총장의 공이 컸다. 1929년 총장이 된 로버트 허친스 박사는 4년 교과과정 중에 위대한 고전(great classics) 100권 읽기를 포함시켰다. 각 분야를 망라하여 100권의 고전을 읽으면서 시간과 공간을 초월해서 영원불변하는 진리를 발견하고 그러한 진리 탐구에 필요한 역할모델을 발견하도록 하기 위함이었다. 즉, 고전 속에서 위대한 사상과 인물을 만나 원대한 꿈을 품고 위대한 인간이 되라는 취지였다. 이 교육비전은 그대로 적중하였다. 시간이 흐를수록 더욱 효력을 발휘하여 방금 얘기한 바와 같이 놀라운 성과를 올렸던 것이다. 우리 대한민국 교육의 미래기획을 위해 반드시 배워두어야 할 대목이다.[31)]

둘째로, 논거는 자기가 잘 아는 데서 가져오는 것이 실감이 나고 공감을 불러일으킨다. 예를 들어 필자가 성공한 사람에 대해서 논하라는 論題(논제)를 주면, 학생 대부분은 미국의 빌 게이츠나 스티브 잡스를 제재로 삼는다. 하지만 설득력이 없다. 글 쓰는 학생이 언제 빌 게이츠나 스티브 잡스를 만나봤는가? 그저 남의 글에서 베껴 온 것뿐이다. 간접 자료(2차 자료)는 근거로서 설득력이 떨어진다. 그보다는 학생 자기 주위의 인물을 소재로 삼는 글이 더 설득력이 있다. 글쓴이 자신이 직접 경험한 이야기나 아니면 자기 주위의 이야기가 직접 자료(1차 자료)로서 독자에게 훨씬 설득력 있게 다가오고 감동을 준다. 아래와 같은 글이 좋은 글이다.

(ㄷ) 고등학교 지구과학 교사인 우리 아버지는 교육자로서 성공한 분이다. 지역은 물론 전국 대회에서도 상을 많이 받으셔서, 학생들 사이에서 '상장 제조기'라는

---

31) 차동엽 : 신부 · 인천가톨릭대 교수, 「[열린세상] 노벨상 유감」, 『서울신문』, 2010. 10. 23.

별명으로 불릴 정도이다. 아버지가 이렇게 사람들에게 인정을 받고 좋은 결과를 얻게 된 데는 아버지의 노력이 뒷받침되었다. 아버지는 매일 7시까지 학교지킴이 아저씨 다음으로 일찍 출근하셨다. 학생들이 오기 전에 먼저 미리 수업 내용을 점검하고 수업 기자재를 준비하셨다. 또 아버지는 수업이 끝난 후에도 마무리를 완벽하게 하고 다음날 수업 준비까지 해놓은 다음에야 돌아오셨다. 아버지는 일상생활 속의 사소한 문제도 허투루 봐 넘기지 않고 교육과 관련하여 관찰하셨다. 아버지는 항상 이런 말씀을 하셨다. "교사라는 직업은 단순히 돈을 버는 수단이 아니라 한 생명을 좀 더 훌륭하게 키우기 위해 노력하는 직업이다".[32)]

그러니까 예증을 하더라도 글쓴이의 직·간접 체험을 사례로 들어서 하는 것이 그냥 남의 글에서 베껴오는 것보다는 훨씬 眞實(진실)되게 보인다. 이른바 眞情性(진정성)이 드러나 보이는 것이다. 글쓴이의 진심이 드러나는 글이 독자에게 감동을 주게 된다.

7. 結論(결론) 쓰기

1) 결론의 분량

結論(결론)은 독자에게 좋은 인상을 줘야 한다. 사람들은 가장 마지막에, 즉 가장 최근에 본 정보에서 강한 인상을 받는다. 마지막을 멋지게 마무리하면 독자는 그 글에 호감을 갖게 된다. 글쓴이는 결론을 잘 써서 有終(유종)의 美(미)를 거두어야 한다.

결론은 논의를 마무리하는 단계이다. 즉 결론은 본론의 주장을 간결하게 정리하고 주제를 다시 한 번 강조하며 마친다. **결론은 서론과 똑같이 한 문단이다. 그 분량도 본문문단의 절반으로서 5문장 이내이다. 3~5문장 사이가 적절하다.** 결론은 간결하고 인상 깊게 마무리해야 한다. 결론이 길면 독자가 지겨워한다. 짧게 마무

32) 草堂大(초당대) 간호학과 학생 朴智緖(박지서).

리해서 독자가 오히려 아쉬움을 느끼게 해야 한다. 그래야 글에 餘韻(여운)이 남는다. 글을 잘 쓰는 분들은 서론보다도 오히려 결론을 더 짧게 쓴다.

2) 결론 쓰는 요령

결론은 다음과 같은 요령으로 적는다.

첫 문장은 본론이 끝나고 결론으로 들어간다는 信號(신호)를 보내야 한다. 곧 '轉換文章(전환문장)'을 적는다. 과거에는 "이상으로(지금까지, 위에서) ~에 대해서 살펴보았다(알아보았다)" 식으로 흔히 적었다. 하지만 요즘은 그런 상투적인 표현은 피한다. 대신에 본론과 다른 분위기로 轉換(전환)하는 문장을 적는다. 아니면 본론에서 전개한 흐름을 훑어서 보여주는 문장을 적는다.

다음으로, 본론에서 논의한 내용을 간단하게 한 문장으로 요약・정리하는 문장을 적는다. 논의 중 가장 핵심만을 담아 간결하게 요약・정리한다. '요약문장'이다.

그리고 서론에서 밝힌 주제문장을 표현을 달리하여 '결론문장'을 적는다. 결론문장은 주제문장의 재강조이다. '뒷받침문장'으로 한 문장 정도 보충해주어도 된다. 뒷받침문장은 결론문장의 앞에 두어도 된다.

마지막 문장은 특별히 강조하고 싶은 말이나 새로운 提言(제언), 아니면 인상 깊은 말로 마무리한다. '마무리문장'이다.

그러니까 **결론문단은 전환문장, 요약문장, 결론문장, 뒷받침문장, 마무리문장으로 구성한다.** 이 중 없거나 겹치는 문장도 있으므로 세 문장에서 다섯 문장이면 결론문단을 만들 수 있다.

3) 결론의 본보기 글

모범적인 결론문단을 네 편 소개하면 다음과 같다.

(르) 한국 사회는 선진국 진입을 목전에 두고 있다. 그러나 불신의 확대가 유래 없는 세계적 경기침체 속에 빠져 있는 한국경제의 회복과 발전을 지연시키고, 더 나아가 대한민국이 성숙한 사회로 나아가는 데 걸림돌로 작용하고 있는 것이 현실이다. 선진국으로의 도약을 위해 사회 각계각층이 합리성과 공정성 복원을 기초로

사회의 신뢰성 회복과 갈등 극복을 위한 협력에 나서야할 때다. "아무도 신뢰하지 않는 자는 누구의 신뢰도 받지 못한다"는 말이 유독 요즘 귓전을 맴돈다.[33]

(르)문단에서 첫 문장은 본론을 마치고 결론으로 들어간다는 신호로서 전환문장이다. 둘째 문장은 본론에서 논의한 내용을 요약·정리한 문장이다. 셋째 문장 "선진국으로의 도약을 위해 사회 각계각층이 합리성과 공정성 복원을 기초로 사회의 신뢰성 회복과 갈등 극복을 위한 협력에 나서야할 때다."가 결론문장이다. 끝 문장은 마무리문장으로서 유명한 말을 인용하여 인상 깊게 글을 맺었다. 단 네 문장으로 결론문단을 성공적으로 만들었다.

(므) 우리나라의 소득 1만 달러 시대 때 가장 혐오스러운 장소는 쓰레기 매립지인 상암동의 난지도였다. 그러나 3만 달러 시대인 지금은 난지도가 방송과 문화 콘텐트의 메카로 거듭 태어났다. 이제 혐오의 대상으로 지하경제의 대명사인 도박을 500조원의 새로운 성장동력으로 활용해야 할 것이다. 이독치독(以毒治毒)처럼 도박을 활용한 이도치도(以賭治賭)만이 불법도박과 도박 중독을 막는 강력한 처방이 될 것이다.[34]

(므)문단의 첫 문장은 전환문장이다. 둘째 문장은 뒷받침문장으로서 주제와 유사한 내용을 비교하여 다음에 올 결론문장을 설득력 있게 준비해 준다. 셋째 문장이 본론을 요약·정리하면서 아울러 결론까지 맺은 주제문장이다. 넷째 문장은 마무리문장으로서, '이도치도(以賭治賭)'라는 造語(조어)를 만들어 인상 깊게 매조지하고 있다.

(브) 국민연금 등 국가의 사회보장제도는 최소한의 생활 대책이다. 행복수명의 한 축인 재정 확보 노력은 국가와 개인이 함께해야 한다. 정부는 스스로 노후를 준비하는 국민에게 다양한 지원을 확대해야 하며, 개인도 포기하지 않고 끝까지 자신의 노후를 책임지고 준비하고자 하는 인식의 전환과 행동이 필요하다. 행복수명의 문은 앉아서 기다린다고 열리지 않는다. 백수(白手·빈손)로 백수(白壽·99세)를 맞

33) 이덕훈 : 수출입은행장, 「[경제 view &] 선진국 진입 가로막는 불신의 벽」, 『중앙일보』, 2015. 12. 4.

34) 이종화 : 광운대 범죄학과 교수, 「[시론] 3만 달러 시대의 불법도박 대응전략 '이도치도'」, 『중앙일보』, 2015. 11. 25.

을 수는 없다[35].

(브)문단의 첫 문장은 전환문장이다. 결론문장은 셋째 문장이다. 다섯째 문장은 마무리문장으로서 한자를 재미있게 활용하여 주제를 강조하면서 끝을 맺는다. "백수(白手 · 빈손)로 백수(白壽 · 99세)를 맞을 수는 없다." 이런 멋진 마무리 문장을 쓴 이 글은 성공한 글이다.

(스) 오늘의 남북 관계는 당시보다도 더 엄혹하다. 북핵 문제, 5 · 24 제재 조치, 금강산 관광 중단 등 많은 장애물이 가로막고 있다. 이럴 때일수록 남북 쌍방은 정주영 선생이 보여 준 지혜와 슬기, 그리고 대담성을 발휘해 하루속히 남북 관계를 개선해 주기를 바란다[36].

(스)문단은 첫째 문장이 전환문장이다. 둘째 문장은 뒷받침문장이다. 셋째 문장이 본론을 요약 · 정리하면서 아울러 결론까지 맺은 결론문장이다. 이렇게 단 세 문장으로 결론문단을 성공적으로 맺었다. 단 세 문장이면 결론문단을 만들 수 있음을 보여주는 좋은 본보기다.

4) 결론 쓸 때 주의사항

결론문단을 쓸 때 주의할 점은 다음 세 가지이다.

첫째, 본론에서 논의한 내용을 요약 · 정리해야지 본론과 다른 내용을 결론으로 내놓으면 안 된다. 학생들 중에는 본론을 제대로 요약 · 정리하지 못하고 본론과 다른 내용을 요약문장에 적는 경우가 있다. 글은 서론에서 본론, 결론에 이르기까지 통일성이 있어야 한다. 서론에서 제시한 주제문장, 본론의 세부적인 논의, 주제를 재강조하는 결론은 서로 긴밀하게 연결되어야 한다. 본론이 서론을 뒤집거나 결론이 본론을 뒤집거나 흠이라도 낸다면 그 글은 설득력을 잃는다. 서론에서 제시한 주제문장은 끝까지 글을 지배해야 한다.

둘째, 본론에서 논의하지 않았던 내용을 결론에서 새롭게 들고 나와서는 안 된

---

35) 이수창 : 생명보험협회 회장, 「[biz칼럼] 白手로 白壽 맞을 순 없다」, 『한국경제』, 2015. 11. 12.

36) 강인덕 前 통일부 장관, 「[특별기고] 정주영과 남북관계」, 『서울신문』, 2015. 11. 25.

다. 결론문단은 본론에서 이미 논의를 끝낸 내용을 다만 요약·정리하는 곳일 뿐 새로운 논의를 시작하거나 전개하는 곳이 아니다. 글 좀 쓰는 사람들 중에서도 결론에서 갑자기 새로운 내용을 들고 나와 독자를 당황스럽게 하는 사람도 있다. 결론에서 논제에 대한 새로운 논거를 제시해도 안 된다. 모든 논의는 본론에서 다 끝내야 한다. 결론은 이미 진행한 논의를 다만 요약·정리하고 재강조하면 된다. 다만 앞으로 이런 문제는 더욱 논의가 필요하다거나 더욱 연구해 볼 필요가 있다는 提言(제언)은 결론에서 해도 된다. 이것은 독자들에게 생각해볼 거리를 제공하고 글쓴이 자신이 더 연구해보겠다는 계획이므로 괜찮다.[37]

셋째는 상투적인 표현을 피하고 개성 있고 斬新(참신)하게 써야 한다. 예를 들면 "따라서 우리 사회가 발전하기 위해서는 ~해야 한다"와 같은 圖式的(도식적)이고 상투적인 표현은 피해야 한다. 독자들이 식상해 하기 때문이다. 그것보다는 (ㄹ)문단처럼 자신의 주장과 통하는 고전이나 권위 있는 말을 인용하거나 (ㅁ)·(ㅂ)문단처럼 자기만의 표현을 만들어 내는 것이 좋다.

연습문제 4. 다섯 문장 이내로 결론 문단을 써보시오. 연습문제 1에 있는 스물다섯 문제 가운데 세 문제를 골라서 결론 문단만 만들어 보시오.

8. 글의 槪要(개요) 짜기

앞에서 글의 구성을 여러 가지로 살펴보았다. 하지만 머릿속의 구성을 그대로 글로 써 내려가는 일은 어렵다. 그래서 구성을 좀 더 구체화하는 중간 과정을 거치게 된다. 그 중간 과정이 '槪要(개요)' 작성이다.

개요 작성은 본격적으로 글을 쓰기 이전에 줄거리를 대충 적어보는 단계이다. 개요는 대강 줄거리로서, 개요에는 체계 없이 단어들을 나열하는 '비형식적 개요'와 체계를 세워 문단과 문장들을 배치하는 '형식적 개요'가 있다. 글을 체계적으로 쓰

37) 논문에서는 결론에서 그 논문에서 논의가 미진한 부분과 앞으로 해결해야 할 과제를 적는 일이 기본이다. 다만 짧은 보고서나 칼럼은 논문과 성격이 다르므로 제언을 거의 하지 않는다. 하지만 제언을 해도 무방하다.

려면 '형식적 개요'를 만드는 것이 좋다.

개요는 일단 구성 방법을 선택하고 나서, 문단을 그 구성 방법에 맞춰 배열한다. 그리고 문단 아래 몇 개의 중요한 내용들을 적는다. 이런 개요를 짜보면 글을 짜임새 있게 만들 수 있게 된다.

개요는 다음과 같은 요령으로 만든다. 로마자 숫자 Ⅰ, Ⅱ, Ⅲ, Ⅳ, Ⅴ가 각 문단이 된다. 다음에 개요 세 개를 보기로 제시한다.

1) 개요 1.

제목 : 고교 교육의 문제점[38)]

Ⅰ. 문제점이 많은 고교 교육 …… 서론

주제문장 : 고교 교육은 비효율적인 반강제적 야간자습, 학생을 무시하는 대입 원서 작성, 무의미한 수행평가가 문제이다.

Ⅱ. 비효율적인 반강제적 야간 자율학습 …… 대항목 : 주요 논점

1. 오후 6시 20분부터 밤 10시 …… 중항목 : 종속 논점
2. 6시까지 저녁밥 먹음
3. 야자시간은 졸면서 효율 떨어짐
4. 비효율적 야자는 개선해야

Ⅲ. 학생을 무시하는 대입 원서 작성 …… 제3문단

1. 진학 교사는 유명 대학을 강제로 권유
2. 학생 적성은 무시
3. 학교 위상 때문에 학생이 희생

Ⅳ. 무의미한 수행평가 …… 제4문단

1. 국어시간에 욕설 방지 UCC
2. 음악시간에 랩 가사 쓰기
3. 체육시간에 왕복 오래달리기
4. 별 의미 없고 학생들이 지침

Ⅴ. 위의 세 가지를 없애야 고교 교육이 정상화될 것이다. …… 결론

---

38) 草堂大(초당대) 항공운항학과 崔晳熏(최석훈) 군의 글을 개요로 바꾼 것임.

2) 개요 2.

제목 : 야간자율학습의 문제점[39]

Ⅰ. 잘못된 야간자율학습 …… 서론

주제문장 : 야간자율학습은 강제로 시키며 무조건 교실에서 해야 하며 비효율적이므로 잘못이다.

Ⅱ. 강제성 …… 대항목 : 주요 논점

1. 한 반에 학생들이 모여 있으니 주의산만…… 중항목 : 종속 논점
2. 아파도 억지로 강요
3. 교사가 감시하며 야자 빠지면 벌점과 징계

Ⅲ. 무조건 교실 …… 제3문단

1. 인터넷 강의도 교실에서 들으니 불편
2. 예체능 진학할 학생은 학원 가야하는데 불허
3. 운동도 하고 싶고 산책도 하고 싶은데 불허
4. 학교에만 있으니 육체적・정신적 피곤

Ⅳ. 비효율적 …… 제4문단

1. 고교 3년간 야자했으나 시간에 비해 비효율적
2. 교사 감시 아니면 떠듦
3. 집에서 혼자 하는 게 더 효율적

Ⅴ. 야간자율학습은 시대에 맞지 않으므로 폐지해야 한다. …… 결론

'개요 2'는 '개요 1'에 비해 제재의 범위가 좁다. '개요 1'은 '야간자율학습'을 한 문단으로 다룬 데 반해, '개요 2'는 한 편의 글 전체로 다뤘다. 그러니 '개요 2'가 한 문제를 더 자세하고 깊이 있게 다루고 있다. 따라서 '개요 2'가 '개요 1'보다 더 좋은 글이 될 가능성이 높다.

---

39) 草堂大(초당대) 항공운항학과 殷敏基 (은민기)군의 글을 개요로 바꾼 것임.

3) 개요 3.

제목 : 비겁한 나를 변화시킨 친구[40]

Ⅰ. 비겁한 나를 변화시킨 친구 …… 서론

주제문장 : 전학 온 친구가 왕따 학생을 구한 것을 보고 나도 나중에 왕따 학생을 구하게 되었다.

Ⅱ. 도움반 학생들에 대해 방관 …… 제2문단

1. 중학교 때 도움반
2. 지적·신체적 능력 떨어지는 아이들
3. 나는 방관

Ⅲ. 전학 온 친구가 도움반 학생을 구함 …… 제3문단

1. 엄친아가 전학 옴
2. 엄친아와 친구가 됨
3. 엄친아가 도움반 아이가 왕따당하는 걸 구제
4. 나는 부끄러움 느낌
5. 도움반 왕따시키는 일 사라짐

Ⅳ. 내가 왕따당하는 학생을 구함 …… 제4문단

1. 고교 진학 후 모든 친구 잘 대함
2. 왕따당하던 학생 맞는 걸 보고 구함
3. 친구들이 내 편을 들어 내가 이김
4. 가해 학생은 왕따가 됨
5. 가해 학생은 다른 일로 자퇴

Ⅴ. 불의를 보고 용기를 내어 바로잡으면 세상은 좋아진다. …… 결론

위의 개요 세 편은 모두 5문단 구성이다. 그 이유는 주제문장을 뒷받침하는 근거·이유를 모두 세 가지씩 들었기 때문이다. 따라서 서론 1문단, 본론 3문단, 결론 1문단으로 모두 5문단이 된 것이다. 가장 기본적인 논설문은 5문단 형식이다. 그래서 미국은 고등학교 과정에서 5문단짜리 논설문 쓰는 훈련을 많이 시킨다. 한국 대학생들도 이 형식을 잘 배워서 익히기 바란다.

---

40) 草堂大(초당대) 항공운항학과 金炳勳(김병훈) 군의 글을 개요로 바꾼 것임.

연습문제 5. 글의 개요를 짜보시오. 연습문제 1에 나온 스물다섯 문제 가운데 세 문제를 골라서 개요를 작성하시오.

9. 글의 敍述(서술) 方式(방식)

글의 敍述(서술)이란 대상을 어떤 방식으로 표현하는 것이다. 서술에는 네 가지 방식이 있다. 대상을 그림 그리듯이 쓰면 描寫(묘사)다. 대상을 이야기하듯이 쓰면 敍事(서사)다. 대상을 하나하나 풀어서 말해주면 說明(설명)이다. 대상에 대해 주장하고 증명하면 論證(논증)이다. 그래서 **敍述**(서술) **방식에는 描寫體**(묘사체), **敍事體**(서사체), **說明體**(설명체), **論證體**(논증체)**의 네 가지 양상이 있다.** 주로 묘사체와 서사체는 문학적 글쓰기에 많이 쓰이고, 설명체와 논증체는 비문학적 글쓰기에 많이 쓰인다. 이 네 가지 서술 방식을 중심으로 글의 종류가 발달하였다. 묘사체를 중심으로 하는 글이 描寫文(묘사문), 서사체를 중심으로 하는 글이 敍事文(서사문), 설명체를 중심으로 하는 글이 說明文(설명문), 논증체를 중심으로 하는 글이 論說文(논설문)이다.

1) 描寫體(묘사체) – 描寫文(묘사문)

描寫體(묘사체)는 대상을 눈에 보이듯이 언어로 그림을 그리는 문체이다. 곧 언어로 이미지를 만들어서 독자에게 전달하는 문학적 표현 양식이다. 시·소설·수필 등 문학작품에 많이 사용한다.

묘사력이 뛰어나면 좋은 글이 된다. 묘사체는 몇 가지 장점이 있다.

첫째, 독자의 想像力(상상력)을 刺戟(자극)한다. 영화보다는 라디오가, 라디오보다는 책이 더 상상력을 자극한다. 좋은 묘사는 독자가 상상력을 발휘하게끔 이끈다. 독자는 상상력을 통해 큰 즐거움을 얻는다.

둘째, 現場感(현장감)을 제공한다. 묘사가 잘 된 글은 독자에게 그 현장에 들어가 있는 것 같은 느낌을 준다. 여행기나 보고 기사(르포), 현장 보고서 같은 글은 묘사로써 현장감을 잘 살려낸다.

셋째, 共感(공감)을 誘導(유도)한다. 묘사력이 뛰어난 글은 독자를 감동시켜 자연스럽게 공감을 불러일으킨다. 시나 소설·수필 등이 독자에게 감동을 주는 데는 훌륭한 묘사가 큰 몫을 한다.

학생들의 작문은 묘사에서 구체성이 결여된 경우가 많다. 가령 아버지에 대해 쓰라고 하면 학생들은 아버지가 무섭다, 대화가 없다는 상투적이고 추상적인 말 외에는 더 이상 쓰지 못한다. 이렇게 구체성이 없으니 그 글이 독자에게 감동을 주지 못한다. 아버지와 여행을 갔을 때 아버지와 함께 술을 마시면서 했던 대화에서 아버지가 나를 사람하고 있음을 알았다는 식의 구체적인 내용을 적어야 한다. 또는 어떤 날 보게 된 아버지의 지친 모습을 묘사해야 한다. 또는 어렸을 적 내가 아팠을 때 나를 업고 병원에 달려갔던 이야기 등을 구체적으로 묘사해야 한다. 그러면 독자도 실감이 나서 감동을 받는다.

시·소설·수필 등 문학적 글은 묘사를 잘 해야 한다. 묘사력을 기르려면 묘사 훈련을 해야 한다. 가령, "오늘은 아주 덥다"보다는 "가만있어도 등에서 땀이 줄줄 난다"처럼 쓰는 훈련을 해야 한다. "그녀는 화가 나 보인다"보다는 "그녀는 눈에서 레이저 광선이 나오고 입에서는 독사가 튀어나오는 듯하다"로 쓰는 훈련을 평소에 해야 한다.

묘사력을 기르기 위해서는 시각적·청각적·촉각적 등 각종 감각적 이미지를 直喩法(직유법)·隱喩法(은유법)·擬人法(의인법)·活喩法(활유법)·象徵(상징) 등 각종 표현법으로 나타내는 훈련을 하여야 한다. 그리고 글을 쓸 때 일부러 참신한 표현을 개발하려 힘써야 한다. 또 평소에 시·소설·수필 등을 보다가 참신한 표현을 발견하면 모아 두었다가 자신의 글쓰기에 활용하거나 재창조해 보는 것도 좋은 방법이다.

묘사는 공간적 묘사와 시간적 묘사로 나눌 수 있다. 공간적 묘사는 情景(정경)을 실감나게 보여줘야 한다. 李孝石(이효석) 작가의 「메밀꽃 필 무렵」[41]에서 다음 대목은 공간적 묘사가 뛰어난 묘사체로서 유명하다.

(으) 조 선달 편을 바라는 보았으나 물론 미안해서가 아니라 달빛에 감동하여서였다. 이지러는 졌으나 보름 가제 지난 달은 부드러운 빛을 흔붓이 흘리고 있다. 대화까지는 칠십 리의 밤길, 고개를 둘이나 넘고 개울을 하나 건너고 벌판과 산길

41) 1936. 『朝光(조광)』.

을 걸어야 된다. 길은 지금 산허리에 걸려 있다. 밤중을 지난 무렵인지 죽은 듯이 고요한 속에서 짐승 같은 달의 숨소리가 손에 잡힐 듯이 들리며 콩 포기와 옥수수 잎새가 한층 달에 푸르게 젖었다. 산허리는 온통 메밀밭이어서 피기 시작한 꽃이 소금을 뿌린 듯이 흐뭇한 달빛에 숨이 막혀 하였었다. 붉은 대궁이 향기같이 애잔하고 나귀들의 걸음도 시원하다. 길이 좁은 까닭에 세 사람은 나귀를 타고 외줄로 늘어섰다. 방울 소리가 시원스럽게 딸랑딸랑 메밀밭께로 흘러간다. 앞장선 허 생원의 이야기 소리는 꽁무니에 선 동이에게는 확적히는 안 들렸으나 그는 그대로 개운한 제 멋에 적적하지는 않았다.

연습문제 6. 다음 대상을 묘사하는 한 문단을 써보시오.

누군가의 얼굴. 자기 손. 자기 발. 아기. 초등학생. 중학생. 고등학생. 대학생. 아가씨. 청년. 회사원. 공무원. 군인. 아버지. 어머니. 아저씨. 아줌마. 할아버지. 할머니. 친구. 교수. 교직원. 특이한 습관. 소나무. 벚꽃나무. 등나무. 장미꽃. 국화꽃. 동백꽃. 봄꽃. 개미. 파리. 모기. 매미. 개. 고양이. 닭. 소. 돼지. 말. 새. 山(산). 江(강). 들판. 밤하늘. 멋있는 경치. 자동차. 빌딩. 지하철. 버스. 항구. 터미널. 자기 집. 자기 방. 시장. 시골 장. 광화문광장. 古宮(고궁). 절. 성당. 교회. 옛 城(성). 亭子(정자). 유적. 박물관. 식당. 커피숍. 먹자골목. 신촌. 홍대 앞. 놀이공원. 비 오는 풍경. 눈 내리는 풍경. 유쾌한 감각. 불쾌한 감각. 잊지 못할 사건. 사건·사고 목격. 재미있게 본 영화. 즐겨 보는 방송 프로그램. 결혼식장. 장례식장. 졸업식. 기숙사. 이사. 수학여행. 대회 참가. 수능시험. 야간자율학습. 입학식. 촛불 집회.

2) 敍事體(서사체) – 敍事文(서사문)

敍事體(서사체)는 행동·사건을 시간순으로 그려가는 문체이다. 敍事(서사)를 '이야기'라 하고 영어로는 '스토리'라고 한다. 하지만 때로는 특별한 의도에 의해서 시간 순서를 바꾸어 적기도 한다. 그런 것을 '플롯'이라고 한다. 스토리든 플롯이든 행동·사건은 인과관계로 긴밀히 연결되어야 한다.

서사문은 흔히 視點(시점)이라고 부르는 觀點(관점)을 지닌다. 1인칭 시점, 3인칭 시점, 全知的(전지적) 시점 등이 있다.

서사체는 주로 소설·수필·르포·신문 기사 등에 쓰인다. 특히 신문 기사는 대상의 진행과정을 5W 1H에 따라서 적는다. '누가, 언제, 어디서, 무엇을, 어떻게, 왜'의 여섯 가지 요건에 맞추어 적는다. 신문 기사는 주관을 철저히 排除(배제)하고 객관적으로 쓴다. 하지만 소설과 수필 등은 주관을 넣어 써도 된다.

金廷漢(김정한) 작가의 단편소설 「寺下村(사하촌)」[42]의 마지막 부분은 인상적인 서사체이다.

(ㅈ) 고 서방은 드디어 야간도주를 하고 말았다. "이렇게 비가 오는데, 그 어린 것들을 데리고 어디로 갔을까?" 이튿날 아침, 동네 사람들은 애 터지는 말로써 그들의 뒤를 염려했다. 무심한 가을비는 진종일, 고 서방이 지어두고 간 벼 이삭과 차압 팻말을 휘두들겼다.

무슨 불길한 징조인지 새벽마다 당산등에서 여우가 울어대고, 외상술도 먹을 곳이 없어진 농민들은 저녁마다 야학당이 터지게 모여들었다. 그리하여 하루아침, 깨어진 징 소리와 함께 성동리 농민들은 일제히 야학당 뜰로 모였다. 그들의 손에는 열음 못 한 빈 짚단이며 콩대, 메밀대가 잡혀 있었다.

이윽고 그들은 긴 줄을 지어가지고 차압 취소와 소작료 면제를 탄원해 보려고 묵묵히 마을을 떠났다. 아낙네들은 전장에나 보내는 듯이 돌담 너머로 고개를 내가지고 남정들을 보냈다. 만약 보광사에서 들어주지 않는다면 ――하고 뒷일을 염려했다.

그러나 또쭐이, 들깨, 철한이, 봉구 ―― 이들 장정을 선두로 빈 짚단을 든 무리들은 어느새 벌써 동네 뒤 산길을 더우잡았다. 철없는 아이들도 행렬의 꽁무니에 붙어서 절 태우러 간다고 부산히 떠들어댔다.

연습문제 7. 다음을 대상으로 서사체로 한 문단으로 써보시오.

무언가를 만들기. 음식 요리하기. 어떤 일하기. 게임하기. 바둑・장기 두기. 스마트폰 즐기기. 취미 즐기기. 운동하기. 밥 먹기. 술 마시기. 부모와 대화하기. 남과 어떤 일 함께하기. 친구들과 수다 떨기. 노래방에서 놀기. 등산하기. 화장하기. 데이트하기. 여행. 놀이공원 즐기기. 가수의 공연 관람. 예비대학(오리엔테이션). 엠티(MT). 대면식. 강의시간. 시험공부. 시험보기. 독서. 체육대회. 축제. 동아리활동. 대회 참가. 아르바이트. 봉사활동. 첫사랑. 군대. 즐거웠던 일. 기뻤던 일. 감격(감동)한 일. 고마웠

42) 1936. 『朝鮮日報(조선일보)』 신춘문예 당선작.

던 일. 놀랐던 일. 아팠던 일. 슬펐던 일. 억울했던 일. 안타까웠던 일. 화났던 일. 괴로웠던 일. 황당했던 일. 실수한 일. 창친받은 일. 신기했던 일. 나 자신을 반성한 일. 10년 뒤의 나. 20년 뒤의 나. 남북통일이 된 날. 해수욕장 놀러가기. 10년 뒤 인공지능의 활약, 10년 뒤 로봇의 활약.

3) 說明體(설명체) – 說明文(설명문)

설명체와 설명문은 독자에게 정보를 전달하고 이해시키려는 데 목적을 둔다. 글쓴이가 자신의 지식과 정보 · 이론 · 신념 등에 대해 독자에게 설명하여 이해시키려는 글이다. 교과서 · 자연과학의 글 · 안내문 · 담화문 · 제품을 소개하는 글 · 약 복용 설명서 등이 대표적인 설명문에 해당한다. 지금 이 작문 교재도 설명체로 쓴 설명문이다. 설명문은 다음에 나올 제Ⅴ장 실용 작문에서 '보고서'와 '평론'을 쓸 때 기본 서술 방법이 된다. 그러므로 잘 공부해 두어야 한다.

(1) 설명문의 特徵(특징)

① 客觀性(객관성)

정보를 전달하는 설명문은 객관성이 생명이다. 글쓴이가 정보를 제 입맛에 맞게 조작하거나 왜곡해서 독자에게 전달해서는 안 된다. 설명문에는 글쓴이 개인의 주관이나 감정이 개입해서는 안 된다.

② 正確性(정확성)

正確性(정확성)은 설명문의 필수 조건이다. 설명문이 정확성이 떨어져서 잘못된 정보를 제공한다면 그 글은 안 쓰느니만 못하다. 독자를 誤導(오도)하기 때문이다.

③ 具體性(구체성)

具體性(구체성)은 글의 내용이 추상적거나 피상적이지 않고 현실 그대로를 실감나게 보여주는 성질이다. 자동차를 整備(정비)하는 방법에 대한 설명문은 그림도 그리고 사진도 찍어서, 독자가 그 글을 읽고 자동차를 실제로 정비할 수 있게끔 해주어야 한다.

④ 明瞭性(명료성)

설명문은 독자가 알아먹기 쉽게 글을 써야 한다. 모호하게 적어서 독자로 하여금 잘못 이해하게 만들어서는 안 된다. 전문용어는 일반인들이 알기 어려우므로 쉬운 말로 바꿔서 자세히 설명해주어야 한다.

⑤ 有機的(유기적) 형식

유기적 형식이란 글 전체가 부분들이 서로 緊密(긴밀)하게 연결되어 있는 구조를 말한다. 설명문은 모든 부분이 짜임새 있게 秩序整然(질서정연)하게 연결되어야 한다. 그래서 독자가 이해하기 쉽게 만들어야 한다.

(2) 설명문 쓰기 기법

설명문을 쓰는 기법으로는 여섯 가지 방법이 있다. 곧 定義(정의), 比較(비교) · 對照(대조), 例示(예시), 分類(분류), 分析(분석)이 그것이다.

① 定義(정의)

定義(정의)란 어떤 말이나 사물의 개념을 명백히 밝혀 규정하는 일이다. 정의되는 쪽을 '被定義項(피정의항)', 정의하는 쪽을 '定義項(정의항)'이라고 한다. 예를 들어 '사랑'은 "아끼고 위하며 한없이 베푸는 일, 또는 그 마음"으로 정의된다. 여기서 '사랑'이 피정의항이고, 뒤의 서술이 정의항이다.

글에서 일반인이 잘 모르는 전문용어를 사용하려면 먼저 서론에서 그 개념을 정의해주는 게 좋다. 글쓴이는 일반인이 알 것이라고 짐작하고 그냥 넘어가는 수가 많다. 하지만 일반인은 그 용어의 개념을 전혀 모르거나 또는 부정확하게 아는 경우가 많다. 그러므로 그 글에서 중요한 용어의 개념은 반드시 서론에서 정의해주고 넘어가자.

연습문제 8. 다음을 개념 정의해 보시오.

사람. 언어. 자연. 문명. 국가. 교육. 교양. 인생. 친구. 고난. 성공. 대학. 시험. 학점. 작문. 영어. 수학. 과학. 직업. 사회. 배우자. 책. 여행. 생물. 正義(정의). 道德(도덕). 예절. 法(법). 역사. 죽음. 우주. 輪回(윤회). 컴퓨터. 스마트폰. 결혼. 부모. 자식. 나.

② 比較(비교)·對照(대조)

比較(비교)는 둘 또는 그 이상의 사물이나 현상을 견주어 서로 간의 類似點(유사점)과 共通點(공통점), 差異點(차이점) 따위를 밝히는 일이다. 여기서 차이점을 밝히는 일을 따로 對照(대조)라고도 한다. 그러니까 넓은 의미의 비교는 대조를 포함한다. 하지만 좁은 의미의 비교는 둘 또는 그 이상의 사물이나 현상을 견주어 서로 간의 유사점과 공통점을 밝히는 일에 국한된다.

두 사물·현상이 차이점보다는 공통점·유사점이 많을 때는 '비교'가 좋은 방법이다. 하지만 두 사물·현상이 공통점·유사점보다는 차이점이 많을 때는 '대조'가 좋은 방법이 된다.

비교와 대조를 할 때 주의할 점은 두 대상 간의 균형을 유지해야 하는 점이다. 어느 한 쪽에 치우쳐서 記述(기술)하면 설명문의 '객관성'을 잃게 된다. 다음은 比較(비교)의 본보기 글이다.

(츠) 아날로그 세대와 디지털 세대는 정치면·문화면·경제면·의사소통면 등에서 상당히 다르다. 정치면에서 아날로그 세대는 보수적 성향으로 朴正熙(박정희) 대통령 같은 과거 경제성장 시대의 지도자에 향수를 느낀다. 반면 디지털 세대는 정치면에서 진보적으로서 정치인에 대해 큰 관심도 없고, 있다면 盧武鉉(노무현) 대통령 같은 탈권위적인 정치인을 좋아한다. 문화면에서 아날로그 세대는 종이 신문을 즐겨 보며, 노래도 트로트나 70·80년대의 통기타 가수들을 아직도 좋아한다. 디지털 세대는 인터넷이나 스마트폰에서 새 소식을 실시간으로 접하며, 노래도 K 팝 같은 댄스곡을 좋아한다. 경제면을 보아도 아날로그 세대는 상점에 가서 직접 물건을 보고 사야 안심한다. 그에 반해 디지털 세대는 인터넷에서 직접 물건을 보지도 않고 국내는 물론 해외 제품까지 直購(직구)한다. 무엇보다도 이 두 세대는 의사소통 방식이 다르다. 아날로그 세대는 각종 디지털 기기가 나오기 전의 세대로 컴맹이거나 전자기기 사용능력이 초보적 수준이다. 그래서 직접 만나서 대화하기를 즐긴다. 이에 반해 디지털 세대는 1970년대 이후 신세대로서 무선 인터넷과 스마트폰 등의 디지털 기기를 친숙하게 사용하며 1인 미디어를 적극 활용한다. 그러니 디지털 세대는 스마트폰 소통을 즐긴다. 가족들끼리 앉아 있어도 얼굴을 보지 않고 스마트폰으로 문자를 주고받는다는 우스개가 있을 정도다. 아날로그 세대와 디지털 세대는 정치면·문화면·경제면·의사소통면 등에서 거의 다른 세계를 살고 있다.

연습문제 9. 다음 두 사물 · 현상은 비교와 대조 중 어떤 설명 방법이 좋은지 선택해서 기술하시오. 한 문단으로 쓰시오.

① 남자 / 여자. ② 동물 / 식물. ③ 한국 / 중국. ④ 한국 / 일본. ⑤ 축구 / 야구. ⑥ 고등학교 / 대학교. ⑦ 불교 / 유교 / 기독교. ⑧ 천주교 / 개신교. ⑨ 도덕 / 법률. ⑩ 종교 / 예술. ⑪ 아버지 / 어머니. ⑫ 나 / 형제 중 한 명. ⑬ 나 / 친한 친구. ⑭ 서울 / 자기가 사는 지방. ⑮ 과거의 자기 / 현재의 자기. ⑯ 漢字(한자) / 한글. ⑰ 保守(보수) / 進步(진보). ⑱ 꽃 / 나무. ⑲ 나비 / 벌. ⑳ 해 / 달. ㉑ 바둑 / 장기. ㉒ 가수 / 탤런트. ㉓ 노래 / 춤. ㉔ 웃음 / 울음. ㉕ 시간 / 공간.

③ 例示(예시)

例示(예시)는 설명하려는 개념을 구체화하기 위해 실증적인 事例(사례)를 드는 것이다. 예시에 대해서는 제Ⅲ장 문단 훈련의 '5. 뒷받침문장'에서 이미 공부한 바 있다. 설명문을 구체화하는 데 예시는 매우 유용한 방법이다. 예를 들어, "한국 여자는 유능하다."는 개념은 추상적이다. 이 개념만으로는 독자를 납득시킬 수 없다. 그러므로 "예를 들면 한국 여자들은 세계 양궁대회를 20년간 制覇(제패)하고 있으며 미국 프로 여자 골프를 휩쓸고 있다."고 증거를 들면, 독자는 머리를 끄덕이게 된다.

연습문제 10. 다음 개념을 예시로 설명하는 문단을 써보시오.

① 축구는 세계인이 가장 좋아하는 스포츠이다.
② 야구는 규칙이 까다로운 스포츠이다.
③ 여자의 마음은 변화가 심하다.
④ 케이팝은 한국을 세계에 알리는 예술이다.
⑤ 아는 것이 힘이다.
⑥ 인내와 끈기는 인생에서 매우 중요하다.
⑦ 성공은 기다리며 준비하는 자에게 온다.
⑧ 한국인은 성숙한 시민의식을 더 길러야 한다.
⑨ 鄭周永(정주영) 현대그룹 회장은 불굴의 한국인이었다.
⑩ 日帝(일제) 말기에도 끝까지 변절하지 않은 문학인들이 있었다.

⑪ 나는 세상에 쓸모 있는 인간이다.
⑫ 내가 사는 고장은 살기가 좋다.
⑬ 힘들어도 세상은 살 만한 가치가 있다.
⑭ 한국은 현재 '헬조선' 상태이다.
⑮ 성실은 세상을 살아가는 데 중요한 덕목이다.
⑯ 인생의 중요한 상황에서는 용기를 낼 줄 알아야 한다.
⑰ 위기는 곧 기회이다.
⑱ 공격은 최선의 방어이다.
⑲ 事必歸正(사필귀정).
⑳ 積善之家必有餘慶(적선지가필유여경).

④ 引用(인용)

引用(인용)은 남의 말이나 글을 따오는 일이다. 권위자의 말을 인용하면 글쓴이의 글도 따라서 권위를 얻게 되는 효과를 노리는 기법이다. 인용에는 名言(명언)뿐만 아니라 逸話(일화)도 포함된다.

인용할 때는 주의할 점이 다섯 가지 있다. 첫째, 권위자가 아닌 사람의 인용은 큰 효과가 없다. 둘째, 권위자의 말이라도 상식적인 말은 효과가 없다. 따라서 권위자의 전문적인 발언이 인용으로서 효과가 크다. 예컨대 어느 질병의 권위자가 그 병에 대해서 한 말은 인용으로서 가치가 크다. 셋째, 관련성이 떨어지는 내용은 인용해도 효과가 거의 없다. 넷째, 추상적이거나 전문적이어서 보통 사람들이 알아듣지 못하는 말은 인용의 효과가 별로 없다. 다섯째, 인용은 그 뒤에 글쓴이의 해석을 덧붙여야 한다. 단순히 인용만 하지 말고 그것이 자신이 쓰는 글과 어떤 관계라는 해석을 해야 한다. 원래 내용을 훼손하지 않는 범위 안에서 자신의 생각과 고민을 통해 원본을 재구성하거나 재창조하는 노력을 기울일 필요가 있다.

引用(인용)은 남의 말이나 글을 그대로 따오는 直接引用(직접인용)과 그것을 요약・정리하여 따오는 間接引用(간접인용)이 있다. 그 구체적인 방법은 제Ⅴ장 '실용작문'의 '보고서'에서 따로 설명하니 참고하기 바란다.

연습문제 11. 다음 개념을 인용으로 설명하는 문단을 쓰시오.

① 인생. ② 사랑. ③ 友情(우정). ④ 成功(성공). ⑤ 돈. ⑥ 권력. ⑦ 미인. ⑧ 죽음.

⑨ 極樂(극락)・天國(천국)・天堂(천당). ⑩ 배움・공부・학문. ⑪ 失敗(실패). ⑫ 幸福(행복). ⑬ 결혼. ⑭ 시간. ⑮ 正義(정의). ⑯ 청춘・젊음. ⑰ 자유. ⑱ 평등. ⑲ 예술. ⑳ 종교. ㉑ 運命(운명). ㉒ 文化(문화). ㉓ 知性(지성). ㉔ 自然(자연). ㉕ 生命(생명).

⑤ 區分(구분)・分類(분류)

區分(구분)은 類概念(유개념)에 포함되어 있는 種槪念(종개념)으로 사물을 나누는 일이다. 分類(분류)는 많은 種槪念(종개념)을 합치는 일로서 그 방향이 반대이다. 예를 들면 학교라는 개념은 유치원・초등학교・중학교・고등학교・대학교・대학원 등으로 區分(구분)된다. 반대로 아시아・유럽・아프리카・북아메리카・남아메리카・濠洲(호주)는 '大陸(대륙)'으로 分類(분류)된다.

구분과 분류는 여러 사물의 체계를 이해시키는 데 유용한 설명 방법이다. 예를 들어 생물은 동물과 식물로 '區分(구분)'되고, 다시 동물과 식물은 각기 여러 하위 개념으로 '區分(구분)'된다. 이런 구분을 이해하면 생물의 전체적인 윤곽을 이해하는 데 편리하다. 또 화학에서 러시아의 멘델레예프가 19세기 초기 56개로 알려진 元素(원소)들에 대한 '分類(분류)'를 체계화 한 週期律表(주기율표)는 원소들을 이해하는 데 유용하다.

연습문제 12. 다음 개념을 구분하는 문단을 써 보시오.

① 동물. ② 식물. ③ 종교. ④ 예술. ⑤ 학문. ⑥ 웃음. ⑦ 취미. ⑧ 직업. ⑨ 인간. ⑩ 사회. ⑪ 국가. ⑫ 시대. ⑬ 문화. ⑭ 사랑. ⑮ 성공. ⑯ 에너지. ⑰ 자연법칙. ⑱ 친구. ⑲ 지도자. ⑳ 영화. ㉑ 문학. ㉒ 시. ㉓ 소설. ㉔ 음악. ㉕ 성격.

연습문제 13. 다음 개념을 분류하는 문단을 써 보시오.

① 郡(군), 市(시), 廣域市(광역시), 特別市(특별시)
② 붓, 먹, 벼루, 종이
③ 매화, 난초, 국화, 대나무
④ 영화, 연극, 음악회, 오페라, 무용
⑤ 洞察(통찰), 立志(입지), 計劃性(계획성), 實踐力(실천력), 忍耐(인내)

⑥ 分析(분석)

分析(분석)은 개념이나 문장을 좀 더 단순한 개념이나 문장으로 나누어 그 의미를 명료하게 하는 일이다. 곧 어떤 대상의 屬性(속성)을 더 작은 단위로 나누어 그 안에 들어 있는 특수한 속성을 밝히는 일이다.

학문은 대부분 분석을 기본으로 포함하고 있다. 학자의 연구 논문이나 저서는 대상에 대한 분석을 기본으로 한다. 문학연구도 마찬가지다. 소설이나 시 같은 문학작품의 분석은 대상을 자세하게 거듭 읽고 진실을 발견하는 일이다. 문학작품을 분석하여 학문적으로 쓰면 문학연구가 되고, 예술적으로 쓰면 文學評論(문학평론)이 된다. 문학평론에 대해서는 제Ⅴ장의 '평론'에서 자세히 설명한다.

연습문제 14. 다음 개념을 분석하는 글을 한 문단으로 써 보시오.

① 물. ② 공기. ③ 별. ④ 갑질. ⑤ 왕따. ⑥ 자신의 성격. ⑦ 자신의 인생관. ⑧ 大韓民國(대한민국). ⑨ 사랑. ⑩ 열등감. ⑪ 남자. ⑫ 여자. ⑬ 성공. ⑭ 인간에게 유머가 필요한 이유. ⑮ 남이 실수하거나 자신이 실수하면 웃는 이유.

연습문제 15. 다음 제재를 대상으로 설명문을 A4용지 2매 안팎으로 써보시오.

① 자신의 장래 희망. ② 弘益人間(홍익인간). ③ 대한민국 憲法(헌법)의 기본정신. ④ 세상을 지배하는 원리. ⑤ 내가 남과 다른 점. ⑥ 사람이 희망을 버려서는 안 되는 이유. ⑦ 한국이 후진국에서 중진국 선두가 된 이유. ⑧ 한국이 선진국이 되지 못하고 있는 이유. ⑨ 한글전용을 한 이후 한국어에 일어나는 변화. ⑩ 尹東柱(윤동주) 시인의 시 「自畵像(자화상)」. ⑪ 지구 溫暖化(온난화)가 인간생활에 미치는 영향. ⑫ 李秉喆(이병철) 三星(삼성) 그룹 회장이 성공한 이유. ⑬ 鄭周永(정주영) 現代(현대) 그룹 회장이 성공한 이유. ⑭ 金承鈺(김승옥) 작가의 단편소설 「霧津紀行(무진기행)」. ⑮ 자신의 삶에서 가장 중요했던 사건을 들고, 왜 그 사건이 가장 중요한지 설명하시오. ⑯ 남들이 잘 모르는, 자신이 발견하거나 깨달은 사실. ⑰ 박근혜-최순실 게이트.

(3) 설명문의 본보기 글

아래에 잘 쓴 설명문 세 편을 본보기 글로 소개한다.

(ㅋ) 이름에 대한 한국인의 관념
−웃어른의 이름 함부로 안 부르기−

李福揆[43)]

한국 전통 사회에서는 다른 사람 특히 손윗사람 이름(名冠 혹은 名)을 함부로 부르는 것을 꺼렸다. 특히 자기 부모님 이름이 다른 사람에 의해 함부로 불리거나 하면 싸움이 날 정도로 우리 전통에서는 이름을 매우 아꼈다. 이름을 단순한 기호로서가 아니라 그 사람의 인격 자체라는 인식이 강하였다 하겠다.

그러다 보니 우리 언어 예절 가운데에는, 누가 아버지의 이름을 물을 경우, 막바로 이름을 대지 않고, "○자 ○자이십니다" 혹은 "○자 ○자를 쓰십니다" 이렇게 대답해야만 적확한 표현이며 배운 사람다운 언어표현으로 치부하는 관행이 이어지고 있는 실정이다. 이름을 불러야 할 때는 자字나 호號를 불렀는데, 윗사람이 아랫사람을 부를 때는 자를 불러도 되었지만 아랫사람이 윗사람을 부를 때는 반드시 호를 불러야 했다. 호도 아무나 가지지 못하였다. 학덕이 높은 사람만 호를 써서 "율곡 선생님" 이런 식으로 했고, 그렇지 못한 사람은 아무리 본인이 호를 지어놓아도 다른 사람들이 불러주지를 않았다.

왜 우리 옛 선인들이 함부로 이름을 부르지 않았던 것일까? 피휘법避諱法 때문이다. '휘諱'란 '어른의 이름', '제왕·성인·상급자 및 존경받는 사람의 이름'을 뜻하므로, 피휘법은 '제왕, 성인, 존경받는 사람, 부모, 윗사람 등의 이름을 부르거나 이름자를 함부로 쓰지 않는 법'이다. 지금도 인사동 고서점이나 도서관 고문서실에 가면, 오래된 족보의 경우, 더러 군데군데 비단천 조각이 붙어있는 것을 발견할 수 있는데, 이는 그 집안사람들이 조상의 이름을 감히 보기조차 황송해서 그렇게 한 것이다. 보기조차 꺼렸으니 부르는 것은 더욱 그러했을 것이다.

피휘법이 제정된 시기는 유교문화의 수용에 적극적이었고 전제황권을 수립하려 한 고려 광종 15∼16년경으로 추정된다. 이때에 태조 이름 '건建'자와 혜종 이름 '무武'자와 정종 이름 '요堯'자를 각각 '입立', '호虎', '고高'자로 대체하여 적었으니, 『삼국유사』 고조선조에서 '개국호조선開國號朝鮮 여요동시與堯同時'라고 해야

43) 李福揆(이복규) : 西京大(서경대) 문화콘텐츠학부 국어국문학전공 교수. 西京大(서경대) 국문과 졸업. 慶熙大(경희대) 문학박사. 국제어문학회 회장 역임. 현 온지학회 회장. 저서에 『설공찬전 연구』·『국어국문학의 경계 넘나들기』 등 30여 권.

할 것을 '요堯' 대신 '고高'로 표기한 것도 그 사례이다. 국가에 의한 피휘령이 내려지기 이전에도 유교적 지식이 많았던 문인들은 글을 지을 때에는 가능한 한 왕의 이름자를 쓰지 않으려 하였다.

고려 선종 즉위년(1083) 11월에는 피휘법에 대한 공식적인 법령이 발표되었음을 기록으로 확인할 수 있다. 이 조처에 의하여 개인의 이름이나 사원 · 주 · 부 · 군현의 이름, 기타 공사건물의 명칭에 왕의 이름자를 사용할 수 없게 되었다. 또한 이름의 글자만이 아니라 음이 같은 글자도 마찬가지로 사용할 수 없도록 하였다. 군주의 이름뿐만 아니라 같은 시호를 받은 경우도 고쳤고, 중국 황제 이름과 같은 고려 국왕의 이름도 고쳤다. 이처럼 국휘國諱의 범위가 넓어지자 국왕만이 아니라 태자의 이름도 피휘하여 신료들 중에는 이름을 고쳐야 하는 경우도 있었다. 예컨대 고려조의 안유는 조선 세조의 이름과 같은 음이기 때문에 안향으로 조선조에 바뀌어 칭하여졌고, 성종의 이름이 '치治'자이므로 '이理'로 바꾸어 써서, 조선 중종 때 찍어낸 『삼국유사』 박혁거세조의 '광명치세光明治世'가 '광명이세光明理世'로 된 것이 그 예이다.

고려의 피휘법은 이후 조선조에도 계승되었는데 조선 국왕의 이름이 옥편에 없는 글자들, 이른바 벽자僻字들로 지어진 것은 이런 결과라 할 수 있다. 도祹(도; 세종), 향珦(향; 문종), 유瑈(유; 세조), 산祘(산; 정조)처럼 자주 쓰지 않는 글자를 동원하여 작명하고 있는 것이다. 특히 흥미로운 점은, 세조의 큰아들 덕종은 원래의 이름은 숭崇이었으나, 세조가 단종을 제거하고 왕위에 오르면서 세자로 신분이 바뀌자 장暲으로, 선조도 균鈞이었으나 등극하자 연昖으로, 고종도 아명은 명복命福이며 이름은 재황載晃이었으나, 등극하자 희㷩로 개명한 사실이다. 왕의 이름은 그 뒷사람이 쓸 수 없으므로, 백성의 부담을 줄여주기 위해, 벽자로 개명한 것이다.

이제 국휘법은 사라졌다. 하지만 윗사람의 이름을 함부로 부르지 않으려는 의식만은 지금도 여전하다. 특히 아버지나 할아버지 이름에 사용된 글자는 피하려는 의식이 강하게 남아 있다. 그러므로 한국인은 지금도 피휘법에서 완전히 자유롭지는 않다 할 수 있다.

(트) 千人千字文(천인천자문)[44]

張長植(장장식)[45]

---

44) 『화재와 보험』, 제120호. 2007. 6. 29.

45) 張長植(장장식) : 국립민속박물관 학예연구관. 西京大(서경대) 국문과 졸업. 慶熙大(경희

아이의 탄생은 기쁜 일이다. 전통사회에서 懷妊(회임)에 관한 의례들이 발달한 것은 당대의 의학수준 때문이기도 하지만 '한 인간의 출생은 하늘이 내는 것'이라는 생명의식과도 통한다. 하늘의 특별한 의도와 고귀한 뜻이 있어야만 인간이 태어날 수 있다! 이처럼 인간 존재의 고귀함을 가장 극명하게 드러내는 표현은 없을 것이다.

태어난다고 해서 다 인간이 되는 것은 아니다. 영아사망률이 높았던 때 출생한 아이가 돌을 난다는 것은 무엇보다 중요했다. 죽음이라는 불안을 제거하고 비로소 사람이 되었기 때문이다. 물론 돌 이후에도 목숨을 잃는 경우가 많지만 돌을 지나면 일단은 안심할 수 있게 된다. 그렇기 때문에 돌은 아이의 일생에서 매우 중요한 고비이고, 이 고비를 맞는 의례는 성대하기 일쑤다. 이름하여 돌잔치, 아이의 첫 번째 생일로만 격을 낮출 수 없는 것은 바로 이런 맥락에서다.

돌상에는 특별한 물건들이 올려지는데 이 가운데 千人千字文(천인천자문)이 가장 특별했다. 아이의 文運(문운)을 점치는 데 책이 쓰이지만, 천인천자문은 여기서 그치지 않고 미래를 축복하는 의미로 올려졌다. 천자문은 중국 양나라의 周興嗣(주흥사, 470~521)가 무제의 명을 받아 하룻밤 사이에 만든 책이라는데, 얼마나 골머리를 썼는지 책을 완성한 후에 머리가 하얗게 세었다고 하여 '白首文(백수문)'이라는 이름까지 얻었다. 이 천자문이 언제 우리나라에 들어왔는가는 모르지만 1583년에 간행된 石峰千字文(석봉천자문)이 유명하다.

아무리 체면을 중시하는 유교사회라 해도 班家(반가)에서 귀한 아이가 태어났을 때 아이의 할아버지나 아버지가 점잖게 앉아서 아이의 돌을 기다릴 수는 없다. 할머니나 어머니가 삼신에게 빌고 성주에게 무탈을 기원하는 실제적인 의례행위를 했다면, 겉으로 드러내 놓고 이런 일을 할 수 없었던 가장은 무엇을 했을까. 가장 나름대로 할 일을 하면서 아이의 건강을 빌고 또 미래를 축복했을 것이다. 이것이 바로 千人千字文(천인천자문)이다. 가장은 아는 이를 찾아가 천자문의 순서대로 한 글자씩 받는데, 빈손으로 찾아갈 수는 없다. 조기 같은 魚物(어물)이나 술이라도 받아 가지고 가서 글자를 받았음은 물론이다. 그리고 그때마다 아이의 출생을 알리고 축복을 빌었을 것이다. 산술적으로 천 자를 받으려면 천 명을 만나야 하고 최대한 천 군데를 방문해야 한다. 이 얼마나 큰 정성이고 모진 고행인가. 천 글자를 받아서 천자문 한 권을 엮으려면 긴 시간이 필요하다. 출생한 날부터 돌까지는 받아야 하

대) 문학박사. 몽골국립대 외국어문대학 객원교수 역임. 한국몽골학회·한국암각화학회 부회장. 저서에 『몽골에 가면 초원의 향기가 난다』·『몽골 유목민의 삶과 민속』 등 10여 권.

는데, 이렇게 한다 해도 하루에 석 자씩은 받아야 한다. 천인천자문은 이처럼 길고 어려운 求福(구복)의 결과다. 할아버지로서 손자에게 베풀 수 있는 최고의 선물이며, 아버지가 아들에게 보일 수 있는 최대의 교육열이 아닐 수 없다.

천인천자문은 천 명의 글씨로 완성하는 것이기에 글씨체가 모두 다르다. 글자를 쓴 사람은 글자의 왼쪽에 자기의 이름을 썼기 때문에 1인 1글자의 원칙도 반드시 지켰다. 완전한 실명제를 구현한 것이다. 어디 이뿐이랴. 글자를 쓴 다음 도장을 찍었는데, 둥근 도장, 네모진 도장도 있고 도장이 없는 사람은 거리낌 없이 지장을 찍었다. 어쩌면 우연히 만난 김에 부탁을 했을 테고, 도장 대신 지장을 급히 찍은 것은 아닐는지. 이런 시각에서 보면 천인천자문은 당대를 엿볼 수 있는 소중한 자료가 된다. 생뚱맞은 생각이지만 천인천자문의 제작비를 산출하고픈 욕심이 불현듯 든다. 아주 작은 선물을 들고 찾아가 글자를 받는다고 가정했을 때, 그때의 경비가 천자문 제작의 기본경비가 될 듯싶다. 1인당 소요경비가 평균 2만 원이라도 무려 2천만 원이나 된다. 책 한 권의 제작비가 이 정도라면 오늘날의 시각에서 보아도 지나치게 많은 액수다.

이렇게 해서 천자문이 완성될 때쯤이면 돌이 된다. 때를 맞춰 책을 엮었는 바 이름도 장엄한 천인천자문이다. 음식을 구걸하듯 글자를 빌었다 해서 乞字千字文(걸자천자문)이라 하고, 수많은 사람이 썼다 해서 萬人文(만인문)이라 했다. 이와 같은 책을 돌상 위에 놓는다면 이를 받는 아이는 어찌 공부를 소홀히 할 수 있으며 어찌 장수하지 않겠는가. 그야말로 文運(문운)이 원대해질 것이고, 끝없는 장수를 누릴 것이다. 이런 까닭에 천인천자문은 이 세상에서 가장 고귀한 선물이 되는 것이다.

천인천자문! 자식이 얼마나 귀하고 미래에 대한 갈망이 얼마만큼 컸으면 이런 책을 만들었을까. 오늘날 어머니의 치맛바람은 견줄 수도 없는 아버지의 두루마기바람이다.

(프) 자기결정권, 간통죄를 무너뜨리다[46)]

朴日訓(박일훈)[47)]

자기결정권이란 일정한 사적 영역에서 국가권력의 간섭 없이 스스로 결정할 수

46) 朴日訓(박일훈), 「[아침세평] 자기결정권, 간통죄를 무너뜨리다」, 『광남일보』, 2015. 3. 25.

47) 朴日訓(박일훈) : 草堂大(초당대) 경찰행정학과 교수. 崇實大(숭실대) 법대 졸업, 일본 明治大(명치대) 법학박사, 한국문화과학학회 회장. 저서에 『영산강 아리랑』·『영산강에서 생각을 줍다』.

있는 자의적 권리를 말한다. 즉, 타인에게 피해를 주지 않는다면 자기 책임을 전제로 한 어떤 결정이 결과적으로 설사 자기에게 불이익을 가져온다고 할지라도 스스로 결정할 수 있는 권리다. 우리나라 헌법 제10조는 개인의 인격권과 행복추구권을 보장하고 있는데, 헌법재판소는 헌법 제10조의 전제가 되는 것이 이른바 자기결정권 내지는 자기운명결정권이라고 본다(헌재결 1990. 9. 10, 89헌마82). 예컨대 결혼을 할 것인지, 아기를 가질 것인지에 대한 결정, 생명이나 신체의 처분에 대한 결정, 혹은 흡연이나 복장과 같은 라이프스타일에 대한 결정 등이다.

자기결정권과 관련해 오늘날 특히 사회적 이슈로 대두되고 있는 것들 중에는 延命治療(연명치료) 중단의 자기결정권과 性的(성적) 자기결정권이 있다. 전자는 의료과학기술이 발달하면서 기술적인 도움으로 자연적인 생명의 연장이 가능해진 결과, 본인이 그러한 생명연장의 치료를 무의미하다고 판단할 때에 허용되는 것이다. 후자는 선량한 성도덕과 일부일처주의의 혼인제도의 유지 및 부부간의 성적 성실의무의 수호를 위하여 허용이 제한되어온 것이다.

한편 지난 2월 26일 헌법재판소는 1953년 제정된 형법의 간통죄에 대해 국민의 성적 자기결정권과 사생활 비밀의 자유를 침해한다는 이유를 들어 62년 만에 위헌판단을 내렸다. 간통죄의 위헌여부에 대해서는 그 동안 네 차례에 걸쳐 헌법재판소에서 논의가 이루어졌다. 그 때마다 합헌결정이 이루어졌지만 9명의 헌법재판관들 사이에 위헌과 합헌의 입장차가 분명하게 존재해왔다. 이번 결정도 전원일치에는 미치지 못하였다. 소수의견으로 간통죄가 여전히 선량한 성도덕의 수호와 혼인과 가족제도를 보장하는 기능을 가진다는 주장이 개진되었다. 형법의 제정 당시에도 일본의 구 형법에 의거했던 간통죄의 존속에 관하여 여러 논란이 제기됐다. 당시 축첩반대운동에 적극적이던 여성단체들이 국회 방청석을 가득 메운 가운데, 특히 毛允淑(모윤숙) 시인을 필두로 하는 여성들이 간통죄를 열렬한 지지하였다. 여기에 힘입어 유부남의 간통행위도 같이 처벌하자는 남녀쌍벌죄의 간통죄가 출석의원 110명 중 과반을 조금 넘긴 57표의 찬성으로 통과됐다.

간통행위를 처벌하는 형법 제241조의 규정은 분명 개인의 성적 자기결정권을 제한하는 것이다. 하지만 선량한 성도덕 등 앞에 적은 이유 이외에도 간통으로 인하여 惹起(야기)되는 배우자와 가족의 遺棄(유기), 혼외자녀의 문제, 이혼 등 사회적 해악의 사전예방을 위하여 배우자 있는 자가 배우자 아닌 제3자와 성관계를 맺는 것을 규제하는 것은 불가피한 것이다. 그러한 행위를 한 자를 2년 이하의 징역에

처할 수 있도록 규정한 형법 조항은 성적 자기결정권에 대한 최소한의 제한으로서 기본권의 본질을 제한할 수 없도록 한 헌법의 규정(37조 2항)에 위반하지 않는다고 보아왔다. 이러한 맥락에서 대법원은 전통적으로 부부간의 강간죄를 인정하지 않고 있다. 그러다가 2004년 서울중앙지법 형사22부가 자기 부인에게 물리적인 폭력행사를 통해 성관계를 맺은 남편에게 강제추행치상죄를 물어 징역 2년 6월에 집행유예 3년을 선고하면서 부부간의 성적 자기결정권이 도마 위에 오르게 됐다. 그리고 결정적으로는 2008년 연예인 옥소리 씨의 간통 사건이 세간에 회자되면서 성적 자기결정권이 여론의 동조를 얻기에 이르렀다. 시대는 바야흐로 이제 간통의 주체가 유부남에서 유부녀로 넘어가는 기로에 서는 듯 보였으며, 더 이상 간통행위는 유부남의 전유물이 아니라는 것이 확인되는 순간이었다.

이 시기에 이르러 거의 모든 헌법학자들은 성적 자기결정권을 적극적으로 인정하기 시작했다. 즉, 첫째, 개인의 윤리적 문제에 속하는 간통죄는 세계적으로 폐지하는 추세며, 둘째, 사생활의 영역에 속하는 내밀한 성적 문제에 법이 개입하는 것이 부적절하고, 셋째, 협박이나 慰藉料(위자료)를 받아내는 수단으로 법이 악용되는 경우가 많으며, 넷째, 대부분 재판과정에서 고소가 취하되어 국가 형벌의 순기능을 수행하지 못하고, 다섯째, 형벌의 억지효과는 물론 가정과 여성 보호에 실효성이 있는지가 의문시 된다는 점 등을 이유로 들어 간통죄의 위헌성을 강력히 제기하게 됐다. 민사사건에서 대법원은 간통행위는 불법행위를 구성하며 배우자가 입은 정신적 고통에 대하여 慰藉(위자)할 의무가 있지만, 그러한 경우더라도 그 자녀에 대해서는 불법행위책임을 부담한다고 볼 수 없다고 한다(대판 2005. 5. 13, 2004다1899). 그러므로 간통행위는 어디까지나 부부 개인 간의 문제로 귀결된다. 국가가 형법으로 관여할 문제가 더는 아닌 것이다.

데카르트는 "나는 생각한다. 고로 존재한다."고 말했다. 이 말은 인간의 모든 행위는 의미가 있다는 뜻일 게다. 그러니 생각 없이 사는 사람들에게는 허황되기만 한 것이 바로 자기결정권이 아닌가 싶다. 성적 자기결정권이 간통죄를 무너뜨렸다고 해서 인간의 이성마저 무덤덤하게 딛고 넘어서려는지 공연히 상념에 잠기는 춘분날 아침이다.

4) 論證體(논증체) – 論說文(논설문)

논설문은 다음에 나올 제Ⅴ장 실용 작문에서 '보고서'와 '평론'을 쓸 때 설명문과 함께 기본 서술 방법이 된다. 그러므로 잘 공부해 두어야 한다.

論證體(논증체)는 어떤 문제에 대해 견해나 주장을 밝히는 문체이다. 설명체는 제재에 대해 단순히 풀이에 그치지만 논증체는 거기에 자신의 생각과 주장을 더하는 게 다르다. 그러므로 논증체는 세 가지 요건을 갖추어야 한다.

첫째, 주장의 明瞭性(명료성)이다. 글쓴이가 무엇을 주장하는지 뚜렷해야 한다. 다루고 있는 事案(사안)의 문제점을 알기 쉽게 지적해주어야 한다. 특히 남이 안 보는 새로운 視覺(시각)으로 주장하는 게 중요하다.

둘째, 근거의 객관성·타당성이다. 주장은 반드시 근거로 뒷받침해야 한다. 그 근거는 객관적으로 증명되어야 한다. 또한 남들이 옳다고 인정해주어야 한다.

셋째, 代案(대안)의 效率性(효율성)이다. 글쓴이는 문제점만 지적하지 말고 해결방법을 제시해야 한다. 그 해결방법으로서 대안은 현실성이 있어야 하고 또 효율적이어야 한다. 실현 불가능하거나 효율이 낮은 대안은 空理空論(공리공론)에 지나지 않는다.

논설문은 논리를 중심으로 이끌어 가는 글이므로 논리가 整然(정연)해야 한다. 歸納法(귀납법)이나 演繹法(연역법) 등 논리학을 공부하여 논리를 빈틈없이 전개해 나가야 한다.

(1) 歸納法(귀납법)

歸納(귀납)(induction)은 개별적인 특수한 사실이나 현상에서 일반적인 결론을 이끌어내는 추리 방법이다. 곧 인간의 다양한 경험·실천·실험 등의 결과를 일반화하는 사고방식이다. 이러한 귀납적 추리의 방법과 절차를 논리적으로 체계화한 것이 귀납법이다.

歸納推論(귀납추론), 歸納的(귀납적) 推理(추리)에는 여러 가지 유형이 있다. 여론조사에서 나타나듯이 일부의 標本的(표본적)인 관찰이나 실험에 근거해 '一般化(일반화)'된 결론을 이끌어내는 '통계적 추리'가 있다. 또 사물이나 사태의 類似性(유사성)에 근거해 결론을 끌어내는 '類比的(유비적) 추리'도 있는데, 줄여서 '類推(유추)'라고 한다. 과거에 나타났던 일에 근거해 미래에 어떤 일이 일어날지를 '豫測(예측)'하기도 한다. 현재의 사실들에 근거하여 과거의 사실들에 대한 결론을 類推(유추)해내기도 한다. 귀납법은 자연과학과 인문사회과학의 각 분야에서 폭넓게 사용되고 있다.

귀납적 추리는 관찰과 실험에서 얻은 부분적이고 특수한 사례를 근거로 전체에 적용시키는 이른바 '귀납적 飛躍(비약)'을 통해 이루어진다. 따라서 귀납에서 얻어진 결론은 단지 일정한 蓋然性(개연성)을 지닌 일반적 명제나 假說(가설)에 지나지 않는다. 그러니까 귀납은 演繹(연역)과는 달리 사실적 지식을 확장해 준다는 장점을 지니지만, 前提(전제)가 결론의 필연성을 논리적으로 확립해 주지 못한다는 한계를 지닌다.

歸納法(귀납법)은 그리스에서부터 연구됐지만 17~18세기에 서양에서 경험적 자연과학이 발전하면서 重視(중시)되었다. 그 뒤 귀납법은 과학 발전에서 중요한 역할을 해 왔으며, 확률이나 통계학의 발달과 밀접히 연관되어 발전해 왔다.

귀납법의 중요한 한 종류인 '一般化(일반화)'는 개별적인 특수한 사실이나 현상에서 그러한 사례들이 포함되는 일반적인 결론을 이끌어내는 추리 방법이다. 논설문에서 일반화를 활용할 때 유의해야 할 점은 세 가지이다.

첫째, 根據(근거)가 되는 事例(사례)를 충분히 많이 검토해야 한다. 관찰한 증거가 빈약하여 일반화하기 어려운데도 성급하게 일반화하는 것을 '性急(성급)한 일반화의 오류'라고 한다. '守株待兎(수주대토)'라는 成語(성어)가 있다. 어떤 농부가 일하다가 토끼가 산에서 달려와 나무를 들이받고 죽는 걸 잡았다. 그 뒤로 농부는 나무를 지키면 토끼가 죽을 줄 알고 농사는 안 짓고 나무만 지켰다. 농부는 '성급한 일반화의 오류'를 범한 것이다. 여론조사에서 극소수만 조사하여 마치 전체 여론인 양 발표하는 것도 '성급한 일반화의 오류'이다. 또 어느 식당에서 음식 한 가지를 먹어보고 맛있다면서 그 식당의 모든 음식은 맛있다고 말하는 것도 '성급한 일반화의 오류'이다. 어느 특정 지역 사람 한두 명을 겪어보고 나서 그 지역 사람은 어떻다고 말하는 것도 '성급한 일반화의 오류'이다.

둘째, 검토를 위한 사례들이 전체를 代表(대표)할 수 있어야 한다. 예를 들어 대한민국의 어느 특정 지역, 특정 연령대, 특정 직업군, 특정 소득수준 계층을 대상으로 여론조사해서 대한민국 국민 전체의 여론이라고 발표한다면 이는 '近視眼的(근시안적) 귀납의 오류'가 된다. 여론조사 기관에 따라 여론 결과가 각기 다른 것은 바로 이 표본 집단을 설정할 때에 각기 다르게 하기 때문이다. 표본 집단 설정을 자기주장에 유리하게 조작해 놓는다면 여론조사는 얼마든지 조작이 가능하다.

셋째, 反對(반대)되는 사례가 있다면 解明(해명)하는 것이 좋다.

자신이 주장하는 내용과 반대되는 사례가 있다면 그냥 무시하고 넘어가지 말고 해명하는 게 좋다. 예를 들어 필자가 학생들에게 국사 교과서 國定化(국정화)에 대해 찬반 논설문을 쓰는 과제를 냈더니, 학생들은 어느 한 쪽만 일방적으로 주장하는 글을 냈다. 분명히 다른 한 쪽도 주장하는 근거가 있는데, 전혀 그것은 모른 체 무시하고 언급을 하지 않는다면 그 글은 일방적인 주장만 내세우는 글이 되어 근거가 허약한 글이 되고 만다. 자기주장을 펴면서 반론에 대해서도 언급하면서 반박을 해주어야 자기주장이 설득력을 지니게 된다.

귀납법은 우리 일상생활에서 널리 쓰이고 있다. 예를 들어 담배가 몸에 해롭다는 생각은 귀납법이다. 담배 피던 사람들이 각종 병에 걸려서 건강을 해치고 일찍 죽는 모습을 보았기 때문에 생긴 생각이다. 상관의 잘못된 명령도 무조건 따라야 한다는 생각도, 내부고발하면 자기만 손해라는 생각도 모두 귀납법에 바탕을 둔 사고방식들이다.

(2) 演繹法(연역법)

演繹(연역)이란 알고 있는 命題(명제)를 전제로 논리적 형식들에 근거해 새로운 명제를 결론으로 이끌어내는 추리 방법이다. 연역을 일반적인 사실이나 원리에서 개별적이고 특수한 사실이나 원리를 이끌어내는 것으로 정의하기도 한다. 하지만 전제와 결론이 모두 특수 명제인 경우도 있다.

연역은 엄격한 논리적 규칙에 의존한다. 연역에서는 논리적 형식의 타당성을 갖추고 있는 한, 결론은 전제들로부터 필연성을 가지고 도출된다. 연역에서는 前提(전제)가 결론을 확립해 주는 결정적 근거가 된다. 전제가 '참'일 경우 그러한 전제에 의해 뒷받침되는 결론 역시 반드시 '참'이 된다.

'연역적 추리'는 논리적 일관성과 체계성을 지닌다. 때문에 일상생활에서도 널리 적용되어 나타난다. 윤리적 판단은 대부분 연역적 방법에 바탕을 둔다. 보편적 규범에 기초해 옳고 그름을 판단하기 때문이다. 수학의 많은 분야들도 연역적 추리에 의존한다.

연역적 추리 방법은 하나의 전제에서 결론이 도출되는 直接推理(직접추리)와 두 개 이상의 전제에서 결론이 나타나는 間接推理(간접추리)로 나뉜다.

하나의 전제에서 결론이 도출되는 直接推理(직접추리)의 예는 다음과 같다.

(전제) 물은 사람이 사는 데 없어서는 안 될 물질이다.

(결론) 따라서 사람이 다른 별에 가서 살려면 그 별에는 물이 있어야 한다.

위의 전제를 우리 인간은 '참'이라고 판단하기 때문에 지구인이 다른 별에 가서 살 계획을 세울 때 최우선으로 고려하는 점이 그 별에 물이 있는가 하는 점이다.

두 개 이상의 전제에서 결론이 나타나는 間接推理(간접추리)의 대표적인 형식이 '大前提(대전제) → 小前提(소전제) → 結論(결론)'의 형식으로 나타나는 三段論法(삼단논법)이다. 이때 결론의 주어 개념을 '小槪念(소개념)', 결론의 술어 개념을 '大槪念(대개념)', 대전제와 소전제에 공통으로 포함되어 두 전제를 연결하는 개념을 '媒槪念(매개념)'이라고 한다.

모든 사람(M)은 죽는다(P).　A → B (대전제)

석가모니(S)는 사람이다(M). C → A (소전제)

석가모니(S)는 죽는다(P).　C → B이다. (결론)

삼단논법을 잘못 사용하는 경우는 다음과 같다.

(대전제) 모든 개는 동물이다.

(소전제) 모든 소는 동물이다.

(결론) 그러므로 모든 개는 소다.

이 삼단논법이 잘못된 것은 '대전제'와 '소전제'가 잘못되었기 때문이다. 다음과 같이 고쳐야 '참'이다. (대전제) 모든 개는 동물의 일부이다. (소전제) 모든 소는 동물의 일부이다.

연역법은 우리 일상생활에서 널리 쓰이고 있다. 결론부터 먼저 말하고 그 이유를 밝히는 것이 연역적 흐름이다. 먼저 어떤 命題(명제)나 假說(가설)을 내세운다. 그 다음에 특수한 사실들을 근거로 그 前提(전제)를 뒷받침해 간다. 글의 서론에 먼저 어떤 주장부터 내세우면 일단 독자에게 강렬한 인상을 준다. 하지만 뒷받침 부분이 잘못되면 설득력이 떨어진다. 그러니 얼마나 증명을 잘 해나가느냐가 글이 성공하고 실패하는 관건이 된다.

귀납법이든 연역법이든 논설문의 논리로 사용하려면 논리학을 제대로 공부하여 정확히 적용하여야 한다. 자칫 잘못 사용하면 논리학을 악용한 잘못된 글을 만들어낼 수 있다.

(3) 前件(전건) 否定(부정)의 誤謬(오류)

'S가 P라면'의 부분을 假言的判斷(가언적 판단)의 前件(전건), 'Q는 R이다' 부분을 後件(후건)이라고 한다. 전건이 '참'이라면 후건도 '참'이라는 논리적 관계를 나타낸다. 하지만 잘못 사용되어 형식적 오류가 되는 경우도 있다. 예를 들면 다음과 같다.

까치가 울면(P) 반가운 손님이 온다(Q).
까치가 울지 않았다(−P).
(결론) 그러므로 손님이 오지 않았다(−Q).

첫 문장에서 전건이 "까치가 운다"이고 후건이 "반가운 손님이 온다"이다. 그런데 위의 문장이 '참'일 때 전건을 부정하여 "까치가 울지 않았다"고 하여 "그러므로 손님이 오지 않았다."고 말하는 것은 '전건 부정의 오류'이다. 까치가 울면 반가운 손님이 오지만, 까치가 울지 않아도 반가운 손님이 올 수도 있다. 그 가능성을 무시해버려서 오류가 된 것이다. 이것은 '까치가 울면'이라는 전건이 '반가운 손님이 온다'는 후건의 필요충분조건이 아니라 단지 필요조건일 뿐이기 때문이다. 곧 '까치가 울면'은 '반가운 손님이 온다'의 일부 조건일 뿐인데, 그 일부 조건이 충족되지 않는다 해서 후건이 안 된다고 하는 것은 오류인 것이다.

(4) 後件(후건) 肯定(긍정)의 誤謬(오류)

이 또한 형식적 오류의 한 가지이다. 예를 들면 다음과 같다.

봄이 오면(P) 꽃이 핀다(Q).
꽃이 피었다(−P).
(결론) 그러므로 봄이 왔다(−Q).

"꽃이 핀다"는 후건이다. 그 후건이 충족됐다고 해서 전건이 충족된다고 판단하는 것은 오류이다. 앞서 말했듯이 전건과 후건은 완전히 일치하는 것은 아니기 때문이다. 논설문을 쓸 때는 이런 형식논리에 빠지지 않도록 주의해야 한다.

(5) 논설문 본보기 글

아래에 잘 쓴 논설문 세 편을 본보기 글로 싣는다.

(ㅎ) 제조업 경쟁력 제고 절박하다[48)]

朴鍾九(박종구)[49)]

우리나라 제조업이 몸살을 앓고 있다. 현대중공업 삼성중공업 대우해양조선 3사는 지난 2분기 4조 7500억원의 대규모 적자를 냈다. 현대자동차는 지난달 중국시장에서 매출이 32%나 격감했다. 삼성전자 휴대폰은 애플 화웨이 등에 밀려 중국 시장점유율이 4위로 주저앉았다. 20개 대표 제조업체의 2분기 영업이익도 전년 동기 대비 약 15% 줄어든 것으로 나타났다.

주력 제조업체가 당면한 가장 심각한 문제는 가파르게 상승하는 임금이다. 노동생산성은 2001~2013년 3.1%에서 2011~2014년 1.2%로 떨어졌다. 반면 실질임금은 계속 상승한다. 보스턴컨설팅에 따르면 미국 제조업 생산원가를 100으로 칠 때 우리나라는 104로 미국보다 높다. 생산성에 근거한 임금인상이 시급하다. 독일도 높은 임금으로 어려움을 겪고 있다. 2012년 이래 단위당 노동비용이 연 2.4% 상승했고 앞으로 10년간 30%가 오를 것이라는 전망이다. 시간당 8.5유로의 최저임금제 도입으로 23.7만 명의 미니잡이 사라졌다는 사실은 임금과 제조업 경쟁력의 상관성을 잘 보여준다. 미국의 GM과 크라이슬러가 2009년 파산 위기에서 살아난 것은 이중임금제도 덕분이었다. 크라이슬러는 숙련근로자에게는 시간당 28달러, 신참근로자에게는 19달러의 임금을 줘 경쟁력을 회복할 수 있었다.

과도한 규제는 또다른 경쟁력 저해 요인이다. 한국개발연구원 규제연구센터에 따르면 정부의 규제 수준이 높다고 응답한 기업비율은 55.3%로 지난해 조사치(31.0%)보다 큰 폭으로 상승했다. 기업이 체감하지 못하는 규제개혁으로는 추락하는 기업 경쟁력을 살릴 수 없다. 잠재성장률이 3%대 초반으로 떨어졌고 2020년에는 1%대까지 추락할 가능성이 높다. 저성장이 '뉴 노멀'이 되는 상황에서 암덩어리 규제를 최소화해 기업에 숨돌릴 여유를 주어야 한다.

---

48) 朴鍾九(박종구), [MT 시평] 제조업 경쟁력 제고 절박하다, 『머니투데이』, 2015. 8. 19.
49) 朴鍾九(박종구) : 草堂大(초당대) 총장. 成均館大(성균관대) 사학과 졸업. 미국 시라큐스대 경제학박사. 亞洲大(아주대) 교수 · 교육과학기술부 제2차관 · 아주대 총장직무대행 · 한국폴리텍대학 이사장 역임.

중국 프리미엄도 급속히 사라지고 있다. 이제는 '차이나 리스크'가 우리 경제에 어두운 그림자를 드리우고 있다. 대중국 수출은 지난해 0.4%, 올 상반기 2.1% 감소한 것으로 나타났다. 반도체를 제외하고 주요 수출품목이 하락세를 면치 못한다. 성장둔화에 따른 수입수요 감소와 저가공세에 나선 중국업체와의 가격경쟁으로 어려움을 겪고 있다. 양국간 기술격차도 빠르게 줄어들어 주요 10개 업종의 기술격차가 2년 미만으로 축소됐다. 대중 수출의 60%를 차지하는 부품소재 경쟁력 강화, 시장트렌드에 부응하는 맞춤형 수출전략을 깊이 고민할 때다.

'엔저'와 '아베노믹스'로 무장한 일본기업의 변신이 무섭다. 국제통화기금(IMF)은 2011년 2월~2015년 2월 엔화가 63.9% 평가절하된 반면 원화는 1.8% 절상됐다고 분석했다. 엔저로 무장한 일본제품은 미국 · 중국 · 유럽시장에서 우리 시장점유율을 빠르게 잠식하고 있다. 히타치 도시바 · 파나소닉 · 신일철주금 등 주력 제조업체의 변신도 발빠르다. 히타치는 가전부문을 과감히 접고 수익성이 높은 산업인프라로 사업포트폴리오를 바꾸었다. GE, 지멘스와 더불어 세계 3대 인프라기업을 지향한다. 도시바도 반도체 등 비교우위 품목 중심으로 선택과 집중전략을 펴고 있다. 1999년 소위 원샷법인 '산업활력법'이 제정된 것도 제조업 부활에 크게 기여했다. 아베노믹스로 실적이 호전된 일본 제조업체는 1988년 이후 27년 만에 최대 규모의 설비투자에 나섰다. 일본 경제산업성 조사에 따르면 해외생산 기업 중 13%가 본국으로 유턴했다고 한다. 엔저로 채산성이 향상된 것이 주된 이유의 하나로 꼽힌다. 제조업 부활의 생생한 사례다.

무엇보다 절박한 것은 기업가정신의 부활이다. 삼성 이병철, 현대 정주영 회장이 보여준 사업보국 자세와 모험정신이 실종되었다. 수성 중심의 안전경영으로 사내유보금이 700조원을 넘어섰다. 칼리 피오리나 휴렛팩커드 전 최고경영자는 "미국경제가 세계를 이끄는 것은 기업가정신 때문"이라고 역설했다. 혁신과 구조개혁으로 무장한 제조업이 국가경쟁력의 원천임을 직시해야 한다.

(기) 타자에 대한 배려가 윤리의 근본이다[50]

裵昊男(배호남)[51]

근래 책 한 권을 읽었다. 서울대 명예교수이자 고신대 석좌교수인 손봉호 교수의

50) 裵昊男(배호남), 「타자에 대한 배려가 윤리의 근본이다」, 『호남일보』, 2015. 9. 11.

51) 裵昊男(배호남) : 草堂大(초당대) 교양교직학부 교수. 慶熙大(경희대) 국문과 졸업. 경희대 문학박사.

『약자 중심의 윤리 - 정의를 위한 한 호소』다. 손봉호 교수는 우리 시대 한국 기독교계의 큰 어른이다. 필자는 이 책을 통해 타인에 대한 배려가 윤리의 기본임을 새삼 깨닫게 되었다.

이 책의 핵심 윤리론은 '최소 고통론'이라 명명할 수 있다. 손 교수는 이 책에서 기독교 사상가이자 철학자답게 고대 그리스 철학에서부터 현대 '정의론' 철학자 존 롤즈에 이르기까지 다양한 철학자들을 아우르면서 우리 시대의 정의와 윤리에 대한 견해를 피력하고 있다. 손 교수는 "벤담과 밀이 제시한 공리주의는 '최대 다수의 최대 행복'을 추구한다는 점에서 최대 행복론이라 부를 수 있다. 그 이론에 나는 조금의 변형을 가해서 최소(最小) 고통론(苦痛論)을 제안함으로 윤리적 당위의 근거를 정당화해 보려 한다."(61쪽)고 쓰고 있다. 그의 '최소 고통론'은 요약하자면 '많은 사람을 행복하게 하는 것보다 우선 고통으로부터 벗어나게 하는 것이 먼저다'로 정의할 수 있다. 책의 3장 '타자 중심의 윤리'와 4장 '약자 중심의 윤리'에 이러한 핵심 개념이 상세히 설파되어 있다.

손 교수의 이러한 논의는 필자로 하여금 프랑스의 유대계 철학자 임마누엘 레비나스를 떠올리게 한다. 레비나스는 근대 철학의 핵심 패러다임을 주체 중심의 철학으로부터 타자 중심의 철학으로 전환하려 노력했다. 그는 '고통 받는 타자에 대한 歡待(환대)와 配慮(배려)'야 말로 근대 윤리학의 핵심이 되어야 한다고 주장했다. 이러한 레비나스의 철학은 2차 세계대전 이후 서구의 철학과 윤리학에 많은 영향을 끼쳤다. 천주교 프란체스코 교황도 사제들에게 레비나스의 저서를 읽도록 권하기도 했다. 본디 기독교는 힘없고 가난한 사람들에 대해 사랑하라고 가르친다. 신약성경의 복음서에 자주 보이는 "예수께서 우리를 矜恤(긍휼)히 여기시다"에서 '긍휼'은 영어로는 'pity', 즉 '불쌍히 여기다'는 뜻이다.

인간 윤리의 핵심을 타자(혹은 약자)에 대한 배려로 설정한 철학자는 서양에만 있는 것은 아니다. 일찍이 석가는 慈悲(자비)를 설법했다. 또 공자는 군자의 가장 근본된 덕목으로 '仁(인)'을 꼽았다. 다른 사람을 먼저 생각하는 어진 마음이야말로 완성된 인간을 만든다는 것이다. 맹자 역시 공자의 논의를 발전시켜 仁의 바탕에 惻隱之心(측은지심)을 내세웠다. 맹자의 四端(사단)은 인간이 날 때부터 가지고 있는 본연의 마음이다. 사단에는 惻隱之心(측은지심), 羞惡之心(수오지심), 辭讓之心(사양지심), 是非之心(시비지심)이 있다. 맹자는 그 중 측은지심을 으뜸으로 꼽고, 측은지심이 인간 도덕의 근원이라 설파했다. 즉 인간이 도덕적으로 선한 이유는 불쌍한 존재를 불쌍히 여기는 마음이 있기 때문이라는 것이다. 世宗大王(세종대왕)이 訓民正音(훈민정음)을 창제한 이유를 적은 '훈민정음 御製(어제) 序文(서문)'에는 "어리석은 백성을 어여삐 여겨 이 글을 만드노라"고 씌어 있다. 이때 '어여삐 여겨'는 '예뻐하다'는 뜻이 아니라 '불쌍히 여기다'는 뜻이다. 한자를 몰라 글을 배울 수 없는 백성들을 불쌍히 여기는 마음이 세종대왕으로 하여금 훈민정음을 만들게 한 것이다.

요즘의 한국 사회는 '승자가 모든 것을 차지하는(Winner takes it all)' 勝者獨食(승자독식)의 사회다. 경쟁에서 패한 사람들은 설 자리가 없고, 심지어 기본 생활마저 위협받는 사회가 되었다. 이런 사회에서는 인류가 오랜 세월 동안 지켜온 정의와 윤리가 설 자리가 없다. 자신보다 약하고 부족한 타자에 대한 배려가 인간 윤리의 근본이라는 점을, 소위 '잘 나간다'는 이 시대의 승자들은 반드시 기억해야 할 것이다.

(니) 현대판 흥부와 놀부의 슬픈 결말[52)]

현대에 흥부와 놀부가 존재한다고 가정한다. 부모의 재산을 놀부가 독차지하여 흥부가 가난하다고 가정하였을 때 이야기는 어떻게 전개될 것인가. 내가 생각한 결말은 흥부에게 그리 밝은 내용은 아니었다.

21세기의 시대는 결코 놀부에게 불리하지 않다. 많은 재산을 물려받은 놀부는 과거에는 소작농을 거느리며 이득을 취했지만, 현대에는 건물주로서 많은 건물의 임대료로 이득을 취할 것이다. 놀부는 일을 하지 않아도 많은 돈이 임대료로 들어오며 돈 걱정을 할 필요가 없게 된다. 올라가는 집값에 점점 많은 돈을 벌게 되며, 집안일조차 다른 사람을 고용해 하면 된다. 일을 너무 하지 않아 건강이 나빠질 거라 생각하면 오해다. 몸에 좋은 음식만 먹으며 건강관리는 개인 전담의사와 트레이너로 소홀히 하지 않는다. 공연을 보고 여행을 다니며 경험을 쌓고 수준 높은 친구들과의 만남으로 많은 정보를 알고 있다. 놀부는 자신의 인생에 재미를 즐기는 데도 시간이 부족하여 흥부에게는 신경 쓸 겨를이 없다. 놀부의 자식도 건물을 물려받아 임대료를 받으며 살면 되므로 일을 할 필요가 없다. 21세기의 놀부는 과거의 놀부와 다르지 않다. 오히려 지금의 놀부가 더욱 편하게 온갖 것을 누리면서 살 것이다.

---

52) 草堂大(초당대) 간호학과 학생 金鉉洙(김현수).

현대에 와서 흥부는 과거보다는 상황이 나아졌다. 흥부는 부모의 재산을 물려받지는 못했지만 부지런하다. 흥부는 자식을 많이 낳아서 생활비를 충당하기에 힘이 든다. 흥부는 기초생활수급자로 국가로부터 도움을 받으며 근근이 생활한다. 흥부는 자식들을 학원에 보내지 못하여 자신을 탓하고, 자식들을 변두리의 근처 대학에 보내게 된다. 흥부의 자식들은 국가에서 전액 장학금을 받으며 대학을 마칠 수 있었다. 대학교육까지 마친 흥부의 자식이지만 학원과 좋은 환경에서 공부를 할 수 없었던 흥부의 자식들은 좋은 대학을 나오지 못하여 기업에 취직하기는 힘들어 보인다. 흥부의 자식들이 중소기업에 힘들게 취직하여 돈을 좀 모으게 되자, 흥부가 힘들게 살아왔던 것을 보상이라도 하듯 흥부를 지극 정성으로 부양하게 된다. 흥부는 지금껏 힘들게 살아 왔지만 보람을 느끼며 여생을 자식들의 도움의 받으며 살려고 한다.

흥부의 자식들은 놀부가 부모의 유산을 독차지한 것에 대하여 부당함을 느끼게 된다. 다들 취직하여 여유가 생기게 되자, 흥부의 자식들은 흥부가 힘들게 살아온 것에 대해 보상을 해주고 싶어 한다. 흥부의 자식들은 돈을 십시일반 모아 놀부를 고소하기로 마음먹는다. 힘들게 변호사를 선임하고 고소에 필요한 돈을 모아 시간과 돈을 쏟아 붓는다. 놀부도 이러한 고소를 합의하려 하지 않고 변호사를 선임하여 법적으로 대응한다. 놀부는 실력 있고 승소한 경험이 많은 노련한 변호사를 선임한다. 그 변호사는 놀부의 친구 아들로 서울대를 졸업하여 다른 변호사나 검사·판사들과 인맥이 깊다. 변호사는 인맥을 이용하고 자신의 노련한 언변으로 재판에서 승소하게 된다. 재판을 이길 뿐 아니라 오히려 흥부네 가족에게 맞고소하여 합의금을 뜯어내게 된다. 재판에서 패소하고 모았던 돈마저 날리게 된 흥부의 가족들은 억울하지만 현실의 벽을 깨닫고 절망감을 느낀다.

흥부는 부지런한 성격으로 젊었을 때부터 열심히 일했다. 쉬지 않고 돈을 벌기 위해 가리지 않고 일했던 흥부는 허리와 다리에 골병을 얻게 된다. 하지만 병원비가 없어 약만 먹으며 병을 키우게 된다. 집값이 비싸 변두리의 시골마을에 사는 흥부는 각종 편의시설과 거리가 멀다. 병원도 자주 못가 검진을 받지 못한 흥부는 결국 큰 병에 걸리고 만다. 일찍 치료했으면 쉽게 나았을 병이지만 병을 키우게 된 것이다. 그러나 병이 커지게 된 후 비싼 병원비와 약값을 감당할 능력이 없는 흥부는 치료를 포기하게 된다. 거동이 불편해져 일을 하기 힘들어진 흥부는 자식들이 벌어다준 돈으로 밥을 먹으며 근근이 생활을 이어 나간다. 젊을 때부터 부지런하게 일했던 흥부지만 번듯한 직장인의 반도 못 벌던 흥부는 몸만 상하게 되어 결국 나이가 들어 고생하게 된 것이다.

21세기의 흥부와 놀부는 과거의 상황보다 더 나빠졌다고 볼 수 있다. 흥부는 노력하여 삶을 바꿔보려 하지만 빈부의 격차에서 생기는 벽은 생각보다 높았다. 놀부는 가만히 있어도 돈이 불리며 흥부네 가족의 고소마저 돈과 인맥으로 가뿐히 승소한다. 사람들은 돈이 많은 놀부를 보며 자식들을 돈이 많은 사람으로 키우려고 한다. 과거의 신분과는 다른 돈이라는 현대의 신분에 흥부는 절망감을 느끼게 된다.

연습문제 11. 다음을 제재로 논설문을 써보시오. A4용지 2장 안팎으로 쓰시오.

① 우주의 원리는 이럴 것이다.
② 영어를 公用化(공용화)해야 하는가?
③ 여행을 통해서 느낀 점은 무엇인가?
④ 학교폭력은 어떻게 해결할 수 있는가?
⑤ 나는 세상을 위해 무엇을 해줄 수 있나?
⑥ 아르바이트를 통해서 배운 것은 무엇인가?
⑦ 한국사회에서 지역감정은 없앨 수 있는가?
⑧ 한글전용과 국한자혼용 중 어떤 것이 옳은가.
⑨ 한국의 고등학교 교육은 이런 점을 고쳐야 한다.
⑩ 자연보호와 경제개발은 어떻게 양립시킬 수 있나?
⑪ 간통죄가 폐지되었는데, 기혼자가 바람을 피어도 될까?
⑫ 현대에 흥부 · 놀부 형제가 還生(환생)한다면 어떻게 될까?
⑬ 유전과학이나 로봇 등의 발달로 사회가 어떻게 변화될까?
⑭ 미래 사회의 변화에 대비해서 나는 이렇게 준비해야 한다.
⑮ 미확인 비행물체와 외계인은 있는가?
⑯ 위안부 · 독도 문제 · 경제협력 · 군사협력 등에서 일본과 어떻게 지내야 할까?
⑰ 고등학교 국어교육의 문제점을 들고, 개선할 방향도 써보시오.
⑱ 집에서 요리는 여자들이 하지만 일류 요리사는 남자인 까닭은 무엇일까?
⑲ 롯데그룹의 신동빈 회장이 옳은가, 신동주 전 부회장이 옳은가?
⑳ 국가는 청년실업 문제를 해결하기 위해서 다음과 같이 해야 한다.
㉑ 동북공정 · 서해 중국어선 불법조업 · 북한문제 · 해상경계선 등에서 중국과 어떻

게 지내야 할까?

㉒ 북한과 통일은 해야 하는가? 한다면 어떤 방식으로 해야 하는가?

㉓ 동성간 혼인은 허용해야 하는가?

㉔ 자신이 직업 및 직장을 선택하는 기준은 무엇인가? 왜 그것이 옳은가?

㉕ 올림픽에서 국가 순위를 매기는 방법을 고안해서 한국의 순위를 매겨보시오.

㉖ 성공은 어떤 요인에 의해 이루어지는가? 사례를 들어 분석하고 %로 나타내 보시오.

㉗ 자신이 가장 소중하게 여기는 것은 무엇인가? 그것이 왜 소중한지 근거를 들어 증명해 보시오.

㉘ 한국이 출산율이 세계적으로 낮아서 인구가 줄고 있는데, 인구를 늘릴 방법은 없는가? 있다면 무엇인가?

㉙ 병역 면제자들이 대통령·국무총리·장관들을 하는데, 대한민국이 이래도 괜찮은가? 만약 옳지 않다면 해결할 방법은 무엇인가?

㉚ 현대차·기아차 노조원들이 평균 연봉 1억원대이면서도 해마다 파업을 하는 것은 옳은 일인가? 옳지 않다면 문제 해결 방법은 무엇인가?

10. 題目(제목) 달기

題目(제목)은 독자가 글에서 가장 먼저 대한다. 제목은 글의 첫인상을 만든다. 제목은 독자가 그 글을 읽든지 포기하든지 결정하게 한다. 그러므로 제목을 잘못 달면 글은 읽히지 않게 될지도 모른다.

제목의 기능은 크게 두 가지이다.

첫째는 그 글이 무엇에 대해 썼는지 알게 해주는 '名札(명찰)' 같은 것이다. 이름표는 그 사람의 姓(성)과 이름, 곧 글의 제재와 주제를 짐작하게 해주어야 한다. 명찰의 범위가 넓으면 글의 제재와 주제가 짐작이 안 되므로 잘못이다. 이름표는 제재와 주제를 알 수 있게 범위를 좁혀서 제목을 붙여야 한다.

또 하나는 글에 대해 독자의 흥미를 불러일으키는 '看板(간판)' 같은 것이다. 간판은 멋있어야 하며 흥미로워야 한다. 간판은 고객이 그 상점에 흥미를 느끼고 그 가게에 들어와 물건을 사게끔 마음먹게 이끌어야 한다.[53]

제재를 그대로 제목으로 삼는 사람들이 있지만 잘못이다. 제목은 사람의 얼굴이 각기 다르듯이 글마다, 사람마다 각기 달라야 한다. 제목은 자기 글의 내용에 맞게 글쓴이가 지어서 붙여야 한다. 한 반 학생들이 글 쓰는 제재는 똑같지만 제목은 각기 달라야 한다. 제목에도 글쓴이의 개성이 드러나야 한다.

제목은 글을 쓰기 시작하면서 맨 처음 달기도 하지만 글을 다 쓰고 나서 맨 나중에 달기도 한다. 글을 쓰다 보면 머릿속의 생각과 내용이 조금 달라지기 때문이다. 완성된 글의 내용에 맞추어 처음 붙인 제목을 고치거나 아예 나중에 다는 경우가 많다. 학생 중에는 그러다가 깜박 잊고서 제목을 달지 않고 글을 제출하는 경우도 더러 있다. 제목은 잊지 말고 반드시 달아야 한다.

'朝鮮日報(조선일보)'에서 명기자로 이름을 날렸던 趙甲濟(조갑제) 조갑제닷컴 대표는 다음과 같이 '제목 달기'와 '제목 달기의 각론'에 대해서 자세히 알려주고 있다.[54)]

1) 제목 달기 기본 요령

(1) 제목은 내용의 요약이고, 미끼이며, 主題(주제)이다.

(2) 제목은 글자 수의 제한을 받는다.

(3) 독자들이 읽을까말까를 결정하는 것은 제목을 통해서이다.

(4) 제목은 필자가 다는 것이 원칙이나 편집자가 최종적인 권한이 있다.

(5) 제목을 뽑는 것은 레이아웃(사진 그림 등) 및 기사 비중 결정과 함께 잡지, 신문 편집의 3대 핵심요소이다.

(6) 제목을 보면 신문, 잡지, 기자들의 자질과 안목을 알 수 있다.

(7) 제목의 내용이 기사의 등급을 결정한다.

(8) 무슨 기사가 중요하고 무슨 기사가 덜 중요하느냐의 판단은 기자의 자기능력 평가이다. 뉴스밸류감각이 좋은 기자가 특종을 많이 한다.

(9) 제목과 跋文(뽑음글)의 조화와 보완과 대조가 기사를 입체감 있게 만든다.

(10) 제목은 詩(시)이기도 하다.

---

53) 근래 신문에 '낚시성 제목'이 등장한다. 실제 내용과는 별로 관계없는 자극적인 제목을 달아서, 일단 독자로 하여금 그 글을 읽어보게끔 誘導(유도)하는 것이다. 마치 야한 간판과 같은 제목이다.

54) 『조갑제닷컴』, 2005. 12. 26.

2) 제목 달기의 各論(각론)

(1) 제목은 기사를 읽은 직후 그 느낌이 살아 있을 때 뽑아야 한다.
(2) 제목은 우선 흥미유발을 위하여 존재한다는 사실을 잊지 말아야 한다.
(3) 과장해선 안 되지만 평범해서도 안 된다.
(4) 새로운 사실을 부각시켜야 한다.
(5) 제목은 구체적이거나 본질적이거나 상징적이다.
(6) 단어의 중복이 없어야 한다. 기사도 중복은 허용되지 않는데 하물며 제목에서랴.
(7) 말의 묘미를 살려야 한다. 'KAL에 칼을 댄다', 'Future of Freedom', '12.12사건이 녹음되었다', '장군들의 밤', '평양은 비가 내린다', '북한은 달러위조, 남한은 논문위조', '국제사기단을 편드는 정권사기단'.
(8) 상징적인 낱말 하나가 가장 좋은 제목이 될 수 있다.
(9) 大(대)제목과 副(부)제목과 小(소)제목의 역할 분담을 어떻게 할 것인가.
(10) 제목은 설명하는 것이 아니라 보여주는 것이다.
(11) 제목으로 모든 것을 다 보여주겠다고 욕심을 내면 안 된다. 독자는 의외로 이해력과 추리력이 높다.
(12) 造語(조어)를 만들어 유행시키는 것은 최고의 제목달기이다. '뉴 라이트'·'차떼기'·'퍼주기'·'연방제 事變(사변)' 등은 국민들의 여론에도 영향을 준다.
(13) 漢字(한자)를 모르면 아예 제목을 쓰지 말라!

제목에서 글쓴이가 자기 글의 내용을 압축하는 능력이 드러난다. 간결하면서 독자의 눈을 확 끌어당기는 제목이 가장 좋다. 글자 수가 대략 15자가 넘어가면 제목으로서 너무 길다는 느낌이 든다. 수식어구나 부사어가 붙고 설명적이며 산문적인 제목은 멋이 없고 지루하다. 제목은 요점만 압축하여 함축미가 있어야 한다. 제목은 일반 문장보다 더 간결미가 돋보여야 한다.

3) 제목 달기의 실제

아래에 최근 신문기사들의 제목을 싣고, 잘 달았는지를 검토해 보고자 한다. 필자가 보기에 아래에 (○)표 한 제목들은 잘 붙인 제목들이다. (×)표한 제목들은 너무 긴 제목으로서 화살표처럼 고치는 게 낫다.

[biz칼럼] 白手로 白壽 맞을 순 없다[55) (○)
[포럼] 금수저와 흙수저, 그리고 상속세[56) (○)
[fn사설] 노동개혁, 야당 어깃장에 물거품 되나[57) (○)
[박명훈 칼럼] 안개 속을 행군한 '2015년 한국경제'[58) (○)
[기고] 친환경농산물, 건강한 몸 만드는 땅 속의 열쇠[59) (○)

[횡설수설] 박대동 의원의 '벼룩의 간' 빼 먹기[60) (○)
[사설] 비서관 월급 상납받은 '갑질' 국회의원[61) (○)
[사설] 비서관 월급 상납 강요, 과연 박대동 의원뿐일까?[62) (×)
→ 또 비서 월급 상납받은 한국 의원들
[사설] 또 비서 월급 상납, 한국 의원들 타락엔 끝이 없다[63) (×)
→ 또 비서 월급 상납받은 한국 의원들

[사설] 국민 따가운 시선에 폭력시위 멈췄나[64) (○)
[사설] 평화 집회도 이젠 지겹다는 게 국민들 심정[65) (×)
→ 국민들, 평화 시위도 지겹다
[사설] '2차 민중총궐기' 폭력으로 흐르면 법원이 책임지라[66) (×)
→ 법원은 '2차 민중시위' 비폭력 보장하나?

---

55) 이수창 생명보험협회 회장, 『한국경제』, 2015. 11. 12.
56) 박상근 세무회계연구소 대표, 『서울경제』, 2015. 12. 7.
57) 『파이낸셜뉴스』, 2015. 12. 6.
58) 박명훈 주필, 『아시아경제』, 2015. 12. 7.
59) 강재헌 인제대학교 서울백병원 가정의학과 교수, 『서울경제』, 2015. 12. 7.
60) 이진녕 논설위원, 『東亞日報』, 2015. 12. 7.
61) 『중앙일보』, 2015. 12. 7.
62) 『매일신문』, 2015. 12. 7.
63) 『朝鮮日報』, 2015. 12. 7.
64) 『이데일리』, 2015. 12. 7.
65) 『朝鮮日報』, 2015. 12. 5.
66) 『東亞日報』, 2015. 12. 5.

[사설] 눈물 닦아준다던 시간강사법에 시간강사들이 울고 있다[67] (×)
→ 시간강사법에 시간강사들이 울고 있다
[사설] "이렇게 안 팔리는 건 처음" 정치권엔 市場 신음 안 들리나[68] (×)
→ 정치권엔 市場 상인들 신음 안 들리나
[사설] 야, 親盧 · 운동권 체질 과시하며 무슨 인재 영입한다는 건가[69] (×)
→ 야, 親盧 · 운동권 체질로는 인재 안 온다
[사설] 지역구 예산 500억 챙긴 최경환, 2060년 재정 걱정되나[70] (×)
→ 지역구 예산 챙기면서, 2060년 걱정하나

[이상돈 칼럼] 이럴 거면 갈라서라[71] (○)
[이계성 칼럼] 文 · 安의 지긋지긋한 상황[72] (○)
[김대중 칼럼] 새정치연합은 집권을 포기했다[73] (○)
[동아광장] 벼랑 끝에 선 제1야당과 문재인[74] (○)
[시론] '탈당이냐 협력이냐' 선택해야 한다[75] (○)
[사설] 야당을 절체절명의 위기로 몰고가는 두 사람[76] (×)
→ 야당을 위기에 빠뜨리는 두 사람
[연합시론] 文 · 安 리더십 부재에 제1야당 미래 안 보인다[77] (×)
→ 리더십 부재에 미래 안 보이는 제1야당
[사설] 문 · 안 희생 없는 권력싸움에 국민은 신물 난다[78] (×)
→ 문 · 안 권력싸움에 국민은 신물 난다
[사설] 文 · 安 이젠 정말 봉합하든지 갈라서든지 하라[79] (×)

67) 『東亞日報』, 2015. 12. 5.
68) 『朝鮮日報』, 2015. 12. 5.
69) 『朝鮮日報』, 2015. 12. 5.
70) 『東亞日報』, 2015. 12. 5.
71) 이상돈 : 중앙대 명예교수, 『경향신문』, 2015. 12. 8.
72) 이계성 수석논설위원, 『한국일보』, 2015. 12. 7.
73) 김대중 고문, 『朝鮮日報』, 2015. 12. 8.
74) 한상진 : 서울대 명예교수, 『東亞日報』, 2015. 12. 5.
75) 정해구 : 성공회대 사회과학부 교수, 『경향신문』, 2015. 12. 7.
76) 『한겨레』, 2015. 12. 7.
77) 『연합뉴스』, 2015. 12. 6.
78) 『세계일보』, 2015. 12. 7.

→ 文 · 安은 이제 결판을 내라

[사설] 새정치연합, 이러려면 차라리 갈라서는 게 낫다80) (×)

→ 새정련, 차라리 갈라서는 게 낫다

[사설] 서로 한치 양보 없이 제 길만 가겠다는 文과 安81) (×)

→ 서로 제 길만 가겠다는 文과 安

11. 推敲(퇴고)를 철저히

글은 다 썼다고 해서 글이 끝난 것이 아니다. 일단 草稿(초고)를 완성했으면 반드시 퇴고를 해야 한다. 사실 글은 퇴고 과정에서 좋아진다. 퇴고하지 않은 글은 제멋대로이다. 퇴고하지 않은 글은 마구 자란 머리카락과 같다. 이발을 하지 않으면 보기 흉하다. 허점투성이의 글이 퇴고를 통해서 글답게 된다.

中國의 문장가 蘇東坡(소동파)는 명문인 「赤壁賦(적벽부)」를 순식간에 썼다고 자랑했다. 하지만 누가 그를 방문했을 때 수북이 쌓인 草稿(초고)를 발견했다 한다. 괴테는 『파우스트』를 완성하는 데 60년, 빅토르 위고는 『레미제라블』을 완성하는 데 36년의 세월을 보냈다 한다. 美國의 노벨문학상 수상작가 어니스트 헤밍웨이는 『老人과 바다』를 무려 백 번 넘게 고쳐 썼다고 한다. 프랑스의 베르나르 베르베르도 『개미』를 12년에 걸쳐 퇴고를 거듭해 완성했다. 日本의 노벨문학상 수상작가 大江健三郎(대강건삼랑) 씨는 소설을 쓴 뒤, 처음보다 세 배 정도의 시간을 들여 여러 번 推敲(퇴고)한다고 알려졌다.

우리나라에서도 崔明姬(최명희) 작가는 『혼불』에만 매달려 17년을 씨름했다. 黃順元(황순원) 작가는 노트에 소설의 草稿(초고)를 쓰는데, 첫 줄에 첫 번째 글을 쓰면 그 아래에 세 칸의 빈 칸을 둔다. 그 빈 칸들은 첫 번째 글을 쓰고 난 뒤에 다시 고치고 또 고치기 위한 공간이다. 그래서 출판사에 소설을 보내기 전에 세 번은 다시 고쳐 썼다. 그러고도 출판사에서 보내온 교정지를 다시 고치기를 세 번은 반복

79) 『朝鮮日報』, 2015. 12. 7.
80) 『중앙일보』, 2015. 12. 8.
81) 『한국일보』, 2015. 12. 6.

했다 한다, 그러니 소설이 독자들에게 읽히기 전까지 여섯 번은 퇴고를 한 셈이다. 이렇게 글을 다듬고 또 다듬었기 때문에 黃順元(황순원) 작가의 글이 名文(명문)으로 이름났다.

미국 같은 선진국 대학에서도 작문교육에서 퇴고 과정을 매우 중시한다. 학생이 써서 제출한 글을 교수가 평가하고 그냥 돌려주는 것이 아니다. 학생의 글을 꼼꼼히 지적해 주고 고쳐 써오게 한다. 그 고친 글을 다시 또 다듬어야 할 곳을 지적해서 다시 돌려준다. 이런 식으로 해서 좋은 글로 완성할 때까지 여러 번 반복 지도한다. 선진국 대학에서는 학생이 여러 편의 글을 쓰기보다는 한 편의 글을 여러 번 고쳐 쓰게 해서 단 한 편이라도 수준 높은 글을 완성하게 하는 것을 더 효과적이라고 생각한다. 그러므로 학생들이여, 처음 글을 쓸 때 생각나는 대로 마음 놓고 쓰기 바란다. 틀려도 좋다. 어차피 여러 번 고쳐 써 나가면서 점차 좋은 글로 완성해 나가면 되니까 말이다. 그러니까 작문의 畵龍點睛(화룡점정)은 퇴고 과정이다.

퇴고를 할 때 留念(유념)해야 할 점은 다음과 같다.

첫째, 자신의 글을 거리를 두고 객관적 · 비판적으로 보아야 한다. 사람들은 대부분 자신의 글에서 흠을 찾아내지 못한다. 남이 읽으면 금방 드러날 잘못도 '등잔 밑이 어둡다'는 말대로 글쓴이는 보지 못한다. 제대로 표현이 안 된 부분도 필자는 자신의 머릿속으로 다 알기 때문에 그냥 넘어간다. 하지만 독자는 誤謬(오류)를 금세 발견해낸다. 그러니 퇴고할 때는 남의 글이라고 생각하고 자기 글을 봐야 한다. 또 퇴고는 초고를 마친 뒤 시간이 조금 지난 뒤 보는 게 좋다. 시간이 지나면 자기 글도 좀 더 객관적으로 볼 距離感(거리감)이 생기게 되기 때문이다.

둘째, 퇴고하려면 먼저 문장을 큰 소리로 읽어 보는 것이 좋다. 그러면 리듬이 살지 못하고 막히는 곳이 있다. 그곳이 어색하거나 매끄럽지 않은 부분이다. 그런 문장을 다듬어 나간다. 草稿(초고)를 큰 소리로 읽어가면서 손질하는 게 글을 잘 쓰는 비법이다. 작가 대부분이 그런 과정을 거친다. 부인이나 친구에게 들려주면서 교정을 받는 작가도 있다.

셋째, 글을 전체적으로 點檢(점검)한다. 우선 글 전체의 구성이 잘 됐는지를 살펴본다. 흐름이 막히지 않는지 비약은 없는지 살펴본다. 序頭(서두)와 結末(결말)은 특별히 확인한다. 다음으로 한 문단의 구성을 꼼꼼히 살펴본다. 중심문장은 잘 썼는지, 뒷받침문장들은 중심문장을 잘 구체화하고 있는지, 결론문장은 마무리를 잘했는지 살핀다. 문단의 통일성 · 완결성 · 균형성 · 긴밀성도 확인한다. 마지막으로 문장 하나하나를 살펴본다. 오・탈자, 조사, 연결어미, 접속어 등을 살펴본다.

넷째, 퇴고 과정에서 남이 읽어주면 더욱 좋다. 미국에서는 대학교수들도 논문을 쓰고 나면 동료 교수들에게 읽혀서 지적을 받고 수정한다. 그들은 자기 글을 남에게 읽혀서 지적받고 고치는 것을 부끄럽게 여기지 않는다. 좋은 글을 쓰는 효과적인 방법이라는 사실을 잘 알기 때문이다. 우리나라는 대학교수 글도 엉터리가 많다. 남에게 글을 보여서 수정하는 풍토가 없기 때문이다. 글은 서로 남에게 보여서 지적받고 고치는 풍토가 바람직하다.

글은 여러 번 고칠수록 더 좋아진다. 시간이 된다면 고치고 또 고치는 것이 좋다. 반드시 그 전 글보다 더 좋아진다. 깎고 다듬기를 거듭하면 글을 구성한 문장들이 대부분 짧아진다. 짧은 문장이 읽기 쉽다. 빠르고 정확하게 읽힌다. 그래야 글이 힘이 있다.

글 써본 사람은 안다. 글은 고치고 고쳐도 만족하기 어렵다는 것을. 그리고 고치면 고칠수록 글은 좋아진다는 것을. 그러니 고치지 않은 글은 아직 흙 묻은 原石(원석)에 지나지 않는다. 열심히 갈고 정으로 쪼고 다듬어야 寶石(보석)이 된다.

Ⅴ. 實用(실용) 作文(작문)

1. 隨筆(수필) / 321
2. 詩(시) / 346
3. 評論(평론) / 366
4. 報告書(보고서) / 386
5. 프레젠테이션(視聽覺 說明會) / 401
6. 履歷書(이력서) · 自己紹介書(자기소개서) / 409
7. 原稿紙(원고지) 쓰는 법 / 438

Ⅴ. 實用(실용) 作文(작문)

실용 작문은 바둑으로 치면 실제 對局(대국)이다. 학생들이 주로 쓰는 문학적 글에는 '시'와 '수필'이 있다. 또 학문적 글에는 '평론'과 '보고서'가 있다. 그리고 근래 시청각을 활용한 발표가 중요한 의사소통수단이 되고 있다. 그 '프레젠테이션' 자료를 만드는 일은 기술과 작문을 融合(융합)하는 작업이다. 한편 대학을 졸업하고 취업하기 위해서는 '이력서'와 '자기소개서'를 써야 한다. 그리고 白日場(백일장)에 나가 글을 쓰려면 '원고지 사용법'도 알아야 한다. 자, 실전에서 여러분이 그동안 갈고 닦은 작문 실력을 유감 없이 발휘하기 바란다.

1. 隨筆(수필)[1)]

1) 隨筆(수필)(Miscellany/Essay)의 개념

隨筆(수필)은 인생을 살아가면서 체험한 느낌과 생각을 일정한 형식이 없이 個性的(개성적)인 문체로 표현하는 글로서, 멋과 韻致(운치)를 곁들이는 간결한 散文文學(산문문학)이다. 물론 세상의 모든 것(森羅萬象)이 수필의 글감(소재나 제재)이 될 수 있지만, 단순한 생활을 기록하거나 身邊雜記(신변잡기)를 늘어놓아서는 안 된다.

1) 尹昌植(윤창식) : 草堂大(초당대) 교양교직학부 초빙교수. 서울대 외국어교육학 박사. 월간 『문학세계』 수필부문 신인상(2002). 광주MBC라디오 칼럼니스트(2003). 문학과환경학회 회장 역임(2013). 광남일보 '문화산책' 필진(2014~2016).

수필을 흔히 '붓 가는대로 쓴 글'이라고 한다. 그러나 붓을 움직이는 사람의 마음이 사물에 가닿아야 비로소 글이 되기 시작된다. 따라서 수필이란 '마음이 머무는 자리에서 피어나는 글'이라 할 수 있다. 마음이 머무는 모든 곳(것)이 수필의 소재가 되지만, 아무런 感興(감흥)을 불러일으키지 못하는 些少(사소)한 일을 나열한다고 수필이 되지는 않는다.

파스칼은 "인간은 연약하지만, 생각하는 갈대다."고 말했다. 좋은 수필을 쓰기 위해서는 사물을 思索的(사색적)으로 고찰하는 觀照的(관조적) 태도를 지녀야 한다. 곧 고요한 마음으로 사물이나 현상을 관찰하거나 비추어 보는 자세가 필요하다.

2) 隨筆(수필) 쓰기의 필요성

미국이나 영국 같은 나라에서는 에세이 쓰기가 정규교육의 주요 부분으로 자리잡고 있다. 중 · 고등학생들은 글쓰기 기술을 향상시키기 위하여 수필 형식의 작문 훈련을 받는다. 대학입시에서는 에세이 작문 실력이 중요한 입학생 선발기준이 되기도 한다. 대학에서는 학생들에게 사물을 올바르게 판단하고 이해하는 능력을 향상시키고 전공 심화과정을 성공적으로 이수토록 하기 위하여 에세이 쓰기를 장려하고 있다.

3) 隨筆(수필)의 종류

(1) 主題(주제)의 '무게감'(輕重)에 따른 분류

① 輕隨筆(경수필)(miscellany)

개인적 수필로서 몽테뉴(Montaignue)식 수필이라고도 한다. 우리가 일반적으로 말하는 수필은 輕隨筆(경수필)이다. 경수필은 비교적 가볍고 感性的(감성적)인 내용을 다루기 때문에 정서적이고 주관적인 성격이 강하다. 일상에서 흔히 접할 수 있는 경험이나 喜怒哀樂(희로애락)의 감정을 제재로 삼는다. 신변에서 일어나는 일을 바탕으로 하여 개인의 체험 · 느낌 · 취향 · 인상 등을 자유롭게 쓴 수필로서 紀行文(기행문)이나 日記(일기)도 이에 속한다.

② 重隨筆(중수필)(essay)

비평적 수필로서 베이컨(Bacon)식 수필이라고도 한다. 重隨筆(중수필)은 주로 무겁고 理性的(이성적)인 내용을 다루기 때문에 논리적이고 객관적인 성격이 강하다. 사회적 · 역사적 통찰이나 비평과 같은 진지한 내용을 제재로 삼는다.

(2) 敍述的(서술적) 특징에 따른 수필 종류

① 抒情的(서정적) 수필 ② 敎訓的(교훈적) 수필 ③ 思索的(사색적) 수필 ④ 戲曲的(희곡적) 수필 ⑤ 批評的(비평적) 수필

4) 隨筆(수필) 쓰기 과정

(1) 題材(제재) 選定(선정)

세상의 모든 것은 움직이며 존재한다. 움직이는 모든 것은 소리가 난다. 특히 소리(音)에 마음의 귀(心)를 열면 뜻(意)이 되는 것이다. 움직이는 마음이 어떤 사물에 머무르면 그것은 수필의 제재가 될 가능성이 높다. 따라서 '마음의 귀'로 사물을 대하면 수필의 제재는 無窮無盡(무궁무진)하다.

(2) 題目(제목) 정하기

작품 전체를 대표하는 어휘(주제어)나 문장(주제문)으로 정한다.

(3) 序頭(서두)(글의 도입부) 쓰기

제목 못지않게 독자의 관심과 흥미를 유발하기 위한 문장으로 시작하는 것이 좋다. 글에서 다룰 제재와 주제를 소개한다.

(4) 본문 쓰기

본문은 서두의 주제가 명확해지는 글의 중심을 이루는 부분이다. 서두의 내용을 좀 더 심화시켜 구체적으로 서술하는 부분이다.

(5) 결말 쓰기

결말은 서두와 본문 내용을 아울러서 마무리를 짓는 부분이다. 앞에 나온 비슷한

내용을 반복하며 결말지을 수 있으나, 동일한 어휘를 반복하지 말고 같은 형식의 문장은 피하는 것이 좋다. 예를 들면 앞에서 "한가로운 마음이 들었다"고 했으면 뒤에서는 "유유자적하는 마음이 되었다"고 적는다.

(6) 推敲(퇴고)(修正)

퇴고는 반드시 해야 한다. 글자 한 자의 무게를 가볍게 여기지 말아야 한다. 퇴고는 全文(전문) 퇴고 → 단락 퇴고 → 문장 퇴고 → 어휘 퇴고의 단계를 밟는 것이 좋다.

5) 수필 작품 감상과 해설

(1) 抒情的(서정적) **수필**

① 특징: 생활이나 자연 등에서 느끼는 감상을 主情的(주정적)인 관점에서 쓰는 수필로서 문학적 향취가 강하다.

② 쓰는 법: 자연을 관조하면서 자연 속에 깃들여있는 서정적인 모티브를 찾아내 그것을 글쓴이의 감성과 잘 어울리도록 서술한다. 지나친 미사여구는 피하는 것이 좋다.

③ 대표 작품 : 羅稻香(나도향)의 「그믐달」, 鄭飛石(정비석)의 「山情無限(산정무한)」(기행문), 皮千得(피천득)의 「나의 사랑하는 생활」.

④ 작품 감상: (디) 잊혀진 별빛을 가슴에 안고[2)]

나는 평소 조금은 '느린 것'을 좋아하는 성격을 갖고 있는 터라, 불혹의 나이가 다 가도록 운전을 할 줄 몰랐다. 이는 주말이나 휴가철이면 아내한테는 늘 투덜거리는 좋은 소재거리가 되곤 했고, 아이들에게는 본의 아니게 무능한 아버지로 비쳐지게 되었다. 그래서 올 봄 큰맘 먹고 운전학원에 등록하여 어렵사리 면허를 얻고, 여름이 되었다. 지난 8월 초, 灼熱(작열)하는 태양이 초보운전자의 머리 위로 무섭게 쏟아지던 날, 나는 아내와 두 딸아이를 자동차에 태우고 '고향의 강'을 찾아 나섰다.

어릴 적 고향마을을 감돌아 흐르던, 어머니 젖줄과도 같은 강물이 그리웠던 탓일

---

2) 尹昌植(윤창식). [한겨레 리빙] '여름 편지' 공모전 최우수상 수상작

까. 강이라고도 하기에는 보잘것없는, 이름도 없는 시냇물이었지만 도시의 팍팍한 삶을 어루만져 주기에는 충분할 것이라고 생각했다. 도대체 왜 사람들은 피서철이면 모두 유명하다는 곳만을 골라 그 북새통을 이룰까 싶은 생각에 공연한 남 걱정까지 해가면서 한 시간 남짓 시골길을 달렸다. 옛 고향 마을 앞으로 여전히 정겨운 시냇물이 흐르고 있었다. 시냇가 느티나무는 하늘을 찌를 듯이 커져 있었고 물빛이 예전만 못한 느낌 말고는 달라진 것은 별반 없었다. 아내는, 식당도 손님이 많이 드는 집이 맛도 좋은 곳 아니냐는 투로 별로 유명하지도 않은 시냇가로 가족 피서라고 간다며 영 못마땅하다는 눈치였고, 아이들도 기분이 별로인 듯 심드렁하였다.

그래도 우리는 벌써 해가 많이 기울기 시작한, 느티나무 아래에 돗자리를 펴놓고 잠시 휴식을 취하기도 하고, 개울물 속에 들어가 물장구도 치면서 제법 피서 흉내를 내보기도 했다. 그런데 산골마을이라서 그런지 의외로 빨리 저녁 땅거미가 지기 시작했다. 집에서 싸온 김밥에 음료수를 곁들여 대충 저녁을 때우고 나자, 해는 벌써 백로봉 등성이를 넘어갔다. 이윽고 바람결이 한결 시원해지는가 싶더니 서쪽 하늘이 코발트빛으로 물들기 시작했다. 더위에 지쳐있던 아이들은 눈부시도록 아름다운 저녁노을이 가슴에 안길 듯이 감싸오자 탄성을 지르기 시작했다. 그때까지도 무언지 모르게 입이 뾰로통해져 있던 아내도 그 광경에는 마치 열여섯 소녀처럼 소리를 지르며 좋아했다. 도회지의 저녁이라야 해가 지기 무섭게 온갖 전등불들이 明滅(명멸)하는 통에 저녁노을이 뜨는지도 모르게끔 지나가 버리고, 밤이 깊어도 '별 헤아리기'가 어려운 것도 도시의 삭막함에 한 몫 하는 것 아니던가. 그저 살기 힘들다는 핑계로 너무 이기적인 것에 목매달고 욕망을 주워 담느라 정신이 없어 요즈음 언제 한 번이라도 고개 들어 밤하늘을 쳐다본 적이 있던가.

그 붉던 노을이 엷어지는가 싶더니 느티나무 가지 사이로 갖가지 별들이 點字(점자)처럼 돋아났다. 초등학교 〈자연〉 교과서 속, 먼지 낀 추억의 다발 속에나 들어있는 별들이 하나둘씩 눈앞에 영롱하게 되살아나기 시작했다. 아이들도 아내도 한낮에는 볼 수 없었던 한결 밝아진 얼굴로 별을 헤아리기 시작했다. "저 별 전갈자리다! 맞지?" 평소 말수가 적고 내성적이던 큰아이가 자기도 놀랄 만큼 큰소리를 질렀다. 그러자 "아니야! 저것은 카시오페아 별자리이지!" 하면서 둘째 아이가 아는 체를 한다. 아내는 별자리 이름도 이제는 가물거리는지 별 이름을 헤아리지는 않았지만, 마음만은 한없이 평온해 보였다. 어둠이 깊을수록 은하수는 우리들 마음속에 안개꽃 같은 그리움을 한 움큼 뿌리며 흘러갔다.

나는 짐짓 아무 소리도 하지 않고 있다가 결정적인 별자리를 하나 가리켰다. “너희들, 저 별이 무슨 별인지 아느냐?”, “아빠, 어디? 어디?” 하면서 ‘세 여인’은 시샘하듯 앞 다투어 내가 가리킨 별자리를 찾기 시작했다. “와! 북두칠성이다! 아, 신기하다!” 작은아이가 먼저 외친다. 사실 얼마만인가. 너무나 오랜만에 올려다보는 북두칠성은 새삼스럽게 신기한 모습으로 다가왔다. “참말로 북두칠성은 별이 일곱 개네!” 큰 아이는 별을 손가락으로 세어보며 감격해 했다. 너무했다. 나 좀 편하자고 내 방식대로 고집을 부리며 휴일이면 구들장이나 질 줄 알았지 언제 한 번 아이들 데리고 별구경을 시켰어야 말이지. 일곱 별 중에 제일 말 안 듣는 녀석 눈을 바늘로 찔렀다는 아내의 설명에 진짜로 그런 일이 있었기라도 한 듯이 아이들 표정이 자못 진지해지기도 했다.

이번 여름 여행은 실로 오랜만에 가져보는 가족 대화의 장이고 공감의 시간이었다. 가족을 한 데 모으고 마음을 열게 하고 서로 인격을 존중하며 양보의 미덕을 깨우치고 사랑의 언어를 나눌 수 있는 곳은 역시 자연속이 제격이라는 생각이 들었다. 자연은 억지나 우격다짐이 아니라 順理(순리)를 토양으로 한다. 가족이나 사회 구성원끼리 관계도 상식과 순리에 따라 이루어진다면 이 사회는 한층 밝아지리라.

고향 시냇가에서 밤하늘을 올려다보면서 깨달았다. 우리는 그동안 잊어서는 안 되는 소중한 것들을 애써 외면하거나 잊고 살아온 게 아닐까. 우리 가족은 잊혀진 별빛을 다시 찾아 한 아름 가슴에 안고 돌아왔다.

⑤ 작품 분석

㉮ 제재: 가족여행

㉯ 주제: 밤하늘의 별을 함께 감상하며 가족애를 다시 되살림.

㉰ 서술 기법: “어머니의 젖줄과도 같은 강물”, “느티나무는 하늘을 찌를 듯”, “아내도 그 광경에는 마치 열여섯 소녀처럼 소리를 지르며”, “갖가지 별들이 點字(점자)처럼 돋아났다.”(直喩法) / “먼지 낀 추억의 다발 속에나 들어있는 별들이 하나둘씩 눈앞에 영롱하게 되살아나기 시작했다.”(活喩法) / “은하수는 우리들 마음속에 안개꽃 같은 그리움을 한 움큼 뿌리며 흘러갔다.”(擬人法)

㉱ 주목할 대목: “아내와 두 딸아이를 자동차에 태우고 ‘고향의 강’을 찾아 나섰다. 어릴 적 고향마을을 감돌아 흐르던, 어머니 젖줄과도 같은 강물이 그리웠던 탓일까.” / “욕망을 주워 담느라 정신이 없어 요즈음 언제 한 번이라도 고개 들어 밤

하늘을 쳐다본 적이 있었던가.” / “어둠이 깊을수록 은하수는 우리들 마음속에 안개꽃 같은 그리움을 한 움큼 뿌리며 흘러갔다.” / “우리는 그동안 잊어서는 안 되는 소중한 것들을 애써 외면하거나 잊고 살아온 게 아닐까.”

㉮ 감상 주안점: 도심에서는 잘 보이지 않는 별자리를 현대인의 가슴속으로 끌어당겨 잊혀진 소중한 것들을 되돌아볼 수 있는 계기가 되었다는 점.

(2) 敎訓的(교훈적) 수필

① 특징: 필자의 체험이나 사색을 바탕으로 인생의 지혜나 진정한 삶의 태도 등 교훈적 내용이 잘 드러나는 수필이다.

② 쓰는 법: 일상에서 만나는 사물 혹은 인간의 내면에 도사리고 있는 아픔이나 슬픔, 그늘진 부분에 대하여 휴머니즘적 시각으로 글을 전개한다.

③ 대표 작품: 李敭河(이양하)의 「나무」, 趙芝薰(조지훈)의 「志操論(지조론)」, 法頂(법정의) 「무소유」.

④ 작품 감상: (리) 부부 구두수선집[3)]

도심의 아파트 숲은 사람들을 숨 막히게 하는 데는 이골이 난 구조물이다. 켜켜이 층을 이룬 그곳에서 사람들은 말로는 다 못할 사연을 안고 날마다 가파른 층계를 오르내리며 삶의 애환들을 곱씹으리라. 중년남자가 빛바랜 서류 봉투를 들고 황급히 엘리베이터를 내리고, 이제 대학을 갓 졸업한 아가씨는 아이들 일일공부 시험지 뭉치에 빨간 색연필을 꽂은 채 잰 발걸음으로 막 닫히려는 승강기 문을 제지하기도 한다. 덩달아 중국집 배달 총각은 오토바이를 멈추자마자 3층 정도는 별 것 아니라는 투로 두 계단 씩 뛰어 오르는 모습이 보인다. 여름날 사람들이 사는 모습은 멀리서 보는 것보다 훨씬 숨이 막힌다.

하지만 무엇보다도 숨이 막힐 것 같은 곳이 하나 있다. 내가 사는 아파트 한켠, 평수라고도 말할 수 없을 만큼 비좁은 공간. 그 좁디좁은 공간을 간극 없이 채우려는 마음이 하나 있으니, 다름 아닌 구두 수선집이라. 맞춤법에도 맞지 않는 투박한 글씨를 문패인 양 매달고 영업이라고 하는 집이 하나 자리하고 있다. ‘구두 닥고 우산 고침’. 그 위에 베니어합판을 몇 개 포개어 얹고, 문이라고 어디서 쓰다버린 것을 주워서 단 듯, 조금만 바람이라도 불라치면 달그락 소리가 나는 문이 그나마

3) 尹昌植(윤창식).

사람 사는 곳임을 알려주는 유일한 모양새랄까. 거기 환상의 콤비가 동업을 하고 있다. 사내는 거기 앉아서 구두나 닦을 것 같지 않게 허우대가 멀쩡해 보인다. 그에 비하면 여자는 생머리에 얼른 보면 초등학교 고학년 정도밖에 되지 않는 작은 몸집으로 구두에 코를 박고 연신 침을 발라가며 구두를 닦는다.

평소 구두라곤 남에게 닦아본 일이 없는 나로서는 그 구두 수선집을 나하고는 별 상관없는 곳이겠거니 하고 지나치기 일쑤였다. 그래도 그곳을 지날 때면, 가끔씩 새파랗게 젊은 아가씨가 신발을 벗고 껌을 딱딱 씹고 앉아서 뾰족구두가 다 닦이기를 기다리는 모습이라든지, 허리 굽은 할머니가 손자를 데리고 나와 잘 접히지 않는 우산을 고쳐 달라고 제법 흥정이라고 하는 모습을 보는 날이면 공연히 기분이 좋아지기도 하였다.

나는 그날도 퇴근하여 돌아오는 길이었는데, 그렇지 않아도 말을 잘 듣지 않던 가방 자크가 말썽을 부리고 말았다. 가방 문이 잘 닫히지 않고 하마 입처럼 벌어졌던 것이다. 10년 째 써오던 것이라서 손때 묻은 정이 가고, 꽤 값나가는 진짜 생가죽 가방인지라 어떻게든 고쳐 써야 되겠다는 마음으로, 옳거니 하고 그 수선집을 들르게 되었다. "아저씨, 이 가방 자크도 고치시나요? 잘 안 닫히고 자꾸 벌어져서요." 구부정하게 몸을 숙이고 양철문을 밀고 들어서자 두 남녀는 나를 힐끔 쳐다보더니 도무지 말이라고는 없고 고개만 몇 번 주억거릴 뿐이었다. 그날따라 후줄근한 더위 때문에 지쳐있던 나는 그들의 반응에 내심 짜증이 났다. 보아하니 닦고 있는 구두도 두어 켤레 정도밖에 되지 않고, 딴 손님도 도통 없는데, 반가이 손님이라도 맞아야 밥술이라도 먹고 살 것 아니냐고 남의 사정까지 헤아리자니 슬며시 부아가 난 것이다. 기분 같아서는 그냥 나와 버릴까 하는 속 좁은 생각이 들었지만, 기왕 들어온 마당에 그냥 뒤돌아 나가기도 멋쩍어 겨우 엉덩이만 걸칠 수 있는 동그란 비닐커버 의자에 앉았다.

그때야 비로소 사내는 나에게 눈길을 주면서 내 가방을 가리키며 알은 체를 했다. 여전히 여자는 말없이 그 작은 몸집으로 끝이 뭉툭한 남성용 구두 끝에 얼굴이 닿을 듯이 광을 내고 있었다. 사내는 대뜸 내 가방을 잡아채더니 장기 궁짝처럼 생긴 工具(공구) 주머니에서 소형 몽키스패너를 꺼내 요리저리 자크 이빨들을 툭툭 쳐 보았다. 몇 번 고개를 갸웃거리는가 싶더니 다시 한 번 고개를 크게 끄덕거렸다. 분명 다 되었다는 눈치였다. 가방을 다시 넘겨받은 나는 새것보다 훨씬 부드럽게 여닫히는 가방을 보고는 놀라고 말았다. 거기 들어오기 전, 기를 쓰고 고쳐보려 해도 도무지 잘 되지 않던 것이 사내가 그저 몇 번 톡톡 쳐대는 것으로 고쳐지다니 신기할 따름이었다.

나는 하도 고마워 "얼마 드리면 됩니까?"라고 묻자 사내는 집게손가락 하나를 곧추 세워 나에게 내밀었다. '이게 무슨 신호지?' 내심 나는 무척 고민이 되었다. '손가락 하나가 얼마를 뜻할까 천 원? 만 원? 아니면?' 머릿속에서 산술적 계산이 빛을 발하는 순간, 옆에 있던 여자가 손바닥을 펴서 연신 가로로 내저었다. '아, 이 사람들이 무슨 내밀한 신호를 보내고 있구나. 여자의 손바닥 놀림은 그 사내한테 손가락 두 개를 펴 보이라는 신호일까?'라고 생각하는 순간, 그제야 두 사람 모두 벙어리라는 사실을 깨달았다. 사내의 손짓은 천 원을 원한다는 것 그리고 그 부인인 여자의 손짓은 그냥 가시라는 의미였던 것이다.

나중에 안 일이지만, 그들에게는 다섯 살배기 아들이 하나 있었다. 그 아이는 벙어리 부모가 전해준 '사랑의 언어'를 어떻게 배웠는지 말을 잘도 한다. 어느 날도 개구멍 같이 생긴 구두 수선집 양철 문을 빼꼼히 열고 "엄마, 나 아이스크림 사먹게 오-배-권만(오백원만)" 한다. 나는 그 아이 엄마 아빠가 어떤 표정과 손짓을 할까 하고 상상하고 있자니, 어느새 그 아이는 동전을 손에 꼭 쥐고 잽싸게 가게 쪽으로 사라지는 모습이 보였다.

그 벙어리 부부 구두 수선쟁이는 오늘도 여전히 허접스러운 우산대나 구두 밑창을, 혹은 싸안고 혹은 들여다보면서 숨이 막힐 것 같은 공간을 용케도 잘 지키며 여름을 살아가고 있다. 지금도 나는 딱 천 원 짜리 한 장을 내밀고 돌아서 나왔던 그날이 눈에 밟히고, 거기를 지날 때마다 미안한 마음이 든다. 하지만 아이가 천진한 눈망울을 똘망이며 그 집을 들락거리는 모습을 보면 그저 마음만은 한없이 시원해진다.

⑤ 작품 분석

㉮ 제재: 부부 구두수선집

㉯ 주제: 소외된 이웃에 대하여 관심을 가져야 한다.

㉰ 서술 기법: "도심의 아파트숲은…"(隱喩法) / "공간을 간극 없이 채우려는 마음이 하나 있으니, 다름 아닌 구두 수선집이라."(活喩法) / "작은 몸집으로 구두에 코를 박고 연신 침을 발라가며 구두를 닦는다."('코'='얼굴')(代喩法) / "장기 궁짝처럼 생긴 工具(공구)주머니에서"(直喩法) / "집게손가락 하나를 곧추 세워 나에게 내

밀었다."('집게손가락'='천 원짜리 한 장')(代喩法)

㉣ 주목할 대목: "아파트 한켠, 평수라고도 말할 수 없을 만큼 비좁은 공간. 그 좁디좁은 공간에 맞춤법에도 맞지 않는 투박한 글씨를 문패인 양 매달고 영업이라고 하는 집이 하나 자리하고 있다. '구두 닥고 우산 고침'." / "그곳을 지날 때면, 가끔씩 … 허리 굽은 할머니가 손자를 데리고 나와 잘 접히지 않는 우산을 고쳐 달라고 제법 흥정이라고 하는 모습을 보는 날이면 공연히 기분이 좋아지기도 하였다." / "다섯 살배기 아이는 벙어리 부모가 전해준 '사랑의 언어'를 어떻게 배웠는지 말을 잘도 한다."

㉤ 감상 주안점: 아파트 건물 사이의 좁은 공간에서 농아 부부가 구두를 수선하면서 열심히 살아가는 모습.

(3) 思索的(사색적) 수필

① 특징: 철학적 瞑想(명상)을 다룬 글이다.

② 쓰는 법: 글쓴이는 사물을 겉만 볼 것이 아니라, 어떤 사물이 지닌 존재의 의미에 대하여 특별한 관심을 가져야 하며, 글쓴이의 가치관과 세계관이 잘 반영되도록 한다.

③ 대표 작품: 李熙昇(이희승)의 「딸깍발이」, 朴異文(박이문)의 「길」, 尹五榮(윤오영)의 「방망이 깎던 노인」.

④ 작품 감상: (미) 신발장 속에서 세월을 보다[4)]

사람은 도대체 언제부터 신발을 신기 시작했을까. 그리스 로마 신화에도 '신발 이야기'가 나오는 걸 보면, 사람이 신발 신기는 꽤나 오래 되었는가 보다. 요새 신발 가게에는 남녀・나이・쓸모에 따라서, 별의별 신발들이 삶의 편린처럼 즐비하다. 신발만큼 그 신발 주인의 來歷(내력)을 잘 말해주는 것도 없을 성싶다.

우리 집 신발장 속을 들여다볼라치면, 갖가지 헌 신발들이 켜켜이 자리를 잡고 앉아 그간의 삶의 애환을 말해주며 제법 세월 먹은 티를 내고 있다. 언제 적 신었을까 싶을 정도로 코가 납작한 내 밤색 구두도, 요즈음은 허리 아프다고 거들떠보지도 않는 아내의 미색 하이힐도, 첫돌배기 딸아이 걸음마 시절의 앙증맞은 빨간 신발도 이제는 세월의 먼지를 잔뜩 뒤집어 쓴 채 말없이 신발장을 지키고 있다.

---

4) 尹昌植(윤창식), 『CDU Newsletter』 2015 Spring호

신발장 속에서 만나는 정겨운 얼굴들. 그 간 우리 식구가 걸어온 길, 살아온 날을 함께 한 헌 신발들을 하나하나 뜯어본다. 입가에 미소가 어리다가도 금세 눈자위가 붉어지기도 하고, 아쉬움과 후회스러움이 교차하기도 한다. 여름날 거미줄을 잘못 건드려 애꿎은 거미의 일생만 뒤흔들어 놓았노라고 노래한 어느 시인처럼, 그 동안의 나의 발걸음이 혹여 남에게 무슨 해라도 되지 않았는지. 그리고 가지 말아야 할 길, 내딛지 말았어야 할 발걸음은 없었는지. 자신에게 알맞은 신발을 신고 꼭 가야 할 길만을 묵묵히 간다는 것은 그리 쉬운 일이 아닐 터. 또한 남들이 가지 않는 길, 모두가 가기 싫어하는 길을 홀로 고독하게 걸어간다는 것은 분명 용기 있고 아름다운 일이 아닐까.

세상에는, 사랑하는 사람을 두고도 고무신 거꾸로 신어버리는 배반의 길도 있고, 한 때는 애지중지하던 것을 헌 신짝 버리듯 하는 비정함도 있지 않는가. 그럴 바에는 애초부터 맨발이 나을는지도 모른다. 그렇게 虛僞(허위)의 신발을 신은 채 영원히 함께 가겠노라는 사랑의 맹세가 애틋함이 있을 리 없다. 눈앞의 이득을 위해 하루아침에 내팽개쳐지는 友誼(우의)와 情理(정리)가 터무니없게도 '헌 신짝'에 비유되는 것 또한 못내 마음에 걸린다.

며칠 전, 집 앞 도로변에서 밑창이 하늘로 향한 채 떨어져있는 구두 한 짝을 보았다. 그 헌 구두 짝 곁으로 사람들의 발걸음이 분주했다. 별별 사람들의 삶만큼 다양한 신발들이 그 구두 곁을 지나쳐 가고 있었다. 더러는 그 구두를 용케도 잘 피해갔지만, 헌 구두 짝을 냅다 걷어차는 사람도 있었다. 잠시 나는 구두 주인의 마음을 헤아려 보았다. 얼마 전까지도 궂은 길마다 싫다 않고 동행해 준 고마움을, 헐어서 못 쓰게 되었다고 남의 발길에 채이도록 내버렸으리니 생각하니 마음이 언짢았다.

문득 나는 현관문 앞에 벗어놓은 내 구두를 바라본다. 바쁜 일상을 함께 하느라 많이 피곤했는지 하품이라도 하려는 듯 입을 크게 벌리고 벽 쪽에 몸을 부리고 있는 모습이 안쓰러웠다. 누구나 살아가는 방식은 다를지라도 숱한 인생 여정에서 자기 신발에게 결코 미안하지 않는 떳떳한 발걸음이 되었으면…….

⑤ 작품 분석

㉮ 제재: 신발장

㉯ 주제: 신발은 신발주인의 삶을 대변한다.

㉰ 서술 기법: "별의별 신발들이 삶의 편린처럼 즐비하다."(直喩法) / "헌 신발

들이 켜켜이 자리를 잡고 앉아 …… 제법 세월 먹은 티를 내고 있다."(擬人法) / "고무신 거꾸로 신어버리는"('신발을 거꾸로 신다'='배반하다'), "'헌 신짝'에 비유되는 것 또한 못내 마음에 걸린다."('헌 신짝'='모든 쓸모없는 것')(代喩法) / "많이 피곤했는지 하품이라도 하려는 듯 입을 크게 벌리고 벽 쪽에 몸을 부리고 있는 모습이 안쓰러웠다"(擬人法)

㉣ 주목할 대목: "신발장 속에서 만나는 정겨운 얼굴들. 그 간 우리 식구가 걸어온 길, 살아온 날을 함께 한 헌 신발들을 하나하나 뜯어본다. 입가에 미소가 어리다가도 금세 눈자위가 붉어지기도 하고, 아쉬움과 후회스러움이 교차하기도 한다." / "虛僞(허위)의 신발을 신은 채 영원히 함께 가겠노라는 사랑의 맹세가 애틋함이 있을 리 없다. 눈앞의 이득을 위해 하루아침에 내팽개쳐지는 友誼(우의)와 情理(정리)가 터무니없게도 '헌 신짝'에 비유되는 것 또한 못내 마음에 걸린다." / "누구나 살아가는 방식은 다를지라도 숱한 인생 여정에서 자기 신발에게 결코 미안하지 않는 떳떳한 발걸음이 되었으면……."

㉤ 감상 주안점: 글쓴이는 걸을 때 발을 보호해주는 신발의 단순한 기능보다는 신발과 신발주인을 일심동체로 보고 모든 사람이 부끄럽지 않는 떳떳한 인생길을 살아가기를 바라고 있다.

(4) 戱曲的(희곡적) 수필

① 특징: 사건의 전개가 소설처럼 긴밀하게 연결되어 그 내용 자체에 극적인 요소가 들어 있는 수필로서 주로 작가의 체험이나 실제의 사건을 소재로 하는 경우가 많다. 현장감을 주기 위하여 현재형을 쓴다.

② 쓰는 법: 사건이나 대화가 실제로 눈앞에서 이루어지는 것처럼 생동감 있게 서술해야 한다.

③ 대표 작품: 金素雲(김소운)의 「가난한 날의 행복」, 朱耀燮(주요섭)의 「미운 간호부」, 朴婉緖(박완서)의 「꼴찌에게 보내는 갈채」.

④ 작품 감상: (비) 同行(동행)[5]

열서너 살 난 소녀는 고무줄 놀이하자고 놀러온 이웃집 계집아이도 마다하고 곳간 옆에서 낮잠 자고 있던 망태기를 둘러맨다. 바지게를 지고 풀을 베러 가는 아버

5) 尹昌植(윤창식).

지를 대뜸 따라 나선다. 아버지와 소녀는 낯익은 눈길을 주고받으며 동행을 시작한다. 집요한 여름 해가 뙤약볕을 한 움큼씩 쏟아 붓는 한여름 오후, 미나리아제비가 햇볕을 받아 비릿한 풋내를 풍기는 언덕배기에 살찐 풍뎅이 떼가 날아오른다. 서편으로 막 기울기 시작한 여름 햇살은 풍뎅이 속 날개를 부챗살처럼 펴들고 흘러간다.

아버지와 소녀는 완두콩나무가 듬성듬성 박힌 논두렁을 하나씩 타고앉아 파랗게 날(刃)이 선 낫으로 풀을 베어나가기 시작한다. 마구간에 앉아 거친 옥수수 줄기를 되새김질하고 있을 황소누렁이에게 탐스런 풀포기를 베어다 줄 생각을 하니 소녀는 자꾸 마음이 설렌다. 모시 베잠벵이를 걸친 등짝께로 땀이 골을 이루며 흘러내리지만, 그때마다 한 줄기 颯爽(삽상)한 바람이 불어와 父女(부녀)의 경계를 넘나들며 두 얼굴을 번갈아 식혀준다. 소녀는 낫질이 서툴긴 하였어도 아버지한테 지지 않으려고 무진 애를 쓴다. 그런 딸아이가 안쓰러웠던지 아버지는 한 번씩 허리를 펴고 앞산을 바라보는 척하며 딸내미 낫질과 보조를 맞추어 주고 있다.

해가 저수지 둑을 훌쩍 뛰어 넘어 백로봉 굴참나무 잔가지 틈새를 지나 밥칡[6]이 나온다는 산등성이를 막 넘으려는 순간, 물총새 한 마리 미꾸리를 물고 잽싸게 흙집을 찾아 든다. '목숨 붙은 것'들을 죄다 하나의 빛깔로 물들이는 황혼이 딸과 아버지 발밑까지 스며들자, 부녀의 풀베기 작업도 막바지로 접어든다. 아버지는 서둘러 풀을 바지게에 주섬주섬 챙기면서 딸아이가 망태기에 담고 있는 풀을 보고는 깜짝 놀란다. 딸아이 풀은 소가 먹으면 죽을 수도 있는 毒(독)풀들이 드문드문 섞여 있었다. 아버지는 내색하지 않는다. "와, 우리 딸내미가 참말로 풀도 여간 잘 벤 게 아니네. 집에 누렁소가 먹으면 살이 통통 찌겠네. 이제 시집가도 쓰겄다." 소녀는 아버지 말에 입가에 배시시 웃음을 베어 물고 막 떠오르는 초승달을 올려다본다. 풍만한 가슴처럼 부풀어 오른, 딸아이의 풀 망태는 어스름 달빛을 받아 바이올렛 실루엣을 이룬다. 아버지와 소녀는 귀가를 서둘렀다. 대밭 옆 고샅길 흙담 위를 때늦은 고추잠자리가 날아오르며 하룻밤 보금자리를 찾아들고 있다.

소녀는 여름 뙤약볕에 勞困(노곤)하였던지 저녁 밥 숟가락을 놓자마자 잠에 떨어진다. 아버지는 잠들지 못한다. 담배꽁초가 마지막까지 타들어가는 것을 보고는 마당으로 나온다. 딸아이 몰래 마구간 뒤켠으로 치워놓았던, 독풀이 들어있는 망태기를 슬며시 찾아 들고 사립문을 나선다. 초승달은 벌써 서편 백로봉을 넘어서고 있다. 부

---

6) 칡의 일종으로 그 결이 섬세하여 '밥'의 결에 비유한 남도 방언.

엉이 울음소리가 어스름 기운을 타고 박꽃이 하얗게 핀 초가지붕을 맴돌고 있다.

날이 밝기가 무섭게 소녀는 마구간으로 달려가다가 텅 비어있는 풀망태기를 보고는 놀란다. "아빠! 누렁이가 그 많은 풀을 벌써 다 먹었어요?", "응, 참말로 맛나게 먹더라.", "그러면 오늘도 아빠 따라갈란다.", "그래라. 오늘은 어제 갔던 논둑으로 가지 말고 참새골 너머로 가야겠다. 오늘도 엄청 더울 모양이다."

⑤ 작품 분석

㉮ 제재: 풀베기

㉯ 주제: 부녀의 정겨운 동행과 자식에 대한 아버지의 속 깊은 마음.

㉰ 서술 기법: "여름 햇살은 풍뎅이 속 날개를 부챗살처럼(直喩法) 펴들고(活喩法) 흘러간다." / "황혼이 딸과 아버지 발밑까지 스며들자"(活喩法) / "풍만한 가슴처럼 부풀어 오른, 딸아이의 풀 망태는……"(直喩法) / "오늘은 어제 갔던 논둑으로 가지 말고 참새골 너머로 가야겠다."('어제 갔던' 논둑 ='독풀이 있는' 논둑, '참새골 너머'='독풀이 없는 곳')(隱喩法)

㉱ 주목할 대목: "아버지와 소녀는 낯익은 눈길을 주고받으며 그렇게 동행을 시작하고 있었다." / "그런 딸아이가 안쓰러웠던지 아버지는 한 번씩 허리를 펴고 앞산을 바라보는 척하며 딸내미 낫질과 보조를 맞추어 주고 있었다." / "아버지는 잠들지 못한다. 담배꽁초가 마지막까지 타들어가는 것을 보고는 마당으로 나온다. 딸아이 몰래 마구간 뒷켠으로 치워놓았던, 독풀이 들어있는 망태기를 슬며시 찾아 들고 사립문을 나선다."

㉲ 감상 주안점: 더운 여름날 아버지의 풀베기를 따라 나선 딸아이는 그만 독풀을 베고 말았지만, 아버지는 딸에게 '하얀 거짓말'을 **해** 상처를 주지 않으려는 속 깊은 아버지의 정을 느낄 수 있다.

(5) 批評的(비평적) 수필

① 특징: 문학, 음악, 미술 등 예술작품이나 작가에 대한 인상이나 소감을 비평적 관점에서 서술하는 수필이다.

② 쓰는 법: 비평의 대상이 되는 예술작품에 대한 철저한 예비지식을 갖추어야 한다. 기존의 비평문을 참조할 수 있으나, 이럴 경우는 논문처럼 반드시 출처를 밝혀야 한다.

③ 작품 감상: (시) 이문재의 「농담」에 대한 詩論(시론)[7]

문득 아름다운 것과 마주쳤을 때
지금 곁에 있으면 얼마나 좋을까 하고
떠오르는 얼굴이 있다면 그대는
사랑하고 있는 것이다

그윽한 풍경이나
제대로 맛을 낸 음식 앞에서
아무도 생각하지 않는 사람
그 사람은 정말 강하거나
아니면 외로운 사람이다

종소리를 더 멀리 내보내기 위하여
종은 더 아파야 한다.

– 이문재, 「농담」 전문 –

詩(시)를 읽을 때 한 호흡으로 읽히는 시가 좋은(잘 쓴) 시라고 생각한다. 그만큼 시의 리듬감이 좋고 의미 또한 울림이 있기 때문일 것이다. 그런 점에서 이 시는 일단 합격점을 줄 수 있다.

과연 '아름답다'함은 무엇을 말하는 것일까? 무릇 '아름다움'이란 매우 주관적인 관념의 산물이기 때문에 심사위원들의 합의하에 아름다움의 등급이 매겨지는 美人大會(미인대회) 같은 美學(미학)은 아닐 것이다. 아름다움은 마음속에서 感興(감흥)(excitement)을 일으켜야 한다. 여기서 말하는 감흥이란 단순히 즐거움을 의미하지 않는다. 굳이 외래어로 풀어서 말하면 무언가의 실체에서 에스프리(esprit)가 느껴진다면 그것은 분명 감흥을 줄 것이고, 그러면 비로소 그것을 '아름답다'고 말할 수 있는 것이다.

이 시에서 시인이 의도한 아름다운 것의 실체는 "곁에 두고 싶다"는 표현에서 알 수 있듯 누구나 공감하거나 상식적인 아름다움을 의미하는 것 같아 아쉬운 대목이

7) 尹昌植(윤창식).

다. 예를 들면, 대부분의 사람들에게 아름답게 비춰지는 붉게 물든 서해 바다도 누군가에게는 '핏빛어린 원수 같은 바다'가 될 수 있는 것 아닌가. 청소부를 아버지로 두고 있는 아이에게 쓰레기가 예사로 보이지 않았다면 그 쓰레기는 아이의 미학적인 눈에는 아름다운 것이 될 수 있는 것이다. 아이의 마음속에 예의 감흥이 일어났기 때문이다. "쓰레기통은 더럽다."는 말은 상식에 불과하지만, "쓰레기통은 聖者(성자)다."고 쓰면 시가 되는 이치다(더러운 환자를 품에 안고 있는 테레사 수녀님을 기억하라!).

사실, 자기가 강하다고 착각하거나 강한 척하는 사람은 많지만, 이 세상에 정말 강한 사람은 많지 않다. 그래서 사람은 외로운 것이다. 따라서 사람은 외로울수록 누군가를 더욱 애잔하게 그리워하는 것 아니던가! 그윽한 풍경이나 제대로 맛을 낸 음식 앞에서는 누군가를 생각해내지 못하다가도, 오히려 쓸쓸한 풍경이나 허드레 음식 앞에서 눈물이 나는 사람도 있다(여기서 '눈물'은 '감흥'의 또 다른 이름이다).

시 끝 聯(연)에도 아쉬움은 남는다. 종 또는 종소리를 殺身(살신)의 희생성에 빗대 의인화한 것은 시비할 일이 아니지만, 종을 괜히 사정없이 '아프게' 때린다고 종소리가 멀리 퍼지는 것은 아니다. 종은 '달래듯이' 쳐야지 '때려서는' 안 된다. 그리되면 오히려 때리는 손이나 종을 치는 채가 더 아플 뿐 幽玄(유현)한 종소리는 기대할 수 없다. 그윽하지 못한 종소리는 감흥은커녕 누군가를 옥죄는 소리가 될 수도 있다(영화 「빠삐용」에 나오는 무인도의 감옥에서 울려 퍼지는 종소리는 죄수들에게는 매우 가슴 아프게 들릴 것이다!).

끝으로, 시 제목이 하필 '농담'인 것이 의심스럽다. 독자를 농락하려고 작정한 것은 아닐 테니, 여기서 농담은 흔히 말하는 우스갯소리가 아니라 다른 어떤 의미일 듯하다. 시 전체를 관통하는 주제로 보아 '농담'의 漢字(한자)는 '弄談'이 아니고 '濃淡'이어야 한다. '진한 듯 묽고, 묽은 듯 진한 것'을 형상화시키는 濃淡! 이것이 시의 진짜 맛일 것이다.

④ 작품 분석

㉮ 제재: 詩(시)

㉯ 주제: '아름다움'이란 '감흥'을 불러일으키는 대상이다.

㉰ 서술 기법: "美人大會(미인대회) 같은 미학은 아닐 것이다.", "핏빛어린 원수 같은 바다'가 될 수 있는 것 아닌가."(直喩法) / "쓰레기통은 聖者(성자)다."(隱喩法) /

"종은 '달래듯이' 쳐야지 '때려서는' 안 된다."(문장 전체: 역설법 / '달래듯이': 活喩法)

㉣ 주목할 대목: "아름다움은 마음속에서 '感興(감흥)(excitement)'을 일으켜야 한다." / "이 세상에 '정말 강한 사람'은 많지 않다. 그래서 사람은 외로운 것이다. 따라서 사람은 외로울수록 누군가를 더욱 애잔하게 그리워하는 것 아니던가! …… 오히려 쓸쓸한 풍경이나 허드레 음식 앞에서 눈물이 나는 사람도 있다." / "그윽하지 못한 종소리는 감흥은커녕 누군가를 옥죄는 소리가 될 수도 있다." / "'진한 듯 묽고, 묽은 듯 진한 것'을 형상화시키는 濃淡! 이것이 시의 진짜 맛일 것이다."

㉤ 감상 주안점: 지나치게 난해한 시는 좋은 시라고 볼 수 없다. 아름다움은 화려한 겉모습에 있지 않으며 마음속에 울림(感興 excitement)을 주어야 한다. 이 시의 일부는 그런 점에서 조금은 아쉬운 점이 있다. 한편, 이 비평적 수필은 다소 諧謔的(해학적)이며 滑稽味(골계미)가 있다.

연습문제 1. 이상으로 소개한 수필 쓰는 법을 참고하여 다음을 제재로 수필을 써보시오. 원고지 10장 또는 A4 2장 분량으로 쓰시오.

어린 시절, 할아버지, 할머니, 아버지, 어머니, 이모, 고모, 큰아버지, 작은아버지, 삼촌, 형제, 자매, 사촌형제, 우리 가족, 집, 친척, 동네, 선생님, 친구, 첫사랑, 이웃 사람, 아르바이트, 돈(錢), 도움, 背信(배신), 고교 시절, 왕따, 싸움, 가장 기억에 남는 일, 위험했던 일, 후회되는 일, 즐거웠던 일, 기뻤던 일, 슬펐던 일, 病(병)으로 앓은 일, 얼굴, 몸, 웃음, 울음, 유머, 장난, 실수, 동아리, 종교, 대학생활, 강의시간, 도서관, 스쿨버스, 방학, 대회 참가, 특별활동, 축제, 봄, 여름, 가을, 겨울, 비, 눈, 해, 달, 장래 희망, 10년 뒤의 나, 100년 뒤의 세상, 남북통일, 지역감정, 취업, 살고 싶은 외국, 운동(스포츠), 음악, 춤, 예술, 취미, 영화, 봉사, 사회활동, 스마트폰, 게임, 인터넷, 죄와 벌, 이름, 공부, 시험, 사회, 국가, 인류, 동물, 식물, 무생물, 개, 고양이, 새(鳥), 나무, 태양, 달, 별, 산, 강, 호수, 바다, 항구, 섬, 시골, 서울, 자전거, 기차, 비행기, 배, 여행, 캠핑, 동물원, 놀이공원, 이름, 술, 담배, 밥, 김치, 라면, 음식, 연애, 그리움. 선물, 편지, 전화, 나의 前生(전생), 이민을 간다면, 우주인을 만난다면, 다른 별에 가서 산다면.

(6) 讀後感(독후감)

① 독후감의 정의

책을 읽고 난 후 감동적 부분과 소감, 의견 혹은 다짐 등을 기록하는 글이다.

② 독후감 쓰는 방법(순서)

독후감은 모범답안이 따로 없다. 읽은 글에 대한 자신의 느낌이나 견해를 진솔하고 과감하게 표현하는 것이 바람직하다. 교수는 학생이 책을 읽고 느낀 점을 먼저 말로 발표해 보게 한다. 학생은 자신의 발표를 녹음해서 들어본다. 교수는 학생이 발표 잘한 점을 칭찬해서 학생에게 자신감을 불러 넣어 준다. 지적은 간단하게 몇 마디 한다. 학생은 그런 점까지 보충해서 독후감을 쓴다.

㉮ 제목 정하기

읽은 이의 느낌이 뚜렷이 드러나는 제목으로 하되 책이나 소설의 제목을 副題(부제)로 붙이는 것도 좋다. 너무 평범한 제목은 피하는 것이 바람직하다.

㉯ 서두 쓰기

책을 읽게 된 동기, 지은이 소개, 책의 가치나 평판 등 객관적인 사실을 소개한다.

㉰ 본문 쓰기

소감이나 감동 없이 줄거리만 나열하지 않도록 주의한다. 주인공과 줄거리를 '간략히' 소개한다. 인상 깊은 장면 두세 개를 소개한다. 주인공의 행위를 분석하고 자신의 경우와 비교하여 서술한다.

㉱ 결말 쓰기

자신만의 독특한 느낌이나 교훈 또는 비판적 시각을 제시한다.

③ 작품 감상 : (이) 數學(수학)과 野球(야구)[8]

도서명 : 博士(박사)가 사랑한 數式(수식)

저 자 : 小川洋子(오가와 요코)

출판사 : 도서출판 이레 / 2004년 / 김난주 옮김

'박사가 사랑한 數式(수식)'이라고? 그럴 수 있다고 생각했다. 수학이나 물리를 전공하는 박사가 자기만의 특별한 수식이 있을 수 있으니까 수식을 '사랑'할 수도 있을 것이라고 생각했다. 어린 시절에 수학에 대하여 특별한 기억을 가지고 있었던 나는 어떤 박사가 어떤 수식을 좋아했는지 궁금했고 그 제목만으로도 나의 호기심을 자극하기에 충분했다. 물론 책을 집어 드는 순간 그 책이 일본 작가 그것도 '여성' 작가가 쓴 소설이라는 점에서 내 생각과 다른 무엇이 더 있을 것 같다는 짐작

8) 李和春(이화춘) : 草堂大 (초당대) IT학부 교수. 仁荷大(인하대) 졸업. 인하대 공학박사.

도 잠시 들었다.

아니나 다를까 글 안에는 사고로 인하여 기억이 정지된 채로 수학만을 어루만지며 살아가는 박사와 그의 가정부 및 가정부의 아들이 엮어가는 이야기의 중심에 수학 말고도 하나가 더 있었다. 그것은 야구였다. 그 세 사람은 야구와 수학으로 서로 감정을 나누며 서로를 알아가고 서로를 사랑하게 되는 것이었다. 야구와 수학. 대개 이 두 가지는 여자들에게 환영받지는 못하는 것들이다. 야구가 우리나라보다 훨씬 인기가 좋은 일본을 감안하더라도 야구와 수학을 하나로 묶어서 이야기가 전개되는 '女性(여성)' 작가의 글이라는 것은 참으로 뜻밖이었다. 어쩌면 그 두 가지는 내 어린 시절에서 빼놓을 수 없는 중요한 핵심 단어이기 때문에 더욱더 그렇게 느꼈는지도 모르겠다. 정말 그랬다. 난 야구를 떠올리면 국민학교(나는 초등학교가 아닌 국민학교를 다녔다.) 때 내 선친의 얼굴이 떠오르고, 수학을 생각하면 국민학교 2학년 때 담임선생님 얼굴이 떠오른다.

野球(야구)는 지금도 내가 제일 좋아하는 스포츠이다. 난 내가 기억도 못하는 어린 시절부터 선친의 어깨에 올라타고 야구장을 다녔다고 한다. 젊으셨을 때 연식정구 선수셨고 모든 스포츠를 좋아하시던 선친께서는 어린 아들을 데리고 동대문야구장을 수없이 드나들었다. 덕분에 나는 4학년 때 이미 '인필드플라이 아웃', '낫아웃', '야수 선택'이라는 어려운 용어들을 알 수 있었다. 그리고 야구를 보면서 또는 집에서 라디오로 야구중계를 들으면서 야구 기록법에 따라 야구를 기록할 수 있을 정도가 되었다. 나는 그 당시 인기 있던 고교야구는 물론 대학야구와 실업야구도 구경 다녔다. 특별히 어느 팀을 응원했다기보다는 그냥 야구 자체를 즐기러 간 것이다. 특히 당시에 전기 절약한다고 야간경기를 없애기 전까지는 거의 매일 야간경기를 보러 다녔다. 어린애가 늦게 돌아다닌다고 부모님께 혼나기도 했지만 그렇게 다닌 이유가 있었다. 해질 무렵 새파란 하늘로 하얀 야구공이 조명탑의 조명을 받으며 반짝반짝 빛나면서 하얀 꼬리를 길게 늘어뜨리고 혜성처럼 날아가는 그 모습에 매료됐기 때문이다. 그 공이 비록 홈런이 되지 않고 외야수에게 잡히더라도 파란 하늘에 흰 빛을 반사하며 날아가는 공을 올려다보고 있으면 어느새 내 눈에는 눈물이 맺힐 때도 있었다.

내가 數學(수학)을 기억하는 것은 국민학교 2학년 때이다. 그때 우리 학교는 학생수가 많아서 오전・오후반으로 나누어 수업을 하고 있었다. 선생님은 수업이 끝나면 나를 남겨서 교실 맨 앞자리에 앉혀놓고 수학 문제를 풀어주셨다. 선생님께서 그렇게 하신 이유는 '반장이 공부를 못하면 애들이 놀린다'는 것 때문이었다. 그래서 난 학교의 수학경시대회 같은 데서 입상할 수 있었다. 난 그때부터 수학에 재미를 붙였다. 중학교 때는 어려운 각도를 배우면서 갑자기 머리에 떠오른 것이 있었는데 그것은 임의의 각을 3등분하는 것이었다. 난 무엇을 하든지 그것만 생각했고 그 문제는 내 머리에서 떠나질 않았다. 운동장에서 나뭇가지로 운동장 바닥에 갑자기 생각난 방법을 그려보기도 했다. 그러던 어느 날 드디어 각의 3등분법을 나는 찾아내었다. 그리고 수학시간에 선생님께 내가 찾은 방법을 말씀드리려고 했다. 그러자 선생님은 "그건 특별한 각 말고는 안 되는 거야"라고 말씀하시고는 내 방법은 듣지도 않으셨다. 좀 서운했지만 그 뒤로도 나는 수학문제와 어려운 수학 퍼즐 등에 빠져서 오랫동안 헤어 나오지 못했다.

나는 이 책을 읽으면서 내내 내 어린 시절 모습들을 떠올리고 또 떠올렸다. 박사가 가정부와 가정부의 아들 루트에게 특별한 숫자를 던져주고 그 의미를 설명하고, 또 옛 야구선수 이야기를 하며 야구에 대한 열정을 공유하는 모습들 속에서 내 선친 모습과 2학년 때의 담임선생님 모습이 자꾸 떠올랐다. 그건 그들이 지금 바로 내 모습이기 때문이다. 나는 초등학교에 다니는 딸과 함께 어려운 만들기를 같이하고 과학을 이야기하고 별자리 이야기를 하면서 딸에게 뭔가 특별한 것을 전해 주기 위해 애쓰고 있다. 그런 행위들이 단지 내가 딸아이에게 재능을 길러주고 지식을 쌓아주려는 것보다 더 중요한 것이 포함되어 있다는 것을 나는 알고 있기 때문이다.

그러면 그렇지, '여성' 작가가 단지 야구의 재미와 수학의 오묘함을 이야기하기 위해서 이 글을 쓴 것은 당연히 아니었다. 기억 능력이 정지된 박사님, 남편이 없는 가정부, 아버지가 없는 아이. 이들은 모두 남들이 가진 기본적인 것들을 가지지 못한 이유로 일종의 '정신적 결핍'을 겪고 있었던 것이다. 루트한테 집착에 가까운 애착을 가지는 박사님이나, 한 치의 빈틈도 안 보이려는 가정부의 모습이나, 너무도 어른스러운 루트의 모습들이 그런 부족함을 가리려는 무의식적인 표현일 수도 있을 것이다. 그래서 그들이 나누는 야구와 수학에 대한 열정은 서로 그런 빈자리를 메꾸어주는 훌륭한 치료약이 될 수 있었다. 이 책에서 나온 세 주인공과는 달리 부족함이 없어 보이는 우리들과 우리들의 주변 관계들은 과연 어떠할까? 아마도 각각 나름대로 정신적 결핍을 가지고 있는 경우가 많을 것이다. 불완전한 가정과 불완전한 사람들, 불완전한 세상 속에서 서로 조화롭지 못해서 슬픈 결과를 가져오게 되는 영화 '퍼펙트 월드'와는 달리 이 책에서 세 주인공은 바로 그 해결 방법을 보여준 것이다.

세 사람이 나눈 것은 야구와 수학이 아니고 서로에 대한 관심과 사랑인 것이다. 그리고 그러한 것들은 무엇인가를 조화롭게 공유하고 공감하여 이루어진다는 것을 보여주고 있다. 그런 당연한 이야기가 감동을 주는 것은 아직 우리 주변에 그런 모습들이 많지 않기 때문일 것이다. 내 자식 기를 살리는 것이 무엇보다 중요하다고 생각하는 부모들이나, 목적을 위해서는 가족이 헤어져 살아도 된다고 생각하는 기러기 가족들이나, 내 작은 실수를 만회하려고 여러 사람에게 큰 불편을 주는 사람들에게 어떻게 하면 저 박사님이 사랑한 것이 단지 수학이 아니란 것을 전해줄 수 있을는지 모르겠다. 어린 아들을 목에 얹고 야구장을 찾고, 돌아오는 길에 잠든 아이를 힘들게 안고 돌아오는 아버지는 그 아이에게 단지 야구만을 알려주고 싶었던 것은 아닐 것이다. 창으로부터 삼분의 일쯤 햇볕이 들어오는 빈 교실 앞자리에 앉아있는 어린 학생에게 선생님이 가르쳐주고 싶었던 것은 단지 어려운 수학문제를 푸는 방법만이 아니었을 것이다.

문득 파란 하늘을 떠가는 흰 구름을 올려다보고 있으려니까 오늘 저녁 딸아이 손잡고 야구 야간경기를 보러가고 싶어졌다. 이 책은 일본에서 2006년에 영화로 만들어져 한국에서도 개봉되어 많은 관객의 사랑을 받았다. 우리 草堂大(초당대) 학생들도 한번쯤 읽어보면 좋을 책이다.

연습문제 2. 자신이 최근에 읽은 책을 제재로 독후감을 써보시오. 원고지 10장~15장 또는 A4 2장~3장 분량으로 쓰시오.

(7) 紀行文(기행문)

① 기행문의 정의

여행하면서 보고 듣고 느낀 점과 직접 겪은 일들을 시간 순서나 여정에 따라 기록한 글이다. 사진이나 그림, 시 등을 곁들이면 시각적인 효과를 주어 글의 내용을 생생하게 전달할 수 있다.

② 기행문의 특징

구성 형식에 일정한 틀이 없으며 旅程(여정)에 따라 보고들은 것을 사실대로 쓰는 글(수필)이다. 여행 동기와 목적이 잘 나타나도록 기술해야 한다. 글쓴이의 감상이나 느낌이 솔직하게 드러나야 한다. 생동감을 주기 위해 현재형 문장으로 쓰는 경우가 일반적이다.

③ 기행문 쓰는 방법(순서)

㉮ 서두 쓰기

여행 동기나 목적, 일행, 여정, 여행에 대한 기대, 호기심 등을 기술한다.

㉯ 본문 쓰기

출발할 때의 날씨, 시간, 교통편 등을 적는다. 여행지에 도착하여 느낀 점을 적는다. 이어 여행 동안 겪은 에피소드, 처음 접한 특이한 풍광이나 마주친 현지인들의 모습이나 특이한 언어 등에 대한 인상을 적는다. 또한 유적이나 유물에 얽힌 이야기와 새롭게 알게 된 사실들을 기술한다.

㉰ 결말 쓰기

여행을 마친 후 日常(일상)을 떠난 자신을 다시 한 번 되돌아본다. 여행지의 새로운 사물이나 사람, 풍광, 유적지 등을 접해서 그 여행이 자신의 삶에 어떤 영향을 미쳤으며 어떤 성과와 의미가 있었는지를 적는다.

④ 작품 감상: (지) 地獄(지옥) 같은 '어우슈빙침' 수용소[9]

나는 지난 2009년 7월 22일부터 8월 2일까지 동유럽 8개국을 10박 11일간 여행을 다녀왔다. 서울교대 동문 부부 여행인데 나는 집사람 대신에 아들을 데리고 갔다. 나는 이번 관광 중 폴란드의 '어우슈빙침' 收容所(수용소) 방문이 가장 인상 깊었다. 우리가 알고 있는 '아우슈비츠'라는 이름은 독일인들이 부른 독일식 이름이고, 이곳 폴란드의 현지 지명은 '어우슈빙침'이라고 한다.

7월 24일 金曜日. 맑음.

인솔자인 자유투어 趙炳淵(조병연) 과장의 설명을 듣고 있는데, 우리를 태운 벤츠 버스는 어느새 어우슈빙침으로 접근해 들어가고 있었다. 도로 옆으로 철로가 지나가고 있었는데, 그 철로가 유태인들을 태우고 수용소로 들어가던 철길이라고 한다. 우리는 어우슈빙침 역 앞에서 버스에서 내렸다. 수용소를 들르기에 앞서 점심부터 먹기 위해서였다. 조 과장 말로는 수용소를 보기 전에 밥을 먹어야지 보고 나면 밥

9) 金昌辰(김창진) : 草堂大(초당대) 교양학부 교수. 2001년『文藝思潮(문예사조)』수필 신인상. 한국문인협회 · 전남문인협회 회원. 全南隨筆文學會(전남수필문학회) 회원.

이 목구멍으로 넘어가지 않는다고 한다.

12시부터 30분간 점심을 마치고, 다시 버스 타고 10분쯤 가니 어우슈빙침 수용소에 도착했다. 넓은 주차장에는 수많은 버스가 와 있었고 관광객들도 많았다. 여기에는 전 세계에서 관광객들이 찾아오는데, 폴란드인・유태인・독일인 순으로 많이 찾아온다고 한다. 특히 유태인은 1년에 한 번씩 聖地巡禮(성지순례) 격으로 단체로 찾아와서 자기들 조상들이 겪었던 고난을 되새기곤 한다고 한다.

어우슈빙침의 제1 수용소로 들어가는 문에는 “일이 우리를 자유롭게 한다”는 표어가 철문 위에 높이 걸려 있었다. 그 말은 독일인이 유태인의 노동력을 搾取(착취)하기 위해 만들어 내건 구호라고 한다. 언제나 독재자들은 구호는 잘 만들어 낸다. 일이 우리를 자유롭게 하기 때문에, 날마다 유태인은 죽어라 일만 해야 했다. 그래서 건강한 사람도 반년을 넘기지 못하고 진이 빠져 죽어나갔다 한다. 노인과 어린이, 장애인 같은 사람들은 본디 자유롭지 못한 사람들이라 이곳에 도착하자마자 바로 가스실로 보내졌다고 한다.

‘어우슈빙침’ 수용소 문을 들어서자마자 왼쪽으로 보이는 건물은 慰安婦(위안부)들이 있던 건물이라 한다. 이 위안부들은 독일군들만 이용했는데, 惡名(악명)을 떨치던 SS부대원들이 주로 이용했다 한다. 그리고 그 건물 맞은편 앞 건물 벽에는 음악대가 연주하는 사진이 붙어 있다. 수용자들이 일하러 문을 나갈 때 음악을 연주하여 분위기를 고취시키게 했던 자리라고 한다. 물론 그 연주자들도 수용자들 중에서 뽑았고, 그들도 연주를 마친 뒤에는 맨 나중으로 일터로 나갔다 한다.

수용소는 모두 2층짜리 건물들로 약 30여 동쯤 되는 것 같았다. 건물들 크기는 학교 校舍(교사)와 비슷해 보였다. 그 중 우리는 시간상 3개 동밖에 둘러볼 수 없었다. 첫 번째 건물에 들어가니, 갖가지 사진과 실물들이 당시를 생생하게 증언해주고 있었다. 그 중 독일군들이 웃으면서 유태인들을 핍박하는 사진이 눈에 띄었다. 그 사진을 보니 과거 日本(일본) 군인들이 우리나라 광복군을 잡아다 죽이면서 의기양양하게 웃던 모습과 겹쳐 보였다. 그래서인지 일본인은 어우슈빙침 관광을 오는 사람이 거의 없다고 한다. 일본 정부에서 일본인의 관광을 막는다고 한다. 우리나라 관광객은 다섯째로 많은데, 그 숫자에 이곳 수용소 관계자들은 놀란다고 한다. 하지만 일본과 우리의 관계를 알면 고개를 끄덕인다고 한다.

한 건물을 나와서 다른 건물로 이동할 때 멀리 식당 건물이 보였다. 그 식당 앞에 絞首臺(교수대)가 있었다. 탈출하다 잡힌 사람을 끌고 와서, 사람들이 가장 많이 모이는 식당 앞에서 시범조로 공개 처형했다 한다. 건물들 사이에는 두 겹으로 철조망이 쳐 있고, 감시초소도 군데군데 세워져 있었다.

우리는 수용소 건물 마지막 棟(동)에 들어갔다. 거기에는 방마다 독일군들이 유태인들을 가스실에서 죽인 증거물들이 유리창 안에 보관되어 있었다. 먼저 커다란 가방들이 수백, 수천 개 쌓인 방이 있었다. 유태인들이 수용소 올 때 들고 왔던 가방들이다. 쭈그러들었지만 고급 가방이다. 그 가방들에는 커다랗게 이름들이 적혀 있다. 어떤 가방에는 年度(연도)가 적혀 있기도 한다. 독일군이 유태인을 가스실로 보낼 때 목욕실로 간다고 속였다. 유태인들이 의심하여 들어가지 않으려 하자, 목욕하고 나와서 가방을 다시 찾아 가려면 각자 자기 가방에 이름을 크게 적으라 하면서 속였기 때문이다. 그 가방 안에는 당시 유태인들의 전 재산이 들어 있었다. 원래 유태인은 부자가 많았다. 독일군이 유태인들을 이 수용소로 끌고 올 때 짐을 각자 두 손에 들 만큼만 가지고 오게 했다. 그래서 돈을 가득 채워 들고 온 가방들이다.

그 다음 방에는 유태인들이 신고 왔던 신발들이 유리창 안에 산더미처럼 쌓여 있었다. 밑창이 벌어진 신발도 있는데, 귀중품을 그 사이에 몰래 넣어 가지고 온 흔적이라 한다. 신발 중에는 아주 작고 귀여운 아기 구두도 눈에 띄고 또 예쁜 멋쟁이 아가씨들 구두도 있어 가슴을 아프게 한다. 나는 어릴 적에 아버지가 사다준 『안네의 일기』를 탐독했다. 저 예쁜 멋쟁이 아가씨 구두 중에 안네의 구두가 있을지도 모른다.

아, 끔찍했던 건 빛이 바래서 진회색 빛이 도는 머리칼들이 수북이 쌓여 있던 방이다. 그 머리칼로 織物(직물)을 만들었다는데, 실제로 그 직물들도 보관되어 있었다. 또 틀니와 금이빨을 모아 놓은 방도 있었다. 시체를 화장하고 남은 재를 모아 놓은 방도 있고, 가스실에서 쓰던 毒劇物(독극물) 통을 보관한 방도 있었다. 그 독극물을 생산한 공장의 사장은 戰犯裁判(전범재판)에서 무죄를 선고받았다 한다. 자신은 그 물질이 가스실에 사용될지 몰랐다는 변명으로 넘어갔다 한다. 오늘 버스 안에서 본 영화 『글루미 선데이』에도 비슷한 내용이 나온다. 독일군 한스 대령은 지역 책임자로서 유태인을 잡아오는 결재권자였다. 그는 돈 많은 유태인과 유력한 유태인은 돈 받고 빼돌려준다. 하지만 戰後(전후) 戰犯(전범) 재판에서 그는 유태인들을 살려준 은인으로 둔갑해 용서받고 오히려 칭송의 대상이 된다.

나는 시체들의 끔찍한 殘存物(잔존물)들을 보면서 지나가는 순간순간, 너무 놀라

머리가 하얘졌다. 놀라움과 한탄을 연속하다가 어느덧 마지막 방인 가스실로 들어섰다. 가스실은 교실만한데, 천장 위에는 구멍이 두 군데 뚫려 있었다. 그곳으로 유독가스가 스며들어 사람들은 불과 몇 분 만에 모두 쓰러졌다고 한다. 그때 유태인들이 죽어가면서 시커멓게 그을린 벽을 고통스럽게 삐뚤삐뚤 긁어대던 손톱자국들이 아직도 생생하다. 마지막 안간힘을 쓰며 몸부림치는 유태인의 모습 위에, 일본 순사들에 의해 온 마을 사람들이 교회에서 불태워져 죽어간 충청도 제암리 조선인의 모습이 겹친다.

가스실을 나오니 바로 火葬場(화장장)이다. 火葬機(화장기)가 두 대인데, 큰 군고구마 통 모양이다. 시체들이 너무 많아 화장기 통 안에 한꺼번에 세 具(구)씩 넣고 태웠다 한다. 그래도 화장장은 밤낮으로 쉴 틈이 없었다 한다. 화장한 뒤에는 시체에서 다시 금니, 머리털 등등을 뽑아냈다 한다. 같은 유태인 수용자들을 시켜서 말이다.

화장장을 끝으로 마지막 건물을 나오니, 독일군들이 宴會場(연회장)으로 썼다는 건물이 앞에 서 있다. 그 앞 건물에서 유태인들이 가스실에서 죽어가던 순간에 독일군들은 우아한 음악을 들으면서 술 마시고 웃고 춤추곤 했다 한다. 그 연회장 건너편에는 종전 후 독일군의 2인자가 잡혀서 전범재판을 받고 처형됐던 絞首臺(교수대)가 서 있다. 이스라엘은 지금도 독일 전범들을 추적하고 있다 한다. 수십 년 만에 잡힌 사람들도 있지만, 끝내 잡히지 않은 사람들도 있다 한다. 파리 목숨 죽이듯 남을 죽였던 사람들이 자기들은 얼굴 성형 수술도 하고 이름도 바꿔가면서 멀리 외국으로 도피해 끈질기게 살아간다니 이 모순을 어떻게 이해해야 하나.

그 狂亂(광란)의 戰爭(전쟁)과 虐殺(학살)을 주도한 元兇(원흉)인 히틀러는 본디 오스트리아인이다. 별다른 사회 경력도 없던 히틀러가 유럽은 물론 전 세계를 아수라장으로 몰아넣은 20세기의 괴물이 된 게 不可思議(불가사의)하다. 하지만 전 독일인의 마음을 사로잡은 히틀러의 능력만은 알아줄 만하다. 물론 國粹主義(국수주의)에 바탕을 둔 煽動(선동)이 인기 비결이었겠지만 말이다.

하기야 사돈 남 말할 것이 아니다. 내가 10년 넘게 연구해 봤지만 한글전용은 국어사적으로나 언어학적으로나 아무런 근거나 이치를 찾을 수 없었다. 그럼에도 한글전용파들이 광복 직후부터 70년째 잘못된 國粹主義(국수주의)로 煽動(선동)하여 한국인의 국어생활을 혼란으로 몰아넣고 있다. 그래서 朴露子(박로자) 교수는 한글전용파를 히틀러 같은 인간들이라고 辛辣(신랄)하게 비판한 바 있다. 한국에는 아직도 히틀러들이 큰소리치고 있다는 생각에 어두운 가슴을 안고 나는 어우슈빙침 수용소를 빠져 나왔다.

연습문제 3. **자신이 여행했던 곳 중 인상 깊었던 곳을 재제로 기행문을 써보시오. 원고지 7~10장 또는 A4 2장 분량으로 쓰시오.**

2. 詩(시)[10)]

1) 詩(시)란 무엇인가?

문학의 목적은 效用說(효용설)과 快樂說(쾌락설)로 나뉜다. 효용설은 문학이 교훈을 준다는 점에서, 쾌락설은 문학 자체가 감정의 정직한 發露(발로)로서 독자에게 미적 쾌감을 준다는 점에서 타당하다.

플라톤은 바른 詩作(시작)의 근본 원리는 分別力(분별력)이라고 말했다. 深思熟考(심사숙고)한 소재에는 언어가 저절로 따르게 된다고 보았다. 플라톤은 시인과 철학자의 차이에 대하여 詩(시)는 자기가 쓰고도 잘 설명하지 못하는 데 반해서 철학은 명확하게 그것을 인지하고 있는 데 차이가 있다고 보았다. 플라톤은 그의 이데아론에서 예술가는 眞實材(진실재)인 이데아를 模倣(모방)하는 것이 아니라 그 模像(모상) 혹은 映像(영상)을 모방하는 데 불과하다고 보았다. 그래서 플라톤은 예술가를 가장 위험한 존재라고 보았다. 플라톤이 그렇게 詩(시)를 공격한 이유는 "시는 우리의 자제력을 강화시켜 주는 것이 아니라 우리의 감정에 대한 고삐를 풀어줘서 우리가 마땅히 시들어지게 해야 할 것에다 물을 대주는 역할 같은 것을 하기 때문"이라고 말했다. 그래서 그의 시론은 교훈설이라 말할 수 있다.

아리스토텔레스는 스승 플라톤과는 달리 시가 비록 靈感(영감)이나 天才(천재)에 의해 만들어진다고 해도 언어라는 媒體(매체)에 의존하기 때문에 시와 作詩術(작시

10) 朴美瓊(박미경) : 草堂大(초당대) 외래교수. 仁川大(인천대) 졸업. 인천대 대학원 박사과정 수료. 2006년 『정신과 표현』으로 시인 등단. 시집으로 『풀꽃연가』·『슬픔이 있는 모서리』·『밤이면 거꾸로 돌아오는 흰 길』, 한국시학회 회원.

술)을 논하는 것이 더 타당하다는 견해였다. 그는 『詩學(시학)』에서 문체와 문법에 관하여는 修辭學(수사학)에 관한 여러 가지 저술과 소피스트들의 수사를 참고하였다. 인간은 다른 것을 모방하면서 쾌감을 느낀다. 모방은 타고난 본성이기 때문에 원형에 添削(첨삭)을 가해서 시를 제작한다고 하였다. 그의 이론은 쾌락설이라 말할 수 있다.

일반적으로 詩(시)라 할 때는 주로 그 형식적 측면을 가리켜 문학의 한 장르로서의 시 작품(poem)을 말하는 경우와, 그 작품이 주는 예술적 감동의 內實的(내실적)인 詩情(시정) 및 시적 요소(poetry)를 가리키는 경우가 있다. 전자는 좁은 의미의 시 개념이다. 일정한 형식에 의하여 통합된 언어의 메아리 · 리듬 · 하모니 등의 음악적(청각적) 요소와 언어에 의한 이미지 · 시각 등의 회화적(시각적) 요소에 의해서 독자의 감각 · 감정 · 상상력에 작용하여 깊은 감명이나 고양된 존재감을 제공하는 문학작품이다. 여기에서는 언어의 感化的(감화적) · 情動的(정동적)인 기능을 최대한으로 발휘할 수 있는 언어의 선택 · 배열 · 구성이 요구된다. 후자는 넓은 의미의 시를 말하는데, 아리스토텔레스의 『시학』에서 쓰는 '시'의 의미다. 요즘 말로는 '예술' · '기술'에 가깝다. 시작품뿐만 아니라 소설 · 희곡 · 수필 등의 문학작품에서 미술 · 음악 · 무용 · 연극 · 사진 · 영화 · 건축 등의 예술작품, 더 나아가서는 자연이나 인간사, 사회현상에 이르기까지 그 폭이 매우 넓다.

많이 알려진 詩(시)의 定義(정의)를 몇 개 소개하면 다음과 같다. 孔子(공자)는 "詩經(시경)의 시 삼백 편이 바르지 않음이 없다"고 했는데, 效用說(효용설)에 해당한다. "시는 넘쳐흐르는 정서의 자연적 發露(발로)이다."(워즈워드), "시는 미의 韻律的(운율적) 창조이다."(포우) 등은 낭만적 정의이다. 창작과정 혹은 방법론에 치중한 것은 "시는 언어의 건축이다."(하이데거), "시는 역설과 아이러니의 구성체"(브룩스) 등의 현대적 해석이 있다.

원래 영어의 'poetry(詩)'는 희랍어에서 온 말이며 그 의미는 '한다'는 의미와 '만들다'의 의미가 있다. 독일어에서 'dichtung(詩)'이라는 말은 '凝縮(응축)'이라는 뜻이 있다. 러시아 형식주의자들은 일상 언어와 시적 언어를 구분하고, 시적 언어란 일상 언어의 '逸脫(일탈)(deviation)'이라고 했다, 일상적인 어법을 의도적으로 벗어나서 일종의 충격을 주는 방법이 시라는 것이다. 엘리엇은 시를 '언어의 等價物(등가물)'이라고 했다.

이론이야 어쨌든 우리는 시를 읽으며 감동을 받기도 하고, 뭐라 설명할 수 없는 충동을 느끼기도 하며, 마음의 상처를 치유받기도 한다. 그건 시가 비유를 세련되게 표현하여 아름다움을 창조하기 때문이다. 시란 기존의 평범한 사물을 비유를 통해 놀랍고도 생동감 있는 언어표현으로 바꾼 것이다.

2) 시를 쓰기 위한 준비

글쓰기는 일반적으로 계획하기, 내용생성하기, 내용조직하기, 글쓰기, 고쳐 쓰기의 다섯 가지 단계를 거친다. 詩作(시작) 방법도 마찬가지다. 먼저 어떤 주제와 소재로 시를 쓸 것인가를 정한다. 만약에 '할머니'라는 글제가 정해졌으면 '우리 할머니 손은 주름살 손이다.' 식으로 바로 들어가지 말라. 글쓰기 전략 중에 다발 짓기(clustering) 전략이 있다. '할머니'를 가운데 동그라미에 넣고 무한한 想像力(상상력)을 발휘한다. 할머니와 먹었던 음식, 등어리를 주욱 훑어주시던 할머니의 투박한 손바닥, 돌아가시기 직전에 한없이 자애로운 모습으로 바라봐주시던 따스했던 눈길 등을 떠올린다. 시는 좀 더 특수한 면이 많아서 이런 과정이 단 순간에 좌악 떠올라서 바로 집필 과정으로 오는 과정도 적지 않다.

그러면 우리 자신을 시를 쓰기에 적합한 상태로 만드는 방법은 무엇일까? 다음과 같은 여러 가지를 생각해 볼 수 있다.

많은 經驗(경험)을 하라. 대학생이라면 아르바이트도 좋고 旅行(여행)도 좋다. 戀愛(연애)를 하라. 失戀(실연)을 하면 더욱 좋다. 이런 경험을 통해 살아있는 글쓰기를 하게 된다. 자기가 아는 내용을 쓰라. 생활에 바탕을 두지 않는 시는 공허하다. 아무리 散文詩(산문시), 解體詩(해체시), 超現實主義(초현실주의) 시라고 해도 구체적이고 생생한 感性(감성)과 思想(사상)에 바탕을 두어야 한다. 간혹 행상을 하는 아주머니나 막노동을 하는 노동자 시인들이 화제에 오른다. 그들의 시가 감동을 주는 건 그들이 구체적인 경험에 바탕을 두고 썼기 때문이다. 하지만 그들이 그러한 감동을 계속 줄 수 있으려면 끊임없이 또 다른 노력을 해야 한다. 새로운 경험을 하고 싶거든 旅行(여행)을 권한다. 여행을 하되 관광지 위주로 사진 찍는 데 집중하고 옆 사람과 수다로 보내는 여행은 무의미하다. 五感(오감)으로 느끼고 궁금한 것을 물어가며 메모하면서 혼자 생각하는 여행이 좋다.

주변의 사물에 關心(관심)을 갖자. 세상은 어떻게 굴러가는가? 나보다 약하고 힘없는 사람들은 무엇을 느끼는가? 또 궁전 같은 집에 사는 사람들의 꿈은 도대체 무엇일까? 요즘에 잘 팔리는, 또는 文學性(문학성)이 있다는 시집은 무엇일까? 이런 의문을 가지고 세상을 물끄러미, 자세히 바라보자. 感性(감성)을 잃지 마라. 가까운 산을 가면서도 '저 꽃의 이름은 무엇일까? 봄꽃일까, 여름꽃일까?' 하는 好奇心(호기심)을 멈추지 말아야 한다.

好奇心(호기심)은 知識慾(지식욕)을 부르고 지식욕은 창작의 밑거름이 된다. 책을 많이 읽어야 한다. 조선시대 실학자 崔漢綺(최한기) 선생은 "좋은 문장은 하루아침에 이루어지는 것이 아니라 오랜 세월 노력을 통해 이루어진다."고 말했다. 글을 쓰려면 세상 이치를 두루 다스리는 經學(경학)[11]을 읽어서 문장의 기초와 뿌리를 단단히 세워 두어야 한다. 丁若鏞(정약용) 선생은 '아들에게 부치는 편지'에서 "三代(삼대) 이상 치료한 경험이 없는 의원에게 의료를 맡기지 않는다. 글도 그렇다. 반드시 많은 글을 읽어서 노력한 다음에 좋은 글을 쓸 수 있다."고 말했다. 스티븐 스필버그가 영화제 시상식에서 내려오는데, 기자가 그렇게 좋은 영화를 찍으려면 어떻게 해야 하냐고 물어보니까 "책을 많이 읽으시오"라고 말했다는 일화가 있다.

시를 많이 읽어라. 당연히 시를 잘 쓰려면 다른 사람의 詩集(시집)을 먼저 많이 읽어보아야 한다. 그것도 요즘 젊은 시인들의 시집을 읽는 게 좋다. 시집을 사서 읽어라. 책 중에 가장 저렴한 것이 시집이다. 시를 쓰려고 한다면 시집 백 권은 옆에 두어야 한다. 아니 좋아하는 시집 오십 권만 옆에 두고 여러 번 읽어도 여러분은 시인이 될 수 있다. 좋은 출판사의 책은 당신을 좋은 시의 길로 인도한다. 예를 들면, '문학과 지성사', '창작과 비평사', '민음사', '문학동네', '문학들' 시선집의 시집들은 믿을 만하다.

자신의 재주가 최고인 줄 알고 함부로 많이 쓰지 말라. 흔히 習作期(습작기)의 시인 지망생 중 나이 많은 사람들이 이런 오류를 많이 범한다. 글을 남발하고 자기 글이 최고인 줄 알고 自我陶醉(자아도취)에 빠진다. 다른 사람 말은 듣지도 않는다. 자아도취에 빠진 사람의 시는 절대 늘지 않는다. 시 한 편을 쓰더라도 고치고 또 고쳐야 한다.

남의 批評(비평)을 귀담아 들어라. 글쓰기의 방법 중 하나로 내용 생성하기 전략 중 '브레인스토밍(brain stormming)'이 있다. '頭腦暴風(두뇌폭풍)'이라는 뜻으로 腦

11) 보통은 儒教(유교)의 四書三經(사서삼경) 같은 經典(경전)을 연구하는 학문을 말한다. 여기서는 더 나아가 세상의 이치를 논하는 여러 가지 思想書(사상서)들을 포함한다. 佛經(불경)·聖經(성경)을 비롯하여 여러 哲學(철학) 책까지 아우르는 말이다.

運動(뇌운동)을 활성화하여 두뇌의 무한한 상상력을 발휘하도록 하는 일이다. 브레인스토밍 戰略(전략) 중에 '量産(양산)'·'비판 금지' 항목이 있다. 여러 사람의 토론과 토의를 통해 최선의 방법을 찾을 때 많은 양의 아이디어를 내어야 하고 남의 글을 섣불리 裁斷(재단) 비평해서는 안 된다는 뜻이다. 이건 자유로운 聯想(연상)을 할 때의 일이다. 하지만 일단 완성된 글을 다른 사람이 조언해 줄 때는 深思熟考(심사숙고)해서 들어야 한다. 어린 아이의 말도 귀담아 들어야 한다. 혹 酷評(혹평)을 할지라도 화를 내거나 '당신이 무엇을 안다고?' 하면서 소귀에 경 읽기처럼 들어서는 안 된다.

안개가 자욱하게 낀 아침의 한 때나 달 밝은 밤, 나무가 그늘을 만드는 깊은 산속 가랑비 내리는 때, 사방에 벚꽃이 흩날려 벚꽃 그늘을 만들고 눈처럼 꽃이 하늘에서 내려올 때, 가슴이 있는 사람이면 반드시 무언가 感動(감동)에 젖게 된다. 이때 시를 쓸 수 있고, 生動感(생동감) 있는 문장을 짓게 된다.

3) 詩(시) 쓰기의 실제

詩(시)를 쓰려면 구체적으로 어떠한 방법으로 써야할까? 흔히 詩(시)라고 하면 韻律(운율)을 많이 강조한다. 그래서인지 시 초보자 eorkm의 시 짓기를 보면 다음과 같다.

"파란 하늘 가에/흰구름 한 점이/가을 하늘을 수놓고//맑아진 더위에/시름을 안고/한없는 길을 가니/가을을 달리는 마음인가/추수하려는 농부의/눈에 뜨인 허수아비 때문에/참새가 놀라 나래짓을 하고선 맴돌듯 주변을 서성대는구나//가지 끝 고추잠자리는 멈춘 듯 고정되고/머리를 돌려 가을을 탐낸다/가을은 이렇게 찾아와/우리에게 색동을 선사하네. //한 점의 구름을 보며……"

가을 풍경을 그대로 나열하기에 급급하다. 가을 하늘은 당연히 파랗고 구름은 당연히 희다. "하늘을 수놓는다"도 舊態依然(구태의연)한 표현이다. '맑아진 더위'는 또 무슨 뜻인가? '-구나' 종결어미는 옛날 투의 어법이다. 상투적 어투·고정 관념·평면식 나열. 초심자가 쓰지 말아야 할 표현이 많이 들어있다. 이 시를 아래처럼 고쳐보면 어떨까? 운율감각이나 색채가 더 살아나지 않는가?

때마침 /절정 //깊을 대로 깊어진/새파란 하늘/구름 한 점 코옥/허수아비가 신기해/다가서려던 /참새 한 마리/농부의 헛기침에 /화들짝 놀라/빙글빙글/서성서성//가지 끝/빨갛게 여문 고추잠자리/머리를 쳐들어/구름 한 점과 눈 맞 춘다//알록달록/색색이//

이전의 習作詩(습작시)와 달라진 점은 무엇인가? 먼저 참새와 허수아비의 관계를 구체화했다. 가지 끝 고추잠자리에게도 색채를 입혀 시각적으로 형상화했고 모호성을 제거했다. '빙글빙글', '서성서성', '알록달록' 등의 의태어를 사용하여 시를 좀 더 톡톡 튀게 만드는 기법을 사용하고 있다. 다음 학생시를 살펴보자.

언제나 뭉클한 엄마라는 이름/생각만 해도 좋다/듣기만 해도 좋다/그냥 좋다//몸이 아프거나 마음이 힘들 때 가장 먼저 생각나는 사람/사랑을 처음으로 내게 준 사람/모든 걸 다 내게 주고 싶어한 사람/ 어떤 무엇과도 바꿀 수 없는 그 이름/부르고 불러 봐도 또 부르고 싶은 그 이름/ 엄마//

– 손지수, 「엄마」 전문

이 시는 그런대로 엄마에 대한 절절한 사랑이 나타나 있어 읽기가 편하고 공감도 간다. 그렇지만 너무 흔한 표현이고 서술적이라서 아직 시라고 부르기엔 부족하다. 가족을 칭찬하고 싶으면 평소에 이분들에게 잘하면 된다. 사랑하는 자식·아내·어머니·아버지를 찬양하는 글은 문학작품으로서 재미가 덜하다. 시는 교훈이 아니다. 시는 아픈 부분을 써야 한다. 그래야 다른 사람들을 감동시킬 수 있다.

그대를 위해 기다렸다/힘든 훈련을 받으면서도/그대와 함께 했던 꿈같은 날을 떠올리며 기다렸다//근무 중 보름달을 보니/다음 보름달이 뜰 즈음엔 그대와 만날 수 있다는 생각에/ 내 마음은 깃털처럼 가벼웠다/ 오랜만에 마주한 그대의 나를 향한 미소가 햇볕보다 더더욱 더 따뜻했다/하지만 그게 꿈일 거라곤 상상하지 못했다//오래전 그대와 함께 했던 꿈들을 이젠 나 홀로 그 꿈을 꾼다. /나는 아직도 한 여름 밤의 꿈같던 소중한 추억들을 /잊지 못한 채 아직도 그댈 기다린다. //

– 이효성, 「꿈」

이 학생은 마치 산문을 행갈이를 하면 시가 된다고 생각하는 듯하다. '깃털처럼 가볍다' 등의 상투적인 비유를 사용하기도 했다. 게다가 '추억' · '희망' 등의 막연한 추상어를 사용했다. 희망 · 행복 · 숙명 · 지혜 · 고난 등의 상투적인 단어는 詩語(시어)로 쓰지 말아야 한다. 그렇지만 저 시가 가능성이 없는 건 아니다. 누군가를 기다리며 지금은 깨어진 꿈에 대한 화자의 간절함과 기다림이 나타나 있다. 이 친구의 시 제목처럼 간절하게 '꿈'을 꾸면 꿈은 반드시 이루어진다. 바른 방법으로 꿈을 꿀 경우에. 조금 먼저 배운 선생으로서 학생의 글을 고쳐본다.

기다림은 언제나 달콤한 편 / 고된 훈련 후 한밤중/혼자서 웃는 보름달을 보니/보름 후 나타날 그대 얼굴이 떠올라/나도 함께 피식 웃고 말았다/ 긴 기다림 끝에 환한 웃음으로 다가오는 그대/ 난로향이 매캐한 면회실에서 몽글몽글 피어나는 커피내음 속으로/우리의 영원도 그렇게 흘렀다. //꿈은 언제나 아쉬운 편/ 이제 아무 기대도 없이 혼자 저 시무룩한 달을 본다/저 달은 그때의 달인가 아닌가?/고개를 갸웃해 보면/언젠가 꼭 한번 꽃다발 가득 안겨오면 아직 기다리는 그대가 웃고 있다. //

－「기다리는 꿈」

쓰다 보니 너무 많이 고쳤다. 그렇지만 아니다 생각하면 시어 몇 개만 남기고 통째로 수술을 가할 수 있어야 시인이다. 학생의 시와 필자의 시를 비교해 보면 '근무 중 보름달을 보니'가 '한밤 중 혼자서 웃는 보름달'로 감정이입이 되어 있다. 또 의인화가 이루어져 훨씬 감성이 두드러진 점을 들 수 있다, 또 '오랜만에 마주한 그대의 미소'를 구체적인 상황으로 만들었다, 그것이 '난로향이 매캐한 면회실에서 몽글몽글 피어나는 커피내음'이다. 의성어 · 의태어의 활용과 五感(오감)을 통한 시어로 생동감 있게 변했다. 마지막 행에서 '아직 기다리는 그대'는 내가 기다리는 그대일 수도 있고 그대가 아직 기다린다는 이중적인 의미가 있어 시의 깊이를 더한다. 창조적 상상이 가미된 경우이다.

한편 다음 習作期(습작기)의 시를 보면 앞의 시들보다 좀 더 절실함과 진정성에 뿌리를 두고 있음을 알 수 있다.

검은 봉지 안에 조금 남아있는 김치/시뻘건 김치를 든 나무젓가락/삼분의 일 쯤 남은 소주병//나뭇잎들이 햇빛에 출렁이는 오후. 운현궁 담그늘에 누군가의 술상이 놓여있다//여기 앉아있었을 누군가는 어디로 갔을까/이렇게 많은 사람들이 지나다니는 인도 위에 버젓이 술상을 차려놓고 차마 다 마시지 못한 술잔을 남겨두고 어디로 갔을까//버스를 못 탄 일도/목욕탕 입구에서 쫓겨난 일도/식당 앞에서 소금을 맞은 일도/오랜 친구가 다시는 찾아오지 말라고 했던 말도/그를 보고 도망쳤던 사랑하는 사람의 뒷모습도/잊으려 잊으려 오래 거리를 바라보다 어디로 갔을까/누군가가 떠난 빈자리에 내가 털썩 앉아 술을 마신다/ 남아있는 술상 위로 날이 어두워지고 누군가는 돌아오지 않는다//

– 박정하, 「거리의 술상」

이 시의 화자는 거리에서 김치에 아무렇게나 놓여있는 소주병을 보고 자신의 쓰라린 경험들을 떠올린다. 과거부터 현재까지 주욱 상처받은 경험이다. 모르는 사람의 술상은 곧 나의 상처 자국이다. 同病相憐(동병상련)의 마음으로 털썩 주저앉는 모습에서 독자는 感情移入(감정이입)이 된다. 마지막 행에서 결코 돌아오지 않는 사람의 모습이 긴 餘韻(여운)을 준다. 이분은 感性(감성)이 풍부하여 앞으로 시를 잘 쓸 자질이 충분하다. 시는 이런 것이다. 사물에 자신의 마음을 살짝 얹는 일. 오래오래 풍경을 바라보는 일. 절실하고 절실한 일을 쓰는 일. 그리고 가장 외로울 때 함께 해준 시와 같이 주저앉아 울어주는 일. 그래서 시와 사람은 함께 오래도록 아름다울 일이다.

比喩(비유)란 에이브럼즈의 표현을 빌면, 한 언어의 화자가 특별한 의미나 효과를 얻기 위해 일상적 혹은 보편적인 단어의 의미와 그 단어의 연결체로부터 벗어나는 표현 형태를 말한다. 비유에는 크게 直喩(직유)와 隱喩(은유), 象徵(상징)이 있다.

直喩(직유)는 비유의 가장 기초 단계로서 하나의 사물을 다른 사물과 직접 비교하는 것으로, 표현하고자 하는 대상을 다른 대상에 끌어들여 직접 연결시킨다. 직유는 두 대상의 類似性(유사성)을 토대로 직접 연결하기 때문에 보통 '~처럼, ~듯이, ~마냥, ~같이' 등의 낱말에 의해 이루어진다. 직유는 은유보다 분명하고 직접적이고 선명하다. 은유보다 단순하지만 효과는 표현의 문학성에 의해 좌우된다.

필자의 시집에 사용된 직유를 몇 개만 들어보면 다음과 같다.

① 소녀들은 꽃처럼 아름다웠으나 떨림이 물처럼 번져 –「낯익은 소포」에서

② 고집스러운 벌집 세포 같기도 한 흐린 저녁의 내음 –「슬픔이 있는 모서리」에서

③ 때마침 불어오는 바람처럼 무심하게 – 「유품소각」에서
④ 언제나 처음이자 마지막같은 당신과의 인사 – 「처음처럼 간절해지는」에서
⑤ 습관처럼 축축해진 비린내 – 「유폐」에서

이 중 「슬픔이 있는 모서리」를 예로 들어 직유의 효과에 대해 설명해 본다. 이 시는 소녀에서 여성으로 넘어가는 成長痛(성장통)을 그리고 있다. 시적 화자는 고통스러운 지난날을 反芻(반추)한다. '비바람에 떠는 꽃잎처럼' 무기력하고 나약했던 자신에 대한 안쓰러움과 동시에 앞날에 대한 다짐을 결의한다. 무언가를 이루려하고 잡으려했던 자신에 대한 憐憫(연민)이 직유 두 개를 통해 구체적으로 나타난다.

(중략)
참았던 바람이 다시 분다.
비바람에 떠는 꽃잎처럼 어딘가 몹시도 아팠고
동굴 안에서 벙글지 못했던 꽃잎 하나는 꽃답게 추락한다.
사람들은 조의금 대신 싸구려 감상 따위를 우아하게 던져줄까?

어디론가 물 흐르는 장소에서 웅성거리는 사람의 목소리
아직 형성되지 못한 채 흘러내린 생명 하나가 고집스러운 벌집 세포 같기도 한
흐린 저녁의 내음

– 박미경, 「슬픔이 있는 모서리」중

다음으로 隱喩(은유)가 있다. 은유는 명백한 비교를 드러내는 직유와 구별된다. 은유는 직유에서 쓰는 '~마냥, ~처럼, ~같이, ~하듯' 등의 말이 생략된다. 그리하여 은유는 本義(본의)와 類義(유의)가 보통 "A는 B"의 모습으로 직접 연결된다. 은유는 합리적이고 산문적인 비교를 벗어나 질적인 도약을 통해 두 가지 대상을 동일시하거나 융합한다. 그리하여 두 가지의 특성이 다 들어 있는 새로운 것을 만들어 낸다. 비평가들은 은유가 논리에 앞서는 또는 迂廻(우회)하는 사고체계라고 한다.

은유는 시의 기본 언어지만 언어의 수준과 종류에 관계없이 모든 언어에서 쉽게 볼 수 있다. 지금은 죽은 은유가 되어서 본래 지녔던 적절함이 사라지긴 했지만 처음에는 생생한 비유적 표현으로 쓰이던 말들이 있다. 한자의 四字成語(사자성어)는

모두 은유라 할 수 있다. 매일 쓰는 표현에도 한때는 은유적 표현이었던 문구나 표현이 많이 남아 있다. 시에서 은유는 단순히 類似性(유사성)을 나타내는 것에서 일련의 聯想(연상)을 일으키는 것까지 여러 역할을 할 수 있다. 그래서 은유는 시에서 부수적인 아름다움으로 있을 수도 있고 그 시의 중심 개념과 지배적인 상징이 될 수도 있다.

먼 곳을 돌아 더 가까이
머무를 곳에 머무를 줄 알고
오고 가는 것이 거침없던 바다
한 줌의 소금으로
흰 빛을 들어낼 때까지
허물을 벗고 벗으면서
차곡차곡 접어둔 사연들
결코 내보이지 않았던 침묵들이
지금 이곳에
시간의 벽을 넘어
축복처럼 고마운 선물로 쌓여있다.

– 김상근, 「소금」 전문

이 시에서 '소금'은 바다가 먼 곳을 돌고 돌아 흰 빛을 들어낼 때까지 허물을 벗고 벗으며 차곡차곡 접어둔 사연들이며 침묵들이 시간의 벽을 넘어 축복처럼 '고마운 선물'로 은유되어 있다.

이는 먼/해와 달의 속삭임/비밀한 울음//한 번만의 어느 날의 /아픈 피흘림// 먼 별에서 별에로의/길섶 위로 떨궈진//다시는 못 돌이킬/엇갈림의 핏방울// 꺼질 듯 보드라운// 황홀한 한 떨기의 아름다운 靜寂(정적)/펼치면 일렁이는 사랑의 湖心(호심)아//

– 朴斗鎭(박두진), 「꽃」 전문

이 시에서 本義(본의)인 '꽃'과 類義(유의)인 '속삭임' · '울음' · '피흘림' · '핏방울' · '정적'이 어우러져 펼치면 일렁이는 호수의 마음까지 의미가 확장되어 감동을 더하고 있다.

이것은 소리 없는 아우성.
저 푸른 海原(해원)을 향하여 흔드는
영원한 노스탤지어의 손수건.
순정은 물결같이 바람에 나부끼고
오로지 맑고 곧은 理念(이념)의 標(표)ㅅ대 끝에
哀愁(애수)는 백로처럼 날개를 펴다.
아! 누구인가?
이렇게 슬프고도 애달픈 마음을
맨 처음 공중에 달 줄을 안 그는.

– 柳致環(유치환), 「깃발」 전문

참으로 독창적인 은유이다. 그 느낌과 생각은 은유를 통해 잘 드러나고 있다. 즉 '소리 없는 아우성'·'영원한 노스탤지어의 손수건'·'순정'·'백로처럼 날개를 편 애수'·'슬프고도 애달픈 마음' 이 된다. '애수'·'애달픈 마음'·'순정' 모두가 관념어이다. 보통은 비유가 추상적 관념어를 구체화한다면 이 시는 역발상을 하고 있는 점에서 독특하다. '깃발'은 자연물도 아니고 인공물이다. 보통은 '희망'과 '승리' 등을 상징한다. 그런데 이 시의 화자는 반대이다. 기쁘지 않다. 즉 하늘에 펄럭이는 깃발에 화자의 애달프고 슬픈 마음도 함께 매달고 있다.

수없이 펄럭거리는 '깃발'은 파란 바다를 향해 哀愁(애수)를 느끼며 손수건을 흔들며 망연히 서있다. 이룰 수 없는 꿈에 대한 憧憬(동경)과 도달할 수 없는 동경에 대한 슬픔을 보여주고 있다. 아무리 노력해도 성취할 수 없는 한계에 대한 인간 본연의 고통을 깃발의 은유를 통해 형상화하고 있다.

밤마다 이슬 밟고 다닌다는 소문, 달고 사는 여자를
낮이면 풀이 죽고 목소리도 기어 들어가는 숫기 없는 그 여자를
어느 별 총총한 밤
숨어서 따라가 본 적 있는데요
쓰르라미 우는 언덕을 지나

송전탑 아래서 걸음을 멈추더니
보르르한 콩꽃 같은 신발, 이름 없는 묘 옆에 벗어놓고
글쎄, 송전탑을 기어오르지 않겠어요 말릴 겨를도 없이
차가운 철탑을 움켜잡은 손가락이 얼마나 바들바들 떨리던지
하마터면 그녀의 치맛자락을 잡고 끌어내릴 뻔했지 뭐겠어요
그녀는 밤새 철탑을 감고 오르더니
새벽이 되자 이마에 송글송글 땀방울이 맺히고
세상에, 어디에 그런 뜨거운 것을 숨기고 살았는지
몸에서 환한 꽃을 저 혼자 피우고 있었는데요
햐!
만일 피 뜨거운 사내였으면 어쩔 뻔했겠어요
그녀의 허리를 와락 끌어안을 사내도 될 수 없는 나는
동트기 전 서둘러 갔던 걸음 되짚어 돌아와
지난밤 일을 함구하고 있는데요
자꾸만 입이 근질거려 죽을 지경이지 뭐겠어요

— 손수진, 「나팔꽃」 전문

나팔꽃을 의인화하여 밤에 송전탑을 기어오르는 여자로 표현했다. 그리하여 나팔꽃을 새롭게 보게 하고 살아 숨 쉬게 만든다. '낯설게 하기' 기법이 멋있게 성공했다. 속삭이듯 이야기하는 문체도 이 시를 성공하게 한 요인이다.

전 누구에게도 지지 않는 빨판을 자랑했지요. 누구든 제 애무에 당할 자 없었더랍니다. 살아서 산 자의 입으로 들어가는 일은 쉬운 일이 아니거든요. 그래도 당신의 입으로 들어가는 순간 전 필경 꽃이 될 것을 꿈꾸었지요. 절 입술로 돌돌 말아 침으로 감싸줄 적에도 꿈은 제 가슴 속 아직 움트지 않은 씨앗이었던가요?

(중략)

아주 편안한 위장에서 조금 쉬었습니다. 멀리로 보이는 둥근 동굴 끝 햇살이 환한 바다가 조금 얼굴을 보여주었지요. 허나 다시 돌아감은 용납이 안되어서 조금 슬펐습니다. 배설이라는 불유쾌한 과정이 저의 사후 세계의 종말이라는 걸 그제야 안 순간 전 다시 전생으로 털썩 떨어지고 말았습니다. 아아 그만 황금빛 부활이었

습니다.

– 박미경, 「종말론」 중

은유는 유사성과 인접성에 바탕을 두고 있다. 산 낙지가 사람의 몸속으로 들어가서 잘게 부서져서 마침내 황금빛 부활을 꿈꾸는 과정 전체를 은유를 통해 제작한 시이다. 내용적으로는 슬픈 내용이지만 경쾌한 어조, 배설의 과정을 황금빛 부활로 표현한 逆說(역설)이 함께 사용되고 있다.

言語遊戱(언어유희)(pun)를 통한 시작 방법도 있다. 언어유희는 같은 소리가 나거나 소리가 유사하지만 뜻이 다른 말, 곧 同音異義語(동음이의어)를 諧謔的(해학적)으로 사용하는 反語的(반어적) 비유법이다.

청산리 벽계수야. 수이감을 자랑마라.
일도창해하면 돌아오기 어려오니
명월이 만공산하니 쉬어간들 엇더리.

조선시대의 명기이자 시인인 黃眞伊(황진이)의 시조이다. 이 시조는 겉으로 드러나기는 평범한 서정시이나 속에 숨은 뜻은 戀詩(연시)이다. '벽계수'를 흐르는 물로 보느냐 선비 '碧溪守(벽계수)'로 보느냐에 또 '明月'(黃眞伊의 妓名)을 '밝은 달'로 보느냐 황진이 개인으로 보느냐에 따라 해석이 달라진다. 이렇게 동음이의어를 적절하게 사용하여 시적 효과를 내는 방법도 있다.

다음 시는 '눈아'라고 불렀을 때 음성의 유사성에 근거하여 창작한 시다. 죽은 누나가 너무 그리운데 볼 방법이 없다. 그랬을 때 마침 눈이 내린다. "눈아. 고맙다." 불러보니 눈물이 나고 누나 생각이 더 난다. 그때 양 볼에 어깨에 살짝 내린 눈이 스쳐지나가며 마치 누나가 살아온 듯 반갑다. 착상은 눈이 내리는 광경을 보고 했고, 시적 전개는 누나에 대한 그리움에 미쳤다.

눈아! 라고 부르면
누나가 된다
사려깊고 다정한 누나
누나라고 부르면

얼른 달려와
흰밥이라도 차려줄 것 같은 누나
엄마보다 덜 무섭고
엄마보다 만만한
물론 엄마보다 더 이쁜 누나
오늘 하늘에서 희고 탐스런
누나가 내린다
재작년에 흰 옷 입고
가버린 누나가
흰 옷 입고 다시 와
내 양볼이며
어깨를 어루만진다
자꾸자꾸
어루만진다

– 박미경, 「눈아」, 시집 『슬픔이 있는 모서리』 중

이 밖에 음성상징어를 사용해서도 좋은 시를 쓸 수 있다.

(중략)
장마 끝난 칠월이면 귀익은/매앰~ 매앰~ 참매미 소리/가까이서 들어도 친숙하기만 한데/덩치 못지 않게 소리 큰 말매미는 짜라라~ 짜라라~ 짜라라~/ 한 놈 소리에 여러 놈 떼지어 울어/차라리 소음이고야 만다//가장 작은 애매미의 겉보기와 다른/기, 승, 전, 결, 심상치 않은 소리/ 한 세상을 휘모리로 보듬어 사설난봉가 뽑아낸다/ 씨유~ 쥬쥬쥬쥬 /오오 쓰 쥬쥬~ 오오 쓰 오오 쓰 오오쓰 /히히히쓰 히히히히히~/ 나, 이 삼복을 어찌 울어 시 한 번 품어볼까//

– 朴日訓(박일훈), 「매미 우는 소리」 중

이 시는 매미 우는 소리를 섬세하게 분별해내는 朴日訓(박일훈) 시인의 叡智力(예지력)이 청각영상으로 성공적으로 표현되고 있다.

感覺的(감각적) 이미지를 통해서도 멋진 시를 쓸 수 있다. 음성상징어 혹은 모양

상징어들은 모두 이미지 형성에 기여한다. 이미지란 흔히 心象(심상)을 말하는데, 시에서는 그대로 '이미지'라고 쓰고 있다. C. D. 루이스는 이미지를 "과거의 감각상 혹은 지각상의 체험을 知的(지적)으로 再生(재생)한 것"이라고 했고, S.P. 시드니는 이미지를 '언어로 그린 마음의 그림'이라고 정의한다. 결국 이미지는 마음속에 그려진 그림을 언어로 그려낸 것이라 할 수 있다.

보리피리 피리 불며
봄 언덕
고향 그리워
피ㄹ 닐리리

보리피리 불며
꽃 靑山(청산)
어릴 때 그리워
피 ㄹ 닐리리

– 韓何雲(한하운), 「보리피리」 중

여기서 피리소리는 고향과 어릴 때 '청산'의 추억과 기억을 환기시키는 역할을 하고 있다. 朴明用(박명용) 시인은 현대시에서의 청각적 이미지는 소리를 직접 모방하는 방식보다는 음성의 미묘한 분위기를 느낄 수 있도록 하는 것이 더 좋다고 말하고 있다.

아주 슬픈 꿈을 꾼 머리맡이었다. (중략) 내 아이의 피리소리에는 /엄마 대신 악보 보고/계명으로 외워야 하는/도미솔 파미레/저고리 고름 입에 물고서/낭랑하게 날아올라/끊어질 듯 일어서는/우우우우/명주빛 마음 한 가닥/스며져 있다.

– 박미경, 「피리소리」 중

같은 피리소리지만 韓何雲(한하운) 시인의 '피리소리'는 고향을 그리워하는 피리소리이고 박미경의 피리소리는 아이의 맑은 꿈을 상징한다. 웬일인지 엄마는 잠들어있고 아이는 혼자서 피리 연습을 한다. 엄마는 그 소리를 듣고 '첫눈 같기도 하고'·'첫사랑 같기도 하고'·'맨 처음 울음인 것' 같기도 하다고 느낀다. 아이는 엄마 없어도 숙제도 잘하고 피리연습도 잘한다. '엄마 대신 악보보고'라는 부분에서 엄마의 아이를 향한 안쓰러운 마음이 나타나 있다. 이 시 역시 감각적 이미지를 활용한 시로서 聽覺映像(청각영상)이 두드러져 있다.

또 觸覺的(촉각적) 이미지를 활용할 수 있다.

유리에 차고 슬픈 것이 아른거린다
열없이 붙어 서서 입김을 흐리우니
길들은 양 언 날개를 파닥거린다
지우고 보고 지우고 보아도
새까만 밤이 밀려 나가고 밀려와 부딪치고
물먹은 별이 반짝 보석처럼 박힌다
밤에 홀로 유리를 닦는 것은
외롭고 황홀한 심사이어니
고운 폐혈관이 찢어진 채로
아아, 너는 산새처럼 날아갔구나

– 鄭芝溶(정지용), 「유리창」 전문

그리움 자작이며 내게 다가와/ 이래도 안 그리워? 이래도 안 그리워?/ 내 몸 어딘가를 몹시/간질이고 있기 때문/ 물 위를 정곡으로 때리는 보드라움처럼/파릇하게 도드라지고 있기 때문//

– 박미경, 「물 위를 때리는 보드라움」 중

이 시는 그리움을 擬人化(의인화)하여, 그리움이 사람의 몸을 간지럽힌다고 표현한다. 그것이 결국 물위를 때리는 보드라움처럼 파릇하게 도드라진다고 표현하여 청각적 이미지와 시각적 이미지의 혼합으로 시적 효과를 내고 있다.

어이 할거나
아 나는 사랑을 가졌어라
남몰래 혼자서 사랑을 가졌어라
천지에 이미 꽃잎이 지고

새로운 녹음이 다시 돋아나
또 한번 날 에워싸는데

못 견디게 서러운 몸짓을 하며
붉은 꽃잎은 떨어져 내려
펄펄펄 펄펄펄 떨어져 내려

신라 가시내의 숨결과 같은
신라 가시내의 머리털 같은
풀밭에 바람 속에 떨어져 내려

올해도 내 앞에 흩날리는데
부르르 떨며 흩날리는데
(중략)

– 徐廷柱(서정주), 「新綠(신록)」 중

참으로 시각적 이미지가 모양상징어와 함께 미학적으로 아름답게 구현되어 있다. '꽃잎' · '녹음' · '머리털' 등의 시어가 추상적인 마음을 가시화하여 놀랍게 보여주고 있다.

한편 短篇(단편) 敍述詩(서술시)로 쓴 방법이 있다. '서술시'라는 용어는 '이야기시'로 이해하면 쉽다. 널리 알려진 白石(백석) 시인의 시 「女僧(여승)」을 보면 여승의 인생이 축약되어 있다.

여승은 합장하고 절을 했다.
가지취의 내음새가 났다.
쓸쓸한 낯이 옛날같이 늙었다.
나는 불경처럼 서러워졌다.

평안도의 어느 산 깊은 금점판
나는 파리한 여인에게서 옥수수를 샀다.

여인은 나어린 딸아이를 때리며 가을밤같이 차게 울었다.

섶벌같이 나아간 지아비 기다려 십년이 갔다.
지아비는 돌아오지 않고
어린 딸은 도라지꽃이 좋아 돌무덤으로 갔다.

산꿩도 섧게 울은 슬픈 날이 있었다.
산절의 마당귀에 여인의 머리오리가 눈물 방울과 같이 떨어진 날이 있었다

한 여승이 있다. 이 여인은 과거에 남편을 잃고 딸아이마저 잃고 결국 여승이 되어 회한에 젖어 달관한 여승이 되어있다. 한 편의 소설을 읽는 것보다 더한 감동이 한 편의 시로 형상화되어 있다. 본인의 시 중에서도 「미용사 김양」·「이월의 봄날」·「위험한 가족」 등의 시가 이야기시로 볼 수 있는 작품들이다.

때낀 휘장을 걷어올리고 들어간/어둑신한 미용실/피부가 유난히 뽀얀 아이 하나/라면이 반쯤 담긴 양은 냄비 밀치고/하품을 걷어올리며/건성의 인사를 한다/요새도 이런 미용실이 있었나/먼지낀 유리창 바람에 덜컹대던/나이에 안 어울리는/허스키한 목소리/뭐하시게요/가늘게 떨리던 손가락/갈라진 입술 끝/채 숨기지 못한 사투리 틈새/고향바다 물미역 냄새/진한 파마약처럼 밀려든다/유채꽃 연두빛 향기/곰실곰실/보리밭 오솔길 풀피리 소리/넘실넘실/ 셀 수 없는 머리칼 섞으며/가르마타듯/가끔씩 면도날에 마음을 베고/혼자만의 불빛 반짝이는/아랫목이 따뜻한 자취방/세어보는 적금 통장/ 가끔씩 보일러가 나가도/어느샌가 필라멘트/달랑달랑 매달려 있던 전깃불/고속으로 달려와/풍경 화악 덮치고/뿌리 미용실 사라진 그 아득한 골목/아직도 우두커니 서있는 미용사 김양/

— 박미경, 「미용사 김양」 전문

이 시는 敍事(서사) 요건을 두루 갖추고 있다. 인물, 사건, 배경 및 幻想化(환상화) 수법이다. 뿌리 미용실이 사라진 골목에 우두커니 서있는 여자의 모습은 젊은 날의 화자의 모습일 수도 있고 안쓰럽고 가난하게 살아가는 수많은 젊은 여성들의 모습일 수도 있다. 이야기의 속에 많은 추측과 감흥을 느낄 수 있다.

시작법 중에 '自動記述法(자동기술법)'이 있다. '자동기술법'은 무의식의 자유로운

분출을 통해 의식과 일상의 迷妄(미망)으로부터 인간을 해방시키고 참된 자아에 도달하고자 한다, 1920년대 초현실주의 시인인 브르통, 폴 엘뤼아르, 로버트 데스노스 등은 催眠(최면) 상태에서 시를 쓰려고 애썼다. 이렇게 표출된 상징이나 이미지가 비록 의식에 反(반)해서는 낯설거나 일치하지 않는 것처럼 보일지라도 사실상 인간의 무의식적인 심리 상태의 기록이므로 본래 예술적 의미를 가진다고 믿었다. 한마디로 자유로운 聯想(연상)을 시에 적용시킨다, 속박이 배제된 사고의 받아쓰기라 볼 수 있다.

아프리카의 중앙에는 숫 곤충이 사는 호수가 있으며, 이것은 석양이 되면 죽을 뿐이다, 훨씬 멀리 거목이 있으며 가까운 산들 위로 드리워져 있다.

사막 한가운데서 극장을 건설하고 있는 인부들을 너는 모르겠지. 그에게 붙어있는 신부들은 더 이상 그들의 모국어를 말하지 못한다

– 브르통, 「자장」중

한국에서는 李霜(이상), 조향, 김경주, 강정 등 일부 현대 시인들의 시가 이에 속한다.

때로 화를 견디고 난해한 꿈들은 꿈틀꿈틀 시계 초침처럼 이어지곤 해. 싫어하는 외화 시리즈. 나는 늘 항상 너보다 먼저 잠들어. 내 슬픔이란 대체로 보기 싫은 취향과는 관계가 없다. 하지만 괜찮다고 말하려해. 째깍거리는 건 시계. 희뮤윰한 진동 속에서 날벌레들과 속삭이지. 밤은 좀체 꺼지지 않아, 단단한 밤이란 존재하지 않는 뒷, 다만 불행한 건 내가 팔다리를 지닌 채 살아있다는 것 뿐. 불을 켜두면 불은 단번에 날아가, 그렇다고 낮도 아닌 한 번의 온전한 공포. 이빨이 우수수 떨리기도 해. 유령같은 게 날 물끄러미 바라보고 있는 것만 같고. 견뎌내는 게 생이라고? 이렇게 많은 물체가 가득한 복잡한 세상을 견디고 나면

– 박미경, 「나는 너보다 먼저 잠들어」중

고백하건대 이런 류의 시는 대번에 빠른 속도로 써진다. 어떤 무의식의 작용에 의해 걸러내지 않은 언어 그대로 토해내지는 것이다. 모더니즘의 시에 속하는데 특별한 의도는 없다. 다만 혼란 상태의 심리를 그대로 표출해내고 본인은 편안하고자

하는 창작 심리에서 발현되는 것이다. 현대시 작법에서 이 자동기술법도 중요한 위치를 차지하고 있다. '문학동네' 시인선이나 '문학과 지성' 시인선에서 자유로운 감성의 발로를 토로하는 시선을 내고 있다. 사실 독자들은 이런 류의 시를 어려워하고 앞서 본 '눈아' 등의 쉬운 시를 좋아하는 경향이 있다. 감히 말하지만 어려운 시는 그냥 보고 자유롭게 해석하고 느끼면 된다. 그게 최선의 시 감상법이다.

이 외에도 象徵(상징), 諷刺(풍자), 아이러니 등의 여러 가지 시 창작 기법이 있지만 지면상 줄인다. 무릇 시를 잘 쓰는 방법은 우선 무엇보다도 좋은 시와 책들을 많이 읽는 것이다. 다음으로는 자기가 좋아하는 시를 많이 베껴 써보고 흉내 내서 써보는 것이다. 그러고 나서 자신의 시를 많이 창작하고 다른 이들에게 자신의 모습을 비춰보는 것이다. 이 세상에 시인으로 태어나서 단 한 줄의 시로 다른 사람의 마음을 감동시킬 수 있다면 이보다 더 기쁜 일은 별로 없을 것이다.

연습문제 4. 다음 제재를 시로 써보시오. 원고지 2~10장 또는 A4 1~2장 분량으로 쓰시오.

청춘, 외로움, 슬픔, 눈물, 사랑, 우애, 우정, 이별, 기쁨, 즐거움, 꿈, 좌절, 희망, 싸움, 미움, 憤怒(분노), 憎惡(증오), 恨(한), 믿음, 背信(배신), 도움, 奉仕(봉사), 大會(대회), 모임, 言行(언행), 눈치, 恐怖(공포), 자유, 복종, 울음, 웃음, 삶(인생), 성공, 실패, 돈(錢), 성장, 여행, 運命(운명), 죽음, 信仰(신앙), 聖地巡禮(성지순례), 遺書(유서), 아버지, 어머니, 할아버지, 할머니, 자식, 친구, 첫사랑, 册(책), 노래, 춤, 산, 들판, 강, 바다, 섬, 배, 기차, 자전거, 비행기, 길, 걸음, 골목, 항구, 역, 터미널, 여행, 농촌, 어촌, 신발, 모자, 옷, 登山(등산), 낚시, 봄, 여름, 가을, 겨울, 새벽, 아침, 낮, 저녁, 밤, 해, 달, 별, 꿈, 비, 눈(雪), 바람, 물, 불, 개, 새(鳥), 소, 꽃, 나무, 풀, 이슬, 숲, 호수, 무덤, 절, 성당, 교회, 城(성), 房(방), 우리 집, 학교, 선생님, 시험, 공부, 등굣길, 여학생, 남학생, 이웃, 선배, 후배, 포옹, 악수, 폭력, 市場(시장), 군대, 편지, 김치, 밥, 라면, 음식, 커피, 카페, 술, 담배, 연애, 영화, 얼굴, 손, 발, 눈(目), 自畵像(자화상). 아파트, 시골집, 손수건, 선물, 전화, 어린 시절, 중고등학생 시절.

3. 評論(평론)[12]

1) 評論(평론)이란 무엇인가?

사람들은 批評(비평)이라는 개념을 정확히 알지는 못하지만 일상생활에서 흔히 비평 활동을 한다. 예컨대, 어떤 가수의 노래를 좋다 나쁘다 말을 하면서 그 판단이유를 나름대로 밝힌다. 이처럼 비평은 대상에 대해 평가하고 그 평가에 대한 이론적 근거를 제시하는 작업을 말한다.

批評(비평)이나 評論(평론)은 음악평론, 미술평론, 시사평론이란 말에서도 알 수 있듯이 문학에서만 쓰는 용어는 아니다. 비평과 평론은 동의어로 사용되는데, 두 낱말에 공통적으로 들어있는 '評(평)'은 言(언)과 平(평)이 합해져서 이루어진 말이다. '平'이란 곡식을 말이나 되로 재는 저울대를 뜻하는데, 이때 말(言)로 하는 것이 바로 '評'이다. '批'는 손(手)으로 견주다(比)는 뜻이다. 따라서 '批評'이란 사물을 서로 견주어 아름다움과 추함, 좋고 나쁨, 옳고 그름을 판단하는 일이다.

문학비평을 하려면 먼저 문학작품을 잘 읽어야 한다. 문학작품을 읽는 일은 삶의 질을 높이기 위한 창조적 행위이다. 독자는 문학 작품 읽기를 통해서 넉넉한 정서, 가치 있는 체험, 풍부한 지식과 사상 등을 얻는다. 그것을 가지고 자신의 인생관·세계관 등 가치관을 형성해 나간다.[13] 또 독서라는 간접경험을 통해 시대와 지역을 초월하여 많은 사람과 문명을 만나는 즐거움도 갖는다.

문학작품의 새로운 의미를 찾아내어 올바른 평가를 하는 문학비평을 하려면 어떻게 해야 하는가? 평소 독서를 많이 하고, 문학 감상 능력을 높일 수 있는 이론적 지식도 넓혀 두어야 한다. 그렇지만 이론적 지식(방법론)은 작품을 제대로 읽기 위한 수단임을 잊어서는 안 된다. 그러니까 독서가 먼저고 감상방법은 그 다음으로, 어디까지나 독서에 중심을 두어야 한다. 비평가가 되는 데는 좋은 글을 많이 읽는

12) 朴日訓(박일훈) : 草堂大(초당대) 경학행정학과 교수. 崇實大(숭실대) 법학과 졸업. 日本(일본) 明治大(명치대) 법학박사. 2006년 『文藝思潮(문예사조)』로 시인 등단. 2011년 『월간 모던 포엠』으로 평론가 등단. 저서에 『영산강 아리랑』·『영산강에서 생각을 줍다』. 한국문화과학학회 회장. 전남 시인협회 부회장. 남도문학회 회장.

13) 중고교시절 도덕 교과서보다 한 권의 소설에 영향을 더 받는 경우를 생각해보자. "잘 읽은 소설 한 권이 일생을 좌우한다."

것만큼 좋은 길이 없다.

아래에서는 臺本(대본) 곧 문학텍스트의 읽기, 문학작품을 보는 관점, 문학비평의 실제 등으로 나누어 문학비평을 이해해 보고자 한다.

2) 臺本(대본)(문학 텍스트) 읽기

비평은 '읽기'를 전제로 한다. '읽기'란 무엇인가? "문자로 표현된 언어를 判讀(판독)하여 그 내용을 파악하고, 그것을 이미 습득한 배경지식과 결합하여 새로운 지식체계로 재구성하는 지적 활동"이라고 정의할 수 있다. 이를 좀 더 자세히 알아보면 그 과정은 다음과 같다.

(1) '읽기'의 과정

'읽기'는 그 안에 다섯 가지 과정들을 포함한다.

① 微視科程(미시과정)

글을 읽을 때, 독자는 맨 처음에 한 '文章(문장)'을 접한다. 그러므로 독자가 첫 번째로 하는 일은 텍스트를 이루는 개개의 '문장'에서 개별적인 정보, 곧 의미를 파악하고, 이 중에서 어떤 내용을 기억할 것인가를 결정하는 일이다. 이를 微視科程(미시과정)(microprocessing)이라 한다.

미시과정에서 능숙한 독자는 개개의 문장에서 중요한 정보를 선택하고, 그 정보만을 기억한다. 하지만 미숙한 독자는 덜 중요하거나 불필요한 정보를 선택하고, 정작 중요한 정보는 놓치고 만다. 여기에서 개개인 讀解(독해) 능력의 차이가 생긴다.

② 連結科程(연결과정)

개개의 節(절)과 文章(문장)과 다른 節(절)과 文章(문장)을 연결하여 그 관계를 이해하고 推論(추론)하는 과정을 '연결과정(integrative processing)'이라고 한다. 앞의 미시과정이 개별 문장 안에서 진행되는 과정이라면 연결과정은 한 문장과 다른 문장을 연결해 주는 독해 과정이다.

③ 巨視科程(거시과정)

잘 조직된 文段(문단)에서 요점을 '중심생각'이라 하고, 중심생각을 요약해 담은 문장을 '중심문장'이라 한다. 개개 문장들을 종합하고 조직하여 '중심생각'이나 '중심문장'을 찾는 과정을 '巨視科程(거시과정)(macroprocessing)'이라 한다.

거시과정에는 두 하위 과정이 있다. 첫째는 글 요약하기다. 글 전체에서 중요하지 않은 부분을 제거하고 중요한 요점만 파악하는 능력은 매우 중요하다. 둘째는 독자가 요약·압축해낸 글의 내용을 독자 자신의 말로서 재구성하여 기억하기다.

거시과정에서 중요한 것은 독자가 글의 요점을 본디 글에서 그대로 가져오는 것이 아니라 자신의 말로써 다시 만들어내는 능력이다. 유능한 독자는 텍스트를 자기 식으로 이해하고 자기 식으로 재구성하는 능력을 지닌다. 유능하지 못한 독자는 텍스트에 있는 단어와 표현 그대로를 기억하고 그대로 가져오려고 한다. 이래서는 요약·압축을 할 수가 없다. 유능한 독자가 되려면 텍스트의 많은 내용을 짧게 요약·압축하여 내 방식 곧 내 말로 재구성해야 한다.

④ **精巧化科程**(정교화과정)

능숙한 독자는 글을 읽을 때 글에 써진 문구 그대로 '逐字的(축자적) 해석(literal interpretation)'만 하지는 않는다. 텍스트에는 써지지 않은 내용까지 자신의 이해력과 예측력·상상력을 활용하여 알아내거나 또 더 발전시켜 나간다. 예를 들어, 능숙한 독자는 현재 상황 다음에 일어날 일을 예측하기, 장면을 생생하게 상상하기, 정보를 유사한 경험과 관련짓기 등과 같은 활동을 한다. 이렇게 필자가 의도하지 않은 내용까지 독자가 추론하는 과정을 '精巧化科程(정교화과정)(elaborative processing)'이라고 한다.

정교화과정은 텍스트에 써진 내용보다 훨씬 더 많은 정보를 독자에게 제공한다. 따라서 정교화과정을 하는 독자는 그렇지 않은 독자에 비해 더 많은 내용을 획득하고 더 많은 내용을 기억할 수 있다. 하지만 정교화과정에서 주의할 점은 독자가 텍스트를 벗어나서는 안 된다는 점이다. 텍스트를 완전히 벗어나버린 부적절한 정교화는 필자가 의도한 메시지의 이해를 방해할 수도 있다.

⑤ **超認知科程**(초인지과정)

독자가 자신의 認知(인지) 과정에 대해 의식적으로 자각하고 통제하는 것을 '超認知(초인지)(metacognition)'라고 말한다. 예를 들어 독자가 자신이 텍스트의 내용을 이해하는지 이해하지 못하는지를 아는 행위가 바로 초인지이다. 또한 독자가 텍스트를 성공적으로 이해하고 오래 기억하기 위한 방법을 아는 것도 초인지에 속한다.

이처럼 독자가 텍스트를 이해하거나 오랫동안 기억하기 위해 자신의 독서 전략을 선택・평가・통제하는 과정을 '超認知科程(초인지과정)(metacognitive processing)'이라고 한다.

⑥ **相互作用科程**(상호작용과정)

앞에서 살펴본 다섯 가지 과정은 각각 분리되어 진행되는 것이 아니다. 상호 관련되어 나타난다. 이것을 '相互作用(상호작용) 假說(가설)(interactive hypothesis)'이라고 한다.

(2) '읽기'의 개념

앞에서 이야기한 다섯 과정에 바탕을 두고 읽기를 다음과 같이 정의할 수 있다. 즉, 읽기란 독자가 개별 문장에서 내용을 이해하여 선택적으로 기억하고(미시과정), 절・문장들을 연결하여 이해하거나 추론하고(연결과정), 기억한 내용을 '중심생각'・'중심문장'으로 재조직하거나 종합하고(거시과정), 필자가 의도하지 않은 정보를 독자 나름대로 추론하고(정교화과정), 독서 능률을 높이기 위해서 독자가 독서의 과정을 스스로 조절해 나가는(초인지과정) 과정이다. 그리고 읽기에서 전체적인 상황이 일어난다(狀況 脈絡).

각각의 과정에 先後(선후)가 있는 것은 아니다. 각각의 과정은 다른 과정에 영향을 주며 상호 작용한다. 읽기 과정은 특정의 읽기 맥락에 영향을 받으며, 독자는 특정한 목표를 달성하기 위해 전략적으로 글을 읽는다[14].

(3) 批評(비평)을 위한 문학텍스트 읽기

지금까지 앞에서는 독자가 일반적으로 글을 읽는 과정을 설명하였다. 어느 누구나 지금까지 설명한, 글 읽기 과정을 거친다. 그것을 기호를 해독하는 一次的(일차적) 이해 과정이라고 한다.

하지만 만약에 독자가 비평이나 평론을 하려면, 그러한 일반적인 독서에 더하여 특수한 독서를 더 해야만 한다. 그것은 '평가적' 읽기라는 二次的(이차적) 이해 과정이다. 이는 비평가・평론가는 문학텍스트를 반드시 '비평적'으로 읽어야 한다는 사실을 의미한다. 이러한 비평적 사고력은 반성적 사고, 주체적・능동적인 사고와 깊

---

14) 염창권・선주원(2009), 『국어과 교육론 1』, 광주교대 출판부, 164-170.

은 연관이 있다.

'反省的(반성적) 思考(사고)(Reflective Thinking)'는 미국의 실용주의 학자 존 듀이(John Dewey)가 主唱(주창)한 개념이다. 반성적 사고란 논리적으로 사고하려는 것으로, 증거를 바탕으로 추리하고 행동하려는 심리 상태를 일컫는다. 즉, 주제를 마음속으로 熟考(숙고)하고 그것을 논리적 비약 없이 지속적으로 생각하는 것, 증거에 의해 신념을 검토하고 그것에 근거해서 행동할 수 있게 하는 것, 관찰된 사실에 근거하여 가능성이 있는 사실을 추리하는 사고 등으로 규정할 수 있다. 흔히 반성적 사고는 지적 懷疑(회의), 당황, 정신적 곤란을 느낄 때 그것들을 해결하고 더 나은 심리 상태에 이르기 위한 노력으로 나타난다. 따라서 반성적 사고 능력은 문제해결력이며, 사고 과정은 문제 해결을 위한 추리 과정이라고 할 수 있다.

그러니까 우리가 비평가가 되기 위해서는 글을 이해하고 해석・감상하는 데서 그쳐서는 안 된다. 더 나아가 반성적 사고인 비평적 사고력을 동원해 문학텍스트의 의미를 평가하고 궁극적으로는 자기화하는 데까지 이르러야만 한다. 결국 비평・평론이란 비평가가 비평적 사고력에 의해 문학텍스트의 의미를 '자기화'하는 데에 궁극적인 목적이 있다. 비평은 자기 삶의 현상을 새롭게 인식하고, 새로운 삶의 비전을 찾을 수 있게 하는 데 그 핵심이 있다. 요약하면, 비평・평론이란 문학텍스트의 의미를 理解(이해) → 鑑賞(감상)(解釋) → 評價(평가)(分析, 綜合, 推論:論理的 思考) → 自己化(자기화)(反省的 思考) → 비전 摸索(모색)(새로운 의미 생산+윤리적 성찰 행위)하는 일련의 과정을 말한다[15].

비평가・평론가는 왜 필요한가? 허만 멜빌의 '모비딕(白鯨)'은 작품을 발표할 당시는 아무런 주목을 받지 못했다. 작가가 죽은 지 100년 뒤에야 세계명작으로 자리 잡게 되었다. 명작이란 일차적으로 작가의 뛰어난 창작 능력으로 만들어지는 것이지만, 비평가・평론가가 남다른 안목으로 새로운 의미를 찾아내어 가치평가를 해주어서 명작이 되는 경우도 많다. 또한 비평가・평론가는 일반 독자들이 어떤 작품을 좀 더 쉽게 이해할 수 있도록 설명해주고 이끌어주는 안내자 구실도 한다. 그리하여 더 많은 사람들이 문학작품을 더 잘 이해하고 즐길 수 있다면 비평가・평론가는 존재 가치가 있다.

일반 독자가 쓰는 글은 '感想文(감상문)'이라 하고, 비평가가 쓴 글은 '批評文(비평

15) 김재봉・선주원(2006), 『글쓰기와 화법』, 형설출판사, 165-168.

문)'이라 한다. 감상문과 비평문은 조금 다르다. 감상문은 감성적 반응이 중심을 이룬다. 자기중심적인 글로서 대개 줄거리를 요약하면서 나는 이렇게 느꼈다고 쓰면 된다. 반면에 문학비평문은 독자를 대상으로 한 글이다. 그래서 논증적 설명과 평가와 설득이 중심을 이룬다. 他者(타자)(작가, 비평가, 일반대중) 지향적이며, 1인칭 성격의 설득 장르(상호주관성)이다.

문학평론은 남의 글을 분석하고 논한다는 점에서는 학문의 성격을 지닌다. 하지만 내가 글을 쓴다는 점에서는 문학의 성격도 지닌다. 물론 논문도 글로 쓰지만 문학이 아니다. 하지만 평론은 평론가의 감성을 바탕으로 독자에게 감동을 주기 위해 글을 쓴다는 점에서 문학적 성격이 강하다. 그래서 같은 문학작품을 대상으로 논문을 쓴다면 학문에 속하지만 평론으로 쓴다면 문학에 속한다. 그렇기 때문에 평론가는 단순히 문학작품을 잘 분석하는 능력이 있다고 해서 되는 것은 아니다. 글을 맛깔나게 써서 정서에 바탕을 둔 설득력을 발휘할 수 있을 때 비로소 평론가라는 이름을 얻게 된다.

3) 文學作品(문학작품)을 보는 觀點(관점)

사람은 자기가 태어나서 자란 환경이나 현재 처한 상황 등에 따라서 똑같은 문제를 보아도 그 문제를 바라보는 시각과 관점이 달라진다. 그렇기 때문에 똑같은 문학작품을 읽고도 그것을 이해하는 관점이나 이해도는 비평가 개개인에 따라서 다 다르다. 그러나 작품의 이해나 평가가 독자 개개인의 느낌에서 출발하는 것이라고 해서, 그것을 끝내 개인의 주관만으로 판단해서는 안 된다. 작품이란 일정한 의미를 지닌 객관적 존재이기 때문이다. 따라서 작품은 반드시 객관적 기준을 근거로 평가해야만 한다. 하지만 아울러 문학 작품은 다른 학문 연구와는 달라서 예민한 감수성과 어울려져야 올바른 감상과 연구가 될 수 있기도 하다.

그러니까 비평은 개개 작품 하나하나를 중시하고, 독자의 정서와 느낌에 특별한 관심을 기울여야 하는 것이 다른 학문과 구별된다. 따라서 문학 감상이나 비평은 어떤 방법에 의존하든 간에 보편 이론 체계(랑그)보다 항상 구체적인 작품(빠롤) 분석에 중점을 두어야 한다. 즉 문학비평은 단순한 이론 체계보다는 구체적 개별 작품 분석이 더 소중한 활동이다.

게다가 문학작품은 인간의 삶을 總體的(총체적)으로 다루고 있기 때문에 정치・경제 · 사회 현상들이 복합적으로 스며있다. 그러므로 문학작품을 올바르게 이해하려면 삶 자체에 대한 복합적 이해가 필요하다. 예컨대 정치학이나 경제학 · 사회학은 인간 생활 자체를 대상으로 하지만, 비평은 작품을 대상으로 삼는다. 따라서 비평은 기본 질료인 인간의 실생활뿐만 아니라 그것을 문학작품으로 형상화한 문학적 기법과 그 매체인 언어까지도 깊이 있게 이해해야만 할 수 있다.

그래서 문학작품은 한두 가지 방법으로는 완벽한 이해가 불가능하다. 따라서 인접 학문 분야의 지식이나 이론들과 작품을 관련시켜 설명하는 방법들이 생겨나게 된다. 그때 어느 학문의 도움을 받았느냐에 따라서 다음과 같은 여러 가지 특정 방법론이 형성된다. 여기에는 ① 歷史 · 傳記(역사 · 전기)비평(外在的 方法), ② 形式主義(형식주의)비평(內在的 方法), ③ 構造主義(구조주의)비평, ④ 脫構造主義(탈구조주의)비평, ⑤ 社會主義(사회주의, 이데올로기)비평, ⑥ 心理主義(심리주의)비평, ⑦ 神話原型(신화 · 원형)비평, ⑧ 독자중심비평, ⑨ 페미니즘비평, ⑩ 문화 연구 등이 있다.

4) 文學批評(문학비평)을 쓰는 방법

앞에서 설명한 열 가지의 비평적 연구 방법론은 전문가들의 영역에 속한다. 그래서 일반인이 위의 어느 특정 방법론에 의거하여 문학작품을 비평하기란 매우 어렵다. 따라서 문학비평의 초심자인 경우는 우선 다음 방법을 통하여 문학작품을 이해하는 것이 좋다.

첫째, 작품을 작가의 체험 · 사상 · 감정 등을 표현한 것으로 보는 관점이다. (작가의 감정이 잘 드러나 있군!) 따라서 작품을 정확히 이해하고 감상하기 위해서는 그 작품을 창작한 작가의 의도를 알 필요가 있다. 작가의 성장 배경 · 학력 · 생활환경 · 취미 · 주로 영향받은 사상 · 교우관계 · 종교 등을 알아두면 작품을 이해하는 데 도움이 된다. 이러한 방법은 대체로 역사 · 傳記(전기) 방법에 가깝다. 또 작가의 특수한 심리에 관심을 갖고 작품을 이해할 경우, 심리주의 방법이 될 수도 있다.

그런데 이 방법은 자칫 '意圖(의도)의 誤謬(오류)'를 범할 수 있다. 창작의 복합적이고 미묘한 과정은 기계적 과정이 아니다. 작품은 작가의 의도와 다르게 써질 경우가 많다. 곧 작품 창작은 작가의 의도로 통제할 수 없는 요소가 많다. 그러므로 작가 의도로만 작품을 이해할 수는 없다. 따라서 작가의 의도에만 의존하기보다는 작품 자체를 더 세밀히 분석해 보아야 한다.[16)]

둘째, 작품과 세계와의 관계를 주목하여, 작품은 세계를 反影(반영)하거나 模倣(모방)했다고 보는 관점이다. (과연 실제 그대로구나!) 문학작품은 우리 일상의 여러 사회생활과 깊은 관계를 맺고 있으므로, 작품의 대상이 되는 것은 인간을 둘러싼 세계 전체라 할 수 있다. 따라서 일반화하면 문학작품은 세계를 반영하거나 모방한 것이 된다. 이러한 방법은 대체로 사회주의(이데올로기) 방법에 가깝다. 이 방법은 작품을 작품으로서 이해하는 것이 아니라 실제 사실들의 조립체로 만들 우려가 있다. 이를 機械論的(기계론적) 反映論(반영론)[17]이라고 한다.

셋째, 작품을 독자에게 미적 쾌감[18] · 교훈[19] · 감동[20] 등과 같은 효과를 주기 위해 만들어진 것으로 보는 관점이다. 아울러 작품의 가치를 그 작품이 독자에게 어떤 효과를 얼마만큼 주었느냐에 따라 평가하려는 관점이다. (정말 재미있었어!) 이러한 방법은 대체로 독자 중심 방법에 가깝다. 이 방법은 독자가 느끼는 의미와 작품의 진정한 의미가 일치하지 않아 소위 '感情(감정)의 誤謬(오류)'를 범할 수 있다[21].

넷째, 작품을 올바르게 이해하고 감상하기 위한 기준과 정보를 외부에서가 아니라 작품 내부에서 찾자는 관점이다. (작품이 잘 짜인 것 같아!) 이 관점에 의한 대표적인 방법이 分析主義(분석주의) 비평이다. 新批評(신비평)(new criticism)으로 대표되는 이 방법에는 세 가지 원칙이 있다. ① 작품을 작가나 시대 · 환경과 독립된 自足的(자족적)인 세계로 본다. ② 작품의 언어를 중시한다. ③ 작품을 有機的(유기적) 존재로 본다[22]. 이 방법은 특히 詩(시)의 분석과 이해에 유용하며, 위에서 지적된 意圖(의도)의 誤謬(오류), 機械的(기계적) 反映論(반영론), 感情(감정)의 誤謬(오류) 등을 막을 수 있는 장점이 있다. 반면에 작품에 사용된 언어 자체가 이미 역사성과

---

16) 表現論(표현론) · 生産理論(생산이론)은 문학작품을 개인의 감수성과 개성적 노력의 소산으로 보는 입장이다.

17) 反映論(반영론) · 反映理論(반영이론)은 문학이 사회 경제적 현실과 깊은 상관성을 가지고 있으며 그 자체가 현실을 반영하고 있다는 이론이다. 마르크스 문학이론이 대표적이다.

18) 오스카 와일드의 娛樂說(오락설)이 대표적이다.

19) 톨스토이의 功利說(공리설)이 대표적이다.

20) 에드거 엘런 포우의 象徵主義(상징주의), 에밀 졸라의 自然主義(자연주의)가 대표적이다.

21) 效用論(효용론) · 受容理論(수용이론)은 문학 현상 가운데 독자에 좀 더 많은 관심을 기울인다. 학습자의 의식과 경험 세계를 존중하며 작품 이해의 결정적 인자로서 수용 주체인 인간을 중시한다. 그러다 보면 작가의 의도와는 달리 작품을 해석하기도 한다. 이를 '감정의 오류'라 한다.

22) 언어와 작품 구조를 중시하는 形式(형식) · 構造(구조) 理論(이론)은 작품을 하나의 有機體的(유기체적) 구조로 파악하여 그 내적 질서를 찾고 거기서 문학을 문학답게 만드는 요소를 해명하려고 한다.

사회성을 띠고 있기 때문에 완벽하게 외부 세계와 차단해서 그 자체로만 이해할 수 없다는 단점도 있다.

다섯째, 작품을 감상하는 궁극적 목적은 그 작품이 지니고 있는 의미를 총체적으로 이해하는 데 있다고 보는 관점이다. 문학작품은 다양한 의미를 지니고 있다. 따라서 되도록 다각도로 작품을 보는 것이 작품의 의미를 올바르고 또 온전하게 이해하는 방법이다. 작가 쪽도 고려하고, 작품이 써진 시대도 참고하면서, 작품 자체를 周到綿密(주도면밀)하게 분석하는 것이 가장 보편적인 방법이 된다. 이 방법은 대체로 辨證法的(변증법적) 방법에 가깝다.

여섯째, 작품의 바른 이해를 위해 유의해야 할 또 하나의 중요한 사항은 부분과 전체의 관계에 대한 균형 잡힌 관점이다. 작품을 제대로 이해하기 위해서는 그 구성 부분을 샅샅이 살펴야 하지만, 그 부분들은 따로따로가 아니라 전체와 연관 속에서 살펴야 한다. 때문에 각 부분을 포함한 전체적 윤곽을 어림잡기 전에는 개별 부분의 위치와 의미를 정확히 가늠하기 어렵다. 예를 들어, 無等山(무등산)을 주제로 쓴 글에서 무등산 골짜기에 잔뜩 쌓인 쓰레기만 자세히 관찰하여 쓴 글의 경우 무등산의 특징을 나타낸 것이라고 보기 어렵다. 다시 말해 작품을 해석하는 일은 개별적 부분을 통해 전체의 구조와 의미를 파악하고, 다시 전체적 이해를 바탕으로 부분을 더 깊이 인식하는 점진적 발전의 과정으로 이루어지는 것임을 유의해야 할 것이다.[23)]

5) 評論(평론)의 實際(실제)

지금까지 문학비평을 중심으로 평론에 대하여 槪觀(개관)해보았다. 비평에는 문학비평뿐만 아니라 다른 영역들도 있다. 어떤 책이 지닌 의의와 가치에 대해 평가하고 설명해주는 비평을 '書評(서평)'이라 한다. 時事的(시사적)인 문제들을 대상으로 그 문제의 의미를 심층 분석하여 설명해주는 비평을 '社會批評(사회비평)'이라 한다. 사회비평 안에 '정치비평'·'경제비평' 등이 포함된다. 한편 예술작품을 감상하고 그 작품의 의미와 가치를 설명하고 평가해주는 비평을 '藝術批評(예술비평)'이라 한다. 예술비평 안에 영화비평·연극비평·음악비평· 미술비평·무용비평 등이 포

23) 조수웅(2006), 『조수웅의 이야기 문학』, 도서출판해동, pp. 209-214.

함된다.

이제 비평의 실제를 알아보기 위하여 세 편의 비평작품을 소개한다. 각각 文學評論(문학평론)·映畫評論(영화평론)·音樂評論(음악평론) 한 편씩인데, 논자가 어떤 관점에 주안점을 두고 평론을 전개하고 있는지 살펴보자.

(1) 文學評論(문학평론)

(치) 生(생)의 원동력인 定言明法(정언명법)으로서의 자기성찰[24)]

— 鄭浩承論(정호승론) –

19세기 W. 워즈워드에 의해 정형화된 情緖(정서)는 天性(천성) 내지는 自然性(자연성)을 근간으로 하고 있는 것이며, '정서의 流露的(유로적) 표출'이야말로 곧 詩(시)에 다름 아니다. 이 시대의 천재적 시인들이 추구하고자 한 것은 바로 정서의 유로적 표출로서의 해방이었으며, 내면적 주관이 발현하는 정도가 爆裂的(폭렬적)일수록 정서의 시학에 더욱 부합된 것으로 추단되었다.

그러나 20세기에 들어오면서 정서의 시학에 대한 안티테제로서 T.S. 엘리엇은 '시는 정서의 解放(해방)이 아니라 정서의 逃避(도피)'라고 선언하게 된다. 시의 생명인 정서를 버리고 도피하라는 말이 '정서를 거부하라'는 命題(명제)까지 포함하는 것은 아니겠지만, 천성 내지는 자연성만큼은 기술적으로 객관화할 필요가 있다는 것이다. 왜냐하면 정서는 시간적인 개념이므로 가변적이라는 것이다. 아무리 큰 감동일지라도 시간의 흐름에 따라 가변적이고 마침내는 소멸하기 때문이다.

이러한 정서적 감동의 가변성과 소멸성은 浪漫主義(낭만주의) 시에서 치유할 수 없는 불안·동요의 주요인자임에 틀림없다. 때문에 '정서로부터의 도피'는 단순한 정서의 유로적 표출을 거부하고, '시는 정서의 감각화 내지는 정서의 사물화'라는 새로운 등식을 제기한다. 시간 속의 천성은 재단사에 의하여 기획되어 공간 속으로 이동한다. 이것이 20세기 시가 보여주는 정서의 繪畫性(회화성)이다. 시간예술인 정서의 산물을 입체적이고 조형적인 형상으로 재구성하여 공간예술로 이동시키려는 일련의 노력들은 모더니스트들의 철저한 기술적 작업을 통하여 이루어지고 있다.

---

24) 朴日訓(박일훈) : 草堂大(초당대) 경찰행정학과 교수, 『월간 모던 포엠』, 2011년 12월호.

鄭浩承(정호승, 1950~)은 이 시대를 살고 있는 우리나라의 대표적인 抒情詩人(서정시인) 중 한 사람이다. 그는 1976년 출간된 첫 시집 '슬픔이 기쁨에게'를 비롯해 '서울의 예수', '외로우니까 사람이다', '풀잎에도 상처가 있다', '눈물이 나면 기차를 타라', '사랑하다 죽어버려라' 등 그의 대표작품들을 통해 대중적 호소력이 강한 서정시를 활발히 발표해오고 있다.

여기서 정서의 회화성을 노래하는 모더니스트는 아니지만 정호승의 시가 무슨 연유로 오늘날 많은 사람들에게서 사랑받고 있는지에 대해 잠시 의문을 제기해보지 않을 수 없다. 단지 '정서의 해방'에서 '정서의 도피'로, 그리고 다시 '정서의 회귀'로 시문학적 조류가 변증법적인 발전을 거듭하고 있을 뿐이라고 단정하기에는 정호승의 시가 대중에게 주는 울림이 크기 때문이다.

그렇다면 정호승의 시가 가지는 울림, 즉 감동은 대체 어디서 오는 것인지 먼저 탐구해보아야 할 것이다. 우선은 일단 그것을 '정호승式(식) 自己省察(자기성찰)'이라는 관점에 초점을 맞추고 논의를 전개하고자 한다. 그리고 이때 정호승의 성찰은 '나의 상처가 치유되기 위한' 것이거나 '나의 행복을 위한' 것이 아니라, '우리 모두의 상처의 치유와 행복을 위한' 것이라는 점에서 일반적인 성찰과는 유다르다는 인식 아래 출발한다.

인간이란 저마다 '프로크루스테스의 침대'를 의식 속에 가지고 살아가는 존재다. 그러기에 시시각각으로 변하는 사고의 길이만큼이나 성찰의 길이도 각각 다르기 마련이다. 그런데 정호승의 성찰에는 '모두가 共感(공감)할 수 있는' 성찰이란 점에서 무언가 특별한 것이 있다. 그것은 마치 임마뉴누엘 칸트가 말하는 定言明法(정언명법)(categorical imperative)의 경지에서 볼 수 있는 성찰이기도 하다.

칸트에 의하면 논리적인 보편성, 恣意性(자의성)의 배제, 인간의 목적성, 행위자의 自律性(자율성) 등 네 가지의 暗黙的(암묵적) 조건을 전제로 하여 사람의 '특정한 행위'가 '도덕적 규범'이 된다고 한다. 예컨대 '도둑질을 하지 말라.'는 명제는 '네가 유명해지고 싶으면 도둑질을 하지 말라.'와 같은 개인적 욕망과 결합된 假言命法(가언명법)과는 다른 정언명법이라는 것이다. 즉 정언명법은 '너의 의지의 준칙이 항상 동시에 보편적 입법의 원리로 타당할 수 있도록 행위하라.'는 것이다.

칸트의 정언명법을 행위성찰이라는 측면에서 보면 '中庸(중용)' 제13장의 '나에게 베풀어지기를 원하지 않는 것을 남에게 베풀지 말라.'(施諸己而不願 亦勿施於人)는 말과 크게 다르지 않다. 죽는 날까지 나환자들의 치료를 위해 헌신하였던 마더 테레사 수녀는 자신의 천국행을 위하여 매일같이 회개하고 성찰한 것이 아니라, 환자들의 끝이 보이지 않는 고통 앞에서 자신의 무기력함을 한탄하며 일평생 성찰의 눈물을 흘려야 했다. 다음 시는 정호승의 성찰이 보여주는 깊이를 웅변해주고 있다.

풀잎에도 상처가 있다
꽃잎에도 상처가 있다
너와 함께 걸었던 들길을 걸으면
들길에 앉아 저녁놀을 바라보면
상처 많은 풀잎들이 손을 흔든다
상처 많은 꽃잎들이
가장 향기롭다

— '풀잎에도 상처가 있다' 전문

만물의 영장이라고 해서 인간에게만 상처가 있고 아픔이 있는 것은 아니다. 우리가 무심코 밟고 지나갔거나 혹은 한 송이 꺾어 들고 향기라도 맡았던 야생화며 야생초에도 상처와 아픔이 있다. 무릇 살아있는 생명체에는 저마다 아픔과 상처가 있는 법이다.

그 마음의 상처와 아픔을 치유하기 위해서는 성찰이 중요한 덕목임에 틀림없다. 그리고 이 경우 성찰은 나만을 위한 성찰이나 회개가 아닌, 인류보편적인 관점에서 자기성찰이어야 한다. 이것을 이른바 '정언명법으로서의 자기성찰'이라고 규정하는 것이다. 시인 정호승은 인류애의 보편성에서 한 발 더 나아가고 있다. 풀과 꽃잎 같은, 생명 있는 모든 것들에 대한 깊은 성찰을 통하여, 생명체가 가지고 있는 상처와 아픔이 충분히 치유될 수 있을 뿐만 아니라, 상처가 있는 아픔 그 자체가 마침내 향기로 昇華(승화)할 수 있다는 굳은 믿음을 보여주고 있다.

이 때문에 오늘을 사는 우리가 정서의 유로적 표출이라는 정서의 시학에서 벗어나, 나아가 정서의 회화성에 안주하지 않고, '정서의 보편적 성찰'을 통하여 진리적 가치를 노래하는 정호승식 성찰에 쉽게 공감하고 同化(동화)되는 것이다. 그러한 공감 내지 동화야말로 정호승의 시가 가지는 각별한 울림 내지는 감동으로 발전한다. 그러고 보면 정호승의 시가 많은 사람들에게 사랑받고 있는 것은 어쩌면 당연한 일인지도 모른다. (中略)

感謝(감사)는 고마워하는 마음이다. 고마워하는 마음이야말로 사람이 가진 가장 큰 특권 중 하나이며 위대한 덕목이다. 고마워하는 마음은 물질적 소유의 크기에서 연유하는 것이 아니라 생각의 크기나 믿음의 크기에서 비롯한다. 대저 사람은 부모 형제에게 감사하고 이웃에게 감사하고 늘 가까이서 다정한 벗이 되어주는 친구에게 감사하며 혹은 '일용할 양식을 주시는' 절대자에게 감사한다.

그렇지만 고마워하는 마음이 없는 사람에게는 감사의 마음이 있을 수 없다. '이 세상에 무엇이 그토록 고맙고 감사한가?'라고 묻는 사람은 삶이 불평불만으로 가득한 사람이요, 분명 이 세상에서 가장 불행한 사람이다. 그래서 정호승은 무엇이 우리에게 감사한 일인지를 일러준다.

이른 아침에
먼지를 볼 수 있게 해주셔서 감사합니다
이제는 내가
먼지에 불과하다는 것을 알게 해주셔서 감사합니다
그래도 먼지가 된 나를
하루 종일
찬란하게 비춰 주셔서 감사합니다

—「햇살에게」 전문

시인 정호승은 햇살에게 가장 감사한다. 자신이 먼지 같은 인생이라는 것을 알게 되어서 감사하고 이른 아침에 환한 나팔꽃이나 영롱한 아침이슬은 아니더라도 심지어 티끌 같은 먼지를 볼 수 있어서 감사한다. 무엇보다도 먼지에 불과한 자신을 하루 종일 찬란하게 비춰주는 햇살에게 감사한다.

공기와 햇빛 같은 것은 우리 인간이 살아가는 데 반드시 필요한 것들이다. 이것들은 모든 생명체가 생존하기 위한 절대 필수요소다. 그런데 인간은 아무런 代價(대가) 없이 공기와 햇빛이 주는 혜택을 누리고 있음에도 이들 존재에 대해서 굳이 고마워하는 마음이 없다. 너무 당연한 것들이라 여기기 때문이리라. 그래서 시인은 말한다. 해와 달, 별과 같이 자기 주위에 널려있는 당연한 존재에 대해서도 먼저 감사하는 마음을 가져보라고 말이다. 그러고 보면 이 세상에 감사하지 않을 일이 하나도 없음을 깨닫게 된다.

울지 마라
외로우니까 사람이다
살아간다는 것은 외로움을 견디는 일이다
공연히 오지 않는 전화를 기다리지 마라
눈이 오면 눈길을 걸어가고
비가 오면 빗길을 걸어가라
갈대숲에서 가슴 검은 도요새도 너를 보고 있다
가끔은 하느님도 외로워서 눈물을 흘리신다
새들이 나뭇잎에 앉아 있는 것도 외로움 때문이고
네가 물가에 앉아 있는 것도 외로움 때문이다
산 그림자도 외로워서 하루에 한 번씩 마을로 내려온다
종소리도 외로워서 울려 퍼진다

— '수선화에게' 전문

고마워하는 마음이 있어야 남을 이해하고 배려하고 容恕(용서)할 수 있다. 그런데 때때로 정작 자신이 타인의 이해와 배려와 용서가 절실히 필요해질 때 사람은 문득 외로워진다. '먼지가 된 나'는 다른 '먼지를 볼 수 있게' 된 일에 진정 감사하지만 그래도 먼지인 나는 언제나 외롭다. 그것은 결코 누구나 함부로 金顯承(김현승)의 '절대고독'에 쉽게 다다를 수 없기 때문이다.

그런데 외로워서 눈물을 흘려야 하는 것은 被造物(피조물)인 인간만의 능사는 아니다. 절대자인 創造主(창조주) 하느님도 마찬가지다. 그래서 '가끔은 하느님도 외로워서 눈물을 흘리신다'는 사실을 정호승은 간과하지 않는다. 그러기에 아무도 위로해 주는 이가 없어도 '공연히 오지 않는 전화를 기다리지 마라'고 한다. 차라리 '눈이 오면 눈길을 걸어가고 비가 오면 빗길을 걸어가라'고 시인은 말한다. 그렇게 혼자 길을 가다보면 '도요새'가 친구가 되어 주고 '산 그림자'가 따라오고 '종소리'가 동행하고 있다는 사실을 발견한다. '외로우니까 사람'인 인간 존재는 따라서 그 외로움마저도 끌어안고 사랑할 수밖에 없다. 그리고 그때 사람의 벗이 되어 준 도요새와 산 그림자, 종소리에 감사하게 되는 것이다. 또 어차피 살아가며 외로움을 견뎌내야 하는 자기 자신의 존재에 대해서도 새삼 뜨거운 감사를 하지 않을 수 없게 되는 것이다. (下略)

(2) 映畵評論(영화평론)

(키) '변호인'의 먹먹한 감동, 무조건 보시라![25)]

金滎柱(김영주)[26)]

크리스마스와 年末年始(연말연시)는 영화관이 요란스럽게 관객을 불러 모으는 대목인데, 마땅한 영화가 눈에 들어오지 않았다. 보름 전에 '호빗2'를 보았는데, 비쥬얼로 눈요기하긴 좋지만 감동받지는 않았다. '변호인', 노무현의 변호사 시절을 그린 영화란다. 크리스마스와 연말연시 대목하고는 아무런 상관이 없다.

'내용이야 좋겠지만, 다 아는 이야기인데 뭐 특별한 게 있겠어? 양우석 감독? 누구지?' 개봉 전에 평점테러가 있었다 하고, 개봉 후에는 티켓테러가 있었다는 의혹이 일었다. '참! 별일들을 다 하는구먼!, 이렇게 심드렁하게 흘려 넘기고 있는데 관련기사가 녹록치 않다. "개봉날 관객들 반응이 심상치 않다, 개봉 며칠 만에 100만 명을 돌파했다, 감동이다, 뭉클하다, 200만 명을 넘었다, 이대로만 간다면 1000만 명도 바라볼 수 있다……." 설마? '영화이야기를 해야 하는데, 마땅한 것도 없고~, 한 번 봐 볼까~? 노무현 님도 다시 새기면서……'.

"'변호인' 1장이요.", "좌석이 맨 앞자리 세 개뿐인데, 괜찮으시겠어요?", "에~에? 조조프로가요?". 휘둥그런 눈으로 좌석화면을 들여다보았다. 맨 앞 줄 양쪽 구석지에, 1번 · 11번 · 1둘째 좌석. 상영한 지 10일이 넘었고, 평일인데도~? 내 영화 경력 50년에, 早朝(조조) 프로에서 이런 일은 처음이다. 조조엔 적으면 하나 둘, 많아야 스무 명 남짓이다. 놀라움과 호기심이 함께 일어났다. '설마 (예약을 취소한) 빈자리가 있겠지~. 없으면 가운데 통로에라도 앉지 뭐~.'

다행이도 여기저기 빈자리가 몇 개 있었다. 그런데 또 깜짝 놀랐다. 이런 사회파 영화는 ('도가니'처럼 사회이슈로 떠오른 경우를 제외하곤) 조조프로가 아니더라도 관객이 네댓 명이거나 열 명을 넘어서기 어렵고, 젊은 청년은 거의 보이지 않는다. 그런데 오늘은 거의 대부분이 스무 살쯤 대학생이었다. '아니, 세~상에 이럴 수가!' 이런 걸 奇蹟(기적)이라고 해야 할까? 하늘이 도대체 무슨 조화를 부린 거야? 도무

---

25) 金滎柱(김영주). 「'변호인'의 먹먹한 감동, 무조건 보시라!」, 『시민의 소리』, 2013. 12. 31.

26) 金滎柱(김영주) : 草堂大(초당대) 경영학과 교수. 全南大(전남대) 경제학과 졸업. 전남대 경제학박사. 영화평론가. 『시민의 소리』에 10년 넘게 영화평 연재 중. 저서에 『알기 쉬운 경제원론』·『시장주의, 그 신화와 환상』.

지 믿어지질 않았다. '혹시~ '안녕들 하십니까' 대자보 사건 때문에? 그렇다고 설마 이렇게까지~?'.

영화를 잘 만들었다. 배우들 연기도 매우 좋았다. 울컥 눈물이 흘렀다. 네댓 번쯤. 참 오랜만이다. 내 평점으로는 대중감동은 A0(내 감동 A++), 영화기술은 A+, 감독의 관점과 내공은 사회파 A+이다. 세상의 어두운 그늘을 드러내어 강조하는 '사회파 리얼리즘'은, 그냥 슬픈 게 아니라 무겁게 슬프다. 요즘 세상인심은 슬픈 이야기를 유난히도 싫어한다. 게다가 무겁기까지 하면 더 말할 나위 없다. 그런데 이렇게 무겁고 슬픈 내용으로 일반 관객에게 감동을 주고 나아가 관객이 몰려들게까지 만들어내는 건 드물고 드문 일이어서, 만장의 기립박수로 환영할 만한 일이다. 더구나 보수 정권에서 구석지에 구석지까지 내몰린 노무현 님이 일구어낸 실화를 바탕으로 만든 훌륭한 영화이기에 더 더욱 반갑고 고맙다. 길고 긴 가뭄 끝에 단비가 내렸다.

盧武鉉(노무현), 萬感(만감)이 교차하는 이름이다. 그토록 좋아할 수 있을까 싶을 정도로 좋아했고, 좋아한 만큼 맘에 상처도 깊었다. 지금도 그를 떠올리면, 愛憎(애증)의 雙曲線(쌍곡선)이 마구 소용돌이친다. 그에게 하고픈 말이 많고 많지만, 정리하고 정리해서 딱 두 마디로 줄여 보겠다. "인간 노무현은 존경하지만, 대통령 노무현은 실망스럽다. / 현실과 타협할 일은 理想(이상)으로 밀어붙였고, 이상으로 밀어붙일 일은 현실과 타협해 버렸다." 그의 실패는 그 개인의 낭패로 끝난 게 아니라, 민주화 세력이 피와 땀으로 겨우겨우 일구어낸 숲 전체를 말라비틀어질 지경으로 몰아넣고 말았다. 물론 그게 그의 잘못만은 아니지만, 그의 순박함이 너무나 지나쳤다. 인간세상의 奸惡(간악)함과 卑劣(비열)함이 너무 극렬하기도 했지만, 그가 장기적 이상과 단기적 현실의 포인트를 잘못 잡고 출발했다. 한 시절 노무현을 사랑했기에 그의 죽음이 처절히 애통했지만, 한 시절 노무현을 미워했기에 그의 冥福(명복)을 제대로 追悼(추도)하지 못했다. 그러나 그를 미워한 게 사랑이 지나쳐서 비롯되었기에, 이 영화를 계기로 삼아서 그 미움을 지우기로 했다. 지금 우리를 뒤덮고 있는 어둠이 너무나 깊기에 더욱 그러하다. '레미제라블' 마지막 장면에서 'Do you hear the people sing?'이라는 民草(민초)들의 웅장한 합창도 나를 위로하지 못했는데, 大字報(대자보) 앞마당과 조조영화 좌석을 가득 메운 젊은 청년들에게서 그 짙은 어둠을 걷어낼 '새벽의 빛'을 보았다. 민주화는 한 판의 승부가 아니다!

宋康昊(송강호), '초록물고기'의 양아치 모습에서부터 '觀相(관상)'의 족집게 관상쟁이까지 오랫동안 그를 지켜보았다. 수더분한 서민 모습을 잘 그려내는 배우이다. '공동경비구역'에서 북한군 장교 캐릭터가 가장 좋았다. 그러나 그의 연기에 감동한 적은 없었다. 그런데 이번 캐릭터에 노무현이 겹쳐들어서일까? 아니면 내가 이 답답한 시대 상황에 너무나 지쳐서일까? 그의 연기에 감동했다. 특히 법정 장면에서 "국민이 국가다!"를 외치는 눈빛이 어찌나 격렬한지 오금이 화악 저려왔다. 이러한 감동은 송강호에게서만 비롯된 게 아니다. 조연들도 잘 어우러졌다. 조연이 잘 살아나는 영화는 분명코 좋은 영화이다. 엄마 김영애도 참 잘했지만, 고문 경찰 곽도원이 빼어나다. '범죄와의 전쟁'에서 그의 '검사스런 모습'은 감동이라기보다는 감탄이었다. 이 영화에서도 그런 감탄을 일으켜 송강호의 감동스런 연기를 더욱 빛내주었다. 송영창의 판사 연기도 참 좋았다.

양우석 감독, 이 영화를 참 잘 만들었는데 첫 작품이라니 더욱 놀랍다. 얼핏 그 연출이 너무나 평범해 보인다. 실화로 있는 이야기를 그냥 그대로 풀어갈 따름이다. 그러나 그걸 일정한 시간 안에 짜 넣어야 하고, 중심 줄기와 주변 가지를 잘 잡아야 하며, 중요한 건 중요한 대로 중심을 잘 잡아야 하고, 덜 중요한 건 덜 중요한 대로 주변에서 잘 받쳐주어야 한다. 그리고 그 이야기가 흘러가는 흐름의 완급을 잘 조정해야 한다. 빤한 이야기를 빤하지 않게 관객의 눈길을 사로잡아야 하고 관객의 심장에 리듬을 주어야 한다. 배우들의 연기도 잘 뽑아내야 하지만, 대사도 적절하게 잘 잡아내야 한다. 이게 여간 어렵지 않다. 그걸 잘 잡아내고 잘 이끌어가는 게 바로 기술이요 내공이다. "이런 게 어딧써요, 이라믄 안 되는 거자나요!", "국민이 국가다!"라는 대사처럼, 너무나 평범한 상식이지만 실천에 옮기기에는 너무나 어려운 걸, 꾸밈이 없고 잘난 체 없이 담백하게 잘 연출해냈다. 꾸밈없이 담백하면서도 관객의 감동을 이끌어낸다는 게 얼마나 어려운 건데, 그 어려운 걸 자연스럽게 이끌어냈다. 그래서 영화기술도 A+를 주었고, 내공도 A+를 주었다.

하마터면 '이 꾸밈없이 담백한 연출'이 평범함으로 묻힐 뻔했다. 그게 살아날 수 있었던 데는 불행한 시대분위기도 한 몫 거들었다. 답답한 현실이 이 영화의 관객을 두세 배로 늘려주었다. 만약 1000만 관객을 넘어선다면, 이 영화가 상영된 타이밍이 큰 역할을 한 거다. 살을 에는 겨울의 칼바람 속에도 "봄날은 온다." 물론 그 다음에 여름과 가을을 거쳐 또 다시 겨울이 오겠지만…….

연습문제 5. 최근에 본 영화 또는 가장 인상 깊었던 영화를 제재로 영화평을 써보시오. 원고지 7~10장 또는 A4 2장 분량으로 쓰시오.

(3) 音樂評論(음악평론)

(티) 존스와 마루리 – 첼로와 기타 듀오 음악회[27)]

盧乭鎬(노돌호)[28)]

바이올린과 플롯의 기타 듀오는 몇 년 전부터 국내에서 점차 활발히 연주회가 열리기 시작했으나 아직 첼로와 기타의 듀오콘서트는 거의 없다. 이런 우리나라에서 영국 첼리스트 '존스'와 스페인 기타리스트 '마루리'의 듀오 연주회가 열려, 큰 기대를 갖고 연주회장을 찾았다. 기타리스트인 나는 2006년 12월에 뉴질랜드 첼리스트 '토마스 호스티드'와 협연한 경험도 있고, 올해 4월 '노돌호와 친구들'이라는 기타 연주 CD도 출반하였다. 그러기에 더욱 설레는 마음으로 세종체임버홀을 찾아가게 되었다. 기상청의 비 예보와는 달리 날씨가 쾌적한데다 바람도 시원하게 불어 발걸음이 가벼웠다.

나는 光化門(광화문)에 위치한 세종체임버홀을 여러 번 찾았는바, 음량이 작은 기타에는 음향상태 및 분위기가 최적의 공연장이라 느껴진다. 박수를 받으며 검은색의 가벼운 옷차림으로 등장한 두 연주자는 비발디의 소나타 6번(많이 연주되지 않는 RV 47)으로 문을 열었다. 첼로와 기타라는 두 악기의 음량 차이를 어떻게 극복할 수 있을지 나는 염려 반 기대 반으로 지켜보았다. 연주장의 음향시설 및 연주 능력 탓이기도 하겠지만 내 경험으로는 도저히 마이크를 사용하지 않고는 첼로의 멜로디 속을 파고드는 기타소리를 낼 수 없었기 때문이다. 그러나 훌륭한 음향시설과 다른 악기와의 협연 경험이 많은 '마루리'의 기타소리는 첼로의 멜로디를 파고들며 잘 받쳐주었다. 단지 첫 곡 비발디 음악의 특성인 생동감과 유려한 리듬의 전개가 부족하였다. 첼로의 重厚(중후)한 소리 때문인지 전체의 흐름이 무거웠다.

둘째 곡인 슈베르트의 아르페지오네 소나타는 내가 오래전부터 연주하고 싶었던

---

27) 盧乭鎬(노돌호), 『클래식기타 매거진』, 2007년 8월호, 한국기타문화 연구소.

28) 盧乭鎬(노돌호) : 한국기타협회 지도자인증교육원 원장 · 한국기타협회 고문 · 한국기타협회 원로합주단 음악감독 · 교원기타앙상블 음악감독으로 활동 중인 기타 전문가.

곡이었다. 그래서 지난해 내 공연에서 2악장 아다지오를 연주한 경험이 있다. 또 올해 출반한 내 CD에도 삽입하였다. 그랬기 때문에 더욱 크게 기대하면서 감상하였다. 아르페지오네는 첼로와 거의 같은 크기의 擦絃樂器(찰현악기)로 몸통 모양은 기타와 비슷하고 줄도 6현인 악기인데, 이 악기를 위한 작품으로 남은 것은 이 곡뿐이다. 1악장 기타 獨奏(독주)의 前奏(전주)가 느린 템포로 여유로운 출발을 하였는데, 피아노 伴奏(반주)에 익숙한 내 귀에는 조금은 답답하게 들렸다. 하지만 피아노에서 느낄 수 없는 기타의 고운 음색은 음량의 단점을 충분히 相殺(상쇄)시킬 수 있었다. 첼로가 높은 음역에서 불확실한 음정이 종종 나타났으나 흐름의 안정을 잃지는 않았다.

나는 맨 앞좌석에 앉아서 연주자들의 숨소리까지 들으며 생생한 현장감을 느끼며 감상했는데, 두 악기 음의 밸런스가 궁금했다. 1악장에서 첼로가 포르테로 노래할 때는 역시 기타 음량의 한계가 나타났다. 또 16음표로 첼로와 기타가 주고받는 樂節(악절)에서 빨라지면서 흐름의 불안정한 모습이 보이기도 했다. 2악장은 기타의 맑은 음색으로 前奏(전주)가 시작되면서 첼로의 명상적이고 서정적인 멜로디와 강약의 조화, 3악장으로 넘어가는 經過句(경과구)는 이 곡의 아름다움을 빛내주었다. 3악장 알레그레토 중간 부분에서 첼로의 낭만적인 표정이 떨어지고, 기타의 아르페지오가 불안했으나 아포얀도 주법의 강한 터치는 효과적이었다. 이 곡을 기타와 첼로로 들을 수 있음에 감사하고 행복감을 느꼈다.

그 날 연주회장은 좌석이 80% 이상 찼으며, 스페인대사관 주최라 외국인들도 눈에 많이 띄었다. 나는 휴식시간에 로비에 가서 기타인들을 만나보려 했으나 잘 보이지 않았다. 기타 獨奏會(독주회)도 유명한 외국 기타리스트가 아니면 좌석이 비는 현실에서, 유명하지 않은 연주자들의 듀오콘서트에 기타인들이 많이 오기를 기대한 것은 나의 욕심이었을까. 나는 다양한 연주 장르에 참여하여 폭넓은 음악 감상을 하는 일이 전공생, 애호가 모두에게 필요하고 기타 발전에 도움이 되리라 생각한다.

휴식이 끝나고 2부 첫 순서 '알함브라궁전의 추억'[29]을 생략한다는 멘트는 아쉬움을 남겼다. 지금까지 여러 가지 악기로 연주된 '알함브라궁전의 추억'을 들어보았으나 역시 기타 독주곡만큼 감흥을 주는 곡은 없었다. 이번에는 혹시나 첼로와 기타의 合奏(합주)로 이 곡을 들을 수 있을까 하는 내 기대가 무너졌다. 대신에 주

29) 한국의 외래어표기법에서는 '알람브라궁전'이라 쓰라고 하나, 기타인들이 쓰는 용어인 '알함브라궁전'으로 썼다.

한 스페인 '콜롬(D. Colome)' 대사 작곡의 '새들의 노래'가 세계 初演(초연)되었다. 현대곡이지만 낯설지 않았고 첼로와 기타가 서로 대화를 하듯이 전개되면서 첼로와 기타의 '글리산도'로 주고받는 표현이 인상적이었다. 주한 스페인 콜롬 대사는 1992년 바르셀로나 올림픽 당시 음악감독을 맡기도 했던 작곡가이기도 한데, 그가 작곡한 '새들의 노래'는 창의성이 돋보이는 작품이었다.

다음은 알베니스의 '스페인舞曲(무곡) 5번 안달루시아'와 그라나도스의 '코르도바', 파야의 '스페인의 노래' 등 모두 스페인의 곡으로 프로그램이 꾸며졌다. 멜로디를 주로 기타로 듣다가 첼로로 들으니 노래가 더욱 아름답게 들렸다. 기타도 섬세하고도 구슬픈 음률로 첼로를 받쳐주고, '아포얀도'와 '알아이레' 주법이 적절하게 구사되었다. 단지 첼로가 포르테로 연주될 때 기타가 힘을 잃었다. 密集和音(밀집화음)을 더 강하게 연주했으면 하는 바람이 있었다.

헝가리의 '바르토크', '코다이', 체코의 '야나체크', 핀란드의 '시벨리우스'처럼 스페인에서는 '파야'가 대표적인 작곡가이다. 스페인의 작품들은 피아노보다는 역시 기타가 스페인의 색채를 선명하게 나타내는 데 효과적이다. 스페인의 민요는 '료벳(M. Llobet)'이 1930년에 기타로 편곡하였는데, 첼로와 기타라는 두 악기의 음색이 완전히 다르지만 오히려 서로 보완적인 역할을 충분히 해주었다. 특히 스페인 민요 중 '나나(Nana)'에서 기타 하모닉스의 아름다운 소리가 빛을 발휘했으며, 꿈꾸는 듯한 첼로의 노래는 자장가의 眞髓(진수)를 보여주었다. 마지막은 '파야'의 성공적인 작품 '허무한 인생' 중 스페인무곡 'La vida breve'로 마무리되었다. 기타 화음의 선명한 색채로 출발하여 잘 이끌어 주었으나 중간부에서 템포의 흔들림과 스케일의 불안감을 보였다.

앵콜곡으로는 아랑페즈 협주곡 2악장으로 청중들의 환호에 답례하였는데, 2부 첫 곡 '알함브라궁전의 추억'의 아쉬움을 달래주었다. 기타협주곡이므로 첼로가 기타에 멜로디를 많이 내 주었다. 두 번째 앵콜곡으로는 다시 '나나(Nana)'가 연주되어 페이드아웃(fade out)되듯이 음악회가 끝났다. 이번 음악회는 팜플렛[30] 프로그램에서 작곡자만 간단히 소개하고 작품에 대해서는 전혀 설명하지 않아 청중에 대한 배려가 부족했다는 점이 아쉬웠다.

이날 첼로와 기타의 二重奏(이중주)는 기타의 음량이 작아 다이내믹한 표현이 어

30) 한국의 외래어표기법에서는 '팸플릿'이라 쓰라고 하나, 언어 현장에서 쓰는 용어인 '팜플렛'으로 썼다.

려웠다. 그래서 청중에게 감명을 줄 수 있는 경지로 몰아넣는 설득력은 약했다. 하지만 음악 애호가들에게 첼로와 기타의 二重奏(이중주)라는 새로운 매력의 가능성을 보여주었다. 앞으로도 더 많은 다양한 장르의 기타 음악회가 펼쳐지기를 기대하며 나는 연주회장을 떠났다.

연습문제 6. **음악회 또는 미술전시회 · 연극 공연장 등에 가본 경험을 제재로 음악평 또는 미술평 · 연극평 등을 써보시오. 원고지 10~15장 또는 A4 2~3장 분량으로 쓰시오.**

4. 報告書(보고서)

1) 보고서의 重要性(중요성)

보고서는 대학의 모든 강좌에서 학생들에게 과제로 널리 부과된다. 국어능력은 모든 학문의 기초 능력으로서, 학문의 결과물은 보고서든 논문이든 책이든 글로 완성하게 된다. 그 가장 초보 단계가 보고서 쓰기다.

보고서 쓰기는 학문적 글쓰기의 첫걸음을 익히는 일이다. 보고서 쓰기 훈련을 통하여 학생은 학문의 길로 나아간다. 뿐만 아니라 보고서 작성은 앞으로 진출할 사회에서 작성할 보고서 쓰는 훈련 과정이기도 하다.

2) 보고서 作成(작성) 要領(요령)

보고서는 보고하기 위하여 쓴 글이다. 영어로는 '리포트'라고 한다[31]. 전문가는 주로 전문적인 자기 분야의 연구 보고서나 업무에 관련된 보고서를 쓴다. 이에 반해 대학생은 주로 '요약 보고서'와 '논설 · 설명 보고서', '조사 보고서', '실험 · 실습 보고서' 등을 쓴다. 대학생의 보고서는 과제에 대해 학생이 얼마나 공부하고 생

31) '레포트'라고 말하는 학생도 있는데, 외래어표기법상 표준어는 '리포트'이다.

각했는지, 적절한 절차를 밟아 자료 조사와 실험을 했는지, 그 결과를 보고서 체제에 맞게 정리하여 작성했는지를 평가하기 위한 데 목적이 있다.

보고서를 잘 작성하려면 과제를 잘 이해하고, 문제를 창조적으로 접근하고, 좋은 문장력으로 과제를 효율적으로 표현해야 한다. 자세히 설명하면 다음과 같다.

(1) 과제 부과자의 意圖(의도)를 파악한다

보고서는 과제를 부과한 교수의 의도를 정확히 파악해야 한다. 그래야 초점을 올바르게 맞추어 보고서를 잘 쓸 수 있다. 각 보고서의 종류에 따른 성격이 다르다. 그 성격을 잘 파악하고 그 성격에 맞게 보고서를 작성하여야 한다. 과제를 부과한 교수가 그 전에 수강한 학생에게 높은 점수를 준 보고서를 참고하면 그 교수가 좋아하는 보고서 형식이 드러난다. 그런 모범적인 보고서의 형식을 모방하면 좋다. 학문도 처음에는 모방에서 시작한다.

(2) 目次(목차)를 정한다

목차를 잘 정해야 한다. 보고서의 골격, 보고서를 쓸 계획서이기 때문이다. 목차를 잘 정하면 보고서의 절반은 썼다고 할 정도로 목차는 중요하다. 목차를 체계적이고 有機的(유기적)으로 만드는 데 시간을 많이 들여야 한다. 교수는 목차만 봐도 학생의 공부 수준이 어느 정도인지 짐작한다. 목차가 잘 짜여 있으면 보고서의 흐름이 원활하게 된다. 하지만 목차가 잘못되어 있으면 도대체 무엇을 썼는지 이해하기 어렵게 된다.

(3) 參考資料(참고자료)를 수집한다

요즘 학생들은 참고자료로 인터넷 검색을 많이 하지만 인터넷 정보는 부정확한 것들이 많다. 도서관에 있는 책이나 논문이 정확한 정보를 제공한다. 그러니 학교 도서관은 반드시 들러야 한다. 참고 자료는 최근 것까지 수집해야 하며 되도록 폭넓게 수집하는 것이 좋다.

(4) 형식과 내용에 주의하여 보고서를 작성한다

보고서는 내용도 물론 중요하지만 그에 앞서 교수가 요구한 형식을 정확히 지켜야 한다. 보고서는 긴 문장보다는 짧은 문장으로 자신의 메시지를 분명하게 전달해야 한다. 서론에서는 특별히 중요한 전문용어는 미리 개념을 정의해주고 시작해야 한다. 본론은 문단 개념을 중심으로 글을 써야 체계적인 글이 된다. 중간에 적절히 소제목들을 달아서 교수가 보고서의 요점을 파악하기 쉽게 해주어야 한다. 한자어 고유명사나 중요한 한자어 학술용어는 의미를 정확히 전달하기 위해서 한자로 적는다. 참고 자료는 인용 표시를 잘 해야 한다.

또한 교수가 보기 좋게 보고서를 만들어야 한다. 미리 훈글 문서에서 문단모양을 들여 쓰기로 설정해야 한다. 활자 크기는 11~12로 하고 줄 간격은 170~180으로 하면 보기 좋게 된다. 활자 모양도 눈이 피곤하지 않은 무난한 활자 모양을 사용하되, 적절히 변화를 주어 내용 파악하기 쉽게 해주어야 한다. 쪽 번호(페이지)도 빠뜨리지 말고 적어야 한다.

(5) 推敲(퇴고)를 해서 완성한다

초고를 읽어보면서, 논리나 설명이 부족한 부분을 찾아서 보충한다. 문장도 독자인 교수가 잘 이해하도록 잘 다듬는다. 문장이 깔끔하면서 의미가 모호하지 않도록 다듬어야 한다. 보고서는 공적 문서이므로 인터넷 언어나 비문법적 어휘를 사용하지 말고 표준어로 바르게 적어야 한다. 또한 여러 번 검토하여 오・탈자가 나오지 않게 해야 한다. 오・탈자가 나오면 교수는 보고자의 성의를 의심한다.

3) 報告書(보고서) 形式(형식)

(1) 標紙(표지)를 적는다

표지에는 위에 큰 글씨로 보고서 제목, 곧 標題(표제)를 적는다. 그 표제를 보완하는 副題(부제)가 있으면 그 아래 적는다. 조금 아래로 내려 와서 과목명, 지도교수 이름, 작성 일자를 적는다. 그 아래에 보고서 작성한 학생의 학과명, 학번, 이름을 적는다.[32] 교수 이름이나 학생 이름은 원 글자인 漢字(한자)로 적는다.

(2) 목차를 정하고 적는다

목차를 구성하는 항목번호 부여 표기법은 각 대학별, 전공별에 따라 조금씩 다르

32) 보고서 작성자가 여러 명일 경우에는 팀장을 맨 위에 적고 그 아래에 똑같이 줄을 맞추어 적는다.

다. 대한민국 정부의 공문서 작성방법에 명시되어 있는 항목번호 부여 형식은 아래와 같다.

Ⅰ.보고서, 1.보고서 쓰기의 구성, 가. 형식, 1) 서론, 가), (1), (가), ①.

이를 참고하여 자신이 편리한 방식으로 항목번호 부여 표기법의 체계를 만든다. 그 체계에 따라 목차를 구성한다. 목차는 각 항목(Ⅰ, Ⅱ…) 제목들을 적는다. 대개 그 아래 차원의 항목(1, 2…)까지 함께 적는다. 그리고 목차는 표지 다음 장에 적는 학생들도 있으나 속지의 큰 제목 아래 적는 것이 더 낫다. 그래야 제목과 목차의 관계를 한눈에 볼 수 있기 때문이다. 목차는 상자(박스) 안에 적으면 보기가 좋다.

(3) 보고서를 작성한다

자기가 정한 목차에 따라 체계적으로 보고서를 작성한다. '—이다' 식으로 평어체로 쓰면 된다. 문단 쓰는 법을 따라야 하며, 문단의 첫 칸은 비우는 것도 잊지 말아야 한다.

(4) 표나 그림을 삽입한다

보고서는 글로만 적는 것보다 이해를 돕기 위해 내용 중간에 표나 그림을 삽입하면 효과적이다. 圖式化(도식화)를 잘 활용하는 것이 내용을 一目瞭然(일목요연)하게 보여준다.

(5) 참고문헌을 적는다

인용표기법에 의해 인용처리를 해야 한다. 한문 문헌을 맨 위에 적고, 현대 한국어 문헌을 그 다음에 적고, 영문 문헌은 맨 아래 적는다. 참고문헌은 가나다순으로 정리한다. 같은 사람의 글은 연대가 빠른 순으로 정리한다. 외국어나 외래어는 외래어표기법을 참고하여 정확히 적어야 한다.

인용표기법은 각 학문분야별, 학회별로 조금씩 차이가 있다. 근래 한국에서는 인용 표기법으로 미국심리학회(American Psychological Association)가 제안하는 'APA 양식'을 널리 사용한다. APA 양식은 심리학을 비롯한 사회과학 및 공학 분야에서 전 세계적으로 널리 사용하고 있다. 이 인용표기법의 특징은 문장 안에 넣어서 쓰는 內註(내주)를 사용하는 것이다.[33] 괄호 안에 간단하게 저자의 이름 뒤에 출판연도를 명시한다. 예를 들면 다음과 같다.

현행 외래어표기법이 현지 원음주의를 채택한 근본적 이유는 한글 전용을 쟁취할 묘안이었다고 하겠다(金敏洙, 2004).

그 밖에 APA 양식의 참고문헌 인용 표기법은 아래와 같다. 단행본, 학위논문, 학술지 논문의 인용 방식을 각각 소개한다.

■ APA 양식에 따른 주석과 참고문헌 표기 예[34)]

가. 단행본

• 參考文獻(참고문헌)

저자. (출판연도). 제목. 출판지: 출판사.

예) 김용구. (1997). 춤추는 회의 : 비엔나회의의 외교. 서울: 나남출판.

예) Thomas L. Friedman. (2005). The world is flat : a brief history of the twenty-first century. New York: Farrar, Straus and Giroux.

• 內註(내주)

(저자의 姓名, 출판연도) 예) (김용구, 1997)

(저자의 姓, 출판연도) 예) (Friedman, 2005)

나. 학위논문

• 참고문헌

저자. (제출연도). 제목. 학위 유형, 학위 수여 대학.

예) 윤세준. (1980). 역할개념의 통합적 구성을 위한 연구. 석사학위논문, 연세대학교.

33) 예전에는 脚註(각주)라 하여 그 쪽의 아래쪽에 註釋(주석)을 자세히 표시하는 게 관습이었다. 그런데 APA 양식에서는 글을 쓰면서 문장 안에 바로 간단히 참고문헌을 넣어서 알게 해준다. 그리고 자세한 書誌事項(서지사항)은 뒤의 참고사항에서 확인하도록 한다. 편리한 방법이다.

34) 연세대 원주학술정보원, 논문작성가이드.

예) Rollie Lal. (2002). Why do states do what they do? A comparative analysis of national interest formation in China and India. Unpublished doctoral dissertation, The Johns Hopkins University.

- 내주

(저자의 姓名, 출판연도) 예) (윤세준, 1980)

(저자의 姓, 출판연도) 예) (Lal, 2002)

다. 학술지 논문

- 참고문헌

저자. (출판연도). 제목. 저널명, 권수, 쪽수.

예) 이희옥. (2001). 중국: 중국적 길과 사회주의적 그늘. 역사비평, 54, 41-56.

예) Samuel Huntington. (1993). If not civilizations, what? Foreign Affairs, 72, 186-194.

- 내주

(저자의 姓名, 출판연도) 예) (이희옥, 2001)

(저자의 姓, 출판연도) 예) (Huntington, 1993)

4) 보고서 작성 시 留意事項(유의사항)

(1) 정해진 期限(기한)을 지키고 정해진 양을 채워라

보고서는 기한 안에 반드시 제출해야 한다. 아무리 잘 만든 보고서도 제출 기한을 넘기고 제출하면 감점이 된다. 그러므로 마감 시간에 쫓기지 않도록 시간의 여유를 갖고 보고서 작성을 해야 한다. 마감 하루 전에는 프린트까지 해서 완성해야 한다.

또 교수가 보고서를 A4 용지 몇 장 이상이라는 식으로 분량을 정해주었다면 그 분량은 반드시 지켜야 한다. 분량 부족은 그만큼 보고서를 작성하는 데 성의가 부족하거나 아니면 力量(역량)이 부족하다는 증거가 되기 때문이다.

(2) 標題(표제)는 구체적이어야 한다

표제는 교수가 맨 처음 보고서를 접하는 부분이므로 그 보고서의 첫인상을 좌우한다. 학생들은 흔히 표제의 범위를 너무 크게 잡는 실수를 저지른다. 표제는 범위를 좁혀서 구체적으로 적어야 한다. '고교 교육의 문제점'보다는 '야간자율학습을 없애자'가 좋은 표제이다. '과학 기술 발달에 대한 나의 준비'보다는 '로봇 발달이 항공정비사에 미칠 영향'이 더 나은 표제이다. '내가 존경하는 인물'보다는 '내가 존경하는 이태석 신부의 아프리카 봉사활동'이 낫다. '성공과 실패의 차이'보다는 '성공은 좋은 습관이 만든다'가 낫다.

(3) 資料(자료)가 충실해야 한다

보고서를 성의 없이 작성하는 학생들은 참고 자료를 제대로 찾지 않은 경우가 많다. 학생이 찾을 수 있을 만큼은 최대한 자료를 찾아야 한다. 그래야 충실한 보고서를 쓸 수 있다. 있는 자료도 제대로 활용하지 않은 보고서가 부실할 것은 뻔하다.

(4) 出處(출처)는 반드시 밝혀라

근래 우리 사회에서 剽竊(표절)의 문제가 심각하게 대두되고 있다. 著作(저작)의 내용과 형식이 우수할지라도 자료나 타인의 저작물을 무단으로 사용하거나 명확한 인용표기를 하지 않게 되면 윤리적 차원을 넘어 법적 책임까지도 질 수 있다. 학계에서도 研究倫理(연구윤리)를 매우 강조하고 있다. 최근에는 표절을 검사하는 전문 도구나 사이트까지 등장하고 있다.

학생의 보고서도 남의 자료를 출처를 밝혀서 인용하면 자료를 열심히 찾고 공부했다고 좋은 평가를 받는다. 반면에 남의 자료에 출처를 밝히지 않으면 표절했다고 최악의 평가를 받는다. 출처를 정확히 밝히는 일은 보고서의 성실성을 보여주는 잣대가 된다.

인용하는 방법은 '직접인용'과 '간접인용'이 있다. 직접인용은 남의 글이나 자료를 그대로 직접 가져오는 방식이다. '明引法(명인법)'이라고도 한다. 보고서 용지 석 줄 이내의 짧은 인용은 큰따옴표를 써서 그 안에 적는다. 보기를 들면 다음과 같다.

권오만 교수는 그의 저서 『윤동주 시 깊이 읽기』(2009)에서 "윤동주의 시작에 깊은 영향을 끼쳤던 정지용에 비해서도 그 영향의 정도가 결코 덜하지 않았던 것이 이상의 경우이다."고 밝혔다.

보고서 용지 넉 줄 이상의 긴 인용은 따로 공간을 마련하여 적는다. 위아래 한 줄 씩을 비운다. 그 사이에 인용하는 내용을 적는다. 문단모양에서 '여백'을 왼쪽으로 20포인트 정도 들여 쓴다. 활자 크기도 본문보다 1포인트 정도 적게 줄인다. 보기 글을 들어본다.

1948년에 日本語 外來語表記法이 이렇게 황당하게 만들어진 背景은 다음과 같다.

> 요컨대, 현행 외래어 표기법의 원지음주의는 1948년 미군정청 시기에 최현배 편수국장 주도하에 처음부터 채택된 것이다. 당시 1945년 12월 한자 폐지를 결의하고, 1948년 10월 한글전용을 선포한 배경 속에서 분석해 보면, 그 원지음주의 채택의 근본적 이유는 한글 전용을 쟁취할 묘안이었다고 하겠다. 가령, '북경'이라고 부르면 '北京'으로 쓰게 되나, '베이징'이라고 부르는데 한자로 '北京'으로 쓰지 않는다는 단순 논리에 만족했으니까 뒤따르는 여타의 문제를 널리 고려해 넣지 못했을 것이다.[35)]

간접 인용은 남의 글이나 자료를 내가 내 표현으로 바꾸어서 요약·정리하는 방식으로 '暗引法(암인법)'이라고도 한다. 인용한 내용이 너무 길어서 직접 인용하기가 어려울 때 쓰는 방식이다. 하지만 이 방식은 자칫 잘못하면 남의 글을 요약·정리하면서 잘못하기 쉽다. 곧 인용자의 미숙한 문장력으로 인해 원작자의 뜻과 다른 뜻으로 요약·정리할 수 있으며, 원작자의 글에 없는 내용을 잘못 넣을 수도 있으며, 인용자의 생각까지 함께 버무려 넣어버리는 경우도 생긴다. 이런 위험성 때문에 간접인용은 매우 신중히 해야 한다.

(5) 인용·사실·의견을 구분하라

인용은 남의 자료나 글을 빌려오는 것이니 출처를 밝혀야 한다. 책인지 신문인지 인터넷인지 그 출처를 정확히 제시해야 한다. 사실이라고 소개하는 것도 의견은 보고서 쓰는 학생 자신의 생각인데, "내 생각은", "보고서 작성자의 의견으로는" 등으로 자신의 생각임을 명확히 밝혀야 한다. 학생들은 흔히 인용과 사실과 의견을 구분하지 않고 뒤범벅으로 적는 경우가 많다. 그래서 교수는 어디서 어디까지가 학생의 생각인지 헛갈리게 되는 경우가 많다. 인용·사실·의견이 명확히 구분되지 않은 보고서는 신뢰하기 힘들다.

---

35) 金敏洙(김민수)(2004), 「한자 표기 원음주의의 문제」, 『새국어생활』, 제14권 제2호, 국립국어연구원, 161.

(6) 보고서 작성 후 檢討(검토)를 하라

일단 작성한 보고서는 반드시 검토해야 한다. 연구 방법은 최선인가, 기존 연구와 겹치지 않는가, 해결 가능성은 더 좋아졌는가, 반박 가능성에 대해서 대응책이 있는가, 내 주장은 명료한가, 내 주장의 근거와 이유는 타당한가, 보고서 체제와 문장은 효율적인가 등을 객관적 시각에서 검토해야 한다. 자신은 자신의 글에서 결점을 찾기 어려우므로 제3자에게 부탁하여 검토를 받으면 더욱 좋다.

5) 보고서의 種類(종류)

(1) 要約報告書(요약보고서)

요약보고서는 교수가 제시하는 교재나 문헌을 읽고 요약·정리하는 보고서이다. 모든 학문에서 다 부과할 수 있는 종류로서 기초적인 보고서에 해당한다. 교수가 요약보고서를 과제로 내주는 데는 세 가지 목적이 있다.

첫째는 학생에게 글 요약·정리 능력을 기르게 하는 것이다. 국어능력은 모든 학문의 기본 능력이다. 교수가 학생에게 요약보고서 과제를 내주는 까닭은 학생에게 학문할 국어 능력을 길러주기 위한 것이다. 또 학생이 그런 능력이 얼마나 있는지 알아보고자 하는 까닭도 있다.

둘째는 학생에게 해당 학문의 기본 도서를 읽게 해서 학생 스스로 공부하게 하는 목적이다. 교수는 요약보고서와 다른 후속 과제를 연계하여 부과하기도 한다. 곧 요약 보고서를 논설 보고서로 연결시키는 것이다.

셋째는 학생에게 해당 학문의 전체적인 흐름을 파악하게 하고자 하는 목적이다. 곧 학생이 해당 학문의 기본 도서들을 두루 읽어서 그 학문의 전체적인 윤곽을 파악하게 하고자 하는 목적이다. 이것은 한 권의 책을 요약·정리하게 해서는 생기지 않고 수십 권의 책을 요약·정리하게 해야 생긴다.

요약보고서는 글의 체제를 그대로 따르면서 글의 순서대로 요약하는 것이 좋다. 요약자가 마음대로 체제를 바꿔버리면 혼란이 오기 때문이다. 또 교수가 부과한 분량은 반드시 지켜야 한다. 분량이 충분하다면 각 문단을 한두 문장으로 요약·정리하는 게 좋다. 만약에 분량이 더 제한된다면 한 쪽(페이지)을 한두 문장으로 요약·정리하는 게 좋다.

요약·정리할 때 학생들이 흔히 저지르는 실수는 대상이 되는 책의 일부분을 뽑아서 표현도 그대로 옮기는 것이다. 요약・정리 능력은 글의 요점을 파악하여 남의 표현을 학생 자신의 표현으로 바꾸는 능력이다. 책의 표현에서 세부적인 내용은 삭제하고 핵심적인 내용만 간추려서 학생이 자신의 말로 압축하여 새롭게 표현해야 한다.[36] 그러나 주의할 점은 글쓴이가 말하지 않은 내용은 요약자가 마음대로 집어넣거나 비판해서는 안 된다는 점이다. 요약자는 자기 주관을 배제하고 글쓴이의 주장을 단지 성실하게 요약해야 한다. 혹시 요약자 자신의 생각을 적고 싶다면, 요약을 다 끝낸 후에 맨 끝에 자기 견해임을 분명히 밝히고 따로 써야 한다.

각 문단의 요점을 파악하는 요령은 문단 단위로 글을 파악하는 것이다. 문단에서 첫 문장과 끝 문장을 특히 주의 깊게 살펴야 한다. 잘 쓴 글은 첫 문장은 중심문장으로서, 끝 문장은 결론문장으로서 요점이 들어 있는 경우가 많다.

書評(서평)은 수준 높은 요약보고서에 해당한다. 글을 요약・정리하면서, 이 책이 학문의 어떤 위치에서 무엇을 주장하고자 어떤 방법으로 써졌는지를 분석해준다. 그리고 그 글의 장점과 단점도 평가한다. 이는 대상이 되는 책의 학문적 성격과 가치를 밝혀주는 일이다.

연습문제 7. 다음 요약보고서를 지시사항에 맞게 작성하시오.

① 자기 전공 교재의 10쪽 분량을 A4용지 1쪽으로 요약한 보고서를 쓰시오.

② 金裕貞(김유정) 작가의 단편소설 「만무방」을 A4용지 2쪽으로 요약한 보고서를 쓰시오.

③ 金廷漢(김정한) 작가의 단편소설 「모래톱 이야기」를 A4용지 2쪽으로 요약한 보고서를 쓰시오.

④ 黃晳暎(황석영) 작가의 단편소설 「森浦(삼포) 가는 길」을 A4용지 2쪽으로 요약한 보고서를 쓰시오.

⑤ 兪弘濬(유홍준) 교수의 『나의 문화 유산 답사기』 제1권에서 「남도답사 일번지-강진・해남 2: 영랑의 슬픔과 다산의 아픔」을 A4용지 2쪽으로 요약한 보고서를 쓰시오.

---

36) 글을 요약할 때는 核心的(핵심적) 요소인 추상적 명제를 선택하고 附隨的(부수적)인 요소인 구체적인 예시나 근거들은 삭제해야 한다. 글을 읽을 때는 구체적인 예시나 근거가 있어야 이해를 쉽게 할 수 있다. 하지만 글을 요약할 때는 핵심만 간추려야 하기 때문에 중심 줄기인 주장만 뽑아 싣고 곁가지인 이파리들은 버려야 한다.

⑥ 칼 세이건(Carl Sagan)의 『코스모스(Cosmos)』에서 「9. 별들의 삶과 죽음」을 A4용지 4쪽으로 요약한 보고서를 쓰시오.

⑦ 제러미 리프킨(Jeremy Rifkin)의 『엔트로피(Entropy)』에서 「2. 엔트로피 법칙」을 A4용지 4쪽으로 요약한 보고서를 쓰시오.

⑧ 미르체아 엘리아데(Mircea Eliade)의 『宇宙(우주)와 歷史(역사)(Cosmos and History)』에서 「2. 시간의 재생」을 A4용지 4쪽으로 요약한 보고서를 쓰시오.

⑨ 조지프 캠벨(Joseph Campbel)의 『千(천)의 얼굴을 가진 영웅(The Hero With a Thousand Faces)』[37]에서 「프롤로그 : 단일신화」를 A4용지 6쪽으로 요약한 보고서를 쓰시오.

⑩ 리처드 도킨스(Richard Dawkins)의 『이기적 유전자(The Selfish Gene)』에서 「4. 유전자 기계」를 A4용지 6쪽으로 요약한 보고서를 쓰시오.

(2) 論說報告書(논설보고서)·說明報告書(설명보고서)

논설·설명보고서는 주로 어문·인문·사회계열의 학문에서 부과하는 보고서이다. 어떤 문제에 대해서 학생의 주장을 논리적으로 펴서 독자를 설득시키라는 보고서이다. 논설·설명보고서는 제Ⅳ장 단편 연습의 '9. 글의 서술 방식'에서 '논설문'과 '설명문'으로 이미 따로 상세히 설명했다. 그러므로 여기서는 생략한다.

(3) 調査報告書(조사보고서)

조사보고서는 현장답사·설문조사·관찰·채집 등을 통해 현장에서 직접 조사한 결과를 보고하는 글이다. 학문 연구가 연구자의 주관적 관념이나 이론에 갇히는 한계를 벗어나기 위해 현장에 나가 실상을 파악하여 객관적인 근거를 얻으려고 사용한다. 사회계일과 자연계열에서 두루 이용한다.

조사를 진행하여 보고서를 쓰는 과정은 다음과 같다.

첫째, 조사할 문제를 정한다.

조사에서 다루고자 하는 주제, 조사목적, 조사의 필요성 및 중요성 등을 먼저 밝혀두어야 한다.

둘째, 假說(가설)을 정한다.

조사 방법론으로서 이론적 배경을 정한다. 그리고 그 이론에 근거해서 이 조사가

---

37) 대원사에서 번역한 책은 『세계의 영웅 신화』로 이름이 되어 있다.

타당한지를 밝힌다. 다음으로 이 조사를 했을 경우 결과로 나온 자료를 어떤 방법으로 분석할 것인지도 밝힌다. 또한 어떠한 의미 있는 결과가 나올 수 있을지에 대해서 예측도 해본다.

셋째, 자료를 수집한다.

자료 수집할 준비를 먼저 한다. 대면조사·관찰·설문지 등 자료 수집 방법을 결정한다. 그 방법에 따라 대면조사지·설문지 등을 작성한다. 결과로 나올 자료에 대한 통계 분석 방법도 정한다. 조사 대상 선정 계획을 세운다. 조사 대상자에게 미리 협조를 구한다. 정한 날짜에 자료를 수집한다.

넷째, 자료를 분석한다.

조사 결과로 나온 자료를 미리 정해둔 분석 방법으로 분석한다. 분류(코딩)할 것은 분류하고, 통계는 통계 처리한다. 자료를 적절히 편집하고 표나 그림을 활용하여 효율적으로 정리한다.

다섯째, 보고서를 작성한다.

조사보고서는 다음의 네 가지 요건을 갖춰야 한다.

① 조사의 대상에 대해 상세히 설명해야 한다. 그 대상을 선정한 이유와 대상 선정의 적합성에 대해서도 밝혀야 한다. 대상의 특성과 그에 따른 조사 범위의 한계도 제시해야 한다.

② 조사 방법을 소개해야 한다. 설문지 등 방법의 타당성에 대해 명확하게 밝혀야 한다. 조사 항목과 측정 도구도 소개해야 한다. 그러한 도구들의 한계나 오차 범위 등도 밝혀야 한다. 또 조사 결과의 분석(해석) 방법도 제시해야 한다. 이 과정이 객관타당성이 인정되어야 조사 보고서가 의미 있는 결과로 인정받는다.

③ 조사 결과를 객관적으로 체계적으로 一目瞭然(일목요연)하게 정리해야 한다. 조사 결과로 나타난 응답자의 특성 등을 잘 분석해서 정리해야 한다. 표나 그림, 통계 등을 활용할 수 있으면 활용하는 것도 효과적이다.

④ 결과에 대해 설명과 해석을 객관적으로 설득력 있게 해야 한다. 조사자의 주관이 들어가지 않도록 주의해야 한다. 조사자의 주관이 잘못 개입되면 엉뚱한 해석이 나올 수 있다. 이런 경우 조사보고서가 잘못된 곳에 악용될 수 있다. 따라서 해석과 설명에서 학문적 嚴正性(엄정성)을 발휘해야 한다.

〈설문지〉

㉮ 설문지 문항 만들기

◇ 협조문 만들기

◇ 응답자 기본 정보 파악하기

◇ 표준어로 설문지 문항 만들기

◇ 숫자는 정확하게 적기

◇ 한 번에 한 가지씩 질문하기

㉯ 설문지 질문 형식

◇ 폐쇄형 질문

미리 정해놓은 답 중에서 선택하게 하는 유형이다. 대규모 조사에 유리하여 자료 정리와 분석이 편리하며 오차가 적은 장점이 있다. 贊反式(찬반식) 질문, 選多型(선다형) 질문, 評點式(평점식) 질문,[38] 序列式(서열식) 질문[39] 등이 있다.

◇ 개방형 질문

응답자가 직접 서술하도록 하는 유형이다. 자료 정리와 분석이 불편하여 소규모 조사에서나 사용한다. 조사자가 미리 예상하지 못했던 내용까지 조사할 수 있는 장점이 있다. "~은 ~입니까?" 식으로 질문한다.

◇ 혼합형 질문

폐쇄형 질문과 개방형 질문을 혼합한 유형이다. 두 유형의 장점을 모은 유형이다. 선다형 질문 속에 '기타'를 두어서 정해진 답을 선택하지 않는 사람은 '기타'의 괄호 속에 서술형으로 적게 하는 방식이다.

연습문제 8. 자신이 속한 학과의 지도교수에게 조사보고서 과제를 받아서, 조사보고서를 작성하여 제출하시오.

(4) 實驗報告書(실험보고서) · 實習報告書(실습보고서)

'실험보고서'는 주로 자연계일이나 이공계열에서 실험을 하고 그 결과를 보고하는 글이다. '실습보고서'는 모든 분야에서 현장실습을 나가서 실습을 한 과정과 결

38) 근래는 대개 1점부터 5점까지 중에서 선택하게 하는 5점식 질문이 많이 사용된다.
39) 미리 많은 답을 만들어 놓고, 그 중에서 우선 순으로 몇 가지만 골라달라는 식의 유형이다.

과를 보고서로 작성하게 하는 글이다. 실습보고서는 각 대학이나 학과에 정해진 양식이 있으므로 거기에 따르면 된다. 실험보고서는 다음의 네 가지 형식을 갖춰야 한다.

첫째, 실험의 목적과 意義(의의)를 제시해야 한다.

표지 다음 장에 실험 목적과 실험의 의의를 간단명료하게 적는다. 또 실험의 바탕이 되는 이론도 소개해야 한다. 이 실험을 통하여 얻을 수 있게 되는 성과에 대해서 假說(가설)을 세워야 한다.

둘째, 실험방법을 설명해야 한다.

실험 재료 · 기구 · 장치 · 준비물 · 방법 등을 구체적으로 적어야 한다. 객관성을 인정받을 수 있는 실험방법에 대해서 상세하고 명확하게 설명한다. 실험에 사용한 재료와 실험기구를 밝힌다. 특별히 쓰는 실험기구는 모양도 사진으로 찍어 보여주고 사용법도 설명한다. 그리고 무엇을 어떤 조건에서 어떤 방법으로 측정했으며 조사 회수는 몇 번인지 등을 순서대로 구체적으로 적어야 한다. 順序圖(순서도) 형식을 이용하여 실험절차를 적는다.

셋째, 실험 결과를 적어야 한다.

조사 결과를 객관적으로 체계적으로 일목요연하게 정리하여야 한다. 실험 결과는 정확하게 기록하는 게 생명이다. 표나 그림 · 통계 등을 활용하는 것도 시각적으로 효과가 좋다. 표나 그림 · 통계에도 별도로 제목을 붙인다.

모든 보고서에서 주의할 점은 剽竊(표절)이라는 말을 듣지 않아야 한다는 점이다. 남의 글이나 연구방법 등을 인용할 때는 반드시 인용 표시를 해야 한다. 본문에서는 脚註(각주)나 內註(내주)를 달고, 보고서 맨 끝에는 참고문헌을 달아주어야 한다.

넷째, 실험의 의미를 적어야 한다.

이 실험을 해서 얻은 성과를 적어야 한다. 실험 결과를 해석하고 의미를 부여하는 것으로서 마무리해야 한다. 가설에서 제시한 대로 실험이 성공했는지 아니면 실패했는지 밝혀야 한다. 만일 실패했다면 그 원인을 밝혀야 한다. 또한 실험 과정에서 발견된 문제점에 대해서도 적고 추후 이를 어떻게 해결하고 보완할 것인지에 대해서도 조사원들끼리 논의하여 적어야 한다.

연습문제 9. **자신이 속한 학과의 지도교수에게 실험보고서 또는 실습보고서 과제를 받아서, 그 중 한 가지 보고서를 작성하여 제출하시오.**

(5) 기타 보고서

각종 글을 써서 제출하는 작문 보고서도 있다. 또 한문이나 영문을 번역하는 번역 보고서도 있다. 거꾸로 한국어를 외국어로 번역하는 보고서도 있다. 수학 계산을 해서 제출하는 보고서도 있다. 봉사 활동 보고서나 동아리 활동 보고서나 독서 등 특별활동 보고서도 있다. 어떤 문제 해결을 목적으로 국내 또는 해외여행을 하고 제출하는 보고서도 있다. 학문이나 강좌에 따라 보고서 종류는 매우 다양하다.

5. 프레젠테이션(視聽覺 說明會)[40]

1) '프레젠테이션'의 概要(개요. Introduction)

(1) '프레젠테이션'의 意味(의미)

① 위키백과 : 프레젠테이션(Presentation)[41] 또는 視聽覺說明會(시청각설명회)는 듣는 이에게 정보・기획・안건을 제시하고 설명하는 행위를 가리킴. 즉, 시청각 자료를 활용한 발표라고 할 수 있는데, 발표 또는 PT로 줄여서 나타내기도 함.

② 영어사전 : ○ 제출, 제시; 수여, 증정 ○ 설명하거나 보여주는 방식 ○ (신제품 · 작품 등에 대한) 발표[설명], 프레젠테이션

③ 발표자가 원하는 목표를 달성하기 위해 청중에게 어떠한 사실이나 정보, 자신의 의견을 전달하고 설득함으로서 자신이 원하는 것을 달성하는 일련의 과정

③ 국어사전 : 〈언론〉 광고 대리업자가 예상 광고주를 대상으로 광고 계획서 따

40) 李八鎭(이팔진) : 草堂大(초당대) IT학부 교수. 全北大(전북대) 졸업. 전북대 공학박사. 한국지역정보개발원 초빙연구원・산림청 정책평가위원 역임. 현재 전남도청 지역정보화촉진협의회 위원. 저서에 『컴퓨터 활용』 등 10여 권

41) 외래어표기법에서는 'presentation[pre-]'와 같은 발음을 기준으로 하여 '프리젠테이션'이 아니라 '프레젠테이션'으로 적도록 한다.

위를 제출하는 활동

④ 프레젠테이션이란 "특정의 인원·그룹에 대하여 여러 장소에서 한정된 시간 내에 발표자가 원하는 목표를 달성하기 위해 어떠한 사실이나 정보, 자신의 의견 등을 전달하고 설득해서 청중으로 하여금 발표자가 원하는 목표를 달성할 수 있도록 의식이나 행동의 변화를 유도하는 일련의 과정"이라고 정의된다.

(2) 目的(목적) 및 必要性(필요성)

프레젠테이션은 글자 그대로 '表現(표현)'이다. "왜 해야 하는가?"라고 물어보면 그 속에는 반드시 목적이 있다. 대외적인 관점으로는 제품 판매, 프로젝트 수주, 기업 홍보, 연구결과물 홍보 등을 달성하기 위한 목적이 있다. 대내적으로는 어떤 사실이나 의견 등을 전달하여 정보를 공유하거나 정확한 의사결정을 내릴 수 있도록 하는 목적이 있다.

프레젠테이션은 그 발표 성과에 따라 상황이 변화되는 중대한 도구가 되기 때문에 그 자체가 하나의 매우 중요한 상품으로 고려된다. 프레젠테이션은 회사(기업)와 그 회사의 제품을 구입하고자 하는 구매자(바이어) 사이의 중요한 중간 과정(인터페이스)을 담당한다. 상당 기간 동안 준비했던 발표 자료가 제한된 시간 내에 발표자의 미숙으로 원하는 결과를 얻지 못한다면 기업은 중요한 고객을 잃는 상황이 된다. 최근 TV에서도 이와 유사한 사례('오디션')를 엿볼 수 있다. 주어진 시간 동안에 개인의 특기를 연출하고 그 결과에 따라 희비가 엇갈리는 경우가 많다.

(3) 프레젠터 大家(대가)들의 名言(명언)

전 세계를 놀라게 하는 대표적인 프리젠터로는 단연 스티브 잡스(Steve Jobs)를 꼽을 수 있다. 스티브 잡스가 곧 애플(Apple)이기 때문이다.

▌스티브 잡스(애플)

▸오프닝을 장악해라. ▸큰 그림을 먼저 이야기한다. ▸옛 것을 비난하지 않는다. ▸프레젠테이션은 구조가 핵심이다. ▸나를 위한 무엇이 담겨져 있는가? ▸현장에 제품을 들고 가라. ▸단점을 장점화하라. ▸가장 좋은 것을 마지막에

이야기하라. ▸열정을 가져라. ▸항상 되짚어 주고 요약하라. ▸프레젠테이션은 곧 드라마이다.

이 밖에도 흥미를 끄는 대가들의 명언은 다음과 같다.

▌ **켄 해머**(AT&T)

청중을 생각하지 않고 프레젠테이션을 계획하는 것은 러브레터를 쓴 다음 겉봉에 "우리를 아는 모든 사람들에게"라고 적는 것과 같다.

▌ **레드 하우얼바흐**(보스턴 셀틱스)

중요한 것은 '여러분이 무엇을 말하는가?'가 아니라 '청중이 무엇을 듣는가?'이다.

▌ **데이브 캐리**(Dave Carey)

주제는 기억력을 돕는다. 주제는 프레젠테이션 내내 당신에게 도움이 될 것이고, 또한 청중에게 논리적 연속성을 제공해 줄 것이다.

▌ **데일 카네기**(Dale Carnegie)

항상 세 종류의 연설이 있다. 당신이 연습했던 연설, 당신이 실제로 했던 연설, 그리고 당신이 그렇게 했으면 하길 원하는 연설.

2) 프레젠테이션(Presentation)의 실행

프레젠테이션 자료는 준비를 위한 시작부터 발표까지 이르는 일련의 과정(process)은 다음과 같이 3단계로 구성된다.

(1) 事前分析(사전분석)

프레젠테이션은 시청각기자재를 이용해 다른 사람들을 대상으로 하는 연출이기 때문에 단순히 접근하지 말고 상황에 능동적으로 대처해야 한다. 이 상황에는 目的(목적. Purpose), 顧客(고객 또는 聽衆. People), 場所(장소. Place)가 있으며, 이를 3P라고 하는데, 효율적으로 프레젠테이션을 위해서는 이들 분석이 필요하다.

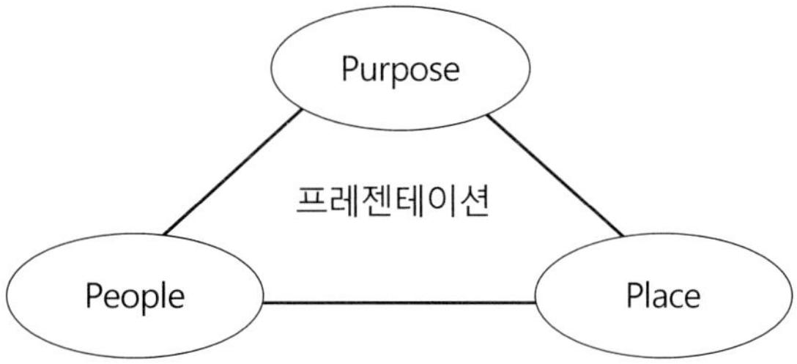

▌Purpose(목적)

- 왜 프레젠테이션을 하는가?
- 고객[청중]이 기대하고 있는 것은 무엇인가?
- 고객으로부터 얻고자 하는 것은 무엇인가?

▌People(청중)

- 고객[청중]의 수
- 고객[청중]의 계층(demographic)
- 고객[청중] 수준
- 고객[청중]의 자세 및 태도
- 고객[청중] 속에 숨어 있는 핵심 인물

▌Place(장소)

- 위치(location)
- 발표공간의 크기 및 형태
- 조명
- 의자 및 테이블의 배치·종류
- 시청각기기 설비

(2) 內容構成(내용구성)

① 기본 과정(프로세스)

내용은 청중들에서 전달하고자 하는 핵심 사항이기 때문에 발표내용의 論理的(논리적) 展開圖(전개도)를 작성하여 각 단계별 주요사항, 논리적 타당성을 사전에 점검해야 한다. 구조화를 위한 기본 모델 설정이 필요하다.

프로세스	주요 내용
Opening	자기소개, 인사말, 프레젠테이션 주제와 청중의 이익과의 관계
서론	본론 전개를 위한 화두(질문제시, 인용, 일화제시 등) 본론내용 예고
본론	결론도출을 위한 주요 내용, 세부 내용, 근거자료
결론	청중에게 기대하는 핵심내용 및 결론
질의응답	청중의 부정적 이미지 해소, 긍정적 이미지 강화, 프레젠터의 추가 내용 전달
결언	청중의 의사결정이나 행동을 촉구하는 내용

■ 자료 구성 틀

위에서 적은 기본 과정(프로세스)에 의한 자료 구성 틀은 다음과 같다.

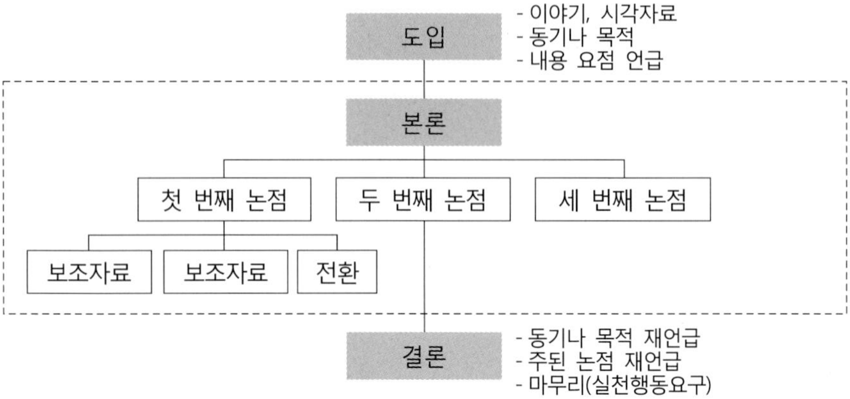

■ 각 부분(섹션)별 주요 내용 구성은 다음과 같다.

구조	주요 내용	구성비율
도입부	결론 메시지 소개 ▪ 청중의 주의 끌며 주제의 배경을 설명했는가? ▪ 발표자의 공신력을 적절히 보여주었는가? ▪ 프레젠테이션의 목적과 내용을 올바로 표현했는가?	5~10 %
본론부	이유 ▪ 구성이 분명하면서 주된 논점이 분명한가? ▪ 접속부를 적절히 사용했는가? ▪ 다양한 인용(사례, 예시 등)을 했는가?	80~90 %
결론부	결론 ▪ 논점을 분명히 요약했는가? ▪ 생생한 끝맺음을 했는가?	5~10 %

② 전달효율을 높이기 위한 구성요건

프레젠터가 의도하는 내용을 효과적으로 전달하기 위해서는 다음과 같은 사항들을 유의하여 내용을 구성해야 한다.

- 좋은 내용: 정보의 원천이 객관적이고 주제를 대표할 수 있으며, 청중들에게 필요한 내용
- 적당한 양: 시간과 정보의 질에 맞는 적절한 양
- 짜임새 있는 구조: 주제에 맞는 논리의 일관성, 내용의 배열 등
- 좋은 표현방법: 청중이 쉽게 이해할 수 있고, 설득력이 있으며, 기억에 오래 남는 표현방법
- 좋은 근거자료: 주 내용의 신뢰성을 확인시켜줄 수 있는 보조 내용
- 메시지의 視覺化(시각화): 전달하고자 하는 메시지는 다음과 같은 순서에 의해 진행

–불필요한 내용 은 모두 버림 –서술형을 명사형으로 정리 –간단, 명료, 평이한 말 사용	–수치는 그래프로 표현 –개념은 시각 이미지로 표현 –구조가 메시지를 전달토록 함	–4가지 색 이내로 사용 –배경색과 색상대비 크게 –이미지의 적극적인 활용

③ 내용 구성의 기본 원칙

내용을 구성할 때에는 다음과 같은 원칙을 지켜야 한다.

- 청중의 입장에서 생각 : 프레젠테이션은 청중을 대상으로 하기 때문에 항상 청중의 입장에서 발표를 해야 한다. '표 파는 곳' → '표 사는 곳', '표 주는 곳' → '표 받는 곳'은 고객 중심의 사고이다.
- 심리학 활용: 숫자나 문자보다는 이미지가 도형을 더 쉽게 이해하며 오래 기억되는 경향이 있다. 책이 아닌 애니메이션 또는 동영상을 보는 것도 심리학 응용이다.
- 명료한 구성: 청중의 입장에서 단순하고 명료하며 쉽게 이해할 수 있어야 한다.
- 논리적 전개: 설득력에서 논리는 매우 중요하다. 청중 스스로 판단했을 때 고개가 끄덕여져야 한다.
- 유연성: 보고, 제품설명, 경쟁자 상황, 제안 등과 같은 상황에 따라 전달 방법을 다양화한다.

(3) 發表準備(발표준비)

① 발표시간 분배

시간과 사람과의 집중력 관점에서 보면, 대개 20분이 지나면 집중력이 떨어지고, 또 30분부터는 다시 회복된다. 상황에 따라 차이가 있겠지만 보통의 경우 20분 이내에 마치는 경우가 바람직하다. 이 시간을 SDS(Summary, Details, Summary)기법에 적용하면 다음과 같이 나타낼 수 있다.

구조	주요 내용	SDS시간
Summary(전체) ↓	A. 자기소개 B. 주의환기 C. 공통 이익문 D. 질의응답시간 안내	15%
Details(구체 · 상세) ↓	E. 개별 이익문 F. 개별 이익문 G. 개별 이익문	50%
Summary(전체)	H. 주의점검 I. 내용정리 및 이점 강조 J. 질의응답 K. 최종마무리	35%

② 프레젠테이션 진행 전략

사람은 누군가를 만날 때 첫인상이 결정되는 시간은 실제 30초 내외라고 보고 있으며, 어떤 이는 7초 내외라고도 한다. 결국 어떤 사람에 대한 가치 판단은 아주 짧은 시간 안에 결정된다는 것이다. 미국의 사회 심리학자 겸 행동심리학자인 앨버트 멜라비언(Albert Mehrabian) 박사의 이론[42]에 의하면, 사람의 이미지를 결정하는 것은 표정 · 자세 · 몸짓 같은 視覺的(시각적) 요소가 55%, 말투 · 억양 · 음색 같은 聽覺的(청각적) 요소는 38%, 말의 내용이 주는 영향은 불과 7%라는 것이다.

42) 앨버트 멜라비언 박사가 그의 저서 『Silent message』에서 개인의 인상을 결정짓는 요소를 조사한 결과를 발표하면서 알려진 이론이다. 사람이 상대방에게 받는 이미지는 말의 내용보다 말 이외의 비언어적인 수단에 의해 더 크게 좌우된다는 이론이다. 이 이론을 '멜라비언의 법칙'이라고 한다.

- 언어적 전달 기술
  - 큰 목소리로 말한다. (마이크 사용 시 울림이나 숨소리 주의)
  - 발음을 분명하게 한다. (표준발음은 모음의 장단음 구별)
  - 혼란스러운 단어 사용 금지(청중 수준에 맞는 눈높이 단어 사용)
  - 적당한 속도 유지(주위를 끌 때는 속도 변환 시도)
  - 말의 높낮이에 변화를 준다. (관심과 흥미를 유발)
  - 적당히 쉬는 시간을 갖는다. (이해와 소화의 시간)
  - 말하는 대화같이 한다. (책 읽는 표현 금지)
  - 하고 싶은 말을 한다. (주요 부문 강조/불필요 부문은 핵심 단어 중심)

- 비언어적 전달 기술

1 몸동작 (Body Language) - 얼굴표정 - 자세 - 제스처 - 위치선정 및 이동	▪ 미소를 잃지 말 것 ▪ 연단에 몸을 기대어 의지하지 말 것 ▪ 두 손으로 허리를 잡지 말 것 ▪ 몸을 흔들지 말 것 ▪ 팔짱/뒷짐/주머니에 손 넣지 말기 ▪ 다양하고 대담하게 구사할 것 ▪ 위치 선정(앞쪽 중앙)
2 손동작 (Visual Hand) - 시각화 - 강한 인상 - 설득력의 증대 - 자신감 충만	▪ 연단을 붙들고 늘어지지 말 것 ▪ 연단이 아닌 테이블에 손을 대지 말 것 ▪ 양손을 자연스럽게 내린다. ▪ 깍지나 주먹 쥐지 말고 가볍게 열어준다.
3 시선 (Eye contact) - 눈은 설득력이 풍부 - 상대방은 당신에게 주목 받고 싶어한다.	▪ 응시율(주시율)이 높으면 신뢰받는다. ▪ 청중과 시선을 한껏 맞추자 ▪ 청중을 개별적으로 바라볼 것 ▪ 창밖을 바라보지 말 것 ▪ 한 곳만 바라보지 말 것 ▪ 메모로 인해 시야를 가리는 일이 없을 것.

③ 연습 및 점검

내용을 구성하면 반드시 연습하고 점검해야 한다. 프레젠테이션은 제한된 시간 안에 모든 사항을 전달해야 하기 때문에 중간에 끊김이나 불필요한 시간 소모가 발생하면 안 된다. 이를 위해서는 수차례의 연습 및 점검이 필요하며, 다음과 같이 단계적으로 하면 좋다.

단계	방법	준비물	피드백 내용
1	▪ 원고를 소리 내어 읽으면서 연습	원고 초안	▪ 주로 내용상의 문제점 수정 –어색한 단어, 잘못된 표현 –더 좋은 표현, 사례 등
2	▪ 실전과 유사하게 연습 –시각자료, 표현방법 –보디랭귀지 –목소리, 소요시간 등	최종원고/ 시각자료 초안	▪ 전체적인 조화 ▪ 원고내용과 시각자료의 일치성 ▪ 발표자의 태도 ▪ 예상 질문 및 답변 방법
3	▪ 실전과 동일하게 실시	최종원고/최종 시각자료/발표장소	▪ 현장 적응 정도

3) 파워포인트를 이용한 프레젠테이션 작성

(1) 시작

① 새 프레젠테이션 만들기

새 프레젠테이션을 만들기 위해서는 [Office 단추 → 새로 만들기]를 클릭한다. 새 프레젠테이션 대화상자가 열리면 [새 문서 및 최근 문서] 항목의 [새 프레젠테이션]을 선택한 후 [만들기]를 클릭한다.

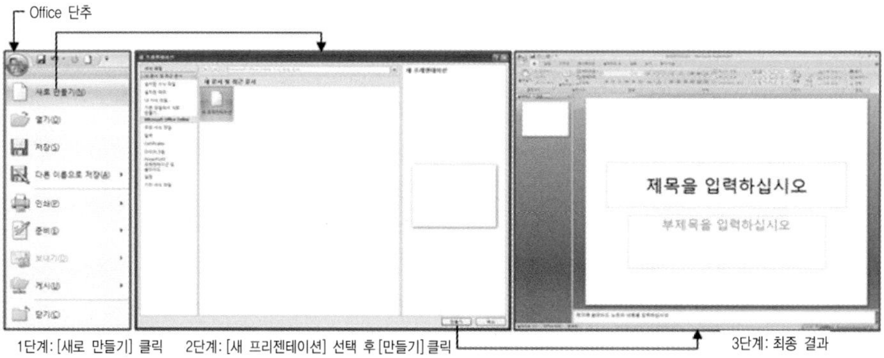

1단계: [새로 만들기] 클릭 2단계: [새 프리젠테이션] 선택 후 [만들기] 클릭 3단계: 최종 결과

프레젠테이션 만들기에서 맨 처음 나타난 것은 제목 슬라이드이다. 제목은 주제목과 부제목으로 구성된다. 이후부터 새 슬라이드의 생성은 [바로가기 → 새 슬라이드] 또는 [홈 탭 → 슬라이드 그룹 → 새 슬라이드]를 클릭하면 된다.

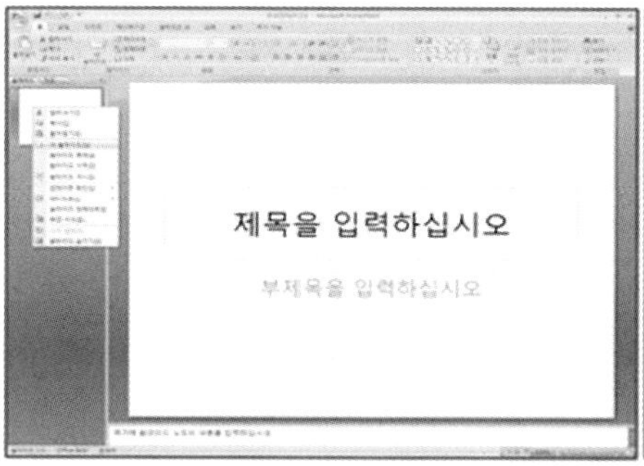

방법1: [바로 가기→새 슬라이드] 클릭

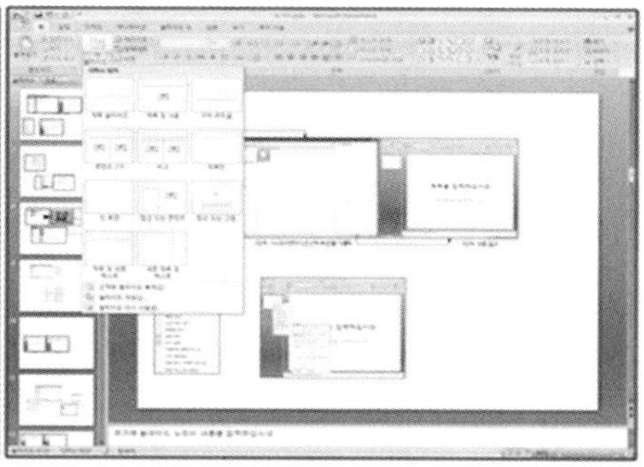

방법2: [홈 탭→슬라이드 그룹→새 슬라이드] 클릭

일반적으로 제목 슬라이드가 구성되면 두 번째 슬라이드부터 기술하고자 하는 내용(콘텐츠)을 입력하는데, 이를 내용 슬라이드라고 할 수 있다.

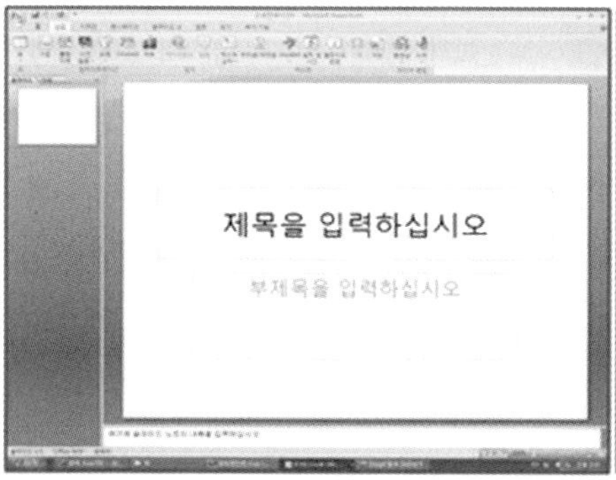

제목 슬라이드

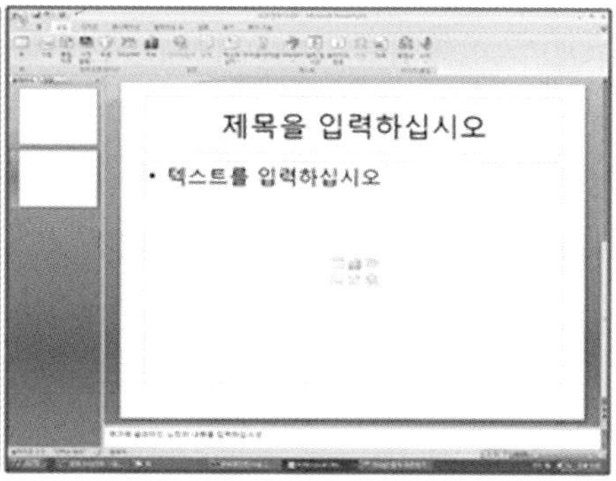

내용 슬라이드

여기서 내용을 삽입하는 두 번째 슬라이드부터는 사용자가 다양한 레이아웃 중 하나로 선택하여 사용할 수 있다. 레이아웃을 바꾸는 방법은 [바로가기 → 레이아웃]을 클릭하거나 [홈 탭 → 슬라이드 그룹 → 레이아웃]을 클릭하면 다양한 레이아웃을 볼 수 있는데, 이 중 하나를 선택하면 된다.

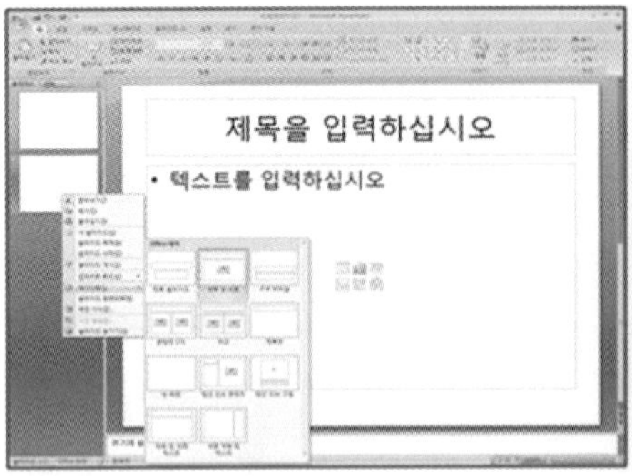

방법1: [바로가기 → 레이아웃] 클릭

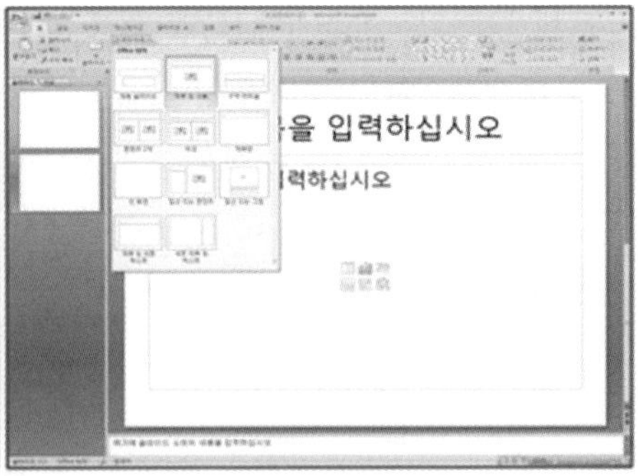

방법2: [홈 탭 → 슬라이드 그룹 → 레이아웃] 클릭

내용 슬라이드의 텍스트 입력란에 멀티미디어 도구모음이 있는데, 이는 텍스트와 더불어 다양한 멀티미디어를 입력할 수 있다는 의미이다. 즉 청중들에게 프레젠테이션을 하는 데 텍스트만 사용하는 것이 아니라 표 · 그림 · 차트 · 클립아트 · 미디어 등과 같은 멀티미디어를 사용하면 그만큼 멋진 프레젠테이션을 할 수 있음을 나타낸다.

② PowerPoint 프레젠테이션 및 슬라이드 작성하기

[Office 단추 → 새로 만들기 → PowerPoint 프레젠테이션 및 슬라이드]를 지정한 다음 원하는 옵션을 선택한다. 여기에 나타난 옵션들은 다양한 프레젠테이션 및 슬라이드를 구성할 수 있는 기본 틀을 제공하기 때문에 프레젠테이션 또는 슬라이드를 손쉽게 작성할 수 있다.

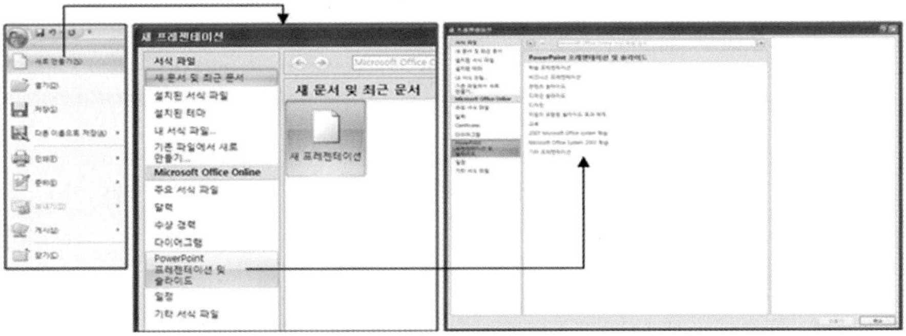

③ 프레젠테이션 저장하기

프레젠테이션의 저장은 [Office 단추 → 저장] 또는 [다른 이름으로 저장]을 선택한다. 저장방식도 여러 가지로 제공하고 있기 때문에 프레젠테이션의 용도에 따라 분류 · 저장하면 된다. [저장]인 경우에는 [파일 이름] · [파일 형식] · [저장 위치]가 기본적으로 제공된다.

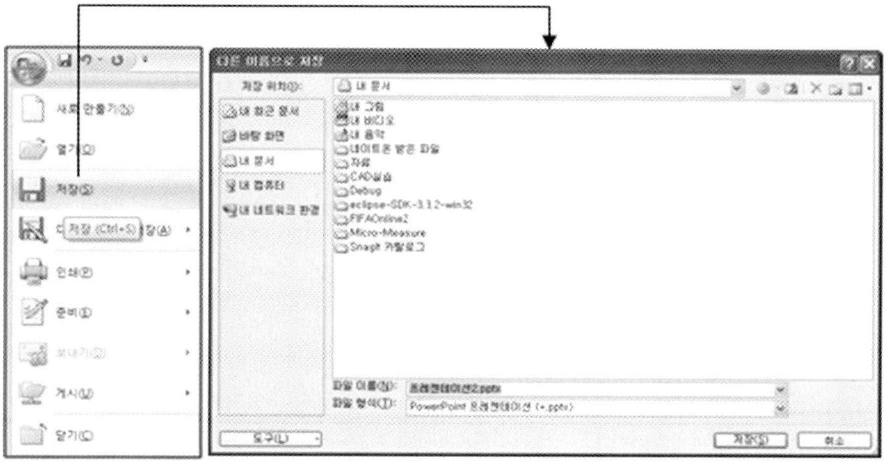

[다른 이름으로 저장]인 경우에는 다양한 형식들이 나타나는데, 이 중 하나를 선택한 후 저장하면 된다.

(2) 기본 슬라이드 작성하기

① 제목 슬라이드 만들기

대부분 프레젠테이션 자료는 제목과 부제목이 포함되어 있으며, 경우에 따라서 날짜와 발표자 이름이 표현된다. 제목 슬라이드는 이와 같은 내용을 입력하기 위한 구조이다. 기본 구조는 제목과 부제목인데, 부제목이 들어갈 곳에는 발표자의 이름이나 소속을 입력하기도 한다.

(1)		제목 슬라이드

먼저, '제목을 입력하십시오'란에 '교양특강'을 입력한다. '부제목을 입력하십시오' 란에 '오리엔테이션'을 입력한다.

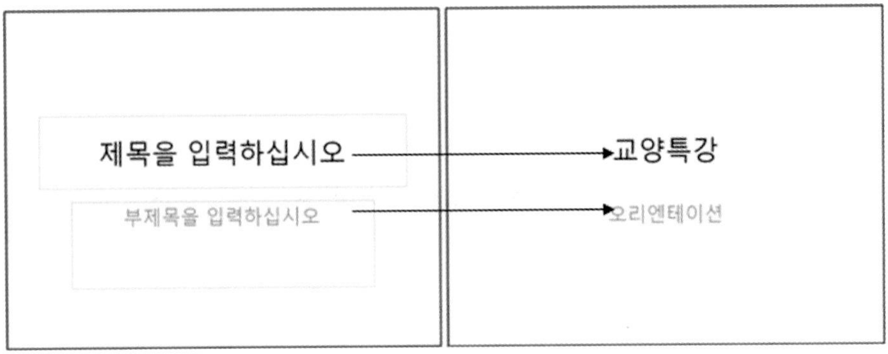

다음으로, '교양특강'을 마우스로 선택한 후 [홈 탭 → 글꼴 그룹 → HY견고딕, 글꼴크기 → 50]으로 설정한다.

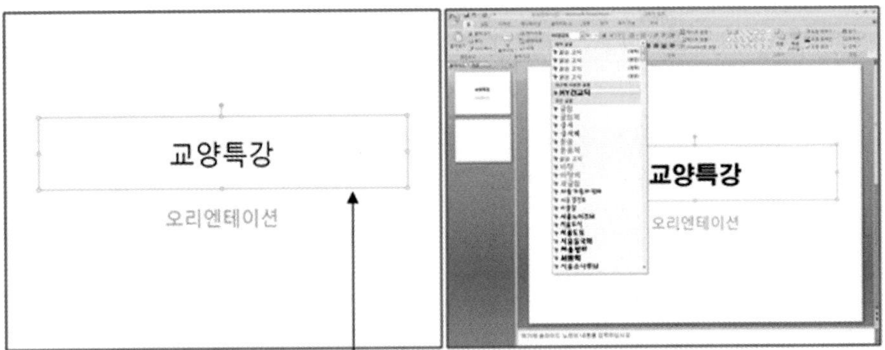

1단계: 개체 틀 선택 2단계: 글꼴, 글자크기 조절

② 콘텐츠 슬라이드 만들기

콘텐츠 슬라이드는 보통 본문으로 다루는데, 본문에는 제목을 적고, 그 제목에 적합한 내용을 기술한다. 콘텐츠 슬라이드 구조는 제목과 텍스트로 구성되며, 경우에 따라 멀티미디어를 삽입할 수 있는 기능도 있다.

(2)		제목 및 내용

이 슬라이드는 제목 슬라이드 다음에 표현되는데, [개요/슬라이드 보기 창]을 보면 초기에는 제목 슬라이드만 존재한다. 텍스트 슬라이드를 표현하기 위해서는 [홈 탭 → 슬라이드 그룹 → 새 슬라이드] 또는 [개요/슬라이드 보기] 창의 첫 번째 슬라이드에 마우스 설정한 후 바로가기의 [새 슬라이드]를 생성한다.

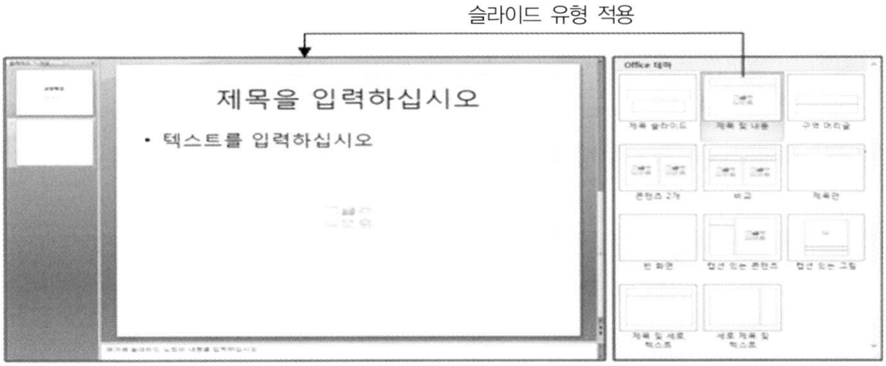

콘텐츠 슬라이드의 기본 형식　　콘텐츠 슬라이드의 유형

[새 슬라이드]에 의해 생성된 슬라이드는 기본 형식으로 나타나지만 다른 유형으로 쉽게 바꿀 수 있는 특징이 있다.

㉮ 제목 입력

제목 슬라이드의 제목 입력과 동일한 방식이며, '제목을 입력하십시오' 부분을 클릭하여 슬라이드의 내용에 맞는 제목을 입력한다. 이 제목은 가능한 짧고 간결하게 입력하는 것이 프레젠테이션 내용 전달에 효과적이다. 파워포인트 툴[도구]에 따라 제목으로 입력될 글꼴과 글꼴 크기는 기본적으로 정해져 있지만 사용자가 임의대로 바꿀 수 있다.

㉯ 텍스트 입력

'•텍스트를 입력하십시오'라는 부분에 텍스트를 입력한다. 이때 텍스트는 전달하고자 하는 내용이기 때문에 가능한 간결하고 짧게 입력한다. 파워포인트 툴[도구]에 따라 제목으로 입력될 글꼴과 글꼴 크기는 기본적으로 정해져 있지만 사용자가 임의대로 바꿀 수 있다.

㉰ 글머리 기호

글머리 기호는 텍스트 입력 난에 •으로 표현된 것이며, 사용 용도에 따라 모양·크기·색뿐만 아니라 글머리 기호와 문자열간의 간격도 바꿀 수 있다. 글머리 기호를 사용하는 이유는 텍스트를 구분하고 간결성을 나타내며, 표현된 텍스트가 짧을수록 전달이 용이하기 때문이다. [홈 탭 → 단락 그룹 → 글머리 기호 또는 번호 매기기]이다.

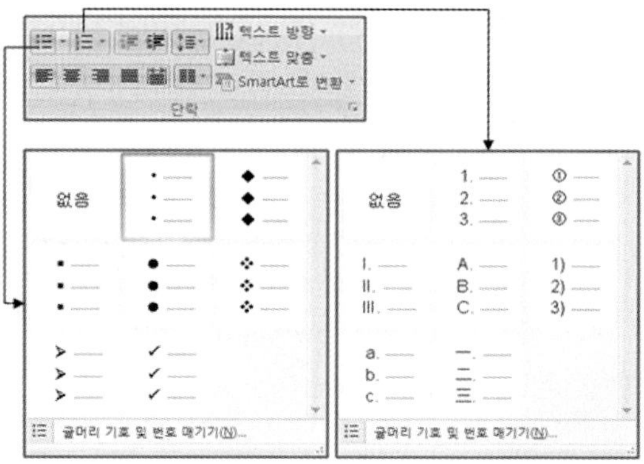

③ 텍스트 속성 변경

텍스트 속성이란 글꼴, 글꼴 크기, 글자 색, 배경, 문단 등 여러 가지를 나타내는데, 이들의 값을 다양하게 바꿔서 멋진 프레젠테이션을 표현할 수 있다. 이 속성을 어떻게 활용하는가에 따라 내용의 중요성, 認知(인지), 시각적 효과 등에 영향을 미친다.

㉮ 글자 색

텍스트의 색깔을 바꾸는 방법은 개체 틀을 클릭하거나 텍스트를 범위로 지정하고, [홈 탭 → 글꼴 그룹 → 글꼴 색]을 클릭한다.

[기본색]은 자동으로 검정색이다. 필요에 따라 [다른 색(M)]을 누르면 색 대화상자가 나타나는데, 이 중 원하는 색을 지정하면 된다.

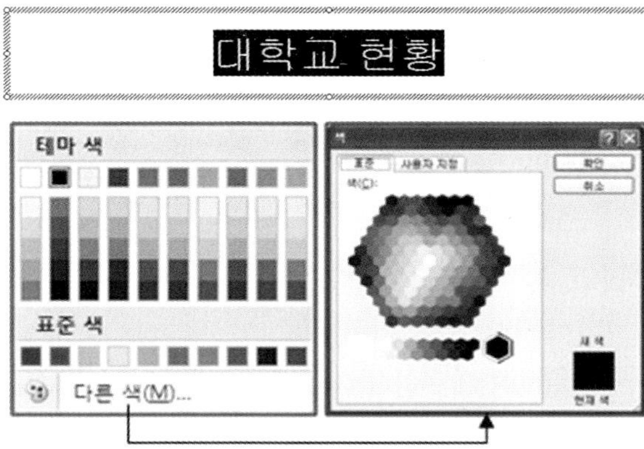

㉯ 글꼴 지정

텍스트의 글꼴을 바꾸려면 먼저, 글꼴을 바꾸고자 하는 텍스트의 범위를 지정한 후 [홈 탭 → 글꼴 그룹 → 테마 글꼴]의 [글꼴]을 선택한다. 글꼴은 다른 말로 '폰트(font)'라는 용어를 사용하며, Microsoft사에서 제공되는 글꼴은 매우 다양하다.

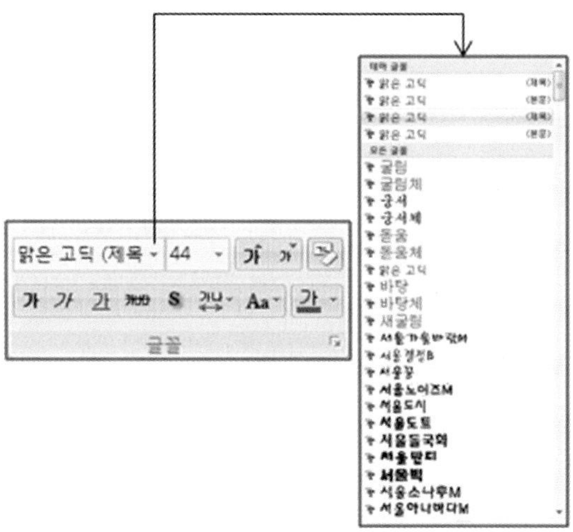

㉰ 문단 속성

문단 속성은 개체 틀 내에서의 텍스트에 대한 정렬 방식을 왼쪽, 가운데(중앙), 오른쪽 등 어느 쪽으로 할 것인가를 나타낸다. [홈 탭 → 단락 그룹 → 문단 속성]을 이용한다.

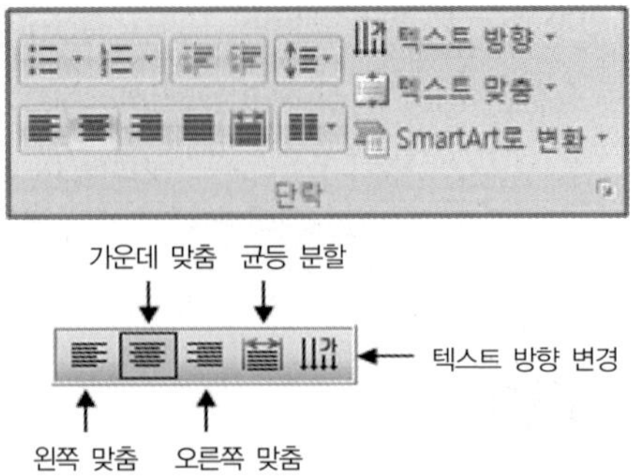

(3) 개체 구성

① 線(선) 그리기

선은 도형 간의 관계나 연결점 등을 표현할 때 사용하며, 전달하고자 하는 내용을 좀 더 쉽게 이해할 수 있게 도와준다. 선의 종류는 직선, 화살표, 양쪽 화살표 등이 있으며, 사용자의 용도에 따라 곡선이나 자유로운 선을 그릴 수 있다. 선은 [홈 탭 → 그리기 그룹]에 있는 개체를 이용한다.

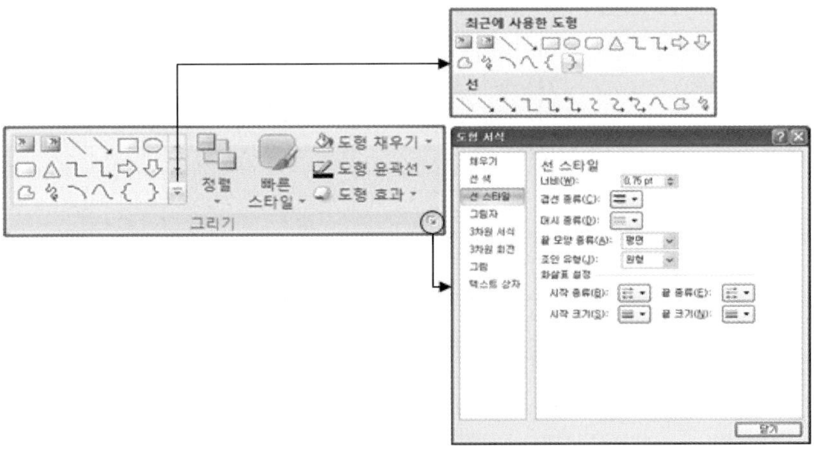

▌속성편집

[홈 탭 → 그리기 그룹]의 [도형 윤곽선]을 클릭한다. 여기는 테마 색, 표준 색, 윤곽선 없음, 다른 윤곽선 색, 두께, 대시, 화살표로 이루어져 있다. 각각을 클릭하면 다음과 같은 팝업 메뉴가 나타나는데, 이들은 선을 지정한 후 바꾸고자 하는 속성 아이콘을 선택, 클릭해서 이루어진다.

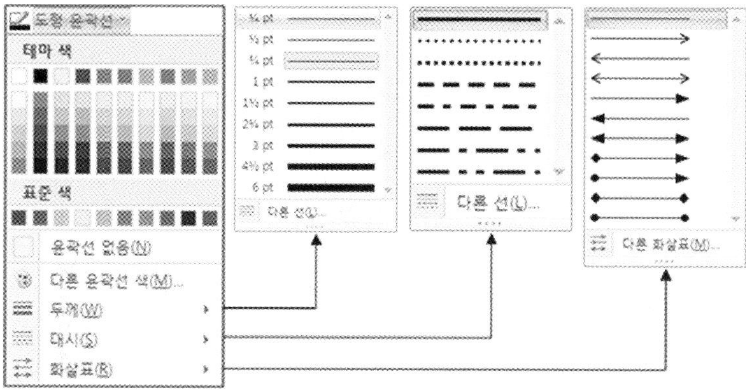

또는 그려진 선을 지정하여 바로가기 메뉴에서 [도형 서식]을 선택하면 [도형 서식] 대화상자가 나타나는데, [선 색]과 [선 스타일]을 이용하여 적용할 수 있다.

② 圖形(도형) 작성

도형을 그리는 방법은 여러 가지가 있다. [홈 탭 → 그리기 그룹] 또는 [삽입 탭 → 도형]을 이용하여 그릴 수 있다.

도형이 그려지면 [그리기 도구 → 서식 탭]이 생성되는데, 이 탭에서 도형을 편집하거나 추가할 수 있다.

㉮ 도형 그리기

도형은 도형 자체로 사용할 수 있으며, 또한 도형 안에 텍스트를 삽입할 수 있다. 특히 슬라이드에 도형을 많이 이용하여 프레젠테이션을 구성하는데, 텍스트보다는 도형으로 표현한 것이 더 쉽게 전달되기 때문이다. 각 도형의 아이콘을 클릭하고 슬라이드 창에 드래그하여 그린다.

㉯ 도형 편집(크기, 모양, 회전)

이들 속성은 핸들에 의해 다뤄진다. 파워포인트는 도형의 기본적인 틀만 제공하는 것이 아니라 사용자로 하여금 그 도형의 속성을 임의대로 바꿀 수 있는 기본적인 여건을 제공하고 있는데, 이는 핸들(handle)에 의해 이루어진다.

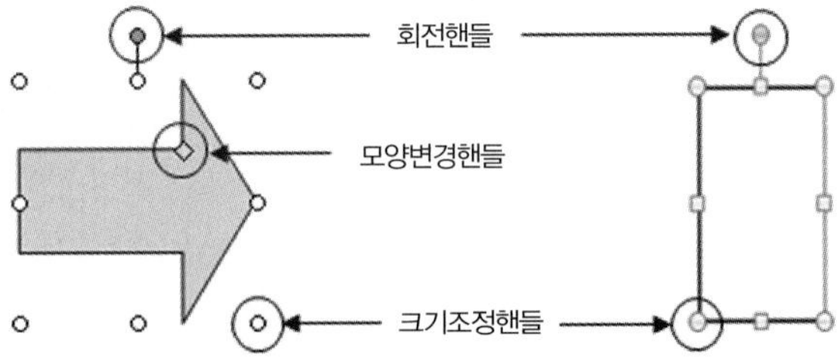

임의의 도형(여기서는 블록 화살표)을 선택하여 슬라이드 창에 표현하면 8개의 조절점과 한 개의 회전핸들이 있다. 8개의 조절핸들은 사각형의 크기를 다룰 때 사용하며, 한 개의 회전핸들은 개체를 회전시킬 때 사용한다. 회전핸들을 마우스로 클릭한 후 원하는 각도로 회전시키면 개체가 회전하게 된다. 핸들에 마우스 포인터를 가져가면, 핸들의 종류에 따라 포인트 모양이 변하기 때문에 쉽게 이해할 수 있다.

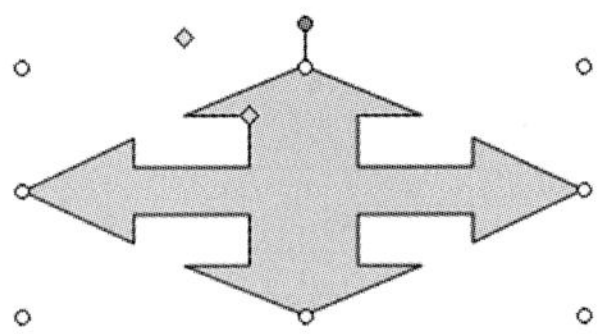

핸들 종류	색상	의미
크기조절핸들	하늘색	개체의 크기를 조절
회전핸들	초록색	개체를 원하는 각도로 회전
모양변경핸들	노란색	특정 부분의 모양을 바꿈

모양변경핸들은 모든 도형에 적용되는 것은 아니고, 한 개체가 여러 개의 모서리를 가지고 있을 때만 나타나며, 두 개의 모양 변경 핸들이 나타난 경우도 있다.

㉰ 도형에 빠른 스타일 지정

파워포인트 2007 버전에서는 그려진 도형에 다양한 스타일을 쉽게 지정할 수 있는데, 도형의 구성에 매우 유익한 기능이다. [홈 탭 → 그리기 그룹 → 빠른 스타일]을 클릭하면 다양한 스타일을 볼 수 있다. 먼저, 도형을 그리고, 선택한 후 적용하고자 하는 스타일을 지정하면 원하는 결과를 얻을 수 있다.

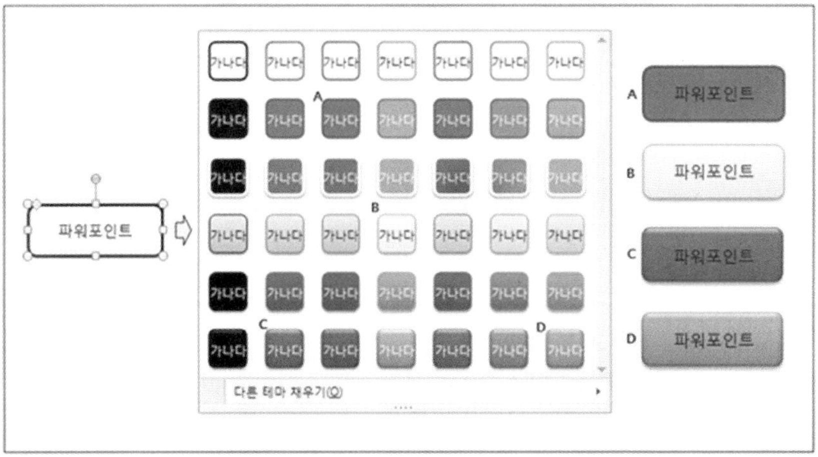

(4) 개체 활용

① 클립아트

클립아트(clip art)는 Microsoft 클립아트 갤러리에서 제공하는 그림들로 애니메이션 스타일의 특성을 가지고 있어, 종종 텍스트 대신 클립아트를 이용하여 내용을 전달하는 경우가 많다. 클립아트의 이용은 [삽입 탭 → 일러스트레이션 그룹 → 클립아트]를 클릭하면 클립아트 창이 오른쪽에 나타나는데, [이동]을 클릭하면 클립아트가 나타난다.

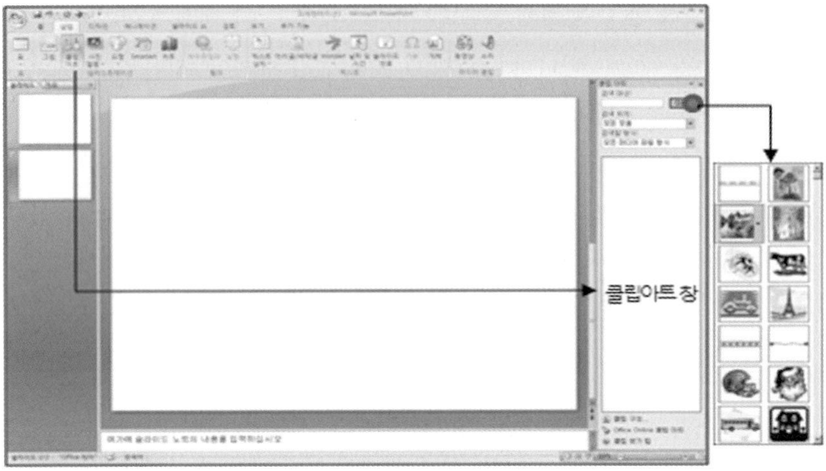

㉮ 클립아트 檢索(검색)

위에서 언급한 바와 같이 검색대상에서 [이동]을 클릭하면 Microsoft Office 2007이 기본적으로 제공하고 있는 클립아트를 확인할 수 있다. 클립아트가 추가로 필요하면 하단의 Office Online 클립아트를 클릭한다. 클립아트 사이트는 교육, 동물, 아트 및 디자인, 만화, 장식요소, 감정, 가족, 의료, 생활양식, 자연, 직업, 인물, 종교, 계절, 스포츠, 기호, 교통수단 등으로 이루어져 있으며, 계속해서 그 콘텐츠가 늘어나고 있다.

㉯ 클립아트 삽입

클립아트에 마우스 포인트를 가져가면, 드롭다운 마크(▼)가 나타나며 동시에 클립아트의 속성정보를 볼 수 있다. 드롭다운 마크를 클릭하면 팝업 메뉴가 나타나는데, [삽입]을 클릭하면 해당 클립아트가 슬라이드에 삽입된다.

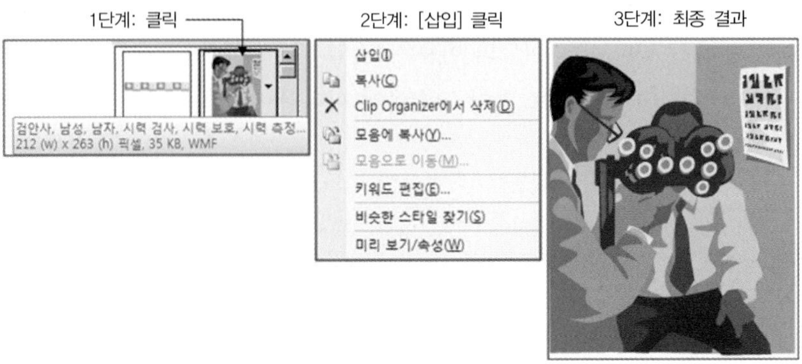

② 表(표)

다른 개체와 마찬가지로 표는 숫자 데이터를 정리 또는 표현하는 데 가장 많이 사용되는 개체이다. 표를 이용해서 숫자 데이터의 관계를 파악할 수 있을 뿐만 아니라 비교도 가능하다. [홈 탭 → 슬라이드 그룹 → 레이아웃]을 클릭하면 표와 관련된 슬라이드 레이아웃을 볼 수 있다.

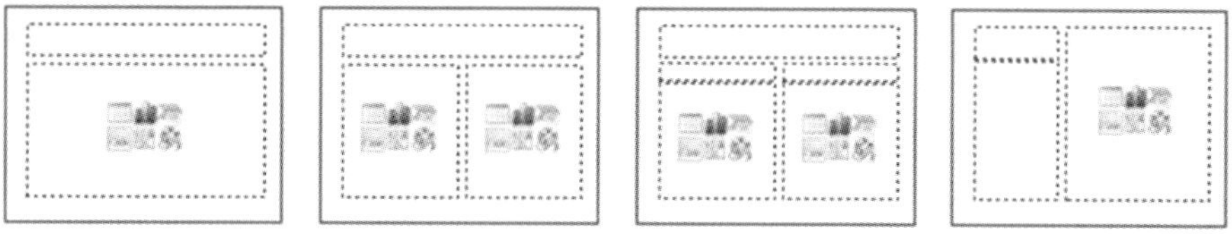

제목 및 내용   콘텐츠 2개   비교   캡션 있는 콘텐츠

㉮ 표 구성

표는 만드는 방법은 슬라이드 레이아웃에서 직접 구성할 수 있다. [제목 및 내용] 슬라이드에 있는 표 아이콘을 클릭하면 [표 삽입] 대화상자가 나타나고, 열과 행 개수를 입력하면 표가 생성된다.

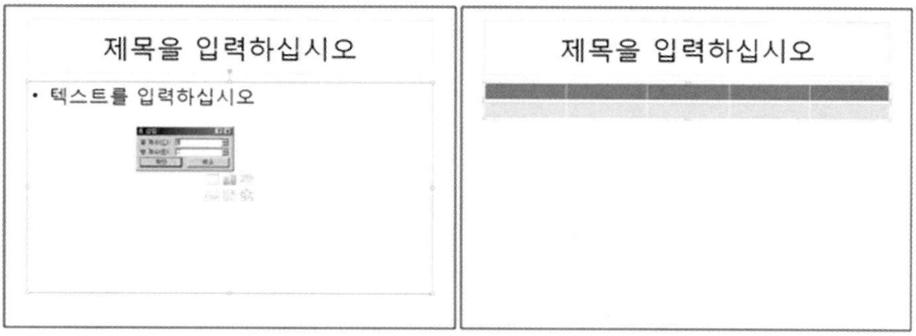

1단계: 열과 행 입력   2단계: 최종 결과

㉯ 표 편집

슬라이드에 표가 구성되면 리본 메뉴에는 [표 도구]에 대해 [디자인 탭]과 [레이아웃 탭]이 생성된다. 이 두 개의 탭은 표를 편집하는 데 유용하게 사용된다.

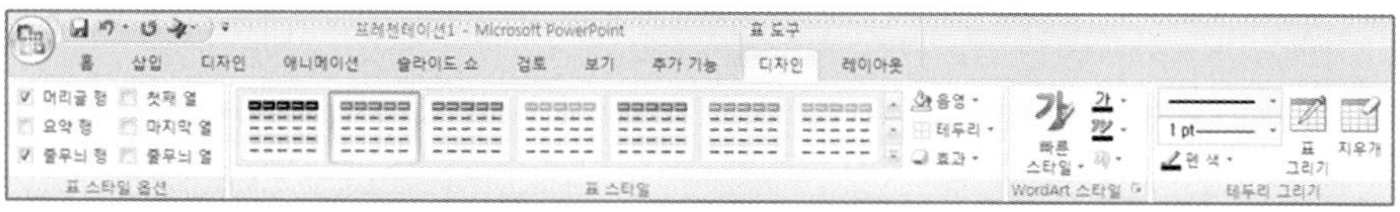

[디자인 탭]에 있는 주요 그룹은 표 스타일 옵션, 표 스타일, WordArt 스타일, 테두리 그리기로 이루어져 있으며, [레이아웃 탭]은 표, 행 및 열, 병합, 셀 크기, 맞춤, 셀 크기, 정렬로 이루어져 있다.

▌표 스타일

그려진 표의 구조인 열과 행의 수를 그대로 유지하면서 다양한 색상을 표현할 수 있으며, 또한 특정 부분을 강조하는 기능을 나타낸다. 스타일에는 다음과 같이 여러 종류가 있다.

문서와 가장 일치하는 항목			
스타일 없음, 눈금 없음	테마 스타일1 - 강조1	…	테마 스타일1 - 강조6
스타일 없음, 표 눈금	테마 스타일2 - 강조1	…	테마 스타일2 - 강조6
밝게			
밝은 스타일1	밝은 스타일1 - 강조1	…	밝은 스타일1 - 강조6
밝은 스타일2	밝은 스타일2 - 강조1	…	밝은 스타일2 - 강조6
밝은 스타일3	밝은 스타일3 - 강조1	…	밝은 스타일3 - 강조6
보통			
보통 스타일1	보통 스타일1 - 강조1	…	보통 스타일1 - 강조6
보통 스타일2	보통 스타일2 - 강조1	…	보통 스타일2 - 강조6
보통 스타일3	보통 스타일3 - 강조1	…	보통 스타일3 - 강조6
보통 스타일4	보통 스타일4 - 강조1	…	보통 스타일4 - 강조6
어둡게			
어두운 스타일1	어두운 스타일1 - 강조1	…	어두운 스타일1 - 강조6

다음과 같이 표가 주어져 있을 때 [밝은 스타일 1 – 강조 1]을 적용하면 다음과 같이 나타낼 수 있다.

• 연도별 전문직 현황(단위:명)

	2008	2009	2010	2011
보건	65	70	80	90
토목	40	40	40	40
전산	60	60	40	40
의류	40	40	30	30
전기	40	40	40	40
전자	40	40	40	40

1단계: 표 선택

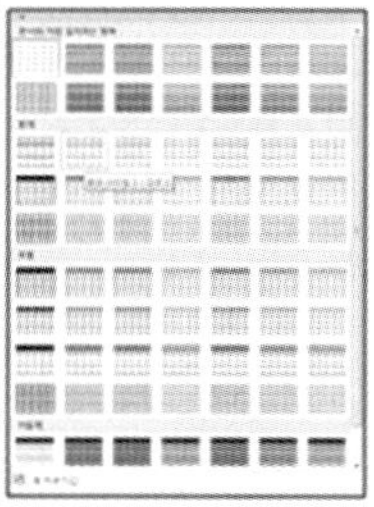

2단계: '밝은 스타일 1→강조 1' 선택

• 연도별 전문직 현황(단위:명)

	2008	2009	2010	2011
보건	65	70	80	90
토목	40	40	40	40
전산	60	60	40	40
의류	40	40	30	30
전기	40	40	40	40
전자	40	40	40	40

3단계: 최종 결과

▌표 陰影(음영)

표에 대한 임의 구간(행, 열, 셀 또는 전체)의 배경색을 나타낸다. 제목이 있는 행을 '흰색, 배경1, 35% 더 어둡게'로 나타내면 다음과 같다. 먼저, 첫 번째 행을 블록으로 지정한 후 [디자인 탭 → 음영]을 선택하고, '흰색, 배경1, 35% 더 어둡게'를 찾아 클릭한다.

• 연도별 전문직 현황(단위:명)

	2008	2009	2010	2011
보건	65	70	80	90
토목	40	40	40	40
전산	60	60	40	40
의류	40	40	30	30
전기	40	40	40	40
전자	40	40	40	40

1단계: 셀 범위 선택

2단계: 음영 → '흰색 배경 1' 선택

• 연도별 전문직 현황(단위:명)

	2008	2009	2010	2011
보건	65	70	80	90
토목	40	40	40	40
전산	60	60	40	40
의류	40	40	30	30
전기	40	40	40	40
전자	40	40	40	40

3단계: 최종 결과

숫자 데이터가 있는 부분을 '노랑'으로 나타내고자 한다면, 숫자가 있는 모든 영역을 블록으로 지정한 후 [디자인 탭 → 음영]을 선택하고 '노랑'을 찾아 클릭한다.

• 연도별 전문직 현황(단위:명)

	2008	2009	2010	2011
보건	65	70	80	90
토목	40	40	40	40
전산	60	60	40	40
의류	40	40	30	30
전기	40	40	40	40
전자	40	40	40	40

1단계: 셀 범위 선택

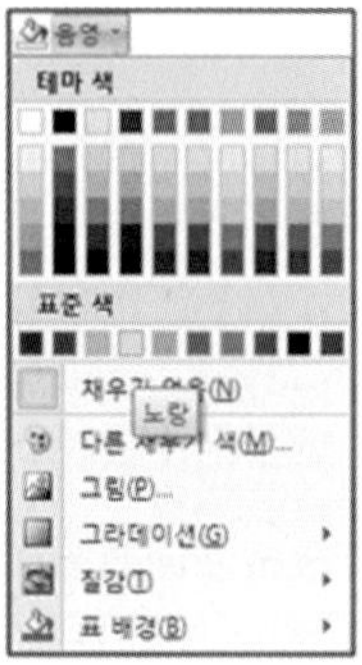

2단계: 음영 → '노란색' 선택

• 연도별 전문직 현황(단위:명)

	2008	2009	2010	2011
보건	65	70	80	90
토목	40	40	40	40
전산	60	60	40	40
의류	40	40	30	30
전기	40	40	40	40
전자	40	40	40	40

3단계: 최종 결과

▌표 테두리

㉠ 표 제목에 테두리를 적용하고자 할 때

연도 부분을 블록으로 지정한 후 [디자인 탭 → 테두리]를 선택하고, 모든 테두리를 클릭한다.

• 연도별 전문직 현황(단위:명)

	2008	2009	2010	2011
보건	65	70	80	90
토목	40	40	40	40
전산	60	60	40	40
의류	40	40	30	30
전기	40	40	40	40
전자	40	40	40	40

1단계: 표 제목 선택

2단계: 테두리 → '모든 테두리' 선택

• 연도별 전문직 현황(단위:명)

	2008	2009	2010	2011
보건	65	70	80	90
토목	40	40	40	40
전산	60	60	40	40
의류	40	40	30	30
전기	40	40	40	40
전자	40	40	40	40

3단계: 최종 결과

㉡ 표에 모든 테두리를 적용하고자 할 때

먼저 표 개체를 선택한 후 [디자인 탭 → 테두리]를 선택하고, [모든 테두리]를 클릭한다.

• 연도별 전문직 현황(단위:명)

	2008	2009	2010	2011
보건	65	70	80	90
토목	40	40	40	40
전산	60	60	40	40
의류	40	40	30	30
전기	40	40	40	40
전자	40	40	40	40

1단계: 표 제목 선택

2단계: 테두리→'모든 테두리' 선택

	2008	2009	2010	2011
보건	65	70	80	90
토목	40	40	40	40
전산	60	60	40	40
의류	40	40	30	30
전기	40	40	40	40
전자	40	40	40	40

3단계: 최종 결과

▌표 효과

㉠ 셀 효과

표의 특정 셀에 효과를 적용한다. 표 개체를 선택한 후 [디자인 탭 → 셀 효과 → 셀 입체 효과]를 클릭하여 '낮은 수준의 경사'를 선택한다.

• 연도별 전문직 현황(단위:명)

	2008	2009	2010	2011
보건	65	70	80	90
토목	40	40	40	40
전산	60	60	40	40
의류	40	40	30	30
전기	40	40	40	40
전자	40	40	40	40

1단계: 표 선택

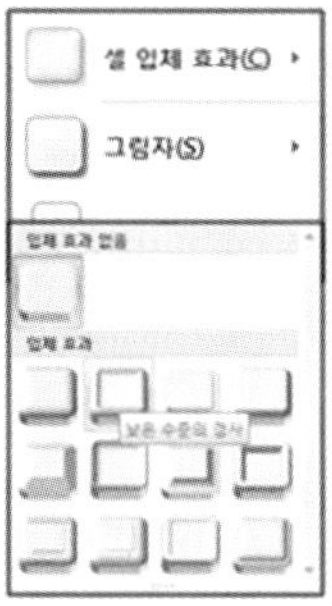

2단계: 셀 입체 효과→'낮은 수준의 경사' 선택

• 연도별 전문직 현황(단위:명)

	2008	2009	2010	2011
보건	65	70	80	90
토목	40	40	40	40
전산	60	60	40	40
의류	40	40	30	30
전기	40	40	40	40
전자	40	40	40	40

3단계: 최종 결과

㉡ 그림자

표의 그림자 효과를 나타내기 위해서 먼저, 표를 선택한 후 [디자인 탭 → 효과 → 그림자]를 클릭하여 [안쪽 → 안쪽 위쪽]을 선택한다.

• 연도별 전문직 현황(단위: 명)

	2008	2009	2010	2011
보건	65	70	80	90
토목	40	40	40	40
전산	60	60	40	40
의류	40	40	30	30
전기	40	40	40	40
전자	40	40	40	40

1단계: 표 선택

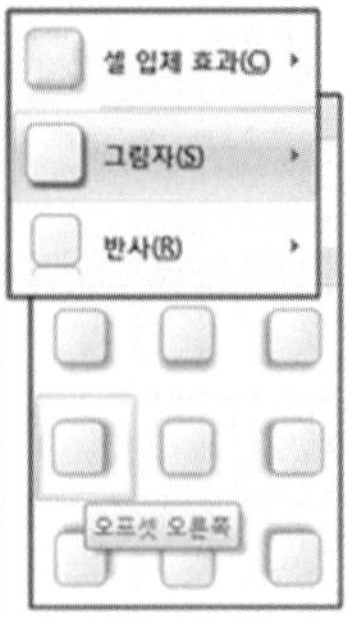

2단계: 그림자→'오프셋 오른쪽' 선택

	2008	2009	2010	2011
보건	65	70	80	90
토목	40	40	40	40
전산	60	60	40	40
의류	40	40	30	30
전기	40	40	40	40
전자	40	40	40	40

3단계: 최종 결과

▌행 및 열 그룹

표를 이루는 행과 열에 대한 삭제 및 삽입하는 기능이다. 삭제할 경우, 마우스 포인트가 있는 위치의 행 또는 열이 삭제된다. 또한 행과 열의 삽입도 마우스 포인트의 위치에 따라 삽입하고자 하는 기능이 주어져 있기 때문에 쉽게 추가할 수 있다.

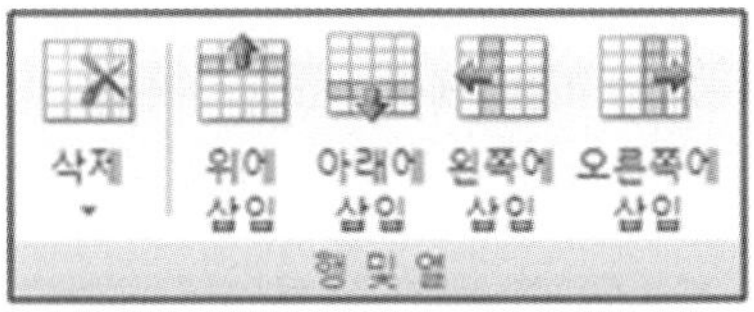

◆삭제하는 경우

마우스 포인트가 있는 위치('2009'열과 '전산'행)에서 [행 및 열 그룹 → 삭제]를 클릭하여 [열 삭제], 이어서 [행 삭제]를 선택한다.

•연도별 전문직 현황(단위 : 명)

	2008	2009	2010	2011
보건	65	70	80	90
토목	40	40	40	40
전산	60	60	40	40
의류	40	40	30	30
전기	40	40	40	40
전자	40	40	40	40

1단계: 포인트로 셀 지정

•연도별 전문직 현황(단위 : 명)

	2008	2010	2011
보건	65	80	90
토목	40	40	40
전산	60	40	40
의류	40	30	30
전기	40	40	40
전자	40	40	40

2단계: 열 삭제('2009' 열이 제거됨)

•연도별 전문직 현황(단위 : 명)

	2008	2010	2011
보건	65	80	90
토목	40	40	40
의류	40	30	30
전기	40	40	40
전자	40	40	40

3단계: 행 삭제('전산' 행이 제거됨)

◆삽입하는 경우

행에 대해서는 '의류' 행에 마우스 포인트를 위치시키고, [행 및 열 그룹 → 위로 삽입]을 선택하고, 열에 대해서는 '2010' 열에 마우스 포인트를 위치시키고 [행 및 열 그룹 → 오른쪽에 삽입]을 선택한다.

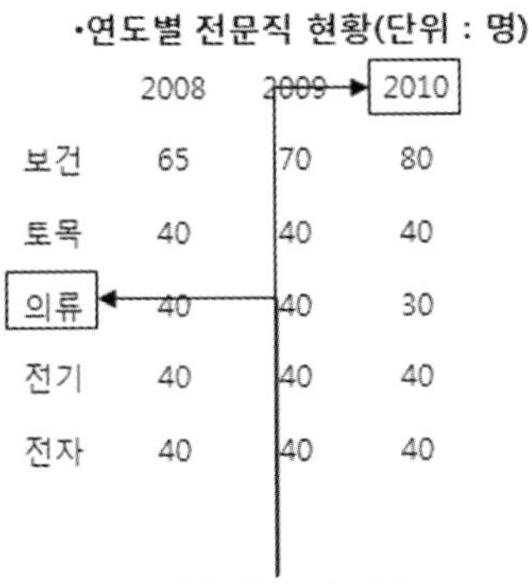

1단계: 삽입 점 선택

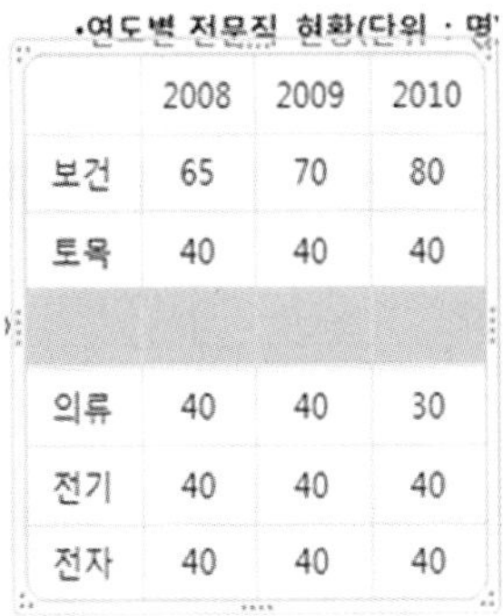

2단계: 행 삽입

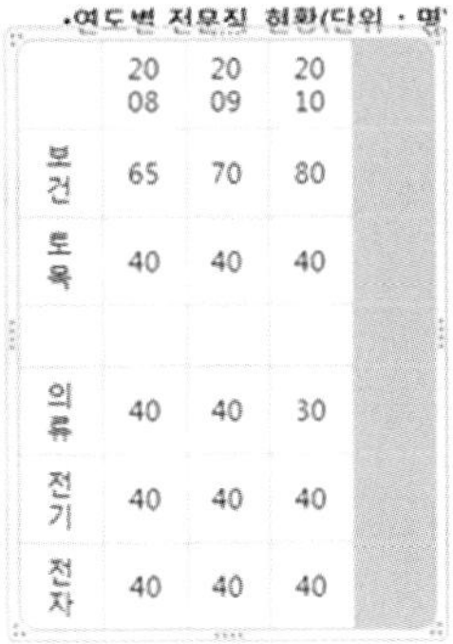

3단계: 열 삽입

▌병합 그룹

두 개 이상의 셀을 하나의 셀로 만들고자 할 때, 셀 분할은 임의 셀을 행 또는 열로 분할하고자 할 때 사용한다.

◆셀 병합

초기 상태에서 병합하고자 하는 범위를 블록으로 지정하고, [병합 그룹 → 셀 병합]을 선택한다.

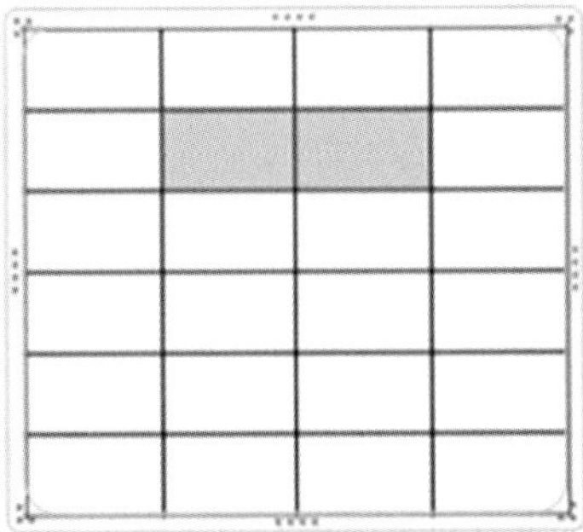
1단계: 병합 범위 선택

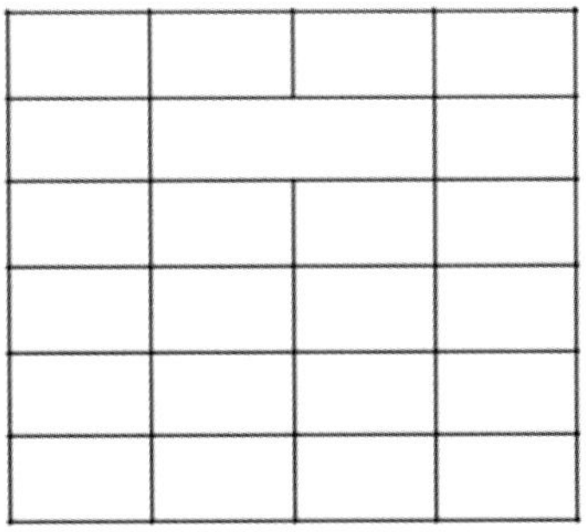
2단계: 최종 결과

◆셀 분할

초기 상태에서 분할하고자 하는 셀을 지정하고, [병합 그룹 → 셀 분할]을 선택한다. 이 때 대화상자가 나타나는데, 열 개수를 3으로 바꾼 후 확인 단추를 누른다.

③ 차트

파워포인트에서는 다양한 형태의 차트를 표현할 수 있으며, 다른 어플리케이션의 그래프 개체를 가져와서 편집하여 사용할 수 있다. 차트가 포함된 슬라이드 레이아웃은 표와 마찬가지로 여러 가지 종류가 있지만 차트라는 부분은 전체가 동일한 특성을 가지고 있다.

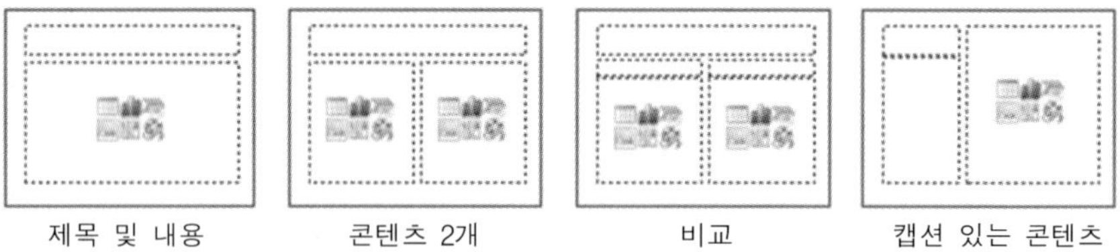

㉮ 차트 生成(생성)

먼저, [홈 탭 → 일러스트레이션 그룹 → 차트]를 통해 가능하다. 또는 슬라이드 창의 [차트] 아이콘을 선택하면 [차트 삽입] 대화상자가 나타난다.

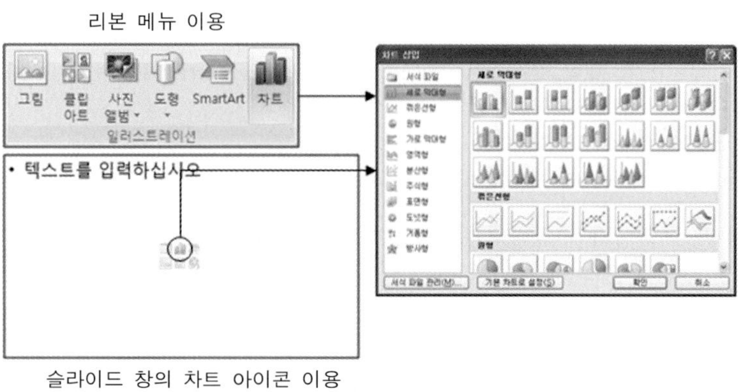

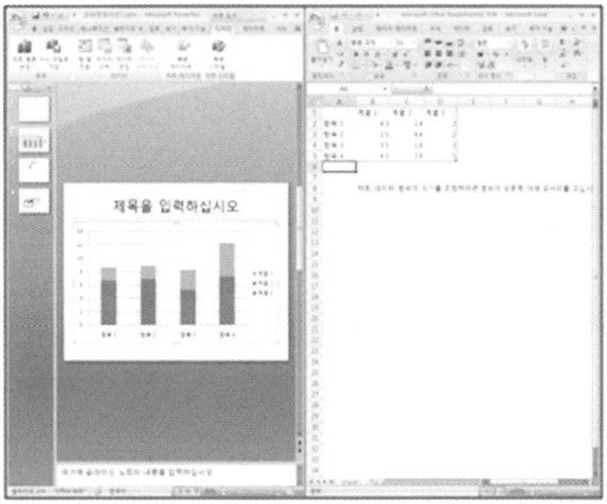

[차트 삽입] 대화상자에서 차트 종류를 선택하고 [확인]을 클릭하면 두 개의 구조로 이루어진 창이 나타나는데, 왼쪽은 슬라이드 상의 차트를 나타내고, 오른쪽은 차트에 대한 엑셀 시트 창을 나타낸다.

엑셀 시트 창은 기본적으로 3×3 행렬 구조로서 계열과 항목으로 구분되며, 차트 생성에 필요한 데이터를 입력하기 위한 구조이다. 엑셀 시트 상에 데이터가 입력되면 차트는 자동적으로 갱신되어 나타나며, 데이터 입력이 끝나면 엑셀 시트 창의 끝내기(☒)를 클릭한다.

㈏ 차트 構成要素(구성요소)

차트가 생성되면 편집이 자주 발생된다. 파워포인트는 차트 구성요소별로 편집이 가능하기 때문에 구성요소 의미를 파악할 필요가 있는데, 그 구성요소를 살펴보자.

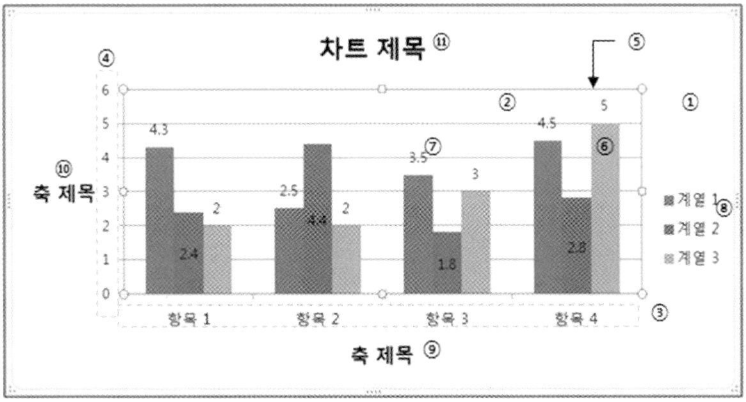

㉠ 차트 영역 : 차트 전체를 포괄하는 영역이다. 차트 영역의 크기를 조절하면 차트 전체의 크기가 조절된다.

㉡ 그림 영역 : 데이터의 계열이 표시되는 영역이다. 그림 영역의 크기를 조절하면 데이터 계열, 옵션 축, 갑 축의 크기도 함께 조절된다.

㉢ 가로(옵션) 축 : 차트의 수평 좌표로, 일정한 간격으로 데이터 옵션이 표시되어 있다.

㉣ 세로(값) 축 : 차트의 수직 좌표로, 일정한 간격으로 눈금이 표시되어 있다.

㉤ 눈금선 : 옵션 축의 눈금 값 높이를 표시하는 선을 나타낸다.

㉥ 데이터 계열 : 데이터 시트에 입력한 데이터 값을 가로 막대, 세로 막대, 꺾은 선 등 다양한 도형으로 나타낸 것이다.

㉦ 데이터 값 : 데이터 계열의 실제 값을 나타낸다.

㉧ 범례 : 각 데이터 계열의 레이블(이름)을 나타낸다.

㉨ 가로 축 제목 : 가로 축의 제목을 나타낸다.

㉩ 세로 축 제목 : 세로 축의 제목을 나타낸다.

㉪ 차트 제목 : 차트의 제목을 나타낸다.

㉰ 차트 道具(도구)

차트가 생성되면 리본 메뉴 상단에 [차트 도구]가 생성되며, [디자인 탭], [레이아웃 탭], [서식 탭]으로 이루어져 있다. 각 탭에는 차트의 편집을 쉽게 하는 많은 기능들이 포함되어 있다.

▌디자인 탭

㉠ 종류 그룹

[차트 종류 변경]은 구성된 차트의 종류를 바꾸고자 할 때 사용한다. [서식 파일로 저장]은 이 차트의 서식과 레이아웃을 앞으로 만들 차트에 적용할 수 있는 서식 파일로 저장할 경우에 사용한다.

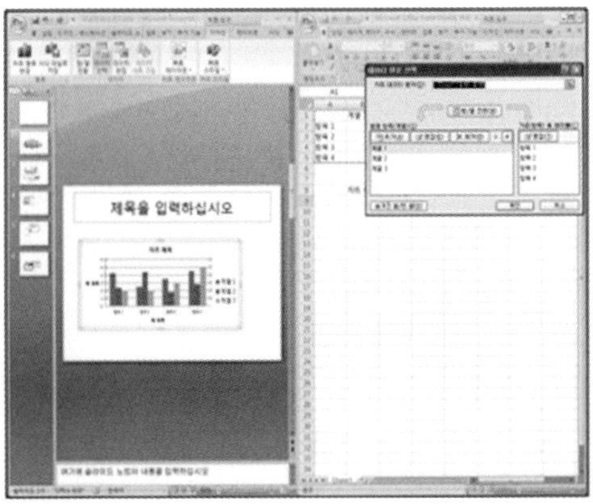

㉡ 데이터 그룹

◆데이터 선택과 데이터 편집

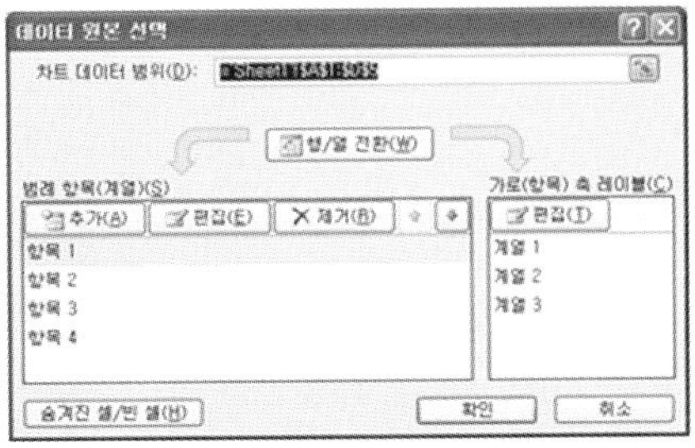

구성된 차트를 선택하고 [데이터 그룹 → 데이터 선택]을 클릭하면 [데이터 원본 선택] 대화상자가 나타나면서 차트 데이터의 범위가 블링크(blink)된다.

◆행/열 전환

가로축과 세로축의 데이터 값을 바꾸고자 할 때 사용한다. [데이터 그룹 → 데이터 선택]에서 [데이터 원본 선택]의 대화상자에 있는 [행/열 전환]을 클릭한 후 [확인]을 누른다.

㉢ 차트 레이아웃 그룹

글자 그대로 차트의 구조를 나타내며, 전체 11가지의 레이아웃으로 이루어져 있다. 이 레이아웃은 차트를 구성할 때 적용 가능한 기본 틀을 나타내며, 적용 데이터 특성에 따라 한 가지의 레이아웃으로 적용할 수 있다.

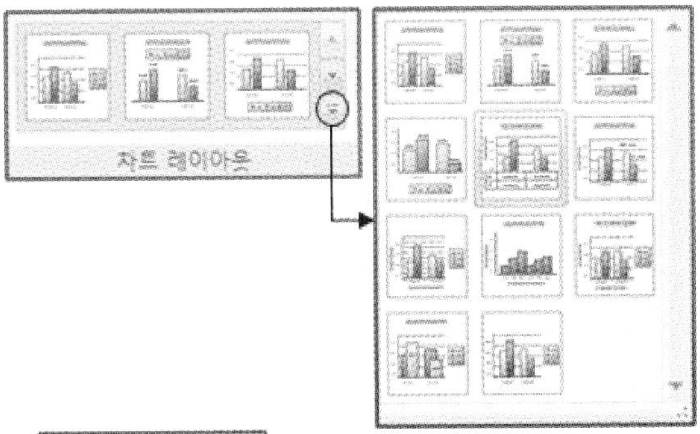

초기 차트에 '레이아웃 4'를 적용하면 다음과 같은 결과를 얻을 수 있다.

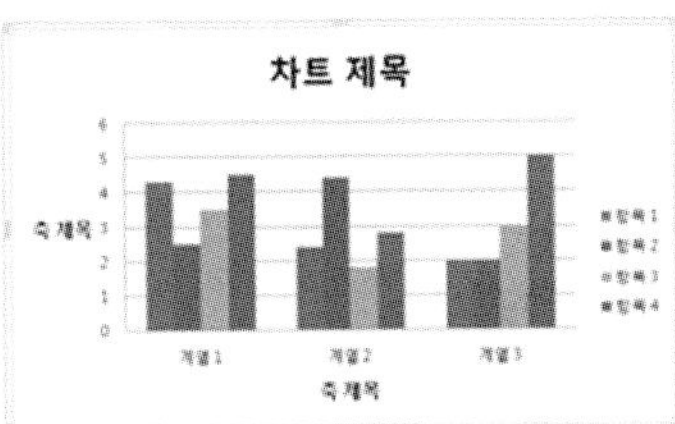

1단계: 초기 차트 구조

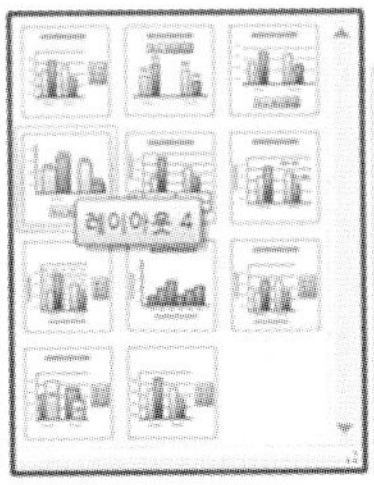

2단계: '레이아웃 4' 선택

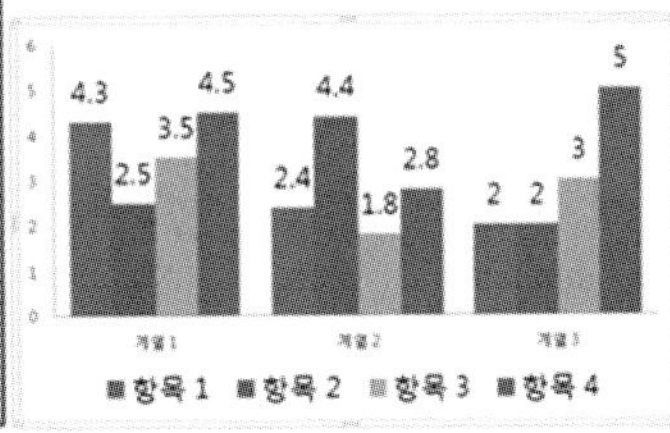

3단계: 최종 결과

㉣ 차트 스타일 그룹

차트를 다양하게 표현할 수 있는 스타일들의 집합으로 48가지로 구성되어 있으며, 이 중 한 가지를 적용할 수 있다. 초기 차트 구조에 '스타일 45'를 적용하면 다음과 같은 결과를 얻을 수 있다.

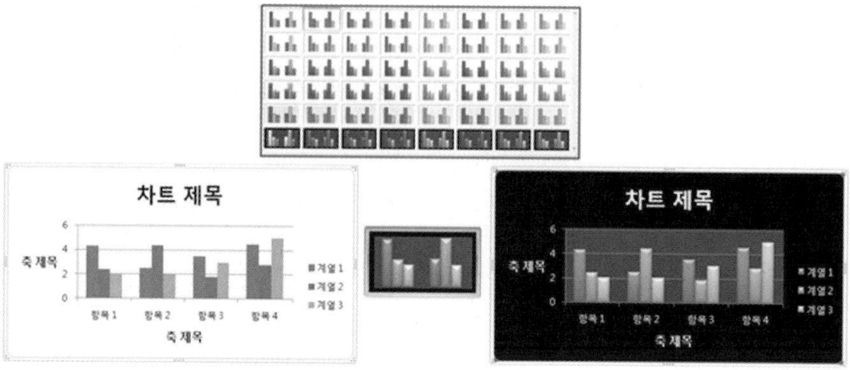

1단계: 초기 차트 구조　　2단계: [차트 스타일 그룹] →'스타일 45' 선택　　3단계: 최종 결과

▌레이아웃 탭

㉠ 현재 선택 영역 그룹

[현재 선택 영역]이란 마우스 포인트가 차트 구성 요소 중에서 어디에 있는가 하는 위치를 나타내며, 이 위치에 따라 현재 선택 영역이 정해진다. [현재 선택 영역 그룹]의 [차트 요소]를 클릭하면 다양한 영역이 나타나는데, 이 중 한 영역을 가리킨다.

만일 마우스로 지정한 차트 상의 영역이 '가로 축 제목'이라면 [현재 선택 영역 그룹]은 '가로 (항목) 축 제목'을 나타내며, 이 '가로 (항목) 축 제목'을 편집하고자 한다면 [선택 영역 서식]을 클릭한다. 그러면 [축 제목 서식] 대화상자가 나타나는데, 이 대화상자를 통해 필요한 부분을 편집할 수 있다.

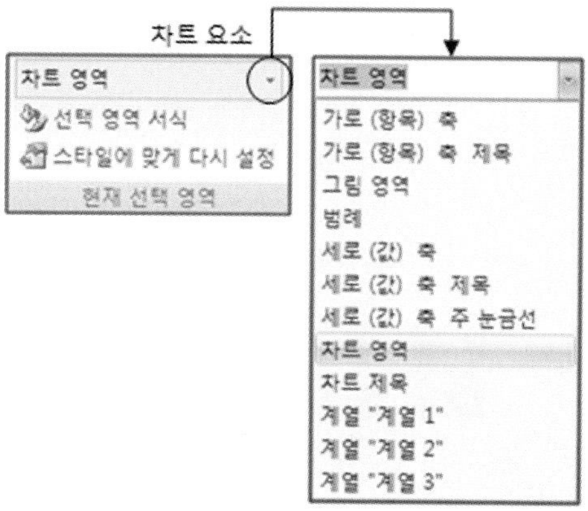

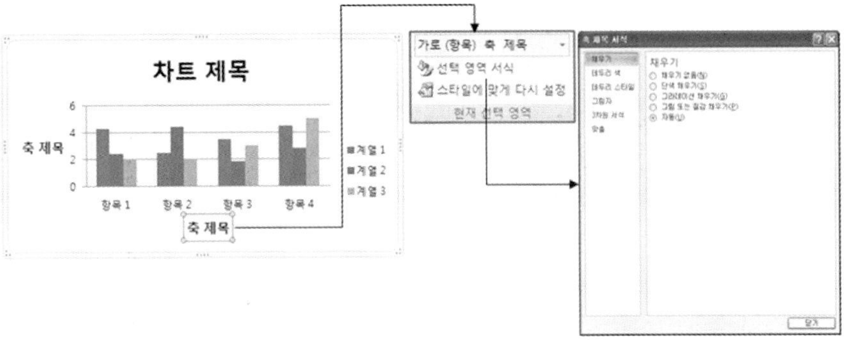

위 순서에 따라 초기 상태의 차트에서 [가로 (항목) 축]을 현재 영역으로 지정한 후 [선택 영역 서식]을 클릭하면 [축 서식] 대화상자가 나타난다. 이 대화상자에서 [채우기 → 그라데이션 채우기]를 선택하여 색을 지정하면 다음과 결과를 얻을 수 있다.

2단계: 선택 영역 서식 → 축 서식 → 채우기

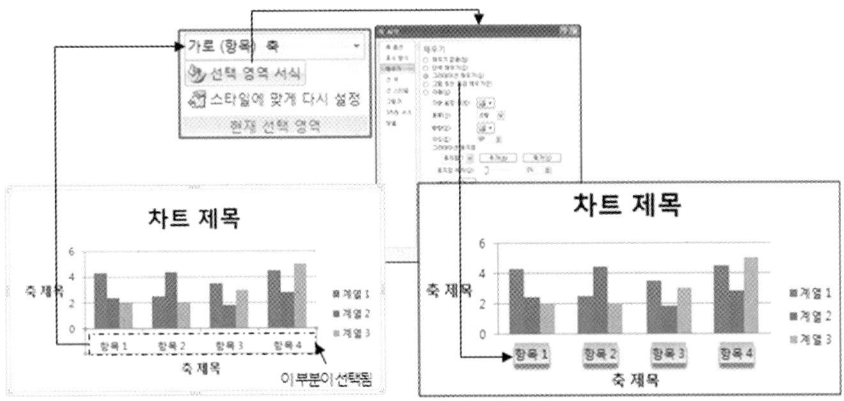

1단계: '가로 축' 선택 3단계: 최종 결과

㉡ 삽입 그룹

구성된 차트에 그림, 도형, 텍스트를 삽입하기 위한 기능이다.

㉢ 레이블 그룹

차트가 구성되면 차트에 필요한 레이블을 추가하게 된다. 차트 제목, 축 제목, 범례, 데이터 레이블, 데이터 표가 있다. 파워포인트의 [삽입 탭 → 일러스트레이션 그룹 → 차트]를 클릭하면 기본적인 차트가 만들어진다. 여기에서 주어진 데이터는 가상적인 것이며, 데이터 외 다른 레이블은 생성되지 않는다.

◆차트 제목

차트 제목은 차트의 대표가 되는 명칭이다. 이 제목은 [레이블 그룹 → 차트 위]의 선택을 통해 만들어지며, '차트 제목'에 직접 제목을 입력하면 된다.

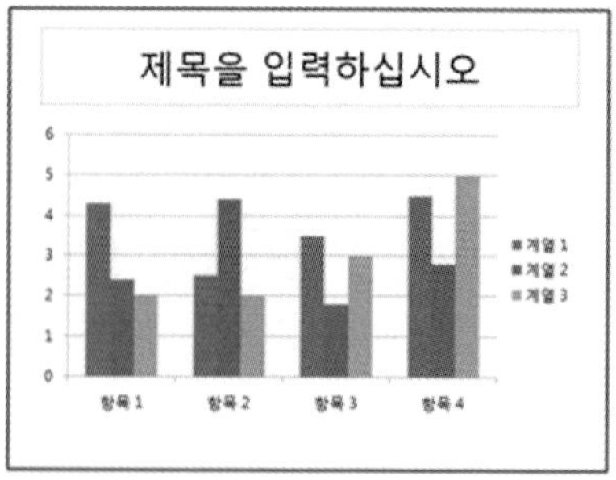

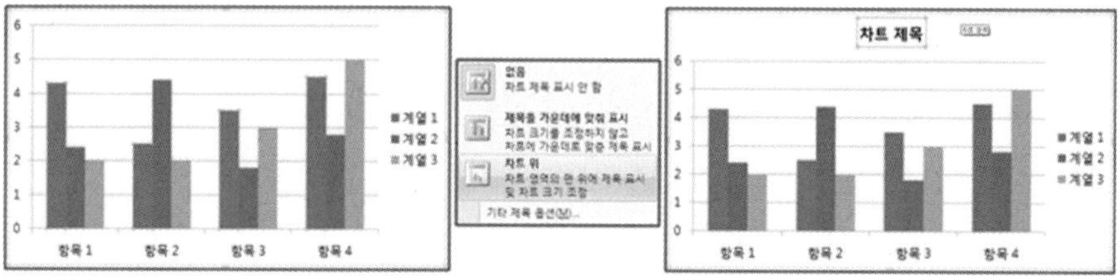

1단계: 차트 선택 | 2단계: 제목 위치 →'차트 위' 선택 | 3단계: 최종 결과

◆축 제목

차트의 가로축과 세로축의 이름을 나타내고자 할 때 사용한다. 적용 원리는 차트 제목과 비슷하다.

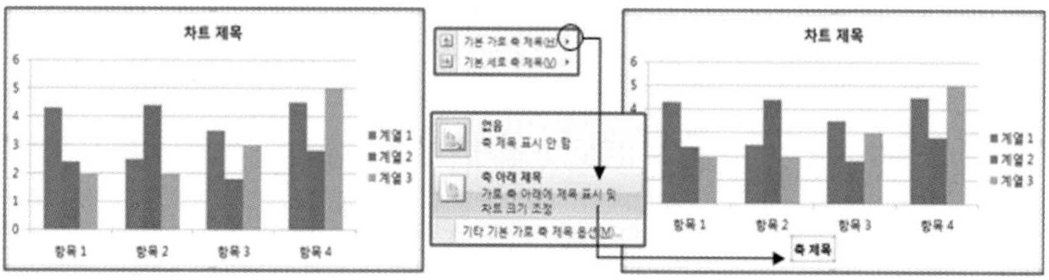

1단계: 차트 선택 | 2단계: 축 제목 위치 →'축 아래' 선택 | 3단계: 최종 결과

㉣ 축 그룹

◆축

가로축과 세로축에 대한 축 이름 기입여부, 순서 등을 다루는 기능이다. 예를 들면, 가로축의 레이블을 숨길 수 있는데, [축 그룹 → 기본 가로 축 → 왼쪽에서 오른쪽으로 축 표시]한 결과를 나타낸다.

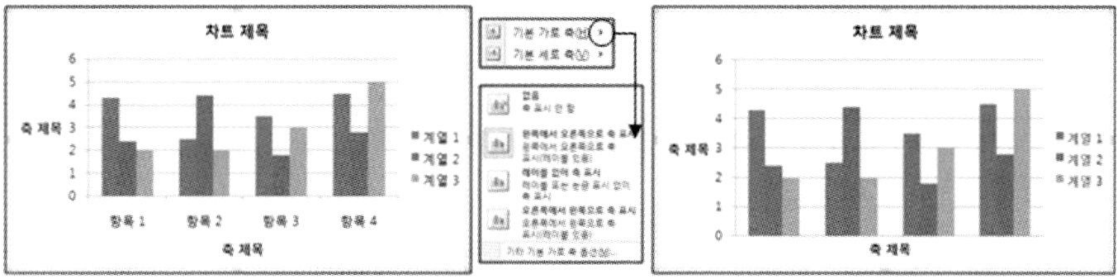

1단계: 차트 선택　　2단계: 왼쪽에서 오른쪽으로 표기 선택　　3단계: 최종 결과

[축 그룹 → 기본 세로 축]의 기능은 주로 화폐 단위 중심으로 제공하고 있으며, 사용방법은 [기본 가로 축]과 비슷하다.

◆눈금선

이 기능은 주로 주 눈금선과 보조 눈금선을 나타내고자 할 때 사용한다. 눈금선은 차트에 표현된 데이터 크기의 척도를 쉽게 파악할 수 있기 때문에 데이터 레이블로 표현되더라도 눈금선을 사용하는 것이 유용한 경우가 많다. 차트의 초기 상태로부터 [축 그룹 → 눈금선 → 기본 가로 눈금선]의 [보조 눈금선]을 선택하면 다음과 같은 결과를 얻을 수 있다.

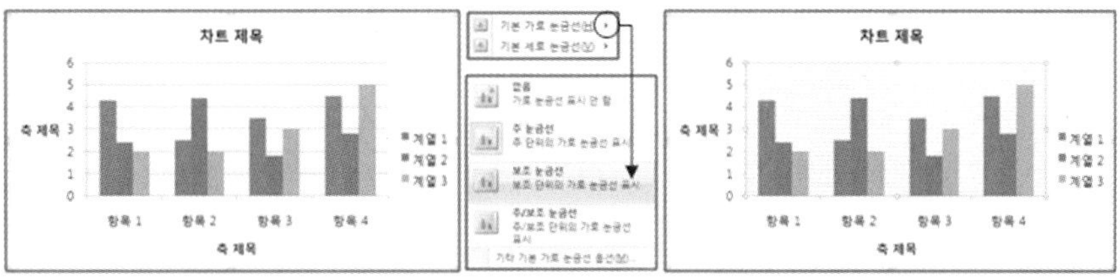

1단계: 차트 선택　　2단계: '보조 눈금선' 선택　　3단계: 최종 결과

ⓜ 그림 영역 그룹

그림 영역은 차트 영역 안에 포함된 실제 데이터가 차트로 표현된 영역을 나타낸다. 그림 영역 그룹은 주로 이 그림 영역에서 묘사할 수 있는 기능을 제공하는데, 채우기, 테두리 색, 테두리 스타일, 그림자, 3차원 서식이다.

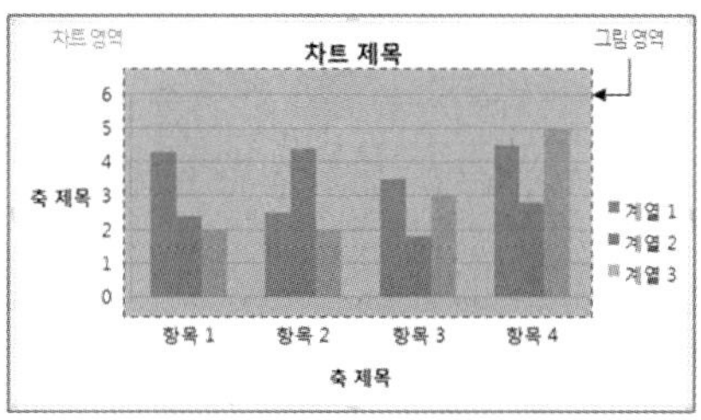

다음 그림은 초기 상태로 여기에 [그림 영역 그룹 → 기타 그림 영역 옵션]의 채우기 : '주황색', 테두리 색 : '빨강색', 테두리 스타일 : '점선', 그림자 : '검정색', 3차원 서식 : '각지게'로 표현된 결과를 나타내고 있다.

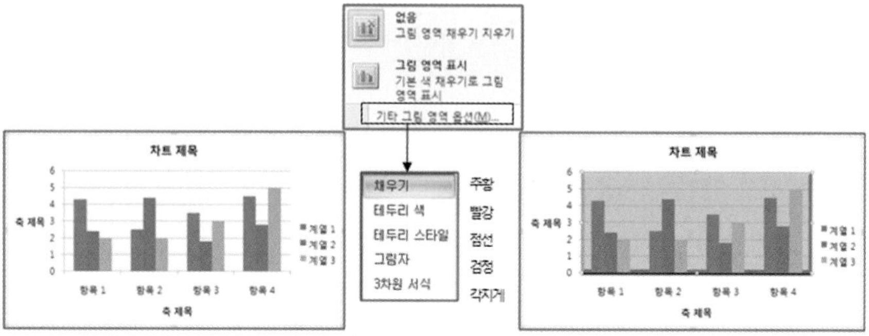

1단계: 차트 선택 2단계: 그림영역 조건 3단계: 최종 결과

연습문제 10

자신이 취업하고자 하는 회사에 자신이 지원한다고 가정하고, 그 회사가 왜 자신을 뽑아야 하는가 하는 제재로 10분간 발표할 프레젠테이션 자료를 만들어 발표하시오.

6. 履歷書(이력서) · 自己紹介書(자기소개서)[43]

1) 履歷書(이력서)

이력서란 취직을 위한 면접의 기회를 얻기 위해, 회사 등 조직에 제출하는 개인의 신상정보 · 학력 · 경력 등을 요약 혹은 나열한 문서이다. 영어로는 '레즈메(resume)'라고 하며, 좀 더 정확한 용어인 '커리큘럼 바이타(curriculum vitae)'를 줄여 CV라고 부르기도 한다. 채용기관의 인사 담당자가 어떤 사람을 채용하기 위해서 처음으

43) 裵昊男(배호남) : 草堂大(초당대) 교양학부 교수. 慶熙大(경희대) 국어국문학과 졸업. 경희대 문학박사. 저서에 『정지용 문학의 갈등 양상 연구』·『유치환 시선』. 국제어문학회 이사.

로 접하는 문서가 바로 이력서다. 이력서를 통해 앞으로 지원자와 면접을 더 진행할 것인지를 결정하게 되므로, 이력서는 매우 중요하다.

(1) 이력서의 項目(항목)

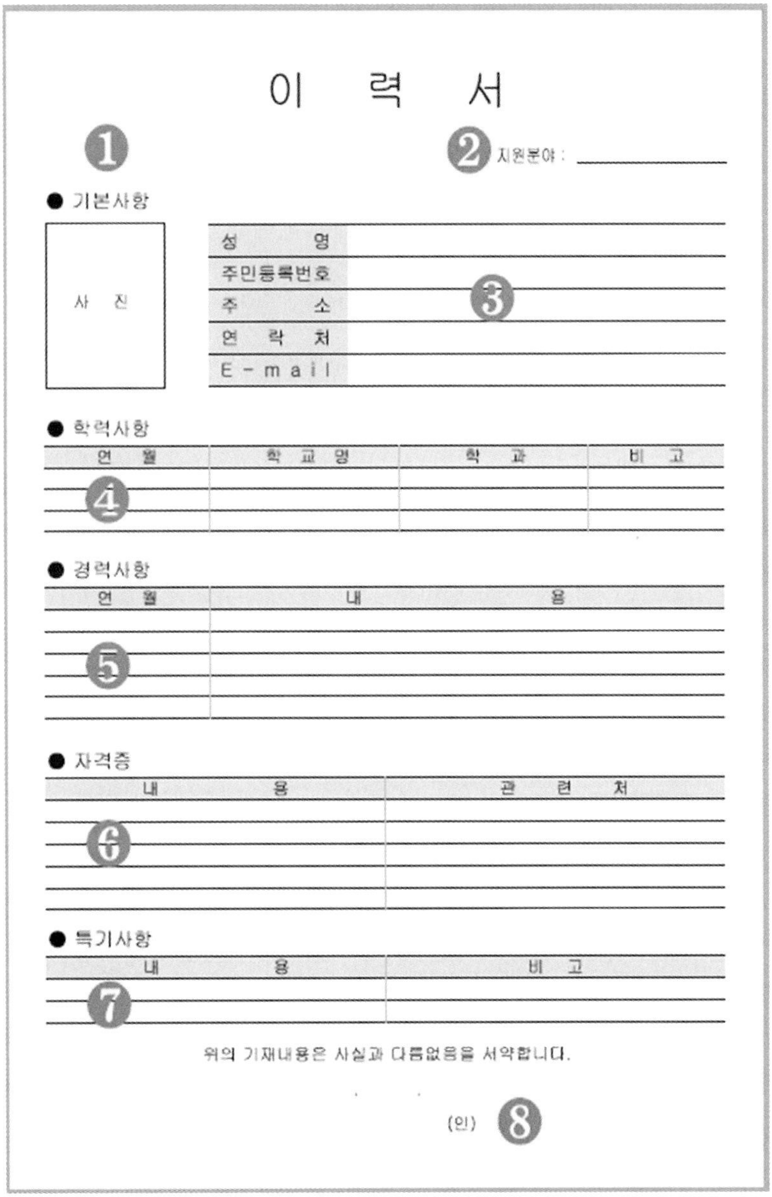

이 력 서

❶ ❷ 지원분야 : ________

● 기본사항

사 진	성 명	
	주민등록번호	❸
	주 소	
	연 락 처	
	E-mail	

● 학력사항

연 월	학 교 명	학 과	비 고
❹			

● 경력사항

연 월	내 용
❺	

● 자격증

내 용	관 련 처
❻	

● 특기사항

내 용	비 고
❼	

위의 기재내용은 사실과 다름없음을 서약합니다.

. .

(인) ❽

① 사진

최근 3개월 이내 찍은 사진을 사용해야 한다. 단정한 正裝(정장) 차림에 깔끔한 머리 모양을 한 사진을 붙이다.

② 지원 분야

자유 서식으로 이력서를 작성할 경우에도 상단에 지원 분야를 명확하게 밝혀준다.

③ 연락처

휴대폰 번호, 집 전화번호, 이메일 주소를 명기한다. 집 주소는 우편번호와 함께 적는다.

④ 학력사항

學歷(학력)은 최종 학교부터 고등학교까지 적는 것이 일반적이다. 최근 내용을 上端(상단)에 배치하여 逆順(역순)으로 적는 것이 좋다.

⑤ 경력사항

어학연수 · 인턴사원 경력은 구체적으로 기재해야 한다. 대학생활 중 특이한 경력도 기록하는 것이 좋다. 남자는 군복무 사항도 함께 기재한다.

⑥ 자격증/수상내용

자격증은 발령청 또는 발행 기관을 반드시 밝힌다. 수상 사실은 일시 · 수상 내용 · 수여기관과 함께 적는다.

⑦ 특기사항

특기사항에는 수상경력 · 동아리활동 · 외국어구사능력 · 컴퓨터능력 · 해외여행 · 봉사활동 등을 포함하여 적는다.

⑧ 도장

최근에는 온라인으로 접수하기 때문에 도장을 생략하는 경우가 많다. 만약 오프라인으로 제출할 경우에는 날짜와 함께 도장을 찍어야 한다.

(2) 이력서 작성 시 留意事項(유의사항)

① 隱語(은어)를 사용하지 마라

이력서는 표준어로 정중하게 써야 한다. 한글맞춤법도 틀리면 안 된다. 인터넷이나 스마트폰에서 사용하는 은어나 이모티콘 등의 사용은 친근감을 유발하기보다는 輕薄(경박)한 느낌을 주기 쉽다.

② 사진을 造作(조작)하지 마라

좋게 보이려고 사진을 수정하는 사람들이 있다. 하지만 면접 시 사진과 실물이 다르다는 것을 확인하게 될 때, 면접관들이 反感(반감)을 갖기 쉽다.

③ 영어를 濫發(남발)하지 마라

외국물을 먹었거나 외국어를 잘한다고 해서 영어를 이력서에 쓰는 사람들이 있다. 하지만 영어를 자주 쓰는 것은 잘난 체한다는 느낌을 주기 쉽다. 영어 사용은 영문이력서에서만 하자.

④ 입사지원양식을 無視(무시)하지 마라

기업에서 제공하는 입사지원양식이 있다면 반드시 그것에 맞춰서 적어야 한다. 자신이 가지고 있는 양식을 사용해서는 안 된다.

⑤ 會社名(회사명)을 틀리지 마라

한번 작성한 이력서를 계속 사용하는 구직자들이 많아, 이력서 제출 시 다른 회사명을 기재하는 실수를 저지르는 사례가 있다. 회사 이름을 틀리게 적었을 경우 합격은 기대하기 어렵다.

⑥ 學點(학점)을 반올림하지 마라

입사지원서의 학점란에는 소수점 둘째 자리까지 입력하도록 되어 있다. 학점을 반올림했다가 '허위기재'로 판명받지 말아야 한다. 회사는 정직한 사람을 요구한다.

⑦ 不必要(불필요)한 資格證(자격증)을 적지 마라

자격증란에 직무와 무관한 면허나 자격증을 적으면 궁핍해 보인다. 물론 직무와 관련된 자격증은 반드시 적어야 한다.

⑧ 特異(특이)한 趣味(취미)는 적지 마라

너무 튀거나 위험도가 높은 취미 또는 시간을 많이 허비하는 취미는 빼는 것이 좋다. 회사에서 불안해하는 요소는 안 적는 것이 좋다. 회사는 원만한 인간관계를 해칠 사람은 원하지 않는다. 회사는 회사에 최대한 몰두할 수 있는 사람을 원한다.

연습문제 11

자신이 4학년 졸업반으로서 취업을 앞두고 있다고 가정하고, 이력서를 써 보시오.

(3) 入社志願書(입사지원서)

근래 이력서는 입사를 위한 지원서인 입사지원서로 대체되는 흐름을 보이고 있다. 일반 목적의 이력서에는 신상정보 · 학력 · 경력 등 간단한 정보만 들어간다. 하지만 각 기업체가 만든 양식인 입사지원서에는 좀 더 상세한 항목이 들어가기도 한다. 이러한 입사지원서에는 자신의 직무 적합성을 위한 경력 기술, 직무 경험 등을 상세히 기록하여야 한다.

연습문제 12

자신이 4학년 졸업반으로서 취업을 앞두고 있다고 가정하고, 자신이 입사를 원하는 회사를 설정하고, 입사지원서를 써 보시오.

① 입사지원서 보기 1.

입사지원서

회사명	SK텔레콤	지원분야	기술부문

성명	(한글)	서 00	생년월일	0000.4.30
	(한자)	徐 00	연 락 처	02-123-4567
	(영문)	Seo 00	E-mail	123@naver.com
주 소		서울 관악구 신림동 000아파트 123동 123호		

학력사항	학교명	기 간	전 공	학 점	졸업여부
	00고등학교	0000/03 ~ 0000/02	자연계		졸업
	00대학교	0000/03~현재	전자공학과	3.9/4.5	졸업예정

어학능력	시험명	점 수	취득일자	인증기관
	TOEIC	780	0000/01/18	ETS
	TOEIC SPEAKING & WRITING	LEVEL 6 & LEVEL 7	0000/03/08	ETS

자격사항	자격종명	취득일자	취득기관
	정보처리기사	0000. 6. 1	한국산업인력공단
	워드프로세서	0000. 6. 5	대한상공회의소

수상 및 경력사항	근무처	기 간	업무 내용
	중소기업기술혁신협회	0000/03 ~ 0000/07	중소기업기술혁신대전 우수상
	00대학교	0000/03 ~ 0000/06	성적수혜 장학금 4회
	00 뷔페	0000/08 ~ 0000/06	음식 서빙 및 돌잔치 사회(이벤트)
	00대학교 주관	0000/11/08	전국휘호대회(한글부문-입선)
	00학원	0000/10 ~ 0000/03	학원 강사(영어 문법 및 회화 지도)
	00기계부품연구원	0000/06 ~ 0000/07	전국 메카트로닉스 경진대회 참여
	해외봉사활동(일본)	0000/07 ~ 0000/08	2~3세 동포들에게 교육 및 노력봉사

병역사항	군필여부	전역구분	기 간	군별	병과	계급	보훈대상
	필	병장	0000/8/12~0000/8/11	육군	운전병	병장	무

기타사항	취 미	특 기	종 교
	블로그 관리	서예, 축구	

가족관계	관계	성 명	연령	직 업	근 무 처	동거여부
	부	서00	53	공무원	000 시청	동거
	모	이00	49	가사		동거
	남동생	서00	24	대학생	00대학교	비동거

지원서 상의 모든 기재사항이 사실과 다름없음을 확인합니다.

0000년 9 월 17일

지원자 서 00 (서명)

② 입사지원서 보기 2.

입 사 지 원 서

지원분야	1지망 : 홍보	2지망 : 홍보	신입(0) 경력( )	희망연봉	귀사 규정에 따름

	성 명	한글	강 00	한문	姜 0 0	영문	Kang 0 0
	주민번호	*****-2******		(22세)	생년월일	***. ** . ** (양)	
	본 적	서울 중랑구 중화동 123-12			TEL)	02) 123-4567	
	현 주 소	서울 중랑구 중화동 123-12			H.P)	010-123-4567	
	결혼/자녀	미혼 (0) 기혼 ( ) / 자녀: ( )			형 제	(1)남 (1)녀 中 (1)째	
	자택( ) 월세( ) 하숙( ) 기타(0)				E-mail	123@hanmail.net	

학력사항				
학력사항	0000년 2월	00여자고등학교 졸업		
	0000년 3월	00대학교 영어과 입학		
	0000년 2월	00대학교 영어과 졸업 예정	학 점	3.8 / 4.5

컴퓨터활용능력	MS-Excel - 상	MS-Power Point - 상	MS-word - 상
외국어 능력	TOEIC	DELF	불어회화
	820	A2	중

자격증	자 격 명	취득일자	시 행 청
	MOS-master	0000. 7월	마이크로소프트
	DELF - A2	0000.11월	알리앙스 프랑세즈
	워드프로세서 1급	0000. 8월	대한상공회의소
	운전면허 보통 1종	0000. 3월	00지방경찰청

수상경력 및 활동사항	활 동 기 관	기 간	내 용
	KB국민은행 대학생 광고 공모전 우수상	0000.6.22~8.21	기업 PR 광고, 브랜드 PR 광고 제작
	000 홍보 아카데미	0000.12.15~0000.2.28	홍보 전문가 과정 수료
	전국 환경보호연합대회	0000.9.17~0000.9.19	자원봉사(진행보조 / 안내 담당)
	00대학교 영어과/종합인력개발원	0000.3.1~ 현재	근로 장학생 근무 (사무보조)
		0000.3.1~현재	교내 성적 장학금 3회 수혜

가족사항	관 계	성 명	연령	학 력	직 장
	부	강 0 0	55	고 졸	서울시청
	모	김 0 0	50	고 졸	가사
	제	강 0 0	23	대학교 재학	군인

위 사항은 사실과 틀림 없음을 증명합니다.

0000년 9월 10일

지 원 자 : 강 00 Kang

2) 自己紹介書(자기소개서)

자기소개서는 이력서보다 지원자를 더 잘 드러낼 수 있다. 그래서 자기소개서 작성은 합격여부를 결정하는 요소가 될 수 있다. 합격하지 못한 응시자들은 자기소개서를 소홀히 하지 않았나 생각해 볼 필요가 있다. 기업에서 자기소개서를 요구하는 이유는 무엇일까?

첫째, 지원자의 性格(성격)이나 價値觀(가치관)을 파악할 수 있다. 사람이 어떤 환경이나 여건 속에서 어떻게 성장해 왔는가 하는 것은 그 사람의 성격형성에 상당한 영향을 미친다. 따라서 기업은 자기소개서에 나타난 가정환경과 성장과정을 통해 각 개인의 성격 또는 가치관을 파악하고자 한다. 또 학교생활이나 동아리활동 등을 통해 그 사람의 대인관계나 조직에 대한 적응과 성실성 · 책임감 · 창의성 등을 살펴보고자 한다. 자기소개서에 적힌 지원자의 과거 생활을 통해 지원자의 사고의 폭과 개인의 성격까지도 파악이 가능하다는 것이다.

둘째, 자기소개서를 통해 지원자의 미래를 그릴 수 있다. 기업에서는 지원자가 어떤 動機(동기)로 자기 회사에 입사를 지원하게 됐고, 또 입사 후에는 그 지원자가 어떠한 자세로 일에 임할 것이며, 따라서 그 사람의 장래성은 어떠할 것인가 하는 것을 자기소개서를 통해 파악하고자 한다.

셋째, 자기소개서를 통해 자기생각을 글로 표현하는 능력을 본다. 기업 중에는 지원자의 문장력과 창의력을 살펴보기 위해서 자기소개서를 요구하는 기업들도 많다. 이는 조직생활에서는 공식적인 의사전달 과정이 주로 글을 통해 이루어지기 때문이다. 그래서 자기소개서를 특징 있게 적은 지원자를 선발하는 기업도 있다.

지원자는 자기소개서에서 지원하는 회사에 대한 관심 · 이해 · 열정을 보여주어야 한다. 그 자료는 지원자의 구체적인 과거 사실이다. 추상적 진술 · 주장 · 선언은 禁忌(금기) 사항이다. 예컨대 '회사에 큰 관심을 갖고 있었다' 식의 표현보다는 회사의 성장 배경, 주요 제품과 서비스, 재무 정보 등을 담아 작성하는 게 좋다. 또 '저는 성실합니다'고 쓰지 말고 10년간 일기를 써왔다는 식의 구체적인 증거를 대야 한다.

자기소개서 작성시 주의해야 할 점은 이력서상 空白期(공백기)가 있다면 반드시 설명해야 한다는 것이다. 휴학 · 졸업연기 등 공백기간에 어떤 목표를 가지고 무엇을 준비했는지를 충분히 설명해 주어야 한다. 그 설명이 없거나 충분치 못하면 탈락한다.

(1) 자기소개서의 項目(항목)

① 성장과정 – 남다른 才能(재능)을 언급하라

어린 시절 특별히 남달랐던 부분에 대해서만 언급하는 것이 좋다. 자신의 지원 분야에 대한 남다른 재능을 어릴 때부터 보유하고 있었다면 작성해 주는 것이 좋다. 성장과정이 자기소개서에서 큰 비중을 차지한다는 것은 그만큼 할 얘기가 없다는 뜻으로 비춰질 수 있으니 적당한 분량으로 작성해야 한다.

② 성격 소개 – 短點(단점)을 長點化(장점화)하라

이 세상에 완벽한 사람은 아무도 없다. 자신의 단점을 숨기지 마라. 정직하게 자기 단점을 인정하고, 이를 극복하기 위해 어떤 노력을 했는지를 적어야 한다. 그리고 이러한 단점이 업무적인 면에서는 오히려 장점이 될 수도 있다는 사실을 적극적으로 부각시킨다. 예를 들면, 성격이 느긋한 것이 단점이라면 업무 처리에는 신중하고 꼼꼼하게 임할 수 있다는 장점으로 표현하면 된다. 또 덤벙대는 것이 단점이라면 일을 진취적이고 적극적으로 밀어붙일 수 있다는 장점으로 탈바꿈시키면 된다.

③ 학창시절 및 경력사항 – 핵심사항을 먼저 언급하라

지원 분야와 연관이 있는 아르바이트 · 인턴십 · 수상경력 등의 부분을 가장 먼저 기재해 주는 것이 좋다. 인사담당자는 수많은 서류를 꼼꼼하게 전부 읽어 볼 만큼 넉넉한 시간이 없다. 따라서 중요한 내용부터 앞머리에 작성해주는 것이 효과적이다. 아르바이트, 공모전 등의 경험은 모든 것을 나열하려 들지 말고 그 회사와 연관된 것만 간추려서 에피소드와 구체적인 활동 내용을 섞어서 소개하는 것이 좋다. 기업에서 원하는 지원자는 만능 멀티플레이어가 아니라 자기 회사에 꼭 맞는 인재라는 사실을 기억해야 한다.

④ 志願動機(지원동기) – 의미를 부여하라

지원 동기는 회사와의 남다른 인연, 지원 분야에 대한 관심 등을 강조하여 작성해야 한다. 자기소개서를 작성하기 이전에 먼저 취업하고자 하는 기업의 성격부터 반드시 파악해야 한다. 아는 선배를 통해서 또는 인터넷 검색을 통해서 그 기업의 홈페이지에 들어가서 그 기업의 業種(업종) · 沿革(연혁) · 經營理念(경영이념) · 회사 문화 · 회사 분위기 · 회사의 대표 제품 · 회사의 최근 실적 등을 파악해야 한다.

그런 바탕 위에서 그 기업의 特性(특성)에 맞게 지원 동기를 기술해야 한다. 어느

기업에나 두루 통할 수 있는 지원동기는 큰 점수를 받을 수 없다. 그 기업에 특성화된 지원자가 좋은 점수를 받는다. 그 회사에서 '아, 이 지원자를 놓치면 우리가 손해구나!' 하는 느낌이 들게끔 그 회사가 요구하는 인재상에 맞추어서 지원동기를 적어야 한다.

⑤ 입사 후 포부 – 자신의 비전을 제시해라

포부는 포괄적이거나 추상적인 의미나 목표를 언급하면 안 된다. 그 회사의 업무에 대한 구체적인 목표성취를 언급하는 것이 좋다. 또 자기계발을 위해 어떤 계획을 가지고 있는지도 구체적으로 언급하는 것이 좋다. 구체성이 중요하다. 그러려면 그 회사를 연구하고 자기 자신도 연구해야 한다.

(2) 자기소개서 작성 시 유의 사항

① 특정 주제에 집중하여 일관성 있게 써라

자신의 모든 이야기를 다 쓰려고 하지 마라. 무엇을 쓸 것인지 하는 주제를 잡아야 한다. 그리고 그 주제를 중심으로 일관성 있게 글을 써나가야 한다. 중심 주제 하나에 부수 주제 두어 개를 곁들이면 좋다.

② 각 항목에 맞는 내용을 적어라

회사에서 미리 준 항목이든, 자신이 만든 항목이든, 해당 항목에 맞는 내용으로 분량을 지켜서 작성한다. 그 항목에 맞지 않는 내용을 적으면 안 된다.

③ 문장을 최대한 간단명료하게 써라

문장은 간단명료해야 한다. 길고 복잡한 문장은 인사담당자를 피곤하게 만든다. 문장이 한글맞춤법과 어법에 맞아야 함은 당연하다.

④ 추후의 면접에 대비하여 내용을 구성하라

이력서와 자기소개서는 서류전형 통과 후 면접에서 면접관의 일차 면접 자료로 활용된다. 그러므로 면접에 대비하여 자기소개서의 내용을 戰略的(전략적)으로 구성할 필요가 있다.

⑤ 자신을 홍보할 수 있는 자료를 첨부하라

회사에서 요구하는 내용 외에 자신을 홍보할 수 있는 자료를 첨부하면 좋다. 예를 들면 자신의 활동이 소개된 신문 기사나 참여한 활동의 수료증 · 포트폴리오 등을 첨부하면 좋다.

⑥ 추상적인 문장을 쓰지 마라

문장은 구체적으로 적어야 한다. 추상적인 문장을 지원자는 멋진 문구라고 생각할지 모르지만, 인사담당자의 눈에는 뜬구름 잡는 얘기로 보인다는 사실을 명심하라.

(3) 자기소개서 添削(첨삭) 例示(예시)

① 成長過程(성장과정)

저는 엄격하신 아버지와 다정하신 어머니 밑에서 1남 1녀 중 첫째로 태어나 어릴 적부터 매사에 책임감을 갖고 임하는 자세를 배우게 되었습니다. 남동생이 있어서 성격이 여성스럽지 못하고 남자다운 리더쉽을 지니고 있습니다.

✦조언✦ 진부한 표현으로 시작해서 고리타분한 사람이라는 인식을 심어줄 수 있으니 서두를 참신한 표현으로 바꿔주시길 바랍니다.

다음으로 저의 가족 소개를 하겠습니다. 아버지는 연세가 63세입니다. 아버지는 농사를 짓고 계십니다. 아버지는 지금 담배를 피우고 계셔서 담배를 끊는 것이 저의 소원입니다. 어머니는 연세가 58세입니다. 어머니께서는 지금 가정일을 하고 계십니다. 요즘 들어 어머니의 건강이 안 좋아지고 있어서 어머니께서 건강 하시는 게 저의 소원입니다.

✦조언✦ 자기소개서는 부모님 소개서가 아니라 자기 자신을 소개하는 문서입니다. 부모님에 대한 내용 중심이 아니라 자신에 대한 내용으로 초점을 맞춰주시길 바랍니다.

저는0000년 부모님 슬하에서 장남으로 태어났습니다. 비록 태어날 때부터 몸이 좋지 않았지만 부모님의 무한한 사랑으로 0000년 00초등학교에 입학, 0000년 00중학교에 입학, 0000년 00고등학교에 입학, 0000년 00대학교 국어국문학과에 입학했습니다.

✦조언✦ 이력서상에서 확인할 수 있는 사실적인 내용을 서술형으로 풀어서 작성하는 것은 무의미합니다.

② 性格(성격)

사회복지사로서의 적합성을 알아보고자 했던 성격 유형 검사 MBTI 검사 결과, INFP유형이 나왔습니다. 이 유형은 내적 신념과 책임감이 강하며, 이해심이 많고 자신이 관계하는 일이나 사람에 대하여 공감하고 기여할 수 있는 일을 하기를 원하는 것으로 나왔습니다.

✦조언✦ 성격검사를 통해 자신의 성격을 제시하는 것은 부적절합니다. 차라리 다른 사람이 어떻게 자신에 대해서 생각하고 있는지 작성하는 편이 좋습니다.

초중고 12년동안 개근상도 놓치지 않았고, 수업시간에 지각 한 번 한 적이 없습니다. 수업을 못 듣는 것도 싫었지만 똑같이 주어진 시간을 게을리하여 나태해지는 것이 싫었기 때문입니다.

✦조언✦ 성실함의 예시로 12년 개근을 들었는데, 대부분의 학생들도 개근상을 받기 때문에 이러한 내용은 무의미합니다.

의심이 많아서 남보다 한번 더 생각하다 보니 가끔은 빨리 실행에 옮겨야 됨에도 늦어 버릴 때가 있습니다. 또한 쉽게, 간단하게 결정을 내리지 못하여 우유부단해 보일 수도 있고, 한번 더 생각할 것 그러지 말 것의 구분이 아직까지는 쉽지 않습니다. 이러한 점을 제 스스로 단점이라고 생각하는 만큼 고쳐나가기 위해 노력하고 있습니다.

✦조언✦ 모든 성격에는 이중적인 특성이 있습니다. 우유부단한 것을 긍정적인 표현으로 바꿔보면 신중하다는 의미입니다. 따라서 결정한 후에는 만족해하고 후회하지 않는다는 사실도 언급하면 좋습니다.

사람들이 부탁을 거절하지 못하는 것이 저의 가장 큰 단점입니다. 적절히 자신도 생각하면서 거절할 줄도 알아야 하는데 그렇지 못한 점을 단점이라 생각하여 요즘 단점을 고치고자 노력하고 있습니다.

✦조언✦ 단점을 보완하기 위한 구체적인 방법을 작성하면 좋습니다. 무리한 부탁을 한다면 상대방이 기분이 상하지 않도록 적절한 거절 이유와 함께 이야기해야 할 것입니다.

③ 學窓時節(학창시절)

남들 다들 보는 토익 한번 본 적 없고 남들 다 있는 컴퓨터자격증은 워드2급입니다. 현재 이 정도 스펙으로는 소위 말해서 택도 없다는 거 잘 알고있습니다. 하지만 저는 그동안 실전공부를 많이 하였습니다. 남들보다 토익점수가 안 나올 줄은 몰라도 외국인과 하루종일 대화를 할 수도 있고 외국인과 하루종일 영어로 채팅도 할 수 있습니다.

✦조언✦ 스스로 부족한 사람임을 먼저 인정하는 것은 좋지 않습니다. 준비된 지원자들이 많은데 그 중에서 자신이 선발되기 위해서 자신만의 강점을 먼저 제시하는 것이 유리합니다.

부모님에게 용돈을 받지만 이와는 별도로 틈틈이 아르바이트를 해 친구들과 돈을 모아 일본여행도 가 보았습니다. 또 자격증을 딴 뒤에는 좀더 넓은 세상을 보기 위해 친구와 호주에 나가 일을 하면서 어학을 공부하기도 했습니다. 많은 사람을 만나보고 경험해 보며 세상을 배웠습니다.

✦조언✦ 무슨 아르바이트인지, 어떤 자격증을 취득했는지 구체적으로 제시해주세요. 단순한 나열이 아니라 그곳에서 무엇을 보고 느끼고 경험했는지 작성해주세요.

대학에 다니면서 아르바이트를 하면서 돈과 노동의 귀중함을 알게 되었고, 군대 제대 후 아르바이트로 돈을 모아 포장마차를 개업할 수 있었습니다. 그 후 모은 돈으로 저의 장기인 도전정신을 발휘해 캐나다로 무작정 어학연수를 떠났고, 덕분에 영어 실력이 향상되는 쾌거를 맛보았습니다.

✦조언✦ 단순한 사실들을 여러 가지 나열하기보다는 대표적인 사건을 제시하고 그 일을 통해 힘들었던 순간이나 느낀 점 등을 소개하면 좋습니다.

"앞에 나와서 노래 한번 불러 봐라." 지나가시던 선생님들도 저를 불러 노래를 부르게 하실 정도로 꽤나 활발하고, 반 아이들 사이에서도 조금은 웃긴 아이로 통했습니다. 행사가 있을 때면, 부끄러워하면서도 못 이기는 척 앞에 나가 아이들의 흥을 돋우기 일쑤였습니다. 만약 제가 입사하게 된다면 각종 행사에 열심히 적극적으로 참여하고, 여러 사원들을 해피바이러스로 물들이겠습니다.

✦조언✦ 구체적인 예시가 나타난 점은 좋습니다. 학창시절에 관한 내용은 직무를 수행하기 위해서 대학생활 동안 어떤 노력을 기울였는지 작성해 주면 좋습니다.

④ 志願動機(지원동기)

ooo에서 저의 미래를 그려보고 싶습니다. 고품질의 다양한 메뉴 제공, 암환자식 등 전문치료식 개발, 드라이키친시스템을 포함한 선진주방시스템 도입, 오렌지스푼 론칭, 정성어린 서비스와 즐거운 이벤트 제공 등으로 국내 프리미엄 급식을 선도하고 있는 ooo는 최근 급격히 성장하는 급식분야에 대한 엄청난 가능성을 제게 보여주었습니다.

✦조언✦ 자기소개서의 지원동기는 단순하게 ooo에서 시행하는 일에 대해서 소개하라는 것이 아닙니다. 왜 이 회사를 지원했는지 왜 이 지원분야를 선택했는지 자신과 연관된 근거를 제시해야 할 것입니다.

경영학과와 영어영문학과를 복수전공하며 다짐했던 것은 두 전공에 모두 소홀하지 않겠다는 것이었습니다. 한국에서는 경영학과의 전공수업을 집중적으로 듣고, 교환학생으로 캐나다에 파견되었을 때는 영어영문학과의 수업에 노력을 기울였습니다. 어려서부터 언어에 관심이 많았던 터라 일본어와 스페인어를 익히는 것 또한 게을리하지 않고 있습니다.

✦조언✦ 외국어 실력을 바탕으로 지원분야에서 일하는 데 어떻게 작용하며, 회사에 어떻게 기여할 수 있는지 작성해야 할 것입니다.

제가 이 회사에 지원하게 된 동기는 앞으로는 더욱 더 인터넷이 발달될 것이라는 확신과 '다음'의 독창적이고 참신한 아이디어(최근의 로드뷰)나 심플하면서도 세련된 디자인(다음 로고)을 창조하는 분들과 함께 일하고 싶어서입니다. 앞으로의 환경을 미리 예측하거나 새로운 컨텐츠, 디자인 등을 만들어내 새로운 문화를 만들어 나갈 수 있는 기쁨을 맛보고 싶습니다. 제 능력을 갈고 닦아 회사의 발전에 기여하고자 하여 '다음'에 지원하게 되었습니다.

✦조언✦ 지원동기에 나타난 회사에 대한 정보가 모든 사람이 알만한 단순한 정보라면 무의미합니다. 지원사에 대한 애정으로 다른 사람과 차별화된 정보를 알고 있을 필요가 있습니다.

⑤ 入社(입사) 후 抱負(포부)

저는 항상 새로운 것을 배우고 더 발전하려는 자세가 제가 어떠한 일을 하더라도 자신감있게 처리할 수 있는 근원이라고 생각하며 살아왔습니다. 제가 지원한 파트에 대한 지식이 부족할 수도 있다고 생각합니다. 하지만 저는 배우려는 자세와 열정, 노력이 이러한 빈 공간을 충분히 메울 수 있을 것이라고 생각합니다.

✦조언✦ 어느 회사든 어느 분야든 활용할 수 있는 막연한 지원동기는 무의미합니다. 따라서 회사나 자신이 원하는 지원분야에 맞춰서 구체적으로 작성하는 것이 바람직합니다.

한 사회의 구성원으로서 갖추어야 할 것이 많은 것 같습니다. 그것이 인격적인 부분일 수도 있고, 지식적인 부분일 수도 있습니다. 아니면 그 모든 것을 다 갖춘 사람이야말로 한 사회의 구성원으로서 자신의 역할을 잘 해낼 수 있다 말할 수도 있을 것입니다. 하지만 저는 조금은 다르게 생각합니다. 이 세상에 모든 것을 다 갖춘 완벽한 사람은 없다고 생각합니다.

✦조언✦ 자기소개서에는 자신을 어필하는 내용의 글을 작성해야 합니다. 일반적인 내용에 대한 작성은 필요하지 않습니다.

저에게 입사의 기회를 주신다면 자신의 위치에서 꼭 필요한 사람이 되기 위해 끊임없이 노력하겠습니다. 일을 수행하는 데 수많은 벽에 부딪힐 일도 많겠지만 그것을 극복하려는 의지와 노력만 있다면 무슨 일이건 못할 리 없다고 생각합니다. 또 저는 자신감을 가지고 있습니다. 항상 성실한 자세, 노력하고 배우는 자세로 회사의 발전을 위해 최선을 다하겠습니다.

✦조언✦ 인사담당자들이 가장 싫어하는 내용들이 '노력하겠습니다. 최선을 다하겠습니다.'라고 합니다. 구체적인 근거는 제시되지 않은 채 포괄적이고 막연한 내용으로 자기소개서를 채워서는 안됩니다.

귀사에 입사하기에 부족한 점이 너무나도 많지만 저를 뽑아주신다면 잘 익은 포도가 되어 귀사에 최고의 와인이 되겠습니다. 감사합니다.

✦조언✦ 부족한 사람은 선발되지 않으므로 준비된 인재임을 부각시켜야 할 것입니다. 또한 은유적인 표현도 좋지만, 그것을 뒷받침할 수 있는 적절한 사례도 제시해야 할 것입니다.

연습문제 13

자신이 4학년 졸업반으로서 취업을 앞두고 있다고 가정하고, 자기소개서를 써 보시오.

(4) 에세이형 자기소개서 작성 요령

최근 대기업을 중심으로 에세이형 자기소개서를 요구하는 회사가 늘어나고 있다. 대기업의 절반 정도, 중소기업의 2할 정도가 에세이형 자기소개서를 요구하고 있는 추세이다. 이는 서류전형과 면접이 유기적 연계성을 지니면서, 자기소개서와 면접 질문의 경계가 사라지는 추세를 반영한 것이다. 서류전형과 면접의 연계성이 갈수록 높아지고 있음을 엿볼 수 있다.

에세이형 자기소개서는 회사가 미리 정해놓은 질문에 지원자가 에세이 형식으로 글을 작성하는 방식이다. 따라서 새로운 자기소개서 방식에 취업을 준비하는 학생들이 어려워하고 있는 형편이다. '에세이형 자기소개서'는 어떻게 접근하는 것이 좋을까?

① 질문은 기업 인재상과 닮은꼴이다

에세이형 자기소개서의 질문은 그 회사가 추구하는 人材像(인재상)과 필요로 하는 역량을 담고 있다. 대개는 도전정신, 창의성, 협동심, 대인관계, 전문성, 국제감각, 고객지향 등의 요소를 보려 한다. 에세이형 자기소개서를 쓸 때는 제일 먼저 각각의 질문과 회사 인재상, 역량 요소를 잘 파악하여 서로 매끄럽게 연결시켜야 한다.

② 쓰기 전에 질문부터 잘 분석하자

회사가 내놓은 질문을 '휙' 읽지 말고 '차근차근' 분석하자. 에세이형은 보통 한 개의 질문에 여러 개의 포인트가 들어있다. 네댓 개의 포인트를 요청하면 꼭 한두 개씩 빠트리는 지원자들이 있다. 문제를 정확히 읽지 않고 性急(성급)하게 써 내려가기 때문에 저지르는 잘못이다. 꼼꼼히 읽고 잘 분석해서 답변을 빠뜨리는 실수하지 말아야 한다. 분량도 잘 조절해야 한다.

③ 전체적인 순서나 흐름을 미리 構想(구상)하자

메모지를 꺼내 전체적인 순서와 흐름을 키워드로 정리하면 논리의 앞뒤 흐름을 잘 챙길 수 있다. 에세이형은 질문만 해부해도 뼈대를 잡기가 쉽다. 이렇게 질문을 쪼갠 다음 세부 질문에 하나씩 답하다 보면 '흔들리지' 않는 답변을 얻을 수 있다.

④ 文段(문단) 區分(구분)과 小題目(소제목)은 필수다

에세이형 자기소개서는 생각보다 많은 분량을 요구한다. 한 질문당 요구하는 분량이 적게는 800자에서 많게는 1,200자가 보통이다. 그러니 문단 구분 없이 통문단으로 쓰면 좋은 점수를 받기 어렵다. 생각해보라. 글이 문단 구분이나 소제목 없이 몇 페이지씩 계속 이어진다면 너무 답답하지 않는가. 채점관이 읽기나 제대로 하겠는가? 인사담당자의 마음을 이해할 때 답이 보인다. 1,000자 정도의 에세이형 답변은 몇 개의 문단으로 나누는 게 좋을까? 4~5개 문단으로 나누는 것이 좋다.

⑤ 길게 써야 하나? 길게 쓰자!

"꼭 길게 써야 하냐?" 에세이형 자기소개서에 대해 많이 받는 질문 중 하나다. 어떤 기업은 '600자 내외'로 정하지 않고, '100자에서 1,000자 사이'로 범위를 자유롭게 두기도 한다. 그러나 마음이 곧 精誠(정성)이고, 정성이 곧 分量(분량)이다. 기업에서 요청한 최대 분량에 최대한 가깝게 분량을 채우는 것이 좋다. 곧 '100자에서 1,000자 사이'라면 900자 이상은 써야 한다.

⑥ 추상적인 질문에도 구체적으로!

에세이형 자기소개서 질문 중에는 抽象的(추상적)인 것이 많다. 예를 들어 "아름다움 / 건강에 대해 논하라"는 식이다. 질문이 추상적이더라도 답변은 具體的(구체적)이고 檢證(검증) 가능한 내용 위주로 작성해야 한다.

⑦ 자신이 지원하는 회사에 대한 愛社心(애사심)을 보여주자

긴 분량을 어떤 내용으로 채우는 것이 좋을까? 에세이형 자기소개서는 분량이 많은 만큼 愛社心(애사심)과 직무에 대한 熱情(열정)을 곳곳에 넣는 것이 좋다. 회사의 사업을 연구하고 자신의 견해를 구체적으로 보여줄수록 유리하다.[44]

---

44) 신길자(2013), 『뽑히는 자기 소개서』, 서울문화사. 참고.

(5) 에세이형 자기소개서 질문 유형과 작성 예시

유형	질문 예시	작성 요령
도전정신	→성장과정에서 도전적인 목표를 설정하고 끈기있게 실행하여 성과를 창출한 경험에 대하여 작성해 주십시오. →육체 도전을 제외하고, 지금까지 살아오면서 가장 도전적인 목표를 세우고 성취해낸 경험의 구체적인 상황, 자신의 행동, 결과 등을 기술해주십시오. →주변에서 어렵다고 하는 문제나 상황을 적극 도전하여 극복한 경험을 과정 중심으로 작성하여 주십시오.	①자신의 한계에 도전한 대표적 경험 1~2개를 써라. ②일회성에 그치지 않고 지속적으로 실천한 소재를 찾자. ③문제 배경 설정보다는 행동중심으로 작성하라. ④경험을 통해 배운 것을 회사·직무와 연결하라.
창의성	→어떤 문제나 과제에 대해 기존의 방법과 다른 창의적인 방법으로 문제를 해결했던 경험에 대하여 작성해주십시오. →당신의 아이디어가 주변 사람에게 크고 작은 놀라움과 감탄을 주었던 wow사례에 대해서 작성해주세요. →남들과는 다른 관점에서 새로운 아이디어를 제안하여 주위로부터 찬사를 받은 사건이나 경험에 대해 구체적으로 기술하시오.	①창의적 성과 1-2개를 써라. ②문제의식과 아이디어, 해결방법, 성과를 구체적으로 적어라. ③경험을 통해 배운 것을 회사·직무와 연결하라.
리더쉽	→자신의 리더십을 잘 보여주는 경험 중 기억에 남는 것을 골라 구체적인 상황, 행동, 결과 등을 기술해 주십시오. →협력적 상호관계를 통해 팀이나 단체의 목표를 성공적으로 이끈 경험이 있다면, 구체적인 상황, 추진방법, 결과에 대해 기술해주십시오. →리더의 필수요건에 대한 견해와 리더십을 발휘한 경험을 서술하시오.	①리더십을 보였던 대표적 경험 1~2가지를 집중해서 소개하라 ②팀 목표와 난관, 실행안, 성과를 구체적으로 적어라. ③리더의 솔선수범, 희생정신, 커뮤니케이션 능력 등을 강조하라. ④경험을 통해 배운 것을 회사·직무와 연결하라.
경쟁력	→이것만큼은 남에게 질 수 없다고 생각하는 것을 쓰시오. →남과는 다른 본인만이 가진 직무에서의 강점을 기술해 주십시오. →남들과 차별화되는 자신만의 강점 3가지와 그것이 어떻게 우리 회사에 도움이 될 수 있는지 설명해 주세요.	①직무에 실질적으로 기여할 수 있는 부분을 구체적으로 기술하라. ②성격, 인성보다는 보유하고 있는 기술, 역량을 중심으로 작성하라. ③차별화 포인트를 2~3개 가량 찾아라. ④경험을 통해 배운 것을 회사·직무와 연결하라.

유형	질문 예시	작성 요령
자기계발	→미래사회에 필요한 지식과 능력에 대한 견해와 이를 위해 자신이 준비하고 있는 것을 구체적으로 기술하시오. →부족한 지식이나 역량, 또는 새로운 기술을 개발하기 위해 노력을 기울였던 사례를 기술해 주십시오. 그러한 노력을 기울이게 된 계기와 그 결과에 대해서 중점적으로 기술해 주시기 바랍니다. →동아리, 공모전, 수업 등 자기계발을 위해 노력한 활동에 대해서 기술하십시오.	①미래 사회에 필요한 인재상을 파악하고 기업환경의 변화를 읽어라. ②T자형 인재를 지향하라. ③차별화된 포인트를 2-3개 찾아라. ④본인의 역량 개발을 위한 과거와 현재의 노력, 미래의 계획을 담아라. ⑤경험을 통해 배운 것을 회사·직무와 연결하라.
글로벌 마인드	→대학 생활 중 본인이 글로벌 역량을 갖추기 위해 준비한 것은 무엇인지 기술해주십시오. →다양한 문화적 맥락에서 적절하게 행동할 수 있는 능력을 기르는 데 가장 도움이 되었던 경험을 골라 구체적인 상황, 자신의 행동 결과 등을 기술해주십시오. →다른 나라의 문화나 관습, 가치관 등을 이해하는 안목을 넓히는 데 가장 도움이 되었던 경험을 골라 구체적인 상황, 자신의 행동, 결과 등을 기술해 주십시오.	①산업, 직무별로 함양해야 할 국제적 감각을 파악하라. ②글로벌 리더로서 자질을 키우기 위해 어떤 노력을 했는지 탐색하라. ③자신만의 이색적인 경험을 소개하라. ④경험을 통해 배운 것을 회사·직무와 연결하라.
팀워크	→과거에 경험한 조직 생활을 바탕으로, 본인이 생각하는 진정한 의미의 '팀워크'란 무엇인지 정의하고, 그렇게 정의한 이유를 구체적인 경험 사례를 근거로 설명해 주시길 바랍니다. →자신과 성격이나 업무 스타일이 다르다고 생각한 사람과 함께 프로젝트 또는 활동을 해본 경험에 대해 기술하십시오. →다른 사람들과 함께 일을 했던 경험은 무엇이며, 그 안에서 귀하의 역할은 무엇이었습니까?	①팀워크를 보였던 대표적 경험 1~2가지를 집중해서 소개하라. ②팀 목표와 난관, 실행안, 성과를 구체적으로 적어라. ③팀 내 자신의 역할과 구체적인 기여도를 따로 기술하라. ④경험을 통해 배운 것을 회사·직무와 연결하라.
조직적응력	→새로운 환경이나 조직에 들어가 동료로 인정받았던 사례에 대하여 기술해 주십시오. →이제까지 가장 강하게 소속감을 느꼈던 조직은 무엇이었으며, 그 조직의 발전을 위해 헌신적으로 노력했던 것 중 가장 기억에 남는 경험은 무엇입니까? 개인적으로 더 많은 노력을 기울였던 일과 그때 했던 행동과 생각, 결과에 대해 최대한 구체적으로 작성해 주십시오.	①리더십, 팀워크 등 역량을 발휘해 조직에 적응했던 대표적인 경험 1-2가지를 소개하라. ②성과와 인간미 2가지 포인트를 잡아라. ③과거 조직보다 입사할 조직에 더 큰 애정을 보여라. ④경험을 통해 배운 것을 회사·직무와 연결하라.

유형	질문 예시	작성 요령
대인관계	···›과거 타인과의 인간관계에서 가장 힘들었던 갈등 상황과 이를 슬기롭게 극복할 수 있었던 본인의 전략 및 노하우에 대해 기술하시오. ···›일상생활에서 타인에 대한 배려와 양보를 통해 즐거움을 얻은 경험이 있다면 구체적으로 기술하시오. ···›상황을 보는 시각과 견해의 차이가 많았으나, 상대방의 의견을 존중하면서 원만한 결론을 도출하였던 경험을 기술하십시오. 당시 의견 차이가 발생한 원인은 어떤 사항이었고, 어떠한 방법으로 결론을 도출하였는지 중점적으로 기술해 주시기 바랍니다.	①대인관계가 돋보였던 대표적인 경험 1-2가지를 소개하라 ②배경, 갈등 상황보다는 해결방안과 성과에 무게중심을 두어라 ③성과와 인간미 2가지 포인트를 잡아라. ④경험을 통해 배운 것을 회사 · 직무와 연결하라.
신뢰 & 윤리	···›약속과 원칙을 지켜 신뢰를 형성 · 유지했던 경험에 대해 기술해주세요. ···›개인적인 어려움과 희생을 각오하고 약속과 원칙을 지켜 신뢰를 형성 · 유지했던 경험에 대해 구체적으로 기술하시오. ···›개인의 희생을 각오하고 윤리적으로 행동하였던 경험을 서술해주십시오.	①기업 인재상에 '정직, 신뢰, 윤리, 원칙' 등이 강조되었는지 다시 한번 살펴라. ②불법 등 강하고 자극적인 소재는 지양하라. ③너무 고백하듯이 쓰지 마라. 쓸 때 부담없는 소재가 읽을 때도 부담없다. ④기업윤리헌장을 읽어보라. ⑤경험을 통해 배운 것을 회사 · 직무와 연결하라.
시장분석능력	···›우리나라의 호텔산업이 당연한 현실을 간략히 기술하고 우리 회사가 나아가야 할 방향과 비전에 대해 본인의 생각을 쓰시오. ···›현재 국내외 경제 상황을 고려했을 때, 은행이 어떠한 분야 혹은 상품에 영업력을 강화해야 하는지 본인의 생각과 그 이유를 기술하시기 바랍니다.	①혼자 쓰지 마라. 관련 협회 홈페이지에 전문 보고서가 많다. 공부해서 써라. ②해당 분야 직장인을 만나서 조언을 들어라. 그게 답이다.
애사심	···›본인이 우리 회사 마케팅 담당자라면, 어떠한 방식으로 우리 회사를 PR할지 자유롭게 기술해 주십시오. ···›우리 회사의 이미지를 한 단어로 제시하고, 이를 발전시키기 위해 어떠한 노력이 필요한지 서술해 주십시오. ···›우리 회사 서비스 중 하나를 선택하고 경쟁사의 서비스와 비교하여 장단점 및 그에 따른 개선 방향을 기술하시오.	①그냥 쓰지 마라. 사보와 사장 신년사를 챙겨 읽고, 채용 설명회에 참석한 다음 공부해서 써라. ②지원회사와 경쟁사 서비스를 비교분석하는 것은 기본이다. '귀찮다'고 생각하지 말고 열심히 발로 뛰어라.

유형	질문 예시	작성 요령
열정	→내가 한 일 중 가장 열정적으로 했던 일 →본인이 지금까지 살아오면서 학업 이외에 가장 열정을 다 바쳐서 경험했거나, 이루었던 무엇이 있다면 구체적으로 서술해 주시기 바랍니다.	①열정은 한마디로 실행력이다. 얻고자 하는 결과를 바라기만 하는 것이 아니라 행동으로 옮기는 의지다. 무엇가에 푹 빠졌던 경험을 써라. ②단, 그 경험이 회사·직무와 연계성이 없으면 미련없이 버려라. 애인에게 다른 이성이 좋다고 고백하는 것과 같은 이치다. ③회사·직무와 연계성을 높여라.
성취감	→본인 삶에서 가장 큰 성취 5가지를 간략하게 나열해 주시기 바랍니다. →인생에서 가장 큰 성취감을 느낀 사건을 소개하고, 그 성취를 향한 동기와 노력 및 그 결과는 어떠했는지 서술하세요.	①인생의 성취는 도전정신 창의력, 리더십, 글로벌 마인드 등의 결과물이다. 위 내용 중 해당되는 내용을 써라. ②성취를 여러 개 나열할 때는 전문성과 글로벌 마인드, 팀워크, 창의성 등이 골고루 포함될 수 있도록 정리하라. ③회사·직무와 연계성을 높여라
성공 및 실패경험	→최근 3-4년 내 귀하가 가장 노력을 기울였던 성공 또는 실패 경험 사례를 소개바랍니다. →자신이 가장 크게 실패했던 경험과 그것을 극복하기 위한 노력에 대해 구체적으로 기술하시오. →지금까지 살아오면서 경험한 성공 또는 실패 사례 중 우리 화사의 인재상에 부합되는 경험을 적어주시고, 경험을 통해서 배운 교훈 등을 상세히 적어주십시오.	①성공경험은 위의 성취감과 유사한 방식으로 써라. ②실패경험은 위의 도전정신과 유사한 방식으로 써라. 실패는 실패에 그치지 않고 다시 도전하는 데 의미가 있다. ③회사·직무와 연계성을 높여라
신념 및 좌우명	→여러분이 인생에서 가장 중요하게 생각하는 신념이나 좌우명은 어떤 것이며, 이러한 신념과 좌우명을 갖게 된 이유 또는 계기는 무엇이었는지 사례를 들어 자세히 설명해 주십시오. →자신만이 가지고 있는 원칙은 무엇이며, 그 원칙을 갖게 된 계기와 원칙을 지키기 위한 본인의 노력을 기술하시오.	①신념, 좌우명에 강한 메시지를 담아라. '하면 된다', '불가능은 없다'처럼 평이한 표현은 금물. ②신념, 좌우명이 추상적이라면, 근거는 2배로 구체적이어야 한다. ③회사·직무와 연계성을 높여라.

7. 原稿紙(원고지) 쓰는 법

원고지 쓰는 법을 알아두자. 원고지에 글을 쓰는 필기구는 검정색 또는 파랑색 볼펜이다. 연필로 쓰면 안 된다.

1) 제목과 이름을 적는 방법

(1) 첫 줄은 비운다. ※ 글의 갈래(장르)를 적고자 하면 첫 줄 앞에 적는다.

(2) 둘째 줄에 제목을 적는다. 제목은 한 가운데에 적는다.

(3) 셋째 줄도 비운다.

(4) 넷째 줄에 학과와 학번을 적는다. 뒤에서 두 칸을 비우고 셋째 칸에 학번 끝 두 개를 적는다. 아라비아 숫자는 한 칸에 두 자씩이므로, 학번 8자리를 4칸에 적는다. 한 칸 띄고 그 앞에 학과를 적는다. ※ 외부 백일장에 나가서 글을 쓸 때는 넷째 줄에 대학 이름과 학과를 적고, 다섯째 줄에 학번과 이름을 적는다.

(5) 다섯째 줄에 이름을 적는다. 뒤에서 두 칸을 비우고 셋째 칸에 이름 끝 자를 적는다. 한 칸 비우고 가운데 자를 적고, 또 한 칸 비우고 姓(성)을 적는다. 한자어 이름은 한자로 적는다. 토박이말 이름은 성만 한자로 적고 이름은 한글로 적는다. ※ 원고지의 이름 적는 자리에 글자마다 한 칸씩 띄는 것은 단지 보기 좋으라고 하는 일이다. 본문에서는 이름 석 자를 모두 붙여 쓴다.

(6) 여섯째 줄은 비운다.

(7) 일곱째 줄부터 본문을 쓴다.

2) 본문을 적는 방법

(1) 한 칸에 글자도 한 자, 부호도 하나 적는다. 다만 예외로서 아라비아 숫자와 로마자 소문자는 모양이 작으므로 한 칸에 두 자씩 적는다. ※ 로마자 대문자는 한 칸에 한 자씩 적는다.

(2) 문단을 시작할 때는 첫 한 칸을 비운다. 문단을 시작할 때가 아니면 절대로

앞 한 칸을 비워서는 안 된다. 곧 앞 한 칸 비우기는 문단을 새로 시작한다는 의미이다.

(3) 줄의 맨 끝에서 띄어쓰기를 해야 하는데 마지막 칸에 글자를 적어서 못할 경우가 있다. 그럴 때 다음 줄 첫 칸을 띄어쓰기한다고 비우는 학생들이 있다. 그러나 첫 칸은 문단 나누기할 때 아니면 절대로 비워서는 안 된다. 그러니 다음 줄 첫 칸을 비우지 말고, 그냥 다음 줄 첫 칸에 글자를 적는다. 대신에 그 위 줄의 맨 끝에 ∨표시를 해서 띄어쓰기를 해야 할 곳임을 표시하면 된다.

(4) 마침표(.)는 문장을 마치는 글자, 곧 대개 '다' 자를 쓴 다음 칸에 찍는다. 그 칸의 왼쪽 아래에 찍고, 다음 칸은 비우지 않는다. 바로 그 다음 칸에 곧바로 이어서 다음 문장의 첫 글자를 적는다. 마침표는 크기가 작기 때문에 왼쪽 아래 귀퉁이에 찍으면 거의 그 칸 전체를 비운 효과가 난다. 따라서 굳이 다음 칸을 비우지 않고 곧바로 다음 문장을 적어도 앞 문장과 뒷 문장이 충분히 구별된다. 마침표 다음에 한 칸을 비우지 않는다는 사실을 기억하라. 쉼표도 물론 마찬가지다.

(5) 마침표를 찍지 않는 성의 없는 학생도 있다. 또 마침표를 찍긴 했는데 볼펜으로 톡 쳐서 마침표가 잘 보이지 않게 찍는 학생들도 많다. 마침표는 분명하게 잘 보이게 확실히 찍어주어야 한다. ' . ' 대신에 ' 。' 표시를 하든가 아니면 점을 두어 번 돌려서 좀 크게 찍어야 한다.

(6) 물음표(?)와 느낌표(!)는 글자를 쓴 다음 칸에 적는다. 그리고 그 다음 칸은 한 칸을 비운다. 물음표(?)와 느낌표(!)는 부호 모양이 커서 다음 한 칸을 비워줘야만 그 다음 문장과 앞 문장이 구별된다. 마침표와 쉼표는 다음 칸을 비우지 않고 계속 쓰고 물음표와 느낌표는 다음 칸을 비우고 쓰는 점이 다르다는 사실을 기억하자.

(7) 큰따옴표(" ")는 여는 따옴표(")도 한 칸을 차지하고 닫는 따옴표(")도 한 칸을 차지한다. 따옴표를 글자와 함께 원고지 한 칸에 적지 말아야 한다. 부호도 글자와 똑같이 원고지 한 칸을 차지할 권리가 있다. 여는 괄호[( ]와 닫는 괄호[ )]도 마찬가지다. 부호는 글자와 똑같이 공간을 따로 차지한다.

(8) 여는 따옴표(")의 앞에는 한 칸을 비운다. 닫는 따옴표(")에는 '하고'처럼 띄어쓰기를 해야 할 곳은 한 칸을 비운다. 하지만 '~라고'처럼 助詞(조사)가 올 경우에는 붙여 쓴다. 작은따옴표(' ')도 큰따옴표와 요령이 같다.

(9) 줄의 맨 끝에서 "-다"처럼 문장이 끝날 경우, 마침표(.)는 마지막 칸에 '다'와 함께 적는다. 마침표(.)의 크기가 작기 때문에 그렇게 하는 것이다. 다만 마침

표 위에 ∧표시를 하여, 글자와 서로 칸이 다름을 표시한다.

(10) 줄의 맨 끝에서 "-까"나 "-구나"처럼 문장이 끝날 경우, 일단 맨 끝 칸에 글자를 적는다. 그 다음에 칸 밖의 빈 공간에 물음표(?)나 느낌표(!)를 적어준다. 그리고 그 뒤에 다시 띄어쓰기 ∨표시를 해준다. 원고지 칸 밖에 공간이 있는 것은 특수한 상황에 그런 용도로 쓰라는 의미이다.

(11) 맨 첫 칸은 문단이 시작할 때가 아니면 절대로 비우지 않을뿐더러 부호도 적지 않는다. 다만 쌍으로 된 부호인 큰따옴표(" ")와 작은따옴표(' ')만은 그 줄에서 쌍으로 쓰일 경우, 첫 칸에 부득이 써야 한다면 쓸 수밖에 없다.

(12) 對話(대화)를 줄 바꾸어서 적는 사람들이 있는데, 문단을 새로 시작하는 일이 아니기 때문에 줄 바꾸지 말고 그냥 계속해서 적어야 한다. 서양 글에서는 대화라고 해서 줄 바꾸는 일이 없다. 한국은 교과서에서 대화는 줄을 바꾸는데, 잘못된 因襲(인습)이다. 바로잡아야 한다. 원칙에 어긋난다.

(13) 쓰다가 글자가 틀렸을 경우에는 두 줄(=)로 지우면 없는 게 된다. 굳이 修訂液(수정액)을 쓰지 않아도 된다. 틀린 글자 대신에 다른 글자를 적어주어야 할 경우에는 그 지운 두 줄 위에 조그맣게 적으면 된다.

(14) 여러 글자를 지우고 여러 글자를 바꿔 쓰려고 할 경우에는 여러 글자 위에 ⌒ 표시를 하여 지우고, 그 위에 다른 글자를 적어주면 된다.

(15) 퇴고하면서 원래는 없었던 많은 글자를 새로 넣어주어야 할 경우도 생긴다. 그럴 때는 원고지 줄과 줄 사이에 있는, 위쪽에 있는 빈 공간에 글을 적으면 된다. 그리고 글을 넣어야 할 곳에 ∨ 표시를 하고 화살표(↙)로 쓴 글을 끌어다 집어넣으면 된다.

(16) 붙여 쓴 곳을 띄어쓰기를 하려면 띄기(∨) 표시를 해주면 된다.

(17) 띄어 쓴 곳을 붙여야 할 경우에는 붙이기(⌒) 표시를 해주면 된다.

(18) 원고지를 제출하기 전에 제목은 잘 적었는지 반드시 확인하자. 또 원고지 오른쪽 위에 쪽수를 1, 2, 3…… 식으로 빠뜨리지 말고 적자.

참고문헌

〈저서〉

고종석(2014), 고종석의 문장 1, 2, 알마.
김동우(2008), 공학도를 위한 글쓰기 노하우, 생능출판사.
金昌辰(2013), 한글전용은 違憲이다, 語文政策正常化推進會.
박종홍 외(2007), 사회계열 직업세계와 맞춤형 글쓰기, 영남대.
배상복(2015), 글쓰기 정석, MBC 씨앤아이.
서인석(2007), 인문계열 직업세계와 맞춤형 글쓰기, 영남대.
서정수(1994), 문장력 향상의 길잡이, 사닥다리.
———(1995), 글쓰기의 기본 이론과 서사문/기술문 쓰기, 정음문화사.
———(1995), 논리적인 글쓰기 설명문과 논설문, 정음문화사.
———(1996), 작문의 이론과 방법, 새문사.
서종학 외(2007), 예 · 체능계열 직업세계와 맞춤형 글쓰기, 영남대.
신형기 외(2006), 과학 글쓰기, 사이언스 북스.
안정효(2006), 안정효의 글쓰기 만보, 모멘토.
이외수(2007), 글쓰기의 공중부양, 해냄.
임재춘(林載春)(2006), 한국의 이공계는 글쓰기가 두렵다, 북코리아.
정희모 · 이재성(2005), 글쓰기의 전략, 도서출판 들녘.
정희모(2006), 글쓰기 교육과 협력학습, 삼인.
최동주(2007), 이공계열 맞춤형 글쓰기, 영남대.
최명환(2011), 글쓰기 원리 탐구, 지식산업사.
캐슬린 E 설리번 지음(2015), 최현섭 · 위효정 옮김, 작문, 문단쓰기로 익히기, 三英社.

〈글쓰기 관련 인터넷 사이트〉

배상복 기자의 [우리말 산책] http://blog.joins.com/media/index.asp?uid=bsb2001&folder=0
임재춘의 과학기술자 글쓰기. http://www.tec-writing.com/
최명환의 글집. http://blog.naver.com/baldchoi

기타 인용한 저서 · 논문 · 작품 · 신문기사 등은 각주로 대신함.

□ 저자 약력 □

金昌辰(김창진)

서울교대 졸업.
國際大(국제대)[현 西京大(서경대)] 국어국문학과 졸업.
慶熙大(경희대) 대학원 문학박사.
草堂大(초당대) 교양학부 교수 역임.
초당대 신문사 주간 · 도서관장 역임.
한국한자한문교육학회 부회장 역임.
(현) 한국교육문화융복합학회 부회장.
韓國言語文化正常化推進會 공동대표.
語文政策正常化推進會 상임이사.

저서에 『한글전용은 違憲이다』 · 『국어기본법은 違憲이다』 · 『탑 明心寶鑑』 · 『흥부전』(교주) · 『박타령』(교주) · 『두껍전』(교주) · 『裵裨將傳(배비장전)』(교주) · 『변강쇠가』(교주) 등 10여 권.

다음 카페 '김창진의 방송언어 바로잡기'
changjinkim@hanmail.net

저자와의
협의하에
인지생략

작문의 정석

2016년 2월 25일 1판 1쇄 발행
2017년 2월 10일 1판 3쇄 발행

저 자 金 昌 辰
발행인 고 성 익
조 판 해 인 문 화 사

발행처 05027
서울특별시 광진구 아차산로 335 삼영빌딩
도서출판 三 英 社
등록 1972년 4월 27일 제2013-21호
전화 02-737-1052, 02-734-8979 FAX. 02-739-2386

정가 20,000원
ISBN 978-89-445-0402-0-93800